Alfred Schüller

Marburger Studien zur Ordnungsökonomik

Schriften
zu Ordnungsfragen der Wirtschaft

Herausgegeben von

Prof. Dr. Gernot Gutmann, Köln
Dr. Hannelore Hamel, Marburg
Prof. Dr. Helmut Leipold, Marburg
Prof. Dr. Alfred Schüller, Marburg
Prof. Dr. H. Jörg Thieme, Düsseldorf

Unter Mitwirkung von

Prof. Dr. Dieter Cassel, Duisburg
Prof. Dr. Karl-Hans Hartwig, Münster
Prof. Dr. Hans-Günter Krüsselberg, Marburg
Prof. Dr. Ulrich Wagner, Pforzheim

Redaktion: Dr. Hannelore Hamel

Band Nr. 70: Marburger Studien zur Ordnungsökonomik

 Lucius & Lucius · Stuttgart · 2002

Marburger Studien
zur Ordnungsökonomik

Aufsätze von

Alfred Schüller

 Lucius & Lucius · Stuttgart · 2002

Anschrift des Autors:

Prof. Dr. Alfred Schüller
Forschungsstelle zum Vergleich
Wirtschaftlicher Lenkungssysteme
Der Philipps-Universität Marburg
Barfüßertor 2
35032 Marburg

Die Deutsche Bibliothek - CIP-Einheitsaufnahme

Schüller, Alfred
Marburger Studien zur Ordnungsökonomik / Aufsätze von Alfred Schüller. -
Stuttgart : Lucius und Lucius, 2002

   (Schriften zu Ordnungsfragen der Wirtschaft; Bd. 70)
   ISBN   3-8282-0221-7

0101 deutsche buecherei 0292 deutsche bibliothek

© Lucius & Lucius Verlags-GmbH • Stuttgart • 2002
Gerokstraße 51 • D-70184 Stuttgart

Druck und Einband: ROSCH-BUCH Druckerei GmbH, 96110 Scheßlitz
Printed in Germany

ISBN 3-8282-0221-7
ISSN 1432-9220

Vorwort

Den vorliegenden Band „Marburger Studien zur Ordnungsökonomik" widmen die Mitarbeiter der Forschungsstelle zum Vergleich wirtschaftlicher Lenkungssysteme ihrem Institutsdirektor und akademischen Lehrer *Prof. Dr. Alfred Schüller* zu seinem 65. Geburtstag, den er am 21. Juni 2002 feiert. Damit verbindet sich zugleich der Dank für seine Bereitschaft, die Aufgaben in Forschung, Lehre und Institutsleitung noch drei weitere Jahre wahrzunehmen.

Alfred Schüller übernahm 1976 – nach dem Tod von *K. Paul Hensel* – den Lehrstuhl für Ordnungstheorie und Wirtschaftspolitik des Fachbereichs Wirtschaftswissenschaften der Philipps-Universität Marburg und damit auch die Leitung der Forschungsstelle. In beiden Funktionen fühlte er sich dem Forschungsprogramm der von *K. Paul Hensel* maßgeblich begründeten „Marburger Schule" verpflichtet, was die Titelbezeichnung dieser Aufsatzsammlung erklärt. Aus der Vielzahl seiner Publikationen sind einige Schwerpunkte der Forschungsarbeit von *Alfred Schüller* ausgewählt worden.

Das verbindende Element der Schwerpunkte besteht in der Einsicht, daß Wirtschaften stets und überall von den jeweiligen Ordnungsbedingungen abhängt, wobei von der Interdependenz der Wirtschaftsordnung mit anderen gesellschaftlichen Teilordnungen ausgegangen wird. Demgemäß war und ist das ordnungstheoretische Erkenntnisprogramm darauf gerichtet, erstens ein Instrumentarium zur Beschreibung und Klassifikation von Wirtschaftsordnungen bereitzustellen, zweitens Theorien über den Wandel von Wirtschaftsordnungen zu formulieren, drittens die Funktionsweise alternativer Wirtschaftsordnungen zu erklären und somit viertens ein theoretisches Fundament sowohl für den Vergleich als auch für die Gestaltung von Wirtschaftsordnungen zu begründen. Zu allen diesen Forschungsaufgaben hat *Alfred Schüller* wichtige Beiträge geleistet.

Die zum ersten Schwerpunkt „Ordnungstheoretische Grundlagen" ausgewählten Aufsätze belegen dies exemplarisch für die Theorie des wirtschaftlichen Systemvergleichs, der Transformation, der Eigentumsrechte und für die Markt- und Geldtheorie. Das besondere Anliegen von *Alfred Schüller* ist darin zu sehen, die bewährten ordnungstheoretischen Ansätze in der Tradition von *Walter Eucken, Franz Böhm, Wilhelm Röpke, Friedrich A. von Hayek* u. a. weiterzuentwickeln und mit der neueren Institutionentheorie zu einer zeitgemäßen Ordnungsökonomik zu verbinden. Dabei war er stets bemüht, die Grundlagenforschung für die Analyse, den Vergleich und die Gestaltung konkreter Wirtschaftsordnungen anzuwenden. In den 70er und 80er Jahren stand der Vergleich zwischen westlichen Marktwirtschaften und sozialistischen Planwirtschaften im Mittelpunkt des Forschungsinteresses. Die damals theoretisch diagnostizierten Funktionsmängel der sozialistischen Wirtschaftssysteme sind durch deren späteres Scheitern eindrucksvoll bestätigt worden. Die theoretischen Grundlagenerkenntnisse erwiesen sich danach als solides Fundament für die aktive Beratung und Gestaltungsempfehlung im Zuge der Transformation der ehemals sozialistischen Systeme in marktwirtschaftlich und demokratisch verfaßte Ordnungen.

Einen zweiten Schwerpunkt bilden die vielfältigen Studien zur Sozialen Marktwirtschaft und deren Vergleich mit anderen Ausprägungen marktwirtschaftlicher Ordnungen. Hierzu hat *Alfred Schüller* die institutionellen Voraussetzungen einer funktionsfähigen marktwirtschaftlichen Ordnung untersucht, die daran gemessenen ordnungspolitischen Fehlentwicklungen eines ausufernden Sozialstaates und aktueller Experimente

„Dritter Wege" aufgezeigt sowie Leitlinien für die zukünftige Gestaltung der Sozialen Marktwirtschaft entwickelt. In allen Beiträgen kommt sowohl sein Engagement für eine freie, produktive und sozial akzeptable Wirtschafts- und Gesellschaftsordnung als auch seine Warnung vor deren Zerstörung zum Ausdruck.

Diese kritische Sicht bestimmt auch seine Studien zur europäischen Integration. Als engagierter Fürsprecher freier Güter- und Kapitalmärkte diagnostiziert *Alfred Schüller* Fehlentwicklungen der europäischen Integrationspolitik, die er am Beispiel des politisch-bürokratischen Integrationsweges aufzeigt. Vor allem kritisiert er das Streben nach bürokratisch verordneter „Vereinheitlichung" in allen wichtigen Bereichen der Wirtschafts- und Sozialpolitik. Statt dessen empfiehlt er den wettbewerblich-marktwirtschaftlichen Integrationsweg, der auf institutionelle Vielfalt setzt und auf die kreative und kontrollierende Funktion des Wettbewerbs der Institutionen und Standorte vertraut.

Der vierte wichtige Schwerpunkt der Forschungs- und Lehrtätigkeit von *Alfred Schüller* galt immer auch den Ordnungsfragen der internationalen Wirtschaftsbeziehungen. In der liberalen Tradition stehend, plädiert er für die Weiterentwicklung des *Röpke*schen Ideals einer „Preis-, Tausch- und Zahlungsgemeinschaft". Die hier wiedergegebenen Publikationen belegen seine Kritik an ordnungspolitischen und institutionellen Fehlentwicklungen, die er oftmals gegen den herrschenden Zeitgeist vom Machbarkeitsglauben und von der Überlegenheit staatlicher Eingriffe in die freie Marktkoordination formuliert hat. Seine frühen Arbeiten zu flexiblen Wechselkursen und der Verschuldungsproblematik haben nichts an Aktualität für die Ordnungsfragen der Globalisierung eingebüßt.

Die Mitarbeiter der Forschungsstelle danken *Friederike Pütter*, *Tobias Enchelmaier* und *Gregor Hense* für tatkräftige Unterstützung bei der Zusammenstellung der Beiträge. Ein besonderer Dank gebührt der ehemaligen Mitarbeiterin *Dr. Hannelore Hamel* für die engagierte redaktionelle und organisatorische Betreuung des Bandes sowie *Christel Dehlinger* für die unermüdliche und sorgfältige Arbeit bei der Anfertigung der druckfertigen Vorlage.

Marburg, im Juni 2002   Die Mitarbeiter:

Prof. Dr. Helmut Leipold, Dr. Reinhard Peterhoff,
Privatdozent Dr. Dirk Wentzel, Dipl.-Vw. Gerrit Fey,
Dipl.-Kfm. Ralf Geruschkat, Dipl.-Vw. Sandra Ludwig,
Dipl.-Kfm. Dieter Starke und Dipl.-Vw. Thomas Welsch

Inhalt

I.

Ordnungstheoretische Grundlagen

Theorie des wirtschaftlichen Systemvergleichs – Ausgangspunkte, Weiterentwicklungen und Perspektiven*

* Erstdruck in: *Helmut Leipold* und *Ingo Pies* (Hrsg.), Ordnungstheorie und Ordnungspolitik –
Konzeptionen und Entwicklungsperspektiven, Schriften zu Ordnungsfragen der Wirtschaft,
Band 64, Verlag Lucius & Lucius, Stuttgart 2000, S. 51-81.

1. Problemstellung

Der wirtschaftliche Systemvergleich, so wie er hier aufgefaßt wird, geht auf *Walter Euckens* wichtigstes theoretisches Buch „Die Grundlagen der Nationalökonomie" (1939/1950) und die darauf aufbauenden Arbeiten von *K. Paul Hensel* (1977) zurück. Ziel der folgenden Darstellung ist es, Ansatzpunkte für Weiterentwicklungen der zugrundeliegenden Ordnungstheorie zu erarbeiten. Es soll gezeigt werden, daß die Grundstrukturen dieser bahnbrechenden wirtschaftswissenschaftlichen Leistung weiterhin für die Erforschung und den Vergleich von Wirtschaftssystemen hilfreich, ja unverzichtbar sind.

Um festzustellen, ob sich etwas weiterentwickelt hat und welche Perspektiven erkennbar sind, bedarf es eines Ausgangspunktes. Es wird deshalb zunächst daran erinnert, von welcher Problemstellung die Ordnungstheorie und vergleichende Systemforschung ausgegangen sind (2. Kapitel) und in welchem *ideengeschichtlichen* und *wirtschaftspolitischen* Erklärungs- und Problemzusammenhang dies geschah (3. Kapitel).

Nach diesen allgemeinen Bezugspunkten beschäftigt sich das 4. Kapitel mit spezielleren Ausgangspunkten im Hinblick auf die Frage der Weiterentwicklung. Hierzu wird das Wirtschaftssystem als Teil des Sozialgeschehens (siehe Abb. 1) aufgefaßt. Dies kommt einer Vorgehensweise nahe, die *Röpke* (1944/1949, S. 25 ff.) die „synthetisch-integrierende" Methode oder „Synthese auf breiter Front" nennt: Der Mensch ist eingebunden in eine sittlich-kulturelle Verfassung. Diese handlungsrechtlichen Restriktionen – in der Neuen Institutionenökonomik wird von informalen äußeren Institutionen gesprochen – sind bestimmend für die Staatsverfassung, also für die Regeln und Organisationen staatlichen und politischen Handelns, die heute sogenannten formalen äußeren Institutionen. Aus der Staatsverfassung leitet sich üblicherweise die Wirtschaftsverfassung ab – als der rechtlichen Grundlage der Wirtschaftsordnung mit einer Fülle innerer Institutionen. Zusammen mit der Wirtschaftsordnung und der politischen Ordnung bilden die Handlungsweisen der Menschen das Wirtschaftssystem.

Mit diesen Ausgangspunkten soll zweierlei gezeigt werden: *erstens* die geistige Verwandtschaft der Ordnungstheorie mit den verschiedenen Ansätzen der Neuen Institutionenökonomie und die darin liegenden Perspektiven der Weiterentwicklung der Ordnungstheorie. *Zweitens* ist das Wirtschaftssystem als gemeinsame Einrichtung der Menschen zur Lösung der in Kapitel 2 behandelten Problemstellung in bestimmte sittlich-kulturelle, rechtliche und politische Strukturen und davon beeinflußte kollektive Lernprozesse, Handlungsgewohnheiten und -präferenzen eingebettet. Wer demzufolge *nur* von Wirtschaftssystemen etwas versteht, scheint auch von diesen nichts zu verstehen. Das gilt aber auch umgekehrt, wenn berücksichtigt wird, daß die sittlich-kulturelle Entwicklung einer Gesellschaft vom Wirtschaftssystem beeinflußt wird. Daraus leitet sich die Frage ab: Was hält das Wirtschaftssystem im Innersten zusammen? Ist auf dem Weg zu einer „Synthese auf breiter Front" eine einheitliche Theorie des Wirtschaftssystems und des Systemvergleichs zu erwarten? Diese Frage steht im Mittelpunkt der Überlegungen zu den Perspektiven des wirtschaftlichen Systemvergleichs im 5. Kapitel.

Abb. 1: Wirtschaftssystem als Teil des Sozialgeschehens

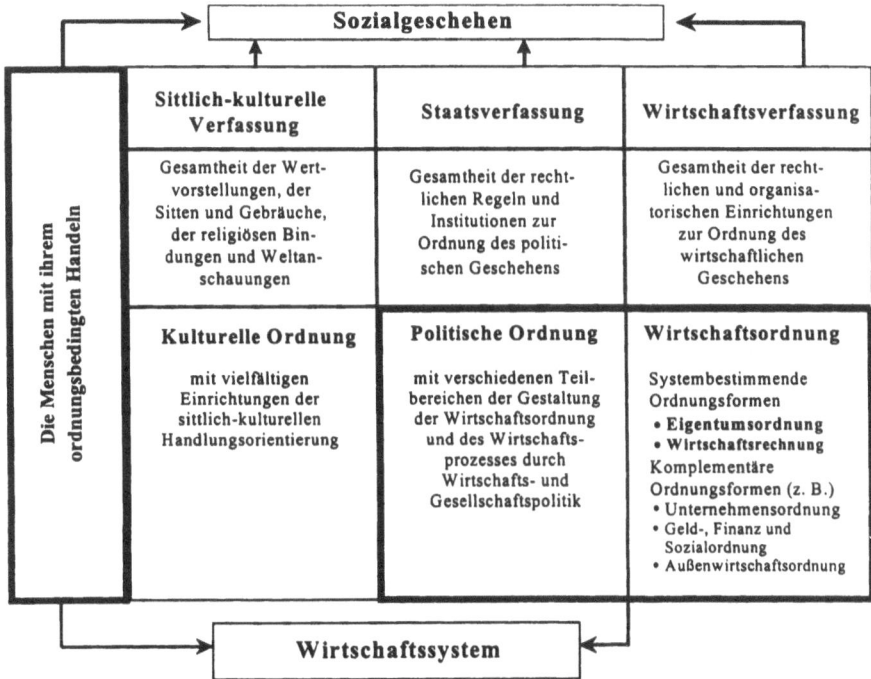

2. Die Hauptprobleme des Wirtschaftens – Ausgangspunkt der Ordnungstheorie und vergleichenden Systemforschung

Wie erfolgt die Lenkung des weitläufigen arbeitsteiligen Wirtschaftsprozesses, von dem die Versorgung jedes Menschen mit Gütern, also jedes Menschen Existenz abhängt? Wie läßt sich eine Vorstellung vom Relevanten, vom Substantiellen des arbeitsteiligen Wirtschaftens gewinnen? Wie ist – anders gefragt – das zu erklären, was hinter den sichtbaren, wechselnden Eigenschaften, Zuständen und Einrichtungen menschlichen Wirtschaftens immer wiederkehrt, also Gemeinsamkeiten aufweist? Hinter diesen Fragen verbirgt sich nach *Eucken* (1939/1950, S. 2 ff.) das *Knappheitsproblem* als das *„erste Hauptproblem“* allen Wirtschaftens mit folgenden Teilaspekten:

- die Verteilung von Produktionsfaktoren auf unterschiedliche Verwendungszwecke und der Einkommen (das Allokations- und Verteilungsproblem),

- das Verhältnis von Konsumieren, Sparen und Investieren (das Problem des zeitlichen Produktionsaufbaus),

- die Auswahl von Produktionsfunktionen aus der Vielfalt technisch möglicher und wirtschaftlich rentabler Verfahren (das Problem der Bestimmung des Faktoreinsatzverhältnisses),

- die Verteilung der Produktion im Raum (das Problem der räumlichen Faktorallokation),
- das Problem der Aktivitäts- oder Konjunkturschwankungen,
- das Problem der Entstehung wirtschaftlicher Notstände (insbesondere von Arbeitslosigkeit).

In geeigneten Antworten auf diese Teilfragen des Knappheitsproblems, die sich insbesondere für konkrete Zwecke des Vergleichs ausdifferenzieren und erweitern lassen, sieht *Eucken* das *„zweite Hauptproblem"*: Wie kann menschliches Handeln, das auf die Knappheitsminderung gerichtet ist, ermöglicht, stimuliert und geschützt werden? Die Lösung wird als Teilaspekt des Sozialgeschehens in der systematischen Zuweisung von Planungsrechten, also in dem gesehen, was heute Handlungs- oder Eigentumsrechte (Property Rights) genannt wird. Je nachdem, ob diese dezentral oder zentral zugewiesen werden, spricht *Eucken* von „Verkehrswirtschaft" oder von „zentralgeleiteter Wirtschaft". Dieses Grundverständnis idealtypischer Wirtschaftssysteme dient dazu, die Vielfalt realtypischer Wirtschaftsordnungen in ihrer jeweiligen Funktionsweise und mit ihren Funktionsproblemen systematisch analysieren und vergleichen zu können. Gegenstand dieses Vergleichs kann – etwa im Hinblick auf die genannten Teilfragen des Knappheitsproblems – die Überprüfung der eigenen Ordnung sein: Wie steht es mit der Einlösbarkeit bestimmter Erwartungen? Sind Ergebnisse, die als defizitär eingeschätzt werden, korrigierbar? Kann das vorhandene Fähigkeits- und Ressourcenpotential der Menschen besser zur Entfaltung gebracht werden?

Eine Weiterentwicklung dieser Konzeptualisierung des Ordnungsproblems und des Systemvergleichs[1] kann in folgenden Erkenntnissen gesehen werden:

Erstens: Hinsichtlich der Antwort auf die möglichen Lösungen des „ersten Hauptproblems" geht *Hensel* über *Euckens* Typologie von Wirtschaftssystemen und das davon abgeleitete Verständnis von Wirtschaftsordnungen hinaus, indem er die beiden idealtypischen handlungsrechtlichen Lösungen durch zwei korrespondierende Formen der Knappheitsanzeige erweitert. Danach bedingt die Dezentralisierung der Handlungsrechte eine Knappheitsanzeige in Form von Geldpreisen, die sich im Preismechanismus auf Märkten bilden. Die Zentralisierung korrespondiert mit der Knappheitsanzeige in Form von Plansalden, die als Ergebnis eines „Planmechanismus" gewonnen werden (*Hensel* 1954/1979, S. 115 ff.). Der von *Eucken* betonte Primat der Planungszuständigkeit wird damit durch die Art der Wirtschaftsrechnung erweitert.[2] Im Hinblick auf die Handlungsrestriktionen, die sich daraus ergeben, handelt es sich um eine Erkenntnis

---

[1] Zu den verschiedenen Ansätzen des Systemvergleichs siehe *Gutmann* (1987) und *Thieme* (1987).

[2] Die von *Hensel* (1954/1979) entwickelte idealtypische Lösung für einen knappheitsgerechten Rechnungszusammenhang mit Hilfe der naturalen Bilanzmethode ist strikt von der empirischen Möglichkeit zu unterscheiden, in realtypischen Zentralverwaltungswirtschaften einen Rechnungszusammenhang herzustellen. In dieser Hinsicht stimmt *Hensel* mit der Auffassung seines Lehrers *Eucken* (1949/1950, S. 80) überein, wonach die Zentralverwaltungswirtschaft über keine zureichende Methode verfügt, um die Knappheit der Produktionsmittel und Güter exakt festzustellen.

desselben Bezugsobjekts. Dies gilt übrigens auch für die handlungsrechtlichen Beschränkungen, die in der Neuen Institutionenökonomie aus der Existenz von *Transaktionskosten* abgeleitet werden, die bei der Entstehung und Nutzung von Property Rights üblicherweise anfallen. Durch deren Berücksichtigung kann in systemvergleichender Betrachtung gründlicher den wechselseitigen Bedingtheiten nachgegangen werden, die bei der Lösung der verschiedenen Teilaspekte des Knappheitsproblems zwischen der gegebenen Handlungsrechtsstruktur und Wirtschaftsrechnung einerseits und der inneren institutionellen Ausformung des Wirtschaftssystems andererseits bestehen (*Schüller* 1986, S. 131 ff.).

Zweitens: Für die Lösung der *beiden* Hauptprobleme regt *von Hayek* (1945/1976, S. 103 ff.) an, wirtschaftliche Gesamtsysteme nach der Methode der Wissensverarbeitung zu unterscheiden. Danach spiegelt sich in arbeitsteiligen Gesamtzusammenhängen die Art der Findung und Nutzung menschlichen Wissens in der Gesellschaft wider. Es werden prinzipiell zwei Methoden unterschieden: Das zentralisierte (hierarchische) und das dezentralisierte (horizontale) Verfahren. Die zentralisierte Methode besteht in dem Versuch, die Individuen zu veranlassen, ihr verfügbares Wissen einer zentral steuernden Behörde zur Nutzung anzuvertrauen. Diese steht dann vor der Aufgabe, das aggregierte Wissen im Hinblick auf bestimmte Ziele auszuwählen und mit Hilfe einer verbindlichen ex ante-Abstimmung (-Harmonisierung) aller Einzelpläne in einer Volkswirtschaft zu nutzen. Im Gegensatz zu dieser zentralverwaltungswirtschaftlichen Wissensverarbeitung läßt sich die dezentralisierte Methode als wettbewerbliche (verkehrswirtschaftliche) Koordination aller Einzelpläne interpretieren. Es wird berücksichtigt, daß das Wissen Individuen zu verdanken, Gegenstand subjektiver Kalküle und das Ergebnis eines offenen wettbewerblichen Such- und Erfahrungsprozesses ist. Deshalb wird erwartet, daß Zentralisierungsversuche unausweichlich mit vergleichsweise hohen (Transaktions-)Kosten der Wissensgewinnung, der Wissensteilung und Wissenskontrolle verbunden sind – mit der Folge nicht korrigierbarer Informations- und Leistungsverluste. Von dieser analytischen Basis ausgehend, liegt es nahe, den Prozeß der Wissensfindung und -nutzung zwischen den Grenzpunkten „vollständige ex ante-Harmonisierung" und „unbeschränkter Wettbewerb" im Hinblick auf die institutionelle Systementfaltung, bei der wirtschaftliche und politische Einflüsse zusammenwirken, vergleichend zu untersuchen (*Schüller* 1997, S. 69 ff.).

Drittens: Im Hinblick auf die Teilaspekte des Knappheitsproblems wird von *Demsetz* (1964, S. 16 f.) das Allokationsproblem weiter ausdifferenziert. Dabei werden der Sache nach folgende Aufgaben[3] unterschieden, die jeder akzeptable Allokationsmechanismus erfüllen müsse: die Erzeugung von Informationen über Möglichkeiten und Vorteile aus dem Einsatz von Ressourcen in alternativen Verwendungen, die Ausstattung von Personen mit Property Rights als Voraussetzung für Tauschbeziehungen und Anreize zur Nutzung dieser Möglichkeiten. Wie diese Aufgaben bewältigt werden, wird im wesentlichen mit der unterstellten Struktur der Property Rights erklärt. Anhand der genannten

---

[3] *Neuberger* und *Duffy* (1976) haben diesen Gedanken auf die Aspekte decision-making, information, and motivation verkürzt. Wie immer auch das „erste Hauptproblem" in Einzelprobleme aufgeteilt werden mag, eine vergleichende Analyse ist auf dieser Grundlage nicht möglich, wenn die Frage offen bleibt, worin sich Wirtschaftssysteme unterscheiden.

Aufgaben[4], bei denen neben dem Informationsaspekt Teilaspekte von *Euckens* beiden Hauptproblemen kombiniert werden, kann die vergleichende Systemforschung für alternative Bedingungskonstellationen und bei Berücksichtigung von Transaktionskosten typische Handlungs- und Ergebnismuster in mikroökonomischer Perspektive unterscheiden, allerdings nur dann mit Aussicht auf einen zusätzlichen Erkenntnisgewinn, wenn die jeweilige Property Rights-Struktur im Rahmen des wirtschaftlichen Gesamtsystems gesehen und mit ihrem gesamten ökonomischen Wirkungsspektrum in Betracht gezogen wird. Hierbei ist zu klären, was unter einem Wirtschaftssystem verstanden wird. Dies legt die Verknüpfung der Property Rights-Theorie mit der Ordnungstheorie nahe.

3. Ideengeschichtlicher und wirtschaftspolitischer Ausgangspunkt der vergleichenden Systemforschung

3.1. Der Beitrag von *Adam Smith*

Seiner aus dem „Denken in Ordnungen" entwickelten Analyse stellt *Eucken* (1939/1950) im Kapitel „Kritik der Nationalökonomie" eine Auseinandersetzung mit den zu seiner Zeit vorherrschenden Antworten auf das „erste Hauptproblem" voran – seitens der klassischen Nationalökonomie, der Historischen Schule und des Marxismus. Weiterführende Antworten findet *Eucken* nur bei *Smith* und dessen Suche nach einem Ordnungsrahmen, mit dem ein Land wohlhabender werden kann. Hierbei ist *Smith* (1776/1974 S. 345 ff.) bekanntlich auf zwei „Systeme der politischen Ökonomie" gestoßen: das Handels- oder Merkantilsystem und das Agrarsystem.

Nach dem *ersten* System wird ein Land wohlhabender, wenn es Gold und Silber anhäuft und im Hinblick auf dieses währungspolitische Ziel alle binnen- und außenwirtschaftlichen Tauschbeziehungen so gestaltet, daß sich die Handelsbilanz im Interesse eines größtmöglichen Nettokapitalimports aktiviert. Die Gestalt der Handelsbilanz wird damit zum makroökonomischen Indikator der Wohlstandsentwicklung schlechthin. Die ein- und ausfuhrregulierenden Instrumente des Merkantilsystems stellen eine punktualistisch-dirigistische Lösung des Knappheitsproblems dar. Im Kern geht es dabei um eine Strategie der staatlich organisierten Umverteilung zum Nachteil des Auslands – eine Konfliktvorstellung, die dann im 20. Jahrhundert in der Zentralverwaltungswirtschaft sowjetischen Typs als einem radikalen egalitären Umverteilungssystem mit dem freilich gescheiterten Anspruch ausgebaut wurde, ein universelles Lösungskonzept für das Knappheitsproblem zu bieten.

Aus der Analyse der (negativen) volkswirtschaftlichen Wirkungen der Strategie des reinen Konflikts für die Lösung des „ersten Hauptproblems" gewinnt *Smith* die Vergleichsgrundlage, von der aus sich im Umkehrschluß die positiven Wohlstandswirkun-

---

[4] Dabei bleiben wichtige Aspekte unberücksichtigt, die *Eucken* neben dem Allokations- und Verteilungsproblem unterscheidet, nämlich die Frage des zeitlichen Hergangs und der räumlichen Lenkung der Produktion und deren Verschmelzung mit der Ordnungstheorie und der vergleichenden Systemforschung (im Hinblick auf den Aspekt des zeitlichen Produktionsaufbaus siehe *Fehl* 1989, S. 79 ff.).

gen des freien Marktsystems, also der klassischen Kooperationsvorstellung, ableiten und begründen lassen. Theorie wird hier aufgrund einer vergleichenden Beurteilung von Fakten entwickelt, wobei *Smith* ganz nebenbei durchaus aktuelle Einsichten in die enormen Schwierigkeiten vermittelt, die beim Übergang vom Merkantil- zum Marktsystem entstehen.

Mit dem *zweiten* System meint *Smith* (1776/1974, S. 561) jene imaginäre Denkstruktur des „tableau économique" des französischen Ökonomen und Arztes *Quesnay*, der in der Landwirtschaft die „einzige Quelle für Einkommen und Wohlstand" sah. *Smith* setzt sich wohlwollend damit auseinander, kommt aber zu dem Ergebnis, daß dieser Denkansatz zur systematischen Privilegierung der Landwirtschaft und zur Diskriminierung von Gewerbe und Handel verleitet.[5] Entsprechende Wirtschaftssysteme würden „womöglich noch inkonsistenter" sein als Merkantilsysteme (ebd., S. 581). Ein allgemeines Charakteristikum beider Systeme besteht nach *Smith* darin, daß die damit verbundenen wirtschaftspolitischen Begünstigungen und Benachteiligungen anfällig für den Einfluß von Ideologien und Interessenten sind.

Das Ergebnis dieses Systemvergleichs ist die Annahme, daß sich dann, wenn „alle Systeme der Begünstigung und Beschränkung (aufgegeben werden), ganz von selbst das einsichtige und einfache System der natürlichen Freiheit her(stellt)" (ebd., S. 582). In dem Weg zu dieser Erkenntnis kann das *erste Glanzstück systemvergleichender Forschung* gesehen werden – mit einer Anleitung für *wirtschaftspolitisches* Handeln, die sich unmittelbar aus der Theorie ergibt. Im Einfluß der zugrunde liegenden liberalen Ideenwelt auf die Systementwicklung liegt ein nach wie vor aktueller Aspekt für die systemvergleichende Forschung:

Das sich im 18. und 19. Jahrhundert rasch ausbreitende Systemdenken von *Smith* war von dem begleitet, was heute institutioneller Wandel durch den „Wettbewerb der Systeme" genannt wird: Die Gedanken von *Smith* wurden bekanntlich in Preußen von den großen Reformern, dem *Freiherrn vom Stein, Wilhelm von Humboldt* und *Carl August von Hardenberg*, aufgegriffen. Mit ihrem wirtschaftspolitischen Programm zur Herstellung von Gewerbe- und Handelsfreiheit waren folgende Ergebnisse verbunden:

Erstens: Das vorherrschende merkantilistische Denken wich einem geistigen Einfluß, der zumindest für die Zeit von 1815 bis 1875 dem Marktsystem in Deutschland zum Wachstum und zur Blüte verholfen hat. Auf diesem Weg waren erhebliche Schwierigkeiten zu überwinden. Zwar wurde die wirtschaftspolitische Grundidee der Reformer – Gewerbe- und Handelsfreiheit – vielfach als einsichtig, überzeugend und in sich schlüssig angesehen, sie hatte allerdings einen Fehler: Die Menschen waren nicht dafür zu begeistern, weil sie die Vorteile des Neuen nicht erkannten. Sie lebten in ihrer Welt der tief verwurzelten Erfahrungen mit den Institutionen des Merkantilsystems. So riefen die freigewerblichen und freihändlerischen Ideen der Reformer in Berlin einen Sturm der Entrüstung und Ablehnung hervor. Entscheidend für den Erfolg der preußischen Reformer war die Idee einer neuen Steuerquelle. Diese diente den Reformern als An-

---

[5] Die Annahme liegt nahe, daß sich hinter dem physiokratischen Denkansatz die Angst vor der aufkommenden Industrie und dem internationalen Wettbewerb, also eine Interessentenideologie verbirgt.

reizmittel. Der Köder war die Gewerbesteuer, mit der man dem König die Sanierung der Staatsfinanzen in Aussicht stellte. Nach dem Gewerbesteuer-Edikt vom 28. Oktober 1810 konnte jedermann ein beliebiges Gewerbe betreiben, sofern er seine Rechtschaffenheit nachweisen konnte und die Gewerbesteuer im voraus bezahlte. Nur für bestimmte Gewerbe wurde im Interesse der öffentlichen Sicherheit ein Qualifikationsnachweis verlangt. In dieser Umwelt konnte Preußen dann mit dem Tarif von 1818 das liberalste Zollgesetz seiner Zeit einführen. Der König sah sich in „seiner" Reformfreudigkeit mit einer neuen kräftig sprudelnden Steuerquelle reich belohnt.

Zweitens: Hierdurch konnte der große wirtschaftliche Rückstand Deutschlands gegenüber England aufgeholt werden.

Drittens: Andere Länder wurden im „Wettbewerb der Systeme" zur anpassenden Liberalisierung gezwungen, so seit 1840 zum Beispiel auch England, das im Liberalisierungsprozeß gegenüber Deutschland zeitweilig zurückgefallen war. Von England aus griff die Liberalisierung unter Napoleon III. auf Frankreich über. Diese Entwicklung hatte wiederum eine ansteckende Wirkung auf andere europäische Länder, die USA und Rußland.

Viertens: Der kleinstaatliche Protektionismus wurde durchbrochen, es entstand eine rechtsstaatliche Humanisierung. Diese Entwicklung wurde dann allerdings – unter dem Einfluß einer antiliberalen geistigen Strömung – trotz positiver wirtschaftlicher Gesamteffekte von einem erneut aufkommenden Protektionismus abgelöst, der sich im Gefolge eines in unterschiedlichen Formen vordringenden (wirtschafts-)politischen Nationalismus ausbreitete – wiederum mit ansteckender Wirkung und mit einem entsprechenden Wandel der Wirtschaftssysteme. Dieser Wandel war von national bedingten Besonderheiten begleitet, wie zum Beispiel dem Wiederaufleben des *Panslawismus* in Rußland, der einer weiteren erfolgreichen Integration Rußlands in die Weltwirtschaft und einer entsprechenden Systementwicklung im Wege stand. Dies passierte aber erst, nachdem eine forcierte Industrialisierungspolitik mit einem ungeheuren Steuerdruck gescheitert war.

Daran wird erkennbar:

- Der institutionelle Wandel ist, wie jedenfalls der historische Rückblick, aber auch die Dauerkonkurrenz zwischen dem „(neo-)merkantilistischen Konfliktmodell" und dem „klassischen Kooperationsmodell" (zu den sozialphilosophischen Hintergründen siehe *Watrin* 1967) zeigen, allein schon wegen konkurrierender geistiger Strömungen nach allen Seiten offen.
- Für die systemvergleichende Forschung sind neben den geistigen Kräften und kulturellen Prägungen, die Einfluß auf die Systementwicklung haben können, auch wirtschaftspolitische Kunstfehler zu berücksichtigen.[6] Dies zeigen nicht nur die russische Industrialisierungspolitik vor 1917, sondern auch Entstehung und Verlauf der großen Inflation nach dem I. Weltkrieg und der Weltwirtschaftskrise seit Ende der

---

[6] „Die nationalökonomische Apotheke ist mit Giften ausgestattet, deren Wirksamkeit für die gesellschaftliche Basis aller Wissenschaft diejenige naturwissenschaftlicher Erfindungen teilweise in den Schatten stellt" (*Willlgerodt* 1961, S. 76).

20er Jahre – mit jeweils nachhaltigen Konsequenzen für den Systemwandel und den Wettbewerb der Systeme (*Schüller* 1992, S. 45 f.).

3.2. Die Weiterentwicklung durch *Walter Eucken* und *K. Paul Hensel*

Eucken würdigt den Erkenntnisfortschritt durch *Smith* und dessen Versuch, in der systemvergleichenden Betrachtung die Antinomie von Geschichte und Theorie zu überwinden (siehe hierzu *Krüsselberg* 1991, S. 27 ff.; *Leipold* 1998, S. 15 ff.). Was *Eucken* (1939/1950, S. 25) an der Systemtheorie von *Smith* mißfällt, faßt er in dem Satz zusammen: „So suchte die klassische Nationalökonomie in der geschichtlichen Mannigfaltigkeit positiver Ordnungen die *eine* natürliche Ordnung – und fand sie in der Wettbewerbsordnung." Das geschichtliche Leben sei mannigfaltiger. Deshalb wäre nach *Eucken* schon im 19. Jahrhundert ein Neuansatz nötig gewesen. Dieser sei aber dem verfehlten Systemdenken der Historischen Schule und des Marxismus zum Opfer gefallen. *Eucken* versucht mit seinem Ansatz, ein größeres Spektrum von verschiedenen Wirtschaftsordnungen ins Blickfeld zu rücken. Hierbei berücksichtigt er auch die ordnungspolitischen Experimente in den zwanziger Jahren (siehe *Tuchtfeldt* 1989, S. 283 ff.). Dies geschieht in den „Grundlagen" (1939/1950). Eine Frucht dieser systemvergleichenden Betrachtungen ist *Eucken*s Versuch, die Ordnungsprinzipien des Marktsystems und des staatlichen Handelns, die *Smith* aus seinem Systemvergleich gewonnen hatte, schärfer zu formulieren, zu „konstitutiven" und „regulierenden" Prinzipien der Politik der Wettbewerbsordnung zusammenzufassen und damit die Wissensgrundlage für wirtschafts- und sozialpolitisches Handeln zu verbessern, wie dies in den „Grundsätzen" (1952/1990) geschieht.

In der marktwirtschaftlichen Wettbewerbsordnung sieht er nicht nur das Ergebnis einer kulturellen Evolution, sondern – über *Smith* hinausgehend – zugleich eine staatspolitische Aufgabe und im Hinblick darauf ein normatives Orientierungskonzept. Ähnlich wie *Smith* entwickelt er die Theorie der Wirtschaftssysteme und des Systemvergleichs im Lichte neuer Fakten weiter und zieht daraus Konsequenzen für das ordnungspolitische Handeln.[7]

Smith und *Eucken* gewinnen aus den volkswirtschaftlichen Konsequenzen bestimmter staatlicher Regulierungen eine politisch handhabbare Entscheidungslogik. Hierbei gehen sie davon aus, daß die Menschen *erstens* immer und überall auf Ausnahmen von einer privilegienfreien Wirtschaftsordnung prinzipiell ähnlich ausweichend reagieren und daß es *zweitens* schwierig ist, die für eine solche Ordnung als notwendig erkannten Prinzipien durchzusetzen. *Smith* hebt hierbei einseitig das Problem der entgegenstehenden wirtschaftlichen Machtinteressen auf staatlicher Seite hervor, während *Eucken* (1952/1990, S. 169-184) daneben die Träger privater Macht gleichrangig ins Blickfeld rückt.

Die Frage, ob es *Eucken* gelungen ist, *Smith*s Lehre von den Methoden der Konfliktbeilegung durch Moral, Markt und Staat hinreichend zu würdigen, ist umstritten.

---

[7] *Ludwig Erhard* setzte auf seine Weise im westlichen Nachkriegsdeutschland und in nicht unerheblichem Maße auch im EG-Vertrag von 1958 das um, was die preußischen Reformer zu Beginn des 19. Jahrhunderts auf ihre Art leisteten.

Dem klassischen Ansatz von *Smith* und – in dessen Nachfolge – von *Friedrich A. von Hayek* werden heute vielfach komparative Vorteile bescheinigt, wenn es darum geht, „konkrete Ordnungsentwürfe zu formulieren, die die notwendigen und hinreichenden Bedingungen einer freien Gesellschaft konzeptionell durcharbeiten" (*Watrin* 1999, S. 52).[8]

Allerdings ist auch weiterhin davon auszugehen, daß die Zukunft schweigendes Land ist; auch ist die Anwendung des Idealtypus der „zentralgeleiteten Wirtschaft" und davon abgeleitete Ordnungskonstellationen nicht an die Existenz von Zentralverwaltungswirtschaften sowjetischen Typs gebunden (siehe *Herrmann-Pillath* 1991, S. 32). Man muß gar nicht an unternehmensspezifische hierarchische Organisationen oder an Vorstellungen einer öko-diktatorischen Umweltpolitik denken, sondern kann in aktuellen bürokratischen Planungsverfahren, mit deren Hilfe z. B. das Gesundheitswesen, die Vergabe von Rundfunkfrequenzen oder die Hochschulen in Deutschland organisiert sind oder reformiert und effizienter gemacht werden sollen, Anwendungsfälle zentralverwaltungswirtschaftlichen Denkens wiedererkennen. Um die mit dieser Sozialtechnik verbundenen lenkungswirtschaftlichen Ineffizienzen, die sich in Form von „weichen Plänen", Koordinationslücken und Neigungen zur Verschwendung und Innovationsträgheit äußern, zu bekämpfen, werden die zentralistischen Planungsverfahren einem ständigen ordnungspolitischen Zick-Zack-Kurs Vorschub leisten, der in der Tradition der Zentralverwaltungswirtschaft als „Zyklus der Reformen" oder „Systemzwang zum wirtschaftspolitischen Experiment" genannt wird (*Hensel* 1970/1977, S. 173 ff.). Alles in allem kann in *Euckens* Beitrag auch nach dem Verschwinden der Zentralverwaltungswirtschaft sowjetischen Typs *das zweite Glanzstück systemvergleichender Forschung* gesehen werden.

Um Wirtschaftssysteme vergleichen zu können, so *Hensel* (1977, S. 54) im Anschluß an *Eucken*, sind jene Instrumente der Ordnungstheorie unentbehrlich, die es erlauben, aus den geschichtlich gewachsenen Institutionen Ordnungsprinzipien zu gewinnen und diese in ihrer Mannigfaltigkeit in den Zusammenhang von Gesamtordnungen zu bringen – als individuelle, wechselnde Tatbestände der Geschichte und als typische Wirtschaftssysteme zentraler oder dezentraler Planung. Ohne die Klärung der Frage, was ein Wirtschaftssystem ist, welche Wirtschaftssysteme es gibt, worin sie sich unterscheiden und was sie leisten, ist kein Vergleich möglich. Die schon im 2. Kapitel angedeutete Lehre von *Eucken* und *Hensel* wird so verstanden, daß damit auch die Experimente nach dem I. und II. Weltkrieg gründlich und vergleichend analysiert werden können – etwa im intrasystemaren oder im intersystemaren Vergleich.[9]

---

[8] Die Entwicklung nach dem 1989er Umbruch im Osten und der wirtschaftlichen Globalisierung scheinen *Smiths* Marktoptimismus zu bestätigen.

[9] Zum intersystemaren Vergleich gehören die klassischen Ost-West-Vergleiche Bundesrepublik Deutschland-DDR, Nordkorea-Südkorea, Volksrepublik China-Taiwan (siehe etwa *Hamel* 1989); zum intrasystemaren Vergleich sind die verschiedenen Spielarten von Zentralverwaltungswirtschaften und Marktwirtschaften zu zählen. Hinzukommen die vielfältigen „Dritten Wege", die danach unterschieden werden können, ob sie im Magnetfeld der Zentralverwaltungswirtschaft oder der Marktwirtschaft angesiedelt sind (siehe *Schüller* 2000b).

4. Spezielle Ausgangspunkte für die Weiterentwicklung des Systemvergleichs

4.1. Die Ordnungsbedingtheit menschlichen Handelns

Jeder Mensch hat im Umgang mit dem „ersten Hauptproblem" eigene Interessen und Präferenzen, spezifische Fähigkeiten und Ressourcen. Seine Möglichkeit, rational zu handeln, ist begrenzt, weil die Bedingungen und Ergebnisse seines Handelns im Wettbewerb mit den Bemühungen anderer Menschen stehen und schon deshalb unsicher sind. Für die vergleichende Betrachtung ist mit dieser Charakterisierung des wirtschaftenden Menschen allerdings nichts gewonnen. Hierfür ist ein anderer Weg einzuschlagen. Deshalb behandelt *Eucken* (1939/1950) diesen Aspekt systematisch erst im fünften Kapitel des dritten (und letzten) Teils der „Grundlagen", nachdem es ihm gelungen war, die Vielfalt der Ordnungen (Institutionen) analytisch in den Griff zu bekommen, die als gemeinschaftliche Handlungsrestriktionen für das menschliche Tun üblicherweise bestimmend sind. Gibt es angesichts ganz verschiedener Kulturkreise und der Verschiedenheit der Menschen in der Geschichte, so fragt *Eucken*, ganz ähnlich wie bei den Ordnungen auch im menschlichen Verhalten das Invariante, Beharrliche, immer Wiederkehrende? Wie kann der Versuch gewagt werden, so meint er (ebd., S. 205), „für die Geschichte einen theoretisch-nationalökonomischen Apparat zu ersinnen", wenn es keine „konstante Größe Mensch" gibt?

Konstant *und* wandelbar, das sind nach *Eucken*s Verständnis des methodologischen Individualismus die beiden Eigenschaften menschlichen Verhaltens: „Stets ... und überall suchen die Menschen in ihren wirtschaftlichen Plänen und damit in ihren Handlungen einen bestimmten Zweck mit einem möglichst geringen Aufwand an Werten zu erreichen" (ebd., S. 211). Aus der Beachtung des wirtschaftlichen Prinzips wird dann eine „eigenartige Invarianz des Gesamtstils" menschlichen Handelns bei dem Versuch gefolgert, dem Knappheitsproblem gerecht zu werden. In diesem Verständnis des homo oeconomicus ist die Wandelbarkeit menschlichen Verhaltens das Ergebnis der Anpassung des Handelns nach dem ökonomischen Prinzip an die jeweiligen Ordnungsbedingungen. Aus der Annahme, daß alles menschliche Handeln ordnungsbedingt ist, setzt der Mensch als analytischer Ausgangspunkt der Ordnungstheorie den Ausbau der Lehre von den Wirtschaftssystemen voraus.

Die Kritik, der Ordnungstheorie fehle eine explizite individualistische und entscheidungstheoretische Basis, erst die Institutionenökonomik habe dem Prinzip des methodologischen Individualismus systematisch Beachtung geschenkt (siehe *Feldmann* 1999, S. 3), verkennt den Grund, warum *Eucken* nicht mit dem Kapitel „Der wirtschaftende Mensch" beginnt. Offensichtlich erfordert aber die Analyse des Verhältnisses von Invarianz und Varianz menschlichen Handelns logisch zwingend, zunächst die theoretische Grundlage hierfür zu schaffen. Immerhin bietet diese Einsicht einen analytischen Ausgangspunkt für die Erklärung der Reaktionen und der Folgekosten, mit denen zu rechnen ist, wenn ein Kongruenzproblem besteht, die Menschen also daran gehindert werden, Ordnungsbedingungen oder Institutionen zu entwickeln und zu nutzen, die ihren individuellen Handlungszielen dienlich sind.

Insofern steht der Mensch bei *Eucken* analytisch im Mittelpunkt des Systemvergleichs. So taucht das Kongruenzproblem in Form von Ausweichreaktionen[10] überall auf, wo sein Eigeninteresse nicht durch eine knappheitsgerechte Wirtschaftsrechnung und entsprechende Property Rights stimuliert und kontrolliert wird. In solchen wiederkehrenden Erfahrungen könnte der Grund dafür liegen, daß die systematischen Aussagen zum „wirtschaftenden Menschen" bei *Eucken* wie ein Resümee erscheinen. Tatsächlich erschließt sich die Varianz des menschlichen Verhaltens im Sinne des homo oeconomicus a priori aber erst aus dem, was *Hensel* (1975, S. 29 ff.) die „Logik der Systementfaltung" nennt.

Ordnungen können die Menschen (vordergründig betrachtet) dumm, inaktiv, untertänig und unselbständig machen, sie können Innovationspotentiale verschütten, zum Beispiel unter dem Einfluß religiöser oder sonstiger Machtentfaltung, des zentralverwaltungswirtschaftlichen Dirigismus oder des marktwirtschaftlichen Wohlfahrtsstaates und den daraus entstehenden Wissens-, Denk- und Handlungsblockaden – etwa bei den sozialpolitisch Verdummten. Umgekehrt können Ordnungen das vermitteln, was heute menschliches Empowerment genannt wird: die Entwicklung eigener Befähigung, von Einfallsreichtum, Erfindungs- und Durchsetzungskraft – auch in der Nachahmung, im starrsinnigen Verharren und in der Immobilität. Hierbei wird unterstellt, daß jeder Mensch in dieser Hinsicht Entwicklungspotentiale hat. Die Annahme, daß die Menschen stets im Rahmen von Ordnungen handeln und die Methoden ihres Handelns den jeweiligen Ordnungs- oder Randbedingungen anpassen[11], haben *Homann* und *Pies* (1991, S. 606) systematisch weiterverfolgt und zu einem wirtschaftsethischen Prinzip erhoben: Der systematische Ort der Moral in einem Wirtschaftssystem sind die Ordnungsregeln.[12]

In den Sozialwissenschaften werden auf der Suche nach ordnungsabhängigen Varianten des invarianten Gesamtstils Menschenbilder unterschieden. Wenn sich in der Konkurrenz der Menschenbilder und – so ist hinzuzufügen – der Staatsverständnisse das Ringen um die Vorherrschaft bestimmter Denktraditionen (Kollektivprinzip versus In-

---

[10] Etwa durch Leistungsverweigerung, Verantwortungsscheu, partikularistische und autarkistische Bestrebungen, konfliktgeladene Gruppenegoismen, durch Eintauchen in die Untergrundwirtschaft mit zahlreichen wohlstandssichernden oder -hemmenden Begleiterscheinungen von Beziehungswirtschaft, Korruption und Verkürzung der Arbeitsteilung.

[11] Den Formen der äußeren (macht- oder politikgesteuerten) und der inneren (marktpreisgesteuerten) Koordination nach *Miksch* (1950, S. 29 ff.) oder den äußeren und inneren Institutionen nach *Lachmann* (1963, S. 63 ff.).

[12] Freilich bleibt mit *Tocqueville* (1835/1994, S. 241) zu fragen, ob es nicht unabhängig von der Verfassung und Ordnung verschiedene Freiheitsverständnisse der Menschen gibt – nach dem Ursprung der Einwohner, nach der Religion, der Natur des Landes, dem früheren Gebrauch, der erworbenen Bildung, vor oder nach einer demokratischen Revolution. Und nach wie vor sind Erziehung, Religionen und andere kulturelle Dispositionen, die es vermögen, den Menschen viele ethoshafte Selbstbindungen (Selbstdisziplin, Gerechtigkeitssinn, Ehrlichkeit, Fairneß usw.) mitzugeben, eine unschätzbare zusätzliche Quelle des Wohlstands und der Wohlstandsmehrung, wenn zugleich kongruente formgebundene äußere und innere Institutionen bestehen.

dividualprinzip[13]) manifestiert, ist der Systemwettbewerb letztlich darauf zurückzuführen. Demzufolge lassen sich verschiedenen Denktraditionen und Menschenbildern – etwa in historischen Zeitgeistanalysen – komplementäre gesamtwirtschaftliche Handlungsmodelle oder Wirtschaftssysteme zuordnen (*Schüller* 2000a).

4.2. Wirtschaftsordnung und politische Ordnung

Im traditionellen „synthetisch-integrierenden" Verständnis der Ordnungstheorie bildet die *Wirtschaftsordnung* das Kernstück des Wirtschaftssystems (siehe Abb. 1). Hierbei wird angenommen, daß von der jeweiligen Ordnung der Property Rights[14] und von der Wirtschaftsrechnung[15] wie von keiner anderen Ordnungsbedingung der wirtschaftliche Handlungsspielraum und damit die Lösung des „ersten Hauptproblems", also des Knappheitsproblems, bestimmt werden. Beide Ordnungsformen haben deshalb *systembestimmenden* Charakter und bilden mit ergänzenden Ordnungsformen die Wirtschaftsordnung.

Zu der zugrundeliegenden „Logik der Systementfaltung" können die Handlungsmuster der (wirtschafts-)politischen Ordnung in Widerspruch geraten, wenn sie einer anderen Rationalität folgen. Das Ausmaß dieses Widerspruchs kann den Charakter und die Ergebnisse von Wirtschaftssystemen entscheidend bestimmen. Deshalb liegt darin ein wichtiger Aspekt systemvergleichender Forschung. Die Ursachen hierfür versuchen die Neue Politische Ökonomie (NPÖ) und das Konzept der Kontextsteuerung[16] zu erklären,

---

[13] Eine zugespitzte Aussage hierzu findet sich bei *Tocqueville* (1835/1994, S. 216): „Sein Ziel zu erreichen, baut der Amerikaner auf das private Interesse und läßt die Kraft und die Vernunft des Einzelnen wirken, ohne sie zu dirigieren. Der Russe drängt gewissermaßen die ganze Macht der Gesellschaft in einen Menschen zusammen." Siehe hierzu auch *Röpke* (1953/1997, S. 27 ff.); *Schüller* (2000a).

[14] Die Eigentumsordnung, aufgefaßt als Struktur von Handlungs- oder Planungsrechten (Property Rights), grenzt den tauschwirtschaftlichen Möglichkeitsbereich der Menschen ab. Von diesem „archimedischen Punkt" aus greifen diese im Hinblick auf die Lösung des Knappheitsproblems in das wirtschaftliche Geschehen ein und begründen den „sozialen Lebensprozeß" der Menschen. In den Property Rights sehen Neue Institutionenökonomie und Ordnungstheorie „das Tor, durch das die Nationalökonomie in die wirtschaftliche Wirklichkeit eindringt" (*Eucken* 1939/1950, S. 230), wobei *Eucken* (ebd., S. 55) ausdrücklich feststellt, daß das Vorhandensein von bestimmten Rechtsinstitutionen, etwa Privateigentum oder Staatseigentum, nur wenige und unsichere Schlüsse auf das Ordnungsgefüge der Wirtschaft und die davon ausgehenden verhaltenssteuernden Wirkungen zuläßt. In dieser Feststellung liegt eine für die vergleichende Systemforschung unverzichtbare Orientierung – vor allem hinsichtlich eines Vergleichs von Rechtsordnung und Wirtschaftsordnung, bei dem berücksichtigt wird, daß Verfassungsidee und Verfassungswirklichkeit auseinanderfallen können.

[15] Die Wirtschaftsrechnung ist als rationale Entscheidungsgrundlage für eine knappheitsgerechte Bewältigung der Lösung des Knappheitsproblems anzusehen, sei es in der Spezifikation von *Eucken, Hensel, Demsetz* oder *Neuberger/Duffy*. Jede moderne Wirtschaft würde „einem sinnlosen Chaos weichen müssen, wenn man sie der Möglichkeit zu rechnen berauben würde" (*Mises* 1920/1921, S. 97).

[16] Das Konzept der Kontextsteuerung (siehe *Wegner* 1993, S. 271 ff.) geht davon aus, daß die ökonomische Theorie für offene wirtschaftliche Prozesse über kein normatives Steuerungskonzept verfügt und damit keine rationalen politischen Steuerungsempfehlungen geben kann, also zu irrealen Handlungen verdammt ist. Das kommt einer vielfach widerlegbaren Bankrotterklärung (wirtschafts-)politischer Handlungsmöglichkeiten gleich.

eine von den Vertretern der Ordnungstheorie eher zögerlich,[17] aufgenommene Erweiterung der Möglichkeit, das Verhältnis von Ordnungstheorie und Politik – vor allem hinsichtlich der Beachtung der Grenzen politischer Steuerungsfähigkeit – auch vergleichend zu analysieren. Es besteht kein Zweifel, daß *Eucken* wichtige Einsichten in den Zusammenhang von politischen Prozessen und Marktprozessen zu verdanken sind – vor allem hinsichtlich des Einflusses von Interessenverbänden. Mit seinen daraus gefolgerten staatlichen Verfassungsprinzipien nimmt er Gedanken der NPÖ vorweg, ohne der damit verbundenen Gefahr (siehe Fußnote 17) zu erliegen. Insbesondere mit der Weiterentwicklung der Public Choice-Schule bzw. der Verfassungsökonomik (*Buchanan* 1987, S. 585 ff.; *Leipold* 1988, S. 257 ff.) wird versucht, alle ordnenden Kräfte in ihrer Verschränkung mit den Gestaltungsproblemen der Wirtschaftsordnung *direkt* in das Blickfeld ökonomischer Kalküle zu rücken. Das zielt weit über das herkömmliche ordnungstheoretische Forschungskonzept hinaus.

Ob in der Hypothese des Handelns nach dem ökonomischen Prinzip im Hinblick auf das Argument der Wahl von Institutionen („choice of rules") und des Handelns im Rahmen von Institutionen („choice within rules") ein großer Schritt hin zur „Synthese auf breiter Front" zu sehen ist, hängt vom Erklärungsanspruch ab. Bei einer ex post-Betrachtung läßt sich aus der Sicht der frei tauschenden Akteure so ziemlich jede beliebige Wahl – einschließlich der (wettbewerbsbeschränkenden) Verdrängung des dispositiven Rechts durch zwingendes Recht mit Hilfe von Verbänden – als ökonomisch rational begründen. Das gilt vor allem für den Fall, daß die Regelwahl im politischen Wettbewerb einem Rationalkalkül folgt, wie es dem Modell des Politikers entspricht, dem es nur um die vordergründig anbiedernde Wählerwirksamkeit seines Handelns geht. Bei einer ex ante-Betrachtung wird sich der Anspruch, das Ergebnis institutioneller Wahlhandlungen vorherzusagen, in dem Maße einer schlüssigen theoretischen Analyse entziehen, wie dieser Vorgang der Politik der Parteien und des Staates sowie ideologischen Einflüssen, häufig verbunden mit Koalitionsbildungen und Macht, unterworfen ist. Hingegen scheint es bei einem Erklärungsanspruch, der von *allgemein anerkannten* Ordnungsbedingungen für eine offene Gesellschaft und Wirtschaft ausgeht, noch am ehesten möglich zu sein, die staatsrechtlichen und -politischen Handlungsaspekte, die direkt oder indirekt die Regelwahl betreffen, auf sachlogisch zwingende Erklärungsgründe zurückzuführen.

In der Lösung der Aufgabe, diese Zusammenhänge systematisch aufzudecken, kann das *dritte Glanzstück systemvergleichender Forschung* gesehen werden. Allerdings wird diese Aufgabe durch folgende Einflüsse, die simultan wirksam sind, erschwert.

---

[17] So wird zum Beispiel kritisiert, daß in der NPÖ das Erfolgsrezept des stimmenmaximierenden Politikers eher darin gesehen wird, gegen marktwirtschaftliche Prinzipien zu verstoßen, statt diese zu beachten und den Blick für die Vorteilhaftigkeit notwendiger Reformen zu schärfen. Wenn der „Neue Politische Ökonom" bei der Politikberatung dann auch noch von bestehenden institutionellen Restriktionen als dem Ergebnis einer (unausweichlichen) pfadabhängigen geistig-kulturellen Entwicklung ausgeht, besteht erst recht die Gefahr, daß er seine wissenschaftliche Bringschuld vernachlässigt und sich für die Interessen derjenigen politisch vereinnahmen läßt, die mehr oder weniger einseitig vom Status quo oder von Verstößen gegen die „Logik der Systementfaltung" profitieren.

4.3. Wirtschaftssystem und sittlich-kulturelle Ordnung

Für das Verständnis der wechselseitigen Bedingtheiten von Wirtschaftspolitik und Wirtschaftsordnung interessieren nicht nur die Wirkungen, die auf diese Teilaspekte des Wirtschaftssystems von der Staatsverfassung und – in Verbindung damit – von Interessenverbänden ausgehen, sondern auch die Einflüsse, die auf prä-konstitutionelle Faktoren zurückgehen, also auf sittlich-kulturelle Prägungen (weltanschauliche Bindungen und darin wurzelnde geistige und religiöse Haltungen). Wenn es zutrifft, daß davon die Verfassungswirklichkeit – jenseits der geschriebenen Verfassung – letztlich geprägt ist, dann müßte in diesen informalen äußeren Institutionen der Schlüssel für die Erklärung des Handelns in Wirtschaftssystemen liegen, die für bestimmte Ergebnisse ausschlaggebend sind. Aktuelle Krisenerscheinungen in Rußland, in Afrika, Südostasien, Lateinamerika, aber auch in Deutschland und anderen Ländern Westeuropas legen den Versuch nahe, diesen Wechselbeziehungen systematischer als bisher auf den Grund zu gehen und damit der systemvergleichenden Forschung eine Orientierung für die Frage zu geben: Was hält die verschiedenen Wirtschaftssysteme im Innersten zusammen?

Auch in dieser Hinsicht taucht sofort die alte Streitfrage auf: Wie weit kann das Ineinandergreifen aller Teilsysteme unter Einbeziehung jenes Bündels von Einflußgrößen, das *Eucken* Datenkranz nennt, durchschaubar und begreifbar, vor allem aber erklärbar gemacht werden? Kann der Datenkranz gar einer ökonomischen Erklärung zugänglich gemacht werden? *Eucken* hat, wie *Heuß* (1989, S. 24) feststellt, bewußt „alles das ausgeklammert, was zwar auf das ökonomische Geschehen einwirkt, aber sich selbst einer eindeutigen Zuordnung entzieht". Für die viel kritisierte Datenabstinenz[18] spricht nach *Heuß*, daß beim Einstieg in den Datenkranz das, „was Theorie ausmachen soll, in die Beschreibung singulärer Situationen (zerfließt), und das ist ihre Zeitbedingtheit".

Tatsächlich wird nicht selten nur aus der Perspektive einzelner Personen oder Konstellationen, etwa mächtiger Interessenverbände, verständlich, ob bestimmte Systemzustände verbleiben oder Systementwicklungen entstehen, weitergeführt oder abgebrochen werden. So verleiht der menschliche Faktor – auch im Einflußwandel der ordnenden Kräfte, die das Verhältnis von Verfassungsidee und Verfassungswirklichkeit bestimmen – „jedem gesellschaftlichen System einen mehr oder weniger hohen Grad an Unbestimmtheit" (*Willgerodt* 1961, S. 64). Das deckt sich mit der Erkenntnis, nach der die Impulse für den grundlegenden Wandel von Märkten immer nur wenigen – den Pionierunternehmern – zu verdanken sind. Ähnlich dürften bestimmte Herrschaftsideen und -methoden, derer sich politische Unternehmer zu bedienen wissen, keineswegs unerheblich für die systemvergleichende Forschung sein. Wenn dies eine Erklärung ist, heißt das nicht, daß die hierdurch entstehenden Entwicklungen – im Bereich der gesetzten oder der gewachsenen Ordnungen – gut sein müssen. Um die positiven oder negativen Wirkungen als solche erkennen und beurteilen zu können, ist eine prinzipielle Vorstellung von der „Logik der Systementfaltung" im Rahmen alternativer Wirtschaftssysteme

---

[18] So werden Stand und Entwicklung des Wissens und der Technik in erheblichem Maße durch die Politik beherrscht, nicht selten behindert oder gar unterbunden. Dies trifft auch auf einen nicht unerheblichen Teil der Bedürfnisse zu, wie die modernen Sozial- und Wohlfahrtsstaaten zeigen (siehe *Heuß* 1989, S. 21 ff.).

auf den Ebenen derjenigen unverzichtbar, die (mit welchen Intentionen auch immer) den Datenkranz beeinflussen.[19] Datenkranzprozesse als indeterminiert, also offen zu betrachten, heißt selbstverständlich nicht, diese zu negieren oder gering zu schätzen, sondern sich vor einer funktionalistisch-mechanistischen Erklärung der Entstehung und des Wandels der Wertgrundlagen des Wirtschaftens zu hüten (siehe Kapitel 4.5.).

4.4. Der Wettkampf der Systeme

Aus den drei prinzipiell möglichen Kombinationen von Eigentums- oder Planungsordnungen und Wirtschaftsrechnungen lassen sich in Verbindung mit komplementären politischen Ordnungen drei typische Wirtschaftssysteme ableiten – die Zentralverwaltungswirtschaft sowjetischen Typs, die sozialistische Marktwirtschaft und die privatwirtschaftliche Marktwirtschaft (*Schüller* 1991, S. 22 ff.) – mit jeweils verschiedenen Varianten. Wer demgegenüber das Kontinuum als Darstellungsmittel möglicher Kombinationen der genannten Teilordnungen – etwa mit den extremen Polen totale Zentralisierung der Planungsrechte auf der einen und totale Dezentralisierung auf der anderen Seite – bevorzugt, ist darauf angewiesen, Übergänge zu markieren, die das Charakteristikum jedes Kontinuums ausmachen. Ohne eine Hervorhebung bestimmter Eigenschaften dieser gedanklichen Trennlinien, Brüche oder Gräben ist nicht auszukommen. Die Größe der Systemgräben zwischen den drei Typen erleichterte die Systemabgrenzung im „Wettkampf der Systeme" bis 1985/1989. Der hiervon bestimmte Vergleich der Wirtschaftssysteme fand in den beiden konträren Lösungen des Knappheitsproblems vor allem nach 1945 eine besondere Herausforderung, die für die gesamte Lebensführung vieler Menschen eine geradezu schicksalhafte Bedeutung hatte. Was ist nach dem (zumindest vorläufigen) Ende dieses erbitterten Ost-West-Wettkampfs der Systeme und Weltanschauungen an ordnungsökonomischen Erkenntnissen geblieben?

Erstens: Der ökonomische Inhalt der Planungsrechte läßt sich mit Hilfe der Kategorien der Property Rights-Theorie (siehe *Schüller* 1988, S. 155 ff.) differenzierter erschließen. Das kommt *Euckens* und *Hensels* Vorstellung entgegen, die Eigentumsfrage nicht länger isoliert, sondern im Hinblick auf den ökonomischen Inhalt ordnungspolitisch neu zu stellen und im Lichte einer adäquaten Theorie zu beantworten. Die Verknüpfung von Ordnungstheorie und Property Rights-Theorie ist – wiederum gemessen an der „synthetisch-integrierenden" Perspektive – eine wichtige Weiterentwicklung auch für die systemvergleichende Forschung: Die Begründung, Stärkung, Sicherung und Neukombination von Handlungsrechten verursacht, je nach dem Charakter des Wirtschaftssystems, unterschiedliche Transaktionskosten, und im Zusammenhang damit können mit Hilfe der Property Rights-Theorie vertiefte Einsichten in die Art der Ressourcennutzung gewonnen werden, „ohne diese Nutzung selbst von irgendeinem höheren Standpunkt aus bewerten zu müssen" (*Meyer* 1983, S. 18).

---

[19] Dies gilt vor allem für Politiker, denen es an ordnungspolitischer Orientierung mangelt und die sich schließlich widerstrebend gezwungen sehen, dieses Defizit durch den Import von Ordnungslösungen zu kompensieren.

Zweitens: Das Problem der Wirtschaftsrechnung, das in der Zentralverwaltungswirtschaft praktisch nicht lösbar ist[20], ist in seiner Tragweite für die Logik der Entfaltung dieses Systems von Anfang an vielfach unterschätzt worden. Der Versuch, dem daraus zwangsläufig resultierenden punktuellen Interventionismus mit Hilfe einer Kombination von hochaggregierter güterwirtschaftlicher Bilanzierung und administrativer Preissteuerung ersatzweise so etwas wie eine Rechnungsgrundlage zu geben, führte in eine Welt planmäßiger mikro- und makroökonomischer Fiktionen. Im realen Handlungsgeschehen ging damit die zentrale Planungsherrschaft der Politik verloren, die mit einer Expansion spontaner Tauschbeziehungen und -bewertungen verbunden war. Dieser Prozeß der faktischen Systemdezentralisierung äußerte sich auf allen Ebenen der Systemhierarchie in spontanen individuellen Handlungs- und Entscheidungsspielräumen. Deren auffällige Existenz und Nutzung legten die Frage nach einer geeigneten Erklärung nahe.

In seinem Beitrag „Prozeßtheoretische Erklärungsansätze in systemvergleichender Perspektive" hat *Thieme* (1987, S. 135 ff.) diesen Bedarf begründet, die Zweckmäßigkeit der Übertragung spezifischer marktwirtschaftlicher Prozeßtheorien aufgezeigt, die Voraussetzung der Theorieübertragung und die Vorteile eines prozeßtheoretischen Systemvergleichs expliziert. Diese Art von begrenzt-evolutorischer Weiterentwicklung der Theorie der Zentralverwaltungswirtschaft mit Hilfe von prozeßtheoretischen Erklärungsansätzen, die sich für Marktsysteme bewährt haben, zeigt folgendes: Ein realitätsnaher Systemvergleich kann den Anwendungsbereich der Theorie erweitern, ohne die Grenzen theoretischer Aussagen aus den Augen zu verlieren. Dabei folgen die konkreten wirtschaftlichen Abläufe und Ergebnisse dieser Ordnungen einer „Logik der Systementfaltung", die sehr viel komplexer ist, als es dem Modell eines in sich abgestimmten Volkswirtschaftsplans entspricht, der mittels einer hierarchischen Lenkungsorganisation im Hinblick auf zentral bestimmte Planziele durchgesetzt wird. Die *erweiterte* Logik der zentralverwaltungswirtschaftlichen Systementfaltung läßt sich eher mit dem methodologischen Individualismus und dem theoretischen Institutionalismus, mit Kalkülen der Property Rights-Theorie, des rentensuchenden Verhaltens der Menschen und von Verteilungskoalitionen erschließen. Die Lehre von der Zentralverwaltungswirtschaft erhält damit eine analytische Ergänzung, ganz im Sinne der Vorstellung von der „Synthese auf breiter Front", die in einer allgemeinen Theorie der dezentralen Koordination bestehen könnte.

Manche Autoren hielten es für unausweichlich, wünschenswert und möglich, daß eine zentral administrative Lösung des Knappheitsproblems das Marktsystem verdrängen würde (von *Karl Marx*, *Friedrich Engels* und *Wladimir I. Lenin* über *Enrico Barone* bis hin zu *Joseph A. Schumpeter*). Sie haben jedoch übersehen, daß das Ausmaß der damit verbundenen Transaktionskosten wie eine eingebaute Niedergangsdynamik wirkt und letztlich nicht erfüllbare lenkungswirtschaftliche Anforderungen an diese Problemlösung stellt. Dieser Steuerungsillusion ist auch jene Lehre vom Vergleich der Wirtschaftssysteme, die – in der marktsozialistischen Denktradition von *Oskar Lange, Abba*

---

[20] Der Grund liegt in der fehlenden dezentralen Zuordnung der Handlungsrechte und der unzureichenden Möglichkeit, einen bruchfreien Rechnungszusammenhang herzustellen und auf dieser Grundlage zu einem international wettbewerbsfähigen Institutionengefüge zu gelangen (siehe *Schüller* 1986, S. 131 ff.; *Leipold* 1987, S. 53 ff.).

P. Lerner, Trygve Haavelmo oder Maurice Allais – der Denkwelt der neoklassischen Preistheorie zuzuordnen ist, zum Opfer gefallen.

Drittens: Angesichts einer verbreiteten Neigung zu punktuellen Eingriffen in das Wirtschaftsgeschehen, die vor allem in den westlichen Wohlfahrtsstaaten, in manchen Schwellen- und Entwicklungsländern, Transformationsökonomien und im europäischen Integrationsprozeß zu beobachten ist, bleiben die Rechnungsdebatte im Allgemeinen und die Analyse von einfachen und komplizierten Brüchen im Rechnungszusammenhang im besonderen auch weiterhin für die vergleichende Systemforschung aktuell. Die mit dem punktuellen Interventionismus entstehenden Teilbürokratien – etwa im Gesundheitswesen – mit häufig abgesonderten Rechts- und Verwaltungssystemen lösen (prinzipiell ähnlich wie in zentralverwaltungswirtschaftlichen und marktsozialistischen Systemen) Prozesse aus, die einen permanenten Bedarf an kompensierender Regulierung verursachen. Daraus folgen dann weitere vielfältige „Sachzwänge" für diskretionär-dirigistische Folgeeingriffe, die dazu führen, daß die Wirtschaftspolitik verinselt und zuvorderst in den Dienst der Erhaltung und des Ausbaus der jeweiligen Interventionsmacht gestellt wird.

Viertens: Die bisherige Diskussion des Systemvergleichs war von der Frage der letztendlichen Überlegenheit des einen oder des anderen der beiden konträren Systeme bestimmt – hinsichtlich bestimmter sozialer Tatbestände, etwa der Lösung der verschiedenen Teilaspekte des Knappheitsproblems. Beim *Ergebnis*vergleich wurde vielfach von der denkbaren Funktionsfähigkeit eines bestimmten (gewünschten) Systems ausgegangen, um daran die unvollkommene *Ergebnis*wirklichkeit eines konkurrierenden Systems zu messen. Bei dieser in der Literatur im Anschluß an *Demsetz* (1969, S. 1) als „nirvana approach" kritisierten Methode[21] wurde bevorzugt die Realität der Marktwirtschaft gleichsam aus der Vogelperspektive anhand einer ideal funktionierenden Zentralverwaltungswirtschaft oder eines ideal konstruierten Mischungsverhältnisses von Markt und Plan verglichen – unabhängig davon, ob dieser Zustand und die ihm zugeschriebenen Ergebnisse überhaupt erreichbar sind.

Im übrigen war der *Ergebnis*vergleich stark von wohlfahrtsökonomischen Maßstäben bestimmt, wobei sich das Problem der Operationalisierbarkeit von Leistungs- und Erfolgsindikatoren – angesichts des Systemunterschieds (hier Orientierung am Individualprinzip, dort am Kollektivprinzip) – als unlösbar erwiesen hat.[22]

Schließlich hat der Ost-West-Wettkampf der Systeme eine Fülle von Erkenntnissen über die Zusammenhänge von Wirtschaftssystem und Wirtschaftserfolg gebracht, über korrigierbare und nicht korrigierbare Defizite, einlösbare und uneinlösbare Erwartungen, erschließbare und unerschließbare Leistungspotentiale. Vor allem in den Fällen

---

[21] Zur wissenschaftlichen Problematik von „Überkreuzvergleichen" zwischen Ideal- und Realsystemen und anderen Methoden des Systemvergleichs siehe *Leipold* (1993, S. 2055 f.).

[22] Siehe *Gutmann* (1987, S. 11 ff.); *Thieme* (1987); *von der Lippe* (1994, S. 3 ff.). Erinnert sei nur an den unterschiedlichen Inhalt gleicher Begriffe, etwa hinsichtlich der Daten der Volkswirtschaftlichen Gesamtrechnung, an die unterschiedlichen Währungssysteme, an die unterschiedlichen Produktivitätsvorstellungen und -maßstäbe usw. (siehe hierzu *Engst* und *Schüssler* 1973).

politisch geteilter Länder, in denen sich im wesentlichen „nur" das Wirtschaftssystem geändert hatte, sind diese Erkenntnisse unbestreitbar. Hinsichtlich der Ergebnisse hat sich bestätigt, daß ein Vergleich nach wohlfahrtsökonomischen Maßstäben zu kurz greift, wenn die subjektiven Bestimmungsgründe der menschlichen Vitalsituation – etwa im Verhältnis von Freiheit, Wettbewerb und sozialer Sicherheit (siehe Kapitel 5.1.) – unberücksichtigt bleiben (siehe *Vanberg* 1997, S. 15).

4.5. Systemwandel und Systemwechsel

Die geistigen, politischen und wirtschaftlichen Neuorientierungen in den bisherigen Zentralverwaltungswirtschaften sind dem Stand der Ordnungstheorie und der gesamten wirtschaftswissenschaftlichen Forschung weit vorausgeeilt. Gleiches gilt für die mit der Globalisierung verbundene Herausforderung, die Rolle des Staates neu zu bestimmen, damit Freiheit, Wettbewerb und soziale Sicherheit in eine produktive Gleichrichtung gebracht werden können. Vor allem mit Blick auf die politischen Prozesse stellt sich nun heraus, daß die Menschen, die in einem totalitären Gesellschafts- und Wirtschaftssystem aufgewachsen sind, in ganz unterschiedlicher Weise mit der Freiheit umzugehen lernen und – etwa beim Übergang zur Marktwirtschaft – auf die damit verbundenen Chancen und Risiken reagieren. Dies läßt sich auch bei der Anpassung von Wohlfahrtsstaaten an die Bedingungen des globalisierten Wirtschaftens beobachten.

Die Ordnungstheorie hat für die Erklärung des *Systemwandels* gewiß keine umfassenden und systematischen analytischen Konzepte und Erkenntnisse vorzuweisen. Um so mehr stellt sich die Frage nach Ansatzpunkten für eine diesbezügliche Weiterentwicklung:

Erstens: Ökonomische Sachverhalte wie Verknappungserscheinungen können, müssen aber nicht zu einer institutionellen Änderung führen. In der ordnungstheoretischen Systemanalyse werden Versuche einer engen ökonomis(tis)chen Erklärung des institutionellen Wandels, wie sie in der Neuen Institutionenökonomie bisweilen unternommen werden, skeptisch beurteilt. Spontan gewachsene Ordnungen werden in Verbindung mit der Entfaltung des gesamten sozialen und kulturellen Lebensprozesses ins Blickfeld genommen. So sind nach *Eucken* (1939/1950, S. 51 ff.) die grundlegenden marktwirtschaftlichen Rechtsordnungen, wie wir sie heute kennen, in vielen Staaten der Antike und der Neuzeit mit der Staatsverfassung „gewachsen". Erst die klassische Nationalökonomie habe diese Institutionen bewußt entwickelt, um die großen Wirtschaftsreformen an der Wende vom 18. zum 19. Jahrhundert und in der ersten Hälfte des 19. Jahrhunderts zu verwirklichen. Seit dieser Zeit seien die nach einem Gesamtplan konzipierten „gesetzten" Ordnungen auf dem Vormarsch. Entsprechendes „Systemwissen" ist dann aber für den weiterhin wirksamen Evolutionsfaktor wichtig, wenn davon auszugehen ist, daß nicht alles, was evolutionär erklärbar ist, damit auch schon gerechtfertigt ist.

Zweitens: Sind wirtschaftliche Verknappungserscheinungen und andere Datenänderungen Gegenstand des politischen Handelns oder unterliegt dieser Wandel ideologisch-religiösen Einflüssen, wird die Rückwirkung auf die Systementwicklung eher als eine mittelbare anzusehen sein. Um so mehr wird man weiterhin feststellen können, daß sich der Systemwandel einer vollständigen theoretischen Analyse entzieht (*Eucken*

1939/1950, S. 156 f.). Diese vermag höchstens anzudeuten, in welche Richtung dieser Wandel gehen könnte, wobei in der Bindungskraft früher eingeschlagener und einge-übter Wege im Sinne des Konzepts der Pfadabhängigkeit gerade auch für den System-vergleich eine charakteristische Gemeinsamkeit gesehen werden kann, wenn die Offen-heit des Wandels im Blickfeld behalten wird, wie dies auch *North* (1999, S. 78) neuer-dings tut und sich damit der traditionellen ordnungstheoretischen Position annähert: „Die Richtung, in die wir gehen, wird sich erst aus den Erfahrungen von morgen erge-ben und aus den Lehren, die wir daraus ziehen, aus einem Wissen also, das wir zwei-fellos heute noch nicht besitzen."

Drittens: Für die Aufgabe, den Systemwandel vergleichend zu untersuchen, dürfte die Bildung von ländertypischen Entwicklungsmustern hilfreich sein, wie es *Heuß* (1988, S. 21 ff.) vorgeschlagen hat: *verharrende* Länder[23] ohne komparative Entwick-lungsvorteile, bedingt durch kulturell-religiöse Entwicklungsblockaden; *aufstrebende* (Schwellen-)Länder mit der Bereitschaft und Fähigkeit, bisherige Faktoren der Ent-wicklungsbehinderung aufzugeben und entwicklungsbeschleunigende institutionelle Arrangements zu imitieren und sich zu eigen zu machen; *führende* und *zurückfallende* Länder. Die der Ordnungstheorie nahestehenden Ansätze zur Erklärung des System-wandels durch Interventionsketten (siehe *von Mises* 1929/1976; *Röpke* 1929, S.861 ff.) lassen sich aber letztendlich auf den ewigen Streit um konkurrierende Wertorientierun-gen im Sinne des Individual- und Kollektivprinzips zurückführen, wenn in dieser Aus-einandersetzung die eigentliche „Wasserscheide" des gesamten politischen Denkens und Handelns gesehen wird, „die durch letzte religiös-philosophische Überzeugungen be-stimmt ist" (*Röpke* 1953/1997, S. 27 ff.). Aber auch bei dieser Erklärung ist Vorsicht geboten, denn wirtschaftliche Machtgruppen, häufig auch Politiker, bedienen sich gerne bestimmter Ideologien als „planmäßig geschaffene Waffen im wirtschaftlichen Kampf" (*Eucken* 1939/1950, S. 12). Nicht selten müssen religiöse oder politische Ideen herhal-ten, um wirtschaftliche Interessen zu kaschieren. Machtgruppen gewinnen dabei an Ge-wicht und Einfluß, wenn sich ihnen Intellektuelle zur Verfügung stellen und Ideologien ausarbeiten oder ein rentensicherndes Beharrungsvermögen mit kultureller Prägung zu begründen versuchen. Auch *North* (1992, S. 19) hat inzwischen eingesehen, daß Insti-tutionen „nicht unbedingt, nicht einmal üblicherweise, geschaffen werden, um sozial effizient zu sein; vielmehr werden sie, zumindest die formalen Regeln, geschaffen, um den Interessen derjenigen zu dienen, die die Verhandlungsmacht haben, neue Regeln aufzustellen".

Viertens: Wie immer der geistige Hintergrund für den institutionellen Wandel zu be-urteilen sein mag: Stets taucht in den auf- oder absteigenden Entwicklungsmustern das innovations- bzw. wettbewerbsfeindliche Rentenstreben durch Verbandsbildung auf. Die entsprechenden Untersuchungen (siehe die Nachweise bei *Hartwig* 1997, S. 655 ff.; *Daumann* 1999) deuten ebenfalls auf ein Bündel von Erklärungen hin – einschließlich der Bedingtheiten des Kulturraums, so etwa hinsichtlich der aktuellen Frage, wie schnell ein Land Entwicklungsstörungen oder -regressionen wieder umkehren kann. Und nicht selten dürften solche Entwicklungen wiederum nur aus der Perspektive politi-

---

[23] Für Schwarzafrika siehe *Leipold* (1994).

scher Machtkonstellationen oder einzelner politischer Unternehmer verständlich sein, wie oben schon festgestellt wurde. Dadurch bedingte Entwicklungsstörungen oder -verzögerungen können als solche wiederum nur erkannt und beurteilt werden, wenn eine prinzipielle Vorstellung vom Funktionieren eines Wirtschaftssystems besteht. Damit ist erneut die Bedeutung des *Systemwissens als Evolutionsfaktor* angesprochen.

Häufig ist ein langwieriger Systemwandel dem vorangegangen, was heute mit Blick auf den Übergang der Zentralverwaltungswirtschaften zu Marktwirtschaften *Systemwechsel* genannt wird. Man darf wohl vermuten, daß diejenigen Ökonomen nach 1989 vergleichsweise wenig von ihren Analysen und Vorhersagen zurückzunehmen hatten, die den Niedergang der sozialistischen Zentralplanwirtschaften vergleichend aus der Perspektive der Ordnungstheorie prognostiziert haben. Im übrigen scheint sich nach 1989 *Eucken*s Auffassung eindrucksvoll zu bestätigen, nach der vor allem in Zeiten versagender oder ungerechter Ordnungen die Idee des ORDO „regelmäßig eine große Kraft (gewinnt). Die Absurdität der konkreten Zustände gibt den Anstoß dazu" (*Eucken* 1939/1950, S. 239). Freilich vermag die Ordnungstheorie keine schlüssigen und allgemeingültigen Antworten für die politische Umsetzung dieser Idee zu geben. Wer kann schon einem solchen Anspruch gerecht werden, wenn berücksichtigt wird, daß dieser Vorgang offensichtlich in einem ungewöhnlich hohen Maße ein Geschöpf der Politik (einschließlich militärischer Macht), geographischer, historischer und kultureller Bedingtheiten ist? Wenn es aber richtig ist, daß der Geist letztlich immer die ökonomische Entwicklung bestimmt, ist es entscheidend, welcher Denktradition die Politiker und ihre Berater folgen. Der Versuch, geistige Überzeugungsarbeit zu leisten, muß keineswegs als intellektuelle Anmaßung von Wissen aufgefaßt werden. So besteht eine rationale wissenschaftliche Steuerungsempfehlung an die Adresse der Politik in der Stärkung der Kräfte (vor allem der Gerichtsbarkeit), die für die Qualität des Zivil- und Strafrechts zuständig sind. Dort, wo es – wie gegenwärtig in Rußland – keine entsprechende westliche Tradition gibt, um zum Beispiel die Marktfreiheit gegenüber betrügerischem, räuberischem oder erpresserischem Mißbrauch zu schützen, hält *Popper* (1957/1992, S. X ff.) die Möglichkeit des klugen Imitierens westlicher Vorbilder (auch unter Inkaufnahme eines hohen Zeitbedarfs der Anpassung) für erfolgversprechender, als auf die Evolution einer eigenen Rechtsordnung zu setzen. Diese müßte – wenn sie der Entwicklung freier Märkte dienen soll – ohnehin in die Tradition des westlichen Rechtsdenkens einmünden. Japan habe gezeigt, daß ein solcher Rechtsimport funktionieren könne, als es das deutsche Rechtssystem im Wissen übernahm, daß das westliche Rechtssystem prinzipiell Voraussetzung für einen europäischen Prozeß der wirtschaftlichen Entwicklung ist. Diese Quelle des Rechts und des institutionellen Wandels ist selbstverständlich flexibel zu nutzen, damit es nicht zu jener verhängnisvollen Eins-zu-Eins-Lösung wie im wiedervereinigten Deutschland nach 1990 kommt. Nach *Popper* machen ohnehin eigene, durch „Erfahrungen suggerierte Gesetzesänderungen ... einen großen Teil der Arbeit aus, die die Parlamente in allen modernen Staaten zu leisten haben" (ebd.).

Bei dem, was neuerdings unter der Bezeichnung „Comparative Transition Theory" publiziert wird, stößt man meist auf die von *Eucken* formulierten ordnungspolitischen

Empfehlungen[24] zur Etablierung einer marktwirtschaftlichen Ordnung, gleichsam als Antworten auf Fragen, die sich offensichtlich wiederholen, wenn es um die Lösung der verschiedenen Teilaspekte des Knappheitsproblems in offenen Gesellschaften geht. Diese Antworten beruhen zwar nicht auf einer allgemeinen, empirisch gehaltvollen und getesteten Ordnungstheorie, wohl aber auf einem Handlungsmodell, „das auf den historischen Erfahrungen der vergangenen 200 Jahre und insbesondere auf *Euckens* Erfahrungen vor und während des Zweiten Weltkriegs und der ersten Zeit nach dessen Beendigung" (*Gutmann* 1991, S. 64) beruht.

Dieses ordoliberale Handlungsmodell konkurriert mit dem Handlungsmodell der „Strukturalisten". Während die liberalen Ordnungspolitiker versuchen, möglichst rasch die *systembestimmenden* marktwirtschaftlichen Institutionen zur Geltung zu bringen, um Erwartungssicherheit und steigende Glaubwürdigkeit zu gewinnen, geht das Handlungsmodell der Strukturalisten – vereinfachend gesagt – von einer gesellschaftspolitischen Bedürfnis- oder Notwendigkeitshierarchie aus. Im Interesse bestimmter wirtschaftlicher und sozialer *Ergebnisse* wird im Sinne eines prinzipiell gradualistischen Konzepts die Lösung des Hauptproblems der Transformationspolitik in der Erhaltung und Schaffung bestimmter produktions- und versorgungswirtschaftlicher Vorrangigkeiten gesehen. Die „Strukturalisten" wollen also mittels staatlicher Interventionen und Subventionen bestimmte (sozial-)politisch erwünschte Produktions- und Einkommenspositionen sichern – unabhängig von der Systemlogik der angestrebten marktwirtschaftlichen Ordnung.[25]

Die Entscheidung für ein bestimmtes Handlungsmodell und die Anwendung auf den konkreten Fall bleiben angesichts der verschiedenen historischen, kulturellen, ressourcenspezifischen und politischen Bedingtheiten eines Landes für die politischen Akteure in jedem Fall ein innovatives Gestaltungsproblem. Dabei sind „krumme" Wege der Kombination und Variation von Lösungen des Knappheitsproblems unvermeidlich. Wie sehr in dieser Hinsicht die besondere Kunst politischer Unternehmer gefordert ist, zeigt eine vergleichende Analyse des Transformationsprozesses in den Baltischen Staaten (*Wiest* 2000). Danach sind die transformationsspezifischen Lernprozesse sowohl einer theoretischen Analyse als auch einer politischen Gestaltbarkeit zugänglich, ja sie bedürfen insbesondere im Bereich der äußeren Institutionen der bewußten Gestaltung. Dies läßt sich positiv mit sozialen Dilemmasituationen begründen, die im Prozeß der spontanen Herausbildung von Regeln entstehen und üblicherweise – im Transformationsprozeß erst recht, wie *Wiest* zeigt – eine staatliche Regelsetzung notwendig machen.

Beide Handlungsalternativen, das ordoliberale und das strukturalistische Modell, können auch prinzipiell als Maßstab dienen, um den Transformationsprozeß im Hinblick auf bestimmte Handlungsergebnisse zu beurteilen. Dabei läßt sich der Streit um

---

[24] Es handelt sich um die staatspolitischen Grundsätze, die konstituierenden und regulierenden Prinzipien für die „Politik der Wettbewerbsordnung" (siehe hierzu den Beitrag von *Cassel* und *Kaiser* (2000).

[25] *Kornai* (1996, S. 35 und 285) spricht von „verzerrten, ‚frühgeborenen' Wohlfahrtsstaaten" und vom „Gulaschpostkommunismus".

Gradualismus und Schocktherapie[26] – über den konkreten Vergleichsfall hinausgehend – im Kern auf die Präferenz für das Individual- oder Kollektivprinzip im politischen Denken und Handeln und das ihm jeweils entsprechende ordnungspolitische bzw. strukturalistische Handlungsmodell zurückführen. Dies ist hilfreich für die Frage: Was bringt und kostet dieser oder jener Weg für die Lösung des Knappheitsproblems unter den Transformationsbedingungen? Der Umstand, daß in den Baltischen Staaten – im Gegensatz zu den übrigen Nachfolgestaaten der Sowjetunion – das Transformationsziel prinzipiell unbestritten ist, aber der Weg dorthin höchst umstritten und verschieden ist, erlaubt es, die jeweils eingeschlagenen Transformationsstrategien – auch im Hinblick auf den Einfluß des „persönlichen Faktors" im politischen Prozeß – miteinander zu vergleichen. *Wiest* hat mit dieser Vorgehensweise zeigen können, daß sich eine am ordnungspolitischen Handlungsmodell orientierte Transformationspolitik auszahlt – etwa in Form der erleichterten Aufnahme in die EU, während die strukturalistische Lösung im vorliegenden Fall mehr Probleme zu schaffen als zu lösen scheint. Und so ganz nebenbei wird gezeigt, wie für diesen Vergleich evolutions- und institutionentheoretische Ansätze sinnvoll mit den Erkenntnissen der Ordnungstheorie verknüpft werden können, ja wie hierbei ordnungstheoretisch gestütztes Systemwissen ein wesentlicher Evolutionsfaktor (vor allem im Bereich der inneren Institutionen) werden kann. Die Ordnungstheorie legt demzufolge dem Fortschritt des Denkens in Ordnungen keine Fesseln an, die gesprengt werden müßten, sondern beflügelt ihn.

5. Perspektiven des Systemvergleichs

Macht die Globalisierung die Wirtschaftssysteme nicht alle gleich und die vergleichende Systemforschung zum Gegenstand der Dogmen- und Wirtschaftsgeschichte? Befinden wir uns auf dem Weg zu einer einheitlichen Betrachtungsweise von Wirtschafts- und Gesellschaftssystemen, ist also die „Synthese auf breiter Front" erreichbar?

5.1. Globalisierung und Systemvergleich

Ob der administrative Sozialismus bisheriger Art endgültig verschwunden ist und damit der *Wettkampf der Systeme* von einem ausschließlich friedlichen *Wettbewerb der Systeme* abgelöst wird, wissen wir nicht. Es dürfte sich aber lohnen, folgendes im Bewußtsein zu halten:

Erstens: Die Freiheit in der Gesellschaft ist ständig und besonders auch im Alltag der Majoritäts-Demokratie – unter dem Einfluß kollektivistischer Menschenbilder und Staatsverständnisse – gefährdet, erfahrungsgemäß am meisten in der Wirtschaft. Daß am Ende von interventionistischen und dirigistischen Versuchen, das Knappheitsproblem mit seinen Teilaspekten zu lösen, die Transformation einer marktwirtschaftlichen Ordnung stehen kann, gehört zum ordnungstheoretischen Grundwissen; es bedarf je-

---

[26] Dieser Streit steht in der systemvergleichenden Transformationsforschung letztlich im Mittelpunkt, wenn ich die einschlägigen Arbeiten richtig deute, wobei nicht leicht erkennbar ist, ob es bei der Einschätzung der Leistungsfähigkeit des ordnungspolitischen oder strukturalistischen Weges nicht in Wirklichkeit um die Präferenz (des Autors) für die Verwirklichung eines Handlungsmodells geht, das seinem Menschenbild entspricht.

doch im Hinblick auf die Ursachen, Verläufe und volkswirtschaftlichen Wirkungen solcher Prozesse einer erweiterten und vertieften ordnungsökonomischen Betrachtung, und zwar unter Berücksichtigung typischer politischer und kultureller Bedingtheiten.

Zweitens: Die Kenntnis der Funktionsprobleme der Wirtschaftssysteme des administrativen Sozialismus und der Mechanismen der inneren Aushöhlung der Methoden, mit denen in diesen Systemen typischerweise versucht wird, die Teilaspekte des Hauptproblems zu lösen, vermittelt differenzierte Einsichten in die Grenzen der wirtschaftspolitischen Souveränität der Politik und des Staates. Insofern hat – wenn auch vielfach verdeckt und begrenzt – schon vor 1989 die Erde begonnen, zu einer ökonomischen Einheit zusammenzuwachsen, und zwar in dem Maße, wie aus der Invarianz des Gesamtstils menschlichen Handelns in Prozessen einer massenhaften Dezentralisierung und Differenzierung von Tauschbeziehungen individuelle Antworten auf die Lösung des Knappheitsproblems gefunden und genutzt wurden – vor allem auch auf den boomenden schwarzen und grauen Märkten oder Nebenmärkten.

Drittens: Wenn es zutrifft, daß wirtschaftspolitische Probleme wie Inflation und Staatsverschuldung, Arbeitslosigkeit, soziale Unsicherheit, Interventionismus und Preisdirigismus immer wiederkehren, dann kann es hilfreich sein zu wissen, wie anfällig alternative Wirtschaftssysteme dafür sind und wie sie typischerweise damit umgehen. Die systemvergleichende Forschung hat nach *Willgerodt* (1961, S. 61) „das große Verdienst, eine Art von vergleichender Leistungslehre und Pathologie der verschiedenen Wirtschaftsordnungen entwickelt zu haben".

Im Wettkampf der Systeme haben sich zuletzt immer mehr die demokratischmarktwirtschaftlichen Alternativen durchgesetzt. Auf sie konzentriert sich seitdem die Systemrivalität als einem universellen Vorgang des Auf- und Abstiegs, der Selektion, Verdrängung und Verbreitung von Wirtschaftssystemen. Dabei wird die Leistungsschau innerhalb und zwischen einer ersten, zweiten oder dritten Systemliga an Bedeutung gewinnen – etwa hinsichtlich der Bedeutung wirtschaftlicher Freiheitsrechte in bestimmten Ordnungszusammenhängen (Rechtsstaatlichkeit, Eigentumssicherung, Geldwertstabilität, Freiheit der internationalen Wirtschaftsbeziehungen und der Finanzmärkte, sachlicher Geltungsbereich des Marktsystems) – für die Entwicklung bestimmter wirtschaftlicher und sozialer Ergebnisse (Pro-Kopf-Einkommen, Einkommensverteilung, Lebenserwartung, Getreideproduktion pro Hektar usw.).[27]

Dabei ist die Veränderung des „index of economic freedom" unter dem Einfluß des Politikwandels von besonderem Interesse. Wer in den Kulturtechniken des ordnungspolitischen Handlungsmodells eine Orientierungsgrundlage für den Systemvergleich sieht, wird gerade im Hinblick darauf Wert auf die Erforschung der Ursachen der inhaltlichen Varianz und Wandelbarkeit der zugrundeliegenden Prinzipien, die dadurch entstehenden Differenzen zwischen Ideal und Wirklichkeit und zu erwartenden Konsequenzen für die Funktionsfähigkeit des Marktsystems legen. Im Verhältnis von formaler und spon-

---

[27] Siehe *Gwartney* (1999). Nach dieser von der Weltbank herausgegebenen Vergleichsstudie für die Zeit 1970-1998 liegt beispielsweise Deutschland auf dem 22. Rang (1970 und 1990 war es noch der 7. Rang), Frankreich ist vom 16. auf den 25., Italien vom 22. auf den 31. Rang abgerutscht.

taner informaler Institutionalisierung des ordnungspolitischen Handlungsmodells ist ein Ansatzpunkt zu sehen, der für den Vergleich von Wirtschaftssystemen von hoher Aktualität ist (vgl. *Voigt* 1999, S. 273). Dabei wird es im politischen Streit um konkurrierende Menschenbilder und Staatsverständnisse vor allem um die Frage gehen: Wie kann die Freiheit des wirtschaftlichen Handelns mit dem Wettbewerb als System sozialer Antriebe und Kontrollen und dem sozialen Ausgleich bzw. der sozialen Sicherheit im Hinblick auf bestimmte Ergebnisse (Einkommensverteilung und Wirtschaftswachstum, Entstehung, Vermeidung und Bewältigung sozialer Dilemmata[28]) wählerwirksam gewichtet und verwoben werden?

Im Wettkampf der Systeme konnte man sich in der Politik über Mängel der marktwirtschaftlichen Systemvarianten stets mit dem Hinweis auf die größeren Mängel der zentralverwaltungswirtschaftlichen und der marktsozialistischen Varianten hinwegtrösten. Macht der *Wettbewerb der Systeme* die Politiker trostloser? Die Invarianz des Gesamtstils menschlichen Handelns gilt auch für die Politiker. Sie werden deshalb aus der Erfahrung, daß ein gemeinsames Schicksal tröstet, zur eigenen Machterhaltung dazu neigen, diesen Wettbewerb mit internationalen Absprachen direkt[29] oder indirekt[30] zu beschränken. Die Einsicht, daß der Wettbewerb der Systeme prinzipiell die Freiheit der Politiker einschließt, die verschiedenen Dimensionen dieses Wettbewerbs, vor allem den institutionellen Vorstoß- und Nachahmungswettbewerb, durch Absprachen zu beschränken, macht den Schutz dieses Wettbewerbs zu einer Aufgabe für die Etablierung einer internationalen Verfassung des Wettbewerbs (*Kerber* 1998, S. 199 ff.).

5.2. Systemvergleich als „Synthese auf breiter Front"?

Erich Preiser meint als Herausgeber der 6. Auflage von *Euckens* „Grundlagen" (1939/1950, S. VII), „daß es im Grunde nur *eine* Lehre von der Wirtschaft gibt"; warum, so ist zu folgern, dann nicht auch *eine* Lehre von den Wirtschaftssystemen? Im Vorwort der 1. Auflage von 1939 beklagt *Eucken* eine vorherrschende innere Unsicherheit, Lebensferne und Zersplitterung in der Nationalökonomie. Im Vorwort zur 3. Auflage von 1942 (S. XII) stellt er dagegen fest, daß die „moderne nationalökonomische Theorie sehr viel einheitlicher ist, als der Außenstehende vermutet". Hierbei geht er davon aus, daß seine „Sachanalyse ... zu einer Überwindung des überkommenen Nebeneinanders von historischer und theoretischer Nationalökonomie (führt), und es vollzieht sich eine Zusammenleitung dieser beiden Ströme geistiger Arbeit, die dadurch ihre Wirksamkeit steigert". Und *Röpke* (1944/1949, S. 25) plädiert im Anschluß an *Euckens* „Grundlagen" – wie schon mehrfach angedeutet – leidenschaftlich für eine „Synthese

---

[28] Siehe hierzu *Watrin* (1999, 35 ff.), der davon ausgeht, daß die Lehre von den sozialen Dilemmata es nahelegt und möglich macht, „die Funktionsweise von Politik und Wirtschaft aus einem einheitlichen Ansatz heraus zu betrachten".

[29] Etwa durch ex ante-Harmonisierung der Währungs-, Steuer- und Sozialpolitik, wie in der EU.

[30] Etwa durch den Internationalen Währungsfonds (IWF), der in seiner Rolle als „lender of last resort" mit vorauseilenden Einladungen zum moralischen Fehlverhalten über die Beschränkung des Wettbewerbs der Systeme hinaus selbst zur Ursache von krisenhaften Entwicklungen und von politischen Neigungen wird, sich in Fallen zu verstricken.

auf breiter Front" . In einer entsprechenden ordnungstheoretischen Konzeption könnte, wie schon angedeutet, alles ökonomische Denken in ein systematisches Denken in Prozessen der dezentralen Koordination einmünden. In einen solchen Analyserahmen müßten neben den bisher im Mittelpunkt stehenden wirtschaftlichen, historischen, rechtlichen und politischen auch kulturelle Tatbestände einbezogen werden. Dieses umfassende Denken in Ordnungen deckt sich mit dem, was *Coase* (1998, S. 73) die Aufgabe der „New Institutional Economics" nennt.

Ohne Zweifel sind die sittlich-kulturellen Lebensformen als die ideellen Grundlagen menschlichen Handelns grundlegend für den Umgang mit gegebenen oder neuen Ordnungsbedingungen. Es ist deshalb nicht verwunderlich, daß *Eucken* (1939/1950, S. 222) diese Bedingtheiten des Sozialgeschehens auch für die Entstehung und den Wandel von Wirtschaftssystemen hervorgehoben hat. Hinsichtlich der Entstehungsgründe dessen, was die Menschen glauben, denken und wollen bzw. was sie in diesen Wertorientierungen beeinflußt, übt *Eucken* freilich – wie schon gesagt – Zurückhaltung. Dagegen sieht er aber in dem Versuch, auf die äußeren Bedingungen der sozialen Integration der Menschen einzuwirken, eine Bringschuld der Wissenschaft[31], auch hinsichtlich der Frage der sittlich-kulturellen Formung einer Gesellschaft durch das Wirtschaftssystem. Es wird damit zum Beispiel angenommen, daß kulturelle und sittliche Traditionen eines Landes erschwerende, aber keine unüberwindlichen Restriktionen für eine marktwirtschaftliche Ordnungspolitik sein können. Denn wenn uns die Theorie sagt, unter welchen Ordnungsbedingungen bestimmte Lösungen des Knappheitsproblems entstehen, wissen wir, was fehlt, der Korrektur bedarf oder was ordnungspolitisch zu tun ist, damit sich Ordnungsstrukturen der gewünschten Art mit den davon erwarteten wirtschaftlichen und sozialen Ergebnissen bilden können. In der Tat wird der „Wirtschaftsgeist eines Volkes größtenteils von Einrichtungen und Institutionen bestimmt..., die wir geschaffen haben und ändern können" (*von Hayek* 1969, S. 30). Geschieht dies – etwa auf der politischen Ebene – nicht in einer glaubwürdigen Weise, werden auch die wirtschaftlich Handelnden zögern, verläßliche marktwirtschaftliche Verhaltensweisen zu entwickeln. Man wird deshalb zunächst sehr sorgfältig die nationalen und internationalen Einflüsse zu prüfen haben, die die Glaubwürdigkeit der Politik und der von ihr beherrschten Handlungsfelder (etwa in Gestalt der Wirtschafts- und Sozialbürokratie) bestimmen, bevor man zu dem Ergebnis kommt, daß die Übertragung marktwirtschaftlicher Koordinationsformen auf Entwicklungs- und Transformationsländer an deren kulturellen Eigenarten scheitert. Wenn es richtig ist, daß die verhaltenssteuernde Wirkung der Glaubwürdigkeit positiv mit der Geschwindigkeit und Entschiedenheit der Transformationspolitik korreliert ist (siehe *Funke* 1993, S. 337 ff.), dann verdienen für die vergleichende Analyse des Wandels und Wechsels von Wirtschaftssystemen die Eigenarten politischer Prozesse im jeweiligen kulturellen Zusammenhang ganz besondere Beachtung (siehe *Herrmann-Pillath* 1991, S. 47 ff.; *Leipold* 2000, S. 21 ff.). In der Frage, ob die zugrundeliegenden kulturellen Kausalitäten systematisch entwirrt und mit ihrem Einfluß auf

---

[31] „Wenn ... das wissenschaftliche Denken sich der ordnungspolitischen Aufgabe entzieht, gibt es keine Potenz, die sie bewältigen kann. Was das bedeutet, wissen wir: Auslieferung an anarchische, politische und wirtschaftliche Machtgruppen, an ihre Funktionäre und Ideologen" (*Eucken* 1952/1990, S. 342).

das Wirtschaftssystem gewichtet werden können, scheint *Eucken* optimistisch gewesen zu sein, denn er hielt es sogar für möglich, „geschichtliches Verstehen religiöser, geistiger, politischer, moralischer und seelischer Wandlungen ... mit exakter Erkenntnis der Wirkungen solcher Wandlungen auf den konkreten Wirtschaftsprozeß zu verbinden" (1939/1950, S. 222). Würde dadurch erkennbar, was die Welt der Wirtschaftssysteme im Innersten zusammenhält, dann wäre dies im Hinblick auf den Anspruch der „Synthese auf breiter Front" das *größte Glanzstück der systemvergleichenden Forschung.* Solange die genannten kulturellen Bezüge des geschichtlichen Verstehens sich allerdings nicht eindeutig wechselseitig begünstigen, sondern sich mehr oder weniger gegenseitig stören oder gar lähmen, wird man sich mit der Wirkungsprognose und dem Versuch schwer tun, von dieser Grundlage aus eine verläßliche Anleitung für wirtschaftspolitisches Handeln zu gewinnen.

Literatur

Buchanan, James M. (1987), Constitutional Economics, in: The New Palgrave: A Dictionary of Economics, Bd. 1, London, S. 585-588.

Cassel, Dieter und *Corinne Kaiser* (2000), *Eucken*s Prinzipien als Maxime der Wirtschaftspolitik: Zum Problem der Einhaltung wirtschaftspolitischer Grundsätze in der parlamentarischen Demokratie, in: *Helmut Leipold* und *Ingo Pies* (Hrsg.), Ordnungstheorie und Ordnungspolitik: Konzeptionen und Entwicklungsperspektiven, Stuttgart, S. 83-101.

Coase, Ronald (1998), The New Institutional Economics, in: The American Economic Review, Vol. 88, No. 2, S. 72-84.

Daumann, Frank (1999), Interessenverbände im politischen Prozeß: Eine Analyse auf Grundlage der Neuen Politischen Ökonomie, Tübingen.

Demsetz, Harold (1964), The Exchange and Enforcement of Property Rights, in: The Journal of Law and Economics, Vol. 7, S. 1-26.

Demsetz, Harold (1969), Information and Efficiency: Another Viewpoint, in: The Journal of Law and Economics, Vol. 12, S. 1-22.

Engst, Peter und *Lothar Schüssler* (1973), Möglichkeiten und Grenzen des Effizienzvergleichs von Wirtschaftssystemen: Dargestellt am Beispiel der mittel- und westdeutschen Wirtschaft, Köln und Opladen.

Eucken, Walter (1939/1950), Die Grundlagen der Nationalökonomie, 6. Auflage, Berlin, Göttingen und Heidelberg.

Eucken, Walter (1952/1990), Grundsätze der Wirtschaftspolitik, 6. Auflage mit einem Vorwort zur Neuausgabe 1990 von Ernst-Joachim Mestmäcker, Tübingen.

Feldmann, Horst (1999), Ordnungstheoretische Aspekte der Institutionenökonomik, Berlin.

Fehl, Ulrich (1989), Zu Walter Euckens kapitaltheoretischen Überlegungen, in: ORDO, Bd. 40, S. 71-83.

Funke, Norbert (1993), Timing and Sequencing of Reforms: Competing Views and the Role of Credibility, in: Kyklos, Heft 3, Vol. 46, 337-362.

Grund, Joachim (1982), Personelle Einkommensverteilung, Planwirtschaft und Evolution, dargestellt am Beispiel der CSSR, (Dissertation Freiburg).

Gutmann, Gernot (1987), Systemvergleich als Forschungsfeld der Wirtschaftswissenschaft. Definitionen, Kriterien und wissenschaftstheoretische Fundierung: Ein Überblick über offene Probleme, in: *Gernot Gutmann* (Hrsg.), Methoden und Kriterien des Vergleichs von Wirtschaftssystemen, Berlin, S. 11-52.

Gutmann, Gernot (1991), Euckens konstituierende Prinzipien der Wirtschaftspolitik und der ordnungspolitische Wandel in den Ländern Osteuropas, in: *Alfred Schüller* und *Hans-Günter Krüsselberg* (Hrsg.), Zur Transformation von Wirtschaftssystemen: Von der sozialistischen Planwirtschaft zur Sozialen Marktwirtschaft, Hannelore Hamel zum 60. Geburtstag, 2., überarbeitete und erweiterte Auflage, Marburg, S. 63-71.

Gwartney, James (1999), Economic Freedom of the World: Annual Report und 1999 World Development Indicators, Washington D. C.

Hamel, Hannelore (1989), Soziale Marktwirtschaft – Sozialistische Planwirtschaft. Ein Vergleich Bundesrepublik Deutschland- DDR, 5. neubearbeitete Auflage, München.

Hartwig, Karl-Hans (1997), Wirtschaftsverbände und Soziale Marktwirtschaft, in: ORDO, Bd. 48, S. 655-675.

Hayek, Friedrich A. von (1969), Freiburger Studien, Tübingen.

Hayek, Friedrich A. von (1945/1976), The Use of Knowledge in Society, in: American Economic Review, Vol. 35, 1945. Deutsch: Die Verwertung des Wissens in der Gesellschaft, in: *Friedrich A. von Hayek*, Individualismus und wirtschaftliche Ordnung, 2. erweiterte Auflage, Salzburg, S. 103-121.

Hensel, K. Paul (1954/1979), Einführung in die Theorie der Zentralverwaltungswirtschaft, 3. Auflage, Stuttgart und New York.

Hensel, K. Paul (1970), Der Zwang zum wirtschaftspolitischen Experiment in zentral gelenkten Wirtschaften, in: *K. Paul Hensel* (1977, 173-182).

Hensel, K. Paul (1975), Über die sozialwissenschaftliche Bestimmung von Wirtschaftssystemen, in: *K. Paul Hensel* (1977, 24-35).

Hensel, K. Paul (1977), Systemvergleich als Aufgabe: Aufsätze und Vorträge, hrsg. von *Hannelore Hamel*, Stuttgart und New York.

Herrmann-Pillath, Carsten (1991), Der Vergleich von Gesellschafts- und Wirtschaftssystemen: Wissenschaftsphilosophische und methodologische Betrachtungen zur Zukunft eines ordnungstheoretischen Forschungsprogramms, in: ORDO, Bd. 42, S. 15-68.

Heuß, Ernst (1988), Außenhandel zwischen Ländern unterschiedlichen Entwicklungsgrades, in: *Ernst Dürr* und *Hugo Sieber* (Hrsg.), Weltwirtschaft im Wandel, Stuttgart, S. 21-31.

Heuß, Ernst (1989), „Die Grundlagen der Nationalökonomie" vor 50 Jahren und heute, in: ORDO, Bd. 40, S. 21-30.

Homann, Karl und *Ingo Pies* (1991), Wirtschaftsethik und Gefangenendilemma, in: WiSt, 20. Jg., Heft 12, S. 608-614.

Kerber, Wolfgang (1998), Zum Problem einer Wettbewerbsordnung für den Systemwettbewerb, in: Jahrbuch für Neue Politische Ökonomie, Band 17, S. 199-230.

Kornai, Janos (1996), Unterwegs: Essays zur wirtschaftlichen und politischen Umgestaltung in Ungarn, Marburg.

Krüsselberg, Hans-Günter (1991), Adam Smith und die Deutschen: Gedanken zu den ethischen Grundlagen von Wirtschaftssystemen, in: *Alfred Schüller* und *Hans-Günter Krüsselberg* (Hrsg.), Zur Transformation von Wirtschaftssystemen: Von der Sozialistischen Planwirtschaft zur Sozialen Marktwirtschaft, Hannelore Hamel zum 60. Geburtstag, 2. überarbeitete und erweiterte Auflage, Marburg, S. 27-43.

Lachmann, Ludwig M. (1963), Wirtschaftsordnung und wirtschaftliche Institutionen, in: ORDO, Bd. XIV, S. 63-77.

Leipold, Helmut (1987), Institutionelle Entwicklung und Wirtschaftsrechnung. Eine systemvergleichende Studie, in: *Gernot Gutmann* (Hrsg.), Methoden und Kriterien des Vergleichs von Wirtschaftssystemen, Berlin, S. 53-76.

Leipold, Helmut (1988), Ordnungspolitische Konsequenzen der ökonomischen Theorie der Verfassung, in: *Dieter Cassel, Bernd-Thomas Ramb* und *H. Jörg Thieme* (Hrsg.), Ordnungspolitik, München, S. 257-283.

Leipold, Helmut (1990), Neoliberal ‚Ordnungstheorie‘ and Constitutinal Economics: A Comparison between Eucken and Buchanan, in: Constitutional Political Economy, Vol. 1, No.1, S. 47-65.

Leipold, Helmut (1993), Stichwort „Systemvergleich“, Vahlens Großes Wirtschaftslexikon, 2. Auflage, München, S. 2055f.

Leipold, Helmut (1994), Ordnungsprobleme der Entwicklungsländer: Das Beispiel Schwarzafrika, Arbeitsberichte der Marburger Gesellschaft für Ordnungsfragen der Wirtschaft e. V., Nr. 17, Marburg.

Leipold, Helmut (1998), Die große Antinomie der Nationalökonomie: Versuch einer Standortbestimmung, in: ORDO, Bd. 49, S. 15-42.

Leipold, Helmut (2000), Die kulturelle Einbettung von Wirtschaftsordnungen: Bürgergesellschaft versus Sozialstaatsgesellschaft, in: *Bettina Wentzel* und *Dirk Wentzel* (Hrsg.), Wirtschaftlicher Systemvergleich Deutschland/USA, Stuttgart, S. 1-52.

Lippe, Peter von (1994), Materialien zum Bericht zur Lage der Nation im geteilten Deutschland 1987 als statistische Grundlage für die Staatsverträge mit der ehemaligen DDR, in: *Gernot Gutmann* und *Ulrich Wagner* (Hrsg.), Ökonomische Erfolge und Mißerfolge der deutschen Vereinigung – Eine Zwischenbilanz, Stuttgart, Jena und New York, S. 3-35.

Meyer, Willi (1983), Entwicklung und Bedeutung des Property Rights-Ansatzes in der Nationalökonomie, in: *Alfred Schüller* (Hrsg.), Property Rights und ökonomische Theorie, München, S. 1-44.

Miksch, Leonhard (1950), Die sittliche Bedeutung der inneren Koordination, in: ORDO, Dritter Band, S. 29-73.

Mises, Ludwig von (1920/1921), Die Wirtschaftsrechnung im sozialistischen Gemeinwesen, in: Archiv für Sozialwissenschaften und Sozialpolitik, Bd. 47, S. 86-126.

Mises, Ludwig von (1929/1976), Kritik des Interventionismus, Untersuchungen zur Wirtschaftspolitik und Wirtschaftsideologie der Gegenwart, Jena (Neuauflage mit einer Einführung von Friedrich A. von Hayek, Darmstadt).

Neuberger, Egon, William Duffy (1976), Comparative Economic Systems: A Decision-Making Approach, Boston u.a.

North, Douglass C. (1992), Institutionen, institutioneller Wandel und Wirtschaftslenkung, Tübingen.

North, Douglass C. (1999), Hayeks Beitrag zum Verständnis des Prozesses wirtschaftlichen Wandels, in: *Viktor Vanberg* (Hrsg.), Freiheit, Wettbewerb und Wirtschaftsordnung, Hommage zum 100. Geburtstag von Friedrich A. von Hayek, Freiburg u. a., S. 58-78.

Popper, Karl (1957/1992), Die offene Gesellschaft und ihre Feinde, Bd. 1: Der Zauber Platons, 7. Auflage mit weitgehenden Verbesserungen und neuen Anhängen, Tübingen.

Röpke, Wilhelm (1929), Staatsinterventionismus, in: Handwörterbuch der Staatswissenschaften, vierte, gänzlich umgearbeitete Auflage, Ergänzungsband, Jena, S. 861-882.

Röpke, Wilhelm (1944/1949), Civitas Humana, 3. Auflage, Erlenbach-Zürich.

Röpke, Wilhelm (1953), Kernfragen der Wirtschaftsordnung, Erstdruck in: ORDO, Bd. 48, 1997, S. 27-64 (mit einem Vorwort von Hans Willgerodt).

Schüller, Alfred (1986), Der theoretische Institutionalismus als Methode des Systemvergleichs, in: *Gernot Gutmann* und *Siegfried Mampel* (Hrsg.), Probleme systemvergleichender Betrachtung, Berlin, S. 131-162.

Schüller, Alfred (1988), Ökonomik der Eigentumsrechte in ordnungstheoretischer Sicht, in: *Dieter Cassel, Bernd Thomas Ramb* und *H. Jörg Thieme* (Hrsg.), Ordnungspolitik, München, S. 155-184.

Schüller, Alfred (1991), Probleme des Übergangs von der Staatswirtschaft zur Marktwirtschaft, in: *Alfred Schüller* und *Hans-Günter Krüsselberg* (Hrsg.), Transformation von Wirtschaftssystemen: Von der Sozialistischen Planwirtschaft zur Sozialen Marktwirtschaft, Hannelore Hamel zum 60. Geburtstag, 2. überarbeitete und erweiterte Auflage, Marburg, S. 1-26.

Schüller, Alfred (1992), Ansätze einer Theorie der Transformation, in: ORDO, Bd. 43, S. 35-63.

Schüller, Alfred (1997), Subsidiarität im Spannungsfeld zwischen Wettbewerb und Harmonisierung, in: *Knut Wolfgang Nörr* und *Thomas Oppermann* (Hrsg.), Subsidiarität: Idee und Wirklichkeit, Tübingen, S. 69-104.

Schüller, Alfred (2000a), Das Menschenbild der christlichen Kirchen aus ordnungsökonomischer Sicht, in: *Rolf Hasse* (Hrsg.), Das Menschenbild in Wirtschaft und Gesellschaft, Bern, Stuttgart und Wien.

Schüller, Alfred (2000b), Soziale Marktwirtschaft und Dritte Wege, in: ORDO, Bd. 51, S. 169-202.

Smith, Adam (1776/1974), Der Wohlstand der Nationen: Eine Untersuchung seiner Natur und seiner Ursachen, München.

Thieme, H. Jörg (1987), Prozeßtheoretische Erklärungsansätze in systemvergleichender Perspektive, in: *Hannelore Hamel* und *Alfred Schüller* (Hrsg.), Ordnungstheorie: Methodologische und institutionentheoretische Entwicklungstendenzen, Arbeitsberichte zum Systemvergleich, Nr. 11, Marburg, S. 135-161.

Thieme, H. Jörg (1999), Wirtschaftssysteme, in: Vahlens Kompendium der Wirtschaftstheorie und Wirtschaftspolitik, Band 1, 7. Auflage, München, S. 3-52.

Tocqueville, Alexis de (1835/1994), Über die Demokratie in Amerika. Ausgewählt und herausgegeben von J. P. Mayer, Stuttgart.

Tuchtfeldt, Egon (1989), Das 20. Jahrhundert als Zeitalter der Experimente, in: ORDO, Bd. 40, S. 283-301.

Vanberg, Viktor (1997), Systemtransformation, Ordnungsevolution und Protektion: Zum Problem der Anpassung von Wirtschaftssystemen an ihre Umwelt, Berlin, S. 11-41.

Voigt, Stefan (1998), Making Constitutions Work: Conditions for Maintaining the Rule of Law, in: Cato Journal, Vol. 18, No. 2, S. 191-208.

Voigt, Stefan (1999), Wirtschaftliche Freiheitsrechte, Ressourcenverteilung und Wirtschaftswachstum: Zum heuristischen Potential des Vergleichs von Wirtschaftssystemen, in: *Dieter Cassel* (Hrsg.), Perspektiven der Systemforschung, Berlin, S. 271-297.

Watrin, Christian (1967), Konflikt und Kooperation, Zwei Betrachtungsweisen der internationalen Wirtschaftsbeziehungen, in: Wirtschaftspolitische Chronik, Heft 2/3, S. 193-207.

Watrin, Christian (1999), Soziale Dilemmata und Ordnungspolitik, in: *Alfred Schüller* und *Christian Watrin*, Wirtschaftliche Systemforschung und Ordnungspolitik, Stuttgart, S. 35-54.

Wegner, Gerhard (1993), Kontextsteuerung: Alternative zu Dirigismus und Laissez-Faire?, in: ORDO, Bd. 44, S. 271-290.

Wiest, Bertram (2000), Systemtransformation als evolutorischer Prozeß: Wirkungen des Handels auf den Produktionsaufbau am Beispiel der Baltischen Staaten, Stuttgart.

Willgerodt, Hans (1961), Zum Problem der unbestrittenen Wahrheiten in der Nationalökonomie, in: ORDO, Bd. XII, S. 59-76.

Ansätze einer Theorie der Transformation*

* Erstdruck in: ORDO, Jahrbuch für die Ordnung von Wirtschaft und Gesellschaft, Band 43,
Verlag Lucius&Lucius, Stuttgart 1992, S. 35-63.

1. Einführung

Grundlegende politisch-institutionelle Veränderungen in der Welt haben bekanntlich häufig die nationalökonomische Forschung angeregt. Dies ist auch jetzt zu beobachten, nachdem die politischen Entwicklungen im Osten Europas, die zu freiheitlich-rechtsstaatlichen Ordnungen hindrängen, dem Erkenntnisstand der Wirtschaftstheorie weit vorausgeeilt sind. An der Transformationsproblematik, also den schwierigen Umständen des Übergangs von sozialistischen Staatswirtschaften zu Marktwirtschaften, zeigt sich, in welchem Maße die nationalökonomische Forschung von Veränderungen der politischen Umwelt bestimmt ist. Aber verläuft der wissenschaftliche Erkenntnisprozeß in anderen Disziplinen nicht ähnlich?

Entstehung und Verlauf des gesellschaftlichen und wirtschaftlichen Umbruchs haben eine gewisse Ähnlichkeit mit der Geschichte von Erdbeben: Nach der Katastrophe, die überraschend kommt, schlägt die Stunde der Hilfsorganisationen, der Politiker und der Medien. Der Auftritt der Wissenschaftler ist erst im Nachgang der Ereignisse gefragt (siehe *Geipel* 1991, S. 8). Gibt es empirische Regelmäßigkeiten im Ablauf von Erdbebenkatastrophen, die Analogien zu unserem Problemfeld aufweisen? Bei der Auswertung historischer Erdbeben haben Geographen einen Zehnjahreszeitraum für den erfolgreichen Wiederaufbau festgestellt. Dieser Zeitraum läßt sich in vier Perioden einteilen:

— Die *Notstandsphase*, in der es um die ersten Rettungsmaßnahmen geht.

— Die *Restaurationsphase* mit dem Versuch, auf provisorischer Grundlage normale Lebensbeziehungen herzustellen.

— Die *erste Aufbauphase* (Reconstruction I) mit Bemühungen, die primären Lebensbereiche – Beschäftigung und Wohnung – wiederherzustellen.

— Die *zweite Aufbauphase* (Reconstruction II) zur Weiterentwicklung der Region, was in vielen Fällen mit einer sprunghaften Verbesserung der Lebensverhältnisse verbunden ist.

Die Phasenübergänge werden durch vier kritische Zeitpunkte der Krisenbewältigung markiert:

— Die *Krise der Katastrophe* selbst: Sie ist bei gegebener Schwere der Zerstörung vom Ausmaß und von der Qualität der Hilfsmaßnahmen abhängig.

— Die *Krise der Ungeduld*: Die Bevölkerung drängt auf zügige Verbesserung der materiellen Lebensbedingungen, während die Gesetzgebung, unter anderem zur Ausgrenzung von seismischen Risikogebieten, und vielfältige Planerstellungs- und Finanzierungsaufgaben der förmlichen Regelung bedürfen.

— Die *Krise enttäuschter Erwartungen*: Der erfolgreich in Gang gekommene Wiederaufbau verleitet bei Fehlbeurteilung des Ausmaßes der Aufbauschwierigkeiten zu unerfüllbaren Hoffnungen.

— Die *Krise der Vergessenen* am Rande der Gesellschaft.

Dieses Ablaufmuster ist nur oberflächlich mit dem sozialökonomischen Prozeß der Zerstörung und des Neuaufbaus zu vergleichen:

- Es fehlt an der hinreichenden Häufigkeit vergleichbarer Beobachtungsfälle.

- Ein Erdbeben bringt im üblichen Verständnis des Katastrophenbegriffs stets Unheil, Verhängnis und Unglück. Die Systemtransformation hingegen bedeutet in einem anderen Verständnis des Katastrophenbegriffs notwendig Umkehr und positive Wendung in einem Prozeß der „schöpferischen" Zerstörung im Sinne *Schumpeters*.

- Diskontinuitäten, die durch Erdbeben entstehen, treten in so extrem schockartiger Form auf, wie es für die Auslösung von Transformationsprozessen nicht typisch sein dürfte. Diese haben meist einen längeren Vorlauf mit Signalen, die spontan vielfältige antizipierende Aktionen und Reaktionen nahelegen.

- Zwar sind Erdbeben gleichfalls mit dramatischen Strukturbrüchen, Veränderungen in den individuellen und kollektiven Handlungsbedingungen und mit extremen Ungewißheiten verbunden, doch können die überkommenen ordnungspolitischen Rahmenbedingungen – von vorübergehenden Notstandsregelungen abgesehen – weiterhin bestehen bleiben. Der Wiederaufbau kann im Vertrauen auf den Fortbestand des gewohnten institutionellen Handlungsrahmens begonnen werden. Es bedarf keiner tiefgreifenden sozialen Desintegration. Bei der sozialökonomischen Transformation werden dagegen die rechtlich-institutionellen und lenkungstechnischen Bedingungen der geschlossenen Systemwelt von Zentralverwaltungswirtschaften durch den Ordnungsrahmen offener Systeme abgelöst. Dies bedingt *notwendig* eine alle Lebensbereiche einbeziehende soziale Desintegration der Menschen. Das Spektrum an möglichen Ungewißheitssituationen – neben den neu definierten äußeren Handlungsbeschränkungen verändern sich auch die inneren Handlungsbedingungen fundamental – ist wesentlich größer als der einer Erdbebenkatastrophe. Die notwendige Neuverflechtung aller individuellen Handlungen, der daraus hervorgehenden wirtschaftlichen Organisationsformen und Prozesse entsprechend den Anforderungen einer Marktwirtschaft bedingen den Aufbau einer neuen Human-, Sach- und Geldvermögenswirtschaft, also die Neugestaltung der wohlstandsbestimmenden Einkommensquellen und der sie ermöglichenden rechtlich-institutionellen Infrastruktur. Dieser Vorgang ist mit einer bewußten staatlich organisierten Neuverteilung der politischen Machtbefugnisse und wirtschaftlichen Vermögenspositionen, also mit extremen Verteilungswirkungen verbunden.

Die Transformation von Wirtschaftssystemen ist demnach ein Gegenstand, der die Wirtschaftswissenschaft ungewöhnlich herausfordert. Worin besteht die Herausforderung?

(1) Allgemein gilt es, die Ursachen grundlegender politischer Datenänderungen und deren Auswirkungen auf wirtschaftliche Institutionen und Prozesse unter Anwendung von Instrumenten der ökonomischen Theorie zu erforschen.

(2) Das spezielle Erkenntnisziel kann in der Erforschung typischer Eigenschaften von Übergangswirtschaften in bestimmten Phasenfolgen von Ereignissen, Verhaltensweisen, Unsicherheiten, kritischen Momenten, makroökonomischen Besonderhei-

ten, in charakteristischen Ordnungsformen, also in dem gesehen werden, was *Norbert Kloten* (1991, S. 21 ff.) „Repetitionsphänomene" oder „phänotypische Merkmale" nennt. In diesem Zusammenhang stellen sich der vergleichenden Systemforschung – angesichts einer bisher fehlenden ähnlichen Herausforderung oder mangelndem Problembewußtsein – völlig neue Aufgaben, etwa bei der Untersuchung der übergangsspezifischen Entwicklung und Veränderung wichtiger Ordnungsformen: den Formen der Geldordnung, des Eigentums, der Preisbildung, der Unternehmensverfassung, des Wettbewerbs, den Formen des Angebots und der Finanzierung öffentlicher Güter, den Formen außenwirtschaftlicher Beziehungen, der Privatisierung von Staatseigentum und der Vermögensbildung und ähnlichen mehr.

(3) Bei dem Versuch, Instrumente der ökonomischen Theorie derart auf komplexe, teilweise nur flüchtige Sozialstrukturen und Institutionen anzuwenden, ist nach der Reichweite der ökonomischen Erklärung zu fragen. Wie weit kann die ökonomische Analyse zur Erhellung von Sachverhalten beitragen, deren Entscheidungsgrundlagen unausweichlich tief in den Datenkranz, in die rechtliche und soziale Organisation der Volkswirtschaft also, hineinreichen und deshalb mehr noch als sonst von der Politik des Staates und ihren Entscheidungskalkülen bestimmt sind?

(4) Es gilt, die typischen Eigenschaften von Übergangswirtschaften – etwa die Kenntnis krisenhafter Punkte in den Übergangsperioden verschiedener Länder – bei der Formulierung von Transformationsprogrammen zu nutzen, konkret im Sinne einer Verbesserung der Entwurfs- und Beratungskompetenz der Wirtschaftswissenschaft für die Gestaltung von vergleichbaren Vorgängen.

2. Erklärungsbedürftige Problembereiche als Ansatzpunkte für theoretische Erwägungen

Im Interesse einer möglichst systematischen Bearbeitung des Forschungsgegenstandes liegt es nahe, von den verschiedenen Problemebenen des Vorgangs der Transformation auszugehen, vom Gegenstandsbereich der Transformation von Wirtschaftssystemen als dem eigentlichen Erkenntnisgegenstand, von der Suche nach gleichartigen Ursachenkomplexen des Niedergangs und des Übergangs, vom Einfluß alternativer politischer Ordnungen, von der Wahl des Transformationsziels, von den Methoden und vom Phasenverlauf der Transformation.

2.1. Zum Gegenstandsbereich der Transformation

Die Analyse von Transformationsvorgängen setzt die Kenntnis der Ausgangssituation und ihrer Veränderung durch Reform- und Übergangskräfte sowie der angestrebten Endzustände voraus. Nur dann lassen sich die politischen Datensetzungen identifizieren, die prinzipiell in die Umgestaltung einzubeziehen sind, wenn der Übergang zielgerichtet verlaufen soll. Nur bei entsprechender Orientierung kann festgestellt werden, ob das, was aus dem alten System überkommen ist – etwa hochkonzentrierte Betriebskombinate – durch staatliche Hilfe im neuen System mit Aussicht auf nachhaltigen Erfolg weitergeführt werden kann. Hier wie auch sonst sind „die Ursachen der ungünstigen Situation insolventer Großunternehmen für die Entscheidung über die Hilfe ... bedeutsam" (*Lenel* 1983, S. 446). Erst die Kenntnis der konstitutiven Struktur von Wirtschaftssystemen und ihrer Funktionsweise erlaubt ein Urteil darüber, ob das, was im Übergangsprozeß geschieht, aus der Anziehungskraft der alten oder der neuen Systemzustände zu erklären ist. Wer in Staatsbetrieben, weitgegliederten Branchenholdings und im industriepolitischen Zusammenwirken von Staat und Großunternehmen ein Strukturmerkmal moderner Volkswirtschaften sieht, wird geneigt sein, den aus dem alten System überkommenen Industriekomplexen und -standorten im neuen System mit staatlicher Hilfe eine struktur- und regionalpolitische Eigenständigkeit mit der Anmaßung von weitreichenden industriepolitischen Planzuständigkeiten durch politische Instanzen zuzubilligen. Dabei wird in Kauf zu nehmen sein, daß die überkommene Politisierung der Betriebspolitik partiell im neuen System gleichsam in veränderter Einfärbung fortbesteht.

Zu einem Wirtschaftssystem als Teil des gesellschaftlichen Gesamtsystems werden hier die in Abb. 1 stark eingezeichneten Felder gezählt:

— Die *Menschen* als Träger von Bedürfnissen, Fähigkeiten, Ressourcen sowie von Sozialbeziehungen (Transaktionen).

— Die *Wirtschaftsordnung* mit konstitutiven und anderen Ordnungsformen als Gestaltungsproblem der Ordnungspolitik. Die Eigentumsordnung, aufgefaßt als Struktur der Planungs- oder Eigentumsrechte (Property Rights) und die Art der Wirtschaftsrechnung – als das vorherrschende Verfahren der Information über Knappheitsverhältnisse – werden als systemkonstituierend, gleichsam als der Magnetkern des Systems angesehen, weil angenommen wird, daß diese beiden Ordnungsformen den wirtschaftlichen Handlungs- und Entscheidungsspielraum der Menschen in Gesellschaft und Staat in einer für das Wirtschaftssystem insgesamt prägenden Weise bestimmen.

— Die laufende *wirtschaftspolitische Gestaltung* des Wirtschaftsgeschehens durch den Staat.

Hinsichtlich der Frage, welcher Systemtyp die Ausgangslage und das Ziel von Transformationsbemühungen bestimmen kann, sei auf Abb. 2 verwiesen. Der hiermit angesprochene Forschungsgegenstand mag in der Nationalökonomie weitgehend vernachlässigt worden sein. Für den deutschsprachigen Raum gilt dies nicht. Hier haben das ordnungstheoretische Denken und die vergleichende Analyse von Wirtschaftssystemen eine beachtliche und eigenständige Tradition entwickelt. Hierbei interessieren vor allem zwei Fragenkomplexe:

(1) Die Frage nach dem Rang und dem Wirkungsspektrum von Ordnungsformen in gesamtwirtschaftlichen und übergeordneten gesellschaftlichen Bezügen, die Frage der institutionellen Einkleidung eines funktionsfähigen Preissystems, etwa im Sinne von *Euckens* konstituierenden und regulierenden Prinzipien der Wettbewerbsordnung (siehe Abb. 3), die Frage der Systemkonformität von Ordnungsformen und Teilordnungen, der sittlich-kulturellen und (staats-)rechtlichen Voraussetzungen eines funktionsfähigen Wirtschaftssystems, also der Kohärenz zwischen sittlich-kultureller Verfassung, Staats- und Wirtschaftsverfassung einerseits und Wirtschaftssystem andererseits (siehe Abb. 1).

Abb. 1: Wirtschaftssystem als Teil des Gesellschaftssystems

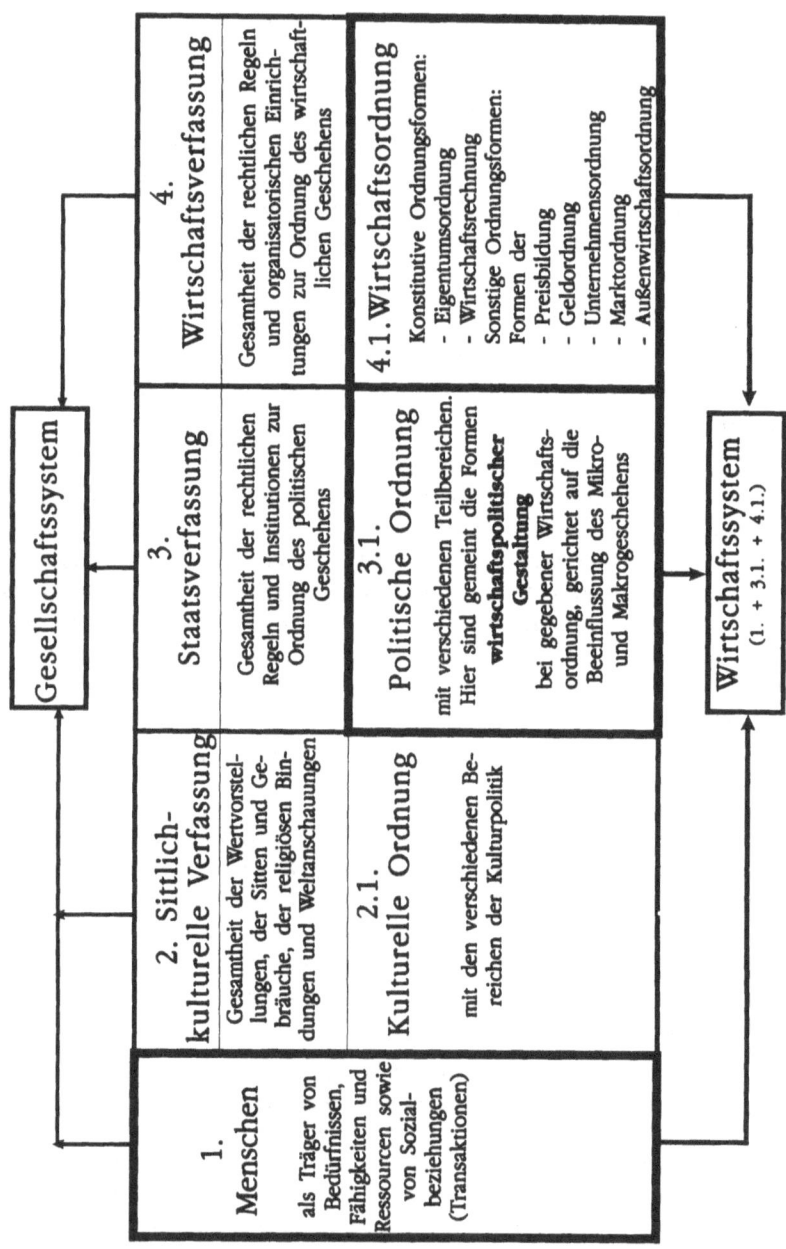

Abb. 2: Typen von Wirtschaftsordnungen (*Schüller* 1991, S. 22)

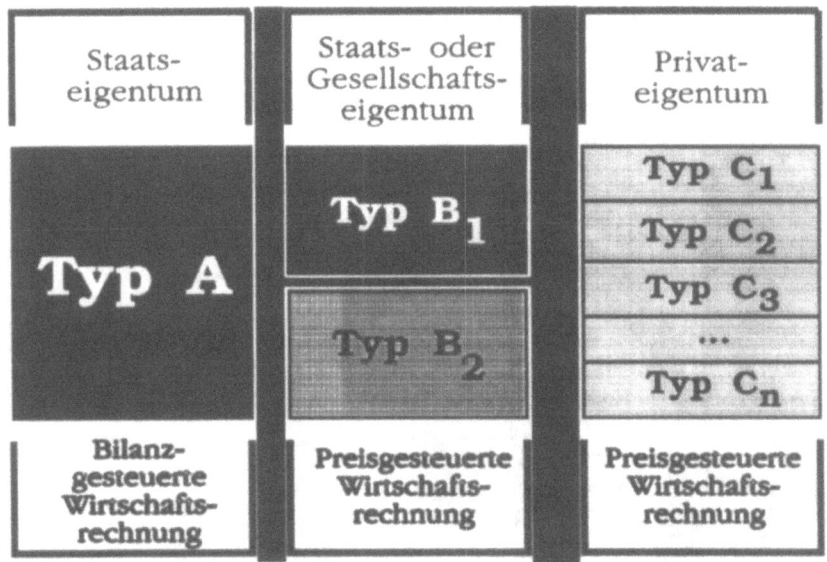

Typ A: Zentralverwaltungswirtschaft sowjetischen Typs

Typ B: Sozialistische Marktwirtschaft

            Typ B1: Sozialistische Marktwirtschaft etatistischen Typs

            Typ B2: Sozialistische Marktwirtschaft partizipatorischen Typs

Typ C: Privatwirtschaftliche Marktwirtschaft

            Typ C1: Kapitalistische Marktwirtschaft

            Typ C2: Soziale Marktwirtschaft

            Typ C3: Wohlfahrtstaatliche Marktwirtschaft

            Typ Cn: Weitere marktwirtschaftliche Ausprägungen

Schließlich interessieren die Wechselwirkungen zwischen bestehenden Ordnungsformen und makroökonomischen oder anderen Zielen der Wirtschaftspolitik.

(2) Die Frage nach der Änderung der Wirkungsweise bestimmter Ordnungsformen (Eigentum, Vertragsfreiheit, Haftung, Unternehmensverfassungen, Außenwirtschaftsregime) in Abhängigkeit von alternativen Wirtschaftssystemen.

Auf die Frage, wie sozialistische Zentralplanwirtschaften (Typ A), sozialistische Marktwirtschaften (Typ B), privatwirtschaftliche Marktwirtschaften (Typ C1-Cn) funktionieren, liefert die ordnungstheoretische Forschung gewiß Antworten, die auch für die transformationsökonomische Forschung unverzichtbar sein dürften, etwa:

1) Zur Einschätzung der *Niedergangsdynamik*: Hierbei geht es um die zur Transformation drängenden Kräfte, das kritische Bündel von nicht durch Reformen kompensierbaren Nachteilen (*Kloten* 1989, S. 122) des alten Systems (sein „kritischer Zu-

stand"), auch in Verbindung mit der unter Umständen wechselnden Anziehungskraft konkurrierender Systeme.

Abb. 3: Gesamtprozeß der Entfaltung des Marktsystems auf der Grundlage von
Euckens **„Wirtschaftsverfassung des Wettbewerbs"**

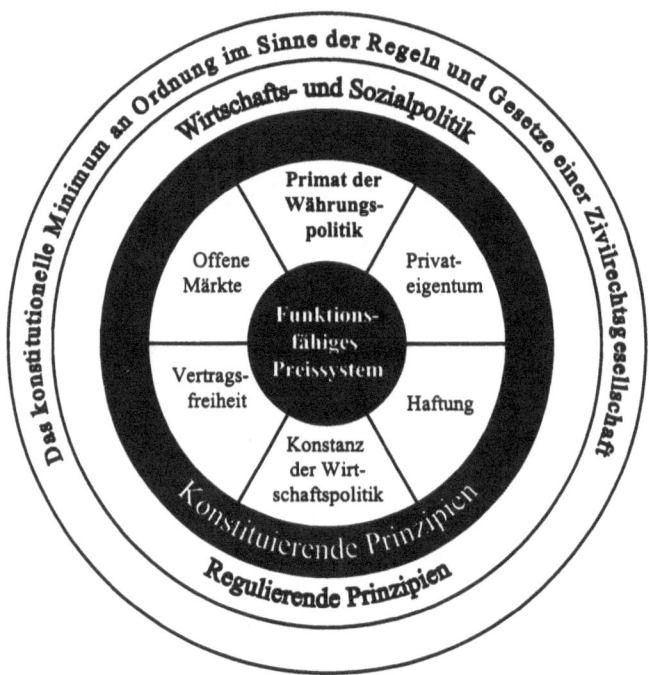

2)   Zur Beurteilung des *Räumungs-* und *Entsorgungsbedarfs* sowie der *Folgekrank-heiten* des alten Systems: Eine Transformationsentscheidung ist zunächst einmal eine Gesamtentscheidung gegen das alte System. Die macht- und gesellschaftspolitischen Dimensionen dieser Entscheidung werden erst vollständig sichtbar, wenn berücksichtigt wird, daß Typ A auf einer ideologischen Doktrin, nämlich dem normativen Konzept des Marxismus-Leninismus beruht, daß es sich um eine Lenkungstechnik handelt, die auf einem vielgestaltigen Arrangement von politisch gesteuerten, staatsbürokratischen Planungs-, Lenkungs- und Kontrollinstanzen basiert, und daß diese existentiell an die Funktionen dieser Institutionen mit systemspezifischen Leistungsanforderungen gebunden sind.

3)   Diese Kenntnis ist aus folgenden Gründen wichtig:

– Das Potential an entwerteten, neu zu bewertenden und zu begründenden systemspezifischen Leistungsanforderungen und Einkommensquellen läßt sich besser abschätzen. Mit der Kenntnis der schwierigen Aufgabe, den *institutionellen Einrichtungsbedarf* einer Marktwirtschaft zu decken, kann unrealistischen Vorstellungen über den Zeitbedarf der Transformation vorgebeugt werden.

– Es wird leichter erkennbar, daß die *Hinterlassenschaft des alten Systems* – „der Bodensatz" der zusammengebrochenen Zentralverwaltungswirtschaft, gleichsam die Trümmer des Erdbebens, die zu beseitigen sind – nicht nur in materiellen Vermögenswerten besteht. Nachhaltiger wirkt vielmehr „die furchtbare Hinterlassenschaft, daß die Menschen sich daran gewöhnt haben, gegen die wirtschaftlichen Gesetze anzukämpfen" und in einer „gewaltsamen" Stabilität zu leben, die allmählich alles fiktiv werden ließ: „Preise, die keinerlei Beziehung zum Markt und zur Produktion besitzen, Löhne, die ebenso historisch und antiquiert sind, wie die Preise, Einkommen, die nichts kaufen, Kapitalien, die nichts disponieren können" (*Miksch*, 1947, S. 6).

– Es erleichtert schließlich die Aufgabe, einen *ordnungspolitischen Leitfaden* zu gewinnen und unnötige oder unnötig lange Lernprozesse zu vermeiden: Nur wer die Struktur *alternativer* Wirtschaftsordnungen und deren Funktionsweise kennt, „kann ihre geschichtlichen Schicksale und den Wandel der von ihnen beeinflußten Wirtschaftsabläufe [begreifen]" und die Kriterien herausarbeiten, „die bei der Entscheidung über die Einführung oder Abschaffung einer bestimmten Wirtschaftsordnung... zu beachten sind" (*Böhm* 1973, S. 20), wenn der Entstehung chaotischer Zustände wirksam entgegengewirkt werden soll. So können theoretische Einsichten in die Funktionsweise von Marktwirtschaften mit unterschiedlicher Gewichtung des Verhältnisses von „Rechtsschutzstaat" und „Leistungsstaat" (siehe hierzu *Buchanan* 1975/1984) den politischen Entscheidungsprozeß versachlichen und Krisen der Ungeduld und der enttäuschten Erwartungen vorbeugen helfen.

In *Euckens Ordnungstheorie* wird – trotz enger Verknüpfung von Historie und Theorie – die hier interessierende Frage des *Werdens* und *Vergehens* von Wirtschaftssystemen zurückhaltend, jedenfalls nicht einseitig *ökonomisch* beantwortet. Es besteht vielmehr die Annahme, daß alle Teilgebiete des Gesellschaftssystems – meist in einem engen Zusammenhang mit internationalen Einflüssen – mit ihren wechselseitigen Bedingtheiten zu berücksichtigen sind. Deshalb wird eine *ökonomische* Erklärung für nicht ausreichend angesehen. Anderen sozialwissenschaftlichen Erklärungsansätzen wird eine prinzipielle Kompetenz zugebilligt. Die Problemstellung des *theoretischen Institutionalismus*, mag sie sonst in mancher Hinsicht der Ordnungstheorie verwandt sein (siehe *Leipold* 1989, S. 129 f.), bezieht sich dagegen ausdrücklich auf die ökonomische Analyse des Datenkranzes, in dem der Kreis der systembeeinflussenden Akteure auf eine größere Zahl und Vielfalt gesellschaftlicher Teilbereiche, insbesondere auf sittlich-kulturelle Systemeinflüsse, auf die Entscheidungsfelder der Politik, auf die Handlungskalküle der staatlichen Bürokratie und vielfältiger gesellschaftlicher Machtgruppen ausgedehnt wird (siehe hierzu *Tietzel* 1991, S. 3 ff.).

2.2. Die Suche nach gleichartigen Ursachen des Niedergangs und des Übergangs

2.2.1. Systemendogene Erklärungen

Den gesellschaftlichen Wandel ökonomisch erklären zu können, beanspruchen zunächst jene ‚Großtheorien', die auf der Annahme eines universellen, die ganze Geschichte beherrschenden *Entwicklungsgesetzes* beruhen: die Konzepte der Historischen Schule, die nach *Gunnar Myrdal* in *Karl Marx* ihre „Erfüllung" gefunden haben (ausführlicher hierzu siehe *Watrin* 1966, S. 67 ff.). Die übereinstimmende formale Struktur besteht *erstens* in der Annahme eines Ausgangs- und Endpunktes, *zweitens* in der vermuteten Existenz nicht kompensierbarer ökonomischer Nachteile der Ausgangslage. Der Übergang wird ausgelöst durch eine krisenhafte Zuspitzung bestimmter ökonomischer Grundelemente der Wirtschaft: der Geldwirtschaft, der Eigentums- und Unternehmensordnung – der Aktiengesellschaft –, die den gesellschaftlichen Gesamtprozeß determinieren und verändern. Die nicht kompensierbaren Nachteile entwickeln eine Eigendynamik. Hierbei werden selbstzerstörerische Kräfte freigesetzt, die zur Entfaltung des Wirtschaftsprozesses zu immer „höheren" Formen hindrängen, und zwar bis ein Endstadium erreicht ist: bei *Bruno Hildebrand* die neue Sittlichkeit des Kreditsystems, bei *Friedrich List* die Universalökonomie, bei *Karl Marx* die „klassenlose Gesellschaft". Die ökonomische Theorie des entwicklungsgesetzlichen Verlaufs gesellschaftlichen Wandels versucht, den Fortschritt der Gesellschaft auf deren Weg zu ökonomischem Reichtum, die mit Glück gleichgesetzt wird, zu erklären. Bekanntlich haben sich die marxistische Theorie und andere deterministische Entwicklungslehren (etwa die von *Joseph A. Schumpeter* 1942/1972, und *Walt Rostow* 1960) nicht als brauchbar erwiesen, um den historischen Wandel von Gesellschafts- und Wirtschaftssystemen zuverlässig zu erklären. Die gegenwärtigen Transformationsprozesse von der Staatswirtschaft zur Marktwirtschaft erscheinen ja in der Sicht von *Marx* und *Schumpeter*, deren Deutungsmuster prinzipiell nur Triebkräfte und eine Steuerungsautomatik für die Fahrt in den Staatssozialismus kennt, eigentlich als eine rasante Rückwärtsfahrt.

Die *Theorie des institutionellen Wandels*, insbesondere der neoklassische Ansatz zur Verknüpfung von Eigentumsrechts- und Transaktionskostenökonomik bei *North* und *Thomas* (1973), bezweckt eine ökonomische Analyse der Geschichte und versteht sich als Alternative zum marxistischen Erklärungsansatz. Wo bei *Marx* – wie etwa im Feudalsystem – das Privateigentum als Ausbeutungsinstrument den gesellschaftlichen Gesamtprozeß und seine Veränderung bestimmt, entdecken *North* und *Thomas* im Hinblick auf den gleichen Sachverhalt gesellschaftliche Bedingungen, die auf einer fairen und freiwilligen Übereinkunft beruhen und zum Beispiel im Feudalsystem eine effiziente und gerechte Ordnung ermöglichen. Der Wandel der Eigentumsrechtsstruktur hin zum Kapitalismus deutet *Marx* mit der Veränderung des Entwicklungsstands der Produktivkräfte. Institutionentheoretisch ausgedrückt, sieht er in diesem Wandel den Vorgang einer Schrumpfung des Internalisierungspotentials der vorherrschenden Eigentumsrechtsstruktur mit einer Ansammlung von – in sozialer Hinsicht – negativen externen Effekten, die zur gesellschaftspolitischen Sprengkraft werden.

North und *Thomas* sehen im Wandel der Property Rights-Strukturen gleichfalls einen historischen Prozeß, an dem alle gesellschaftlichen Gruppen beteiligt sind und bei dem es darum geht, bei veränderten Kosten-Nutzen-Relationen vor allem aufgrund höherer Transaktionskosten und veränderter Knappheitsverhältnisse, etwa infolge einer Bevölkerungszunahme, transaktionskostensenkende Eigentumsrechtsbedingungen zu schaffen, mithin also das Internalisierungspotential der vorherrschenden Eigentumsrechtsstruktur zu vergrößern. Zunächst hat sich dies nach *North* und *Thomas* auf der Ebene der inneren Institutionen abgespielt, um von hier aus „sozusagen erst unter dem kumulativen Druck der auf zentraler Ebene neu entstandenen Property Rights-Strukturen und der von ihnen ausgelösten ökonomischen Wirkungen zu grundlegenden Veränderungen der politischen und wirtschaftlichen Verfassung der feudalistischen Gesellschaftsordnung" zu kommen (*Schmidt* 1988, S. 72 f.).

North (1990) hat inzwischen die Ergänzungsbedürftigkeit seiner ökonomischen Sicht des institutionellen Wandels durch Beachtung der Kalküle staatlichen Handelns im Sinne der Public Choice-Theorie und durch Einbeziehung ideologischer Einflüsse anerkannt (siehe hierzu *Herrmann-Pillath* 1992). Offensichtlich setzen sich im Wandel der Institutionen häufig nicht die besten Lösungen durch, weil Politiker, Staatsbedienstete und Vertreter von Gruppeninteressen davon Nachteile für sich erwarten. Je mehr aber der institutionelle Wandel – wie dies beim Übergang von der Zentralverwaltungswirtschaft zur Marktwirtschaft regelmäßig der Fall ist – der politischen Steuerung folgt, desto mehr wird sich dieser Vorgang einer schlüssigen theoretischen Analyse entziehen. Es zeigt sich jedenfalls, daß die Regeln der Institutionenwahl im Transformationsprozeß Bestimmungsgründen unterliegen, die wir nicht annähernd kennen, die jedenfalls mit der Logik des für Marktwirtschaften und etablierte liberale Rechtssysteme entwickelten Kalküls der Transaktionskosten vielleicht noch nicht hinreichend zu erfassen sind.

Immerhin bietet die *Ordnungstheorie* einen Ansatz zur ökonomischen Erklärung eines permanenten Reform- und Transformationsdrucks, dem Zentralverwaltungswirtschaften unterliegen: Die handlungs- oder verfügungsrechtliche Basis der Wirtschaftsrechnung in Zentralverwaltungswirtschaften sowjetischen Typs kann im Anspruch der kommunistischen Parteiführung auf eine monopolistische Planungshoheit gesehen werden. Diese wurde durch das dominierende Staatseigentum an den Produktionsmitteln und das auf *Lenin* zurückgehende Organisationsprinzip des „demokratischen Zentralismus" institutionell gesichert. Die nach funktionalen, sektoralen und regionalen Gesichtspunkten strukturierte Staatsbürokratie hatte in enger personeller Verflechtung mit der Partei die Aufgabe, die Nutzung der Property Rights durch Vorgaben der politischen Entscheidungsträger zentral zu planen und die gewünschte Durchführung des Volkswirtschaftsplans sicherzustellen. Diese zentralverwaltungswirtschaftliche Lenkungsorganisation, nach außen durch das Außenwirtschaftsmonopol flankiert, führte im unvermeidlichen Nebeneinander von güterwirtschaftlicher Bilanzierung und Preissteuerung mit divergierenden Konzepten der Knappheitsmessung zu einem unheilbaren Bruch in der Wirtschaftsrechnung (siehe hierzu *Hensel* 1977, S. 178 f.; *Schüller* 1986, S. 149 ff.; *Hamel* und *Leipold* 1987, S. 6 ff.). Daraus wiederum folgt eine strukturelle Informations- und Koordinationslücke, die die erstrebte Gleichrichtung des betrieblichen Handelns mit den volkswirtschaftlichen Plananforderungen, die Einheit von zentraler und betrieblicher Planung, ausschließt.

Und daraus ergibt sich folgendes Muster einer ökonomischen Ursache-Wirkungs-Kette auf dem Weg in den *Systemniedergang*:

Zentralverwaltungswirtschaftliche Property Rights-Struktur
↓
Zentralverwaltungswirtschaftliche Lenkungstechnik
↓
Zentrale Verwertung von Wissen
↓
Gebrochene Wirtschaftsrechnung
↓
Informations-, Anreiz- und Koordinationslücken mit einem strukturellen Wissens-und Leistungsverlust
↓
Unlösbare Principal Agent-Probleme

Diese Konstellation ist gekennzeichnet durch eine Segmentierung des gesamtwirtschaftlichen Planungszusammenhangs, durch unlösbare Verteilungskonflikte, die aus der staatlichen Mengen- und Preisplanung entstehen, weil diese wiederum konkrete Vor- und Nachteilsverteilungen (ex ante-Harmonisierungen) mit permanenten Verhandlungsstreitigkeiten zwischen den einzelnen Bürokratieleitern erfordert. Diese Interessenkonflikte wiederum vergrößern die Informations- und Koordinationslücken. Diese sind charakterisiert durch innovationsschwache Angebotsstrukturen mit Neigungen zur Autarkie und zur Konsumferne, durch wirtschaftspolitischen Bilateralismus nach innen und außen und durch permanenten Geldüberhang, durch systematische Vorherrschaft „weicher" Budgets und Betriebspläne, ein ungezügeltes rentensuchendes Verhalten, eine vergleichsweise geringe Arbeitsproduktivität bei hoher versteckter Arbeitslosigkeit und zunehmender Schattenwirtschaft als Ausdruck einer partiellen Systemtransformation spontaner Art. Erscheinungen von ökonomischer Desintegration, Verantwortungslosigkeit und sozialem Unfrieden bestimmen das Gesamtbild der Gesellschaft.

Aus dieser Niedergangsdynamik ergibt sich – ausgehend von der vorherrschenden Property Rights-Struktur, nämlich dem dominierenden Staatseigentum an den Produktionsmitteln – ein Ansatz zur ökonomischen Erklärung eines ständigen Transformationsdrucks. Handelt es sich hierbei aber wirklich um eine ökonomische Erklärung? Die zentralverwaltungswirtschaftliche Lenkungstechnik steht im Dienste eines vermeintlichen sozialistischen Ideals. Dieses wird in der Aufgabe gesehen, der Verteilungsgerechtigkeit gegenüber den Zielen der Freiheit und der Effizienz uneingeschränkten Vorrang zu verschaffen. In diesem Erklärungszusammenhang erscheint die zentralverwaltungswirtschaftliche Struktur der Eigentumsrechte nur als ein Mittel, um das sozialistische Verteilungsziel zu verwirklichen. Und geht man noch einen Schritt weiter und sieht auch in diesem Anliegen und in der Beseitigung der wichtigsten marktwirtschaftlichen Institutionen (Privateigentum und Vertragsfreiheit) wiederum nicht letzte Ziele der Gesellschafts- und Wirtschaftspolitik, sondern ein Mittel zum Zweck der Schaffung einer Gesellschaft, die von einem „sozialistischen Bewußtsein", vom Ziel einer „voll entfalteten sozialistischen Gesellschaft" erfüllt sein soll, dann gelangt man zu einer Werteordnung, die wohl nur ideologisch gedeutet werden kann. Das verschlungene Verhältnis von ökonomischer und außerökonomischer Erklärung läßt jedenfalls die Auffassung plausibel erscheinen, daß eine zu enge ökonomische Erklärung von Transformationsvorgängen nicht befriedigen kann. Es bleibt auch angesichts der ökonomischen Argumente für einen permanenten Transformationsdruck schließlich zu fragen, wie sich daraus jener „kritische Zustand" entwickelt, der das Erdbeben und den Umbruch auslöst. Gewiß wird der krisenhaften Zuspitzung des Niedergangs der Zentralverwaltungswirtschaft eine „bestimmte Menge nichtkompensierbarer Nachteile" (*Kloten* 1989, S. 122) zugrunde liegen (siehe im einzelnen hierzu *Schüller* 1991, S. 6 ff.). Doch waren – wie *Kolakowski* (1992, S. 35) zutreffend feststellt – „sowohl die Armut als auch die ökonomische Ineffizienz der sogenannten Zentralplanung Merkmale dieses Systems von Anfang an, ohne daß sie seinen Fall eingeleitet hätten". Auch sind äußere Einflüsse zu beachten, die dem Prozeß der inneren Destabilisierung entgegenwirken.

2.2.2. Systemexogene Erklärungen

Fragt man, warum ein System, das – gemessen an den Anforderungen einer modernen Volkswirtschaft – höchst inadäquat ist, so lange überleben konnte, wird man nicht den ideellen und materiellen Stabilisierungsbeitrag des Westens übersehen dürfen, einmal durch die jahrzehntelange Gewährung erheblicher Hilfeleistungen, zum anderen durch Fehleinschätzung der Leistungsfähigkeit der zentralen Planwirtschaft in Theorie, Politik und Wirtschaft (siehe hierzu *Meyer* 1961, S. 53 ff.): In einem 1960 erschienenen Aufsatz bescheinigte der Schweizer Soziologe und Ökonom *Edgar Salin* dieser Ordnung eine überlegene Leistungsfähigkeit. Unterstützt von westlichen Ratgebern, hat man in einer umfassenden Wirtschaftsplanung nach sowjetischem Vorbild vielfach auch das geeignete Rezept für eine gesicherte und schnelle wirtschaftliche Entwicklung der Dritten Welt gesehen. Was die UdSSR auf einseitig begrenzten Gebieten – auf Kosten der Entwicklung der übrigen Wirtschaftsbereiche und unter offensichtlicher Vernachlässigung einer vorsorglichen Vermögenssicherung – erreicht hat, wurde vielfach als nachahmenswert gepriesen. Noch 1972 sah die damalige deutsche Regierung – vor dem Hintergrund der Erfahrung mit dem konjunkturellen Rückschlag von 1966/67, der sich aus heutiger Sicht als ziemlich harmlos darstellt – im Osthandel die vielleicht letzte Chance, die marktwirtschaftliche Ordnung zu korrigieren und zu stabilisieren (siehe hierzu *Schüller* 1973, S. 207 ff.). Auch der seinerzeit verbreitete „kindliche Alternativradikalismus" („die Marktwirtschaft hat Fehler, also ist die Marktwirtschaft abzuschaffen"; siehe kritisch hierzu *Meyer* 1968, S. 100), ist nur vor dem Hintergrund des Glaubens an eine günstigere Perspektive der Zentralverwaltungswirtschaft sowjetischen Typs im Wettbewerb der Systeme verständlich.

Solche und ähnliche Fehleinschätzungen des sowjetischen Wirtschaftssystems durch westliche Experten haben sich bis zum Frühjahr 1991 erhalten, als etwa die Ansicht vertreten wurde (*Handelsblatt* vom 6.3.1991, S. 3), daß es in der UdSSR viele Projekte gäbe, „die an sich Sinn machten, wenn der finanzielle Hintergrund [gemeint sind Hermes-Bürgschaften] da wäre". Dabei hätte mit ein wenig ordnungstheoretischer Schulung erkennbar sein müssen, daß unter den damaligen Ordnungsbedingungen der UdSSR kein Rechnungszusammenhang bestand, um den Einsatz der produktiven Kräfte und den Güteraustausch unter Opportunitätskostengesichtspunkten entscheiden zu können.

Es spricht manches dafür, diesen und anderen systemexogenen Einflüssen – etwa dem wirtschafts- und handelspolitischen Versagen westlicher Regierungen in den zwanziger Jahren, das zur Weltwirtschaftskrise und zur Entstehung eines extremen wirt-schaftspolitischen Nationalismus mit einem Niedergang der Weltwirtschaft in den drei-ßiger Jahren geführt hat – erhebliches Gewicht beizumessen. In den achtziger Jahren ließ sich der rasch zunehmende Rückstand der UdSSR gegenüber dem Westen in wich-tigen technischen, militärischen sowie ökonomisch-sozialen Belangen nicht länger be-schönigen. Der dramatische wirtschaftliche Niedergang der UdSSR ist durch folgende Ereignisse besonders auffällig geworden: Den führenden westlichen Industriestaaten ist es seit Ende der siebziger Jahre gelungen, den von *Kennedy* und *Johnson* Anfang der sechziger Jahre begründeten fiskalsozialistischen Inflationismus erfolgreich zu bekämp-fen und die damit im Westen entstandenen Demoralisationen zu überwinden. Gleich-zeitig waren einige westliche Länder mit einer Politik der Deregulierung, Liberalisie-rung und Revitalisierung der Marktkräfte erfolgreich. Aus der damit in Gang gesetzten Innovations-, Wettbewerbs- und Wachstumsdynamik ist ein tiefgreifender Strukturwan-del der Weltwirtschaft mit verstärkten Globalisierungstendenzen und weitreichenden Anforderungen an die Bereitschaft zu einem souveränitätsverzehrenden wirtschaftspoli-tischen Internationalismus entstanden. Die Hoffnung der Sowjets, mit Hilfe des Rates für gegenseitige Wirtschaftshilfe (RGW) ein konkurrenzfähiges industriewirtschaftli-ches und handelspolitisches Gravitationszentrum neben den USA, Japan und dem pazi-fischen Raum sowie der EG zu schaffen, erwies sich dagegen als völlig illusorisch.

Daraus folgt: Man kann versuchen, mit einer Vielzahl von systemendogenen und sy-stemexogenen Faktoren den Transformationsdruck im Sinne einer krisenhaften Zuspit-zung des Systemzustands zu beschreiben. Damit gelingt es aber noch nicht, den letztlich auslösenden Punkt ursächlich zu markieren oder gar zu prognostizieren. Jedes Wirt-schaftssystem weist in der Ausgangslage und in seiner Entwicklung eine „Individuali-tät" auf. Dies gilt auch für Beginn und Verlauf eines Zusammenbruchs, für den Über-gangsprozeß und den Endzustand, den es wahrscheinlich gar nicht gibt. Prägend für die Eigenart jedes Wirtschaftssystems dürfte vor allem das Format der Personen sein, die im politischen Prozeß zu entscheiden haben. Die handelnden Personen als *politische Unternehmer* sind entscheidende Triebkräfte des Transformationsprozesses.

Von diesem Gedanken läßt sich die Verbindung zu *revolutionstheoretischen* Trans-formationserklärungen mit folgenden Kernpunkten herstellen:

– Revolutionen gegen staatliche Unterdrückung und Ausbeutung sind selten, weil die Kosten für den einzelnen, der sich dagegen erhebt, sehr hoch ausfallen und meist von den Herrschenden bewußt hochgeschraubt werden. Weil von dem potentiellen Nut-zen auch die Freifahrer profitieren, handelt es sich um ein typisches öffentliches Gut.

– Erst wenn sich die Asymmetrie im Kosten-Nutzen-Verhältnis zugunsten des Nutzens verschiebt, etwa durch Nachlassen der Repressionsgewalt des Regimes, nimmt die Bereitschaft zur Revolte zu (siehe *Tullock* 1974; *Tietzel* 1991).

– Um diesen Zustand zu erreichen, müssen sich ausreichend große Widerstandsgrup-pen bilden. Diese entstehen meist um einen Anführer mit Leitbildfunktion bei orga-nisierten Aktionen des passiven, vor allem aber des aktiven Widerstands. Der quan-titative Umfang der Widerstandskräfte kann bei hinreichender informationeller Infra-struktur schließlich lawinenartigen Charakter annehmen. Aus diesem Zusammenhang wird als Grundmuster der Bildung von Widerstandsbewegungen erkennbar: Der vorstoßende politische Pionierunternehmer, der das Revolutionsziel und die Nachfrage danach kreiert, und das Heer der spontan oder unter Druck Reagierenden, die für jene Art von Ansteckung sorgen, die nach *Jacob Burckhardt* (1982, S. 350) „mit electrischer Schnelle über hunderte von Meilen und über Bevölkerungen der verschiedensten Art [gehen], die einander sonst kaum kennen. Die Botschaft geht durch die Luft und in dem Einen, worauf es ankommt, verstehen sie sich plötzlich alle, und wäre es auch nur ein dumpfes: ‚Es muß anders werden!‘".

Damit spitzt sich die Frage, welcher Faktor die Revolution auslöst, auf den politischen Unternehmer zu. Wenn es zutrifft, daß Revolutionäre meist aus den oberen Führungsschichten kommen, so ist damit nicht gesagt, was sie tun und mit ihrem Tun in Gang bringen. *Gorbatschow* war gewiß ein Mann des Regierungsapparats, aber daß er sich mit dem ersatzlosen Verzicht auf die *Breshnew*-Doktrin der begrenzten Souveränität und des beschränkten Selbstbestimmungsrechts aller Staaten des Warschauer Pakts zum Auslöser des erdrutschartigen Zusammenbruchs des Ostblocks gemacht hat, war von ihm wohl nicht beabsichtigt. Der die Transformation effektiv auslösende Faktor erscheint somit als Konsequenz „menschlichen Handelns, aber nicht menschlichen Entwurfs" (*von Hayek* 1969, S. 97 ff.). In dem, was *Gorbatschow* ausgelöst hat, können auch die Handlungsfolgen des Irrtums konstruktivistischen Denkens gesehen werden, wenn der folgende historische Hintergrund bedacht wird:

Wie *Lenin* in den Jahren 1920/21 sah *Gorbatschow* nach 1985 die Gefahren, die das Sowjetsystem bedrohten. Deshalb, so zitiert er *Lenin* in dem Buch „Perestrojka" (1987, S. 29), „müssen wir die Anwendung von Methoden sehen, die nicht mit dem Sozialismus vereinbar scheinen (!) oder zumindest in mancher Hinsicht von den klassischen, allgemein gültigen Vorstellungen einer sozialistischen Entwicklung abweichen. Die *Lenin*-Ära ist in der Tat wichtig. Sie ist darin besonders lehrreich, daß sie die Stärke der marxistisch-leninistischen Dialektik unter Beweis stellt, deren Schlußfolgerungen immer auf einer Analyse der aktuellen historischen Situation beruhen". Bis zu seiner Ablösung hat *Gorbatschow* seine Reformvorschläge unter Berufung auf *Lenins* „Neue ökonomische Politik" (NEP) begründet. Auch in der neueren wirtschaftsgeschichtlichen Forschung Rußlands gibt es kaum noch Zweifel (siehe *Müller* 1991, S. 75 ff.), daß *Lenin* in der im März 1921 nach heftigen parteiinternen Diskussionen beschlossenen Zulassung von Privateigentum und privatem Unternehmertum aus dem In- und Ausland sowie in den regulierten Märkten einen „begrenzten Rückzug" sah, zugleich aber auch eine Offensive des Sozialismus. *Lenins* sogenannter Genossenschaftsplan wird als pragmatische Methode gedeutet, die Bauern für die Sozialisierung reif zu machen. Tatsächlich konnten mit dieser ideologischen Doppelstrategie der administrative Befehlscharakter des politischen Systems und die Macht der Bolschewiki gerettet werden. Die NEP brachte in den privatwirtschaftlichen Bereichen trotz weitreichender staatlicher Marktregulierungen rasch positive Ergebnisse. Insgesamt entstand eine Systemgabelung (eine Kombination der Typen A/B + C, s. Abb. 3), durch die im Sinne einer spontanen Revolution von unten der ineffiziente Staatssektor durch die Privatwirtschaft mehr und mehr verdrängt zu werden drohte. Drei Jahre nach *Lenins* Tod im Jahre 1924 wurde das Experiment gewaltsam gestoppt. Die marktwirtschaftlichen Elemente wurden durch

„*Stalins* Revolution von oben" (*Müller* 1991, S. 75 ff.) rigoros beseitigt. Unternehmerische Tüchtigkeit wurde zum Anlaß der endgültigen Vernichtung ihrer Repräsentanten
genommen.

Die politische und ökonomische Lage der UdSSR nach 1985 war gewiß von der in
den Jahren 1920/21 grundverschieden. Doch vor dem Hintergrund dessen, was auch
russische Ökonomen als Zustand einer sehr schweren Krise, der Auflösung und Ver-
wahrlosung, ja einer unaufhaltsam näher rückenden Katastrophe bezeichneten, gibt es
doch bemerkenswerte Parallelen, allerdings auch einen eklatanten Unterschied:

Die Parallelen bestehen in einer verblüffenden Ähnlichkeit von *Lenins* und *Gorba-
tschows* Strategie der Krisenbewältigung (*Lutzke* 1991, S. 122 ff.). Der Unterschied ist
in der illusionären Erwartung in die Wiederholbarkeit des NEP-Erfolgs unter völlig veränderten Bedingungen zu sehen. Die Neue Ökonomische Politik war – gemessen am
begrenzten Ziel – ein Erfolgskonzept. Allerdings konnten die Sowjets damals anders als
heute auf Menschen mit unternehmerischen und marktwirtschaftlichen Erfahrungen
zurückgreifen. Mit dem Wegfall der staatlichen Gängelei wurden – vor allem in der
Landwirtschaft – die privaten Eigentumsrechte und die ihnen eigentümlichen kraftvol-
len inneren ökonomischen Anreize gleichsam aus dem Stand rasch lebendig. Das kleine
Wirtschaftswunder der NEP war einer Erlebnisgeneration zu verdanken, die noch mit
den Anforderungen und Konsequenzen marktwirtschaftlicher Selbstorganisation und
Koordination vertraut war und die eine beachtliche Angebotselastizität ermöglichte.

Siebzig Jahre Kampf gegen den Kapitalismus haben die sowjetischen Bürger zu Verhaltensweisen erzogen, die aus der Sicht des einzelnen rational erscheinen mögen, aus
marktwirtschaftlicher Perspektive aber als leistungsschwächend, leistungsverfälschend
und leistungsverschwendend, als Ausdruck der Risikoscheu, Desinformation, geringen
Interessiertheit, Innovationsträgheit, Schlamperei und organisierten Verantwortungslosigkeit erscheinen. Es fehlen jetzt (noch) die äußeren rechtlich-institutionellen Bedingungen der Marktwirtschaft und die inneren Institutionen, die sich spontan als Formen
der Anpassung an die rechtsstaatlichen Rahmenbedingungen herausbilden, sowie die
„Fähigkeit der Menschen, in und mit diesen Institutionen zu leben, sie als gerecht oder
doch als gerechtfertigt zu akzeptieren" (*Mestmäcker* 1992, S. 30). Die Hoffnung auf ein
schnelles Stabilisierungswunder muß deshalb enttäuscht werden. Um das Fehlen hinreichend breiter privatunternehmerischer Interessen, die in den zwanziger Jahren eine günstige Angebotsreaktion ermöglichten, auszugleichen, müßte jetzt die Recht schaffende
und Recht sichernde Hand des Staates im Sinne des Moralsystems der „Privatrechtsgesellschaft" (*Böhm* 1966, S. 75 ff.) um so kraftvoller und verläßlicher in Aktion treten,
damit es sich nicht nur lohnt, Eigentum zu bilden, sondern dieses in langfristigen Investitionen zu binden. Diesen festen „Handlauf" auf dem Transformationspfad zu schaffen, erfordert eine moralisch-politische und rechtlich-institutionelle Infrastruktur, die
man formal zwar importieren, aber nicht ohne längere Zeit der Einübung verläßlich nutzen, also zu einem geschützten Bereich einer Handelnsordnung machen kann, in der die
Individuen ihre Pläne mit Aussicht auf Erfolg koordinieren können. Daraus folgt:

(1) Unsere Einsicht in die Wirkungsweise konkreter Mittel und angestrebter Ziele
    scheint in Übergangswirtschaften noch erheblich mehr als in den Fällen beschränkt
    zu sein, in denen ein stabiler institutioneller Rahmen gegeben ist.

(2) Es zeigt sich auch, in welchem Maße der institutionelle Wandel das Ergebnis unterschiedlicher Ausgangslagen und politischer Konstellationen ist. So soll die 1988 in der UdSSR erlaubte Veröffentlichung von Pasternaks „Dr. Schiwago" das Umdenken über den Bürgerkrieg wesentlich beeinflußt und damit das Absterben der kommunistischen Ideologie sowie den Prozeß der „Delenisierung" beschleunigt haben (siehe *Müller* 1991, S. 75 f.).

2.3. Zum Einfluß des politischen Prozesses

2.3.1. Die Aufgabe: Etablierung des Rechtsschutz- und des Leistungsstaates

Der Übergang zur marktwirtschaftlichen Ordnung erfordert *erstens* die Herstellung des „Rechtsschutzstaates" (*Buchanan*) und damit die Verhinderung von Gewalt und Betrug (Gewährleistung der öffentlichen Sicherheit), die Definition der Eigentumsrechte, den Schutz von Leben und Eigentum, die Wahrung des Geldwerts, die Ordnung und Pflege der Außenbeziehungen, die Schaffung leistungsfähiger Erziehungs-, Gesundheits- und Verkehrseinrichtungen, die Hilfsvorkehrungen für Bedürftige und Behinderte.

Die Transformationsaufgabe ist *zweitens* mit erheblichen Anforderungen an den „Leistungsstaat" (*Buchanan*) verbunden. Diese sind unter den Bedingungen labiler politischer Verhältnisse für rentensuchende Aktivitäten – im Widerspruch zu den Prinzipien der genannten Regeln des Privat-, Straf- und Wettbewerbsrechts – besonders anfällig. Immerhin geht es bei der Transformationsaufgabe um die Neuverteilung der politischen Machtbefugnisse und wirtschaftlichen Vermögenspositionen in einer Gesellschaft. Die politikspezifischen Handlungsbedingungen begünstigen hierbei ein opportunistisches Vorteilsdenken, nicht zuletzt aus einem Grund, den *Lenel* (1948, S. 313 f.) in einem anderen Zusammenhang hervorhebt: „In der Planwirtschaft ist es die Funktionärsschicht, welche sich die bessere Versorgung sichert. Die Unterschiede in der Versorgung sind nicht mehr durch unterschiedliche Leistung, sondern durch unterschiedliche Macht bedingt." Die Mitglieder der *Nomenklatura* – die Führung und die Kader der kommunistischen Partei, die Mitglieder der ministeriellen und behördlichen Bürokratien, Gewerkschaftsfunktionäre und Sozialwissenschaftler im Bereich des Marxismus-Leninismus –, die nun ihre Privilegien verlieren, werden Anstrengungen unternehmen, damit im neuen System der Bereich diskretionärer leistungsstaatlicher Aufgaben im großen Umfang erhalten bleibt. Dabei dürfte es gerade in einer Zeit, in der der Prozeß der Neuformierung von Interessenverbänden noch in den Anfängen steckt, möglich sein, Bestrebungen zur Einkommenserzielung durch politisch zugewiesene Eigentumsrechte zu widerstehen und im politischen Prozeß eine „langfristig konzipierte Ordnungspolitik" zu verkaufen (*Lenel* 1990, S. 286).

Damit wird deutlich, daß im Verhältnis von politischer und wirtschaftlicher Ordnung der Politik die Rolle einer Art von Symmetriezentrum der Transformation zukommt. Dies ist zu berücksichtigen, wenn nach den Wirkungen unterschiedlicher politischer Ordnungen auf den Transformationsverlauf gefragt wird (siehe die Verlaufsskizze im Anhang).

2.3.2. Zum Einfluß alternativer politischer Ordnungen

(1) *Formal transformationsbereite* Regierungen, die aus einer *kommunistischen* Tradition und Ordnungspraxis kommen, werden sich vermutlich schwer tun, die Bedingungen für eine „Wirtschaftsverfassung des Wettbewerbs" zu schaffen, deren privatrechtliche Grundlagen in Werten wurzeln, die von den Individuen ausgehen. Zu erwarten ist vielmehr, daß entsprechende Regierungen, die vom Kollektiv her denken, direkt oder indirekt Gelegenheiten für entsprechende Organisationsformen (Dominanz staatlicher Betriebe) und andere Formen der verteilungswirksamen Marktregulierung vorziehen werden, um auf diesem Wege eine machtsichernde enge Verfilzung von Partei-, Staats- und Wirtschaftsinteressen zu betreiben. Entsprechende Regierungen werden im Kampf um die Machterhaltung dazu neigen, sich im schmerzhaften Umbruch durch wohlfahrtsstaatliche Maßnahmen zu profilieren und die Weichen so zu stellen, daß die überkommene Subventionsmentalität und der eingeübte Protektionismus möglichst lange erhalten bleiben. Damit wird der Wirkungsbereich von freiheitsbegründenden effizienten Märkten von vornherein begrenzt sein. Transformationspolitisches Staatsversagen wird dabei im politischen Prozeß als Marktversagen gedeutet.

(2) *Nichtkommunistische Regierungen in neuen Demokratien* stehen mit ihrer Anhängerschaft ordnungspolitisch nicht im Magnetfeld des alten Systems. Sie werden gleichwohl vor dem Problem stehen, daß es ungleich schwieriger und langwieriger ist, die Wirtschaftsordnung umzugestalten als ein Mehrparteiensystem zu errichten. Bei der Durchsetzung der Transformationspolitik werden sie, auch wenn sie sich unwiderruflich der Marktwirtschaft verschrieben haben, so verhalten, daß die Wiederwahl gesichert ist. Dies ist aber im Transformationsprozeß wahrscheinlich schon im Frühstadium des Übergangs zur Marktwirtschaft ungewöhnlich schwierig; denn mit der Preisliberalisierung werden sozialistische Altlasten wie versteckte Arbeitslosigkeit, zurückgestaute Inflation, Wohnungsmisere und anderes mehr aufgedeckt. Dies führt zu unsicheren Einkommenserwartungen, was durch verschiedene Dimensionen einer extrem hohen Preisunsicherheit erklärt werden kann (siehe hierzu *Schüller* und *Wentzel* 1991, S. 293 ff.).

In dieser unvermeidlichen *Phase der Desillusionierung* ist die Regierung darauf angewiesen, daß die Bürger umfassend über die unausweichlichen Begleiterscheinungen der Übergangsmaßnahmen informiert werden. Der Erfolg dieser Bemühungen ist auch bei überzeugender Aufklärung der Wähler ungewiß. Von einer ausweichenden inflationstreibenden punktualistischen Wirtschaftspolitik gehen aber starke Tendenzen aus, das Sozialgefälle zu verstärken, was wiederum dazu verleitet, staatsdirigistische Eingriffe beizubehalten oder neu einzuführen. Erfahrungsgemäß tendiert der politische Prozeß in Demokratien prinzipiell zu einer übermäßig expansiven Fiskalpolitik (*Issing* 1992, S. 2). Angesichts der extremen leistungsstaatlichen Anforderungen, denen sich jede postkommunistische demokratische Regierung beim Übergang zur Marktwirtschaft ausgesetzt sieht, erhält die von der Theorie des Politikversagens (Public Choice-Lehre) betonte Empfehlung zusätzliches Gewicht, die Ursachen endogener Neigungen der Demokratie zur Politisierung und „weichen" Finanzierung des Transformationsprozesses durch geld- und fiskalpolitische Selbstbindung frühzeitig zu bekämpfen, und zwar durch eine verfassungsmäßig gebundene unabdingbare Regel für Geldwertstabilität. Hierfür dürften die Chancen so lange noch relativ günstig stehen, als es auf dem Transformationspfad noch an jenem stabilen sozialen Umfeld fehlt, in dem die Kosten einer erfolgreichen Interessenorganisation – die Entwicklung „distributiver Koalitionen" (*Mancur Olson*) – sinken. Die Macht organisierter Interessengruppen ist aber perspektivisch entscheidend geschwächt, wenn kartellartige Absprachen zur Sicherung von marktwidrigen Einkommen frühzeitg an harte monetäre Grenzen stoßen.

(3) Nichtkommunistischen *autoritären Regimen* werden vielfach unter Hinweise auf Taiwan, Südkorea, Singapur und Chile bessere Chancen eigeräumt, um eine Transformationspolitik „aus einem Guß" durchzusetzen, und zwar mit folgenden Argumenten:

– Die politische Machtkonzentration erlaubt es, übermäßige Ansprüche organisierter Gruppeninteressen zurückzuweisen.

– Autoritäre Regime können dem Umstand Rechnung tragen, daß sich der Zeitbedarf der Transformation nicht nach Wahlterminen richtet. Sie können in langfristigen Wirkungsketten denken, brauchen jedenfalls den Zeithorizont ihres Handelns nicht durch Wahltermine zu begrenzen.

Berücksichtigt man allerdings die politischen Ausgangsbedingungen der Transformationsländer und ihre besondere Situation in der Phase der Umgestaltung, so wird man mit *Helmut Leipold* die Erfolgsaussichten von autoritären Regierungen eher zurückhaltend beurteilen. Ist zum Beispiel eine gescheiterte demokratische Regierung von einer Militärdiktatur abgelöst worden, so dürfte ihre Berufung auf das Argument der Wahrung der staatlichen Einheit und des sozialen Friedens bald zurückgewiesen werden, wenn es nicht gelingt, die wirtschaftliche und soziale Lage rasch zu verbessern. Autoritäre Regime bewegen sich aber bekanntlich im Umkreis einer Erlebnisgeneration, die in der Anwendung von Repressionsmitteln geschult worden ist. Deshalb könnten sich alte Machtstrukturen einschließlich der Armee, der staatlichen Sicherheitsapparate und der zentralen Verwaltungsbürokratie rasch wiederbeleben und aufgewertet sehen. Tatsächlich sind die „Gefahren des Umkippens der autoritären in eine totalitäre Herrschaft ... groß" (*Leipold* 1992). Wahrscheinlicher ist, daß bei Fehlen einer verläßlichen konstitutionellen Selbstbindung der Geldpolitik der Ausweg in einer populistischen punktualistischen Wirtschaftspolitik gesucht wird, unter Inkaufnahme einer inflationstreibenden Fiskalpolitik und von Maßnahmen des binnen- und außenwirtschaftlichen Preisdirigismus, zumal diese in der Bevölkerung gemeinhin auf positive Resonanz stoßen. Zweifellos ist im Verhältnis von politischer Ordnung und Transformationspolitik mit vielfältigen Verhaltensweisen zu rechnen, für die es noch keine empirisch auch nur annähernd gesicherten verallgemeinerungsfähigen Erklärungen gibt.

2.4. Wahl des Transformationsziels

Der Wettbewerb der Systeme ist zumindest vorläufig zugunsten der demokratischmarktwirtschaftlichen Alternativen entschieden. Die Systemrivalität als universeller Vorgang wird sich stärker als in den letzten Jahrzehnten künftig auf die Selektion, Verdrängung und Ausbreitung von Varianten des marktwirtschaftlichen Systems konzentrieren (*Kammler* 1992). Im Zusammenhang mit der Frage der Kombination von länder- und systemtypischen Elementen dürfte dem Vergleich alternativer wirtschaftspolitischer Konzeptionen mit ihren dominierenden Merkmalen und Umsetzungsproblemen in Ab-

hängigkeit von unterschiedlichen politischen Ordnungen besondere Bedeutung zukom-
men. Dabei ist davon auszugehen, daß die Staaten darauf angewiesen sind, unter verschiedensten Ausgangs- und Umweltbedingungen um den ökonomisch effizientesten
Einsatz der produktiven Kräfte durch adäquate Gestaltung der Property Rights zu konkurrieren. Hierbei ist die Entscheidung, freie Preise als lenkungswirtschaftliches Kernstück der Marktwirtschaft in einem beachtlichen Umfang zuzulassen, ein wichtiger
Wettbewerbsfaktor.

Diese *innere* Koordination des Marktsystems auf der Grundlage eines preisgesteuerten Rechnungszusammenhangs, in dem Informationen über Knappheitsverhältnisse er-
schlossen und Anreize zur Nutzung dieser Informationen im Rahmen einer „Wirtschaftsverfassung des Wettbewerbs" (*Walter Eucken*) erzeugt werden, steht in einem
engen Zusammenspiel mit anderen gesellschaftlichen Koordinationsformen, die sich auf
das konstitutionelle Minimum an Ordnung im Sinne der Regeln und Gesetze einer Privatrechtsgesellschaft, die daraus ableitbaren konstituierenden Ordnungsprinzipien einer
Marktwirtschaft und auf deren Gestaltung durch die Wirtschafts- und Sozialpolitik beziehen (siehe Abb. 3). Eine Regierung, die mit der Preisfreigabe die Marktwirtschaft
erfolgreich zu etablieren versucht, steht vor der Aufgabe, die Bedingungen der *äußeren*
(politikgesteuerten) Koordination, die sich in besonders komplizierter Weise im Übergang zur Marktwirtschaft hinter dem Preismechanismus verbergen, in den Mittelpunkt
der transformationspolitischen Gestaltung zu stellen und somit ein Arrangement von
komplementären Institutionen zur Reduktion von preisbedingten Einkommensunsicherheiten zu schaffen. Bei den verschiedenen Typen von Marktwirtschaften geht es um die
Gestaltung des Verhältnisses der inneren und äußeren Koordinationsbereiche und dabei
um die unterschiedliche Reichweite des Geltungs- und Wirkungsbereichs der preisgesteuerten Koordination. Den präferierten marktwirtschaftlichen Typ wird man daran
erkennen können, inwieweit in der Verfassung auf Selbstbindungen der Politik verzichtet und neben den klassischen Grundrechten soziale Grundrechte im Sinne von
wohlfahrtsstaatlichen Zielen etabliert und damit Bedingungen angestrebt werden, die
ein vergleichsweise hohes Maß an staatlicher Einflußnahme auf das Wirtschaftsgeschehen ermöglichen.

2.5. Methoden der Transformation

Bekanntlich gibt es zwei Denkschulen:
— die Anhänger der Partialmethode (der Gradualismus),
— die Verfechter der Radikalmethode (die Schocklösung).

Die Vertreter der *Partialmethode* gehen von einer soziologischen oder sozio-
psychologischen Sicht menschlicher Handlungsorientierung und einem wohlfahrtsstaatlichen Politikverständnis aus. Nach dem Menschenbild des homo sociologicus ist der
einzelne wie eine willenlose Marionette ans Führungskreuz der Gesellschaft gebunden.
Die „große Freiheit" ist ihm versperrt. Ausflüge in „kleine Freiheiten" mag er sich her-
ausnehmen, „aber das sind nicht mehr als Trostpflästerchen für seinen Autonomieent-
zug" (*Meinberg* 1988, S. 87). Das Persönlichkeitsprofil des soziologischen Menschenbildes ist von gehemmten und zwanghaften Charakterzügen geprägt. Danach ist der
einzelne ständig der Gefahr ausgesetzt, als Werkzeug willkürlicher und absichtsvoller

Manipulationen zu dienen und der soeben gewonnenen Freiheit wieder beraubt zu werden. Die Verwandlung der eingeübten zentralverwaltungswirtschaftlichen Rolle in das neue marktwirtschaftliche Aufgabengebiet, also das Überschreiten des bisherigen Erfahrungsbereichs, wird als großes Wagnis empfunden und nur als zumutbar unterstellt, wenn zur Vermeidung einer Überforderung die Institutionen schrittweise verändert werden, und zwar so, daß der einzelne sich den neuen Verhältnissen allmählich und – wenn erreichbar – mit Hilfe externer Maßnahmen einer sanften Überleitung anpassen kann. Eine Modifikation dieses Menschenbildes stellt die sozio-psychologische Sicht menschlicher Handlungsorientierung dar, die von gewünschten Transformationsergebnissen ausgeht, die aus quantifizierten Vorstellungen einer gesellschaftlichen Notwendigkeitshierarchie der Bedürfnisse abgeleitet werden. Dabei suggeriert die Quantifizierung der Mangelerscheinungen dem Leser die Meinung, „was fehle, sei völlig klar und bedürfe keiner Begründung mehr. Man brauche auch nicht mehr darüber zu diskutieren, wieviel zur Behebung des Mangels nötig sei" (*Lenel* 1973, S. 72 f.). Diese Denkweise verleitet zu dem Schluß, daß das Geforderte erreichbar sei, wenn im Sinne eines mehr oder weniger systematischen Punktualismus Kapazitäten, Arbeitskräfte und Materialien vorrangig verfügbar gemacht würden.

Diese Vorgehensweise ist geeignet, die Politisierung des Transformationsprozesses auf die Spitze zu treiben; sie steht deshalb in dem Verdacht, daß die damit unvermeidlich verbundene unsichere Erwartungsbildung Reaktionen auslöst, durch die das alte System wiederbelebt werden kann. Damit ist vor allem dann zu rechnen, wenn das Magnetfeld des früheren Systems (noch) stark genug ist, um die magnetischen Momente der neuen Ordnung zu neutralisieren und den eingeschlagenen Weg als Marktversagen und damit das angestrebte Ziel insgesamt zu diskreditieren. Dann drohen Partialtransformationen allerdings in ein Chaos zu führen, aus dem es nur einen Ausweg gibt, wenn es gelingt, dem Magnetkern des neuen Systems eine hinreichend verläßliche Strahlkraft zu verleihen. Dies aber setzt eine Entscheidung für die Radikalmethode voraus.

Die Vertreter der *radikalen Methode* argumentieren aus der Perspektive des ökonomischen Menschenbildes mit der Sachlogik der Zusammengehörigkeit der konstituierenden Prinzipien einer Wettbewerbsordnung, dem Staatsverständnis des Ordnungspolitikers und auf dieser Grundlage mit dem Argument der möglichst eindeutigen Erwartungsbildung und der Aussicht auf entsprechend positive Antizipationen. Mit der individualistischen Orientierung des homo oeconomicus wird unterstellt, daß die menschliche Natur in Abhängigkeit von sozialen Institutionen und deren Anreizstrukturen wandlungsfähig ist. Transformationsfortschritte sind demnach von der verhaltens- und situationsgerechten Gestaltung der institutionellen Handlungsbedingungen der Individuen abhängig. Die mit einem Systemwechsel auftretenden Probleme werden als notwendige vorübergehende „Durststrecke" empfunden und in positiver Zukunftsorientierung „weggesteckt". Das Staatsverständnis des Ordnungspolitikers ist von der Annahme der universellen Lebendigkeit des ökonomischen Menschentyps geprägt. In der Verwirklichung der „Wirtschaftsverfassung des Wettbewerbs" wird die Hauptaufgabe politischen Handelns im Transformationsprozeß gesehen. In der institutionellen und finanziellen Erleichterung gesellschaftlicher Selbstregulierungen, die von den Handlungen des einzelnen her begriffen werden, wird der wichtigste Ansatzpunkt gesehen, um die

Transformation staatlicherseits zu fördern. Hierbei sind Spielräume zu öffnen, damit die Menschen sich in das Wettbewerbsgeschehen der neuen Märkte erfolgreich eingliedern können. Eine Verbesserung der Lebenslagen wird in dem Maße erwartet, wie das Rechtssystem der offenen Gesellschaft und die Regeln ihrer Sozialtechnik (Markt-Preis-System in Verbindung mit den konstituierenden und regulierenden Prinzipien der Wettbewerbsordnung im Sinne von *Eucken* 1952/1990, S. 250 ff.) an Geltungskraft gewinnen und die „Bemannung" der Institutionen effektiver wird. *Eucken* sieht in der „richtigen" Anwendung der staatspolitischen, konstitutiven und regulierenden Prinzipien auf den konkreten Fall, den „historischen Moment", die besondere Kunst des Ordnungspolitikers, mithin ein Gestaltungsproblem des politischen Unternehmers.

An den konstituierenden und regulierenden Prinzipen gemessen, können wir nun aber feststellen, daß Regierungen erst recht im Transformationsprozeß keineswegs gewillt sind, die von vielen Ökonomen als effizient erkannten Institutionen durchzusetzen. Vertreter der ökonomischen Theorie des institutionellen Wandels (wie etwa *North* 1990, siehe hierzu Herrmann-Pillath 1992) versuchen, dies wie folgt zu erklären:

— Es liegen Machtkonstellationen vor, die es den Herrschenden erlauben, Institutionen durchzusetzen, die primär ihren Nutzen maximieren ohne Rücksicht darauf, ob dadurch ein gedeihlicher institutioneller Wandel blockiert wird.

— Es bestehen auf der Ebene der Staatsbürokratie Sonderinteressen und spezifische Verfahren, diese zum Schaden eines günstigen institutionellen Wandels zu nutzen.

— Außerdem gibt es Interessengruppen, die stark genug sind, um ineffiziente Lösungen mit dem Ziel des rent-seeking durchzusetzen. Damit wird eingeräumt, daß institutionelle Änderungen sich in dem Maße einer vollständigen theoretischen Analyse entziehen, in dem sie – wie das heute in aller Regel der Fall ist – „durch die Politik des Staates hindurch[gehen]" (*Eucken* 1939/1950, S. 245).

Es hat sich immer wieder gezeigt, daß die Entscheidung für die Radikalmethode im Ergebnis erfolgreicher war, so sehr sie im politischen Prozeß auch diskreditiert gewesen sein mag.

2.6. Zum Phasenverlauf der Transformation

Die Ablösung der rechtlich-institutionellen und lenkungswirtschaftlichen Bedingungen der geschlossenen Systemwelt der Zentralverwaltungswirtschaft durch den Ordnungsrahmen des offenen Systems der Marktwirtschaft ist unvermeidlich mit einer umfassenden sozialen Desintegration, Neubestimmung und Umwertung aller Einkommensquellen verbunden. Die marktwirtschaftliche Ordnung kann aber auch dann, wenn nach der Radikalmethode vorgegangen wird, nur allmählich in einem komplizierten Einübungs-, Aneignungs- und Identifikationsprozeß verhaltensbestimmende Koordinationskraft und in Verbindung damit die erwartete volle wohlfahrtsstiftende Dynamik gewinnen. Ein allmählicher, mehr oder weniger zeitaufwendiger Übergang ist daher unausweichlich. Dies auch deshalb, weil Freiheiten der politischen Ordnung und der Wirtschaftsordnung erfahrungsgemäß nicht mit der gleichen Intensität nachgefragt werden. Der daraus resultierende Mangel an Symmetrie im Transformationsverlauf äußert sich in unterschiedlichen Aktions- und Reaktionsgeschwindigkeiten in den politischen und wirtschaftlichen Prozessen, die weitgehend unerforscht sind. In erster Annäherung liegt es nahe, sich den mit zahlreichen Asymmetrien und Symmetrieoperationen verbundenen Verlauf der Transformation in Phasen vorzustellen (siehe hierzu *von Delhaes* und *Fehl* 1991, S. 442 ff.). Der Phasenverlauf ist generell gekennzeichnet durch zwei sich überlagernde Prozesse, einmal durch den Prozeß der *bewußten* systemabbauenden und systembegründenden *Datensetzung* mit dem Anspruch zielgerichteten Handelns, zum anderen durch den vor-, gleich- und nachgelagerten Prozeß der *spontanen* Ordnungsauflösung bzw. der spontanen *Ordnungsbildung* (siehe Anhang).

Der Transformation ist eine Vorlaufphase vorgeschaltet, die in Abhängigkeit von den historischen Etablierungsbedingungen des zentralverwaltungswirtschaftlichen Systems (Fall der aufgezwungenen Ordnung oder der autochthonen Ordnung) einen unterschiedlichen Transformationsdruck hervorbringen dürfte. Eigentlicher Einstieg in die Gestaltungsaufgabe ist die förmliche Ankündigung einer Programmatik für den Systemwechsel (Phase I). Die Wahl der transformationspolitischen Konzeption mit ihren dominierenden Merkmalen und Umsetzungsproblemen dürfte wiederum je nach der politischen Ordnung verschieden sein. Dies dürfte ebenso für die Verfassungs- und Gesetzgebungsphase (Phase II) und schließlich auch für die Phase der Einübung in marktwirtschaftliche Organisationen, Institutionen und Prozesse, demzufolge für die Zeit gelten, in der sich die institutionellen „Securisationen" des Preismechanismus (*Schüller* 1990, S. 62 f.) zu entfalten beginnen und die Erfolge der prozeßpolitischen Stabilisierung einstellen (Phase III).

3. Schlußbemerkungen

Die geistig-politischen Neuorientierungen im östlichen Europa mit gleichgerichteten Bestrebungen zum Wandel der Gesellschafts- und Wirtschaftssysteme sind dem Stand der wirtschaftswissenschaftlichen Forschung weit vorausgeeilt. Offensichtlich ist das Verhalten der Menschen in Abhängigkeit von bestimmten Ordnungsbedingungen unzureichend erforscht. Dies ist Grund genug, der Systemforschung endlich jene Priorität im Denken der Nationalökonomie einzuräumen, die ihr angesichts des ständigen Wandels der sozialen Lebensverhältnisse in der Welt zukommt. Das Auftauchen einer völlig neuen Problemlage traf die Menschheit völlig unvorbereitet und mit ungeheuren praktischen Folgen. Das gesamte Spektrum der Wirtschaftswissenschaften ist herausgefordert, die Erkenntnisse über Ursachen und Begleiterscheinungen des Wandels von Wirtschaftssystemen grundlegend zu verbessern.

1. Für wichtige Teilfragen des Forschungsgegenstandes erweist sich die *Ordnungstheorie* auch künftig als unverzichtbar, etwa zur Erklärung der systemendogenen Niedergangsdynamik von Zentralverwaltungswirtschaften, zur Beurteilung der *prinzipiell* in die Übergangsgestaltung einzubeziehenden ordnungspolitischen Datensetzungen, also zur Gewinnung eines zieladäquaten transformationspolitischen Leitfadens, schließlich zur Beurteilung der Funktionsbedingungen von marktwirtschaftlichen Systemvarianten, also von alternativen Transformationszielen (siehe Kapitel 2, Abschnitte 2.1, 2.2, 2.4 und 2.5).

Wie aber Umbrüche der fraglichen Art letztlich zustande kommen, wie etwa aus einem permanenten Reform- und Transformationsdruck jener Zustand entsteht, der den Wandel auslöst, ist eine wissenschaftlich ungeklärte Frage. Ökonomische Ineffizienz und Armut sind bekanntlich Begleiterscheinungen von Zentralverwaltungswirtschaften sowjetischen Typs von Anfang an.

Bei der Beantwortung der Frage, warum dieses System so lange überleben konnte, wird man gewiß nicht den ideellen und materiellen Stabilisierungsbeitrag des Westens seit den zwanziger Jahren übersehen dürfen. Die Frage nach dem letzlich den Umbruch auslösenden Faktor spitzt sich – auch bei Rückgriff auf neuere *revolutionstheoretische* Erwägungen – auf die Rolle des politischen Unternehmers und die Folgen seines Tuns zu. Wie der Systemwandel in der UdSSR nach 1985 und im Gefolge in den übrigen früheren RGW-Ländern zeigt, entsprechen die bewirkten Handlungsfolgen bei weitem nicht dem geplanten Ergebnis. Darin kann eine Bekräftigung der *evolutionstheoretischen* Erklärung „spontaner Ordnungen" (*Friedrich A. von Hayek*) gesehen werden, nach der ein großer Teil der sozialen Strukturen, Institutionen und Abläufe zwar das Ergebnis menschlichen Handelns, aber nicht menschlichen Entwurfs ist. Bei dem Versuch, mit sozialtheoretischen Erkenntnissen das Verständnis des Transformationsgeschehens zu durchdringen, wird man aus der Perspektive der *Theorie der spontanen Ordnung* gut beraten sein, sich auf Einflußfaktoren einzustellen, die auch künftig für weitere Überraschungen sorgen werden.

2. Bei der Erforschung des Verlaufs von Übergangswirtschaften, der Wahl der Transformationsmethode und des Transformationsziels, stößt man auf Ordnungskonstellationen, in denen bei (noch) prekärer politisch-rechtlicher Infrastruktur und vielfach ungeklärten Property Rights-Verhältnissen politische Macht und wirtschaftliches Vermögen in der Gesellschaft neu zu verteilen sind. Bei der Suche nach typischen Verlaufsmustern im Transformationsprozeß bleibt schon wegen des Primats der Politik in den entscheidenden Fragen des Systemumbaus viel Spielraum für spekulative Mustervorhersagen (siehe Kapitel 2, Abschnitt 2.3 und Anhang). Was ist Ursache, was zufällige, was transitorische oder dauerhafte Erscheinung? Das Verhalten der Akteure auf den verschiedenen Ebenen der bewußten politischen Ordnungssetzung ist in Verbindung mit der vor-, gleich- und nachgelagerten spontanen Institutionenbildung ebenso unerforscht wie die Aufgabe, den Systemwechsel *prozeßtheoretisch* adäquat zu erfassen und *prozeßpolitisch* (etwa im Hinblick auf die Kombination von Geld-, Fiskal- und Außenwirtschaftspolitik) wirkungsvoll zu gestalten.

In diesem Zusammenhang stellen sich der vergleichenden Systemforschung völlig neue Aufgaben, etwa hinsichtlich der Untersuchung der Entwicklung übergangsspezifischer Formen der Geldordnung, des Eigentums, der Preisbildung, der Unternehmensverfassung, des Wettbewerbs, des Angebots und der Finanzierung öffentlicher Güter, der außenwirtschaftlichen Beziehungen, hinsichtlich der Analyse typischer Phasenverläufe, der Unterscheidung von Stadien (siehe etwa den Versuch im Anhang) mit zahlreichen Asymmetrien und Symmetrieoperationen, mit Instabilitäten, enttäuschten Erwartungen, kritischen Momenten in Abhängigkeit von politischen Konstellationen, vom Einfluß der Staatsbürokratie und anderer gesellschaftlicher Gruppierungen und der davon bestimmten Willensbildung und Entscheidungsfindung im Transformationsprozeß. Dies bietet

Gelegenheit, stärker als bisher neben der Ordnungstheorie jene *institutionentheoretischen Forschungsansätze* heranzuziehen, die – wie die *Ökonomische Theorie der Verfassung*, die *Property Rights-Theorie*, die *Theorie des institutionellen Wandels*, die *Transaktionskostenökonomie*, die *Public Choice-Lehre* – versuchen, die Kenntnis des Ursprungs, der Bildung und der Funktionsweise von sozialen Institutionen zu verbessern.

3. Die Frage, wie weit ökonomische Erklärungsansätze erfolgreich auf die Entscheidungsfelder der Politik, der staatlichen Bürokratie, der Entstehung der äußeren und inneren Institutionen von Wirtschaftssystemen angewandt werden können, läßt vor dem Hintergrund vielfältiger parallel verlaufender kultureller, religiöser, macht- und militärpolitischer Einflüsse auf den Transformationsprozeß ein Forschungsfeld erkennen, auf dem wahrscheinlich – wenn überhaupt – erst nach und nach aus zunächst bruchstückhaften Erkenntnissen ein systemhaftes Gesamtbild entstehen kann. Bis dahin legt es die Vielfalt der Momente, die den Wandel von gesellschaftlichen Lenkungssystemen auslösen können, nahe, die Erkenntnisse benachbarter sozialwissenschaftlicher Disziplinen – der Rechts- und Politikwissenschaft, der Wirtschaftsgeschichte und der empirischen Sozialforschung – sorgfältig zu beachten.

4. Für die Entwurfs- und Beratungskompetenz der Wirtschaftswissenschaft zur Gestaltung von vergleichbaren Vorgängen ist die Kenntnis der Struktur alternativer Wirtschaftssysteme, der staatspolitischen, konstitutiven und regulierenden Prinzipien, die bei der Entscheidung über die Abschaffung und Einführung bestimmter Wirtschaftssysteme zu beachten sind, unverzichtbar. Die konkrete Anwendung dieses ordnungstheoretischen Rüstzeugs, die in *Walter Euckens* und *Friedrich A. von Hayeks* Konzeption einer Verfassung des Wettbewerbs eine Qualität gewonnen hat, die bis heute nicht überholt ist, muß der jeweiligen Situation eines Landes Rechnung tragen. Hierbei sind – gemessen an westlichen Standards – neue Wege und Varianten der ordnungspolitischen Gestaltung schon deshalb zu suchen und auszuprobieren, weil sich viele der etablierten Marktwirtschaften eine Fülle von Inflexibilitäten und Verkrustungen im Gefolge von staatlichen Regulierungen leisten, die in den Transformationsländern die Umbauarbeit und die Chance des raschen Aufholens durch eigene Leistung erheblich erschweren.

Ein überzeugendes Beispiel ist bekanntlich oft der beste Ratgeber. In wichtigen Prinzipien und Methoden der marktwirtschaftlichen Ordnungspolitik müßten sich die etablierten westlichen Marktwirtschaften, um glaubwürdige Ratgeber zu sein, selbst um mehr Mut bemühen, die staatlich regulierten und subventionierten Bereiche in die Marktwirtschaft zu überführen. Die Transformationsaufgabe bietet deshalb den etablierten Marktwirtschaften in vieler Hinsicht Gelegenheit zu einer kritischen ordnungspolitischen Bestandsaufnahme und Neuorientierung.

Anhang:

Phasenverlauf der Transformation – Kritische Momente, Faktoren der Verlangsamung und Beschleunigung

Vorlaufphase in Typ A – Zentralverwaltungswirtschaft

(1)   **Fall der aufgezwungenen Ordnung**
Hauptmerkmal: Kritischer Dauerzustand des Systems.

Auslöser des Übergangs: Nachlassende Repression des Usurpators (Erklärungsansatz: Ökonomische Theorie der Revolution)

Entschiedene und beschleunigte

Transformationsentscheidung zu erwarten

(2)   **Fall der autochthonen Ordnung**

Hauptmerkmal: Kritischer Zustand – je nach Lage des Landes (Autarkiebegabung) – entsteht nach gescheiterten Experimenten mit A/B-Kombinationen (Abschied vom Reformillusionismus).

Erklärung der Niedergangsdynamik mit Hilfe der Ordnungstheorie und Ansätzen des theoretischen Institutionalismus (etwa Property Rights-Theorie, Theorie des institutionellen Wandels).

Auslöser des Umbruchs: Mentalitätswandel der politischen Unternehmer angesichts eines fortschreitenden inneren Zerfalls und äußerer Datenänderungen (verschärfter Wettbewerb der Systeme), Einfluß von Zufallsmomenten (etwa Konsequenzen des Irrtums des Konstruktivismus [Theorie der spontanen Ordnung]).

Zögerliche und eher halbherzige

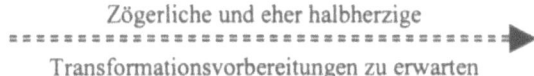

Transformationsvorbereitungen zu erwarten

Phase I: Ankündigungsphase

Transformationsprogrammatik abhängig von der politischen Ordnung:

(1)   **Reformkommunistische Regierungen**

   –   Neigung zum Gradualismus (Punktualismus),
   –   Verbreitung von Transformationsillusionen (Verbalradikalismus),
   –   Spontane Auflösungserscheinungen: „Selbstlauf der Betriebe" (Syndikalismus), Expansion der Schattenwirtschaft,

- das alte System aushöhlend; dramatischer Produktionsrückgang, chaotische Versorgungszustände, extreme Unsicherheit in der Erwartungsbildung, fehlende internationale Kreditwürdigkeit.

Krisenhafter Zustand

ϕ

(mit starker Tendenz zur Retransformation oder Transformationsblockade; erst nach Ablösung der reformkommunistischen Regierungen am Wendepunkt (ϕ) ist eine klare Transformationsentscheidung zu erwarten)

(2) Nichtkommunistische demokratische Regime

- Neigung zur Radikalmethode
- Spontane Auflösungserscheinungen (siehe oben); Flucht in die Sachwerte bei zu erwartender Währungsstabilisierung,
- Positive Erwartungsbildung in Abhängigkeit von

  - der Schnelligkeit, mit der das alte System ausgeräumt wird,
  - der Entschlossenheit von Regierung und Opposition, den Übergang zu Typ C durchzuführen,
  - der Unterstützung durch die Medien,
  - den Zeichen einer überzeugenden Vorplanung, unterstützt durch vorgezogene prozeßpolitische Maßnahmen (positiver Realzins, Wechselkursfreigabe, Übergang zur Konvertibilität, Anziehung von Direktinvestitionen, werdendes Schuldnerland mit Hilfe des ausländischen Privatkredits,
  - der Zulassung von vielfältigen spontanen Ordnungsbildungen als wegbereitende Vorläufer der Marktwirtschaft.

Kulmination dieser Momente in einer
Krise der Ungeduld der Bevölkerung (Teil I)

(wirkt in dieser Phase eher transformationsbeschleunigend)

(3) Nichtkommunistisches autoritäres Regime (Militärdiktatur)

- Neigung zur Radikalmethode
- Spontane Auflösungserscheinungen des Typs A

Krisenhafte Situation

ϕ

(Neigung zur Wiederbelebung alter Machtstrukturen und zur Transformationsverzögerung; erst nach Ablösung der Militärdiktatur am Wendepunkt (ϕ) ist eine klare Transformationsentscheidung zu erwarten.)

Phase II: Formale Aufbauphase (Phase der Verfassungs- und Gesetzgebung)

Abläufe abhängig von der politischen Ordnung:

(1) Reformkommunistische Regime

1. Neigung zu einer Verfassung der „sozialistischen Errungenschaften".

2. Neigung zu einer Wirtschaftsverfassung des Typs B (Sozialistische Marktwirtschaft): Synthese von Plan und Markt als permanenter Suchprozeß; Suche nach dem „wahren Sozialismus" (Theoretische Ansätze von *Lange, Brus, Sik* bis hin zu *Abalkin*, der die „sozialistische Natur" des Markes betont.

Bekannte Funktionsmängel „Dritter Wege"; Angst vor deren Aufdeckung (Verhüllungspolitik) führen zu instabilen Übergangssituationen (ordnungspolitische Schwebezustände) mit Krisenerscheinungen in Permanenz. (Relevante Ansätze: Ordnungstheorie, theoretischer Institutionalismus).

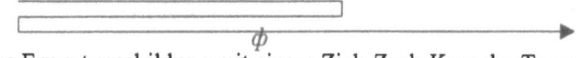
$$\phi$$

Negative Erwartungsbildung mit einem Zick-Zack-Kurs der Transformationspolitik, bis zur Ablösung des Regierungstyps am Punkt (ϕ) durch ein demokratisches Regime.

(2) Nichtkommunistische demokratische Regierungen

1. Verfassung der Privatrechtsgesellschaft (Erklärungsansatz: Ökonomische Theorie der Verfassung: Problem der Gestaltung des Verhältnisses von „Rechtsschutzstaat" und „Leistungsstaat" im Sinne von *Buchanan*).

2. Phase der Desillusionierung (Enthüllung der sozialistischen Altlasten: hohe versteckte Arbeitslosigkeit, Inflation) bei Preisfreigabe, notwendig zur Herstellung eines volkswirtschaftlichen Rechnungszusammenhangs (als Voraussetzung für eine effektive Privatisierung, für die Neubewertung der Human-, Geld- und Sachvermögensbestände und damit für die Entfaltung wettbewerblicher Märkte). Relevante Erklärungsansätze: Ordnungstheorie, Public Choice-Theorie.

3. Prekäre Situation für die Einschätzung des Transmissionsmechanismus als Kette von Wechselwirkungen zwischen freien (zum Teil vielleicht auch noch gebundenen) Preisen, der Geldpolitik, beschränkten Finanz- und Sachvermögenspositionen der Bevölkerung, ungeklärten Eigentumsverhältnissen und Verbindlichkeiten, bis es schließlich zur Neuproduktion von Gütern und auf diesem Wege zur Änderung der Produktion, der Beschäftigung und des Preisniveaus kommt. Der reale Anpassungsprozeß verläuft bei hochelastischer Nachfrage und (noch) begrenzter Angebotselastizität asymmetrisch. Folge: Extrem hohe offene Arbeitslosigkeit (bisher keine adäquaten prozeßtheoretischen Ansätze erkennbar).

4. Kosten und Nutzen der Transformation sind hinsichtlich Wahrnehmung und gruppenspezifischer Zurechnung asymmetrisch verteilt (*R. Weber*).

   – Kosten wirken gruppenspezifisch, sind direkt zurechenbar und rufen in der Regel eine (negative) Betroffenheit hervor, am Anfang allerdings noch schwach organisiert (Entwicklung von Organisationsmacht im Transformationsprozeß im Anschluß an *M. Olson*).

   – Nutzen fällt breit gestreut an; rasche Gewöhnung an die Vorteile, etwa aus dem Wechsel vom Verkäufer- zum Käufermarktgeschehen.

   – Kosten-Nutzen-Vergleich zwischen „Alt" und „Neu" schwierig, etwa zur Berechnung und zum Vergleich von Realeinkommen vor und während der und nach der erfolgreichen Transformation bei erheblichen Unterschieden in der Qualität und der Verfügbarkeit von Gütern.

Folgen aus 2.-4.:

Auslöser der Krise: Enttäuschte Erwartungen (Krise der Ungeduld: II). Wirkt eher transformationshemmend.

(Freiheits-)Ansprüche der Demokratie sind relativ leicht erfüllbar; Wohlstandserwartungen sind sehr viel schwerer einlösbar, denn die Ordnungsprinzipien einer privatwirtschaftlichen Marktwirtschaft haben Kollektivgutcharakter (einschlägige Erkenntnisse hierzu bietet die Ökonomische Theorie der Verfassung und der Politik). Im Übergang besteht ein eher unzureichender verfassungsmäßiger Schutz dieser Prinzipien. Der Kreis der Enttäuschten kann den Charakter von „Verteilungskoalitionen" annehmen.

Bei fehlender stabilitätsorientierter Selbstbindung der Geldpolitik ist mit Neigungen zu einem frühzeitigen „Fiskalsozialismus" (*W. Röpke*) zu rechnen. Verlagerung der Anpassungsprobleme in die Zukunft. Bisher Erreichtes wird gefährdet.

Die durch Inflationsprozesse verschärfte krisenhafte Situation verschlechtert die Erwartungsbildung und die Aussicht der Regierung auf Wiederwahl. Häufiger Regierungswechsel.

(3)   Nichtkommunistische autoritäre Regime (Militärdiktatur)

Stehen aus Legitimationsgründen im Verdacht, schneller in eine Praxis des *Fiskalsozialismus* zu verfallen, zumal es unwahrscheinlich ist, daß ein autoritäres Regime einen weitgehenden geldpolitischen Souveränitätsverzicht leistet. Chance für einen zügigen Fortgang des Transformationsprozesses günstiger, wenn demokratisch gewählte Regierung mit einer konstitutionellen Selbstbindung der Geld- und Fiskalpolitik an die Macht kommt.

Phase der Einübung in marktwirtschaftliche Prozesse, der institutionellen Ausformung und prozeßpolitischen Stabilisierung unter der Annahme, daß sich nichtkommunistische demokratische Regime durchgesetzt haben.

Merkmale des Wirtschaftsverlaufs:
— Durchschnittlich relativ niedrige und ungleich verteilte Einkommen; rascher Strukturwandel mit extremen Aktivitätsschwankungen; dies alles mit erheblichem wirtschafts- und sozialpolitischem Gestaltungsbedarf.
— Ausformung der inneren Institutionen des Marktsystems mit Aussicht auf erhebliche Verminderung der Preis- und Einkommensunsicherheiten.
— Die von der Nachfrageseite augehenden Signal-, Anstoß- und Sogwirkungen sind die entscheidenden Wegweisungen für die Angebotsseite. Damit ist eine endgültige Schwerpunktverlagerung der Nachfrage von der Produktionsmittel- zur Verbrauchergüterindustrie verbunden. Wegen der erforderlichen langfristigen Bestandsumschichtungen und dem erst allmählich entstehenden Finanzmarktsystem werden die starken Aktivitätsschwankungen von langer Dauer sein (siehe *von Delhaes* und *Fehl* 1991).
— Hauptproblem: Anreizkompatibilität der Maßnahmen im Konflikt der Ziele: Freiheit, Effizienz, Verteilung und außenwirtschaftliches Gleichgewicht.

Literatur

Böhm, Franz (1966), Privatrechtsgesellschaft und Marktwirtschaft, in: ORDO, Bd. 17, S. 75-151.

Böhm, Franz (1973), Eine Kampfansage an Ordnungstheorie und Ordnungspolitik. Zu einem Aufsatz im Kyklos, in: ORDO, Bd. 24, S. 11-48.

Buchanan, James, M. (1975/1984), The Limits of Liberty: Between Anarchy and Leviathan, Chicago 1975. Deutsch: Die Grenzen der Freiheit: Zwischen Anarchie und Leviathan, Tübingen 1984.

Burckhardt, Jacob (1982), Über das Studium der Geschichte: Weltgeschichtliche Betrachtungen, München.

Delhaes, Karl von und *Ulrich Fehl* (1991), Der Transformationsprozeß in der Zeit: Konsequenzen von Dauer und Reihung systemverändernder Maßnahmen, in: *Karl-Hans Hartwig* und *H. Jörg Thieme* (Hrsg.), Transformationsprozesse in sozialistischen Wirtschaftssystemen: Ursachen, Konzepte, Instrumente, Berlin u.a., S. 435-463.

Eucken, Walter (1939/1950), Grundlagen der Nationalökonomie, 6. Auflage, Berlin, Göttingen und Heidelberg 1950.

Eucken, Walter (1952/1990), Grundsätze der Wirtschaftspolitik, 6. Auflage, Tübingen 1990.

Geipel, Robert (1991), Friaul ist weniger friaulisch geworden: Der Wiederaufbau nach der Katastrophe, in: Mitteilungen der Deutschen Forschungsgemeinschaft, Nr. 4, S. 8-11.

Gorbatschow, Michail (1987), Perestrojka: Die zweite russische Revolution, Eine neue Politik für Europa und die Welt, München.

Hayek, Friedrich A. von (1969), Die Ergebnisse menschlichen Handelns, aber nicht menschlichen Entwurfs, in: *Friedrich A. von Hayek*, Freiburger Studien, Tübingen, S. 97-107.

Hensel, K. Paul 1977, Der Zwang zum wirtschaftspolitischen Experiment in zentral gelenkten Wirtschaften, in: *K. Paul Hensel*, Systemvergleich als Aufgabe, Stuttgart und New York, S. 173-182.

Herrmann-Pillath, Carsten (1992), Die ökonomische Theorie der Geschichte, in: ORDO, Bd. 43, S. 503-513.

Issing, Otmar (1992), Disziplinierung der Finanzpolitik in der Europäischen Währungsunion?, in: *Deutsche Bundesbank* (Hrsg.), Auszüge aus Presseartikeln, Nr. 21, 18. März 1992, S. 1-6.

Kammler, Hans (1992), Wettbewerb der Systeme: Ein Thema von gestern?, in: ORDO, Bd. 43, S. 91-106.

Kloten, Norbert (1989), Zur Transformation von Wirtschaftsordnungen, in: ORDO, Bd. 40, S. 99-127.

Kloten, Norbert (1991), Die Transformation von Wirtschaftsordnungen, Tübingen.

Kolakowski, Leszek (1992), Ungelöste Geschichte: Nach dem Zusammenbruch des Sowjetkommunismus, in: Neue Zürcher Zeitung, Fernausgabe Nr. 36 vom 14.2.1992, S. 35.

Leipold, Helmut (1989), Das Ordnungsproblem in der ökonomischen Institutionentheorie, in: ORDO, Bd. 40, S. 129-146.

Leipold, Helmut (1992), Reformrestriktionen in alternativen politischen Ordnungen, in: Jahrbuch für Neue Politische Ökonomie, Bd. 11, S. 217-231.

Lenel, Hans Otto (1948), Über zwei Richtungen des Sozialismus, in: ORDO, Bd. I, S. 304-325.

Lenel, Hans Otto (1973), Zur Kritik an der Marktwirtschaft, in: ORDO, Bd. 24, S. 67-101.

Lenel, Hans Otto (1983), Staatshilfe für insolvente Großunternehmen?, in: Wirtschaft und Wettbewerb, Heft 6, S. 429-448.

Lenel, Hans Otto (1990), Ordnungspolitik durch Steuerung und Systemdynamik. Zu dem Buch 'Systemdynamik' von *Philipp Herder-Dorneich*, in: ORDO, Bd. 41, S. 283-290.

Lutzke, Hans-Hermann (1991), Das langsame Sterben einer Ideologie, in: *Ludolf von Wartenberg, Horst-Dieter Westerhoff, Otto Storf, Alfred Schüller, Hans Willgerodt* und *Hans-Hermann Lutzke* (Hrsg.), Umbruch im Osten, Bonn, S. 114-152.

Meinberg, Eckhard (1988), Das Menschenbild der modernen Erziehungswissenschaft, Darmstadt.

Mestmäcker, Ernst-Joachim (1992), Die Wiederkehr der bürgerlichen Gesellschaft und ihres Rechts, in: *Max-Planck-Gesellschaft* (Hrsg.), Jahrbuch 1991, Göttingen, S. 24-36.

Meyer, Fritz W. (1961), Die Leistungsfähigkeit der Planwirtschaft, in: *Franz Greiß* und *Fritz W. Meyer* (Hrsg.), Wirtschaft, Gesellschaft und Kultur, Festgabe für Alfred Müller-Armack, Berlin, S. 53-60.

Meyer, Willi (1968), Personen und Institutionen zur Analyse der ökonomischen Krisenerscheinungen in der Bundesrepublik, in: ORDO, Bd. 19, S. 99-157.

Miksch, Leonhard (1947), Wettbewerb als Aufgabe: Grundsätze einer Wettbewerbsordnung, Godesberg.

Müller, Eberhard (1991), Blick zurück im Zorn?! Bürgerkrieg, Kriegskommunismus und Neue Ökonomische Politik, in: *Dietrich Geyer* (Hrsg.), Die Umwertung der sowjetischen Geschichte, Göttingen, S. 75-102.

North, Douglass (1990), Institutions, Institutional Change, and Economic Performance, Chicago.

North, Douglass C., and *Robert Paul Thomas* (1973), The Rise of the Western World: A New Economic History, Cambridge, Mass.

Rostow, Walt W. (1960), The Stages of Economic Growth, Cambridge.

Schmidt, Paul-Günther (1988), Die Entwicklung von Wirtschafts- und Gesellschaftsformen zwischen Evolution und Revolution: Eine vergleichende Analyse des marxistischen und des eigentumsrechtlichen Erklärungsansatzes, in: ORDO, Bd. 39, S. 55-89.

Schüller, Alfred (1973), Pragmatische oder marktwirtschaftliche Osthandelspolitik, in: *Egon Tuchtfeldt* (Hrsg.), Soziale Marktwirtschaft im Wandel, Freiburg, S. 207-256.

Schüller, Alfred (1986), Der theoretische Institutionalismus als Methode des Systemvergleichs, in: *Gernot Gutmann* und *Siegfried Mampel* (Hrsg.), Probleme systemvergleichender Betrachtung, Berlin, S. 131-162.

Schüller, Alfred (1990), Der ordnungspolitische Weg der Bundesrepublik – Entwicklung und Perspektiven, Zeitschrift für Wirtschaftspolitik, H. 1, S. 57-75.

Schüller, Alfred (1991), Probleme des Übergangs von der Staatswirtschaft zur Marktwirtschaft, in: Arbeitsberichte zum Systemvergleich, Nr. 15, 2. Aufl., Marburg, S. 1-26.

Schüller, Alfred und *Dirk Wentzel* (1991), Die Etablierung von Wettbewerbsmärkten: Zur Herstellung eines funktionsfähigen Preissystems, in: *Karl-Hans Hartwig* und *H. Jörg Thieme* (Hrsg.), Transformationsprozesse in sozialistischen Wirtschaftssystemen: Ursachen, Konzepte, Instrumente, Berlin u.a., S. 281-303.

Schumpeter, Joseph A. (1972), Kapitalismus, Sozialismus und Demokratie, 3. Aufl., München.

Schwarz, Gerhard (1992), Marktwirtschaftliche Reform und Demokratie – Eine Haßliebe? Überlegungen zur Interdependenz der Ordnungen beim Übergang von der Kommando- zur Wettbewerbswirtschaft, in: ORDO, Bd. 43, S. 65-90.

Tietzel, Manfred (1991), Der neue Institutionalismus auf dem Hintergrund der alten Ordnungsdebatte, in: Jahrbuch für Neue Politische Ökonomie, 10. Bd., S. 3-37.

Tietzel, Manfred, Marion Weber und *Otto F. Bode* (1991), Die Logik der sanften Revolution: Eine ökonomische Analyse, Diskussionsbeiträge des Fachbereichs Wirtschaftswissenschaft der Universität-Gesamthochschule Duisburg, Nr. 144.

Tullock, Gordon (1974), The Social Dilemma: The Economics of War and Revolution, Blacksburg, Virginia.

Watrin, Christian (1966), Ökonomische Entwicklungsgesetze, in: Beiträge zur Ordnung von Wirtschaft und Gesellschaft, Festgabe für Alfred Müller-Armack, Wirtschaftspolitische Chronik, Jg. 1966, S. 67-86.

Weber, Ralf (1992), Transformationsbarrieren, in: *Alfred Schüller* und *Hans-Günter Krüsselberg* (Hrsg.), Grundbegriffe zur Ordnungstheorie und Politischen Ökonomik, Arbeitsberichte zum Systemvergleich, Nr. 7, 3. überarbeitete und erweiterte Neuauflage, Marburg, S. 170-172.

Zusammenfassung

Der Verfasser sieht in der Transformation von Gesellschafts- und Wirtschaftssystemen einen Forschungsgegenstand, der die Wirtschaftswissenschaftler ungewöhnlich herausfordert. Hierbei geht es darum, die Erkenntnisse über Ursachen und Begleiterscheinungen des ständigen Wandels der sozialen Lebensverhältnisse grundlegend zu verbessern. Fruchtbare Ansatzpunkte für theoretische Erwägungen werden in den verschiedenen Problembereichen des Vorgangs der Transaformation vermutet. Der deutschen Ordnungstheorie wird eine beachtliche Kompetenz eingeräumt, wenn es darum geht, das Versagen der Zentralverwaltungswirtschaft sowjetischen Typs zu erklären, einen zieladäquaten Leitfaden für die Umgestaltungspolitik zu gewinnen und die Funktionsbedingungen von marktwirtschaftlichen Systemvarianten zu beurteilen.

Um die Faktoren zu identifizieren, die letztlich einen Umbruch auslösen, wird auf eine Kombination von revolutions- und evolutionstheoretischen Ansätzen verwiesen. Für die Erforschung des Verlaufs von Übergangswirtschaften, der Wahl der Transformationsmethode und des Transformationsziels empfiehlt der Verfasser, stärker als bisher in Verbindung mit der Ordnungstheorie jene institutionentheoretischen Forschungsansätze heranzuziehen, die – wie die Ökonomische Theorie der Verfassung, die Property Rights-Theorie, die Theorie des institutionellen Wandels, die Transaktionskostenökonomie, die Public Choice-Lehre – versuchen, die Kenntnis des Ursprungs, der Bildung und der Funktionsweise von sozialen Institutionen zu verbessern.

Ökonomik der Eigentumsrechte in ordnungstheoretischer Sicht*

 * Erstdruck in: *Dieter Cassel, Bernd Thomas Ramb* und *H. Jörg Thieme* (Hrsg.), Ordnungspolitik, Verlag Vahlen, München 1988, S. 155-183.

1. Eigentum, Planungsrechte, Eigentumsrechte (Property Rights)

Lange Zeit, vor allem im 19. und beginnenden 20.Jahrhundert, wurde das Eigentumsthema als „Kardinalfrage der Wirtschafts- und Gesellschaftspolitik" (*Eucken*, 1948, S. 83 f.) angesehen. Die Antithese „Privateigentum oder Kollektiveigentum" beherrschte das wirtschaftspolitische Denken. Im Anschluß an *Marx* wurde und wird bisweilen noch heute von der Überführung des Privateigentums an Produktionsmitteln in Gesellschafts- oder Staatseigentum die Lösung der wichtigsten Probleme der Gesellschaft erwartet. Solche Vorstellungen stehen allerdings im Widerspruch mit den Tatsachen. Weil die Eigentumsformen je nach der Wirtschaftsordnung ganz Verschiedenes bedeuten und bewirken, hat *Walter Eucken* dafür plädiert, die Eigentumsfrage nicht länger isoliert, sondern im Zusammenhang mit der Wirtschaftsordnungspolitik neu zu stellen und im Lichte einer adäquaten Theorie zu beantworten.

Der Kern der von *Eucken* begründeten und von *Hensel* weiterentwickelten *Ordnungstheorie* besteht in der Erkenntnis, daß Wirtschaftsordnungen entscheidend durch die zugrunde liegenden Wirtschaftspläne, deren Ausgestaltung und Verknüpfung zu Planungsordnungen charakterisiert sind. Wirtschaftspläne stellen in dieser ordnungstheoretischen Sicht den „archimedischen Punkt" dar, von dem alles wirtschaftliche Geschehen seinen Ausgang nimmt.

Hinsichtlich der Verknüpfung (Koordination) der Wirtschaftspläne zu Planungsordnungen werden in der Ordnungstheorie zwei Verfahren unterschieden. Der wirtschaftliche Alltag kann entweder durch zentrale Planung des Wirtschaftsgeschehens bestimmt sein. In diesem Falle erfolgt die Ausarbeitung des Volkswirtschaftsplanes – wie *Hensel* (1975, S. 29 ff.) nachgewiesen hat – anhand der Knappheitsanzeige in Form von Plansalden. Der plansaldengesteuerte Rechnungszusammenhang ist dann bestimmend für die „Logik der Systementfaltung" (*Hensel* ebenda; *Schüller* 1986, S. 131 ff.). Können dagegen die Wirtschaftseinheiten selbständig planen, so werden die zahlreichen Einzelpläne mittels der Knappheitsanzeige in Form von Geldpreisen koordiniert. Dann ergibt sich die „Logik der Systementfaltung" aus dem preisgesteuerten Rechnungszusammenhang. Entscheidend für den Denkansatz der Ordnungstheorie ist, daß der Charakter der Planungsordnung bestimmt, wie die wirtschaftlichen Institutionen, also auch die verschiedenen Eigentumsformen, funktionieren, wie über den Einsatz knapper Güter entschieden wird, wie die Informationen über Knappheitsverhältnisse gewonnen und verarbeitet, welche Anreize zur Knappheitsminderung hervorgebracht und welche Kontrollen dabei ausgeübt werden.

Wenn Wirtschaftspläne als Ausgangspunkt jeder wirtschaftlichen Handlung angesehen werden, so muß zwangsläufig das Interesse an ihrem Inhalt in den Mittelpunkt rükken. Nach *Eucken* beziehen sich die Aktionsparameter („Daten") eines Wirtschaftsplans auf das Recht, die zu befriedigenden Bedürfnisse zu bestimmen, auf die Verfügungs- und Nutzungsrechte an den Produktionsfaktoren, den wirtschaftlichen Gütern, am technisch-organisatorischen Wissen sowie auf die wirtschaftlichen Handlungsbeschränkungen, die aus der „rechtlichen und sozialen Organisation" (einschließlich der wirtschaftlich relevanten sittlich-kulturellen Normen, Traditionen und Konventionen) folgen. Planungsrechte bestimmen den wirtschaftlichen Möglichkeitsbereich der Planträger und sind wegen des Grundsachverhalts der Knappheit und wegen des Leitproblems der Knappheitsminderung für jede Wirtschaftsordnung konstitutiv. Das Eigentum im üblichen juristischen Verständnis von Verfügungsmacht über wirtschaftliche Güter begründet im Verständnis der Ordnungstheorie keine selbständige wirtschaftliche Lenkungspotenz, vielmehr geht es „aus dem Moment des Planes" hervor (*Hensel* 1960, S. 67).

Die zentrale Problematik der Planungsrechte deckt sich vom Grundverständnis her mit dem, was im Mittelpunkt des Forschungsprogramms der *Ökonomik der Eigentumsrechte* (Property Rights-Lehre) steht: die Eigentums-, Handlungs-, Verfügungs- oder Nutzungsrechte (Property Rights) als rechtlich oder in anderer Form (mehr oder weniger) gesicherte soziale Beziehungen, durch die die Zuständigkeit von Personen oder Organisationen in bezug auf Güternutzung bezeichnet und gleichzeitig gegenüber Dritten begrenzt wird. Der Eigentümer eines Handlungs- oder Verfügungsrechts kann im Maße der Stärke dieses Rechts erwarten (siehe Kap. 4), daß ihm seine Mitmenschen bestimmte Handlungen erlauben.

Nach *Eucken* (1939/1947, S. 244 f.) ist die ökonomische Theorie nicht fähig, die Entstehung der Planungsrechte und die von ihnen ausgehenden Anreiz- und Kontrollwirkungen zu erklären. Demgegenüber glauben die Property Rights-Theoretiker, über eine auch für die empirische Forschung relevante Methode zu verfügen, um die Frage nach der Entstehung von Eigentumsrechten, ihrer Anpassung an veränderte Marktbedingungen, der ökonomischen Rationalität ihrer Reallokation und nach ihren Anreiz- und Kontrolleffekten zu beantworten. Grundlage dieser Methode ist das „Denken in individuellen Handlungen" (Methodologischer Individualismus). Alle zu erklärenden Phänomene werden auf das Handeln von nutzenmaximierenden Individuen zurückgeführt. Demgemäß wird auch versucht, Eigentumsrechte wie alle anderen Institutionen aus dem Verhalten interagierender Individuen zu erklären. Diese bedienen sich dieser Rechte nach ihren Kosten-Nutzen-Vorstellungen, um die Güterknappheit unter den Bedingungen der Ungewißheit und den dadurch entstehenden Informations-, Verhandlungs-, Durchsetzungs- oder Kontrollkosten („Transaktionskosten") bestmöglich zu mindern. Gleichzeitig wird angenommen, daß die Eigentumsrechte das individuelle Verhalten in vorhersagbarer Weise bestimmen. Dies legt eine Analyse alternativer Eigentumsrechte im Sinne des „Theoretischen Institutionalismus" nahe.

Nach *Albert* (1986, S. 7) liefert die Verbindung von Methodologischem Individualismus und Theoretischem Institutionalismus ein für alle Bereiche der Gesellschaft relevantes, empirisch prinzipiell widerlegbares Erklärungsverfahren. Folgt man dem eingangs angedeuteten Erkenntnisstand der Ordnungstheorie, so ist es allerdings notwendig, die Institutionen – hier die Eigentumsrechte – nicht in punktueller Betrachtung, sondern mit ihrem Wirkungsspektrum im gesamtwirtschaftlichen Ordnungsbezug und insbesondere in Abhängigkeit vom zugrunde liegenden Rechnungszusammenhang zu erforschen. Aus dieser Problemsicht könnte – so wird im folgenden angenommen – die Ökonomik der Eigentumsrechte tief in die Ordnungstheorie hineinwirken und über den Versuch einer Endogenisierung der Planungsrechte, also dessen, was nach *Eucken* den „Datenkranz" umfaßt, nicht nur neues Licht auf alte Fragen werfen, sondern auch zu neuen Fragestellungen anregen. Hiervon ausgehend, konzentriert sich die folgende Darstellung auf Fragen der *Entstehung* und *Reallokation* von Eigentumsrechten sowie ihrer

Anreiz- und *Kontrollwirkungen.* Erhofft werden davon starke Impulse für eine systematische *mikroökonomische Fundierung* der Ordnungstheorie.

2. Ökonomik der Entstehung von Eigentumsrechten

Eigentumsrechte bezeichnen und beschränken den sozialen Handlungsspielraum der Wirtschaftssubjekte; ihnen werden überragende Anreizwirkungen auf das Verhalten der Menschen bei ihren Bemühungen um Knappheitsminderung, um wirtschaftlichen und sozialen Fortschritt beigemessen. Es ist deshalb verständlich, daß bedeutende Sozialwissenschaftler sich mit der Eigentumsfrage befaßt haben (Überblick bei *Leipold* 1983). Gleichwohl ist immer noch strittig, ob Entstehung, Veränderung und Verteilung von Eigentumsrechten *ökonomisch* erklärt werden können. *Eucken* (1939/1947 S. 84 f.) äußert sich eher zurückhaltend: „Der Wille, bestimmte Ordnungsgrundsätze (gemeint sind vor allem Privateigentum, Vertragsfreiheit, Wettbewerb, *A. S.*) für die Gesamtordnung durchzusetzen, war bei ihrer Entstehung meist nicht maßgebend. Sie bildeten sich im Rahmen der jeweiligen natürlichen Umgebung und im Zuge des außen- und innenpolitischen und des wirtschaftlichen Geschehens ohne umfassenden Ordnungsplan aus." In vielen Staaten der Antike und der Neuzeit seien die genannten Ordnungsgrundsätze mit der Staats- und Wirtschaftsverfassung „gewachsen". Erst die klassische Nationalökonomie habe diese Grundsätze bewußt entwickelt, um die großen Wirtschaftsreformen an der Wende vom achtzehnten zum neunzehnten Jahrhundert und in der ersten Hälfte des neunzehnten Jahrhunderts zu verwirklichen. Seit dieser Zeit seien die nach einem Gesamtplan konzipierten („gesetzten") Ordnungen auf dem Vormarsch. Im Gegensatz zu *Eucken*, der der ökonomischen Theorie die Fähigkeit abspricht, das Entstehen der Planungs- bzw. Eigentumsrechte zu erklären, sieht *North* (1978, S. 963) in einer solchen Selbstbeschränkung ein „fundamentales Handicap für die weitere Entwicklung der Wirtschaftstheorie". Explizite mikroökonomische Erklärungsansätze für die Eigentumsentstehung wurden insbesondere von *Buchanan* und *Demsetz* entwickelt.

2.1. Der vertragstheoretische Ansatz von Buchanan – Ein total-analytisches neoklassisches Konzept

Das Eigennutzstreben setzt den einzelnen in die Lage zu erkennen, daß ein Zustand der Rechtsfeindlichkeit und Gewalttätigkeit mit räuberischen Formen des Gütererwerbs – der *Hobbes*'sche Dschungel als prä-konstitutioneller (Ur-) Zustand – zu einer so großen Unsicherheit und Konfliktträchtigkeit im Miteinander der Menschen führen würde, daß ein erheblicher Teil der produktiven Kräfte für unproduktive Informations-, Verhandlungs- und Verteidigungsanstrengungen eingesetzt werden müßte. Um zu überleben, müßte man sich entweder auf Raub oder/und eine kostspielige Selbstversorgung unter Hinnahme hoher Verteidigungskosten und unter Verzicht auf die Vorteile aus einer weitläufigen wohlstandsmehrenden Spezialisierung und Arbeitsteilung organisieren. Dabei wäre die bestmögliche Aufteilung der Ressourcen für Produktion, Raub und Verteidigung herauszufinden. Tun dies alle Individuen, so entsteht nach *Buchanan* (1975/1984) das „Gleichgewicht der Anarchie".

Das Eigennutzdenken legt jedoch die Suche nach einer effizienteren Ressourcennutzung nahe. So könnten die potentiellen Tauschpartner in einem „Abrüstungsabkommen" versuchen, die wechselseitige Beraubung auf ein bestimmtes Niveau zu senken oder vollständig aufzugeben. Einigen sich die Menschen auf einen Eigentumsrechtsschutz, so können sie die Aufwendungen für Raub und Verteidigung in die Güterproduktion umlenken.

Die Primärverteilung von Eigentumsrechten ist nach *Buchanan* angesichts der Möglichkeit, sich durch Raub individuelle Vorteile zu verschaffen, *Pareto*-inferior. Die unbedingte Geltung der Eigentumsrechte ist nämlich in dem Maße gefährdet, in dem mit zunehmender Zahl der „Vertragspartner" die Beziehungen an Anonymität gewinnen und eine größere soziale Distanz entsteht. In Groß- und Massengesellschaften erhält deshalb die Rechtssicherheit im allgemeinen und die Eigentumsgarantie im besonderen den Charakter eines öffentlichen Gutes, dessen Herstellung bekanntlich den Staat erfordert. Weil die Vertragsschließenden dies erkennen, handeln sie nun rational, wenn sie sich in vollständiger Willensübereinstimmung auf eine Instanz einigen, die mit bestimmten Zwangsmitteln der Gerichtsbarkeit, des Strafvollzugs und der Polizeigewalt Eigentumsrechte sichert. Erhöht sich durch einen entsprechenden „Rechtsschutzstaat" („protective state") die individuelle und gesellschaftliche Wohlfahrt, ist daraus ein Zweck zu folgern, dem die Bevölkerung allein aus ökonomischen Gründen zustimmen kann (*Buchanan* ebenda, S. 66 ff. und 132 ff.).

Eigentumsrechte entstehen nach *Buchanan* aus einem zweckrationalen Verhalten der beteiligten Individuen. Sie wissen, welche Konsequenzen das „Gleichgewicht der Anarchie" hat, welche Handlungsalternativen zur Verfügung stehen und warum sie in einem abgestuften Verfahren Verträge zum Schutz von Eigentumsrechten schließen, die zum Rechtsschutzstaat führen und welche ökonomischen Wirkungen damit verbunden sind. Mit der Annahme des Gleichgewichts der Anarchie nimmt *Buchanan*, wie *Hoppmann* (1987, S. 42) kritisch bemerkt, an, „daß das Problem der Koordination der Pläne bereits gelöst ist". Dabei werde von den Umständen abgesehen, die dieses Gleichgewicht bewirkt haben könnten.

Offensichtlich bezieht sich das Modell auch nur auf die verfassungsrechtliche Etablierung von Eigentumsrechten in einer demokratischen Gesellschaft, für die bis zum entscheidenden qualitativen Sprung in den Rechtsschutzstaat eine herrschaftsfreie Kommunikation und ein entsprechendes Verfahren zur Definition und Zuordnung von Eigentumsrechten nach dem *Habermas*'schen Prinzip unterstellt wird. Hierbei wird die Geltung „jeder politisch folgenreichen Norm von einem in herrschaftsfreier Kommunikation erzielten Konsens abhängig gemacht" *(Habermas* 1968, S. 344).

Es kann aber nicht ausgeschlossen werden, daß in der Dynamik des anarchischen Prozesses bei unvermeidlicher Ungewißheit der aktuellen und künftigen Handlungen und deren Folgen zweierlei passiert:

1. Wenn freiheitliche Verfassungen auf den Widerspruch von Gesellschaftsgruppen stoßen, die aus der Beseitigung der Freiheit Vorteile erwarten, so käme der Versuch, die Basisregeln so zu gestalten, daß alle zustimmen können, dem Verzicht auf eine effiziente und freiheitssichernde Verfassung und einer demgemäßen Eigentumsordnung gleich.

2. Es kann sich aber auch eine Diktatur herausbilden, in der die Untertanen faktisch den Status von Sklaven haben. Damit sind Eigentumsrechte der Untertanen in eigener Rechtszuständigkeit ausgeschlossen. Sie können nicht im Wege des freiwilligen Konsens, sondern allenfalls durch Delegation entstehen (*Willgerodt* 1980, S. 180).

2.2. Der Internalisierungsansatz von Demsetz – Ein partial-analytisches neoklassisches Konzept

Nach *Eucken* (1939, 5. A. 1947, S. 246) können ökonomische Sachverhalte zu einer Änderung von Planungsrechten führen, sie müssen es aber nicht. *Demsetz* (1967, S. 347 ff.) versucht dagegen, die Entstehung von Eigentumsrechten unterschiedlicher Qualität aus individuellen Kosten-Nutzen-Kalkülen der Preistheorie zu erklären: „Property Rights develop to internalize externalities when the gains of internalization become larger than the cost of internalization."

Mit Externalitäten sind Veränderungen fremder Eigentumsrechte gemeint. Bei Verletzung dieser Rechte sprechen wir von negativen, bei deren Aufwertung von positiven Effekten. Entsprechende Wirkungen können auf folgende Weise entstehen:

(1) Bei der Produktion, dem Ge- oder Verbrauch von Gütern können Wirkungen entstehen, durch die die physische Beschaffenheit von Ressourcen verändert wird, die wegen ihrer Knappheit auch von anderen beansprucht werden. Solche „technologischen Externalitäten" treten häufig dann auf, wenn Rechte ungenau spezifiziert und zugeordnet sind und daher nur mit hohen Transaktionskosten durchgesetzt werden können, wie dies bei der Verunreinigung von Flüssen durch Abwässer und Abfälle, der Luft durch Rauch und Abgase oder bei Geruch- und Lärmbelästigung der Fall ist.

(2) Als unvermeidbare Begleiterscheinung des technischen und wirtschaftlichen Wandels wird im Marktverkehr der Tauschwert der Eigentumsrechte verändert. Der Versuch, diese „pekuniären Externalitäten" durch einen staatlich gesicherten Schutz der Eigentumsrechte an bisherigen oder neuen Einkommensquellen und Gütern auszuschließen, ist in modernen Wohlfahrtsstaaten ein wichtiger Erklärungsgrund der Eigentumsrechte.

2.2.1. Internalisierung von technologischen externen Effekten

Der Nutzen der Internalisierung, d. h. der interpersonellen Verrechnung externer Effekte, besteht in der Unterlassung der Belästigung oder Schädigung oder in einer Entschädigungszahlung. Dem Nutzen steht der Ressourcenaufwand für Spezifizierung, Zuordnung und Durchsetzung von Eigentumsrechten gegenüber. Die hiermit angesprochenen Transaktionskosten umfassen mit den Aufwendungen für die Spezifizierung und personelle Zuordnung von Eigentumsrechten eigentlich Kosten der Rechtsbegründung (s. hierzu *Wegehenkel* 1980, S. 28; *Hesse* 1983, S. 80 ff.). Hier wird unterstellt, daß die mit der Primärverteilung und dem Schutz der Eigentumsrechte entstehenden Kosten von den Eigentümern getragen werden. Der entsprechende Aufwand muß im Sinne einer Kosten-Nutzen-Analyse optimal sein (s. hierzu *Tietzel* 1986, S. 115):

Bei einem Verlauf der Grenztransaktionskosten (TAK') und der Grenznutzen der Internalisierung (IN') gemäß Abb. 1 würden – ausgehend von der schwächsten individuellen Eigentumsrechtsposition (dem Kollektiveigentum) in Punkt 0 – die Anstrengungen zur Erhöhung der Exklusivität von Eigentumsrechten bis zum Punkt B ausgedehnt. Die Internalisierungsrente beläuft sich dann auf die Fläche ABC. Wären die Transaktionskosten bei allen Exklusivitätsgraden 0 (etwa weil der Staat den entsprechenden Ressourcenaufwand trägt), so würden die Anstrengungen zur Erhöhung der Exklusivität bis zum Punkt 4 ausgedehnt. Die Internalisierungsrente würde dann die Fläche 0C4 ausmachen. Der Verlauf von TAK' und IN' wird u. a. bestimmt durch die jeweiligen Preisrelationen auf den Güter- und Faktormärkten, wertverändernde Innovationen, die Bevölkerungsentwicklung, die Erschließung neuer Märkte und Änderungen der rechtlichen und sozialen Normen.

Abb. 1

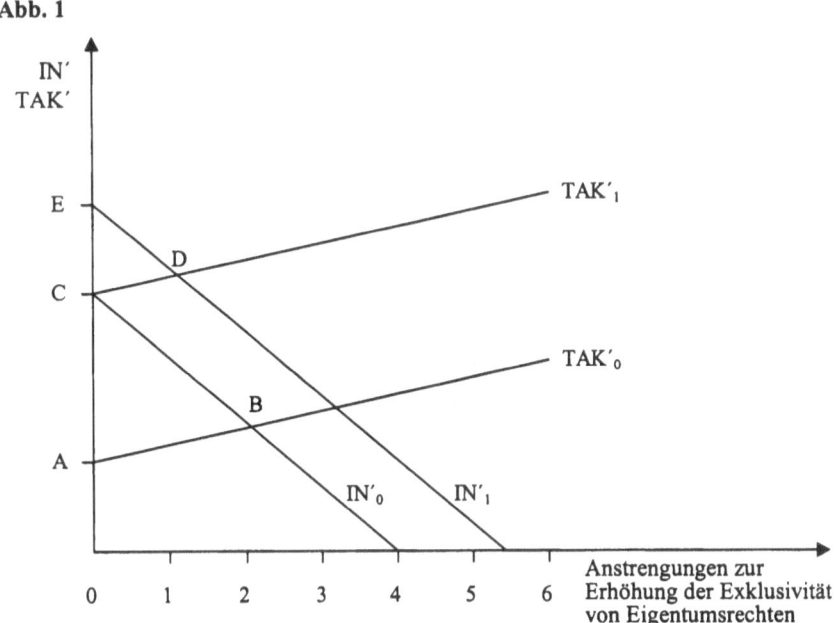

TAK: Transaktionskosten, TAK': Grenztransaktionskosten
IN: Internalisierungskosten, IN': Grenznutzen der Internalisierung

Transaktionskostensenkungen sind ein wichtiger Anreiz für die Änderung der Eigentumsrechte. Würde z. B. TAK'_0 infolge einer plötzlichen Verdünnung eines Eigentumsrechts auf TAK'_1, ansteigen, so hätte dies ceteris paribus in Punkt C eine Präventivwirkung für die Internalisierungsanstrengungen. Eine gleichzeitige Verschiebung der Präferenz für exklusive Eigentumsrechte von IN'_0 nach IN'_1, (etwa infolge Bevölkerungszunahme oder Ernteausfall) macht wiederum Bemühungen um exklusivere Eigentumsrechte bis zum Punkt D lohnend.

Aus diesem marginal-analytischen Kalkül folgert *Demsetz* (1967, S. 348): „A prima-
ry function of property rights is that of guiding incentives to achieve a greater internalization of externalities."

Eigentumsrechte entscheiden darüber, in welchem Maße Ressourcen über das
Marktpreissystem verrechnet, dadurch ihrem tatsächlichen Knappheitsgrad entsprechend bewertet und getauscht werden (s. Kap. 3) können. Externe Effekte als Problem
nicht hinreichend spezifizierter und zugeordneter Property Rights geben also Anlaß,
über eine dafür geeignete Änderung des Rechtssystems nachzudenken. *Kunz* (1985,
S. 131 f.) betont in diesem Zusammenhang zu Recht, daß es dazu eines unternehmerischen Elements bedarf, „das die Selbstorganisation, hier in Form einer (Privat-)Rechts-
fortbildung durch Vereinbarung eines neuen Eigentumsrechts, in Gang setzt". Um dies
analytisch zu bewältigen, wäre die komparativ-statische Gleichgewichtsbetrachtung
durch eine Marktprozeßanalyse zu ersetzen.

Demsetz selbst hat die empirische Relevanz seiner Analyse mit der sog. Pelzge-
schichte der Indianer auf der Labradorhalbinsel veranschaulicht. Durch die Eröffnung
des Pelzhandels zu Anfang des 18. Jahrhunderts wurden die Tiere des Waldes wertvol-
ler. Dies regte dazu an, die Jagd zu intensivieren, was zu einer raschen Wildverknap-
pung und daraus erwachsenden Nutzungskonflikten führte. Steigende Transaktionskosten haben die Kosten-Nutzen-Relation der tradierten Eigentumsrechte mit geringer
Exklusivität für alle verschlechtert. In dieser Situation lag es nahe, durch Schaffung
exklusiverer Eigentumsrechte den Zugang zum Jagdrevier in einer Weise zu beschränken, daß es sich für jeden Nutzungsberechtigten wieder lohnte, die künftigen Folgen
aktuellen Handelns in die Wirtschaftsrechnung einzubeziehen, im Interesse der langfristigen Sicherung einer ergiebigen Jagd in den Wildbestand zu investieren und das
Überjagen zu vermeiden. Der Wildbestand nahm zum Vorteil aller wieder zu. *Demsetz*
hat nicht beschrieben, wie die Indianer vorgegangen sind, um das überlieferte Gemeineigentum durch exklusivere Eigentumsrechte zu ersetzen. Er stellt lediglich fest, daß die
geographische Verteilung der unterschiedlichen Eigentumsrechte dem Wohlstandsge-
fälle entsprach.

Zu ähnlichen Ergebnissen kommen *Cheung* (1970, S. 49 ff.) in einer Untersuchung
über die Ozeanfischerei und *Röpke* (1986, S. 255 ff.) in einer Studie über den aktuellen
eigentumsrechtlichen Wandel im ländlichen Südostasien als Reaktion auf zunehmenden
Bevölkerungsdruck und dadurch steigende Reispreise.

Die Zweckmäßigkeit der Einigung auf exklusive Eigentumsrechte läßt sich verall-
gemeinern: Der Eigentumsrechtsbegründung geht – je nach Art und Ausmaß der ökonomischen oder technischen Datenänderung – eine Abfolge von Nutzungskonflikten
voraus. Die damit verbundenen Kosten sind für die Beteiligten so hoch, daß es sich
lohnt, nach Mitteln der Konfliktvermeidung oder -minderung zu suchen. Die Einigung
auf Eigentumsrechte als „Mittel zur Beilegung von Nutzungskonflikten" (*Watrin* 1986,
S. 171) ist deswegen vorteilhaft, weil sie jene Anreize schaffen, die für eine wohl-
standsmaximierende Nutzung der Ressourcen erforderlich sind. Generell wird daraus
gefolgert, daß die Entwicklung des gesellschaftlichen Wohlstands und die Schaffung
von Eigentumsrechten Hand in Hand gehen. Nach *North* und *Thomas* (1973) läßt sich
die Entwicklung von der Feudalgesellschaft zur modernen privatwirtschaftlich orien-

tierten Marktgesellschaft mit Hilfe der *Demsetz*-Hypothese ebenso erklären wie die all-
mähliche Auflösung der antiken Sklavenwirtschaft. Dementsprechend wird in der „New
Economic History" versucht, unter Anerkennung der Variabilität und Offenheit des Ge-
schichtsprozesses die Phasen der Wirtschaftsentwicklung ursächlich aus der Entstehung
und dem Wandel von Eigentumsrechten und der Transaktionskostenentwicklung zu
erklären *(North* 1981). Allerdings haben Wissenschaftler, die der Ökonomischen Theorie der Eigentumsrechte durchaus aufgeschlossen gegenüberstehen, davor gewarnt, bei
Versuchen, der ökonomischen Rationalität auf die Spur zu kommen, lediglich „die Vernunft in der Geschichte" neu zu entdecken und nachträgliche Rationalisierungen für alle
möglichen Rechtsänderungen zu liefern *(Borchardt* 1978, S. 160).

Die Entstehung eines vollentwickelten Systems von exklusiven Eigentumsrechten
setzt, wie *Johnsen* (1986, S. 41 ff.) für die Kwakiutl-Indianer Kanadas ermittelt hat,
nicht unbedingt den Rechtsschutzstaat voraus. *Johnsen* vermutet, daß die Kwakiutl-
Indianer das Potlatch-System – ein Verfahren zur freiwilligen Ressourcenumverteilung
– benutzt haben, um exklusive Property Rights an den Lachsfischgründen, der Haupt-
quelle ihres Wohlstands, mit minimalen Transaktionskosten zu sichern.

Während das Konzept *Buchanan*s auf idealistischen Anwendungsbedingungen beruht, leuchtet die praktische Relevanz der *Demsetz*-Hypothese unmittelbar ein. *Demsetz*
übersieht auch nicht, daß die Eigentumsrechte in der westlichen Welt größtenteils als
Ergebnis eines allmählichen Wandels in den sittlich-moralischen Überzeugungen und
den vorherrschenden Gesetzesregeln entstanden sind:

> „At each step of this adjustment process, it is unlikely that externalities per se were con-
> sciously related to the issue being resolved. These legal and moral experiments may be
> hit-and-miss procedures to some extent but in a society that weights the achievement of
> efficiency heavily, their viability in the long run will depend on how well they modify
> behavior to accomodate to the externalities associated with important changes in techno-
> logy of market values." *(Demsetz*, 1967, S. 350).

Damit nähert sich die *Demsetz*-Hypothese dem evolutionstheoretischen Ansatz an
(s. Kap. 2.3.).

Das *Demsetz*'sche Erklärungsprinzip setzt unausgesprochen das Vorwalten dispositiven Rechts voraus. Bedingung dafür ist letztlich die Geltung der Fundamentalregeln
einer Zivilrechtsgesellschaft im Sinne *Hume*s und von *Hayek*s. Besteht dagegen zwingendes Recht, wie es in Wirtschaftssystemen mit überwiegendem Staatseigentum an
den Produktionsmitteln der Fall ist, so ist eine spontane oder bewußte Wahl alternativer
Eigentumsrechte nach dem *Demsetz*'schen Optimierungskalkül ausgeschlossen.

Die *Demsetz*-Hypothese bezieht sich darüber hinaus auf den Fall der Entstehung von
einvernehmlichen Rechten. Es gibt aber bei vielen Rechtsänderungen auch unduldsame
Verlierer. Entsprechende Rechtsänderungen bedürfen also eines Dekrets. Die Analyse
entsprechender Eigentumsrechte ist komplizierter, weil dabei Koalitionsbildungen und
Macht ins Spiel kommen *(Hesse* 1983, S. 98 ff.). Die Berücksichtigung solcher Faktoren tangiert zwar, wie *Meyer* (1983, S. 6) zutreffend bemerkt, das Prinzip nicht
schlechthin, doch werden damit die Grenzen einer zuverlässigen ökonomischen Analyse
enger. Dies gilt besonders dann, wenn umstrittene Eigentumsrechte durch den staatlichen Gesetzgeber spezifiziert und zugeordnet werden, um im Interesse einer Minimie-

rung der Tauschkosten und der Sicherung der Rechtsstaatlichkeit möglichst einen hohen Grad der Allgemeingültigkeit zu erreichen.

Die Logik des Eigennutzaxioms, angewandt auf den politischen Prozeß der Eigentumsrechtsänderungen, ist vom Kalkül der Wählerwirksamkeit bestimmt. Die Rückwirkung einer ökonomischen Datenänderung auf die Rechtsentwicklung ist dann eine mittelbare, sie geht – wie *Eucken* (1939, 5. A. 1947, S. 245) feststellt – „durch die Politik des Staates hindurch". Für diesen Fall wird man weiterhin mit *Eucken* feststellen müssen, daß sich die Rechtsänderung einer vollständigen theoretischen Analyse entzieht; sie vermag höchstens anzudeuten, in welche Richtung sich ein Recht ändern könnte.

2.2.2. Internalisierung von pekuniären externen Effekten – Eigentumsrechte und „Rent-seeking"

Im Marktprozeß werden unvermeidlich ständig Eigentumsrechte als Einkommensquelle entwertet. Dies regt auf der aktuellen, potentiellen oder auch nur vermeintlichen Verliererseite dazu an, nach Möglichkeiten zur Vermeidung entsprechender Nachteile zu suchen. Soweit Lösungen im Wege einer einvernehmlichen Wettbewerbsbeschränkung, evtl. mit Kompensationszahlungen nach dem Reallokations-Prinzip des *Coase*-Theorems (s. Kap. 3.2.), nicht lohnen, erfordert die mit dem Nachteilsausschluß angestrebte Einkommenssicherung die vorhergehende Spezifizierung und Zuordnung von Eigentumsrechten durch den Staat. Dies ist auch zur Sicherung der Vorteile aus monopolistischer Marktschließung notwendig. In beiden Fällen liegt rentensuchendes Verhalten („rent-seeking": *Buchanan/Tollison/Tullock* 1980; *Tollison* 1982, S. 575 ff.) oder Einkommenserzielung über politisch zugewiesene Eigentumsrechte vor.

Die ökonomische Analyse dieses Verhaltens befaßt sich mit den Entstehungsgründen, mit dem Kosten-Nutzen-Kalkül, den eigentumsrechtlichen und sonstigen Voraussetzungen sowie mit den volkswirtschaftlichen Wirkungen:

Bei den Entstehungsgründen interessieren die markt- und politikspezifischen Bedingungen, die rentensuchendem Verhalten Vorschub leisten. Eine besondere Rolle spielen hierbei die Kostenstrukturen der Verbände, deren Aktivitäten im Wettbewerb um rentenbegründende Eigentumsrechte deshalb eine besondere Bedeutung zukommt, weil bei ihnen keine oder nur geringe „start-up-costs" anfallen.

Der Kosten-Nutzen-Kalkül beruht auf der Annahme, daß die Lobbyisten und Regierungsvertreter Eigentumsrechte und die daraus erwachsenden Einkommensquellen nachfragen und anbieten, um ihre spezifischen Erfolgsziele zu maximieren: Rentenoptimierung hier, Wählerstimmenmaximierung dort. Prinzipiell lohnt es sich, den Staat zur Spezifizierung und Zuordnung entsprechender Rechte zu bewegen, solange der Aufwand dafür geringer als die zu erwartende Rente ist.

Rent-seeking setzt ebenso wie Wettbewerb eine gewisse Unsicherheit über den Erfolg, also die Existenz von Transaktionskosten, voraus. Zu rentensuchenden Aktivitäten kommt es nicht, wenn im voraus bekannt ist, wer die Eigentumsrechte und damit die Rente erhält. Die Ausgestaltung der Eigentumsrechte ist damit entscheidend für Art und Ausmaß des Rent-seeking: „ ... so long as there exist well-defined and widely known enforceable rules or laws that determine the identity of the potential recipients, independent of the choice of the donor, there is no profit to be gained from engaging in rent-seeking" (*Buchanan* 1983, S. 78).

Aus volkswirtschaftlicher Sicht sind die Aufwendungen für rentenbegründende Eigentumsrechte und die in ihrem Gefolge expandierenden Verbände- und Staatsbürokratien als Verschwendung anzusehen, da sie nur der Umverteilung, nicht aber der Entstehung von Einkommen dienen. Unterschiedliche Zuteilungsverfahren, wie sie etwa von der Devisenbewirtschaftung oder der Einfuhrkontingentierung her bekannt sind, beseitigen nicht die Rente, sondern bestimmen lediglich über deren Aufteilung. Konkurriert eine größere Zahl von Interessenten um die Zuweisung eines rentenbegründenden Rechts, kann der Ressourcenaufwand bis zur Höhe der Rente getrieben werden, so daß sich das rentensuchende Verhalten für alle nicht mehr lohnt.

2.3. Das evolutionstheoretische Konzept von Hume und von Hayek

Nach *von Hayek* (1971, S. 30 ff.; 1973, S. 27 ff.) ist unter den Bedingungen der "konstitutionellen Unwissenheit" nicht nur der zweckgebundene, sondern auch der regelgebundene Aspekt des individuellen Handelns ausschlaggebend für die Entwicklung von Eigentumsrechten. Auch wer sich an bestimmte Regeln hält, kann damit wirtschaftlich zweckrational handeln, ohne dies bewußt zu wollen. Erst die Regelgebundenheit läßt aus individuellen Handlungen Ordnungen, also auch Eigentumsordnungen entstehen. Die vertragstheoretische Denktradition gründet nach *von Hayek* in einem „konstruktivistischen" Vorurteil. Zur Begründung dieser Auffassung geht *von Hayek* von der *Hume*'schen Rechts- und Sozialphilosophie aus (*Hume* 1739; *von Hayek* 1967, S. 106 ff.; *Hoppmann* 1987, S. 41 ff.). Nach ihr sind die Hauptzüge aller freiheitlichen und effizienten Rechtsordnungen (Beständigkeit des Besitzes, seine Übertragung durch Übereinkunft und die Erfüllung von Versprechen) nicht das Ergebnis einer bewußten menschlichen Erfindung oder „kollektiven Entscheidung", um bestimmte Probleme nutzbringend zu lösen, sondern das Resultat einer selektiven kulturellen Evolution. Nur in diesem Kontext sind nach *Hume* und *von Hayek* Verfassungen im allgemeinen und Eigentumsrechte im besonderen zu erklären. Diese Analyse deckt sich im Ergebnis weitgehend mit der *Eucken*'schen Sicht (s. Kap. 2).

3. Reallokation von Eigentumsrechten als institutionelle Grundlage von Marktprozessen

3.1. Anreize zur Reallokation von Eigentumsrechten

In einer Marktwirtschaft werden die wirtschaftlichen Handlungen der Individuen spontan über Märkte koordiniert. Dabei ist das Interesse darauf gerichtet, mit Hilfe von Preisvergleichen die aktuellen und potentiellen Gelegenheiten zu entdecken und zu nutzen, die im Austausch für das, was jemand anzubieten hat, mehr erwarten lassen, als anderweitig erreichbar erscheint. Anreize zur Internalisierung von Preisdifferenzen, sei es direkt durch Arbitrage, sei es indirekt über Investition, Produktion und Innovation, können sich nur auf Güter und Leistungen beziehen, an denen exklusive (spezifizierte, zugeordnete) und transferierbare Eigentumsrechte bestehen. Nur dann können Angebot und Nachfrage über frei bewegliche Preise zum Ausgleich gebracht werden. Überall dort, wo die Eigentumsrechte nicht oder nicht hinreichend frei handelbar sind, können Angebotsdefizite und Warteschlangen bzw. Angebotsüberschüsse und Lagerüberfüllungen auftreten. Mindest- und Höchstpreiseffekte sind deshalb eine Konsequenz eigentumsrechtlicher Beschränkungen.

Bei Markttransaktionen geht es immer um die Reallokation bestehender Eigentumsrechte. Das Interesse daran zeigt, daß die bestehende Verteilung als nicht optimal angesehen wird. Der Marktverkehr beruht deshalb auf einer Kommerzialisierung von Eigentumsrechten. Häufig sind damit Anreize verbunden, den Exklusivitätsgrad der Rechte nach Maßgabe der aktuellen oder erwarteten Preisrelationen und Präferenzen der Marktteilnehmer zu verändern.

3.2. Die Frage der Allokationswirkung von Eigentumsrechten – Das Coase-Theorem

Für die gesamtwirtschaftlich optimale Faktorallokation (*Pareto*-Optimalität) ist die Existenz von exklusiven und transferierbaren Eigentumsrechten unabdingbar. Fraglich ist, ob auch die *Verteilung* der Eigentumsrechte spezielle Allokationswirkungen hat. Nach *Eucken* (1939, 5. A. 1947, S. 74) bewirkt z. B. die Haftung der Unternehmen in einer Wettbewerbsordnung, daß ihre Leiter „vorsichtig disponieren, genau prüfen, ob und wie sie Kapital investieren und was sie produzieren...". Haftungsabbau „beeinträchtigt das Funktionieren dieser Ordnung". Danach ist die Zuweisung einer konkreten eigentumsrechtlichen Handlungsbeschränkung Voraussetzung für *Pareto*-effizientes Wirtschaften. Die ökonomischen Konsequenzen rechtlicher Regelungen zu erfassen, steht deshalb traditionell im Mittelpunkt ordnungstheoretischer Forschung, die im Gedanken der „Interdependenz von Wirtschafts- und Rechtsordnung" wurzelt.

Diese unverändert fruchtbare Erkenntnis entbehrte bislang jedoch einer expliziten mikroökonomischen Fundierung. Einen ersten Ansatz hierfür lieferte *Coase* (1960, S. 1 ff.). Das nach ihm benannte *Coase*-Theorem löste eine bis heute anhaltende Diskussion über die allokativen Konsequenzen alternativer Eigentumsrechte, deren Verteilung und Veränderung aus. Im *Coase*-Theorem wird deshalb der analytische Ausgangspunkt der modernen Ökonomik der Eigentumsrechte gesehen. Ihm liegen folgende Annahmen zugrunde, die bewußt ideal gewählt worden sind, um in kritischer Auseinandersetzung mit der auf *Pigou* aufbauenden Wohlfahrtsökonomik (s. hierzu *Krüsselberg* 1983, S. 45 ff.) die maximale Reichweite effizienter marktwirtschaftlicher Tauschhandlungen ohne staatliche Intervention auszuloten und – daran gemessen – die ökonomische Funktion von Eigentumsrechten in Verbindung mit Transaktionskosten systematisch zu erklären:

1. Die Eigentumsrechte sind mit ihrem Exklusivitätsgrad eindeutig spezifiziert, zugeordnet und transferierbar. Es besteht also eine bestimmte primäre Rechtsverteilung. Mit der Spezifizierung ist festgelegt, was verteilt (getauscht) werden kann. Die Zuordnung bestimmt, wer tauschen darf. Die Transferierbarkeit ermöglicht den freien Handel von Eigentumsrechten.
2. Es besteht die Marktform der vollständigen Konkurrenz.

3. Der Preismechanismus besorgt den Prozeß der Reallokation kostenlos. Es entstehen keine Transaktionskosten. Auch die Gerichtsbarkeit ist kostenlos.

4. Die Nachfragestruktur ist von der Eigentumsrechtsverteilung unabhängig.

5. Die Verteilung von Vermögen und Einkommen ist allokationsneutral.

6. Die Reallokation unterliegt keinen Finanzierungsschranken.

Unter diesen Bedingungen – so lautet das *Coase*-Theorem – hat die primäre personelle Zuordnung der Rechte und deren Änderung keine Wirkung auf die Faktorallokation. Stets werden die Property Rights *Pareto*-optimal genutzt. *Coase* erläutert diese Aussage an einem inzwischen berühmt gewordenen, vielfach modifizierten fiktiven Fall (*Wegehenkel* 1980, S. 24 ff.): Eine Rinderranch und eine Getreidefarm liegen nebeneinander. Die wandernde Rinderherde verursacht Ernteschäden. Der Farmer erleidet einen technologischen externen Effekt.

Nach dem Muster der klassischen Fassung des *Coase*-Theorems hat *Demsetz* (1966, S. 61 ff.) ein Beispiel für einen pekuniären externen Effekt konstruiert, der im Verlust eines Herstellers besteht, den dieser durch ein neues Produkt seines Konkurrenten erleidet.

Der negative externe Effekt, so lautet in beiden Fällen die These, wird unabhängig davon, ob die primäre Rechtsverteilung dem Geschädigten ein Recht auf Schädigungsverbot oder dem Schädiger Schädigungsfreiheit einräumt, den Charakter eines handelbaren Gutes erhalten, das vermittels gewinnorientierter Markttransaktionen von demjenigen internalisiert, d. h. im Preis verrechnet wird, der den größten Marktwert damit erzielt. Es entsteht eine Ressourcennutzung, welche die Gesamtgewinne maximiert. Demzufolge führen unter den gemachten Annahmen Verhandlungen zu einer *Pareto*-optimalen Ressourcennutzung. *Coase* geht allerdings davon aus, daß die optimale Verhandlungslösung mit der Anzahl der beteiligten Parteien wegen steigender Transaktionskosten unwahrscheinlicher wird.

3.3. Folgerungen für die Ökonomik der Eigentumsrechte

Die Frage der Gültigkeit des *Coase*-Theorems ist im Hinblick auf die zugrunde liegenden idealtypischen Annahmen Gegenstand anhaltender Kontroversen und Bemühungen um realitätsnähere Versionen (*Wegehenkel* 1980, S. 45 ff.; *Veljanovski* 1982, S. 49 ff.; *Hoffman/Spitzer* 1982, S. 73 ff.; *Schäfer/Ott* 1986, S. 70 ff.). Die grundsätzlichen ökonomischen Erkenntnisse des Theorems sind davon unberührt geblieben.

(1) *Externe Effekte als Anwendungsfall des komparativen Kosten-Theorems*

Für die Ökonomik der Eigentumsrechte ist die Frage, *wer wen* schädigen darf, wegen der reziproken Natur des zugrunde liegenden (Opportunitätskosten-)Problems a priori nicht zu entscheiden. Eine Lösung unter Gesichtspunkten bestmöglicher Knappheitsminderung kann nur darin bestehen, durch Verhandlung zwischen den Betroffenen herauszufinden, wie die jeweils ernsthaftere Schädigung zum Nutzen aller verhindert werden kann (*Krüsselberg* 1983, S. 63). Daraus folgt, daß das Auftreten von externen Effekten – etwa im Umweltbereich – nicht ohne weiteres staatliche Interventionen (Verbote, Auflagen, Kompensationszahlungen, Besteuerung, Subventionen usw.) legitimiert, zumal diese ebenfalls Kosten, u. a. in Form von externen Effekten, verursachen (*Wege-henkel* 1981). Wenn es somit keine kostenlosen Alternativen gibt, ist das Externalitä-tenproblem zweckmäßigerweise völlig vorurteilsfrei unter Gesichtspunkten komparati-ver Kostenvorteile von marktwirtschaftlichen und staatlichen Lösungen zu diskutieren.

(2) *Externe Effekte, Transaktionskosten und Rechtssystem*

Beschränkt man sich auf die Kernaussage des *Coase*-Theorems, so folgt daraus, daß eine vollständige marktwirtschaftliche Verrechnung aller Ressourcen (einschließlich externer Effekte) eine ebenso vollständige Spezifizierung wie eine eindeutige Zuord-nung von Eigentumsrechten sowie ein Preissystem voraussetzt, das ohne Transaktions-kosten funktioniert. An diesem Ideal lassen sich die Hindernisse der realen Welt aufzei-gen, die der maximalen Effizienz privatwirtschaftlich-marktwirtschaftlicher Internalisie-rungslösungen entgegenstehen. Bei realistischerweise anzunehmender Existenz von Transaktionskosten sind die maximalen Austauschvorteile unerreichbar. Man denke nur an die Situation, daß an den Reallokationsverhandlungen nicht nur zwei, sondern viele Parteien mit schwer durchschaubaren Präferenzen, unterschiedlichem Macht- und Fi-nanzierungspotential und Neigungen zu opportunistischem oder strategischem Verhal-ten beteiligt sind. Die Transaktionskosten steigen dann leicht ins Unermeßliche, zumal wenn die Spezifikation, Zuordnung und Durchsetzbarkeit der Eigentumsrechte schwie-rig ist, wie etwa bei Rechten an den knappen Umweltgütern Luft und Wasser. In diesem Falle ist zu prüfen, ob durch eine an diese Umstände angepaßte Spezifikation und Zu-ordnung von Eigentumsrechten oder mit Hilfe anderer Regeln die Internalisierungs-chancen knappheitsmindernd verbessert werden können (*Wegehenkel* 1981; 1986, S. 205 ff.).

Das Problem der externen Effekte ist deshalb auf einer Ebene zu behandeln, die der Leistungsfähigkeit marktlicher, staatlicher oder anderer Transaktionsformen vorgelagert ist – nämlich der Ebene des Rechts. Es wird damit an die fundamentale Erkenntnis der Ordnungstheorie angeknüpft, daß ein Marktsystem mit einer effizienten preisgesteuer-ten Wirtschaftsrechnung sich nur entwickeln kann, wenn das Rechtssystem eine dem-gemäße Eigentumsrechtslösung hervorbringt, und daß Weiterentwicklungen des Markt-systems, etwa im Hinblick auf die Internalisierung veränderter oder neuer Knapp-heitstatbestände, adäquate rechtspolitische Vorkehrungen erfordern. Die Ökonomik der Eigentumsrechte bekräftigt, wie auch die im Anschluß an das *Coase*-Theorem entstan-dene *Demsetz*-Hypothese (s. Kap. 2.2.) zeigt, die Auffassung vom Marktsystem als ei-ner „rechtschöpferischen Leistung" (Böhm). Während die Ordnungstheorie darin vor allem eine staatliche Aufgabe sieht, richtet die Property Rights-Schule ihr gesondertes Forschungsinteresse auf die ökonomischen Prozesse der institutionellen Selbstorganisa-tion im Marktsystem. Hiervon ausgehend liegt es nahe, das Grundmuster ordnungsthe-oretischen Denkens, z. B. bezüglich dessen, was *Eucken* (1952, 4. A., 1968, S. 254 ff.) die „konstituierenden Prinzipien" der Wettbewerbsordnung nennt (Privateigentum, Haftung, Vertragsfreiheit, Geldwertstabilität, Primat der Währungspolitik, offene Märkte und Konstanz der Wirtschaftspolitik), systematisch unter ökonomischen Ratio-nalitätsaspekten zu überprüfen. In der Property Rights-Perspektive sind Behauptungen von Marktversagen stets der kritischen Gegenfrage ausgesetzt, ob nicht ein Versagen der für das Rechtssystem Verantwortlichen (in Staat und Politik) vorliegt und wie hoch die Kosten alternativer nicht-marktwirtschaftlicher Lösungen sind. Indem so alle für das Wirtschaftsgeschehen wichtigen Institutionen in die ökonomische Analyse einbezogen werden, wird es z. B. möglich, die *Eucken*'sche Sicht der sog. „regulierenden Prinzipien" der Wettbewerbsordnung und der Staatstätigkeit (ebenda, S. 291 ff. und S. 325 ff.) systematisch zu einer Lehre von der komparativen Effizienz marktlicher und nicht-marktlicher Lösungen des Knappheitsproblems zu erweitern.

(3) *Transaktionskosten und die „Logik der Systementfaltung"*

Transaktionskosten werden im Anschluß an *Coase* bisweilen generell als Ausdruck der Verdünnung (attenuation) von Eigentumsrechten und in dem Maße als ineffiziente Ressourcennutzung angesehen, in dem bestimmte Institutionen von einem Zustand ohne Transaktionskosten im Sinne des *Coase*-Theorems abweichen. Dabei wird übersehen, daß die Bedingungen dieser statischen Effizienznorm unrealistisch sind. Ein realistisches Effizienz-Konzept sollte nach *Buchanan* (1984, S. 9 ff.) einer prozeßanalytischen (dynamischen) Betrachtungsweise folgen. Diese könnte etwa wie folgt aussehen:

- Die maximal erreichbare Effizienz ist zu vermuten, wenn Eigentumsrechte frei entdeckt, ausgewählt, transferiert (kommerzialisiert) und unter Zustimmung der Betroffenen verändert werden können.

- Restriktionen dieser Möglichkeiten – etwa durch staatliche Interventionen – behindern die Entstehung kostenminimaler Austauschbedingungen.

- Die Aussicht auf Senkung der Transaktionskosten bietet einen Anreiz für die Entdeckung, Auswahl und Veränderung von Eigentumsrechten. Die Entdeckung und Nutzung von Eigentumsrechten und Formen der Bündelung (etwa zu Unternehmungen), die geeignet sind, Transaktionskosten zu senken, sind ebenso Bedingungen des wirtschaftlichen Wachstums wie Produkt- und Verfahrensinnovationen, ja sie sind häufig die Voraussetzung für letztere. So läßt sich nach *Coase* (1937/1953, S. 331 ff.; im Anschluß daran *Cheung* 1983, S. 1 ff.; *Leipold/Schüller* 1986, S. 3 ff.) aus der Logik der marktwirtschaftlichen Systementfaltung mit Hilfe des preistheoretischen Kalküls zeigen, daß Transaktionskosten durch Bildung von Unternehmungen – konkret mit Verträgen, die ein Weisungsrecht mit entsprechenden Organisationsformen zum Gegenstand haben – zum Vorteil aller Beteiligten gesenkt werden können.

- Davon ausgehend läßt sich nach *Williamson* (1975; 1981, S. 1537 ff.) anhand organisationstheoretischer Kalküle empirisch nachweisen, daß die Entwicklung unterschiedlicher Unternehmensordnungen das Ergebnis von Bemühungen ist, Transaktionskosten einzusparen. Auch in der Logik der zentralplanwirtschaftlichen Systementfaltung liefert das Argument der Transaktionskostenminderung einen fruchtbaren Ansatz zur Erklärung von Betrieben und anderen Institutionen (*Leipold/Schüller* 1968, S. 31 ff.).

4. Eigentumsrechte, Anreize und Kontrollen

Unter Property Rights versteht *Alchian* (1977, S. 129) die Gewährleistung, daß der über die Verwendung von bestimmten Ressourcen Verfügende den Willen aller anderen dominiert. Das Ausmaß, in dem dies bei gegebenen Fähigkeiten, Informationen und Präferenzen des berechtigten Disponenten gelingt, bestimmt die ökonomische Stärke eines Rechts und die davon ausgehenden Anreiz- und Kontrollwirkungen. Einfluß darauf haben die Verwendungsmöglichkeiten, Art und Ausmaß der Teilung des Rechts mit anderen sowie die Höhe der Transaktionskosten, die entstehen, um eigentumsrechtliche Ansprüche zur Geltung zu bringen.

Hinsichtlich der Verwendungsmöglichkeiten sind zu unterscheiden: die Verfügungsrechte, die Nutzungsrechte, das volle Eigentum und der Besitz.

Verfügungsrechte können sich beziehen auf die Substanz- und Funktionsbestimmung sowie die Belastung, auf die dauerhafte oder zeitweilige entgeldliche Übertragung von Gütern (Verkauf, Tausch, Vermietung, Leasing, Verpachtung) und auf die unentgeltliche Übertragung (Vererbung, Schenkung). Verfügung bedeutet Verteilung, Verwaltung oder Regelung der Nutzung von knappen Gütern und umfaßt insbesondere das Planungs- und Leitungsrecht. Verfügung ist nicht an den Besitz gebunden. Nutzungsrechte beziehen sich in Abhängigkeit vom Inhalt des zugrunde liegenden Verfügungsrechts auf die Befugnis, aus dem Ge- oder Verbrauch eines Gutes Nutzen zu ziehen. Die Nutzung ist an den Besitz und an eine effektive Verfügungsmöglichkeit gebunden. Setzt man Verfügungsrecht und Planungsrecht gleich, so liegt es nahe, die Nutzung im Zusammenhang mit der Planverwirklichung zu sehen.

Das volle Eigentum umfaßt alle Möglichkeiten der Verfügung und Nutzung. Der Eigentümer kann sich die Vorteile daraus aneignen, muß aber auch die Folgen seiner Handlungen verantworten, d. h. für Verluste haften. „Eigentum", das *ausschließlich* einer organisierten Rechtsgemeinschaft (Staat, Volk oder Gesellschaft) vorbehalten ist, schließt Haftung im hier verstandenen Sinne aus (s. Kap. 6.4.; *Barthel* 1986).

Die Kernhypothese zu den Anreiz- und Kontrollwirkungen von Property Rights lautet: Je mehr Verfügungs- und Nutzungsbefugnisse ein Eigentumsrecht vermittelt, je genauer es spezifiziert und je exklusiver es einer Person zugeordnet ist, je freizügiger diese darüber nach dem Grundsatz der Einheit von Verfügung und Haftung disponieren kann, desto stärker ist der Anreiz, mehr Wissen über nutzenstiftende Verwendungsmöglichkeiten zu erwerben und auf dieser Grundlage das in die Produktion und Nutzung von knappen Gütern zu investieren, was gute Aussichten hat, sich nach dem Opportunitätskostenkalkül als bestmögliche Entscheidung zu erweisen. In dem Maße, in dem diese Bedingungen nicht erfüllt sind, können Erfolg oder Mißerfolg nicht erfaßt und individuell zugerechnet werden. Dann verursachen die aus den entsprechenden Eigentumsrechten hervorgehenden Sozialbeziehungen höhere Transaktionskosten. Der Anreiz für Bemühungen um ein nachfragegerechtes Angebot von Gütern und für eine knappheitsorientierte Nutzung von Rechten nimmt ab. Leistungsschwächende und ressourcenverschwendende Verhaltensweisen mit Kollektivschädigungen dringen vor.

Die bei Volleigentum gewährleistete Einheit von Verfügung, Nutzung und Haftung ist, wie auch der sowjetische Ökonom *Jassin* (1985, S. 462) einräumt, „die Basis jener Antriebe zu effektivem Wirtschaften, die man – weil vom Subjekt ausgehend – als innere ökonomische Stimuli bezeichnen könnte". Die daraus zu folgernde maximale Anreizwirkung des Eigentums ist bei Teilung der verschiedenen Verwendungsmöglichkeiten, insbesondere bei Trennung von Verfügung, Nutzung und Haftung („Trennung von Eigentum und Kontrolle"), prinzipiell in dem Maße in Frage gestellt, in dem der Grad der Exklusivität und der Transferierbarkeit der involvierten Eigentumsrechte abnimmt.

Dieser Sachverhalt ist in der Ordnungstheorie als Spannungsfeld zwischen Planung und Planverwirklichung bekannt; angenommen wird, daß die Koordination der Pläne mit den Interessen der an der Planverwirklichung Beteiligten um so schwieriger ist, je weiter sich die Planung von den Trägern der Planverwirklichung entfernt (*Hensel* 1954, S. 49). Das darin eingeschlossene Planrisiko verursacht ein Anreiz- und Kontrollproblem. Um nämlich die in der Funktionenteilung liegenden Spezialisierungsvorteile nutzen zu können, bedarf die eingeschränkte „innere" Anreiz- und Kontrollwirkung des Eigentums kompensierender „äußerer" Anreize und Kontrollen.

Die „Trennung von Eigentum und Kontrolle" vollzieht sich in großer Vielfalt in den verschiedenen Unternehmensformen, und zwar in Abhängigkeit von der jeweiligen Wirtschaftsordnung und der ihr zugrunde liegenden preis- oder planbestimmten „Logik der Systementfaltung". Für die dabei interessierende Frage nach den Wirkungen der inneren und äußeren Anreize und Kontrollen auf das Unternehmensverhalten ist nicht nur die Funktionenteilung zwischen Eigentum und Kontrolle von Interesse. Auch Art und Ausmaß der Teilung des Eigentums mit anderen, vor allem im Sinne von Privateigentum und Kollektiveigentum, und die davon abhängigen Transaktionskosten haben verhaltensbestimmenden Einfluß.

5. Anreize und Kontrollen bei Funktionenteilung des Privateigentums

5.1. Die klassische Unternehmung als Referenzmodell

Für die klassische marktwirtschaftliche Unternehmung, in der Verfügung, Nutzung und Haftung in einer Hand liegen, wird angenommen, daß die inneren Anreize und Kontrollen ein höchstmögliches Ausmaß erreichen, und zwar deshalb, weil der Eigentümer durch das ihm zustehende Recht auf Aneignung des Residualeinkommens (Gewinn) hinreichend motiviert ist, sein eigenes und das Leistungsverhalten aller anderen am Unternehmen Beteiligten seinem Erfolgsziel entsprechend auf den höchsten Stand zu bringen und die hiermit verbundenen Transaktionskosten zu minimieren.

Die ökonomische Rationalität der Haftung ist darin zu sehen, daß sie es bei realistischen Austauschbedingungen (unvollständig spezifizierte und zugeordnete Eigentumsrechte, Transaktionskosten, Marktvermachtung, asymmetrische Informationsverteilung und begrenzte Finanzierungsmöglichkeiten) erlaubt, die Folgen von Fehlern und Irrtümern bei der Verfügung und Nutzung dem Haftenden mit vergleichsweise geringen

Transaktionskosten anzulasten. Die Haftung erfüllt damit eine Verteilungsfunktion in dem Sinne, daß sie zur Schließung der Wirtschaftsrechnung der Einzelwirtschaften, insbesondere zur vorbeugenden oder nachträglichen Schadensbegrenzung anhält. Haftung wirkt damit der Entstehung von pekuniären externen Effekten entgegen.

Einschränkend ist allerdings zu sagen, daß auch der vollhaftende Privatunternehmer zur Verschwendung neigen kann, wenn er einen monopolistischen Handlungsspielraum hat. Die ökonomische Analyse von eigentumsrechtlichen Anreiz- und Kontrolleffekten muß daher die „externen" Anreize und Kontrollen mitberücksichtigen. So sind die rund 180 000 Privatunternehmen, die es in der DDR im Handwerk, Einzelhandel und Gastgewerbe sowie in den freien Berufen gibt, über die örtlichen Staatsorgane in einer Weise in die zentrale staatliche Planung einbezogen, daß sie faktisch keine wirtschaftliche Verfügungsmacht haben.

5.2. Die Publikums-Aktiengesellschaft

Nach der auf *Berle* und *Means* (1932, 2. A. 1968) zurückgehenden, von *Cyert* und *March* (1963, S. 114 f.) weiterentwickelten Auffassung, lösen sich in Aktiengesellschaften Willensbildung und Entscheidung in dem Maße von den Rechten der Eigentümer, in dem mit wachsender Streuung des Anteilbesitzes die Kosten für die Kontrolle der Manager den zu erwartenden Nutzen übersteigen. Soweit das Management nicht am Gesellschaftskapital oder am Gewinn beteiligt ist, wird es – so lautet die Hypothese – seine Nutzungsrechte unabhängig von der Gewinnlage in den Dienst eigener Erfolgsziele wie Kompetenz- und Machtexpansion, kostentreibende Job-Sicherung und Verschwendung, Drückebergerei („Shirking") stellen. Der Anreizkonflikt, der sich nach der *Berle/Means*-Hypothese im wesentlichen auf das Verhältnis der angestellten Manager zu den Anteilseignern beschränkt, ist nach *Cyert* und *March* auf eine Vielzahl von Gruppen im Einflußfeld der Unternehmung auszudehnen (Arbeitnehmervertreter, Banken, Lieferanten, Abnehmer).

Bei diesen und anderen eigentumsrechtlichen Betrachtungen der Innenstruktur der Unternehmen werden die externen Anreiz- und Kontrolleinflüsse unterschätzt. Die Kontrolle des Unternehmensverhaltens vollzieht sich nicht nur direkt zwischen Eigentümern und Managern; hierbei spielen der Anteil des Eigentümereinkommens – Gewinn, Dividende – am Gesamteinkommen der Manager, die Konzentration des Anteilsbesitzes, Einfluß der Gründerfamilie und Besitzanteil der institutionellen Anleger eine große Rolle. Hinzu kommen vielfältige indirekte (äußere) Kontrollen, die auf Gleichrichtung der unternehmensinternen Interessen drängen: die Absatzmarktkontrolle, die Kontrolle durch den Markt für Führungskräfte und den Kapitalmarkt, die Banken als Kreditgeber, mögliche Übernahmen (take-overs). Die interessante Frage nach der unterschiedlichen Disziplinierungsstärke der verschiedenen Märkte ist noch wenig erforscht (Überblick bei *James* 1984, S. 211 ff.).

Empirische Untersuchungen lassen bislang nicht eindeutig erkennen, daß managergeleitete Unternehmen sich anders verhalten als vergleichbare Unternehmen, die unter direktem Eigentümereinfluß stehen *(Stigler/Friedland* 1983, S. 237 ff.; einen Überblick über die empirischen Arbeiten auf diesem Gebiet geben *Jensen/Ruback* 1983, S. 5 ff.).

Erheblichen Einfluß auf die Anreize und die Transaktionskosten der Eigentümer-
kontrolle hat die Art der Spezifizierung und Zuordnung der Property Rights an der Aktie. Es läßt sich zeigen, daß Tendenzen des Managerkapitalismus keineswegs zwangsläufig sind, sondern sich vielmehr aus einer revidierbaren aktienrechtlichen Benachteili-
gung der Anteilseigner (insbesondere in ihrem Dividendenbezugsrecht) und einem –
ebenfalls aktienrechtlich bedingten – Vorrecht der Manager ergeben, die mit Hilfe des
Instituts der juristischen Person im Namen von Kapitalgesellschaften und für deren
Rechnung Anteils- und Stimmrechte an anderen Gesellschaften begründen und wirtschaftlich nutzen können. Damit wird die innere Anreiz- und Kontrollstärke des Akti-
eneigentums geschwächt. Über die dadurch begünstigte Konzentration (Konzernierung)
werden auch die externen Anreize und Kontrollen beeinträchtigt (*Schüller* 1979,
S. 325 ff.).

5.3. Die regulierte Unternehmung

In welchem Maße das unternehmensspezifische Anreiz- und Kontrollverhalten jenseits des Eigentumseinflusses von der Wirtschaftsordnung, insonderheit vom zugrunde
liegenden Rechnungszusammenhang und der daraus folgenden „Logik der Systementfaltung" (*Hensel*) abhängt, läßt sich an den Konsequenzen der staatlichen Regulierung
verdeutlichen, die in der Bundesrepublik Deutschland vor allem in der Landwirtschaft,
in der Versicherungswirtschaft und anderen sog. Ausnahmebereichen vom Gesetz gegen
Wettbewerbsbeschränkungen vorherrscht.

Über die staatliche Preis- und Angebotslenkung wird das regulierte Unternehmen
Adressat von unterschiedlich intensiven Produktions-, Absatz- und Investitionsvor-
schriften. Die entsprechenden Regulierungen haben materiell den Charakter eines staatlichen Verfügungs- oder Planungsrechts. In der Wirkungsanalyse herrscht allerdings die
sog. Capture-Theorie vor (*Demsetz* 1968, S. 55 ff.; *Stigler* 1971, S. 3 ff.; *de Alessi* 1980,
S. 21 ff.; *Eickhoff* 1985, S. 75 ff.). Danach sind die staatlichen Regulierungsbehörden
unter dem Einfluß von Interessenverbänden im Einvernehmen mit den regulierten Unternehmen um Entscheidungen bemüht, durch die faktisch deren Eigentumsrechte geschützt, ineffiziente monopolistische Angebotssituationen und kostentreibendes Rent-
seeking zum Vorteil der Eigentümer und Manager begünstigt werden. Nach *Peltzman*
(1976, S. 211 ff.) verhindert in der parlamentarischen Demokratie das Interesse der Politiker an der Stimmenmaximierung allerdings, daß bei der Regulierung die Konsumen-
tenbelange völlig vernachlässigt werden.

5.4. Die genossenschaftliche Unternehrnung

Die genossenschaftliche Unternehmensform schließt Marktkontrollen in Form der
spontanen Übernahmedrohung und des freien Verkaufs der Beteiligung aus. Der einzelne Genosse hat – unabhängig von der Höhe seiner kapitalmäßigen Beteiligung – nur
eine an seine Person gebundene Stimme. Die Ablösung des Stimmrechts von der Höhe
des Kapitalanteils hat nach *Bonus* (1985, S. 41) vertrauensbildende Funktion: Im Entscheidungsprozeß sollen primär das Argument und die dahinter stehende Persönlichkeit
Gewicht haben, ganz im Sinne des „*Voice*"-Prinzips von *Hirschman*. Darin liegt tatsächlich für die typische Genossenschaft mit überschaubarer Mitgliederzahl ein großer

Vorzug. Dagegen ist bei Groß-Genossenschaften vom Widerspruchs- oder „*Exit*"-Prinzip (*Hirschman*) eine geringe Kontrollwirkung zu erwarten. Insbesondere bei Mehrheitsentscheidungen (das Einstimmigkeitsprinzip würde einen erfolgreichen Geschäftsablauf ausschließen) dürfte sich die aktive Teilnahme am Entscheidungsprozeß für viele Genossen nicht lohnen.

Dies stärkt das Management, das sehr viel schwerer abwählbar ist als der Vorstand einer Aktiengesellschaft (siehe hierzu *Blankar*, 1980, S. 185 f.). Daraus läßt sich folgende Hypothese ableiten: Obwohl die Genossen spezifizierte und zugeordnete Eigentumsrechte am Unternehmen haben und deshalb von der Gewinn- und Verlustentwicklung unmittelbar betroffen sind, haben die Manager mangels spontaner Transferierbarkeit und Kapitalisierbarkeit der Anteile ceteris paribus einen vergleichsweise zum Management von Aktiengesellschaften größeren diskretionären Handlungsspielraum, um auf Kosten der Genossen eigene Erfolgsziele durchzusetzen.

6. Anreize und Kontrollen im Falle des Kollektiveigentums

6.1. Das Grundproblem

Das Privateigentum kann mehreren Personen in Eigentumsgemeinschaft zustehen, etwa in Form der Personal- und Kapitalgesellschaft und der Genossenschaft. Der Charakter des Privateigentums ist bei gemeinsamer Nutzung so lange gewahrt, als die Beteiligten in ihrer Rechtsstellung klar voneinander abgegrenzt sind und ihren Vermögensanspruch – sei es mittels „Auseinandersetzungsguthaben" oder Verkauf der Anteile – realisieren können. Die künftigen Erträge aus der Eigentumsnutzung sind kapitalisierbar. Deshalb unterscheiden sich die von der geteilten Nutzung des Privateigentums ausgehenden Verhaltensanreize und -kontrollen nur graduell von den vorher beschriebenen, wohl aber hinsichtlich des Ausmaßes der Haftung (*Schüller* 1987, S. 63 ff.).

Das Kollektiveigentum kennt prinzipiell keine exklusiven und transferierbaren individuellen Rechts- und Vermögensansprüche. Die Individuen können an den Ressourcen und den zu ihrer Erhaltung und Vermehrung erforderlichen Investitionen keine Rechte erwerben. Die Verhaltenshypothese der Property Rights-Theorie lautet für diesen Fall: Mit dem Übergang bestimmter Ressourcen in Gemeineigentum verändert sich die individuelle Entscheidung hinsichtlich der Art und Intensität sowie des zeitlichen Aufbaus der Produktion und der angewandten Technik (*Cheung* 1970, S. 49 ff.).

Wenn an den Erträgen aus individuellen Investitionen in das Kollektiveigentum keine exklusiven Rechte erworben werden können, wird niemand freiwillig entsprechende Aufwendungen tätigen. Gleichzeitig bestehen in Abhängigkeit von den Bedingungen der Nutzung Anreize, eigene Hilfsmittel zu erwerben und sie effizient zu gestalten, um die individuellen Erträge zu maximieren. Die Investitionen in die gemeinsam genutzten Ressourcen – etwa zur Bestandssicherung von Fisch- und Jagdgründen, zur Sauberhaltung von Wasser und Luft – werden minimiert, diejenigen in die privatnützigen Aneignungsvorrichtungen werden maximiert. In dieser Anreizstruktur liegt die Ursache dafür, daß individuelle Nutzungsrechte, die bei Gemeineigentum zugewiesen werden (etwa in Form eines separaten Ertragsrechts), im Zeitablauf an Wert einbüßen, jedenfalls struktu-

rell schwächer sind als bei Privateigentum (s. hierzu *de Alessi* 1980, S. 9 ff.). Die Fehlleitung der inneren Anreize und Kontrollen gibt häufig Anlaß zu verstärkten äußeren
Kontrollen, indem die Art der Nutzung der Ressourcen vorgeschrieben und die Nut-
zungszeit beschränkt werden. Die Kontrolleffizienz wird allerdings wegen hoher Transaktionskosten im Vergleich zu exklusiven und transferierbaren Eigentumsrechten geringer eingeschätzt.

6.2. Das Allmende- oder Common-Ressource-Problem

Eine historisch wichtige Form des Kollektiveigentums ist die Allmende, der Besitz
der Dorfgemeinde an Wald, Weide oder Ackerland in gemeinsamer Nutzung. Die völlig
freie Nutzung verleitet den einzelnen dazu, die Ressource unter Vernachlässigung der
Bestandspflege so lange zu beanspruchen, wie sein zusätzlicher Nutzen die anfallenden
Kosten übersteigt. Indem jeder so handelt, um aus dem gemeinsamen Eigentum möglichst viel herauszuholen, entsteht das sog. Allmende- oder Common-Ressource-
Problem in Form einer Übernutzung, des raschen Substanzverzehrs und der kollektiven
Schädigung. Es wird vermutet, daß aus dieser Erfahrung mit der Zeit exklusive Nutzungsrechte geschaffen worden sind (s. Kap. 2.2.1.). So erfolgte in Preußen die weitgehende Überführung der Allmende in Privateigentum vor allem im Zuge der Agrarrefor-
men des 19. Jahrhunderts durch „Gemeinheitsteilung".

Das Allmende-Problem tritt in unterschiedlicher Form bei allen Spielarten der kollektiven Eigentumsnutzung auf, bei denen exklusive und transferierbare Verfügungsrechte ausgeschlossen sind, zum Beispiel in Unternehmen, die eine Identität von Eigentümer und Beschäftigten aufweisen, in der Rechtsform der eingetragenen Genossenschaft geführt und oft Produktivgenossenschaft genannt werden.

Eine andere Variante stellt „moral hazard" dar, ein Begriff, der aus dem Versicherungswesen stammt und hier das „moralische Fehlverhalten" von Versicherungsnehmern kennzeichnet, die bei einheitlichen Prämien möglichst viele Versicherungsleistungen beanspruchen und somit Fehlanreize zur Obernutzung und Verschwendung verursachen. Auch hier liegt es nahe, nach einer eigentumsrechtlichen Erklärung zu suchen.
Dabei zeigt sich allerdings, daß die eigentumsrechtliche Betrachtung zu eng ist; sie bedarf nach Maßgabe des zugrunde liegenden Rechnungszusammenhangs, hier der Preisbildung, der Einordnung in die „Logik der Systementfaltung" (s. Kap. 1).

Die Versicherungsleistung besteht in der Zusicherung einer Geldzahlung oder Sach-
leistung bei Eintritt des versicherten Risikofalls. Unter Wettbewerbsbedingungen mit
freier Preisbildung wäre zu erwarten, daß sich die Prämien nach der Eintrittswahr-
scheinlichkeit des Risikofalls richteten, so daß die Prämien in etwa der Formel entsprä-
chen: Versicherungsleistung x Risikowahrscheinlichkeit + anteilige Kosten des Versi-
cherungsbetriebs + Gewinn.

Bei Vertragsabschluß steht nun aber der tatsächliche Leistungsumfang nicht fest; es
handelt sich um eine Erwartungsgröße. Der Versicherer muß berücksichtigen, daß über
das „echte" Risiko hinaus zusätzlich ein „moralisches" Wagnis entsteht, denn der Versi-
cherte kann sich „nachlässig" verhalten und damit einen diskretionären Handlungsspielraum, in unserem Verständnis ein *Eigentumsrecht*, begründen. Beide Schadensursachen

exakt auseinanderzuhalten, scheitert an entsprechenden Informationen bzw. an den Kosten, diese zu beschaffen. Im „Wettbewerb als Entdeckungsverfahren" für die Höhe der Prämie muß deshalb der Versicherer versuchen, die Versicherungsleistung eindeutig festzusetzen, die „echte" Risikowahrscheinlichkeit zu ermitteln und diese dem jeweiligen Versicherungsnehmer prämienmäßig zuzurechnen. Je stärker der Wettbewerb, desto enger wird das Prämien-Leistungs-Verhältnis sein.

Ob eine Versicherung zustande kommt, hängt von der Risikoneigung und Zahlungsbereitschaft des potentiellen Versicherungsnehmers ab. Manche Risiken werden wegen zu hohen „moralischen" Wagnisses unter marktmäßigen Bedingungen nicht versichert, da der Versicherer das Risiko nicht beurteilen kann oder der Versicherungsnehmer die Kosten nicht tragen will. Wenn auch „moralisches Fehlverhalten" nicht völlig auszuschließen sein dürfte, so ist doch bei wettbewerblicher Preissteuerung ganz überwiegend mit kostenorientierten Entscheidungen der Versicherer und der Versicherten zu rechnen.

Vorwiegend aus sozialpolitischen Gründen schreibt der Staat nun aber auf verschiedenen Gebieten eine Versicherungspflicht zu Pauschalbeiträgen vor (Renten-, Arbeitslosen- und Krankenversicherung). Aus den einschlägigen staatlichen Regulierungen, welche die Versicherer aufgrund von Wissensvorsprüngen und Verbandsmacht zu ihren Gunsten zu beeinflussen vermögen, ergeben sich erhebliche Divergenzen zwischen individuellem Risiko und Beitragshöhe. Es entsteht ein dem Wettbewerbsdruck weitgehend entzogenes lockeres Prämien-Leistungs-Verhältnis. Versicherungsnehmer mit geringem Risiko werden bei Pauschalbeiträgen gezwungen, für Versicherungsnehmer mit hohen Risiken mitzubezahlen. Mit zunehmenden Abweichungen zwischen Prämienhöhe und Erwartungswert der Versicherungsleistung wird massenhaft die Neigung wachsen, sich für die zwangsweise entrichteten Prämien auch dann Versicherungsleistungen anzueignen, wenn kein „echter" Versicherungsfall vorliegt. Diese Mentalität des „Wiederhereinholens" von Beitragsleistungen ist besonders dann möglich, wenn die Versicherungsleistung nicht genau spezifiziert oder der Eintritt des Versicherungsfalls nicht eindeutig bestimmt worden ist. Steigende Beiträge sind die Folge der Kostenflut. Wenn dabei bestimmte Fühlbarkeitsschwellen überschritten werden, verstärkt sich der Anreiz zu moralischem Fehlverhalten.

Ein Beispiel ist die gesetzliche Krankenversicherung, bei der wegen des nur negativ definierten Begriffs Gesundheit offenbleibt, welche Aufwendungen für die Wiederherstellung bzw. Erhaltung der Gesundheit versicherungsmäßig abgedeckt sind. Die Ermittlung des Versicherungsrisikos verursacht Informationskosten, die um so höher ausfallen, je spezifischer die Versicherungsverträge abgefaßt werden. Die Anwendung des Gesetzes der großen Zahl und die damit verbundene Einteilung der potentiellen Versicherungsnehmer in wenige einheitliche Risikoklassen vermindern zwar die Informationskosten. Die damit verbundene Lockerung des Prämien-Leistungs-Verhältnisses erhöht aber nicht nur die Kontrollkosten einer rechtmäßigen Inanspruchnahme der Versicherung; sie ermöglicht auch den Versicherungsunternehmen mit Hilfe ihrer Verbände, sich unter Ausbeutung ihrer Kunden wettbewerbsfreie Besitzstände im Sinne privilegierter Eigentumsrechte zu verschaffen.

Moral hazard tritt nicht nur im Versicherungswesen auf, sondern immer dann, wenn – heute vor allem mit wohlfahrtsstaatlichen Absichten – bestimmte Risiken vom Kollektiv zu marktwidrigen Bedingungen abgedeckt werden und Handlungsspielräume für opportunistisches Verhalten eröffnen. Deshalb liegt – wie *Demsetz* (1969, S. 7) feststellt – moral hazard die gleiche Problematik zugrunde, wie dem weichen Leistungsverhalten („shirking") bei Trennung von Eigentum und Kontrolle: „... as man's preference for shirking and leisure are costs of production that must be economized, so moral hazard must be economized in shifting and reducing risk." Eine Eigentumsrechtsstruktur, die freien Preiswettbewerb ermöglicht, ist dafür eine unabdingbare Voraussetzung.

6.3. Ökonomik des Staats- und Gesellschaftseigentums unter marktwirtschaftlichen Bedingungen

Staatseigentum bezieht sich auf Eigentumsrechte, „über deren Ausübung die einzelne (nicht Funktionäre) bestenfalls als Wähler mitbestimmen, nicht aber durch marktwirtschaftlichen Vertrag verfügen kann" *(Willgerodt* 1980, S. 180). Unternehmen im Staatseigentum sind in kapitalistischen Marktwirtschaften in vielen Bereichen tätig (Post und Telekommunikation, Energie- und Versorgungswirtschaft, Kohle und Stahl). Der Umfang öffentlicher Unternehmen deckt sich mit der Entwicklung der Staatsquote und prägt in der Bundesrepublik Deutschland die Realität eines umfangreichen öffentlichen Sektors, obwohl die genannten Aufgabenbereiche „völlig privaten Unternehmen überlassen werden könnten" *(Woll* 1986, S. 135). Aus eigentumsrechtlicher Sicht liegt deshalb ein Vergleich der erwerbswirtschaftlichen Staatsunternehmen mit privaten Unternehmen nahe.

Eigentumsrechtlich sind öffentliche Unternehmen dadurch gekennzeichnet, daß die Verfügungsrechte (einschließlich des Rechts auf Gewinnaneignung und der Pflicht, den Verlust zu tragen) den Staatsbürgern (Steuerzahlern) zustehen, faktisch aber von Staatsorganen wahrgenommen werden, während die Nutzungsrechte bei den angestellten Managern liegen. Die Ökonomik der Eigentumsrechte konstatiert hier wegen der sehr weitgehenden Trennung von Eigentum und Kontrolle, daß die Manager nicht primär im Interesse der Risikoträger, also der Steuerzahler, entscheiden, sondern vielmehr ihren eigenen Nutzen auf deren Kosten maximieren *(Alchian* 1972, S. 777 ff.; *de Alessi* 1983).

Das Kontrolldefizit wird auf folgende Ursachen zurückgeführt:

(1) Die fiktiven Eigentümer (Steuerzahler) haben mangels kapitalisierbarer und handelbarer Anteilsrechte und anteilsgebundener Stimmrechte, mangels individueller Vorteile aus einer Maximierung des Firmenwerts und mangels direkter Gewinnrechte bzw. mangels spürbarer Verlustbeteiligung weder die Möglichkeit noch den Anreiz zu einer strengen Managementkontrolle. Übernahmeangebote sind ausgeschlossen. Die Kapitalmarktkontrolle entfällt. Allerdings haben sie als Wähler die Chance der indirekten Kontrolle (Wahlrechtskontrolle).

(2) Die faktischen Eigentümer (Politiker) haben ebenfalls kein individuelles Aneignungsrecht am Gewinn; sie tragen auch kein Verlustrisiko – allenfalls ein Vertrauensverlustrisiko gegenüber den Wählern und der Verbandslobby. Deshalb ist auch bei ihnen das Interesse an einer strengen Kontrolle der Manager erheblich eingeschränkt. Sie neigen vielmehr zu einer Politik der „internen Regulation", indem sie stimmenmaximierend versuchen, mit Hilfe „ihrer" Unternehmen eine wählerwirksame Preispolitik zu

betreiben (Beispiel: Wagenladungstarife der Eisenbahnen; *Blankart* 1980, S. 126) sowie vielfältige andere politische und soziale Ziele wie marktwidrige Beschäftigungsgarantie oder -expansion, regionale Wirtschaftsförderung oder gewerkschaftsfreundliche Lohnpolitik zu verfolgen. Auch machen die Politiker von ihrem Veräußerungsrecht (durch Privatisierung) meist nicht nach ökonomischen, sondern nach politischen und persönlichen (Macht-)Gesichtspunkten Gebrauch. Generell nutzen sie ihre Verfügungsrechte an Staatsunternehmen dazu, um in versteckter Form Ressourcen zum eigenen Vorteil umzuverteilen.

(3) Die Manager haben einen vergleichsweise größeren Spielraum für diskretionäres Handeln, insbesondere für eine kostentreibende Produktion, als regulierte private Unternehmen, zumal ihre Berufung, nicht selten aufgrund politischer Präferenzen, unabhängig von der unternehmerischen Kompetenz erfolgt. Sie werden von daher auch bestrebt sein, selbst politischen Einfluß auszuüben, um ihre Position durch Verbündung mit Regierungsmacht im Sinne des Rent-seeking zu festigen und zu versuchen, negative Sanktionswirkungen des Wettbewerbs auszuschalten.

Dadurch schwächt sich der von den Absatzmärkten ausgehende Druck auf eine rechtzeitige Anpassung an veränderte Marktdaten. Es wird ineffizient gewirtschaftet, kostensenkende Innovationen unterbleiben oder werden verspätet eingeführt, die Bildung von Haftungskapital kommt zu kurz. In dem Maße allerdings, in dem Staatsunternehmen uneingeschränkt im Wettbewerb mit Privatunternehmen stehen und darüber hinaus die Manager gewinnabhängig entlohnt werden, ist nach der Ökonomik der Eigentumsrechte zu erwarten, daß das eigentumsrechtliche Defizit der Eigentumskontrolle gemindert wird.

Die vorliegenden empirischen Untersuchungen bestätigen diese Hypothesen weitgehend (s. die Nachweise bei *de Alessi* 1980, S. 27-33). *Picot* (1985, S. 956-980) kommt aufgrund von Vergleichsrechnungen für 6 westliche Industrienationen (ohne USA und Japan) zu dem Ergebnis, daß industrielle Unternehmen im staatlichen Eigentum im Vergleich zu solchen in privater Hand signifikant schlechtere Ergebnisse hinsichtlich Produktivität, Rentabilität und Eigenkapitalquote erzielt haben.

Unternehmen im Gesellschaftseigentum, wie sie in der sozialistischen Marktwirtschaft Jugoslawiens vorherrschen, vermitteln bei Ausschluß exklusiver und transferierbarer individueller Eigentumsrechte nur eine auf die Zeit der Zugehörigkeit zu einem Betrieb beschränkte Chance der Einkommensbeteiligung. Die Folge ist das Allmende-Problem. Die Beschäftigten haben im Normalfall eine Abneigung, die erforderlichen Investitionen aus dem laufenden Einkommen zu finanzieren und damit Eigenmittel im Betrieb zur Substanzsicherung zu binden. Sie werden statt dessen ohne Rücksicht auf die Bestandssicherung des Betriebs eine weitgehende Ausschüttung der erzielten Einkommen bevorzugen.

Um das innere Anreiz- und Kontrolldefizit bei Gesellschaftseigentum notdürftig auszugleichen und die damit verbundenen vielfältigen Kollektivschädigungen einzuschränken, sind externe Kontrollen mit weitgehenden Handlungsanweisungen für die Eigentumsdispositionen notwendig: konkrete Vorschriften zur Werterhaltung des Betriebsvermögens, Verpflichtung der Arbeitskollektive, einen Risikofonds mit einem Mindesthaftungsbetrag für den Verlustausgleich einzurichten, Richtlinien zur Einkommensverteilung im Interesse der Stärkung der Eigenmittelfinanzierung, Bindung der Abschreibungsmittel an bestimmte Investitionsvorhaben und vielfältige andere Maßnahmen dirigistischer Art.

Dominierendes gesellschaftliches Eigentum schließt auch eine solche Funktionseinteilung des Eigentums aus, die Voraussetzung für die Entfaltung von dynamischen Produkt- und Faktormärkten ist. Damit entfallen auch die von Kapitalmärkten auf das Marktsystem ausgehende stimulierende Allokations- und die disziplinierende Wettbewerbswirkung. Daran wird deutlich, daß handelbare exklusive Eigentumsrechte am Betriebsvermögen und das preisgesteuerte Zusammenspiel von Verfügung, Nutzung und Haftung im Wege der freien Vertragswahl Voraussetzungen für die Entstehung effizienter wettbewerblicher Märkte sind (*Schüller* 1985, S. 198 ff.).

6.4. Ökonomik des zentralverwaltungswirtschaftlichen Eigentums

Für diesen Fall der weitestgehenden Trennung von Eigentum und Kontrolle konstatiert die Ökonomik der Eigentumsrechte extreme Anreiz- und Kontrolldefizite:

(1) Die Staatsbürger sind nur fiktive Repräsentanten des „Volkseigentums". Da sie auch nicht mittels Wahlen mitbestimmen, allenfalls als Partei- oder Staatsfunktionäre mitwirken können, haben sie keinerlei Verfügungs- und Nutzungskompetenzen.

(2) Der faktische Eigentümer – die politische und wirtschaftliche Führung des Landes, repräsentiert durch den Ministerrat und andere wirtschaftsleitende Organe – besitzt alle Verfügungsrechte über die materiellen und finanziellen Ressourcen und über das Produktionsergebnis. Er hat keine Rechte am Gewinn, trägt aber auch kein Verlustrisiko.

(3) Die Regierung überläßt die Produktionsmittel den Betrieben zur plankonformen Nutzung. Die Betriebe sind verpflichtet, Güter und Leistungen für die Erfüllung der Produktionsaufgaben einzusetzen, und zwar im Rahmen eines planbestimmten Arrangements von Verträgen und detaillierten Vorschriften über die Verwendung der eingesetzten Produktionsmittel. Das betriebliche Erfolgsziel beschränkt sich – bei staatlich fixierten Löhnen und garantierter Beschäftigung – auf die Prämienchance aus der Planerfüllung und -übererfüllung.

Die Kombination von sozialistischem Staatseigentum und zentral-administrativer Planung und Leitung läßt betriebliche Verhaltensmuster erwarten, die in der Konsequenz vergleichbar sind mit dem Allmende-Problem. Die Betriebskollektive versuchen nämlich, die ihnen von der Wirtschaftsleitung zugewiesenen Nutzungsrechte zum eigenen Vorteil auf Kosten der Gesellschaft zu verwerten. Möglich wird dies dadurch, daß die zentralen Planungsorgane das betriebliche Leistungsvermögen – wegen beschränkter Zentralisierbarkeit verstreuten Wissens (*von Hayek* 1952, S. 103 ff.) und mangels Vergleichsinformationen aus konkurrierenden Privatunternehmen – nur begrenzt beurteilen können, im Planungsprozeß aber auf die aktive Mitwirkung der Betriebsleiter angewiesen sind. Gleichzeitig sind zur Sicherung der Erfüllung der zentralen Planauflagen stimulierende Prämien und Fondszuweisungen einzusetzen. Diese an die Planerfüllung bzw. -übererfüllung geknüpfte „äußere" Stimulierung bewirkt allerdings ein opportunistisches Streben nach leicht erfüllbaren „weichen" Plänen, wodurch die Ineffizienzen aus den internen Anreiz- und Kontrolldefiziten des Kollektiveigentums noch erhöht werden. Diese Konsequenz der Kombination von sozialistischem Staatseigentum und zentral-administrativer Planung und Leitung wird heute auch von sowjetischen Ökonomen offen anerkannt (*Jassin* 1985, S. 462). In der traditionellen Ausprägung der Zentralverwaltungswirtschaft sowjetischen Typs haben deshalb die Leitungsorgane versucht, die Befolgung ihrer Produktionsanweisungen durch ein umfassendes Kontrollsystem zu überwachen, insbesondere um Planverstöße und Planreserven aufzudecken. Die Effizienz dieser Kontrollen ist allein schon wegen weitgehender Übereinstimmung der Interessen der Kontrolleure mit den Erfolgszielen der Betriebe fraglich.

In der Sowjetunion wird deshalb bereits seit 1921 versucht, eine wirtschaftliche Rechnungsführung und Stimulierung in Form von Größen zu entwickeln, die – wie Güter- und Faktorpreise, Löhne, Zinsen, Steuersätze, Subventionen, Prämien, Lohnzuschläge – die betriebliche Ergebnisrechnung (vor allem die Gewinnentstehung und -verteilung) plankonform steuern sollen. Das Problem der wirtschaftlichen Rechnungsführung besteht bisher darin, daß sie der Methode der direkten Planung und damit der ihr zugrunde liegenden Logik der zentralverwaltungswirtschaftlichen Knappheitsbestimmung untergeordnet ist. Diese erfolgt mittels Salden güterwirtschaftlicher Bilanzen, die in einem zentral gesteuerten Planmechanismus ermittelt werden. Einen umfassenden Rechnungszusammenhang herzustellen erfordert strenggenommen die Ausarbeitung und Abstimmung so vieler güterwirtschaftlicher Planbilanzen, wie es Güterarten gibt. In der Praxis scheitert dies an einem nicht zu bewältigenden Informations- und Organisationsaufwand. Die zentrale Planung reduziert sich deshalb in der Praxis auf einige tausend Bilanzen, in denen volkswirtschaftlich wichtige Güter und Güterbündel nach Aufkommen und Verwendung gegenübergestellt werden – die Salden sind dann als Knappheitsanzeiger zu deuten.

Die planwirtschaftliche Wirtschaftsrechnung weist gegenüber der marktwirtschaftlichen einige gravierende Unterschiede auf, deren Kenntnis für das Verständnis der erheblichen Funktionsmängel der wirtschaftlichen Rechnungsführung als äußeres Anreiz- und Kontrollinstrument unverzichtbar ist:

(1) Da nur ein Teil der zu produzierenden Güter zentral bilanziert wird, kann nach der Plansalden-Logik nur ein unvollständiger Rechnungszusammenhang entstehen.

(2) Die am Planungsprozeß beteiligten Ministerien und sonstigen staatlichen Leitungsorgane streben im eigenen Interesse nach Planungsmacht. Der Ressortegoismus äußert sich im Wettbewerb um vorrangige Zuteilung von knappen Faktoren, besonders von Investitionsmitteln. So kommt es zu einer Koalition von planungsmächtigen Ministerien höherer und niederer Ordnung, deren Gebaren als feudalistische Aneignung des Staatseigentums durch die Leitungsbürokratien aufgefaßt werden kann. Die in ressortbezogenen Rivalitäten begründeten Koordinationsbarrieren erschweren oder verhindern die Planung und Bilanzierung von hochkomplexen Wirtschaftsprozessen, wie sie vor allem zur Entwicklung und Durchsetzung neuer Produkte und Produktionsverfahren notwendig sind. Die mangelnde leitungsmäßige Beherrschung komplexer Wirtschafts- und Neuerungsprozesse (*Hamel/Leipold* 1987, S. 3 ff.) ist zusammen mit der vergleichsweise zum Preismechanismus unzulänglichen zentralverwaltungswirtschaftlichen

Methode der Knappheitsanzeige eine tief im Funktionszusammenhang dieses Systems wurzelnde Ursache für die bisher gescheiterten Versuche, vom eng begrenzten extensiven Wachstum (Mehreinsatz von Produktionsfaktoren) zum intensiven Wachstum (Mehrergiebigkeit der vorhandenen Produktionsfaktoren) überzugehen.

(3) Der wegen der nur teilbilanzierten Volkswirtschaftsplanung unvollständige Rechnungszusammenhang schließt eine Ausrichtung der betrieblichen Entscheidungen nach gesamtwirtschaftlichen Knappheitsgraden aus. Die zusätzliche Lenkung der Betriebe über Preise und andere systeminkonsistente Größen der wirtschaftlichen Rechnungsführung erzeugt einen tiefgreifenden Bruch in der Wirtschaftsrechnung, der bislang nicht überbrückt, geschweige denn geschlossen werden konnte (*Schüller* 1986, S. 149 ff.). Insbesondere handelt es sich bei den der wirtschaftlichen Rechnungsführung zugrunde liegenden Preisen nicht um Knappheitspreise. Wenn die Betriebe gleichwohl ihr Produktionsprogramm und ihre Sortimentsgestaltung daran ausrichten, verschiebt sich das Angebot zugunsten rentabler, aber nicht unbedingt benötigter Produkte. Fraglich ist, ob über eine Verbesserung der wirtschaftlichen Rechnungsführung in Verbindung mit größerer Selbständigkeit und Verantwortlichkeit der Betriebe das Anreiz- und Kontrolldefizit gemindert werden kann. Als Modell gilt hierbei die sog. vollständige wirtschaftliche Rechnungsführung für Betriebe (Vereinigungen), die weitgehende Selbständigkeit – einschließlich der Planung des größten Teils der Produktion und der Wirtschaftsbeziehungen – sowie volle Eigenerwirtschaftung (vor allem auch der Investitionsmittel) voraussetzt. Eine in diese Richtung gehende Reform der Wirtschaftsordnung erfordert die Einführung des Gewinnprinzips auf der Grundlage von solchen Größen der wirtschaftlichen Rechnungsführung und Stimulierung, die die Betriebe veranlassen, im eigenen Interesse gemäß den Zielen der staatlichen Eigentümer zu handeln.

Für die Einführung einer entsprechenden Methode der indirekten Lenkung fehlt bislang eine auch nur annähernd befriedigende theoretische Grundlage. Die Erfahrungen mit dem nach 1963 in der DDR eingeführten „Neuen Ökonomischen System der Planung und Leitung der Volkswirtschaft" haben gezeigt, daß sich bei indirekter Lenkung die Entscheidungen und Handlungen der Betriebe rasch weit von den staatlichen Zielen entfernen (*Gutmann* 1983, S. 5 ff.). Der Staat verliert praktisch seine Eigentümerrechte. Aus der Sozialisierung wird eine Art von Syndikalisierung des Produktionsmitteleigentums: Diese Abänderung der Verfügungsrechtsstruktur bewirkt aber eine Transformation der Wirtschaftsordnung. In der DDR wurde das Reformexperiment deshalb 1971 abgebrochen.

Auch an diesem Beispiel wird deutlich, daß die Eigentumsrechte nicht punktuell betrachtet werden dürfen, sondern mit ihrem gesamten ökonomischen Wirkungsspektrum im jeweiligen Ordnungsbezug zu erforschen sind, wobei insbesondere der zugrunde liegende Rechnungszusammenhang zu beachten ist.*

---

* Herrn Diplom-Volkswirt *Hartwig Lauth* danke ich für die Unterstützung bei der Erarbeitung dieses Beitrags.

Literatur

Albert, H. (1986), Freiheit und Ordnung, Tübingen 1986.

Alchian, A. A. (1977), Some Economics of Property Rights, in: *A. A. Alchian,* Hg. (1977), S. 127-149.

Alchian, A. A. (1977), Hg., Economic Forces at Work, Indianapolis 1977.

Alessi, L. de (1980), The Economics of Property Rights: A Review of the Evidence, in: Research in Law and Economics, 2, S. 1-47.

Barthel, A. (1986), Das Problem der Unternehmenshaftung in der DDR, Arbeitsberichte zum Systemvergleich der Forschungsstelle zum Vergleich wirtschaftlicher Lenkungssysteme, Nr. 8, Marburg 1986.

Berle, A. A. and *G. C. Means* (1932), The Modern Corporation and Private Property, New York 1968.

Blankart, Ch. B. (1980), Ökonomie der öffentlichen Unternehmen, München 1980.

Bonus, H. (1985), Die Genossenschaft als Unternehmenstyp, Arbeitspapier des Instituts für Genossenschaftswesen der Westfälischen Wilhelms-Universität, Nr. 6, Münster 1985.

Borchardt, K. (1978), Der „Property-Rights-Ansatz" in der Wirtschaftsgeschichte - Zeichen für eine systematische Neuorientierung des Faches? In: *J. Kocka* (1978), S. 140-156.

Borchert, M., U. Fehl und *P. Oberender* (1987), Hg., Markt und Wettbewerb, Festschrift für Ernst Heuß zum 65. Geburtstag, Bern, Stuttgart 1987.

Buchanan, J. M. (1975), The Limits of Liberty, dt. Ü.: Die Grenzen der Freiheit – Zwischen Anarchie und Leviathan, Tübingen 1984.

Buchanan, J. M. (1983), Rent-Seeking, non-compensated Transfers, and Law of Succession, in: The Journal of Law and Economics, 26, S. 71-85.

Buchanan, J. M. (1984), Rights, Efficiency and Exchange: The Irrelevance of Transactions Cost, in: *M. Neumann* (1984), S. 9-24.

Buchanan, J. M., R. T. Tollison and *G. Tullock* (1980), Hg., Toward a Theory of the Rent-Seeking Society, Texas College Station 1980.

Cheung, St. N. S. (1970), The Structure of Contract and the Theory of non-exclusive Resource, in: The Journal of Law and Economics, 13, S. 49-70.

Cheung, St. N. S. (1983), The Contractual Nature of the Firm, in: The Journal of Law and Economics, 26, S. 1-21.

Coase, R. H. (1937/1953), The Nature of the Firm, in: *G. J. Stigler* and *K. E. Boulding* (1953), Hg., S. 331-351.

Coase, R. H. (1960), The Problem of Social Cost, in: The Journal of Law and Economics, 31, S. 1-44.

Cyert, R. M. and *J. G. March* (1963), A Behavioral Theory of the Firm, Englewood Cliffs/N. J. 1963.

Demsetz, H. (1966), Some Aspects of Property Rights, in: The Journal of Law and Economics, 9, S. 61-70.

Demsetz, H. (1967), Toward a Theory of Property Rights, in: The American Economic Review, 57, S. 347-359.

Demsetz, H. (1968), Why Regulate Utilities, in: The Journal of Law and Economics, 11, S. 55-65.

Demsetz, H. (1969), Information and Efficiency: Another View, in: The Journal of Law and Economics, 12, S. 1-22.

Eickhof, N. (1985), Wettbewerbspolitische Ausnahmebereiche und staatliche Regulierung, in: Jahrbuch für Sozialwissenschaft, 35, S. 75-63-79.

Eucken, W. (1939), Die Grundlagen der Nationalökonomie, 5. A., Bad Godesberg 1947.

Eucken, W. (1948), Das ordnungspolitische Problem, in: ORDO, 1, S. 56-90.

Eucken, W. (1952), Grundsätze der Wirtschaftspolitik, 4. A., Tübingen und Zürich 1968.

Gutmann, G. (1983), Zur Ordnungskonformität von Wirtschaftspolitik in der Zentralverwaltungswirtschaft sowjetischen Typs, Rektoratsrede, Köln 1983.

*Gutmann, G.*und *S. Mampel* (1986), Hg., Probleme systemvergleichender Betrachtung, Berlin 1986.

Habermas, J. (1968), Erkenntnis und Interesse, Frankfurt/M. 1968.

Hamel, H. und *H. Leipold* (1987), Wirtschaftsreformen in der DDR – Ursachen und Wirkungen, Arbeitsberichte zum Systemvergleich der Forschungsstelle zum Vergleich wirtschaftlicher Lenkungssysteme, Nr. 10, Marburg 1987.

Hayek, F. A. von (1952), Die Verwertung des Wissens in der Gesellschaft, in: *F. A. von Hayek* (1952), S. 103-121.

Hayek, F. A. von (1952), Individualismus und wirtschaftliche Ordnung, Erlenbach, Zürich 1952.

Hayek, F. A. von (1967), The Legal and Political Philosphy of *David Hume,* in: *F. A. von Hayek,* Studies in Philosophy, Politics and Economics, Chicago, London, Toronto 1967, S. 106-121.

Hayek, F. A. von (1971), Die Verfassung der Freiheit, Tübingen 1971.

Hayek, E A. von (1973), Law, Legislation and Liberty, Vol. 1: Rules and Order, London 1973, dt. Ü.: Recht, Gesetz und Freiheit: Regeln und Ordnung, München 1980.

Hensel, K. P. (1954), Einführung in die Theorie der Zentralverwaltungswirtschaft, 3. A., Stuttgart 1979.

Hensel, K. P. (1960), Wirtschaftliche Ordnungsformen und das Problem des Eigentums, der Leitung und der Kontrolle, in: *K. P. Hensel* (1977), S. 56-72.

Hensel, K. P. (1975), Über die sozialwissenschaftliche Bestimmung von Wirtschaftssystemen, in: *K. P. Hensel* (1977), S. 24-35.

Hensel, K. P. (1977), Systemvergleich als Aufgabe, Stuttgart, New York 1977.

Hesse, G. (1983), Zur Erklärung der Änderung von Handlungsrechten mit Hilfe ökonomischer Theorie, in: *A. Schüller* (1983), Hg., S. 79-109.

Hoffman, E. and *M. L. Spitzer* (1982), The Coase-Theorem: Some Experimental Tests, in: The Journal of Law and Economics, 25, S. 73-98.

Hoppmann, E. (1987), Ökonomische Theorie der Verfassung, in: ORDO, 38, S. 31-45.

Hume, D. (1739), A Treatise of Human Nature, London 1890.

James, Ch. (1984), An Analysis of the Effect of State Acquisition Laws on Managerial Efficiency: The Case of the Bank Holding Company Acquisitions, in: The Journal of Law and Economics, 27, S. 211-226.

Jassin, J. G. (1985), Gesellschaftliches Eigentum, ökonomische Stimuli und wirtschaftliche Rechnungsführung, in: Sowjetwissenschaft, 38, S. 459-469.

Jensen, M. C. and *R. S. Ruback* (1983), The Market for Corporate Control: The Scientific Evidence, in: Journal of Financial Economies, 11, S. 5-50.

Johnson, D. B. (1986), The Formation and Protection of Property Rights among the Southern Kwakiutl Indians, in: The Journal of Legal Studies, 15, S. 41-67.

Kaufer, E. (1980), Industrieökonomik, München 1980.

Kocka,J. (1978), Hg., Theorien in der Praxis des Historikers, Sonderheft 3, Göttingen 1978.

Krüsselberg, H. G. (1983), Property Rights-Theorie und Wohlfahrtsökonomik, in: *A. Schüller* (1983), Hg., S. 45-77.

Kunz, H. (1985), Marktsystem und Information: „Konstitutionelle Unwissenheit" als Quelle von „Ordnung", Tübingen 1985.

Leipold, H. (1983), Eigentum und wirtschaftlich-technischer Fortschritt, Köln 1983.

Leipold, H. und A. Schüller (1986), Unternehmen und Wirtschaftsrechnung: Zu einem integrierten dynamischen Erklärungsansatz, in: *H. Leipold* und *A. Schüller* (1986), Hg., S. 3-40.

Leipold, H. und A. Schüller (1986), Hg., Zur Interdependenz von Unternehmens- und Wirtschaftsordnung, Stuttgart, New York 1986.

Meyer, W (1983), Entwicklung und Bedeutung des Property Rights-Ansatzes in der Nationalökonomie, in: *A. Schüller* (1983), Hg., S. 1-44.

Neumann, M. (1984), Hg., Ansprüche, Eigentums- und Verfügungsrechte, Berlin 1984.

North, D. C. (1978), Structure and Performance: The Task of Economic History, in: The Journal of Economic Literature, 17, S. 963-978.

North, D. C. (1981), Structure and Change in Economic History, New York, London 1981.

North, D. C. and R. P. Thomas (1973), The Rise of Western World: A New Economic History, Cambridge 1973.

Peltzman, S. (1976), Toward a More General Theory of Regulation, in: The Journal of Law and Economics, 14, S. 211-240.

Picot, A. und Th. Kaulmann (1985), Industrielle Großunternehmen in Staatseigentum aus verfügungsrechtlicher Sicht, in: Zeitschrift für betriebswirtschaftliche Forschung, 11, S. 956-980.

Rauscher, A. (1985), Hg., Selbstinteresse und Gemeinwohl: Beiträge zur Ordnung der Wirtschaftsgesellschaft, Berlin 1985.

Röpke, J. (1986), Landwirtschaftliche Entwicklung und Wandel der Ernterechte in Südostasien: Am Beispiele des Reisanbaus in Java und Luzon, in: Internationales Asienforum, 17, S. 255-271.

Schäfer, B. und C. Ott (1986), Lehrbuch der ökonomischen Analyse des Zivilrechts, Berlin, Heidelberg, New York 1986.

Schenk, K.-E. (1978), Hg., Ökonomische Verfügungsrechte und Allokationsmechanismen in Wirtschaftssystemen, Berlin 1978.

Schüller, A. (1978), Property Rights, unternehmerische Legitimation und Wirtschaftsordnung, in: *K.-E. Schenk* (1978), Hg., S. 29-87.

Schüller, A. (1979), Eigentumsrechte, Unternehmenskontrollen und Wettbewerbsordnung, in: ORDO, 30, S. 325-346.

Schüller, A. (1983), Hg., Property Rights und ökonomische Theorie, München 1983.

Schüller, A. (1984), Unternehmensgebundene Verfügungsrechte im Spannungsfeld zwischen marktwirtschaftlichen Funktionserfordernissen und sozialstaatlichen Bindungen, in: *A. F. Utz* (1984), Hg., S. 124-232.

Schüller, A. (1985), Zur Effizienz sozialistischer Marktwirtschaften, in: *A. Rauscher* (1985), Hg., S. 159-227.

Schüller, A. (1986), Der Theoretische Institutionalismus als Methode des Systemvergleichs, in: *G. Gutmann* und *S. Mampel* (1986), Hg., S. 131-162.

Schüller, A. (1987), Unternehmenshaftung, Wirtschaftsrechnung und Wettbewerbsordnung: Zum Verhältnis von Marktfreiheit und Eigenverantwortlichkeit, in: *M. Borchert, U. Fehl* und *P. Oberender* (1987), Hg., S. 63-92.

Stigler, G. J. (1971), The Theory of Economic Regulation, in: Bell Journal of Economic and Management Science, 2, S. 3-21.

Stigler, G. J. and *K. E. Boulding* (1953), Hg., Readings in Price Theory, London 1953.

Stigler, G. J. and *C. Friedland* (1983), The Literature of Economics: The Case of Berle and Means, in: The Journal of Law and Economics, 26, S. 237-240.

Tietzel, M. (1986), Zur Entstehung des Privateigentums, in: ORDO, 37, S. 105-124.

Tollison, R. T. (1982), Rent-Seeking: A Survey, in: Kyklos, 35, S. 575-602.

Utz, A. F (1984), Hg., Das Unternehmen als Größe der Arbeitswelt, Bonn 1984.

Vaubel, R. und *H. D. Barbier* (1986), Hg., Handbuch Marktwirtschaft, Pfullingen 1986.

Veljanovski, C. G. (1982), The New Law and Economics: A Research Review, Oxford 1982.

Watrin, Ch. (1986), Art. „Eigentum – Wirtschaftliche Probleme", in: Staatslexikon, 7. A., Bd. 2, S. 171-178.

Wegehenkel, L. (1980), Coase-Theorem und Marktsystem, Tübingen 1980.

Wegehenkel, L. (1986), Koordinierung von Umweltgütern und institutionelle Rahmenbedingungen, in: List Forum, Bd. 13, H. 4, S. 205-228.

Wegehenkel, L. (1981), Hg., Marktwirtschaft und Umwelt, Tübingen 1981.

Willgerodt, H. (1980), Art. „Eigentumsordnung (einschließlich Bodenordnung)", in: Handwörterbuch der Wirtschaftswissenschaften (HdWW), Bd. 2, S. 174-189.

Williamson, O. E. (1975), Markets and Hierarchies: Analysis and Antitrust Implications, New York, London 1975.

Williamson, O. E. (1981), The Modern Corporation: Evolution, Attributes, in: The Journal of Economic Literature, 19, S. 1537-1568.

Woll, A. (1986), Realisierte Ordnungen in westlichen Industrieländern, in: *R. Vaubel* und *H. D. Barbier* (1986), Hg., S. 130-136.

Der Wettbewerbszusammenhang zwischen Kapital- und Gütermärkten*

---

* Erstdruck in: *Karl von Delhaes* und *Ulrich Fehl* (Hrsg.), Dimensionen des Wettbewerbs: Seine Rolle in der Entstehung und Ausgestaltung von Wirtschaftsordnungen, Schriften zu Ordnungsfragen der Wirtschaft, Bd. 52, Verlag Lucius&Lucius, Stuttgart 1997, S. 177-216.

1. Problemaufriß

„Bestimmte Voraussetzungen für den Wettbewerb auf den Gütermärkten müssen vom Kapitalmarkt sichergestellt werden" (*von Delhaes/Fehl* 1997). Mit den Voraussetzungen sind hier die Grunddimensionen des Wettbewerbs gemeint, wie sie in Kapitel 2. erläutert werden.

Wegen des Spar- und Investitionsaspektes reflektiert der Kapitalmarkt[1] als „Markt der Märkte" gleichsam die Zukunftsdimension der übrigen Märkte (*Fehl* 1994, S. 358). Diese Seite des Kapitalmarktes ist im vorliegenden Beitrag unter Wettbewerbsgesichtspunkten zu beurteilen, zunächst in einem allgemeineren Kontext (Kapitel 2.), dann im Hinblick auf Maßstäbe der wettbewerblichen Effizienz des Kapitalmarktes (Kapitel 3.). Einwände gegen das statische Beurteilungskonzept legen es nahe, dem Konzept der dynamischen Kapitalmarkteffizienz zu folgen und hierbei den institutionellen Bedingungsrahmen möglicher Wettbewerbswirkungen, die bei der Übermittlung von Spargeldern hin zu den Gütermärkten entstehen können, durch Rückgriff auf die Grunddimensionen des Wettbewerbs weiterzuspannen. Auf dieser Grundlage wird dann wettbewerblichen Defiziten des Kapitalmarktes Aufmerksamkeit geschenkt (Kapitel 4.). Abschließend wird gefragt, wie die Wettbewerbsdimensionen des Kapitalmarktes wieder stärker belebt werden können (Kapitel 5. und 6.).

2. Marktsystem und Kapitalmarkt: Grunddimensionen des Wettbewerbs

Im Marktsystem werden Gelegenheiten für vorteilhafte Austauschbeziehungen im Hinblick auf Ziele entdeckt und genutzt, die an Vorstellungen über zukünftige Zustände orientiert sind. Zukunftsorientiertes Handeln ist für das Überleben der Wirtschaftssubjekte notwendig. Deshalb ist auf allen Märkten die Zukunft Verhandlungsgegenstand, besonders auf dem Kapitalmarkt. Entsprechende Entscheidungen setzen auf beiden Marktseiten (siehe hierzu *Streit/Wegner* 1989, S. 183 ff.) *Wissen,* also Orientierungsmöglichkeiten im Rahmen der jeweiligen Handlungs- und Sachzusammenhänge, voraus. Dies geschieht in der Regel in einem Prozeß „kollektiven Lernens" (*Vanberg* 1994, S. 178). Hierbei geht es um die Entstehung eines gemeinsamen Reservoirs an „Fähigkeiten, Technologien, Vorschriften, Überzeugungen, Bräuchen, Organisationsstrukturen und ähnlichem" (*Campbell* 1975, S. 1104). Hierzu gehört auch die Entwicklung von Vorstellungen über einen zweckmäßigen zeitlichen Aufbau der Wirtschaftspläne; dabei

---

[1] Unter dem Kapitalmarkt wird die Gesamtheit der Märkte für längerfristig disponible Finanzierungsmittel (Spargelder) verstanden. Zu den Akteuren zählen einerseits die dem nichtfinanziellen Sektor zugerechneten Anbieter von und Nachfrager nach Finanzierungsmitteln (private Haushalte, der Staat, die Unternehmen, das Ausland), andererseits die Unternehmen, die die Vermittlung von Spargeldern zwischen den Anbietern und Nachfragern sowie komplementäre Dienstleistungen organisieren. Zu diesen Finanzintermediären gehören Banken, Versicherungen, Investment- und Kapitalbeteiligungsgesellschaften, Börsen und ergänzende Vermittlungseinrichtungen (Makler usw.). Die Fülle dieser Tatbestände zwingt dazu, eine Auswahl zu treffen.

ist das Verhältnis von Gegenwartskonsum und Investitionen für eine zukünftige Existenzsicherung und Besserversorgung zu bestimmen.

Die Knappheit von Wissen und Zeit ist konstitutiv für menschliches Handeln. *Wissen* für verbesserte wirtschaftliche Bedürfnisbefriedigungen in der Zukunft bei Unsicherheit und begrenzten Zeitbudgets nutzbar zu machen und zu verbreiten ist eine *erste* Grunddimension wettbewerblicher Prozesse. Hierbei wird angenommen, daß diese Prozesse spontan aus Wissensvorsprüngen und vielseitigen Bemühungen entstehen, diesen Wissensstand zu vermarkten, ihn einzuholen und zu verbessern. Wenn *Friedrich A. von Hayek* Arbeitsteilung als Wissensteilung begreift, so wird damit auch ausgedrückt, daß es nur durch die Mitnutzung des Wissens anderer gelingt, die eigenen Handlungsmöglichkeiten wirkungsvoller auszuschöpfen. Die Pläne der an diesem Prozeß des gemeinsamen Lernens beteiligten Personen werden – auch hinsichtlich ihrer zeitlichen Präferenzen – über den Preismechanismus koordiniert und durch den Wettbewerb kontrolliert.

Zum Wissen, wie für die Zukunft vorgesorgt werden kann, muß als *zweite* Grunddimension des Wettbewerbs ein *Recht* kommen, das zukunftsorientiertes Handeln ermutigt. Damit dann aus Wissen und Dürfen Handlungen entstehen können, muß als *dritte* Grunddimension des Wettbewerbs das Wollen hinzukommen. Die Einstellungen zur Gestaltung der Zukunft – etwa des Verhältnisses von Konsumieren, Sparen und Investieren – sind bekanntlich unterschiedlich. Geht man mit *Eugen von Böhm-Bawerk* davon aus, daß weiter ausholende Produktionswege bei „kluger" Auswahl zwar ergiebiger sind, allerdings auch der Finanzierung bedürfen, so erhöhen diejenigen, die durch Sparen zur Finanzierung beitragen, je nach den Ordnungsbedingungen die Chancen für wirtschaftlich bessere Zustände in der Zukunft. Zins-, Dividenden- oder Gewinnerwartungen legen als intertemporales Bindeglied „die Opportunitätskosten zeitverschiedener Handlungswirkungen *offen*" (*Tietmeyer 1994*).

Der Bereich lohnender Zukunftsvorsorge ist unter anderem davon abhängig, daß die im jeweiligen Handlungs- und Sachzusammenhang entstehenden *Transaktionskosten* den erwarteten Nutzen nicht aufzehren. Für die meisten Sach- und Handlungszusammenhänge ist in modernen Volkswirtschaften das sog. Principal-Agent-Problem kennzeichnend. Die Auftraggeber können vom „delegierten Handeln" (*von Weizsäcker 1994*, S. 121) Spezialisierungsvorteile erwarten, müssen aber auch wegen der begrenzten Kontrollierbarkeit der Agenten damit rechnen, daß das angestrebte Handlungsergebnis mehr oder weniger unsicher ist. Die Frage liegt deshalb nahe, ob aus bestimmten Formen und Umständen des delegierten Handelns mit relativ hohen Transaktionskosten nicht verstärkte Neigungen zu erklären sind, mit hoher Zeitpräferenz im Sinne einer „Minderschätzung künftiger Güter" zu handeln. In gesamtwirtschaftlicher Konsequenz könnte sich darin eine Minderschätzung der zukunftsorientierten Wissensschaffung und -verbreitung manifestieren.

Sowohl am Problem des „delegierten Handelns" als auch an der Frage der Zeitpräferenz wird erkennbar, daß der wettbewerbliche Prozeß der Wissensgewinnung und -nutzung ordnungsabhängig verläuft, oder, wie man heute sagt, von der Handlungsrechtsstruktur bestimmt wird. Die Richtung und die Dynamik der Wissensschaffung und -verbreitung (siehe hierzu *Kerber 1995*, S. 349) werden – auch hinsichtlich der Zukunftsorientierung – entscheidend durch den Charakter der Handlungsrechte, die das Verhältnis von Auftraggebern und Auftragnehmern in direkter oder indirekter Weise beeinflussen, geprägt. Die hierfür bestimmende „Anreizlandschaft" (*Kerber* ebd.) ist außer von den wettbewerblichen Dimensionen des Wissens, Dürfens und Wollens wesentlich von den Haftungsregeln abhängig, also von Art und Ausmaß der Verpflichtung, für Verbindlichkeiten (einschließlich eventueller Verluste) mit eigenen und/oder fremden Mitteln einstehen zu müssen. Damit werden die drei schon genannten Grunddimensionen des Wettbewerbs um den Bereich der *Haftung* erweitert. Art und Ausmaß der individuellen Haftung bestimmen über die Eigen- und Fremdkontrolle und über das Präventivverhalten die Vorteilhaftigkeit von Principal-Agent-Verhältnissen, die Qualität der Wirtschaftsrechnung, die Risikobereitschaft und insgesamt die Art der intertemporalen Selektion und Allokation von Ressourcen im Wettbewerb. Von den Regeln zur Ordnung des Wissens, Dürfens (Handlungsrechte), Wollens (Anreize) und der Verantwortung (Haftung) hängen die Wettbewerbsbeziehungen zwischen allen Märkten, also auch zwischen Kapital- und Gütermärkten, ab.

3.   Zur Bedeutung des Kapitalmarktes für den Wettbewerb auf den Gütermärkten

Der Kapitalmarkt bietet Möglichkeiten zur Anlage von Spargeldern und zur Finanzierung von Investitionen. Die Transaktionen können sich erstens auf Beteiligungskapital von Eigentümern oder Anteilseignern (Eigenfinanzierung) und Kreditkapital von Gläubigern (Fremdfinanzierung) beziehen. Die Transaktionen können zweitens den Primärmarkt oder den Sekundärmarkt betreffen. Auf dem Primärmarkt werden neue Titel der Eigenfinanzierung (Emission von Aktien und anderen Beteiligungsformen) und der Fremdfinanzierung gehandelt und bewertet. Der Anreiz, am Primärmarkt als Kapitalgeber aufzutreten, hängt von der Möglichkeit und den Kosten ab, Titel nach der Erstemission auf dem Primärmarkt am Markt für Alttitel (Sekundärmarkt) verkaufen zu können. Beide Märkte sind Quellen „wertsteigernden Wissens" (*Krüsselberg* 1986, S. 78).

Der Wirkungsgrad, mit dem der Kapitalmarkt den Wettbewerb auf den Gütermärkten beeinflußt, ist Gegenstand unterschiedlicher Effizienzbetrachtungen.

3.1. Das Konzept der statischen Kapitalmarkteffizienz

Hiernach ist der Kapitalmarkt erst dann effizient, wenn die Preise der Finanzierungstitel auf dem Sekundärmarkt zu jedem Zeitpunkt voll den jeweils bestmöglichen Informationsstand reflektieren. Die Dimensionen des Wissens, Dürfens, Wollens und Verantwortens gelten als kostenlos gelöst. Demzufolge müßten sich die Preise bei jeder veränderten Informationslage, etwa bei der Entstehung von individuellen Wissensvorsprüngen, unverzüglich auf dem Niveau einstellen, „das sich ergäbe, wenn alle Investoren diese Information gleichzeitig erhielten und unverzüglich ihre Disposition träfen... Auf einem informationseffizienten Markt ... kann es keine Unter- oder Überbewertung geben; hier kann deswegen auch kein Kapitalanleger aufgrund seines Informationsstandes eine Fehlbewertung des Marktes erkennen und Vorteile daraus ziehen" (*Franke/Hax* 1990, S. 315). In dieser Welt der vollständigen Gewißheit, Voraussicht und Transparenz ist kein Platz für wettbewerbliche Prozesse. Durch Idealisierung der Sekundärmarktsignale und ihrer Umsetzbarkeit wird eine geradezu reflexartige Abhängigkeit des Gütermarktgeschehens vom Kapitalmarkt unterstellt – und umgekehrt. Diese entscheidungslogische Vorstellung vom vollkommenen Lenkungseinfluß des Kapitalmarktes entsteht – wie *Schmidt* (1993, S. 176) kritisch bemerkt – unter anderem durch die Annahme, „Unternehmen finanzierten sich ganz oder überwiegend durch Wertpapieremissionen".

Dies alles trifft ebensowenig zu, wie es eine Welt ohne Transaktionskosten gibt. Transaktionskosten repräsentieren hier den Ressourcenaufwand, der sich aus dem Umgang mit der konstitutionellen Ungewißheit, Subjektivität und Verstreutheit menschlichen Wissens (siehe hierzu *Kerber* 1995, S. 23) und aus der daraus zu erklärenden Komplexität wirtschaftlicher Handlungs-, Anreiz- und Haftungsstrukturen ergibt. Diese sind unter anderem bestimmt von dynamischen Marktprozessen (siehe *Heuß* 1965), von den Lösungen des Problems des delegierten Handelns, von Spielräumen des Managements für opportunistisches Verhalten, für die Ausnutzung asymmetrischer Informationsverteilungen – kurz: für alle Bemühungen der Marktteilnehmer um leicht erfüllbare („weiche") Pläne.

Diese und andere Umstände sind in der Realität prinzipielle Voraussetzungen für die Entstehung wettbewerblicher Gütermarktprozesse. Zugleich können diese Umstände aber den Wettbewerb be- oder verhindern. Sie legen deshalb ordnungspolitische Vorkehrungen nahe, wie sie zum Beispiel *Walter Euckens* (1952/1990) Konzept der „Wirtschaftsverfassung des Wettbewerbs" entsprechen.

Der Kritik am Konzept der statischen Kapitalmarkteffizienz (siehe hierzu auch *Krag* 1995, S. 11 ff.) kann auch nicht dadurch der Boden entzogen werden, daß ihm durch Zulassung von Beschränkungen der Kapitalmarktkontrolle gleichsam ein *Gegengift* verabreicht wird. Von diesem Ansatz her wird z.B. empfohlen (siehe *Krahnen* 1994, S. 229 ff.), das Vorsprungswissen des Managements auf dem Gütermarkt dadurch zu sichern, daß der Anspruch der Anteilseigner auf Gewinnausschüttung zugunsten der Innenfinanzierung der Unternehmen beschränkt wird. Hierbei wird unterstellt, daß der bevorrechtigte Gewinnzugriff der Manager eher zu dynamischen Wettbewerbsergebnissen führt als Entscheidungen, die uneingeschränkt der wettbewerblichen „Kritik der Kapitalmärkte" unterworfen sind. Das Konzept der statischen Kapitalmarkteffizienz ist hier – wie dies auch bei anderen entscheidungslogischen Effizienzkonzepten der Fall ist – offensichtlich anfällig für Deutungen, die für Zwecke der Wettbewerbsbeschränkung mißbraucht werden können, hier als Möglichkeit der Manager, ihre Marktposition unabhängig von der Kontrolle des Kapitalmarktes zu sichern (siehe Kapitel 4.2. und 5.4.).

3.2. Das Konzept der dynamischen Kapitalmarkteffizienz

Die Wettbewerbswirkungen, die vom Kapitalmarkt auf die Gütermärkte ausgehen, werden als dynamischer (prozeßhafter) Vorgang verstanden und analysiert:

(1) Im Hinblick auf die Wettbewerbsverhältnisse am Kapitalmarkt selbst etwa unter folgenden Aspekten:

— *Findigkeit des Kapitalmarktes*: Hierbei geht es um Wettbewerbsverhältnisse, die gewährleisten, daß Anlagemittel den jeweils ertragreichsten Anlagealternativen

zugeführt werden, das heißt weniger ertragreichen Verwendungen vorenthalten
oder entzogen werden.

– *Sicherheit des Kapitalmarktes*, herbeigeführt durch Wettbewerbsbedingungen,
die den Wirtschaftssubjekten Anlageformen mit größtmöglichem Schutz vor Ir-
reführung, Betrug und Täuschung und mit Ausstattungsmerkmalen bieten, anhand derer ein Maßstab für eine aus individueller Sicht optimale Vermögensstruktur gewonnen werden kann.

– *Billigkeit des Kapitalmarktes* durch Wettbewerbsbedingungen, die es ermöglichen, daß sich die Kosten der Anlagevermittlung und Kapitalbeschaffung in
Richtung auf die kostengünstigsten Anbieter anpassen.

(2) Im Hinblick auf die Wettbewerbsverhältnisse am Gütermarkt, etwa unter folgenden
Gesichtspunkten (*Krüsselberg/Brendel* 1980, S. 94 ff.):

– *Unternehmerische Gründungs- und Entwicklungsdynamik*:
durch Finanzierung von Investitionen in neue oder etablierte Unternehmungen.
Hiervon werden der Marktzutritt, die Marktexpansion, insgesamt die Offenheit
und Dehnungsfähigkeit der Märkte, ihre Dynamik aus vorstoßenden und nachahmenden Wettbewerbshandlungen bestimmt.

– *Sicherung der Zahlungs- und Überlebensfähigkeit der Unternehmen*:
(bei Liquiditätsengpässen, Leistungsschwächen der Unternehmen sowie bei
nichtwettbewerbsbedingten Gefährdungen ihrer Handlungsmöglichkeiten –
durch Brand, Streik, Katastrophen, nicht kalkulierbaren Risiken aus einer extern
bestimmten Unvollständigkeit der Verträge oder Unübersichtlichkeit von Dritt-
ansprüchen, z. B. des Steuerstaates, seitens Umweltschutzinstanzen usw.). Mit
finanziellen Überlebenshilfen kann die Widerstandsfähigkeit der Akteure auf
den Gütermärkten gestärkt und mit der Verstetigung der Marktprozesse die gesellschaftliche Akzeptanz der Wettbewerbsordnung verbessert werden.

– *Laufende Bewertung der unternehmensbezogenen Handlungsrechte*:
Hierin manifestieren sich (etwa in den Börsenkursen, Kaufpreisen für Unternehmen) Informationen über den inneren Zustand der Unternehmen, ihre Er-
tragsaussichten, die Leistungsfähigkeit des Managements im Wettbewerb auf
den Gütermärkten und insgesamt die Erwartungen der Wirtschaftssubjekte über
die Zukunft (Fehl 1994, S. 349 ff.). Durch die Preissignale der Sekundärmärkte
werden knappheitsorientierte Kapitalumschichtungen zwischen den Unternehmen und Branchen induziert sowie das Präventivverhalten und die Anpassungsflexibilität der Akteure im Wettbewerb auf den Gütermärkten herausgefordert.

Die Wettbewerbswirkungen des Kapitalmarktes können zusammengefaßt darin gesehen werden, daß die Entscheidungen über die Anlage der Ersparnisse den Gewinnerwartungen auf den Gütermärkten folgen. Unter Gesichtspunkten der wettbewerbsför-
dernden Wissensentdeckung und -verbreitung interessiert vor allem, inwieweit über die
Kapitalumschichtung eine präventive Reallokation der Ressourcen zwischen stagnierenden und schrumpfenden Unternehmen und Wirtschaftszweigen einerseits und innovativen und expandierenden Firmen und Branchen andererseits entsteht.

3.3. Zur These von der destruktiven Eigendynamik der Kapitalmärkte

Die wettbewerblichen Struktureffekte der Kapitalmärkte werden heute vielfach in Abrede gestellt. Insbesondere durch die weltweite Liberalisierung des Kapitalverkehrs sei eine Ablösung der Finanzsphäre vom güterwirtschaftlichen Geschehen entstanden. Bei ständig günstigeren Gewinnaussichten auf den Finanzmärkten schreite die Abkopplung vom Gütermarktgeschehen rasch fort. Vor allem die kurzfristigen Devisen- und Finanztransaktionen werden verdächtigt, ein investitions- und beschäftigungsfeindliches Eigenleben entwickelt und zur Krise der westlichen Volkswirtschaften beigetragen zu haben. Um der negativen Allokationsfunktion der Finanzmärkte Einhalt zu gebieten, wird vorgeschlagen, vor allem die kurzfristigen Kapitalbewegungen – z. B. durch deren Besteuerung – unattraktiv zu machen und die Steuereinnahmen zu nutzen, um bestimmten (armen) Ländern der Dritten Welt zu helfen. Sind solche Einwendungen und Empfehlungen gerechtfertigt?

(1) Jede Finanztransaktion beruht auf einem Geldvermögenstitel, der seinerseits einem Sparakt, also dem Entschluß entspringt, auf aktuell mögliche Güterkäufe zu verzichten. Dieser Kaufverzicht repräsentiert einen realen Güterwert oder Kapitalbetrag. Der Staat kann durch knappe Geldemission und eine solide Budgetpolitik sowie rechtliche Vorkehrungen (siehe Kap. 4.) sicherstellen, daß dieser Sparvorgang nicht inflatorisch aufgebläht ist und im Dienste wettbewerbsaktiver Gütermarktstrukturen steht. Die vertragliche Bindungsdauer (Fristigkeit) der Geldvermögenstitel hängt von den Anlage- und Finanzierungspräferenzen ab. Kurzfristige Bindungen können genauso investiven Zwecken dienen wie langfristige Anlagen. Rechtlich langfristige Titel können kurzfristig gehalten werden und umgekehrt. Wollte man das von den Finanzinstituten betriebene Geschäft der Fristentransformation unterbinden, „müßte ein umfangreiches Antrags- und Bewilligungssystem für Kapitalbewegungen eingeführt werden, in dem Beamte nach ihnen vorgeblich bekannten Gesichtspunkten volkswirtschaftlicher Dringlichkeit jede einzelne Kapitalbewegung auf ihre Motive und ihre Notwendigkeit und Nützlichkeit hin überprüfen" (*Willgerodt* 1972, S. 49). Mit dieser Freiheitsbeschränkung würde auch die Investitionstätigkeit behindert.

(2) Die internationalen Kapitalbewegungen sind im wesentlichen beeinflußt von Erwartungen hinsichtlich der Veränderung

- des internationalen Renditegefälles (in Verbindung mit unternehmens-, branchen- und länderspezifischen Wachstumsaussichten),

- der Kaufkraftparitäten, also des Inflationsgefälles,

- des Steuer- und Regulierungsgefälles.

Entsprechende Erwartungen haben – wegen der Interdependenz zwischen Kredit- und Wertpapiermärkten sowie den Märkten für Direktinvestitionen einerseits und den Devisenmärkten andererseits – auch entscheidenden Einfluß auf die Wechselkursentwicklung (siehe *Gemeinschaft zum Schutz der deutschen Sparer* 1994/1995). Dies läßt sich empirisch immer wieder feststellen. Bei flexiblen Wechselkursen wirken auch kurzfristige Kapitalbewegungen grundsätzlich stabilisierend.

Inflationsneigungen und staatliche Interventionen in das Finanzmarktgeschehen, vor allem auf den Devisenmärkten, sind dagegen die wichtigsten Ursachen für starke Schwankungen der Wechselkurse. Über- und Untertreibungen sind im übrigen mit marktwirtschaftlichen Suchprozessen verbunden, die auf unvermeidlich unsicheren Erwartungen beruhen. Allein aus diesen unterschiedlichen Einschätzungen, aber auch aus Bemühungen um nutzenstiftende Fristen-, Losgrößen- und Risikotransformationen resultieren vielfältige Finanztransaktionen mit entsprechenden Arbitragegelegenheiten. Hierbei gibt es keine risikolosen Renditen. Wer dies übersieht und im Wellengang des Kapitalverkehrs nicht die zugrundeliegenden Triebkräfte und Risiken erkennt, erliegt leicht dem Fehlschluß, als würde die Finanzsphäre gegenüber dem Gütermarktbereich ein üppiges Eigenleben entwickeln und in gewinnseliger Selbstgenügsamkeit jegliche Bemühung um eine investitions- und beschäftigungsfreundliche Wirtschaftspolitik zum Scheitern verurteilen. Freilich ist nicht zu übersehen, daß sich die wettbewerbsintensivierende Globalisierung der Finanzmärkte (wie auch der Gütermärkte) nicht isolieren läßt, sondern unausweichlich von den Bildungs- und Arbeitsmärkten schmerzhafte Anpassungen verlangt, wenn diese nicht rechtzeitig vorgenommen werden.

(3) Die Motive von Finanztransaktionen lassen direkt oder indirekt immer wieder Kontakte zum Gütermarktgeschehen erkennen, wenn man genauer hinschaut: Ein Unternehmen soll einen Vorteil darin sehen, die Tochter einer ausländischen Muttergesellschaft zu erwerben oder eine Direktinvestition in anderer Form zu tätigen. Der Kauf wird mit Mitteln aus einer weltweit beschafften Erhöhung des Eigen- und Fremdkapitals finanziert. Man wird nicht übersehen können, daß der Vorteil dieser Finanztransaktionen letztlich von der Rentabilität von Gütermarktinvestitionen abhängt. Freilich kann es für die ausländische Muttergesellschaft vorteilhaft sein, auf einen günstigen Zeitpunkt zu warten, um den Kauferlös für die Finanzierung einer Diversifikations- und/oder Expansionsstrategie auf bestimmten Gütermärkten einzusetzen. In der Zwischenzeit können mehrfach wechselnde Anlagen mit unterschiedlichen Fristen, Losgrößen und Risiken auf den internationalen Finanzmärkten (z.B. Euromärkten) vorteilhaft sein.

Auch aus diesem Beispiel folgt: Ein Vergleich der unterschiedlichen Transaktionsvolumina im realen und monetären Sektor läßt nicht erkennen, ob und inwieweit sich die Finanzsphäre vom Gütermarktgeschehen abgekoppelt hat. Auf welchen Gütermärkten der Kauferlös für die Finanzierung einer Direktinvestition schließlich „landet" und welche Beschäftigungswirkungen davon ausgehen, hängt von den jeweiligen Standortbedingungen (etwa dem Verhältnis von Arbeits- und Kapitalkosten) ab. Hierbei steht die nationale Ordnungspolitik auf dem Prüfstand der internationalen Beurteilung.

(4) Freilich sind betrügerische Handlungen und Geschäfte mit unverantwortlich hohen Positionen an offenen Kontrakten nicht auszuschließen, wenn die Geschäftsführung der Finanzintermediäre ihre Prüf- und Aufsichtspflicht vernachlässigt. Auch bei Unternehmen auf Gütermärkten kommen solche Unsicherheiten vor. Kettenreaktionen (Folgepleiten) können auch hier eine Art von Systemrisiko auslösen.

Allerdings gelten die schnell expandierenden Finanzinnovationen als besonders anfällig für exzessive Spekulationen, abrupte Stimmungsumschwünge und aufwallende Fehleinschätzungen. Daraus mögen verstärkte Preisfluktuationen entstehen; die Gefährdung der Sicherheit des Kapitalmarktes im Sinne eines Systemrisikos kann jedoch durch angemessene Eigenkapital-, Rechnungslegungs- und Publizitätsvorschriften sowie durch Einrichtungen der Selbstkontrolle auf der Ebene der Finanzintermediäre ausgeschlossen werden.

Der Systemgewinn durch Finanzinnovationen besteht in „zusätzlichen Möglichkeiten der Risikotransformation und -reallokation sowie der Liquiditätsbereitstellung zu niedrigen Kosten" (*Tietmeyer* 1996, S. 3). Freilich verschwinden wegen der Kurzfristigkeit der Anlage- und Finanzierungstitel die Grenzen zwischen den Geld- und Kapitalmärkten. Hierdurch mag sich die Aufgabe der Bundesbank, bestimmte Geldmengenaggregate wie zum Beispiel M3 abzugrenzen, schwieriger gestalten; ein Risiko für das System der nationalen Geldpolitik ist damit jedoch nicht verbunden.

Besonders eindrucksvoll zeigt sich die Findigkeit der Akteure auf den Finanzmärkten in der zunehmenden Anzahl und Verbreitung von Derivaten (Optionen, Financial Futures, Swaps). Damit werden – im Unterschied zu klassischen Geschäften der Risikotransformation – Risikoabsicherungen auf der Grundlage eines vergleichsweise geringen Mitteleinsatzes möglich; denn die Basistitel (Aktien, Devisen, Anleihen etc.) müssen selbst nicht umgesetzt werden. Die Vermutung, dies alles habe mit dem Gütermarktgeschehen (mit Investitionen, Produktion und Beschäftigung) nichts mehr zu tun, beruht auf einer Täuschung: „Die zunehmende Wettbewerbsintensität an den Finanzmärkten, neuartige Finanzinstrumente und Finanzierungstechniken sowie gesunkene Transaktions- und Informationskosten haben die Fähigkeit des Finanzsystems, seine Intermediationsleistung zu erfüllen, erheblich verbessert. ... Gesamtwirtschaftlich verbessert dies die Rahmenbedingungen für Investitionen und für eine stetigere Kapitalbildung" (*Tietmeyer* 1996 S. 3). Über die Billigkeit des Kapitalmarktes wird der Wettbewerbszusammenhang mit den Gütermärkten enger. Dies wird vielfach als unangenehm empfunden. Denn die Frage, wo die Senkung der Finanzierungskosten zu einer nachhaltigen Steigerung des Sozialprodukts führt und ob hierdurch mehr Beschäftigung entsteht, hängt wiederum von der Qualität der Ordnungspolitik ab, insbesondere von der wettbewerbsgerechten Gestaltung des Bewertungszusammenhangs zwischen den Produkt- und Faktormärkten. Wer der Meinung ist, die Arbeitsmarkt- und Sozialpolitik müsse weitgehend „eigenständig" gestaltet und als Bereichsausnahme von der Wettbewerbsordnung behandelt werden, wird dazu neigen, in der Liberalisierung von Devisen- und Finanztransaktionen einen destabilisierenden Einfluß auf die nationale Wirtschaftspolitik zu sehen.

(5) Die Absicht, mit einer Steuer die Rendite-Differenz, die eine Währungsumschichtung im internationalen Finanzverkehr (etwa durch Zinsarbitrage) attraktiv machen kann, wegzusteuern und damit das Sparvermögen für langfristige Investitionen zu reservieren, beruht auf Fehlschlüssen:

- Kurzfristige Finanztransaktionen als „unsolide" (spekulativ) und langfristige Anlagen als „solide" zu bezeichnen ist zwar populär, doch schon wegen der Vorteile der genannten Fristen- und Risikotransformation verfehlt. Im übrigen sind Finanzanlagen wie alle wirtschaftlichen Entscheidungen, die mit Unsicherheit behaftet sind, spekulativ. Der Versuch, „gute" von „schlechten" Spekulationen zu unterscheiden, verliert sich deshalb in einem willkürlichen Interventionismus.

- Eine Steuer, die bestimmte Finanztransaktionen unattraktiv machen soll, würde die erwünschte Wirkung – wenn überhaupt – nur haben, wenn sie von allen Ländern erhoben, also international (unter Einschluß potentieller Steueroasen) vereinbart würde. Der Vorwurf eines gefährlichen willkürlichen Interventionismus bliebe aber bestehen.

- Die Steuerausweichung über steuerfreie Devisenschwarzmärkte dürfte sich aber schon wegen des administrativen Kontrollaufwands und der Attraktivität von Umgehungsgeschäften nicht vermeiden lassen. Die Akteure auf den Gütermärkten, die auf den entsprechenden Devisenhandel ausgewiesen sind, würden insoweit in die Illegalität gedrängt. Hier bliebe der Wettbewerbszusammenhang zwischen Kapital- und Gütermärkten mit allerdings höheren Kosten und mit wahrscheinlich erheblichen Nachteilen für kleine und mittlere Produzenten weiterhin wirksam.

- Eine sehr hoch angesetzte Steuer ohne Umgehungsmöglichkeit käme einer effektiven Kapitalverkehrskontrolle gleich. Diese würde die Binnenorientierung nicht nur im Finanzmarktbereich, sondern wegen der oben geschilderten Verknüpfungen zum Realsektor auch im Gütermarktbereich begünstigen. Die damit verbundenen erheblichen Wohlfahrtsverluste würden auch die vielen Entwicklungsländer treffen, die heute bei ihrem Kapitalimport von den Vorzügen der freien internationalen Finanzmärkte profitieren, die diese gegenüber einer Finanzierung durch Weltbank und Internationalen Währungsfonds haben.

- Bei einer weitgehenden, effektiven Unterbindung dieser Finanztransaktionen käme aus der Steuererhebung auch nicht viel heraus, was an bestimmte Entwicklungsländer – etwa über die internationalen Finanzinstitutionen – verteilt werden könnte. Freilich wäre dies kein Nachteil; denn in den fraglichen Ländern sind die Banken und die Finanztransaktionen überwiegend staatlich reguliert. Hierdurch wird die inländische Ersparnisbildung behindert, die Investitionsfinanzierung politisiert und die innere und äußere Kapitalflucht begünstigt. Der Kapitalmangel dieser Länder ist also ganz überwiegend ordnungsbedingt. Der Versuch, dem durch Zuteilung von Einnahmen aus der Spekulationssteuer entgegenzuwirken, würde dazu beitragen, die Ursachen der Kapitalarmut zu festigen.

Die geschilderten Mißverständnisse hinsichtlich der Erschließung wertsteigernden Wissens im Wettbewerbszusammenhang zwischen Kapital- und Gütermärkten legen es nahe, im folgenden Kapitel eine weiter ausgreifende Betrachtung der Grunddimensionen des Wettbewerbs anzustreben. Eine solche Analyse ist hier freilich nur ansatzweise möglich.

3.4. Die Grunddimensionen des Wettbewerbs als Ansatzpunkte zur Beurteilung der Kapitalmarkteffizienz

Art und Stärke der Wettbewerbseffekte, die vom Kapitalmarkt auf die Gütermärkte ausstrahlen, hängen von den Ordnungsbedingungen ab, die zur Entstehung und Ausbreitung wettbewerblicher Prozesse führen: von der Ordnung der Wissens-, der Handlungsrechts- sowie der Anreiz- und Haftungssphäre.

3.4.1. Die Wissenssphäre

Einfluß auf den Kapitalmarkt als *Quelle wertsteigernden Wissens* haben unter anderem folgende Ordnungsbedingungen:

(1) Verfälschungen der Informationsfunktion des Preissystems durch staatliche Interventionen (Regulierungen, Subventionen) auf den Güter- und Faktormärkten, durch private und hoheitliche Wettbewerbsbeschränkungen sowie durch Inflationsprozesse. Damit werden die Knappheitsverhältnisse und Erwartungen der Wirtschaftssubjekte (Zeitpräferenzen), die in die Preisbildung einfließen, verzerrt – mit entsprechenden Fehlinformationen für die Akteure auf dem Kapitalmarkt. Durch eine so verzerrte, knappheitswidrige Steuerungsfunktion des Marktzinses gehen vom Kapitalmarkt auf den Arbeits- und Bodenmarkt sowie die Gütermärkte Fehlanreize aus. Inflationäre Prozesse lösen auf den Gütermärkten langfristig negative Allokations- und Wachstumswirkungen aus. Insgesamt kommt es dazu, daß mit der Schwächung des Preissystems, der marktwirtschaftlichen „Sehmaschine", wichtige Quellen wertsteigernden Wissens versiegen (siehe hierzu *Schüller* 1994, S. 466 ff.).

(2) Die Regeln des Bilanzrechts (Rechnungslegung, Qualität des Ausweises der Reserven, Gewinne, des Vermögensstatus, der Marktrisiken; Aufgaben und Haftung der Rechnungsprüfer; Reichweite der Publizitätspflicht der Unternehmen) und das Recht des Insidertrading. Von diesen Regeln hängt die Findigkeit auf dem Kapitalmarkt ab.

(3) Die Qualität der Informationsverarbeitung auf den Sekundärmärkten, insbesondere die Organisation und die Handlungsrechtsstruktur der Börsen (im Eigentum der Banken oder unabhängig von diesen); hiervon kann es abhängen, ob das Publikum direkten Zugang zu den Börsen hat oder nur über die Banken. Davon werden die Bedingungen der Kursfeststellung, die Pflege des Handels großer und kleiner Werte beeinflußt.

(4) Die Möglichkeit der Anleger, über die Qualität des Wissens, das von Anlageberatern vermittelt wird, zu urteilen. Diese Wissensquelle ist um so wichtiger,

　　– je weniger die Bewertungsvorschriften und Gewinnrechnungen (Cash flow-Ausweise) etwas über die Finanz- und Marktlage der Unternehmen aussagen, z.B. je mehr Kapitalgesellschaften dem Prinzip der kontinuierlichen Ausschüttung (unabhängig von der aktuellen Gewinnentwicklung) folgen können;

— je weniger die Jahresabschlüsse und Geschäftsberichte der Unternehmen in anderer Hinsicht Anhaltspunkte für Zukunftseinschätzungen bieten;

— je weniger auf den Sekundärmärkten marktorientierte Unternehmensbewertungen ("Börsenkapitalisierungen") möglich sind und Aktienkurse festgestellt werden, die frei von Handlungsblockaden sind (siehe Kapitel 4. und 5.). Damit ist bei einem relativ hohen Anteil von Festbesitzern (Alteigentümern, Banken, Versicherungen, Investmentfonds) zu rechnen, wenn also nur geringe Margen des Aktienkapitals auf den Sekundärmarkt gelangen. Dies ist auch zu erwarten, wenn die Manager dem Eigentümereinfluß entzogen sind oder wenn kleinere Aktiengesellschaften mit günstigen Wachstumsperspektiven wegen der Handlungsrechtsstruktur der Börsen auf dem Sekundärmarkt überhaupt nicht auftauchen.

Diese und andere Aspekte der Wissenssphäre beziehen sich auf die Findigkeit des Kapitalmarktes. Hierbei ist zweierlei zu berücksichtigen: Erstens ist der subjektiv verschiedene Umgang mit der unsicheren Wissensbasis und mit der Zeitpräferenz die Ursache für unterschiedliche Zukunftserwartungen und Risikobereitschaften. Darin wird mit Recht eine wichtige Voraussetzung gesehen, um das Risiko von Fehlinvestitionen zu mindern (siehe hierzu *Fehl* 1983, S. 80 ff.). Zweitens sind alle hier genannten Quellen wertsteigernden Wissens in ihrer Ergiebigkeit offensichtlich zunächst ordnungsbedingt und – davon bestimmt – prozeßabhängige Ergebnisse.

3.4.2. Die Sphäre der Handlungsrechte

(1) Die Wettbewerbswirkungen des Kapitalmarktes sind auch davon bestimmt, wie weit die *Unternehmen* bei der Finanzierung von den Ersparnissen der Nichtunternehmer abhängig sind. Für das Verhältnis von Innen- und Außenfinanzierung, von firmeninternen und firmenexternen Kapitalmärkten sind z. B. ausschlaggebend die Unternehmensverfassung, das Ausmaß der Eigentumsverflechtung der Akteure auf den Gütermärkten (Dominanz von Groß- oder Kleinaktionären) sowie mit den Finanzintermediären und staatlichen Einrichtungen, der Zugang zu subventionierten Krediten und staatlichen Überlebensgarantien. Hiervon hängt die Reaktionsverbundenheit der Gütermärkte mit dem Kapitalmarkt im allgemeinen und die "Börsenkapitalisierung" der Unternehmen im besonderen ab.

(2) Unterschiedliche Wettbewerbswirkungen entstehen je nach der Ausstattung der Eigen- und Fremdfinanzierungstitel (Transformier- und Transferierbarkeit, Liquiditätsgrad, Laufzeit, pekuniäre Ertragsperspektiven, steuerliche Behandlung, Wertbeständigkeit – siehe *Kath* 1983, S. 249). Die jeweils gewählte Vermögensstruktur spiegelt die Anlagepräferenzen der *Sparer* wider, ihre Vorstellung, wie der Vermögenswert erhalten und gesteigert, wie zugleich auch dem Bedürfnis nach Liquidität Rechnung getragen werden kann. Im Nutzenkalkül von individuellen oder institutionellen Vermögenshaltern sind wettbewerbliche Wirkungen auf die Gütermärkte direkt nur in bestimmten Fällen (Aufkauf von Konkurrenten, Übernahmestrategien) intendiert. Um so entscheidender ist es im übrigen, daß die Handlungsrechte an den

Finanztiteln so beschaffen sind, daß sie im jeweiligen Handlungs- und Sachzusammenhang ungewollt die Gütermarkteffizienz des Kapitalmarktes begünstigen.

(3) Die Wettbewerbsbedingungen der *Finanzintermediäre* haben Einfluß auf die „Findigkeit" und „Billigkeit" des Kapitalmarktes. So kann der Wettbewerb zwischen in- und ausländischen, zwischen staatlichen und privaten Banken durch wettbewerbsbeschränkende Kooperationsmöglichkeiten und Niederlassungsbestimmungen eingeschränkt sein. Wie weit die Akteure der internationalen Finanzmärkte die nationale Kapitalmarkteffizienz beeinflussen können, hängt vor allem von der Freiheit des grenzüberschreitenden Kapitalverkehrs, damit von den Möglichkeiten der Umgehung nationaler wettbewerbsbeschränkender Regulierungen ab.

3.4.3. Die Anreizsphäre

Die Ebene der Handlungsrechte bestimmt wesentlich die vom Kapitalmarkt auf die Unternehmen, die Sparer und die Finanzintermediäre ausgehenden Anreize, etwa hinsichtlich der Anpassung der Portfolios an veränderte Ertragserwartungen auf den Gütermärkten oder hinsichtlich der Höhe der Rendite für Risikokapital gegenüber der Rendite risikoarmer, festverzinslicher Finanztitel (u. a. von der steuerlichen Behandlung von Fremd- und Eigenkapital abhängig). Die Anreize der Sparer sind in diesem Kontext von ihrer Zeitpräferenz abhängig. Normalerweise profitieren die Anleger von einem intertemporalen Risikoausgleich. Deshalb müßten sie daran interessiert sein, zumindest einen Teil des Geldvermögens längerfristig anzulegen. Tatsächlich präferieren die privaten Haushalte diese Möglichkeit im Interesse höherer Renditen. Die Zeitpräferenz kann jedoch durch fehlende Anlagetitel mit attraktiven Ausstattungsmerkmalen, durch Inflationserwartungen, aber auch durch die Verhaltensweise der Anlageberater und Vermögensverwalter entgegengesetzt beeinflußt werden. So legen nach *von Weizsäcker* (1994, S. 130) die meisten Vermögensverwalter die Gelder ihrer Kunden lieber in Papieren mit weniger Risiko, aber auch geringerer Renditeerwartung an, weil sie glauben, ihre Mandanten durch relativ schnelle Anlageerfolge besser an sich binden zu können. Daraus kann eine „delegationsinduzierte Risikoaversion des Anlegerpublikums" (*von Weizsäcker*) entstehen. Hierdurch können die Sparer daran gehindert werden, langfristige Anlagedispositionen im Bereich der Beteiligung am Produktivkapital einzuüben, eine wesentlich höhere durchschnittliche Jahresrendite zu erzielen, unternehmerische Kompetenz auf diesem Gebiet zu entwickeln und diese gewollt oder ungewollt in den Wettbewerbsprozeß einzubringen (siehe hierzu *Fehl* 1994, S. 356 f.). Die geschilderte Risikoaversion des Anlegerpublikums dürfte auch als Kehrseite jener Verkümmerung des Prozesses „kollektiven Lernens" auf dem Gebiet der individuellen Vermögensbildung zu erklären sein, auf die weiter unten hingewiesen wird (siehe Kapitel 4. 1.).

3.4.4. Die Ebene der Haftung

(1) Die Haftungspflicht der Eigentümer (Anteilseigner) von *Unternehmen* auf den Güter- und Finanzmärkten erstreckt sich *erstens* auf die Zuständigkeit für die Erfüllung der in den Verträgen der Unternehmensleitung begründeten Verbindlichkeiten – gegenüber den Arbeitnehmern, den Abnehmern, den Lieferanten, den Fremdkapitalgebern, dem Staat usw. Aus der Haftungspflicht resultiert *zweitens* das Lei-

tungsrecht, also die Zuständigkeit für die Vermarktung des unternehmensspezifischen Vermögenskomplexes. Dies schließt das Recht ein, die im Unternehmen als Gegenstück zu den Verbindlichkeiten begründeten Leistungsansprüche (vor allem aus den Verträgen mit den Arbeitnehmern, Kunden, Lieferanten, Banken usw.) zur Geltung zu bringen. Dies bezieht sich auch auf die Möglichkeit, das Leitungsrecht zu delegieren und die Art des delegierten Handelns zu bestimmen. Die Haftungspflicht der Eigenkapitalgeber bezieht sich *drittens* auf die Zuständigkeit für die Aneignung der Gewinne und die Übernahme der Verluste des Unternehmens als summarisches Ergebnis der Bemühungen um eine wertsteigernde Wissensnutzung.

Dieses Haftungsverständnis steht im Mittelpunkt der Idee einer präventiven Wettbewerbspolitik. Hierbei wird dem Eigenkapital deshalb eine besondere Bedeutung beigemessen, weil es ergebnisabhängig „bedient", also nicht wie Fremdkapital mit festen Sätzen verzinst und zu bestimmten Rückzahlungsterminen getilgt werden muß. Eigenkapital befähigt in Verlustphasen, aber auch bei risikoreichen Wettbewerbsvorstößen, zu eigenständigem unternehmerischen Handeln. Haftungsvermögen als Grundbedingung unternehmerischen Handelns wirkt erzieherisch und motivierend, wenn es darum geht, erfüllbare Wirtschaftspläne aufzustellen. Dies verstärkt die Eigenkontrolle, erhöht die präventive Anpassungsflexibilität der Unternehmen und verbessert die Berechenbarkeit wettbewerblicher Marktprozesse. Die gesellschaftliche Akzeptanz des Marktgeschehens wird auch durch die machtbegrenzende Wirkung der Haftung erleichtert: Unternehmen können nämlich nach diesem Haftungsverständnis nur in dem Maße wachsen und dadurch Vorteile im Wettbewerb gewinnen, wie ihre Haftungsgrundlage erweitert wird. Hierfür kommen auch Ersatzformen in Frage:

— *Die Abgabe von Rechten der Geschäftsleitung seitens der Kreditnehmer*:
In diesem Fall erhalten die Gläubigerbanken zur Minderung der Risiken aus einem unzureichend einschätzbaren Vermögensstatus bestimmte Mitentscheidungsrechte zuerkannt. Diese Vorkehrung kann – etwa gegenüber einer GmbH – durch Bildung eines Beirats, Verwaltungs- oder Aufsichtsrats, durch persönliche Haftungsübernahme seitens der Geschäftsführer oder ein Mitspracherecht der Kreditgeber bei Personalentscheidungen institutionalisiert werden. Bei der Kreditsicherung durch Erwerb von Leitungsrechten kann die Entscheidungsteilung für den Gläubiger allerdings mit schwer kalkulierbaren Transaktionskosten verbunden sein. Vor allem aber kann durch eine gespaltene Geschäftsführung der Verantwortungsbereich der kreditnehmenden Unternehmensleitung in einem Maß unbestimmt werden, daß die Fähigkeit und die Bereitschaft abnimmt, unternehmerisch erfolgreich tätig zu werden.

— *Die Besicherung des Fremdkapitals*:
Hierfür kommen Pfand- und Übereignungsrechte, Eigentumsvorbehalte oder andere privatrechtliche Vereinbarungen der Kreditsicherung, die im Konkursfalle Anspruch auf Absonderung oder Aussonderung haben, in Frage. Hierdurch kann die Kreditgewährung an Berechenbarkeit gewinnen, so daß infolge abnehmender Transaktionskosten auch die Kreditkosten gesenkt werden können. Damit wird allerdings der unternehmerische Dispositionspielraum des Schuldners eingeengt.

Freilich gibt es Fälle, in denen erst auf diesem Weg der Zugang zu Fremdkapital möglich wird. Dies gilt vor allem für den Markteintritt solcher Unternehmen, die in ihrer Startphase weitgehend auf besichertes Fremdkapital angewiesen sind, weil es ihnen an Eigenkapital mangelt oder weil die Banken nicht bereit sind, unternehmerische Ideen zu kreditieren. Sicherungsrechte sind geeignet, diese Handlungsrechtsbarriere zu überbrücken, was besonders für unbekannte junge Unternehmen eine wichtige Starthilfe sein kann.

– Institutionen der Informationsvermittlung (z. B. Auskunfteien, Kreditinformationssysteme der Banken) sowie die Kreditversicherung.

(2) Die Bereitschaft der *Sparer,* Eigentümerhaftung zu übernehmen, dürfte von folgenden Faktoren abhängen:

– von der Höhe der Risikoprämie für Haftungskapital gegenüber risikofreien alternativen Anlagen;

– von den Kosten für die Lösung des Principal-Agent-Problems: in Abhängigkeit vom Ausmaß der Kapitalbeteiligung am Unternehmen und damit vom Einfluß der Geldkapitalgeber auf die Unternehmenskontrolle;

– von der gesetzlichen Zuweisung von Leitungsrechten ohne Mithaftung;

– von der Kalkulierbarkeit der Verbindlichkeiten (etwa gegenüber den Arbeitnehmern – z. B. durch Kündigungsschutz, Sozialplan- und Mitbestimmungskosten; gegenüber den Abnehmern – z. B. in Form der Produzentenhaftung; gegenüber dem Staat – z. B. aufgrund von Umweltschutzauflagen, steuerlicher Rechtsunsicherheit);

– von der Möglichkeit, die Beteiligung auf den Finanzmärkten zu kapitalisieren;

– vom Angebot anreizkompatibler Beteiligungsmöglichkeiten.

(3) Die Haftung der *Finanzintermediäre,* etwa in Form des Einlagenschutzes, ist im Bereich der Finanzmärkte wegen des Dominoeffektes besonders wichtig. Diese Vertrauenssicherung erleichtert die kontinuierliche Mobilisierung von Sparkapital, damit auch die Verläßlichkeit der Außenfinanzierung von Investitionen auf den Gütermärkten. Im Zusammenhang mit diesem Argument der „Sicherheit des Kapitalmarktes" stellt sich die Frage: Wie kann der Einlagenschutz wettbewerbsfördernd gestaltet werden? Dies kann geschehen:

– durch Eigenkapital-, Rechnungslegungs- und Publizitätsvorschriften; Normen der Kreditvergabe, Vorschriften über die Art der Fristen-, Risiko- und Mengentransformation, Markteintrittskontrollen bis hin zur Staatsaufsicht über die Finanzintermediäre. Entsprechende Regulierungen sind dagegen für hoheitlich organisierte Wettbewerbsbeschränkungen besonders anfällig;

– durch Einlagensicherung auf dem Versicherungswege; diese wirkt eher wettbewerbsfördernd.

Die vom Wissen, den Handlungsrechten, den Anreizen und Haftungsregeln beeinflußten Dimensionen des Wettbewerbs, die vom Kapitalmarkt aus zum Gütermarkt hin wirksam werden können, knüpfen sehr stark an Gewinnerwartungen an. Doch ist zu berücksichtigen, daß Wettbewerbsprozesse und Gewinnaussichten von vielen Faktoren abhängen. Ob auf dieser Grundlage die Dynamik des vor- und nachstoßenden Wettbewerbs, die Überlebensfähigkeit sowie die Bewertung der Unternehmen verbessert werden können, ist also nicht nur von den Finanzierungsmöglichkeiten bestimmt, sondern von der Gesamtauswahl „jener Aktiva aus dem Gesamtpotential verfügbarer Ressourcen, die die Unternehmung zu effizienten Komplementaritätsblöcken bündelt" (*Krüsselberg* 1986, S. 80 mit Verweis auf 1967, S. 288-293).

4. Verkümmerte Wettbewerbsdimensionen des Kapitalmarktes: Ursachen und Wirkungen

4.1. Die Sphäre der privaten Haushalte als Sparer

Prinzipiell können die Unternehmer nicht unabhängig von den Entscheidungen der Sparer investieren (*Willgerodt* 1957, S. 191). Heute gilt dies bei einem hohen Offenheitsgrad der Finanzmärkte und einer entsprechend gestiegenen Kapitalmobilität mehr denn je auch international. Damit haben auch die Sparer eine größere Auswahl von Anlagen und Finanzdienstleistungen. Die Sparer werden bei der Daseinsvorsorge durch Vermögensbildung darum bemüht sein, Anlagen entsprechend ihren Risiko- und Zeitpräferenzen mit den international günstigsten Ertragseigenschaften zu wählen. Die Frage ist: Wie werden durch diese Erwartungen – etwa über die Sachkapitalbildung – Wettbewerbswirkungen auf den Gütermärkten ausgelöst? Hierbei ist auszuschließen, daß die Sparer dafür, daß dem Wettbewerb (also einem öffentlichen Gut) gedient wird, besondere Anstrengungen unternehmen. Wettbewerbseffekte im Sinne der Gütermarkteffizienz des Kapitalmarktes entstehen durch die Sparer nur unbewußt und ungewollt (siehe Kapitel 3.3.). Sparer können die privaten Haushalte, die Produktionsunternehmen, die öffentliche Hand und das Ausland sein. Hier werden im wesentlichen nur die privaten Haushalte und – im Kontext des nächsten Abschnitts – die Produktionsunternehmen behandelt.

Die privaten Haushalte sind in Deutschland die zweitwichtigste Quelle von Finanzkapital für die volkswirtschaftliche Vermögensbildung (siehe *Horn* 1994, S. 38). In der Bundesrepublik entfiel davon vor 1990 der größte Teil auf die Finanzierung der Versorgungsansprüche gegen die Privat- und Sozialversicherung und auf die Finanzierung von Haus- und Grundvermögen (rd. 65%; für die Sozialversicherung allein 30%). 17% entfielen auf das Geldvermögen (einschließlich Aktien), auf Sachvermögen 7% - 8% und auf Betriebs- und Produktivvermögen 6,5% - 7% (*Lampert* 1993, S. 247 f.). Lediglich 5% bis 6% des Geldvermögens der privaten Haushalte waren in Aktien angelegt (1960 waren es noch 24,2%; 1970 11,3%). Insofern sind die meisten Sparer an den Unternehmen im Gütermarktbereich überwiegend nur indirekt über die Finanzintermediäre „beteiligt".

Während im Bereich des Haus- und Grundbesitzes sowie des Geldvermögens zunehmend breitgestreute Eigentumsverhältnisse festzustellen sind, wird bei der Beteiligung am Betriebsvermögen nach wie vor eine hohe Eigentumskonzentration vermutet. Es gibt nämlich keine amtliche Statistik der Vermögensverteilung. Im Ausmaß und in der Streuung der Geldvermögensbildung sowie in der seit längerem beobachtbaren abnehmenden Zeitpräferenz im Anlageverhalten wird vielfach eine günstige Voraussetzung für eine breitere Beteiligung der Bevölkerung am Produktivvermögen gesehen. Es müsse allerdings, so wird gefordert, staatlicherseits nachgeholfen werden, weil bei den privaten Haushalten eine „risikoaverse Anlegermentalität" mit einem überzogenen Sicherheitsbedürfnis bestehe. Dieses wird mit Kriegs- und Inflationserfahrungen erklärt. Vor allem wird auf der Anlegerseite die fehlende „Aktienkultur" in Deutschland beklagt.

Gewiß gibt es im Verhalten der Sparer Mechanismen des Lernens, der Nachahmung und der Bekräftigung von Erfahrung und Wissen durch komplementäre Institutionen. Dadurch entstehen im wettbewerblichen Bewährungstest Verhaltensroutinen. Dieser Vorgang ist allerdings ordnungsbedingt. Er hat z. B. in den USA unter den dort bestehenden Ordnungsbedingungen dazu geführt, daß die Sparer als Anteilseigner im Mittelpunkt des Kapitalmarktes stehen. Dies wird dadurch ständig bestätigt, daß die Unternehmen sich in hohem Maße über den Kapitalmarkt finanzieren. Auch in Großbritannien, der Schweiz und in Japan ist die Eigenkapitalfinanzierung der Unternehmen und damit ihre Börsenkapitalisierung sehr viel höher als in Deutschland. Daß bei uns keine entsprechenden Lern- und Handlungsmuster entstehen, kann z. B. folgende Gründe haben:

(1) In Deutschland ist eine weit fortgeschrittene Entpersonalisierung der Rechte am Privateigentum an den Produktionsmitteln entstanden. Das Bundesverfassungsgericht hat diese sozialstaatlich motivierte Entwicklung in seinem Mitbestimmungsurteil vom 1.3.1979 bekräftigt. Seine sozialethischen Überlegungen laufen darauf hinaus, Vermögensrechten in der direkten Nutzung von Einzelpersonen einen höheren „sozialen Rang" und weitergehenden Schutz des Grundgesetzes einzuräumen als Eigentum in der unternehmerischen (vor allem kapitalgesellschaftlichen) Nutzung (siehe *Schüller* 1980a, S. 110 ff.).

Die verstärkte Sozialbindung von unternehmensgebundenen Eigentumsrechten drückt sich seit den 70er Jahren in der Mitbestimmungsgesetzgebung, der Arbeitsmarktpolitik und in anderen, vor allem steuerpolitischen Diskriminierungen der Risikokapitalbildung gegenüber der Fremdkapitalfinanzierung aus. Nicht nur in der DDR, sondern auch in Westdeutschland hat die marxistische Theorie vom ausbeuterischen Charakter des Eigentums an den Produktionsmitteln weit ausgreifende Wurzeln geschlagen. Es ist verständlich, wenn bei vielen Sparern (die ja als Arbeitnehmer die Windrichtung kennen, aus der die eigenkapitalfeindliche Haltung in Gesetzgebung und Rechtsprechung kommt) eine Art von verborgener Teilhaberflucht entstanden ist. Kapitalflucht entsteht bekanntlich immer dann, wenn die freie Verfügbarkeit über eine Anlage aufgrund tatsächlicher oder erwarteter Eingriffe für den Kapitalanleger nicht mehr sicher genug erscheint. Solange es für diese Diskriminierungen keine ausgleichende Risikoprämie gibt, ist es verständlich, wenn Vermögensanlagen in Deutschland bevorzugt werden, die für eine politisch verursachte Ausdünnung der Ertragserwartungen weniger anfällig sind. Die entsprechenden Anlagen erzielen im Wettbewerb um das international bewegliche Finanzkapital einen Vorteil.

Das negative Vorzeichen bei allen unter 3.4.4. genannten Faktoren ist zu bedenken, wenn darüber nachgedacht wird, wie die Aktie als Finanzierungsinstrument – auch für eine Gesellschaft von Teilhabern – und dadurch die Wettbewerbsdimensionen des Kapitalmarktes in Deutschland gestärkt werden können.

(2) Das System der dynamischen Rente nach dem totalen Umlageprinzip schränkt die Handlungsfreiheit der privaten Haushalte in Deutschland hinsichtlich ihrer Daseinsvorsorge für das Alter durch Sparen ein. Mindestens ein Drittel der durchschnittlichen individuellen Vermögensbildungskapazität wird allein von der gesetzlichen Alterssicherung absorbiert; die entsprechenden individuellen Ansprüche werden meist nicht in der Vermögensstatistik ausgewiesen. Dieser Teil des laufenden Sparens entzieht sich zudem in breiten Bevölkerungsschichten der bewußten individuellen Eigentumsdisposition; er geht der volkswirtschaftlichen Kapitalbildung verloren, weil das vorherrschende Umlageverfahren ein kapitalbildungsfeindliches Umverteilungsinstrument ist (siehe *Willgerodt* 1979, S. 205). Ein Vergleich der Zahlungen aus der gesetzlichen Rentenversicherung mit dem, was der Kapitalmarkt den Rentnern bieten würde, zeigt, „daß alle durchgerechneten Alternativen den treuen Zwangsversicherten erheblich schlechter stellen, als es der Kapitalmarkt getan hätte" (*Glismann/Horn* 1995, S. 333 f.). Die Leistungen der gesetzlichen Rentenversicherung reichen nicht einmal aus, „um in einer Welt ohne Zinsen und Wachstum mit dem Sparstrumpf des Beitragszahlers zu konkurrieren".

Weil diesen Vermögensansprüchen aus der gesetzlichen Rentenversicherung die „Kapitalfundierung" (*Issing* 1992, S. 8) fehlt, dürfte eine „bestimmte geistige und moralische Haltung, die einen Teil individueller und selbstverantwortlicher Lebensgestaltung ausmacht" (*Willgerodt* 1957, S. 197), in Mitleidenschaft gezogen worden sein. Aus Handlungsrechtsbarrieren sind Wissens-, Anreiz- und Verantwortungsbarrieren mit vielfältigen Einladungen zum moralischen Fehlverhalten entstanden. Diese hätten beim Kapitalstocksystem keine Chance. In der gesetzlichen Alterssicherung wird deshalb vielfach eine Ursache für die mangelnde Markttiefe des Kapitalmarktes bei der Koordination intertemporaler Wirtschaftspläne und für den Umstand gesehen, daß das stärkste Motiv zur Vermögensbildung überhaupt in Mitleidenschaft gezogen worden ist (siehe *Willgerodt* 1980, S. 14 ff.; *Horn* 1994, S. 45 f.).

(3) Eine freiwillige risikokapitalorientierte Umschichtung in der Vermögensbildung der sog. Kleinanleger erfordert Anlageformen mit entsprechenden Anreizen. Daran mangelt es. Die durchschnittliche Aktiendividende lag zwischen 1965 und 1992 erheblich unter der Umlaufrendite festverzinslicher Wertpapiere der öffentlichen Hand (siehe *Horn* 1994, Tabelle 14); wird auf die tatsächliche Aktienrendite (also auf die Wertentwicklung einer Aktienanlage unter Berücksichtigung der Kursgewinne) abgestellt, so stellt *Horn* für den Zeitraum 1965 bis 1993 am deutschen Aktienmarkt ebenfalls ein Zurückbleiben hinter der Wertentwicklung von Rentenanlagen fest, wenn von den Jahren 1965 bis 1970 und 1982 bis 1986 abgesehen wird. Es ist also schon deshalb verständlich, wenn in Deutschland der Aktienbesitz in der Struktur der Geldvermögensbildung der privaten Haushalte im internationalen Vergleich extrem unterentwickelt ist. Freilich schneiden international gestreute Aktien-

portfolios bei hinreichend langfristigem Anlagehorizont sehr viel besser ab (siehe *FAZ* 1995b). Die Frage ist: Wer ist im politischen Prozeß daran interessiert, daß Haftungskapital auch in Deutschland mit einer attraktiven Risikoprämie rechnen kann? Viele (Groß-)Unternehmen sind nicht allzu sehr auf publikumswirksame Formen der Risikokapitalbeschaffung angewiesen; und der zinsrobuste Staat kann sich am reich mit Sparkapital gedeckten Tisch den jeweils gewünschten Teil relativ leicht beschaffen. Die Sparer haben auf die Verwendungsqualität des Kapitalmarktes kaum Einfluß.

4.2. Die Sphäre der Unternehmen auf den Gütermärkten

Die Finanzierung der Unternehmen umfaßt die Innenfinanzierung und die Außenfinanzierung. Die Innenfinanzierung besteht aus Abschreibungen, Gewinnzuführungen und Rückstellungen (einschließlich solcher für Pensionsansprüche). Die Außenfinanzierung umfaßt die externe Eigenkapitalzuführung und die Fremdfinanzierung mit unterschiedlichen Formen der Kreditaufnahme. Hier stellt sich die Frage nach der Wettbewerbsrelevanz der Bemühungen um eine für das Unternehmen vorteilhafte Kapitalstruktur.

Zunächst ist zu beobachten, daß der Anteil der Innenfinanzierung der Unternehmen an den Bruttoinvestitionen in Westdeutschland im internationalen Vergleich sehr hoch ist: 1970 74%, 1980 71%, 1990 91%, 1992 und 1993 rund 77% (siehe *Horn* 1994, S. 34 ff.). Allein die (verdienten) Abschreibungen machen an der gesamten Innenfinanzierung zwischen 65% und 70% aus. Auch der Umstand, daß die Produktionsunternehmen insgesamt mit einer erheblich anwachsenden Geldvermögensbildung selbst als Finanzintermediäre tätig geworden sind (durch Anlagen bei Banken, in festverzinslichen Wertpapieren, in Form von Beteiligungen jeweils im In- und Ausland), läßt vermuten, daß über die gewachsene Bedeutung der Innenfinanzierung, also der sog. „internen Kapitalmärkte", die Abhängigkeit der güterwirtschaftlichen Prozesse vom externen Kapitalmarktgeschehen in Deutschland abgenommen hat. Dies drückt sich bei den großen deutschen Aktiengesellschaften auch in extrem hohen Anteilen der „sonstigen Erträge" am Gewinn aus (siehe *FAZ* 1995a).

Die Unabhängigkeit der Unternehmen von der Außenfinanzierung ist allerdings vor allem ein Privileg großer Unternehmen mit einer Rechtsform, die den Zugang auch zum internationalen Kapitalmarkt erleichtert. Kleinere Unternehmen sind dagegen vor allem auf die Finanzierung durch Banken angewiesen.

Hieraus läßt sich eine prinzipielle Wettbewerbsrelevanz der Eigenkapitalbasis folgern:

(1) Soweit Unternehmen auf Fremdkapital angewiesen sind, stammt dieses in Deutschland zu fast 85% von den Banken (siehe *Issing* 1993, S. 30 ff.). Wenn es nun zutrifft, daß der Eigenkapitalanteil für die Banken eine „unverzichtbare Kennziffer" bei der Kreditwürdigkeitsprüfung ist, sind die auf Fremdkapital angewiesenen (meist kleineren) Unternehmen daran interessiert, einen möglichst hohen Eigenkapitalanteil auszuweisen. Um diesen Anteil vergleichsweise hoch erscheinen zu lassen, liegt es nahe, Vermögenswerte, die eigentlich betrieblichen Zwecken

dienen und für die Sicherung der Unternehmensliquidität wichtig sind, außerhalb des Unternehmens zu halten und nicht zu bilanzieren („geleastes" oder gepachtetes Vermögen) oder als Aufwendungen zu verbuchen (Werbeinvestitionen, Kosten der Anwerbung und Einarbeitung von Personal).[2] Wenn sich Banken aber andererseits weniger am Eigenkapitalanteil als an der Vermögensposition von Unternehmen orientieren, so kann sich die Tatsache, daß geleaste Vermögenswerte nicht unter den Vermögenspositionen in der Bilanz auftauchen, ungünstig auf die Entwicklung und die Wettbewerbschancen von Firmen auswirken, die in vergleichsweise hohem Maße auf Bankkredite angewiesen sind (zu den vorstehenden Feststellungen siehe *Interfinanz* 1994, S. 19 f.). Solche Unternehmen dürften auf den maßgeblich von Banken beeinflußten Kreditmärkten, deren Wirkung bisweilen den Märkten für Unternehmenskontrolle gleichgestellt wird, nur eher geringe Chancen haben.

(2) In den Fällen, in denen durch haftungsbeschränkende Unternehmensrechtsformen (z.B. die GmbH) der Marktzutritt erleichtert wird und sich die Banken die unzureichende Haftungsgrundlage für Kredite durch Leitungsrechte und persönliche Bürgschaften zusichern lassen, „(schlägt) die Haftungsbeschränkung ... aus zu Lasten von Lieferanten, Handwerkern und sonstigen kleinen Geschäftspartnern" (*Möschel* 1992, S. 65), die nicht über eine entsprechende Marktstellung verfügen, um solche Absicherungen durchzusetzen. Was über die Haftungsbeschränkung an Erleichterung des Marktzutritts gewonnen werden mag, wird also zugleich bei anderen Unternehmen an Widerstandsfähigkeit im Überlebenskampf verspielt.

(3) Die Möglichkeit, Investitionsrisiken auf eine größere Zahl von Anteilseignern zu verteilen, müßte prinzipiell die Bereitschaft erhöhen, riskantere Investitionsprogramme zu realisieren. In dieser Hinsicht wird deshalb der Aktiengesellschaft (AG) eine besondere Bedeutung beigemessen. Dies gilt besonders für die börsennotierte AG. Sie wirkt normalerweise auf potentielle Anteilseigner besonders anziehend, weil – wegen der Fungibilität der Aktie und des besonderen Anlegerschutzes – Aussicht auf eine (kosten-)günstige Marktkapitalisierung der Beteiligung besteht. Hinzu kommt, daß die AG unter allen Unternehmensrechtsformen die höchste Überlebenswahrscheinlichkeit aufweist, gefolgt von den Personengesellschaften. Diese weisen eine größere „intergenerationelle Kontinuität" als die GmbH und die GmbH & Co KG auf. Für letztere wird von allen Unternehmensformen die höchste Ausfallquote zwischen dem 1. und 35. Lebensjahr festgestellt (*Woywode* 1993, S. 458).[3]

---

[2] Anders als bei Kapitalgesellschaften werden von Einzel- und Personenunternehmen Finanzanlagen aus steuerlichen Gründen bevorzugt dem Privatvermögen zugeordnet. Die wirtschaftliche Lage der privaten mittelständischen Nichtkapitalgesellschaften mag auch deshalb den Banken als vergleichsweise ungünstig erscheinen (siehe *Deutsche Bundesbank* 1993, S. 33).

[3] Hohe Überlebenswahrscheinlichkeit ist im Hinblick auf die hier interessierende Wettbewerbsfrage kein Wert an sich. Nach *Wenger* (1992, S. 81) wünschen die Kleinaktionäre oft genug „eben nicht den langfristigen Fortbestand des Unternehmens; stattdessen würden sie eine kurz- oder mittelfristige Teil- oder Totalliquidation vorziehen, die einem unfähigen oder in die eigene Tasche wirtschaftenden Management die Möglichkeit nimmt, eine unrentable Investitionspolitik auf Kosten der Aktionäre langfristig fortzusetzen".

Tatsächlich hat jedoch die AG als Kapitalsammelstelle in Deutschland an Bedeutung verloren. Die Zahl der Aktiengesellschaften betrug 1914 5.000, 1924 immerhin 17.000, 1938 noch 5.500, 1941 dann 2.700, Ende 1959 noch 2.650. Die heute bestehenden rd. 3.000 deutschen Aktiengesellschaften (in Frankreich sind es etwa 135.000 und in Japan 1,2 Mill.) beschaffen Eigenkapital nur in einem vergleichsweise geringen Ausmaß durch die Ausgabe von Aktien an der Börse. Der Aktienmarkt ist extrem eng und besteht im wesentlichen aus dem Portefeuille-Handel; 90% der börsennotierten Aktiengesellschaften sind im Mehrheitsbesitz eines Großaktionärs oder mehrerer Großaktionäre. Allenfalls 40 Aktiengesellschaften befinden sich im Streubesitz.

Aus der Aktie ist ein „Mittel der Beherrschung" – vor allem durch die Banken (siehe Kapitel 4.3.) – geworden. Die GmbH – auch als Konzern-GmbH – ist inzwischen (wegen der vergleichsweise günstigen Mindestkapitalvorschrift und aus anderen Gründen) zur dominierenden Rechtsform der Unternehmen geworden. Dieser Trend hat sich nach 1989 in ganz Deutschland noch verstärkt. Die hohe Präferenz für die GmbH mag auf die zunehmende Unkalkulierbarkeit wichtiger unternehmerischer Verbindlichkeiten in Deutschland zurückzuführen sein [siehe Kapitel 3.4.4.(2)].

Die Möglichkeit, sich an Aktiengesellschaften zu beteiligen, ist insgesamt in Deutschland unterentwickelt. Dies ist die Folge einer handlungsrechtlichen Struktur der AG im allgemeinen und der Aktie im besonderen, die im Hinblick auf die wettbewerbliche Kapitalmarktkontrolle als verfehlt bezeichnet werden muß. Das Aktienrecht läßt nämlich das Management großer Unternehmen, vor allem von Konzernen, alle möglichen Interessen vertreten, nur nicht die der Anteilseigner (siehe *FAZ* 1995a). Zusammen mit den „Mitbestimmungsträgern" ist das Management – häufig Arm in Arm mit den Hausbanken und dem Aufsichtsrat – in der Lage, die Innenfinanzierung der Außenfinanzierung vorzuziehen und damit die Kontrolle des Kapitalmarktes weitgehend auszuschalten, so z. B. die Hälfte des Jahresüberschusses, ohne eine von den Aktionären zu billigende Begründung einzubehalten. Über die thesaurierten Mittel kann die Unternehmensleitung verfügen.

Die Unabhängigkeit des Managements vom Kapitalmarkt wird noch verstärkt, wenn die Größe der Unternehmen im politischen Raum im Notfall zur Überlebensgarantie wird. Aus dem privatrechtlichen Prinzip des delegierten Handelns wird der öffentlich-rechtliche Grundsatz einer dem Staat übertragenen Haftung. Auf diesem Weg rücken entsprechende Unternehmen in die Nähe von staatlichen Einrichtungen mit „gesellschaftspolitischer Ordnungsmacht" (*Rühli* 1994, S. 14). Die Rolle des „gesellschaftsbewußten Seiltänzers" (ebd.), der viele begehrliche Augen auf sich gerichtet sieht, dürfte allerdings leichter zu bewältigen sein, wenn das Überleben des Unternehmens aus eigener Kraft gesichert werden kann. Dies mag unter anderem erklären, warum große Unternehmen auf der einen Seite bestrebt sind, Leistungsbereiche auszugliedern und die Unternehmensstruktur zu dezentralisieren, sich auf der anderen Seite aber bemühen, den Finanzierungssektor zu zentralisieren und um Funktionen und Institutionen zu erweitern, die traditionell bankmäßigen Charakter haben. Diese Art von finanzwirtschaftlicher Verselbständigung der Un-

ternehmen im Sinne des „Inhouse-Banking" geht über den Ausbau der Hauptfi-
nanzabteilungen weit hinaus und reicht bis zur Erlangung einer Banklizenz (siehe
Krahnen 1994, S. 300 ff.).

Auf diese Weise kann das Management nicht nur gegenüber den Interessen der
Shareholder und anderer Akteure des Kapitalmarktes, sondern auch gegenüber allzu
widersprüchlichen Stakeholder-Begehrlichkeiten, die meistens mit sozialstaatlichen
Ansprüchen geäußert werden, an Souveränität gewinnen. Die Kapitallenkung nach
firmeninternen Kalkülen zu organisieren bietet die Möglichkeit der Quersubventionierung und Ansatzpunkte für eine zutrittsbehindernde strategische Marktpolitik.

Ein extremes Beispiel für die aktienrechtlich verursachte fehlende Reaktionsverbundenheit von Gütermarkt- und Kapitalmarktgeschehen ist der VEBA-Konzern:
Dieser kann bis 1999 nicht nur Investitionen in Höhe von 30 Mrd. DM aus seiner
Innenfinanzierung durchführen, es bleibt ihm auch noch eine Finanzreserve in Höhe von 7 bis 8 Mrd. DM für „noch nicht planbare strategische Projekte". Dabei ist
wohl vor allem an weitere Unternehmenskäufe gedacht, also an die externe Unternehmenskonzentration, durch die häufig substantielle Wahl- und Handlungsmöglichkeiten im Marktgeschehen verlorengehen. Das geltende Aktienrecht erlaubt es
dem Vorstand und dem Aufsichtsrat, unabhängig vom Wissen, Wollen und Verantworten der 486.000 VEBA-Aktionäre zu entscheiden (siehe *FAZ* 1994). Die Ka-
pitalmarktunabhängigkeit wird in diesem Fall wie in vielen anderen Fällen (siehe
FAZ 1995a) zum einen durch das Zugriffsrecht des Managements auf den Gewinn
und andere Möglichkeiten der Innenfinanzierung, zum anderen durch den besonderen Vorteil aus dem unzulänglichen Informationsgehalt der deutschen Rechnungs-
legungspraxis (etwa im Vergleich zu den amerikanischen Vorschriften) und aus der
staatlichen Regulierung (hier der Elektrizitätswirtschaft) erreicht.

Wenn es generell zutrifft, daß in der Präferenz der Unternehmensmanager die Innenfinanzierung vor der Fremdfinanzierung und diese vor der externen Eigenfinanzierung
rangiert und daß auch günstige Möglichkeiten bestehen, nach dieser Vorliebe zu handeln, dann stellt sich die Frage: Warum sollen den Managern noch weitere „regelgebundene" Gewinnzugriffsrechte eingeräumt werden? *Krahnen* (1994) erwartet vom Schutz
des Managements vor dem „informations- und gewinnhungrigen" Kapitalmarkt eine
Förderung des vorstoßenden Wettbewerbs, also einen positiven externen Effekt. Hierbei
wird den Aktionären eine im Vergleich zu den Managern prinzipiell höhere Zeitpräferenz unterstellt.

Gegen dieses Argument spricht, daß der Gewinnanspruch der Aktionäre schon heute
beachtlich eingeschränkt ist; allein schon deshalb entstehen auch keine starken Anreize
für längerfristige Orientierungen, die bei uneingeschränktem Dividendenanspruch zu
erwarten wären. Die Zeitpräferenz der Aktionäre ist nicht als etwas Gegebenes zu betrachten. Sie ist von den Ausstattungsmerkmalen der Aktie abhängig. Es würde sich
z. B. lohnen, mehr Wissen über Aktiengesellschaften zu erlangen und mehr in diese zu
investieren, wenn Gewinnzuführungen Zug um Zug in Beteiligungen mit Stimmrecht
verwandelt und dadurch Vermögens- und Kontrollrechte nach Maßgabe der tatsächlichen Risikobeteiligung erworben werden könnten (siehe *Schüller* 1980b, S. 118 ff.). Die
Unternehmensleiter hätten sich dann präventiv auf das Aktionärsverhalten einzustellen

und durch ihre Geschäftspolitik Gewinnerwartungen zu begründen, die die Aktionäre veranlassen könnten, die Wettbewerbsvorstöße über ein langfristiges Engagement der Geschäftsleitung finanzieren zu helfen.

Im übrigen dürften neben anderen Faktoren die heute vorherrschenden Prinzipien der Gewinnermittlung dem Wunsch der Manager nach finanzieller Unabhängigkeit ohnehin schon weit entgegenkommen. Nach diesen Prinzipien werden „Ausgaben für gewisse zukunftsorientierte Projekte ... vom Gewinn abgezogen ..., während andere Projekte, deren Ergebnisse rasch vorliegen, keine Belastung für den nach diesen Grundsätzen ermittelten Gewinn der nahen Zukunft darstellen" (*von Weizsäcker* 1994, S. 127).

Die Methode des „Inhouse-Banking" hat offensichtlich gegenüber der Findigkeit, der Sicherheit und der Billigkeit des deutschen Kapitalmarktes Vorteile, jedenfalls aus der Perspektive der Manager der Produktionsunternehmen. Die Konsequenzen für die Wettbewerbsdimensionen des Kapitalmarktes bedürfen noch einer näheren Betrachtung. Worauf könnte der Wettbewerbsvorteil des „Inhouse-Banking" wie auch derjenige ausländischer Anbieter von Finanzmarktleistungen zurückzuführen sein?

4.3. Die Sphäre der Banken und des Staates

In Deutschland entfallen auf die Banken rund vier Fünftel aller finanziellen Aktiva der inländischen Kapitalsammelstellen. Entsprechend wichtig sind die Banken als Mittler auch im Prozeß der Geldvermögensbildung, zumal sie über die Erweiterung ihrer Geschäftsbasis hin zu „Allfinanz-Unternehmen" am stark aufkommenden Versicherungs- und Wertpapiersparen beteiligt sind (siehe hierzu *Issing* 1993, S. 30 ff.). Von daher könnte einiges dafür sprechen, daß von den Banken starke Impulse auf den Wettbewerb im Gütermarktbereich ausgehen, zumal ein relativ hoher Prozentsatz (rund 85%) der Fremdmittel der Produktionsunternehmen von den Banken stammen. Freilich relativiert sich dieser Eindruck entscheidend, wenn die geschilderten Möglichkeiten der Innenfinanzierung bestimmter Unternehmen und die Entwicklung zum „Inhouse-Banking" berücksichtigt werden. Ist vielleicht sogar zu vermuten, daß die Banken immer mehr an wettbewerblicher Strahlkraft verlieren?

Im Hinblick auf die Wissens- und Anreizdimension des Wettbewerbs ist vorauszusetzen, daß der Umgang mit Finanzierungsrisiken im Bereich der Produktionsunternehmen einer ständigen Übung bedarf. Die Intensität dieser Bemühungen dürfte davon abhängen, wie stark die Banken in dieser Hinsicht gefordert und auf solche Engagements angewiesen sind; dem könnten folgende Umstände entgegenstehen:

(1) Die hohe Bedeutung der firmeninternen Kapitalmärkte.

(2) Die erheblichen Anstrengungen staatlicher Stellen, gewerbliche Investitionen mit Sonderkrediten anzustoßen und entsprechende Einrichtungen (wie die Kreditanstalt für Wiederaufbau und die Deutsche Ausgleichsbank) auszubauen. Je mehr die mitfinanzierenden Banken über diese Subventionen von der Haftung freigestellt werden, desto mehr wird sich die Betriebsamkeit auf die Vermittlung von und die Beteiligung an solchen Finanzierungshilfen konzentrieren. Allein der Bund bietet über 40 spezielle Kreditförderungsmaßnahmen an. Hinzu kommen zahlreiche Hilfsprogramme der Länder. Der Anteil der nicht oder wenig zinsreagiblen Kredite an der

gesamten Außenfinanzierung der inländischen nicht-finanziellen Sektoren hat nach Feststellung der Deutschen Bundesbank (1992, S. 23) die Steuerungsfunktion des Marktzinses fühlbar eingeschränkt und das Rentabilitätsdenken auch bei den Kreditgebern insgesamt aufgeweicht. Neben Fehlinformationen des Kapitalmarktes [siehe Kapitel 4.1.(1)] ist der Staat damit (vor allem auch nach 1989 in den neuen Bundesländern) indirekt in die Rolle des Eigenkapitalgebers gerückt, nachdem er diese Position für Private zunehmend unattraktiv gemacht hat. Mit dieser Art von Verstaatlichung der Finanzierung der Unternehmen mag zwar deren Kreditbasis erweitert worden sein, doch könnte hierdurch die Ansammlung von Fähigkeiten auf dem Gebiet der bankmäßigen Wagnisfinanzierung Schaden genommen haben. Statt dessen sind Methoden der versteckten Investitionslenkung vorgedrungen. Hierbei versuchen Politiker, sich gönnerhaft als Schutzherren der Eigenkapitalbildung zu profilieren.

(3) Der Anspruch, das Marktgeschehen möglichst *einheitlich* als Wettbewerbsordnung zur Entfaltung zu bringen, ist schon deshalb schwer einlösbar, weil es neben privaten auch staatliche Anbieter von Gütern gibt. Die privaten und staatlichen Güteranbieter sind bekanntlich meist verschiedenen Spielregeln unterworfen. So besteht auch für die Banken ein verständlicher Anreiz, staatliche Kreditnehmer zu bevorzugen und sich mit sicheren Gewinnaussichten auf die „wählerinduzierte Kurzsichtigkeit der Politiker" *(Brennan/Buchanan* 1993, S. 124 f.) einzustellen. Diese ziehen es seit den 70er Jahren auch in Deutschland unter Berufung auf „strukturelle" Handlungszwänge vor, öffentliche Ausgaben durch Kredite statt durch Steuern zu finanzieren; dies auch dann, wenn es sich um Konsumausgaben und Fehlinvestitionen handelt, die typisch für ein weitläufig entwickeltes wirtschaftspolitisches Interventionssystem sind. Es erfordert von den Banken keine besondere unternehmerische Leistung, sich mit Aussicht auf Gewinn darauf einzustellen, zumal der Gesetzgeber dem Staat als Schuldner einen privilegierten Zugang zum Bankkredit verschafft hat. Sparer wie Banken leisten auf diese Weise ungewollt einer volkswirtschaftlich mangelhaften, ja häufig verschwenderischen Verwendung des Kapitals Vorschub.

(4) Wettbewerbsverzerrende Effekte können auch dadurch entstehen, daß die Banken die Regeln einer strengen ertragsorientierten Finanzierung der Unternehmen auf den Gütermärkten vernachlässigen können. Diese Gefahr ist um so größer, je vielfältiger Banken gegenüber einem Kreditnehmer engagiert sind (als Kreditgeber und Kontenverwalter, durch Dauerbeteiligung, Wahrnehmung der Vollmacht für Stimmrecht und Depotverwaltung, von Aufsichtsratsmandaten und Emissionsgeschäften). Die Kreditinstitute können dann wichtige Beschlüsse, etwa die Bestellung und Abberufung von Aufsichtsratsmitgliedern, die Auslese der Unternehmensleitung und die an Kreditsicherungsinteressen orientierte Verwendung des Bilanzgewinns, maßgeblich beeinflussen. Vor allem aber können sie die Übernahme eines Unternehmens verhindern. Der sogenannte Kontrollwechsel ist in Deutsch-

land durch den vergleichsweise hochkonzentrierten Anteilsbesitz strukturell er-schwert.[4]

Es ist durchaus verständlich, wenn das Management von Produktionsunternehmen im Aufsichtsrat gerne Vertreter von Banken hat und über wechselseitige Verflech-tungen (Überkreuzverflechtungen) einen von den Aktionären unabhängigen finan-ziellen Rückhalt und eine wirksame Abwehr gegen eine drohende „feindliche Übernahme" zu erlangen versucht.[5] Die daraus entstehende Einschränkung der Wettbewerbsfähigkeit deutscher Unternehmen ist vor allem darauf zurückzuführen, daß die gegenwärtigen Amtsinhaber im Wettbewerb um Führungspositionen weit-gehend dem direkten Kontrolleinfluß der Aktionäre entzogen sind. Hierdurch wer-den abgestimmte Verhaltensweisen erleichtert und potentielle Wettbewerber abge-schreckt (siehe *Adams* 1994, S. 28).

Die Banken stehen mit ihrem Beteiligungsbesitz und mit Hilfe des Depotstimm-rechts im Dienste der Aufrechterhaltung etablierter Kontrollverhältnisse. Diese werden zusätzlich durch das Mitbestimmungsgesetz stabilisiert; es immobilisiert nicht nur den Aufsichtsrat, sondern erschwert auch die Abberufung unfähiger Vor-standsmitglieder im Falle einer Übernahme. Auch wegen der Politisierung der un-ternehmerischen Kontrollverhältnisse, die über die Mitbestimmungsregelung ent-steht, kann sich in Deutschland kein nennenswerter Wettbewerb auf dem Markt für Unternehmenskontrollen entwickeln. Es ist deshalb schwieriger als etwa in den USA, aufgeblähte Unternehmensverwaltungen „schlank" zu machen, unproduktive Unternehmensstrukturen aufzulösen, den volkswirtschaftlichen Strukturwandel zu fördern und die Anpassung von Unternehmensgrößen an sich ändernde Marktbe-dingungen zu unterstützen (siehe hierzu auch *Immenga* 1991, S. 13). Es überrascht deshalb auch nicht, wenn eine Untersuchung der 110 umsatzgrößten deutschen Konzernunternehmen (mit Börsennotierung) zu dem Ergebnis kommt, daß – ge-messen an den üblichen Erfolgskennziffern – Unternehmen mit schwachem Ban-keneinfluß deutlich erfolgreicher wirtschaften als Unternehmen mit starkem Ban-kenengagement (siehe *Perlitz/Seger* 1994, S. 49 ff.).

Der geschilderte Bankeneinfluß schwächt die dynamische Kapitalmarkteffizienz. Ähnlich wie im Falle von staatlichen Bürgschaften und von Erhaltungssubventio-nen kann durch diesen Wettbewerbsfaktor der Ausscheidungsprozeß vor allem auf stagnierenden und schrumpfenden Märkten verzerrt, verzögert und schließlich dann kostspieliger werden. Die Vorschläge, den Kreditinstituten den Eigenerwerb von Anteilen an Nichtbanken zu untersagen, sofern die Beteiligung einen bestimmten Prozentsatz der Summe der Kapitalanteile (zum Beispiel 5%) übersteigt, verdienen

---

[4] „To get 25% of the owners of GM, you need a small auditorium. To get 25% of most Ger-man large firms, you need only a conference call. To get 25% of Daimler Benz, you need only a single stockholder" *(Roe* 1994, S. 191).

[5] Über das Ausmaß der Überkreuzverflechtungen der wichtigsten deutschen Finanz- und Indu-strieunternehmen informiert *Ekkehard Wenger* in: Süddeutsche Zeitung vom 14.02.1995, S. 22.

deshalb Beachtung. Für eine Stärkung des Wettbewerbs auf dem Kapitalmarkt dürfte dies aber nicht ausreichen.

(5) Zur Entstehung der eher wettbewerbsfeindlichen Handlungsrechtsstruktur der Banken trägt das Bundesaufsichtsamt für das Kreditwesen bei.[6] Es ist nach *Adams* (1994, S. 2) bei der Herausgabe, Sammlung und Veröffentlichung wettbewerbsrelevanter Informationen – etwa hinsichtlich wechselseitiger Unternehmensverbindungen – nicht „sonderlich hilfreich". Insgesamt sind solche Regulierungsbehörden im Sinne der „Capture-Theorie" im Einvernehmen mit den regulierten Unternehmen um Entscheidungen bemüht, durch die wettbewerbsfeindliche Angebotssituationen und kostentreibendes, rentensuchendes Verhalten faktisch begünstigt werden.

5. Zur Wiederbelebung der Wettbewerbsdimensionen des Kapitalmarktes

Im Verhalten der Sparer gibt es ordnungsabhängige Mechanismen des Lernens, der Nachahmung und der Bekräftigung durch komplementäre Institutionen. Dadurch entstehen im wettbewerblichen Bewährungstest Verhaltensroutinen. Wie können nun vor dem Hintergrund der kritischen Beurteilung jener Umstände, die die Gütermarkteffizienz des Kapitalmarktes verschlechtern, wettbewerbsfördernde Verhaltensgewohnheiten entstehen?

5.1. Mehr Wettbewerb durch Investivlohn-Regelungen?

Um der Gefahr wettbewerbsbeschränkender wirtschaftlicher Machtballung, die mit der hohen Konzentration von Produktivvermögen verbunden sein kann, entgegenzuwirken, wird die Einführung des Investivlohns empfohlen. Häufig wird damit auch eine breitere Beteiligung am Produktivvermögen der Arbeitnehmer angestrebt, wobei unterstellt wird, daß Vermögensbeteiligungspolitik „primär Aufgabe der Tarifpartner" sei. Hierzu sollen die Tarifparteien das Recht erhalten, zwangsweise einen Teil des Tariflohns für die Anlage im Unternehmen einzubehalten. Erwartet werden eine Initialzündung zum freiwilligen Weitersparen, eine Stärkung der Eigenkapitalbasis und ein Beitrag zur Dekonzentration und zur Verbesserung der internationalen Wettbewerbsfähigkeit der Unternehmen. Welche Wirkungen sind tatsächlich zu erwarten?

(1) Die Macht der Tarifparteien, also auch ihre bisherige Möglichkeit, auf dem Arbeitsmarkt zum Nachteil der Outsider und der gesamten Gesellschaft den Wettbewerb zu beschränken, würde gestärkt. Statt der von vielen Sachverständigen dringend geforderten Deregulierung und Flexibilisierung der Arbeitsmarktverhältnisse würde über die Stärkung des Verbändekartells auf dem Arbeitsmarkt ein weiteres Kapitel der tarifvertraglichen Bevormundung der Arbeitnehmer aufgeschlagen.

(2) Im Kern würde die tarifvertragliche Regelung ein Element des Zwangssparens enthalten. Deshalb müßte wohl das Risiko der entsprechenden Vermögensbeteiligung

---

[6] Gleiches gilt für das Bundesaufsichtsamt für Versicherungen.

der Arbeitnehmer, wenn diese betriebsgebunden wäre, durch Ausfallbürgschaften des Staates aufgefangen werden. Sonst wäre die aufgezwungene, gegen das Prinzip der Risikostreuung verstoßende Kumulation von Beschäftigungs- und Vermögens-risiken nicht zumutbar.

(3) Der Kapitalbeteiligungsschutz wird im politischen Prozeß eine Art von Folgezwang für staatlichen Schutz der Arbeitsplätze auslösen: Bei schlechter Ertragslage der Unternehmen wäre nämlich neben dem Arbeitsplatz und dem Einkommen auch der Vermögensanspruch gefährdet. Deshalb ist – auch zur Verhinderung des Eintritts des Bürgschaftsfalles – mit einem starken Druck auf die Politiker zu rechnen, den betreffenden Betrieben notfalls mit Subventionen zu helfen. Wenn diese dann an die Bedingung geknüpft werden, daß die Unternehmen ihren Belegschaften weitere Kapitalbeteiligungen einräumen, so wird insoweit auch die Investivlohnbeteiligung aus dem Steueraufkommen finanziert. Der Kreis subventionierter Betriebe wird größer. Die Sanierung der Staatsfinanzen durch Subventionsabbau wird erschwert. In dem Maße, in dem die den Beschäftigten übertragenen Kapitalanteile einen staatlichen Schutz erhalten, sehen sich die Beschäftigten auch nicht veranlaßt, das zu tun, was vielfach von ihrer Kapitalbeteiligung erwartet wird, nämlich im Interes-se der Werterhaltung der Anteile mäßigend auf die Gewerkschaften bei den Lohn-verhandlungen einzuwirken, also das zumindest bisher häufig beschäftigungsfeind-lich wirkende Lohnkartell zu entschärfen.

(4) Der geschilderte Weg führt auch deshalb nicht zum angestrebten Ziel, weil diese Art der Beteiligung im Einzelfall zwar die erhoffte sozialpädagogische Wirkung ei-ner freiwilligen Weiterbeteiligung auslösen mag; sie wird jedoch kaum auf breiter Linie einen dynamischen Prozeß des Lernens und Nachahmens in Gang setzen können. Sperrfristen wie auch Ausfallbürgschaften lassen bei den Anhängern dieser Lösung erkennen, daß diese dem Erfolg der Zwangssparaktion und der davon er-warteten Initialzündung für ein freiwilliges Weitersparen nicht so recht trauen. Die Arbeitnehmer dürften in der Weiterveräußerungssperre eine zeitweilige Blockade von Lohnbestandteilen sehen.

Der Tarifzwang dürfte schließlich den Weg zu einer wettbewerbsfeindlichen *Investi-tionslenkung* weisen. Allein die genannten Begleiterscheinungen einer Tarifzwanglö-sung dürften diese für eine betriebsgebundene Vermögensbeteiligung unannehmbar machen. Um so mehr wird, wenn es gleichwohl zu einer tarifvertraglichen Investivlohn-regelung kommen sollte, nur eine Lösung mittels Einrichtung von Fonds konsensfähig sein, an deren Verwaltung die Tarifparteien paritätisch beteiligt sind. Auf diesem Wege lassen sich aber weder eine Gesellschaft von Teilhabern noch eine Stärkung der Wett-bewerbsdimensionen des Kapitalmarktes erreichen:

(1) Die Tariffonds bieten neue, pfründenartige Beschäftigungsmöglichkeiten für „ver-sorgungsbedürftige" Verbandsfunktionäre. Die Fonds werden – je nach dem Aus-maß der zufließenden Lohnanteile – einen gewichtigen Sonderkapitalmarkt bilden und die ohnehin wettbewerbsfeindliche Konzentration von Verfügungsmacht in der Hand von Managern weiter verstärken. Die Fondsmanager, die über die Anlage der aufkommenden Mittel verfügen, stehen unter dem Einfluß konkurrierender ver-bandspolitischer Interessen und sozialstaatlicher Rücksichtnahmen. Solche Gebilde

sind auf das Vielfältigste politischen Einwirkungen ausgesetzt. Zur Verhinderung von Blockaden im Entscheidungsprozeß werden die Manager bestrebt sein, durch weitere Mittelzuweisung und durch Aufgabenexpansion die Fonds zu vergrößern, um allen Anforderungen, vor allem aber denjenigen der Gewerkschaften entgegenkommen zu können, die auch sonst – z. B. durch die Mitbestimmung – bestrebt sind, wettbewerbliche Einflüsse auf die Kapitallenkung zurückzudrängen. Für die dringend verbesserungsbedürftige Gütermarkteffizienz des Kapitalmarktes dürfte angesichts einer gestärkten Verfügungsmacht der Verbände über Sparvermögen nichts gewonnen sein.

(2) Wirkliche Teilhaberschaft der Arbeitnehmer wird wegen der Bindung der Handlungen der Fondsmanager an die Interessen der Tarifparteien nicht erreichbar sein. Für die Anlage werden die gewerkschaftsgebundenen Fondsmanager darauf bestehen müssen, daß die Mittel nach struktur- und regionalpolitischen Prioritäten vergeben werden, und zwar nach dem Grundsatz: Die Lösung der wirtschaftlichen, finanziellen und sozialen Probleme in Deutschland ist nur in einer gemeinsamen Anstrengung aller gesellschaftlich relevanten Gruppen möglich. Gemeinsame Anstrengung ist zu verstehen als zentrale Steuerung im Vollzug einer konzertierten Abstimmung zwischen den Tarifparteien über die Mittelverwendung. Der gesellschaftspolitische Anspruch dieser Vermögenspolitik bezweckt eine korporatistisch-syndikalistische Form der Investitionslenkung, die hinsichtlich der Wissens-, Handlungsrechts-, Anreiz- und Haftungsgrundlagen als weiterer Beitrag zur Marginalisierung des Kapitalmarkteinflusses auf das Gütermarktgeschehen in Deutschland anzusehen ist.

(3) Wird der Investivlohn nicht zusätzlich gewährt, dürfte man den Arbeitnehmer, den man mit mehr oder weniger vorteilhaft erscheinenden Tarifengagements zur „Tugend der Beteiligung" zwingen will, nicht daran hindern können, das freiwillige Sparen, das er bisher ausgeübt hat, entsprechend einzuschränken. Für das Ziel, den Arbeitnehmern eine zweite Einkommensquelle zu verschaffen, wäre nichts gewonnen. Ist der Investivlohn aber zusätzlich von den Unternehmen aufzubringen, dürfte sich deren Investitionsneigung vermindern.

Die beste Beteiligungsform ist nicht bekannt. Um geeignete Formen in Erfahrung zu bringen, sind hinreichende betriebliche Handlungsspielräume erforderlich. Verbindliche tarifvertragliche Investivlohnvereinbarungen schränken den Handlungsspielraum für die individuelle Vermögensbildung zugunsten einer kollektiv entschiedenen Einkommensverwendung der Arbeitnehmer weiter ein.

Diese Art der wirtschaftlichen Entmündigung der Bürger ist in Deutschland ohnehin weit fortgeschritten. Der Anteil der Nettolohn- und -gehaltssumme an den Arbeitseinkommen ist (nach Abzug der Arbeitnehmerabgaben insgesamt und der Sozialversicherungsabgaben der Arbeitgeber) von 63% im Jahre 1970 auf 44% im Jahre 1995 zurückgegangen. Ohne größere Beweglichkeit in den Personalzusatzkosten dürfte der Spielraum für unternehmensgebundene Beteiligungen der Arbeitnehmer sehr begrenzt bleiben. Davon abgesehen werden kartellförmige Einheitslösungen der unterschiedlichen Wettbewerbs- und Interessenlage der Unternehmen und der Beschäftigten nicht gerecht.

5.2. Abbau und Begrenzung der Staatsverschuldung

Die westdeutsche Nachkriegspolitik widerspricht dem heute verbreiteten Argument vom „strukturellen" Verschuldungszwang des Staates. Der Wiederaufbau wurde weitgehend schuldenfrei erreicht. Möglicherweise war das „Wirtschaftswunder" auch dem Umstand zu verdanken, daß der Kapitalmarkt vor allem für private Nachfrager da war. Zum Komplex einer Verbesserung der Gütermarkteffizienz des Kapitalmarktes gehört deshalb eine enge Begrenzung der Staatsverschuldung – etwa durch eine konstitutionelle Selbstbindung des Staates (siehe hierzu *Wentzel* 1995) und dessen Verzicht auf die Anmaßung einer wettbewerbswidrigen „Zinsrobustheit". Dies setzt in der Politik die Bereitschaft voraus, mehr Eigenvorsorge und Vorkehrungen der freiwilligen Solidarität zu verlangen und auf allen Gebieten mehr Güter durch den Markt statt durch staatliche Einrichtungen bereitstellen zu lassen.

5.3. Reform der Finanzierung der Sozialversicherung

Das in der Sozialversicherung vorherrschende Umlageprinzip ist vom Denken in Stromgrößen bestimmt. Wenn es richtig ist, daß hierin eine der Ursachen für den unterentwickelten Kapitalmarkt liegt (siehe etwa *Horn* 1994), so wäre auch aus diesem Grunde im System der Alterssicherung eine stärkere Betonung des Denkens in Bestands- oder Vermögensgrößen erstrebenswert. Das setzt allerdings Politiker voraus, die dem Leitbild des mündigen, nicht des versorgten Bürgers folgen. Der mündige Bürger wird wissen, daß die Funktionsfähigkeit des Umlageverfahrens von der Entwicklung des Altersquotienten abhängt, also vom Verhältnis der Zahl der Erwerbstätigen im Alter von 20 bis 64 Jahren zur Zahl der Menschen, die 65 Jahre und älter sind. Dieses Verhältnis betrug 1950 in Deutschland und in den USA 6:1, in Frankreich und Großbritannien mehr als 5:1. Seit 1990 ist die Relation in allen diesen Ländern unter 5:1 gesunken, bis 2025 wird sie zeitweise erheblich weniger als 3:1 betragen (siehe *Becker* 1994, S. 14). Der mündige Bürger sollte auch wissen, daß „bei der privatwirtschaftlichen Altersvorsorge nach dem Kapitaldeckungsverfahren ... Beiträge von 10% des jeweiligen Lohnes während einer Erwerbszeit von 40 Jahren (genügen), um bei einer realen Verzinsung von nur 3% jährlich eine Rente von rund zwei Dritteln des Durchschnittseinkommens während 15 Jahren sicherzustellen" (ebd.). Obwohl angesichts der Krise des Umlageverfahrens die Umstellung der Altersvorsorge auf eine verstärkte Kapitalbildung unerläßlich ist, haben die politischen Repräsentanten des Wohlfahrtsstaates in Deutschland keine Hemmungen, das kapitalfeindliche Umlageverfahren mit weiteren Umverteilungselementen „wählerfreundlich" auszugestalten und auf neue Aufgabengebiete zu übertragen, nämlich die Pflegefallfürsorge. Warum soll ein Arbeitnehmer, der sich nun auch in dieser Hinsicht – losgekoppelt von der Kapitalbildung – durch das Umlageverfahren gesichert fühlt, Interesse für die volkswirtschaftliche Kapitalbildung im allgemeinen und für die Eigenkapitalbildung der Unternehmen und ihre verbesserte Wettbewerbsfähigkeit im besonderen entwickeln?

5.4. Aktienrechtlich induzierte Wettbewerbswirkungen

Private Eigentumsrechte sind die Wurzeln der marktwirtschaftlichen Wettbewerbsordnung. Folglich ist zur Untersuchung der Wettbewerbsdimensionen des Kapi-

talmarktes bei den entsprechenden Handlungsrechten anzusetzen (siehe Kapitel 4.2.).
Hierbei ist festzustellen, daß das heutige Aktienrecht die Entstehung einer eigentumsin-
duzierten wettbewerblichen Kontrolle des Produktmarktgeschehens behindert. Um dies
zu ändern, ist eine grundlegende Reform des Aktienrechts im Hinblick auf eine Stärkung der individuellen Handlungsrechte an der Aktie erforderlich, durch die die Gütermarkteffizienz des Kapitalmarktes verbessert wird. Der Gesetzgeber der 1965er Aktienrechtsreform hat die handlungsrechtlichen Voraussetzungen für eine eigentumsindu-
zierte Kontrolle der Unternehmen durch den Kapitalmarkt weitgehend mißachtet. Dagegen wurde die Position des Managements in einer Weise gestärkt, durch die die oben
genannten Grunddimensionen des Wettbewerbs erheblich geschwächt worden sind. Um
die aktienrechtlichen Bedingungen für ein wettbewerbliches Marktsystem im Bereich
der Gütermärkte zu verbessern, bieten sich folgende Ansatzpunkte:

5.4.1. Stärkung des Dividendenbezugsrechts der Aktionäre – weniger Innenfinan-zierung, mehr Kapitalmarktkontrolle

Regelmäßig stellen nach § 58 AktG Vorstand und Aufsichtsrat den Jahresabschluß
fest. Dabei kann bis zur Hälfte des Jahresüberschusses in andere Gewinnrücklagen ein-
gestellt werden. Die Hauptversammlung entscheidet dann über eine etwaige noch höhere Dotierung der Gewinnrücklagen durch Mehrheitsbeschluß. Über das Depotstimmrecht können die Banken im eigenen (Kreditsicherungs-)Interesse und im Interesse der
Verwaltung für eine zusätzliche Gewinneinbehaltung stimmen. Durch solche Gewinnrücklagen gelangen Gewinnanteile, die, von der ordnungspolitischen Bedeutung des
Gewinns (als Residuum) her gesehen, den Aktionären zustehen, direkt in die Verfügungsmacht der angestellten Manager. Der durch das Aktienrecht und das Arbeitsrecht
ohnehin eingeschränkte Eigentümereinfluß der Aktionäre wird, soweit diese nicht als
Großaktionäre einen bestimmenden Einfluß ausüben können, zusätzlich geschwächt.[7]

Demgegenüber wäre im Hinblick auf eine Stärkung der Wettbewerbsdimensionen
des Kapitalmarktes anzustreben:

(1) Ausweis der im Laufe des Jahres eingetretenen Erhöhung des Reinvermögens als
    Gewinn: Dies setzt nach *Dieter Schneider* (1987, S. 107) die Verbesserung der be-
    trieblichen Ergebnisrechnung auf der Grundlage einer Reform der Rechnungsle-
    gung voraus, die von den Aktionärsinteressen bestimmt ist. Die internen Kapital-
    märkte mit vielfältigen unkontrollierten Freiräumen des Vorstands müßten zugun-
    sten der Kontrolle der Aktionäre und damit der Kritik des allgemeinen Kapital-
    marktes aufgelöst werden. Konsequent wäre es deshalb, dem Anteilseigner einen
    individuellen Anspruch auf Verwendung seines Ertragsanteils bei Einschränkung
    der bestehenden Möglichkeiten der Gewinneinbehaltung einzuräumen. Im Zusam-
    menhang mit dem „Gesetz für kleine Aktiengesellschaften und zur Deregulierung
    des Aktienrechts" vom 2.8.1994 wurde bei nicht börsenzugelassenen Gesellschaf-
    ten die Verwaltungsbefugnis zur Rücklagendotierung stärker den Aktionären zuge-

---

[7] Die verbreitete Politik der Einheitsdividende unterstreicht diesen Sachverhalt, durch den der
     Kapitalfluß zwischen unterschiedlich rentablen Unternehmen behindert wird.

wiesen. Darin könnte ein Vorgriff auf eine große Aktienrechtsreform gesehen werden.

(2) Verstärkte Verwendungskontrolle des Kapitalmarktes über die Innenfinanzierung: Der Vorstand könnte durch seine Geschäftspolitik in Konkurrenz zu den Plänen anderer Unternehmen versuchen, die Voraussetzungen für günstigere Gewinnerwartungen zu schaffen, um die Aktionäre nicht nur an der Abwanderung zu hindern, sondern an einer wachsenden und dauerhaften Beteiligung zu interessieren. Für das Prinzip „Schütt-aus, Hol-zurück" könnte das Angebot, Gewinnzuführungen Zug um Zug in Aktien umwandeln zu können, ein besonderer Anreiz sein. Nach der Herabsetzung des Mindestnennbetrags einer Aktie auf DM 5,- dürfte dies auch technisch nicht schwierig sein.

Der personale Charakter und der ökonomische Gehalt des Teilhaberrechts wären ebenso gestärkt wie die Gütermarkteffizienz des Kapitalmarktes. Auf diese Weise würden auch das unternehmerische Engagement der Aktionäre und damit die Wissenskomponente des Kapitalmarktes gestärkt; dann könnte auch mit einem verstärkten Anreiz für die Aktionäre gerechnet werden, eine verantwortliche Rückstellungs- und Ausschüttungspolitik zu unterstützen.

(3) Reform des Depotstimmrechts: Heute werden die Hauptversammlungen der 30 größten börsennotierten Aktiengesellschaften in Deutschland nicht nur durch Beteiligungen, sondern auch durch das Depotstimmrecht von deutschen Finanzinstituten beherrscht. Deshalb ist der Vorschlag von *Adams* (1994, S. 8 f.) nur folgerichtig, die Depotstimmrechte, die von den Banken ohne ausdrückliche Weisung geltend gemacht werden können, für Zwecke der Fusionskontrolle wie Beteiligungen zu behandeln. Ebenso sollten die Stimmrechtsvertreter verpflichtet werden, mit der Einholung der Stimmrechtsvollmacht die personelle und kapitalmäßige Verflechtung mit der Gesellschaft und verbundenen Unternehmen mitzuteilen. Darüber hinaus ist an eine grundlegende Reform des Depotstimmrechts zu denken. Hierzu hat *Jürgen Böhm* (1992, S. 213 f.) folgenden Vorschlag gemacht:

– Die Kleinaktionäre erhalten die Gelegenheit, per Briefwahl abzustimmen.

– Alle nicht abgegebenen Stimmen werden auf die persönlich bei der Hauptversammlung anwesenden Kleinaktionäre verteilt, und zwar proportional zu dem von den Kleinaktionären gehaltenen Aktienbesitz. Damit wird die Stimmenmacht eines jeden anwesenden Kleinaktionärs um den gleichen Faktor erhöht (Kleinaktionär könnte derjenige sein, dessen Aktienbesitz einen bestimmten Anteil des Grundkapitals – 1%, 0,5%, 0,1% – nicht überschreitet).

– Alle anderen Aktionäre müssen ihre Stimmen persönlich oder durch einen Bevollmächtigten bei der Hauptversammlung abgeben.

5.4.2. Wettbewerbskonforme Gestaltung der Stimmrechtsfähigkeit von Kapitalgesellschaften als juristische Person

Das Recht der „juristischen Person" erlaubt es Großaktionären mit qualifiziertem Mehrheitsbesitz und dem Vorstand von Aktiengesellschaften, Anteils- und Stimmrechte an anderen Gesellschaften zu begründen und diese Rechte im Wettbewerb zu nutzen. Hierdurch können mit begrenztem Kapitaleinsatz weitläufig vernetzte Systeme von Beteiligungen entstehen, worüber nach dem geltenden Recht (§ 131 AktG) die anderen Eigentümer nur ein begrenztes Auskunftsrecht haben. Die verflochtenen Unternehmen sind über gegenseitige Aufsichtsrats-Mandate dem starken Verdacht der Kungelei ausgesetzt.

Dadurch wurde dem geltenden Aktienrecht ein „Konzernierungsmotor" (*Fehl/Oberender* 1986, S. 137 ff.) eingebaut. Die davon ausgehende Konzentrationswirkung hat wesentlich dazu beigetragen, den personalen Charakter der Aktie, vor allem im Eigentum von Kleinanlegern, auszuhöhlen und den Eindruck zu erwecken, in der modernen Kapitalgesellschaft würden die Eigentumsrechte von der Verfügungsmacht über Investitionen abgekoppelt. Wie kann den natürlichen Personen zu mehr Eigentümerrechten verholfen und über diese die Gütermarkteffizienz des Kapitalmarktes gestärkt werden?

(1) Man könnte Kapitalgesellschaften die Möglichkeit der Beherrschung anderer Gesellschaften dadurch nehmen, daß sie zwar Aktien kaufen, aber damit kein Stimmrecht[8] erwerben können. Dieses Recht bliebe damit natürlichen Personen vorbehalten. Damit erhielte der Aktienerwerb durch eine AG oder eine GmbH den Charakter einer reinen Kapitalanlage. Für Beherrschungsabsichten wäre diese Beteiligung jedenfalls uninteressant.

Allenfalls könnte der Vorstand versuchen, den Aktienerwerb nachträglich den eigenen Aktionären anzudienen; diese übernähmen dann gegebenenfalls mit der individuellen Beteiligung auch das Stimmrecht. Ob sie dann die Rechte an den so erworbenen Aktien entsprechend der vom Management verfolgten Strategie nutzen würden, bliebe offen.

(2) In diesem Zusammenhang wäre es notwendig, den Vorstand einer wesentlich verschärften Haftungspflicht zu unterwerfen. Schon 1952 hat *Walter Eucken* für Fälle einer Angliederung von Unternehmen empfohlen, daß die beherrschende Unternehmung für die übernommene Firma die volle Haftung übernimmt. In der Tat schließt die Angliederung von Unternehmen bei voller Haftung „ein weit größeres Risiko in sich als bisher, und der Anreiz zur Verschachtelung und Konzernbildung wird wesentlich vermindert... Eine abhängige juristische Person, die faktisch nur eine Filiale darstellt, sollte auch rechtlich als Filiale der herrschenden Firma behandelt werden. Daß ein Konzern, der faktisch ein einheitlich geleitetes Unternehmen ist, in viele juristische Personen zerfällt, erweist sich als unerträglich" (*Eucken* 1952/1990, S. 283). Hieran anknüpfend könnte man sich mit *Fehl/Oberender* (1986, S. 137 ff.) auch vorstellen, daß in den Fällen, in denen Großaktionäre mit qualifiziertem Mehrheitsbesitz Beherrschungsverhältnisse begründen, die Aktiengesellschaft durch die KGaA zu ersetzen ist.

---

[8]   Die Stimmrechtsfähigkeit juristischer Personen könnte ausnahmsweise als Privileg verliehen werden, wie dies in den Anfängen des Aktienwesens der Fall war. Ausnahmen ließen sich z.B. für bestimmte (nicht primär erwerbsorientierte) Stiftungen begründen.

(3) Die Mitbestimmungsgesetzgebung vermittelt ebenfalls ein Stimmrecht ohne Haftung, das die Ablösung von Vorstandsmitgliedern „selbst bei schwerwiegendem Versagen" erschwert (*Adams* 1993, S. 18 f.) bzw. das ausländische Übernahmeinteresse mindert. Eine verbesserte Gütermarkteffizienz des Kapitalmarktes erfordert daher den Abbau der bestehenden Mitbestimmungsregelung bzw. deren Ersetzung durch solche Formen der Mitbestimmung, die individuelles „Mitwissen, Mitwirken und Mitverantworten" (*Wilhelm Röpke*) zu kombinieren vermögen.

(4) Auch andere Formen der faktischen Mitbestimmung ohne Mithaftung sind mit einer marktwirtschaftlichen Wettbewerbsordnung nicht vereinbar und sollten zur Vermeidung von Interessenkonflikten verboten sein. Hierzu zählen z. B. Beraterverträge von Aufsichtsräten mit den von ihnen zu kontrollierenden Unternehmen oder von diesen abhängigen Unternehmen. Aus dem gleichen Grund sollte es auch verboten sein, Aufgaben der Unternehmensverwaltung in miteinander konkurrierenden Unternehmen durch dieselbe Person wahrzunehmen. Es verstößt ebenso gegen die Wettbewerbsordnung, wenn Bankenvertreter im Aufsichtsrat eines Unternehmens mitwirken können, für das die Bank Aufträge von dritter Seite zum Erwerb einer Beteiligung erhalten hat. „Es handelt es sich hier um einen klaren Interessenkonflikt, der strafrechtlich als Parteiverrat erfaßt werden sollte" (*Adams* 1994, S. 23).

5.4.3. Die „Kleine AG" nach dem Gesetz vom 2.8.1994

Mit der „Kleinen AG" wird versucht, Klein- und Mittelbetrieben den Zugang zur Rechtsform der AG zu erleichtern und die Position der Aktionäre zu stärken. Damit soll die Eigenkapitalbasis mittelständischer Unternehmen gestärkt werden. Zugleich soll ein gesellschaftsrechtlich vereinfachtes Übungsfeld entstehen, auf dem Erfahrungen für den Übergang zu börsengängigen Aktiengesellschaften gesammelt werden können. Es handelt sich nicht um eine neue Rechtsform, sondern um Modifikationen des bestehenden Aktienrechts. In diesen Abwandlungen wird eine Angleichung an das GmbH-Recht gesehen. So wird auf eine Mindestgründerzahl verzichtet; auch sind die Gründungsvorschriften (etwa in der Frage der Mitbestimmung oder des Gründungsberichts) und die Tätigkeit der Hauptversammlung vereinfacht. Besonders hervorzuheben ist das bereits erwähnte erweiterte Gewinndispositionsrecht der Aktionäre. Gegenüber der GmbH-Beteiligung besteht eine größere Fungibilität der Anteilscheine. Allerdings bleibt der Nachteil der fehlenden Marktbewertung gegenüber den börsennotierten Aktiengesellschaften ebenso bestehen wie das Manko der steuerlichen Diskriminierung entsprechender Beteiligungen.

Ohne die angesprochenen unerläßlichen Reformen dürfte deshalb die „Kleine AG" zu jenen therapeutischen Mitteln gehören, bei denen es sich nach *Rittner* (1984) um den Versuch handelt, einem Patienten, der an hochgradiger Anämie leidet, „mit einer Änderung des Diätplans" zu helfen. Möglicherweise werden vor allem Konzerne auf die „Kleine AG" zurückgreifen, um Tochterunternehmen oder andere Teilbereiche für eine spätere Börsengängigkeit vorzubereiten. Damit könnte allerdings der Kreis der Unternehmen beträchtlich erweitert werden, die für eine Mitarbeiterbeteiligung in Form von Belegschaftsaktien prinzipiell in Frage kommen; für die Gütermarkteffizienz des Kapitalmarktes wäre ohne die anderen Reformen nichts gewonnen. In Verbindung mit diesen Reformen wäre es wünschenswert, wenn die ca. 5000 Gesellschaften mit beschränkter Haftung, die in Deutschland für die Umwandlung in eine AG in Frage kommen, den Weg zur Publikumsgesellschaft über die „Kleine AG" einschlügen.

6. Schlußbemerkungen

Ohne substantielle Aufwertung der materiellen Ausstattungsmerkmale von unternehmensgebundenen Eigentumsrechten und der Stärkung ihres personalen Charakters dürfte das Ziel nicht erreichbar sein, den Anteil der Ersparnisse, die über den Kapitalmarkt in die Unternehmen gelenkt werden, zu erhöhen und so die Gütermarkteffizienz des Kapitalmarktes zu verbessern. Hierzu ist zweierlei erforderlich:

Erstens: Die Sozialbindung des Eigentums am Risikokapital darf nicht länger als Aufforderung an den Gesetzgeber gedeutet werden, die Handlungsrechte der Eigentümer zu verdünnen. Diese Praxis beruht nicht auf einem zeitgemäßen Wandel des Eigentumsbegriffs, sondern auf einer politisch-syndikalistischen Entwicklung unserer Eigentums- und Wettbewerbsordnung.

Zweitens: Die Verbesserung der Gütermarkteffizienz des Kapitalmarktes setzt die Beseitigung der gesetzgeberisch verursachten Internalisierungsdefekte hinsichtlich der individuellen Wissens-, Wollens-, Dürfens- und Verantwortungsbasis unserer Eigentumsordnung voraus. Vor allem die in den Großunternehmen vorherrschende, weitgehende Entmachtung der Eigentümer durch das Management und durch Bankeneinflüsse behindert den Wettbewerb auf dem Markt für Unternehmenskontrolle. Hierdurch werden wettbewerbsfeindliche Gütermarktstrukturen begünstigt. Eklatante Fehlentscheidungen von Banken und anderen Großunternehmen unter dominierendem Managereinfluß sind Ausdruck dieser Situation, ebenso der Umstand, daß das Kapital, vor allem das neugebildete, statt über den Kapitalmarkt autonom von angestellten Managern – frei von substantiellen Haftungsverpflichtungen – gelenkt werden kann. Die „Teilhaber" ohne Eigentümerstatus sind von der heutigen Eigentumsordnung und Wirtschaftspolitik begünstigt. Sie haben im politischen Prozeß bislang eine wettbewerbsfreundliche Neuverteilung der unternehmensbezogenen Eigentumsrechte und damit eine verbesserte Verwendungsqualität des Kapitals verhindern können.

Dies wird nicht durchzuhalten sein, wenn die Globalisierung der Finanzmärkte, von der entscheidende Impulse auf den internationalen Standortwettbewerb ausgehen, fortschreitet. Der Verlauf der Diskussion über das Shareholder Value-Konzept ist ein bemerkenswerter Anhaltspunkt hierfür.

Literatur

Adams, Michael (1994), Macht von Banken und Versicherungen – Wettbewerb im Finanzdienstleistungssektor – Anhörung am 8.12.1993, Deutscher Bundestag - Ausschuß Wirtschaft, Diskussionsbeiträge Recht und Ökonomie, Nr. 18, Hamburg 1994.

Albach, Horst, Christiane Corte, Wolf Richter u.a. (1988), Die Private Aktiengesellschaft. Materialien zur Deregulierung des Aktienrechts, Stuttgart 1988.

Assmann, Heinz-Dieter (1993), Die rechtliche Ordnung des europäischen Kapitalmarkts. Defizite des EG-Konzepts einer Kapitalmarktintegration durch Rechtsvereinheitlichung, in: ORDO, Band 44, 1993, S. 87-119.

Becker, Gary S. (1994), Unerläßliche Reform der Altersvorsorge. Weltweite Krise des Umlageverfahrens, in: Neue Zürcher Zeitung, Fernausgabe Nr. 301 vom 25./26.12.1994, S. 14.

Böhm, Jürgen (1992), Der Einfluß der Banken auf Großunternehmen, Hamburg 1992.

Brennan, Geoffrey and *James M. Buchanan* (1993), Die Begründung von Regeln. Konstitutionelle Politische Ökonomie, Tübingen 1993.

Campbell, Donald T. (1975), On the Conflicts between Biological and Social Evolution and between Psychology and Moral Tradition, in: American Psychologist, Vol. 30, 1975, S. 1103-1126.

Delhaes, Karl von und *Ulrich Fehl* (1997), Dimensionen des Wettbewerbs: Problemstellungen, in: *Karl von Delhaes* und *Ulrich Fehl* (Hrsg.), Dimensionen des Wettbewerbs: Seine Rolle in der Entstehung und Ausgestaltung von Wirtschaftsordnungen, Stuttgart 1997, S. 1-27.

Demsetz, Harold (1989), Efficiency, Competition, and Policy. The Organization of Economic Activity, Vol. II, Oxford, Cambridge/Mass. 1989.

Demsetz, Harold (1988), Ownership, Control, and the Firm. The Organization of Economic Activity. Vol. I, Oxford, Cambridge/Mass. 1988, Reprint 1990.

Deutsche Bundesbank (1992), Zinssubventionen und sonstige Finanzierungshilfen im geeinten Deutschland, Monatsbericht, August 1992, S. 22-29.

Deutsche Bundesbank (1993), Jahresabschlüsse mittelständischer Unternehmen unterschiedlicher Rechtsformen im Vergleich, Monatsbericht, Oktober 1993, S. 33-45.

Eucken, Walter (1990), Grundsätze der Wirtschaftspolitik, 1. Auflage 1952, 6. durchgesehene Auflage, Tübingen 1990.

FAZ (1994), „Ausschütten", in: Frankfurter Allgemeine Zeitung, Nr. 290 vom 14.12.1994, S. 17.

FAZ (1995a), „Die Interessen der Aktionäre sind bestenfalls zweitrangig", in: Frankfurter Allgemeine Zeitung, Nr. 190 vom 17.08.1995, S. 14.

FAZ (1995b), „Aktien sind unter langfristigen Gesichtspunkten nicht risikoreicher als Renten", in: Frankfurter Allgemeine Zeitung, Nr. 289 vom 12.12.1995, S. 28.

Fehl, Ulrich (1983), Die Theorie dissipativer Strukturen als Ansatzpunkt für die Analyse von Innovationsproblemen in alternativen Wirtschaftsordnungen, in: *Alfred Schüller, Helmut Leipold* und *Hannelore Hamel* (Hrsg.), Innovationsprobleme in Ost und West, Stuttgart und New York 1983, S. 65-89.

Fehl, Ulrich und *Peter Oberender* (1986), Unternehmensverfassung, Kapitalmarktordnung und Wettbewerb: Zum Einfluß gesellschaftsrechtlicher Dimensionen der Kapitalmarktordnung auf den Wettbewerbsprozeß, in: *Helmut Leipold* und *Alfred Schüller* (Hrsg.), Zur Interdependenz von Unternehmens- und Wirtschaftsordnung, Stuttgart und New York 1986, S. 137-151.

Fehl, Ulrich (1994), Sparen und Kapitalbildung: Voraussetzung und Motor von Wirtschaftswachstum, in: *Carsten Herrmann-Pillath, Otto Schlecht* und *Horst Friedrich Wünsche* (Hrsg.), Marktwirtschaft als Aufgabe. Wirtschaft und Gesellschaft im Übergang vom Plan zum Markt. Grundtexte zur Sozialen Marktwirtschaft, Band 3, Stuttgart, Jena und New York 1994, S. 347-360.

Franke, Günter und *Herbert Hax* (1990), Finanzwirtschaft des Unternehmens und Kapitalmarkt, 2. Auflage, Berlin und Heidelberg 1990.

Gemeinschaft zum Schutz der deutschen Sparer (1995), Jahresbericht 1994/95: „Die Stabilisierung sichern", Bonn 1995.

Gerke, Wolfgang und *Sebastian Rasch* (1993), Europas Wertpapierbörsen im Umbruch. Eine Übersicht über den Strukturwandel im europäischen Börsenwesen, in: ZEW Wirtschaftsanalysen, Quartalshefte des Zentrums für Europäische Wirtschaftsforschung. Mannheim 1993, S. 306-336.

Glismann, Hans H. und *Ernst-Jürgen Horn* (1995), Die Krise des deutschen Systems der staatlichen Alterssicherung, in: ORDO, Band 46, 1995, S. 309-344.

Hayek, Friedrich A. von (1969), Der Wettbewerb als Entdeckungsverfahren, in: *Friedrich A. von Hayek*, Freiburger Studien, Tübingen 1969, S. 249-265.

Heuss, Ernst (1965), Allgemeine Markttheorie, Tübingen und Zürich 1965.

Horn, Ernst-Jürgen (1994), Neuere Entwicklungen auf dem deutschen Kapitalmarkt. Institutionen, Marktstrukturen und Marktergebnisse, Tübingen 1994.

Immenga, Ulrich (1991), Das Spiel von Conti und Pirelli. Für die Aktionäre ist ein lukratives Übernahmeangebot kein Akt der Feindseligkeit. Unternehmenskäufe und die Kontrolle von Verwaltungen, in: Frankfurter Allgemeine Zeitung, Nr. 58 vom 09.03.1991, S. 13.

Interfinanz (1994), Jahresbericht XXXVI, Düsseldorf 1994.

Issing, Otmar (1993), Staatsverschuldung als Generationsproblem, in: *Deutsche Bundesbank*, Auszüge aus Presseartikeln, Nr. 43 vom 22.06.1992, S. 7-9.

Issing, Otmar (1993), Kreditwirtschaft und Staatsverschuldung - Anmerkungen aus der Sicht der Notenbank, in: Banken und Staatsfinanzen, 16. Symposium zur Bankengeschichte, Frankfurt/Main 1993, S. 30-45.

Kath, Dietmar (1983), Property Rights und Portfolio-Theorie, in: *Alfred Schüller* (Hrsg.), Property Rights und ökonomische Theorie, München 1983, S. 241-270.

Kerber, Wolfgang (1995), Evolutorischer Wettbewerb – Zu den theoretischen und institutionellen Grundlagen der Wettbewerbsordnung, Habil.-Schrift, Marburg 1995.

Krag, Joachim (1995), Sind Aktienkurse prognostizierbar? Baden-Baden 1995.

Krahnen, Jan Pieter (1994), Überlegungen zu einer Theorie der Innenfinanzierung, in: *Wolfgang Gerke* (Hrsg.), Planwirtschaft am Ende – Marktwirtschaft in der Krise? Stuttgart 1994, S. 299-318.

Kratz, Karlheinz und *H. Jörg Thieme* (1993), Finanzmärkte im europäischen Integrationsprozeß, in: *Helmut Gröner* und *Alfred Schüller* (Hrsg.), Die europäische Integration als ordnungspolitische Aufgabe, Stuttgart, Jena und New York 1993, S. 237-260.

Krüsselberg, Hans-Günter (1967), Profite, externe Vorteile und wirtschaftliche Entwicklung, in: *Hans Besters* (Hrsg.), Theoretische und institutionelle Grundlagen der Wirtschaftspolitik, Theodor Wessels zum 65. Geburtstag, Berlin 1967, S. 271-297.

Krüsselberg, Hans-Günter (1986), Transaktionskostenanalyse der Unternehmung und Markttheorie, in: *Helmut Leipold* und *Alfred Schüller* (Hrsg.), Zur Interdependenz von Unternehmens- und Wirtschaftsordnung, Stuttgart und New York 1986, S. 67-92.

Krüsselberg, Hans-Günter und Herwig Brendel (1980), Innovationsfinanzierung, Kapitalmärkte und Kontrolle des Unternehmensverhaltens, in: *Hans-Günter Krüsselberg* (Hrsg.), Vermögen in ordnungstheoretischer und ordnungspolitischer Sicht, Köln 1980, S. 83-109.

Lampert, Heinz (1993), Gesamtwirtschaftliche Grundlagen der Vermögensbildung und Vermögenspolitik, in: Kirchenamt der Evangelischen Kirche in Deutschland und Sekretariat der Deutschen Bischofskonferenz (Hrsg.), Beteiligung am Produktivvermögen, Hannover und Bonn 1993, S. 237-258.

Möschel, Bernward (1992), Diskussionsbeitrag, in: *Helmut Gröner* (Hrsg.), Der Markt für Unternehmenskontrollen, Berlin 1992, S. 65.

Noll, Bernd (1992), Haftungsbeschränkungen im Konzern – Eine ökonomische Analyse, in: ORDO, Band 43, 1992, S. 205-235.

Perlitz, Manfred und *Frank Seger* (1994), The Role of Universal Banks in German Corporate Governance, in: Business & The Contemporary World, Vol. 4, 1994, S. 49-67.

Rasch, Harald (1958), Die Selbstfinanzierung der Wirtschaft. Ein Beitrag zur Reform des Aktien- und Steuerrechts, in: ORDO, Band X, 1958, S. 225-270.

Rittner, Fritz (1984), Diskussionsbeitrag auf dem 55. Deutschen Juristentag in Hamburg, Sitzungsbericht: Band 2, München 1994, S. K80 bis K82.

Roe, Mark J. (1994), German „Populism" and the Large Public Corporation, International Review of Law and Economics, Vol. 14, 1994, S. 187-202.

Röpke, Wilhelm (1931), Die Quellen der deutschen Kapitalbildung 1908-1913 und 1924-1929, in: *Bernhard Harms* (Hrsg.), Kapital und Kapitalismus, Berlin 1931, S. 289-307.

Rühli, Edwin (1994), Shareholder- oder Stakeholder-Interessen? in: Neue Zürcher Zeitung, Fernausgabe Nr. 267 vom 16.11.1994, S. 14.

Schmidt, Reinhard H. (1993), Unternehmensfinanzierung und Kapitalmarkt, in: *Claus Ott* und *Hans-Bernd Schäfer* (Hrsg.), Ökonomische Analyse des Unternehmensrechts. Beiträge zum 3. Travemünder Symposium zur ökonomischen Analyse des Rechts, Heidelberg 1993, S. 170-191.

Schneider, Dieter (1987), Mindestnormen zur Eigenkapitalausstattung als Beispiele unbegründeter Kapitalmarktregulierung? *In: Ernst Helmstädter* (Hrsg.), Kapitalmarkt und Finanzierung, Berlin 1987, S. 85-108.

Schneider, Dieter (1992), Märkte zur Unternehmenskontrolle und Kapitalstrukturrisiko, in: *Helmut Gröner* (Hrsg.), Der Markt für Unternehmenskontrollen, Berlin 1992, S. 39-71 (einschl. Diskussionsbeiträge, u. a. von *W. Möschel*, S. 65).

Schüller, Alfred (1980a), Zur Vermögensbetrachtung des Bundesverfassungsgerichts in seinem Mitbestimmungsurteil vom 1.3.1979, in: *Hans-Günter Krüsselberg* (Hrsg.), Vermögen n ordnungstheoretischer und ordnungspolitischer Sicht, Köln 1980, S. 110- 132.

Schüller, Alfred (1980b), Zum Verhältnis von Aktieneigentum und Wettbewerbsordnung – Ein Befund aus der Sicht der Property Rights-Theorie, in: *Józef Popkiewicz* und *Jochen Schumann* (Hrsg.), Aufgaben und Funktionsweisen der Unternehmungen in den Wirtschaftsordnungen Polens und der Bundesrepublik Deutschland, Bad Honnef 1980, S. 107-132.

Schüller, Alfred (1987), Unternehmenshaftung, Wirtschaftsrechnung und Wettbewerbsordnung – Zum Verhältnis von Marktfreiheit und Eigenverantwortlichkeit, *in: Manfred Borchert, Ulrich Fehl* und *Peter Oberender* (Hrsg.), Markt und Wettbewerb. Festschrift für Ernst Heuss zum 65. Geburtstag, Bern und Stuttgart 19897, S. 63-92.

Schüller, Alfred (1994), Vom staatlichen Preisdirigismus zu Wettbewerbspreisen, in: *Carsten Herrmann-Pillath, Otto Schlecht* und *Horst Friedrich Wünsche* (Hrsg.), Marktwirtschaft als Aufgabe. Wirtschaft und Gesellschaft im Übergang vom Plan zum Markt. Grundtexte zur Sozialen Marktwirtschaft, Band 3, Stuttgart, Jena und New York 1994, S. 465-480.

Schütte, Burkhard (1995), Die Dividendenentscheidung in der Aktiengesellschaft. Eine Untersuchung neuerer Regelungsvorschläge unter besonderer Berücksichtigung der US-amerikanischen Diskussion, Berlin 1995.

Strauss, Walter (1960), Grundlagen und Aufgaben der Aktienrechtsreform, Tübingen 1960.

Streit, Manfred E. und *Gerhard Wegner* (1989), Wissensmangel, Wissenserwerb und Wettbewerbsfolgen – Transaktionskosten aus evolutorischer Sicht, in: ORDO, Band 40, 1989, S. 183-200.

Streit, Manfred E. (1993), 13 Thesen zu einer marktprozeßorientierten Wettbewerbspolitik, in: WiSt, Wirtschaftswissenschaftliches Studium, 1993, Heft 4, S. 167-170.

Tietmeyer, Hans (1994), Intertemporale Herausforderungen wirtschaftspolitischen Handelns, in: List Forum für Wirtschafts- und Finanzpolitik, Band 20, 1994, Heft 3, S. 181-196.

Tietmeyer, Hans (1996), Finanzmärkte und Beschäftigung, in: *Deutsche Bundesbank*, Auszüge aus Presseartikeln, 1996, Nr. 43 vom 5.7.1996, S. 1-7.

Tuchtfeldt, Egon (1978), Artikel „Kapitalmarkt", in: Handwörterbuch der Wirtschaftswissenschaften (HdWW), 4. Band, 1978, S. 432-439.

Vanberg, Viktor (1994), Kulturelle Evolution und die Gestaltung von Regeln, Tübingen 1994.

Wagner, Franz W. (1982), Zur Informations- und Ausschüttungsbemessungsfunktion des Jahresabschlusses auf einem organisierten Kapitalmarkt, in: Schmalenbachs Zeitschrift für betriebswirtschaftliche Forschung, 1982, Heft 8/9, S. 749-771.

Walz, W. Rainer (1993), Ökonomische Regulierungstheorien vor den Toren des Bilanzrechts, Diskussionsbeiträge Recht und Ökonomie, Nr. 16, Hamburg 1993.

Weizsäcker, Carl Christian von (1994), Zeitpräferenz und Delegation, in: Zeitschrift für Wirtschaftspolitik, Jg. 43, 1994, Heft 2, S. 121-139.

Wenger, Ekkehard (1992), Universalbankensystem und Depotstimmrecht, in: *Helmut Gröner* (Hrsg.), Der Markt für Unternehmenskontrollen, Berlin 1992, S. 73-118.

Wentzel, Dirk (1995), Geldordnung und Systemtransformation. Ein Beitrag zur ökonomischen Theorie der Geldverfassung, Stuttgart, New York und Jena 1995.

Willgerodt, Hans (1955), Die Krisis der sozialen Sicherheit und das Lohnproblem, in: ORDO, Band VII, 1955, S. 145-187.

Willgerodt, Hans (1957), Das Sparen auf der Anklagebank der Sozialreformer, in: ORDO, Band IX, 1957, S. 175-198.

Willgerodt, Hans (1972), Der Kapitalmarkt als Prüfstein europäischer Währungspläne, in: Wirtschaftspolitische Chronik des Instituts für Wirtschaftspolitik an der Universität zu Köln, 1972, Heft 3, S. 39-53.

Willgerodt, Hans (1979), Organisierter Reservenverzehr im modernen Verteilungsstaat, in: Ludwig Erhard-Stiftung (Hrsg.), Sicherung und Fortentwicklung der Sozialen Marktwirtschaft. Symposion III., Stuttgart und New York 1979, S. 199-211.

Willgerodt, Hans (1980), Die Wirtschafts- und Sozialpolitik im Spannungsfeld von Reservenverzehr und Kapitalbedarf, Bielefeld 1980.

Wolters, Georg (1995), Wettbewerb auf dem Versicherungsmarkt? in: ORDO, Band 46, 1995, S. 345-359.

Woywode, Michael (1993), Überlebenschancen von Unternehmen – Eine empirische Untersuchung auf der Basis des Mannheimer Unternehmenspanels, in: ZEW Wirtschaftsanalysen, Quartalshefte des Zentrums für Europäische Wirtschaftsforschung, Mannheim 1993, S. 441-467.

Konkurrenz der Währungen als geldwirtschaftliches Ordnungsprinzip*

* Erstdruck in: Wirtschaftspolitische Chronik des Instituts für Wirtschaftspolitik an der Universität zu Köln, 26. Jg. (1977), Heft 1, S. 23-55.

1. Einführung: F. A. von Hayeks Diagnose des Inflationsproblems

Im Meinungsstreit um Diagnose und Therapie der weltweiten Inflation hat sich *Friedrich A. von Hayek* (1976a; 1976b)jüngst mit einem Vorschlag zu Wort gemeldet, der den Vertretern der beiden schulmedizinischen Richtungen auf diesem Gebiet der Nationalökonomie, den sogenannten „Monetaristen" der *Friedman*-Richtung und den „Fiskalisten" keynesianischer Prägung, wohl eher als unzeitgemäßes Naturheilverfahren erscheinen mag. Dabei dürften die Fiskalisten mit ihren Fehltherapien dem *von Hayek*-schen Antiinflations-Rezept nur sehr wenig entgegenzusetzen haben. Wie schon in zahlreichen früheren Arbeiten weist *von Hayek* auch in den hier zitierten Schriften schlüssig nach, daß die keynesianische Vollbeschäftigungspolitik zur Inflation führt und dadurch zur Ursache von chronischen Unterbeschäftigungssituationen wird. Mit den Monetaristen stimmt *von Hayek* vollkommen darin überein, daß die Wiederherstellung und Bewahrung der Wertbeständigkeit des Geldes das erstrebenswerteste Ziel der Wirtschaftspolitik ist und daß alle Vorschläge zur Verbesserung des Geldwesens daran zu messen sind, ob sie die Wertkonstanz des Geldes verbürgen können. Dabei sollte der Wissenschaftler, wie *von Hayek* mit seinem Vorschlag demonstriert, am wenigsten Anlaß haben, sich dem Interesse an der Erhaltung liebgewordener Denk- und Organisationsmuster verpflichtet zu fühlen.

Für einen Monetaristen steht nach wie vor außer Zweifel, daß die notwendige stabilitätskonforme Beherrschung der Geldmenge mit den herkömmlichen Mitteln der Geldordnung möglich ist, wenn das gesetzliche Geldschöpfungsmonopol der Zentralbanken nach strengen Organisationsregeln bei gleichzeitiger Ausschaltung aller störenden Geldquellen des In- und Auslands praktiziert wird. Der bekannten regelgebundenen *staatlichen* Geldpolitik in Verbindung mit einem System von wirklich freien Wechselkursen kommt deshalb nach Auffassung der Monetaristen die Bedeutung einer *kausalen* Therapie zu, ganz im Gegensatz zum neuen Denkansatz *von Hayeks*. Danach ist allein das Prinzip des monetären Laissez-Faire, also eine Strategie der bewußten geldpolitischen Enthaltsamkeit des Staates geeignet, den Geldwert zu stabilisieren. Nach Ansicht *von Hayeks* würden die Menschen spontan herausfinden, welche Art von Geld ihren Zwecken am besten dient, sobald sie nicht mehr durch die bestehenden staatlichen Geldschöpfungsmonopole daran gehindert würden. *Von Hayek* knüpft damit wieder bei einer Denkweise an, von der *Hans Gestrich* (1947) ziemlich schroff meinte, man sollte das Suchen aufgeben und – angesichts der Gefahren einer Politik des vollkommenen Laissez-Faire – aufhören, es bedenklich zu finden, dem Staat oder ihm sehr nahestehenden Instanzen eine so ungeheure Macht wie die Geldschöpfung in die Hand zu geben. Es sind wohl vor allem folgende Gründe, die *von Hayek* veranlassen, sich an die Spitze einer von ihm so bezeichneten „Freigeld-Bewegung" zu setzen:

1. Die Geschichte widerlege den Glauben, Regierungen seien in der Lage, den Menschen ein sichereres Geld zu geben als diese es sich selbst spontan über wettbewerbliche Märkte verschaffen könnten.

Mit Ausnahme der etwa 200 Jahre währenden Periode des Goldstandards hätten praktisch alle Regierungen ihr exklusives Geldschöpfungsrecht mißbraucht, um die Menschen zu betrügen und zu berauben. Auch die Erfahrungen der letzten 60 Jahre rechtfertigen nach *von Hayek* nicht die geringste Hoffnung, daß sich die Regierungen zu vertrauenswürdigen Hütern des Geldwesens entwickeln könnten, jedenfalls solange nicht, als sie das Monopol der gesetzlichen Zahlungsmittelproduktion innehaben.

2. *Von Hayek* spricht den Regierungen der modernen westlichen Demokratien generell die Fähigkeit ab, im „allgemeinen Interesse" handeln zu können; und selbst wenn die verantwortlichen Währungsinstanzen wüßten, wie eine entsprechende Geldversorgung zu gewährleisten wäre, erscheint es ihm höchst unwahrscheinlich, daß in der politischen Praxis danach gehandelt werden kann. Den Grund dafür sieht er in der Beherrschung der Geldpolitik durch die Fiskalpolitik, die ihrerseits durch die Praxis einer „unbeschränkten Demokratie" (*von Hayek* 1977, S. 11) korrumpiert sei. Darunter versteht *von Hayek* eine Regierungsform, in der jede Mehrheit, besonders aber diejenige im Gewande organisierter Gruppen, jede beliebige Frage zum Gegenstand von Regierungsmaßnahmen machen kann. Als unmittelbare Folge solcher Machtverhältnisse komme es zu einer inflationstreibenden Geldpolitik im Dienste von Sonderinteressen.

2. Konkurrenz der Währungen – die von Hayeksche Therapie

Angesichts dieser umfassenden und als radikale Form einer politischen Theorie der Inflation[1] zu bezeichnenden Diagnose entwickelt *von Hayek* eine ebenso umfassende wie konsequente Therapie: Soll die der repräsentativen Demokratie von heute inhärente Inflationsneigung überwunden werden, ist die staatliche Geldpolitik schlechthin abzuschaffen. Dabei scheint er implizit zu unterstellen, daß die mit dem Rücken an der Wand unabweisbarer und real nicht einlösbarer Gruppenforderungen stehenden Regierungen selbst eigentlich am ehesten interessiert sein müßten, sich auf diese Weise aus dem Zustand wirtschaftspolitischer Ohnmacht herauszuwinden, um ihre Handlungsfähigkeit zurückzugewinnen.

2.1. Eine automatisch funktionierende marktwirtschaftliche Geldordnung

Wenn, so meint *von Hayek*, die Bürger das Recht hätten, jede Währung, der sie mißtrauen, zurückzuweisen und nur die anzunehmen, die ihnen vertrauenswürdig erscheint, würden die amtlichen Geldproduzenten einer Kontrolle durch den Wettbewerb unterworfen, wie sie besser nicht ausgeübt werden könnte. Übertragen auf den Ansatz von *Albert O. Hirshman* (1970) „Exit, Voice, and Loyalty" plädiert *von Hayek* ohne Einschränkung dafür, Möglichkeiten für eine vom Eigeninteresse der Bürger bestimmte *Abwanderung* zu schaffen, wohl in der Annahme, daß *Widerspruch*, etwa durch Wahlentscheidung, als alternative Reaktion auf eine geldwertmißachtende Regierungspolitik nichts auszurichten vermag.

Damit die Bürger den Weg der Abwanderung von der schlechten Regierungswährung hin zum stabilen Geld privater Anbieter erfolgreich bestreiten können, ist die gesetzliche Zahlungsmitteleigenschaft aufzuheben und sind freie Währungsmärkte zuzulassen. Für *von Hayek* gibt es keine Zweifel, daß die neuen Währungsmärkte in jeder

---

[1] Vgl. *Zohlnhöfer* und im Anschluß daran die kritische Position von *Watrin* (1975, S. 533-560).

Hinsicht gut funktionieren werden. Zur Erklärung ihrer Entstehung kann er auf seine empirisch bestens fundierte Theorie der spontanen Ordnungen zurückgreifen (*von Hayek* 1969). So erwartet *von Hayek*, daß bestimmte Banken ein gutes Geschäft darin erblicken werden, wenn sie unverzinsliche Banknoten in prägnanter Aufmachung zu Bedingungen anbieten, die dem auf diesem Gebiet wenig verwöhnten Publikum äußerst attraktiv erscheinen müssen. Dies wäre zum Beispiel der Fall, wenn private Banknoten mit der Garantie des jederzeitigen Umtauschrechts in eine bestimmte Zahl anderer Währungseinheiten offeriert würden (etwa 1 Dukat = 2 Dollar oder 5 DM usw.), wobei die Kursentwicklung der verschiedenen Währungen ohne Einfluß auf die Umtauschzusage bliebe. Die neuen Noten und die entsprechenden Giroguthaben könnten durch die Zusicherung bestimmter Qualitätsmerkmale vom „Schwundgeld" der Regierung abgehoben werden, etwa dadurch, daß jede private Ausgabebank sich verpflichtet, alles zu tun, um die reale Kaufkraft, gemessen an einem bestimmten Warenkorb, stabil zu halten.

Die neuen Noten könnten durch kurzfristige Kredite oder – und dies zunächst wohl vor allem – durch Ankauf bestehender Währungen in Umlauf gebracht werden, die (noch) keine so günstigen Optionen vermitteln. Deswegen kann auch eine Ausgabebank in der Rolle des Pionierunternehmens mit einem beträchtlichen Agio für die neuen Noten rechnen. Dieses Aufgeld wächst in dem Maße, in dem die Regierungswährungen der weiteren Entwertung unterliegen.

Angesichts solcher Gewinnchancen wird die private Notenbank nicht nur finanziell in der Lage, sondern auch im Interesse der Acquisition von Vertrauen gut beraten sein, zunächst eine 100 %ige Deckungsregel zu praktizieren. Sie wird allerdings zwecks realer Kaufkraftsicherung auch darauf achten müssen, daß sie bei einer fortschreitenden Entwertung der Regierungswährungen nicht zu viele Dukaten ausgibt. Notfalls müßte sie in der Lage sein, Dukaten zu einem hohen Marktpreis zurückzukaufen, um so ihre Kaufkraftgarantie möglichst voll erfüllen zu können. Dies setzt voraus, daß die gegen Dukaten hereingenommenen Währungen solchen Anlagemöglichkeiten zugeführt werden können, deren Marktwert einschließlich Verzinsung sich zumindest so erhöht, wie der Kursverfall der jeweiligen Währungen fortschreitet. Dies wiederum dürfte nur über Anlagen mit entsprechenden Geldwertsicherungsklauseln erreichbar sein.

Neben dieser geldwertstabilisierenden *Selbstkontrolle* aus Eigeninteresse wird sich im Verlauf der weiteren Entwicklung verstärkend eine *Konkurrenzkontrolle* durch hinzukommende Imitatoren – unter ihnen möglicherweise die bisherigen amtlichen Geldproduzenten – bemerkbar machen. So entsteht erstens die Bedingung für eine weitere Konditionenhärtung und zweitens wird sichergestellt, daß durch das Auftreten von Newcomern das Aufgeld einem Prozeß des Gewinnabbaus unterworfen wird.

2.2. Die Marktergebnisse der neuen Geldordnung

Im Zuge der weiteren Durchsetzung der neuen Geldordnung entwickelt sich das bekannte Bild einer wettbewerblichen Marktstruktur mit einem entsprechenden Verhalten der Teilnehmer und insgesamt mit Ergebnissen, die sich weitgehend auch mit den Vorstellungen *Euckens* (1968, S. 257) decken dürften, wonach die Geldordnung ebenso wie die Wettbewerbsordnung möglichst automatisch funktionieren soll.

Zwar lassen sich nach *von Hayek* hier wie auch allgemein bei wettbewerblichen Marktprozessen die konkreten Marktergebnisse nicht vorhersagen, gleichwohl hält er „Mustervorhersagen" etwa des folgenden Inhalts für vertretbar:

(1) Es wird sich eine ständige Nachfrage nach einem möglichst kaufkraftstabilen Geld entfalten.

(2) Darüber hinaus kann davon ausgegangen werden, daß die neuen Notenbanken – in völliger Umkehrung des Greshamschen Gesetzes – für ein entsprechendes Angebot sorgen werden, und zwar ungleich besser als ein Geldschöpfungsmonopol, das kein Risiko eingeht, wenn es sein Geld entwertet.

(3) Erreicht wird so eine bestmögliche Regulierung der Geldmenge unter Vermeidung von Inflationen, aber auch von Deflationen, weil die Kaufkraftsteigerung als Wettbewerbsmittel wegen des Gewichts der Schuldnerinteressen auf der Nachfrageseite nicht zum Zuge kommen kann.

(4) Im realen Bereich der Volkswirtschaft wird es infolgedessen zur Herstellung und Sicherung von geordneten Strukturen kommen, die eine langfristige effiziente Arbeitsteilung unter Vermeidung von konjunkturellen und strukturellen Extremlagen erlauben.

(5) Die unheilige Allianz zwischen Geld- und Fiskalpolitik wird gelöst und damit ein entscheidender Beitrag zur Überwindung des Keynesianismus geleistet. Insbesondere kann so der allmählichen Verstaatlichung aller Lebensbereiche Einhalt geboten werden.

(6) Wenn sich das neue Währungswesen bei den Bürgern in einem allmählichen Prozeß der Gewöhnung und Bewährung durchgesetzt haben wird, werden in der freien Welt mehrere weiträumig genutzte und sehr ähnliche Währungen übrig geblieben sein. Von Region zu Region unterschiedlich werden Währungen dominieren, ohne daß klare Grenzziehungen zwischen den sich überlappenden Einflußbereichen möglich sind.

(7) In einem Prozeß des Suchens und Experimentierens wird ein weithin akzeptierter Warenkorb ermittelt werden. Ist ein solcher gefunden, wird sich der Wettbewerb der Notenbanken im wesentlichen darauf konzentrieren, möglichst auch kleinste Abweichungen in der Kaufkraftsicherung zu vermeiden. Die Massenmedien werden mit Hilfe der modernen Computer- und Nachrichtentechnik diesen Wettbewerb verstärken und seine Ergebnisse verstetigen helfen.

(8) Da also die meisten Währungen bezüglich der Kaufkraftbindung von einem ähnlichen Warenkorb ausgehen werden, dürften auch die Wechselkurse nur geringfügigen Schwankungen unterliegen. Sie dürften jedenfalls sehr viel weniger schwanken, als dies im heutigen System flexibler Wechselkurse selbst bei den stabilen Währungen der Fall ist.

Diese und andere Vorteile sind gleichsam das natürliche Ergebnis der dem Wettbewerb zugrundeliegenden Ordnungsprinzipien der Eigen- und Konkurrenzkontrolle. Zugleich zeigt sich, daß das private Eigennutzstreben auf der Grundlage des Gewinnprinzips auch im Bereich des Währungswesens positive externe Effekte hervorzurufen vermag, ja insgesamt besser geeignet ist, dem Allgemeinwohl zu dienen als solche Institutionen, die, wie zum Beispiel Regierungen, ausdrücklich diesen Anspruch für sich reklamieren.

Im übrigen hätte die stabilisierungspolitische Konzeption *von Hayek*s auch den Vorteil, daß sie sich nicht erst die ihr angemessene Regierung zu suchen braucht; denn die neue Geldordnung wird von den Privaten spontan verwirklicht.

Welche stoffliche Geldart in der neuen Geldordnung schließlich dominieren wird, ist für *von Hayek* noch eine offene Frage. Nicht für unwahrscheinlich hält er es, daß sich eine Art von echter Goldwährung durchsetzen wird, ähnlich dem System des (Münz-) Sortengeldes in der Zeit der metallischen Währungen, für das die bekannten Nachteile des klassischen (entwickelten) Goldstandards nicht gelten[2]. Entscheidend ist für *von Hayek* aber nicht der Geldstoff, sondern der Mechanismus zur Regulierung des Geldumlaufs. Sein Plädoyer für einen monetären Freihandel kann als eine konsequente Anwendung seiner bereits 1932 formulierten Erkenntnis angesehen werden, daß ein nichtmetallischer Geldumlauf stets so reguliert werden muß, daß sich die gesamte Menge des umlaufenden Geldes ebenso ändert, wie dies geschehen würde, wenn ausschließlich Gold zirkulieren würde (*von Hayek* 1965, S. 20). So kommt er folgerichtig zu dem Ergebnis, daß jede dem klassischen (entwickelten) Goldstandard nachgebildete Währungsordnung unter den heutigen Bedingungen scheitern muß. Die zur Praxis einer solchen Ordnung erforderliche Disziplin der Teilnehmerstaaten läßt sich nach Meinung *von Hayek*s auch nicht durch eine regional oder weltweit integrierte Währungspolitik, etwa im Rahmen der EG oder des Internationalen Währungsfonds (IWF), erzwingen. Deshalb schlägt *von Hayek* in der Einleitung seiner Schrift „Denationalisation of Money" vor, daß zum Beispiel die EG-Länder gut beraten wären, wenn sie – unter Verzicht auf alle bestehenden Pläne zur Einführung einer supranational gesteuerten einheitlichen Europawährung – ihre Währungen in einem ersten Schritt einem wirklich freien internationalen Marktwettbewerb unterwerfen würden.

Die so mit konkurrierenden Regierungswährungen in einem regional begrenzten System des monetären Freihandels gewonnenen Erfahrungen könnten nach *von Hayek*s Ansicht geeignet sein, dem zugrundeliegenden Ordnungsprinzip schließlich allgemein und unter Einschluß privater Währungen Geltung zu verschaffen.

Damit gibt *von Hayek* zu erkennen, daß seine theoretische Konzeption auch nach Gesichtspunkten der praktischen Anwendbarkeit entwickelt wurde, daß es sich also nicht um ein bloßes Gedankenexperiment handelt.

Soweit in aller gebotenen Kürze die *von Hayek*sche Therapie. Sie soll hier vor allem im Hinblick auf die folgenden drei Fragen interessieren:

---

[2] Bekanntlich besteht der wesentliche Unterschied zwischen der klassischen Goldwährung, gleichgültig ob Gold zirkuliert oder nicht, und der reinen Goldumlaufswährung darin, daß in ersterer nicht nur Gold oder ein anderes Edelmetall, sondern darüber hinaus auch Banknoten und Buchgeld als Zahlungsmittel verwendet werden. Deshalb kann der Prozeß des Zahlungsbilanzausgleichs hier auch nicht vollautomatisch nach dem Laissez-Faire-Prinzip ablaufen. Es handelt sich vielmehr wegen der notwendigen Mitwirkung der Währungs- und Kreditpolitik um einen teilautomatischen Anpassungsprozeß. Das System der klassischen Goldwährung kann nur funktionieren, wenn die Zentralbanken eine spielregelrichtige Kontraktions- und Expansionspolitik betreiben, das heißt Goldbewegungen nicht durch entgegengesetzte Änderungen des Kreditvolumens kompensieren. Eine solche Disziplin ist aber bei realistischer Betrachtung heutzutage von keiner Regierung zu erwarten.

(1) Erlauben die geschichtlichen Tatsachen und Voraussetzungen, von denen *von Hayek* in seiner Diagnose ausgeht, wirklich den Schluß des weitgehenden, wenn nicht vollständigen staatlichen Versagens auf dem Gebiet der Geldwertsicherung? Ermöglichen also die gewählten Ausgangspunkte seiner Theorie eine wirklich zutreffende Erklärung der Realität?

(2) Ist die vorgeschlagene Lösung selbst zieladäquat, beziehungsweise durch welche zusätzlichen Maßnahmen könnte sie es werden?

(3) Gibt es nicht „billigere" und eher gangbare Wege zum gleichen Ziel?

3. Analyse der von Hayekschen Diagnose

Entspricht es wirklich den Tatsachen, daß mit Ausnahme der 200jährigen Periode des Goldstandards praktisch alle Regierungen ihre exklusive Herrschaft über das Geldwesen mißbraucht haben?

Es ist zunächst einmal unstrittig, daß das Geld sowohl in der Form der Metall- als auch der Notenwährungen nach Regeln der spontanen oder privatrechtlichen Ordnung und nicht durch staatliche Anordnung und Organisation entstanden ist. Die Geschichte des Geldwesens zeigt aber auch, bei aller Lückenhaftigkeit des Wissens auf diesem Gebiet, daß die Frage, welche Art geldwirtschaftlicher Ordnung am ehesten Geldwertsicherung erlaubt – das Laissez-Faire-Prinzip oder das staatliche Organisationsprinzip – nicht generell zugunsten des einen oder anderen Prinzips beantwortet werden kann. Im Verlauf der Geschichte erwies es sich nämlich nicht selten als vorteilhaft, wenn Regeln beider Ordnungsarten in einem ganz unterschiedlichen und wandelbaren Mischungsverhältnis im Interesse realer Geldwertsicherung zusammenwirkten. Dies wird im folgenden kurz an einigen Beispielen erläutert (ausführlich hierzu *Meyer* und *Schüller* 1976).

3.1. Laissez-Faire-Prinzip und Geldwertstabilität in den metallischen Währungen

Bei den metallischen Währungen früherer Jahrhunderte, bei denen im wesentlichen Kupfer-, Silber- und Goldmünzen als Geld zirkulierten, lassen sich im wesentlichen zwei organisatorisch und ökonomisch ganz verschieden ausgeprägte Spielarten der Geldentstehung unterscheiden: Das *metrische* Münzmonopol und das *faktische* Münzmonopol. In beiden Fällen konnte das Konkurrenzprinzip auf jeweils verschiedene Weise in den Dienst privater Bemühungen um ein funktionsfähiges und stabiles Geldwesen gestellt werden.

3.1.1. Die spontane Wettbewerbsordnung auf der Grundlage des freien Prägerechts bei *metrischem* Münzmonopol

Die Aufgabe des Staates beschränkte sich hierbei auf eine mehr technische Ordnungsfunktion. Der Staat behielt sich das ausschließliche Recht der Münzprägung, die Münzhoheit, nur zu dem Zweck vor, um Gewicht und Feingehalt der Münzen, den Münzfuß, festlegen, kontrollieren und garantieren zu können. Im Rahmen dieser für einen reibungslosen und vertrauensvollen Wirtschaftsverkehr äußerst wichtigen organisatorischen Vorkehrungen lag die Entscheidung über den Umfang der Geldschöpfung

bei den Privaten. Sie konnten unter Konkurrenzbedingungen Edelmetall bei der sogenannten Münze zur Ausprägung einliefern. Den Geldwert bestimmte bei freiem Prägerecht der wirtschaftliche Verkehr, in den sich auch der Münzherr selbst bei Bedarf ein-
zureihen hatte. Zwar hätte dieser versuchen können, durch Vergrößerung der Differenz
zwischen Schlagschatz und tatsächlichen Prägekosten einen höheren Münzgewinn zu
erzielen, doch war diese Möglichkeit meist insofern eng begrenzt, als das Münzregal
vielen Fürsten zustand und die Münzstätten sich gegenseitig Konkurrenz machten. Wäre
ein im Vergleich zu den tatsächlichen Prägekosten zu hoher Schlagschatz erhoben worden, dann wären Münzen aus anderen, notfalls ausländischen Prägestätten verwendet
worden, die sich mit einem geringeren Schlagschatz begnügten. Durch die verbreitete
Methode der Nachprägung wurden die zwischen den Währungen bereits bestehenden
Konkurrenzbeziehungen noch weiter verschärft. So entwickelte sich ein System von
Nachbarwährungen, das zu wettbewerbsintensivierenden Verschiebungen der Wäh-
rungsgrenzen führte (vgl. *Sprandel* 1975, S. 17 ff.). Unter diesen Bedingungen war es
schwierig, ein Verbot des Umlaufs fremder Münzen durchzusetzen. Gelang dies aber,
dann blieb den betroffenen Bürgern immer noch der Ausweg, ungemünztes Gold durch
Zuwiegen im Zahlungsverkehr zu verwenden.

Insgesamt läßt sich zeigen, daß im System des metrischen Münzmonopols die mengenmäßige Umlaufsregelung und die Wertbestimmung des Geldes ausschließlich den
Prinzipien der freien Konkurrenz folgten, wobei zu deren Durchsetzung nur eine vergleichsweise bescheidene Politik der Wettbewerbsordnung notwendig war. Es darf somit angenommen werden, daß sich die spontane Entscheidung der Privaten über den
Umfang des Angebots an Geld aus kostenabhängiger, also nicht beliebig vermehrbarer
Edelmetallproduktion in Kombination mit der staatlichen Qualitätskontrolle gut bewährt
hat, zumindest gemessen am Ziel der langfristigen Geldwertsicherung.

Selbstverständlich waren bei starker Vermehrung der Geldmenge, zum Beispiel als
Folge der Erschließung neuer reicher Goldlager oder der Entwicklung ergiebigerer Ge-
winnungsverfahren, reguläre Inflationen nicht vermeidbar. Die Wettbewerbsordnung
mit dem hauptsächlichen Mittel der Qualitätskontrolle war gegen solche Entwicklungen
machtlos. Das in die spontane Geldordnung eingebaute Prinzip der automatischen Stabilisierung wurde aber vor allem in dem Augenblick funktionsunfähig, in dem der
Goldzufluß nicht mehr aus kostenabhängiger Produktion, sondern aus Raub, Plünderung
oder Formen nationaler und internationaler Marktmachtausübung resultierte. Die spontane Ordnung des freien Prägerechts vermochte die Wertkonstanz des Geldes deshalb
aus dieser Sicht nur dann zu garantieren, wenn jene Grundregeln des Naturrechts nicht
durch einseitige Machtausübung außer Kraft gesetzt werden konnten, die *von Hayek*
(1971, S. 190) in einem anderen Zusammenhang unter Berufung auf *David Hume* als
die wichtigsten Säulen moderner Rechtsordnungen bezeichnet: die Beständigkeit des
Besitzes, seine Übertragung durch Übereinkunft und die Erfüllung von Versprechen. Es
mußte also ein allgemeiner Konsens über die Gültigkeit dieser Rechtsnormen bestehen.

Man kann insgesamt sagen, daß die spontane Ordnung des freien Prägerechts, soll sie
die Wertkonstanz des Geldes garantieren, zumindest jenes Maß an staatlicher Vorsorge
benötigt, das *J. B. Say* (1889) generell als Voraussetzung für die Handelsfreiheit an-
sieht: die Beglaubigung von Tatsachen (Münzfuß und Feingehalt) und die Verhinderung

von Betrug. Es muß also zu der Marktstruktur ein Marktverhalten hinzukommen, das in diesem Zusammenhang als von der Struktur unabhängig angesehen werden kann.

3.1.2. Konkurrenz der Währungen unter der Herrschaft des *faktischen* Münzmonopols

Unter der Herrschaft des faktischen Münzmonopols verfügte der Staat beziehungsweise die Münzhoheit nicht nur über ein technisches, sondern auch über ein ökonomisches Geldschöpfungsmonopol. Da es kein freies Prägerecht der Bürger gab, fehlte auch der konkurrenzwirtschaftliche Kosten-Erlös-Mechanismus, der erst jene Regelmäßigkeit im geldwirtschaftlichen Verkehr entstehen läßt, die für die eben beschriebene Geldordnung normalerweise kennzeichnend war. Das faktische Münzmonopol war deshalb ständig der Gefahr des Mißbrauchs durch die staatliche Geldschöpfungsmacht ausgesetzt. Durch Münzverschlechterung nämlich, also durch Vergrößerung der Differenz zwischen Nominalgehalt und Realgehalt der Münzen, war der Münzherr in der Lage, Geldentwertung zu betreiben, um sich leichter zu entschulden oder eine zusätzliche Einnahmequelle zu erschließen.

Allerdings fand diese Möglichkeit eine ganz wesentliche Einschränkung, als im Zuge der wachsenden Münzzersplitterung das System des Sortengeldes entstand, das heißt als gleichzeitig die verschiedenartigsten und verschiedenwertigsten Münzen im Zahlungsverkehr nebeneinander verwendet wurden. Um die vielen im Umlauf befindlichen Sorten möglichst genau vergleichen und aufrechnen zu können, wählte man zweckmäßigerweise eine Bezugsgröße als abstrakte Recheneinheit, als numeraire oder Oberwährung. Nicht selten diente dazu das den Währungen zugrundeliegende Edelmetall selbst. In dem bekannten Beispiel der berühmten Hamburger Bank aus dem 17. Jahrhundert war die Recheneinheit 1 Mark Banco mit einem Wert von 10 g Feinsilber bestimmt. In diesem Falle wurde bei einem marktmäßigen Wertverhältnis des Silbers zum Gold von 1:10 ein Golddukaten mit dem Inhalt von 10 g Feingold als 10 Mark Banco angeschrieben. Über umfangreiche, die gängigsten Münzen umfassende Tabellen (Münztarife) erleichterte man sich im täglichen Wirtschaftsverkehr die Umrechnungsarbeit. Nach wie vor aber wurde die Tauschmittelfunktion von den verschiedenen umlaufenden Geldsorten wahrgenommen.

Aus den rechentechnischen Nachteilen der Münzzersplitterung entstand also im Wirtschaftsverkehr spontan die sogenannte *Funktionenspaltung* des Geldes. Sie erwies sich als das einzige Ordnungsprinzip, das unter den Bedingungen der Sortenwährung die Entstehung eines einheitlichen Währungssystems erlaubte, und nicht nur das: Zugleich ermöglichte nämlich dieses Ordnungsprinzip angesichts einer verbreiteten Praxis der Münzverschlechterung auf einfache Weise einen realen Wertvergleich der Münzen und damit im Gläubiger-Schuldner-Verhältnis die Sicherung der Wertkonstanz von Verträgen.

Die Tatsache, daß bei gespaltenen Geldfunktionen der Staat zwar die Macht hat, die Menge des Geldes zu bestimmen, nicht aber zugleich auch ihre Kaufkraft, scheint für unsere *erste* und *dritte* Ausgangsfrage von besonderer Bedeutung zu sein. Es wird damit nämlich erkennbar, daß für die individuelle Geldwertsicherung möglicherweise gar nicht so sehr die Frage des staatlichen Geldmonopols bzw. der Währungskonkurrenz ausschlaggebend ist, sondern viel mehr die Freiheit, die Funktionen des Geldes im Verkehr nach Bedarf bestimmen zu können. Dürfen die Geldfunktionen getrennt werden, so können die Bürger die Auswirkungen willkürlicher Geldwertverschlechterungen durch monopolistische Geldproduzenten neutralisieren. Dagegen vermag in den geschilderten Fällen, in denen es zu einem allgemeinen über den Verkehrsbedarf hinausgehenden Zustrom an Edelmetallen kommt, auch das Prinzip der Funktionenspaltung nicht vor den realen Folgen der Geldentwertung zu schützen.

Unter den Bedingungen der Sortenwährung konnte der Münzherr mit Hilfe einer Münzverschlechterung also nur dann einen Gewinn erzielen, wenn es ihm gelang, das System des Sortengeldes selbst und die Möglichkeit der Funktionenspaltung auszuschalten und stattdessen das nominalistische Prinzip im Gebiet seiner Währungshoheit durchzusetzen und auch nach außen einem Zwangskurs für die eigene Währung Geltung zu verschaffen. Im System metallischer Währungen erforderte eine solche Politik grundsätzlich eine Fülle flankierender Maßnahmen, die eine zunehmende Freiheitsbeschränkung der Bürger zur Folge haben mußte. Die Durchsetzung einer möglichst gewinnbringenden Politik der Münzverschlechterung setzte nämlich zunächst die Festlegung eines Währungsstichtages voraus, bis zu dem die alten vollwertigen Münzen durch die neuen minderwertigen zu ersetzen waren. Als unerläßlich erwies es sich hierbei, ein Verbot der inneren und äußeren Kapitalflucht durch Einschmelzung oder durch Flucht in die Sachwerte oder fremde Währungen zu erlassen. Um den Zwangskurs und das nominalistische Prinzip möglichst vollständig durchsetzen zu können, mußte schließlich der gesamte Außenwirtschaftsverkehr monopolisiert werden.

In diesem Zusammenhang ist nun zur Klärung unserer *dritten* Ausgangsfrage wichtig zu wissen, warum sich die Münzhoheiten bei der früher so weit verbreiteten Praxis der Münzverschlechterung gleichwohl dem System der Sortenwährung bei gespaltenen Geldfunktionen und damit der Unterwerfung ihrer Münzen unter die Konkurrenz anderer (besserer) Währungen überwiegend nicht widersetzt haben. Denn tatsächlich, so wird berichtet, waren in den Jahrhunderten des metallischen Sortengeldes staatlich verordnete Zwangskurse die Ausnahme (vgl. *Sprandel* 1975, S. 46) und Funktionenspaltungen des Geldes die Regel. Hierfür können folgende Gründe vorgebracht werden:

(1) In der damaligen Zeit war es wohl noch sehr viel schwieriger als heute, durch Grenzüberwachung den Zwangskurs für das schlechte Geld gegenüber besseren Sorten durchzusetzen.

(2) Ein Zwangskurs hätte der landesherrlichen Kreditwürdigkeit wesentlich geschadet. Von solcher Rücksichtnahme brauchen sich Regierungen natürlich dann nicht mehr leiten zu lassen, wenn dem Privatkredit aus dem Ausland durch staatliche Bürgschaften gleichsam Krücken unter die Arme geschoben werden und wenn die internationale Kreditordnung dem Prinzip einer institutionalisierten Selbstbedienung verpflichtet ist, wie es für den IWF, die EG und andere internationale Finanzorganisationen zutrifft. Unter derartigen Umständen können es sich viele Regierungen tatsächlich leisten, eine zu Inflation und Devisenbewirtschaftung führende Wirtschaftspolitik zu betreiben, ohne ihre Abwahl allzusehr befürchten zu müssen.

(3) Ein Münzherr, dessen Volkswirtschaft in beträchtlichem Maße vom Außenhandel abhängig war, mußte zur Erhaltung der Exportfähigkeit seines Landes darauf achten, daß die im Wege der Münzverschlechterung gewonnenen Mehreinnahmen nicht das Binnenpreisniveau erhöhten. Denn nur bei stabilen Preisen im Innern war ceteris paribus ein ungeschmälerter Anfall von vollwertigen fremden Sorten als Exporterlös zu erwarten. Dieser wurde aber zur Finanzierung eines Imports im bisherigen Umfang benötigt. Bei steigenden Preisen, hervorgerufen durch interne Verausgabung der im Wege der Münzverschlechterung gewonnenen Mehreinnahmen, hätte die Münzhoheit über den Zwangskurs einen Exportrückgang und damit auf längere Sicht eine Schrumpfung des Außenhandels verursacht. Die Notwendigkeit, sich im Interesse der Sicherung des Zwangskurses und des bisherigen Außenhandels für Geldwertstabilität entscheiden zu müssen, war nicht nur ein wirksamer Schutz der inländischen Geldgläubiger vor Verlusten aus der Geldentwertung, sondern zugleich auch ein Grund dafür, daß wenig Interesse an einer Zwangskurspolitik bestand. Daraus folgt: Selbst im Falle eines extremen Mißbrauchs des faktischen Münzmonopols konnten nicht die schlechten Wirkungen entstehen, die *von Hayek* ziemlich pauschal allen metallischen Währungen nachsagt[3]. Die Funktionenspaltung des Geldes als wichtigstes Ordnungsprinzip, mit dessen Hilfe die Geldnachfrager notfalls die fehlende Konkurrenz der Währungen erzwingen konnten, war als Schutzmittel gegen die Geldentwertung deshalb so wichtig, weil damals, nicht anders als heute, viele das Heilmittel gegen die Krankheit der Inflation im Wirkungsbereich der Priester, Prediger, Propheten und Systemüberwinder zu finden hofften[4].

(4) Da nun aber zweifelhaft ist, ob den Münzherren in den Jahrhunderten der Sortenwährung die geschilderten Zusammenhänge bewußt waren, scheint letztlich die Tatsache ausschlaggebend gewesen zu sein, daß die Möglichkeit, die Schuldner-Gläubiger-Verhältnisse über die Zeit hinweg wertbeständig regeln zu können, als eine selbstverständliche „Rule of Law" empfunden und praktiziert wurde. Dem Prinzip der vollen Äquivalenz von vertraglich ausbedungener Leistung und Gegenleistung wurde auch dann Beachtung geschenkt, wenn dies für die fürstliche Finanzwirtschaft unbequem war. So wird berichtet, daß konfiskatorisch wirkende Münzverschlechterungen meist sehr schnell wieder rückgängig gemacht wurden (vgl. *Sprandel* 1975, S. 148). Auch in der Zeit der großen deutschen Inflation nach dem I. Weltkrieg bewährte es sich, daß der Staat, wenn auch mit einer folgenschweren Verzögerung, seinen Bürgern schließlich doch die freie Wahl der Geldfunktionen zugestand. Den einzig wirklichen Ausweg aus den chaotischen Währungsverhältnissen jener Zeit bot in der Tat die Funktionenspaltung des Geldes, die sich im

---

[3] „The government monopoly of the issue of money was bad enough so long as metallic money predominated" (*von Hayek* 1976b, S. 25).

[4] Bezeichnend dafür ist, daß zum Beispiel auch in der Zeit der Kipper- und Wipper-Inflation im 17. Jahrhundert die kirchliche Literatur mehr das Feuer der Unzufriedenheit und Verzweiflung schürte, als die Münzherren der eigentlichen Inflationsverursachung zu bezichtigen. Die wirkliche Lösung fanden auch die Theologen nicht, ganz im Gegensatz zur Praxis der Wirtschaft, die durch den Übergang zu gespaltenen Geldfunktionen die Folgen der Währungszerrüttung auf Produktion, Sparen und Investieren abwenden konnte. Zur Inflation in der Kipper- und Wipperzeit vergleiche *F. Redlich* (1972, S. 66 und passim).

Verkehr zunächst auf der Basis der sogenannten Devisenrechnung und schließlich Ende 1922 in Form der sogenannten Goldrechnungswährung weitgehend durchsetzte[5]. Wahrscheinlich hätten große Inflationsschäden vermieden werden können, wenn die freie Wahl der Geldfunktionen gar nicht erst als Zweckmäßigkeitsfrage behandelt, sondern gleich als ein ehernes Grundprinzip der Privatrechtsordnung anerkannt worden wäre (vgl. *von Hayek* 1960/1961, S. 103 ff.).

3.1.3. These: Entscheidend ist die Wahl der Geldfunktionen

Wie unsere Analyse zeigt, hängen die Möglichkeiten individueller Geldwertsicherung nicht in erster Linie davon ab, ob den Regierungen das exklusive Recht der Geldproduktion zusteht oder nicht. Entscheidend ist vielmehr, welche Auffassung eine Regierung in der Frage der Wertsicherung von Gläubiger-Schuldner-Verhältnissen vertritt, oder anders formuliert: Entscheidend ist, in welchem Maße eine Regierung in der Frage der Geldwertsicherung bereit ist, die Privatautonomie als die Rechtsmacht des einzelnen Bürgers auch gegen sich selbst gelten zu lassen.

3.2. Konkurrenzprinzip und Notengeldentstehung

Von Hayek (1976a, S. 20) hält es nicht für unwahrscheinlich, daß sich das Publikum bei freier Konkurrenz der Währungen schließlich für eine Art von Goldwährung entscheiden wird. Es ist deshalb zu fragen, was die Geschichte des Geldwesens bezüglich der Stabilität dieser Ordnungen lehrt. Dabei ist zu bedenken, daß Gold ein Warengeld ist, dessen Gewinnung mit beträchtlichen Kosten verbunden ist, ein Umstand, den bereits *Adam Smith* in seinen ökonomischen Konsequenzen sehr klar erkannt hat. Er bezeichnet es als eine vernünftige Bankpolitik, wenn Gold und Silber größtenteils durch Papier ersetzt werden, und gibt als Begründung an: „Umlaufende Gold- und Silbermünzen lassen sich gut mit einer Landstraße vergleichen, welche Gras und Getreide des Landes zum Markt transportieren hilft, ohne selbst auch nur einen einzigen Stapel von beidem zu produzieren. Diese aufgeschlossene Geschäftspolitik der Bank schafft so etwas wie einen Luftfrachtweg, wenn mir eine solch gewagte Metapher erlaubt ist, der es einem Lande ermöglicht, seine Landstraßen weitgehend in gute Weiden und Getreidefelder zu verwandeln, wodurch der Jahresertrag aus Boden und Arbeit erheblich zunimmt" (*Smith* 1974, S. 264 f.).

---

[5] *Pedersen* und *Laursen* (1964) und im Anschluß daran *Scherf* (1976) meinen, die deutsche Inflation zwischen 1920 und 1923 habe selbst in der Schlußphase Sparen, Investieren und Produzieren kaum negativ beeinflußt. Folglich sei die verbreitete Vorstellung falsch, nach der die Inflation das Sparen behindere und damit auch die Investitionstätigkeit. Mithin sei damals auch eine konsequente Anti-Inflationspolitik als die für viele naheliegende Alternative zum offenen Inflationsprozeß völlig verfehlt gewesen. Allerdings übersehen die Autoren bei dieser schwerwiegenden Schlußfolgerung, daß erst das Anti-Inflationsgift der Funktionenspaltung des Geldes ein langfristiges wirtschaftliches Denken und Handeln und damit eine vertrauensvolle Gestaltung der Schuldner-Gläubiger-Beziehungen als Voraussetzung für eine weitgegliederte effektive Arbeitsteilung ermöglichte, gleichwohl – und das muß betont werden – sicher nur im Sinne einer zweitbesten Lösung des Inflationsproblems. Berücksichtigt man diese Tatsache und die anderen Umstände der damaligen Inflation, auf die *Walter Eucken* (1923) in einer auch heute noch gültigen, wenngleich häufig übersehenen Analyse aufmerksam gemacht hat, ist man vor einem Fehlschluß der oben geschilderten Art gefeit.

Daß eine entsprechende Bankpolitik beträchtlichen Gefahren ausgesetzt ist, sieht *Adam Smith* ebenfalls. Immerhin liegt es ja nahe, daß sich bei Konkurrenz der Währungen die Prozesse des Marktwettbewerbs in erster Linie darauf konzentrieren werden, Gold einzusparen, indem Kreditgeld-Substitute für Gold hervorgebracht werden. Wie auch *Harry Johnson* (1975, S. 126) betont, spricht sehr viel dafür, daß sich eine Goldwährung im Inland wohl unvermeidlich auf einen inflationstreibenden Notengeld- oder Kredit-Standard hin entwickeln und bei internationaler Anwendung in einen gleichfalls zur Inflation neigenden Gold-Devisen-Standard verwandeln wird. Die bekannten historischen Beispiele bestätigen diese Annahme jedenfalls sehr eindrucksvoll.

Wiederum mit Blickrichtung auf die *erste* unserer drei Ausgangsfragen soll im folgenden untersucht werden, welche Rolle der Staat bei der Entstehung des Noten- oder Kreditgeldes auf der Grundlage der Goldwährung gespielt hat. Diese Frage kann allerdings auch wieder nur exemplarisch behandelt werden. Eine allgemeingültige Antwort verbietet sich damit von selbst.

3.2.1. Banknotenentstehung mit staatlicher Ordnung

Ein bekanntes Beispiel hierfür, über das *Adam Smith* (1974, S. 400) ausführlich berichtet, ist die 1609 mit städtischer Garantie und Aufsicht gegründete Amsterdamer Bank. Diese verpflichtete sich, alte Münzen zum Marktwert des Metalls aufzukaufen und gegen Abzug von Gebühren für Prägekosten und Verwaltungsaufwand ein Giroguthaben für die neuen Münzen mit garantiertem Münzfuß einzurichten. Die Guthaben wurden wegen ihrer sicheren Wertgrundlage und wegen ihrer leichten Verwendbarkeit im Zahlungsverkehr mit einem beachtlichen Agio gehandelt. Auf ähnliche Weise entstanden später auch noch andere Depositenbanken, auch Zettel- oder Quittungsbanken genannt. Ihre Konstruktionsmerkmale stimmen in mancher Hinsicht mit den Geschäftsprinzipien überein, die auch *von Hayek* seinem Vorschlag zugrundelegt. So verpflichtete sich die Bank von Amsterdam, die ausgegebenen Noten 100 %ig zu decken, was *Adam Smith* allerdings leicht anzweifelt[6].

Smith (1974, S. 401) führt weiter aus, daß die Bank der Stadt als ihrem Gewährsträger bedeutende Einkünfte brachte, gleichwohl sei nicht die Einnahmequelle, sondern die

---

[6] Gleichwohl meint aber auch *Smith* (1974, S. 400): „In Amsterdam indes ist kein Vertrauen eher gerechtfertigt als das in jeden einzelnen Gulden, der als Bankgeld umläuft und für den ein Gulden in Gold oder Silber im Tresor der Bank aufbewahrt wird. Die Stadt selbst ist Garant dafür, daß es so sein sollte. Die Bank steht unter der Leitung der vier regierenden Bürgermeister, die jedes Jahr im Amt wechseln. Jede neue Gruppe von Bürgermeistern sucht den Tresor auf, vergleicht den Inhalt mit den Büchern, nimmt ihn unter Eid in Empfang und übergibt ihn mit der gleichen ehrfürchtigen Feierlichkeit ihren Nachfolgern; und unter diesen nüchternen und religiösen Menschen gelten Eide noch etwas. Ein Wechsel solcher Art scheint allein genügend Sicherheit gegen irgendwelche Praktiken zu bieten, die nicht gutgeheißen werden können. Inmitten aller Revolutionen, zu denen Zwietracht in der Regierung von Amsterdam immer wieder geführt hat, hat die obsiegende Partei zu keiner Zeit ihre Vorgänger angeklagt, es seien in der Verwaltung der Bank Veruntreuungen vorgekommen. Keine Anklage könnte das Ansehen und den Erfolg der beschuldigten Partei tiefer verletzt und getroffen haben, und falls ein solcher Vorwurf hätte bewiesen werden können, so wäre das ganz sicher auch geschehen."

Stiftung öffentlichen Nutzens das ursprüngliche Ziel dieser Institution gewesen. Sie sollte die Kaufleute vor dem Schaden eines nachteiligen Wechselkurses schützen. Die Einnahmen aus dem Bankgeschäft seien nicht voraussehbar gewesen und müßten wohl als zufällige Größe betrachtet werden. Mehr als 200 Jahre nach ihrer Gründung brach die Bank von Amsterdam im Jahre 1819 zusammen, nachdem sie bewährte Grundsätze ihrer Geschäftstätigkeit mißachtet hatte.

3.2.2. Banknotenentstehung ohne staatliche Ordnung

Nach dem Vorbild der Bank von Amsterdam, dem bald die Städte Rotterdam und Delft mit ähnlichen Gründungen folgten, gingen auch in anderen kontinentaleuropäischen Ländern, vor allem aber in Großbritannien, immer mehr Privatunternehmen, vor allem Juweliere und Edelmetallhändler, dazu über, von ihren Kunden Münzen und Edelmetalle zwecks sicherer und wertbeständiger Aufbewahrung und gegen Aushändigung von Depotscheinen (Zertifikate, Zettel) entgegenzunehmen. Diese Papiere, die den Inhaber berechtigten, das Depot bei Sicht zu beheben, stellten für den Einleger eine Erleichterung des Zahlungsverkehrs dar und boten den Juwelieren den Vorteil, auf der Grundlage der Depositen Kredite zu gewähren. So entwickelte sich ein weit verbreitetes Zettelbank- oder Banknotenwesen. Ohne gesetzliches Zahlungsmittel zu sein, wurden die umlaufenden Noten als Geld verwendet, weil und soweit das Vertrauen bestand, daß sie als Sichtverbindlichkeiten der ausgebenden Stelle jederzeit vom Inhaber in Münzgeld umgetauscht werden konnten.

Im Verkehr stellte sich nun aber bald heraus, daß keine Notwendigkeit zur Volldeckung der Noten bestand. So bildete sich spontan die Gepflogenheit der Dritteldeckung heraus. Zugleich entstand mit der Entwicklung des Zettelbankwesens eine beachtliche zusätzliche und, wie sich dann mehr und mehr zeigte, inflatorisch wirkende Geldschöpfung, zumal die Banknote im Gegensatz zum Geld in der Form des Edelmetalls praktisch unbegrenzt mit nur minimalen Kosten produziert werden konnte.

Aus sich heraus entwickelte jedenfalls das Konkurrenzprinzip keine ausreichenden Abwehrkräfte gegen inflationäre Tendenzen und gegen das Aufkommen eines wachsenden Mißtrauens beim Publikum. Die schließlich entstehenden *runs* machten deutlich, daß die Reservehaltung der Zettelbanken zu gering war.

3.2.3. Die Peelsche Bankakte von 1844 – Konsequenz des Marktversagens oder des Versagens der Regierung?

Nach rund eineinhalb Jahrhunderten führte das Währungschaos, das aus der privaten Banknotenausgabe der Zettelbanken erwachsen war, zum Sieg der von der Currency-Theorie vertretenen Ansicht, daß es notwendig sei, die Banknotenausgabe einer strengen staatlichen Kontrolle zu unterwerfen. Diese vor allem von *David Ricardo* begründete Position[7] wurde dann 1844 durch die *Peel*sche Bankakte zum Grundprinzip einer

---

[7]   Auch *Smith* (1974, S. 265) tritt entschieden für eine staatliche Überwachung der Notenausgabe ein: „Der Herrscher, stets darauf bedacht, das Land in einem Zustand zu halten, in dem er es am leichtesten verteidigen kann, sollte es aus diesem Grunde nicht erst dann schützen, wenn sich die Banken selbst durch übermäßige Ausgabe von Geldpapieren ruinieren, son-

neuen englischen Währungsverfassung, die spätestens nach dem I. Weltkrieg von den meisten Staaten des kontinentalen Europas mehr oder weniger buchstabengetreu übernommen wurde.

Seit dieser Zeit wird – in der heute wohl als klassisch geltenden Formulierung von *Friedrich A. Lutz* (1962) – das Grundproblem der Geldverfassung darin gesehen, daß Geldschöpfung und Kreditgewährung untrennbar miteinander verbunden sind, beide Vorgänge jedoch ganz unterschiedlicher Regelungen bedürfen, wenn es zu einem funktionierenden stabilen Geldwesen kommen soll.

Die Richtigkeit dieses Schlusses könnte man nun aber mit dem Hinweis in Zweifel ziehen, daß zum Beispiel die englische Regierung im 18. und 19. Jahrhundert insbesondere zugunsten der führenden Zettelbank, der privaten Bank von England, intervenierte und deren Goldeinlösungspflicht suspendierte. Damit, so könnte man argumentieren, wurde gleichsam die Selbstkontrolle aus Eigeninteresse als wichtigste Voraussetzung für ein funktionierendes System konkurrierender Banknoten hinfällig. Die Ursache der destabilisierenden Entwicklung des Zettelbankwesens würde also nicht in der Anwendung des Konkurrenzprinzips, sondern in der staatlichen Intervention zu sehen sein, die den Konkurrenzmechanismus mit Fehlinformationen versorgte. Folgt man dieser Argumentation, so erscheint die nach dem Currency-Prinzip betriebene staatliche Geldpolitik überhaupt nicht mehr zwingend, sondern sie läßt sich schlicht als Folge der Tatsache erklären, daß der Staat im Experimentierstadium des Marktes für Banknoten Bankzusammenbrüche verhindert hat. Mit diesem „Sündenfall" wurde demnach für unbestimmte Zeit die beste aller möglichen Lösungen des Geldproblems verspielt. Hat also, so wäre zu fragen, *David Ricardo* auch in dieser Hinsicht „den Wagen der politischen Ökonomie auf ein falsches Geleise geschoben", was ihm *William Stanley Jevons* bereits in einem anderen Zusammenhang vorgeworfen haben soll (vgl. *Schmoller* 1911, S. 426)?

Man könnte sich bei einem solchen Vorwurf sogar auf *Ricardo* selbst berufen; denn dieser führt die Ursache der großen Krise, in die die Bank von England im Jahre 1797 geriet, auf eine allgemeine Panik zurück, vor der die Bank voreilig kapitulierte. Hätte sie weiterhin ihre Barzahlungen aufrechterhalten, „so hätte sich die Panik wahrscheinlich gelegt, bevor ihr Münzvorrat erschöpft gewesen wäre[8]."

---

dem bereits verhindern, daß die Geldschöpfung sie in die Lage versetzt, den volkswirtschaftlichen Kreislauf mit diesen Papieren zu überschwemmen." Entsprechende Vorschriften, so meint *Smith* weiter, mögen zwar in gewisser Hinsicht als Verletzung der persönlichen Freiheit betrachtet werden, „doch wenn einige dieses Naturrecht so ausüben, daß sie die Sicherheit des ganzen Landes gefährden können, so schränkt jede Regierung, die liberalste wie die diktatorischste, dieses Recht gesetzlich ein, und zwar ganz zu Recht". Eine ganz ähnliche Begründung findet sich auch bei *Say* (1845).

[8] *Ricardo* (1927, S. 26). Auch *Wicksell* (1922/1969, S. 101) betont, daß der Mißbrauch, der seinerzeit mit der Banknotenemmission getrieben wurde, hauptsächlich durch den Staat verschuldet war.

3.3. Der Staat – ein Versager bei der Geldwertsicherung?

Wie die angeführten Beispiele zeigen, kann diese Frage nicht ohne weiteres mit Ja beantwortet werden. Auch die Erfahrungen aus jüngerer Zeit sind eher dazu angetan, der politischen Theorie der Inflation, wie sie *von Hayek* vertritt, mit einem gewissen Vorbehalt zu begegnen. Zwar ist kein automatischer Mechanismus bekannt, durch den sich das Gesamtangebot an Geld genau in der erforderlichen Weise steuern ließe (vgl. *von Hayek* 1971, S. 420), doch ist nicht einzusehen, warum dieses Problem privaten Geldanbietern weniger zu schaffen machen soll als einer staatlichen Notenbank. Zu erinnern ist hier zum Beispiel nur an die bereits erwähnten Geldwertsicherungsprobleme, mit denen die Dukaten-Bank bei ihrer Anlagepolitik konfrontiert sein würde.

Auch zeigt die Nachkriegsgeschichte vor allem der Bundesrepublik Deutschland und der Schweiz, aber auch die anderer Länder, daß in puncto stabilitätsorientierter Geldmengensteuerung die wirtschaftspolitische Gestaltbarkeit größer ist als vielfach angenommen wird.

4.   Analyse der von Hayekschen Therapie

Obwohl es *von Hayek* gelungen ist, ein in sich geschlossenes konsistentes Modell zu entwickeln, stellt er gleichwohl selbstkritisch fest, daß viele Fragen und Probleme, die sein Rezept in theoretischer und praktischer Hinsicht aufwirft, bisher ohne befriedigende Antwort geblieben sind. Im Hinblick auf die praktische Anwendbarkeit erscheint vor allem die Frage wichtig, ob die neue Geldordnung ohne eine auf Geldwertstabilität eingeschworene staatliche Wettbewerbsordnung auskommen kann.

4.1. Neue Geldordnung ohne staatliche Wettbewerbsordnung?

4.1.1. Das Problem des Inflationskartells

Wenn bei Konkurrenz der Währungen die erwarteten Marktergebnisse das Resultat einer ganz bestimmten Angebotsstruktur sind, dann stellt sich die Frage, ob diese Struktur nach Ablauf der Phasen des Experimentierens und Etablierens ständig ausreichend starke Selbsterhaltungskräfte hervorbringen kann, etwa durch Reaktion der Nachfrage, durch das Auftreten von Newcomern oder durch neue „Produktvarianten", zum Beispiel in Form attraktiverer Warenkörbe. Nicht unwahrscheinlich wäre aber, daß sich im Laufe der Entwicklung ein internationales Oligopol privater oder staatlicher Geldversorger herausbildet, das die Beschwernisse der Konkurrenz durch Formen wettbewerbsbeschränkender Kooperation zu überwinden trachtet.

Dies könnte dadurch erreicht werden, daß sich alle Anbieter verpflichten, auf eine die bestehende Marktstruktur verändernde Angebotspolitik zu verzichten. Das offene oder geheime Verfahren, sich gegenseitig eine Art von Gebietsmonopol zuzugestehen, könnte darüber hinaus eine sehr wirksame Form sein, um eine Politik der heimlichen Geldentwertung abzusichern. Die Neigung zu einer solchen Kartellierung dürfte dann besonders groß sein, wenn es – wie *von Hayek* annimmt – zu einer weitgehenden Angleichung beim Produktmerkmal „Warenkorb" als Basis der Kaufkraftmessung kommt. Bei der dann vorauszusetzenden Markttransparenz dürfte schon bei kleinsten Abweichungen im Grad der Geldwertsicherung mit bedeutenden Kundenabwanderungen zu rechnen sein.

Von Hayek (1976b, S. 19) spricht dieses Problem nur teilweise an; einen Ausweg zeigt er nicht. Immerhin ist damit die Frage gestellt, ob bei Verwirklichung des *von Hayek*schen Vorschlags nicht auch im Bereich des Geldwesens eine bewußte Politik der Wettbewerbsordnung erforderlich wäre, um die zentrale These aufrechterhalten zu können: „Geld ist das einzige Gut, das durch Wettbewerb nicht billig gemacht wird, weil seine Anziehungskraft auf der Bewahrung seines hohen Wertes beruht" (*von Hayek* 1976b, S. 74). Ungeachtet der Lösung dieser Frage dürften aber – wegen der Wirksamkeit der potentiellen Konkurrenz – schwerwiegende Entgleisungen des Geldwertes grundsätzlich vermieden werden können.

4.1.2. Notenentwertung und Gläubigerschutz

Würde im Modell *von Hayek*s eine Notenbank in Schwierigkeiten geraten und könnte sie ihre Einlösungspflicht nicht mehr erfüllen, so würden die von dieser Bank geschaffenen Zahlungsmittel wahrscheinlich wertlos werden. Um die Betroffenen vor unbilligen Härten zu schützen, müßten, so meint *von Hayek*, die Gerichte eine Rechtsprechung etwa dahingehend entwickeln, daß Verträge, die auf der Grundlage einer entwerteten Währung geschlossen wurden, in der Währung zu erfüllen sind, die ähnlich stabil ist, wie es die entwertete im Zeitpunkt des Vertragsabschlusses war. Neben der Rechtsprechung könnten auch mit Hilfe eines analogen Verkehrsprinzips oder durch ein Geldwertsicherungsgesetz die nachteiligen Wirkungen von Bankzusammenbrüchen aufgefangen werden. Erforderlich wäre also eine dem Nominalwertprinzip widersprechende Norm, die wohl nicht zwingend aus dem Konkurrenzprinzip abgeleitet werden kann.

4.1.3. Das Problem der „schmarotzenden" Banken

Von Hayek selbst weist auf das Problem der „schmarotzenden" Banken hin, die die Kontrolle der einzelnen Notenbank über die Kaufkraft ihres Geldes in Frage stellen und so das Vertrauen in das neue Notenbankwesen schlechthin erschüttern könnten. Das Problem, das hier angesprochen wird, kann dadurch entstehen, daß Banken, die keine Noten ausgeben, auf der Grundlage von Einlagen in renommierten Währungen eine Kreditpyramide aufbauen.

Um dies zu verhindern, dürften, so meint *von Hayek*, die Notenbanken keinen Zweifel lassen, daß sie bei Zahlungsschwierigkeiten der schmarotzenden Banken auf keinen Fall haftend einspringen werden. Je nach Umfang und Intensität der beiderseitigen Geschäftsbeziehungen kann dies aber für eine Notenbank unumgänglich werden, vor allem dann, wenn das Mißtrauen in die Zahlungsfähigkeit auf die eigenen Kunden überzugreifen droht. Damit würde aber wieder das Tor zu jenem Kreditsystem geöffnet, das *von Hayek* selbst überaus treffend als „pervers elastisch" bezeichnet.

4.2. Zur Problematik der von Hayekschen politischen Theorie der Inflation

Wenn *von Hayek* den Regierungen prinzipiell die Fähigkeit abspricht, im allgemeinen Interesse handeln zu können, und wenn er darüber hinaus in der Inflation ein immanentes Strukturproblem der repräsentativen Demokratie sieht, so ist zu fragen, ob er damit vielleicht nur die Absicht einer heilsamen Schocktherapie verfolgt oder ob er damit eine allgemeingültige Erklärung der Inflation geben will. Manches deutet darauf hin, daß *von Hayek* bei seiner Demokratie-Kritik vor allem an England denkt. Mit dem Bank of England-Act wurde nämlich 1946 das englische Notenbankwesen im vorgeblichen Interesse einer Arbeitskräfte absorbierenden expansiven Geld- und Fiskalpolitik politisiert. Die verheerenden Folgen für Geldwert, Beschäftigung und Zahlungsbilanz sind bekannt. Bekannt ist aber auch, daß in der Zeit nach dem II. Weltkrieg andere westliche Demokratien das zentrale Geldschöpfungsmonopol in den Dienst einer erfolgreichen Wirtschaftspolitik gestellt haben. Deshalb ist mit Blick auf den Adressaten, an den sich *von Hayek*s Vorschlag wohl in erster Linie wenden dürfte, zu fragen: Wie können Regierungen von der Zweckmäßigkeit des Verzichts auf ihr Geldschöpfungsmonopol überzeugt werden, wenn sie von der Richtigkeit einer Wirtschaftspolitik überzeugt sind, die den inflationstreibenden Mißbrauch der staatlichen Geldschöpfungsmacht zur Voraussetzung hat?

Regierungen, die unbedingt eine Sozialpolitik zum Nulltarif, Lohnerhöhungen ohne Rücksicht auf die Produktivitätsentwicklung und eine preistreibende Verstaatlichungspolitik für richtig halten, würden zwar möglicherweise auch ohne eigene Geldpolitik ihre Volkswirtschaft ruinieren können, vielleicht sogar auf noch schnellere Weise – man denke zum Beispiel an die Finanzierung einer solchen Politik durch konfiskatorische Besteuerung –, doch hätte dieser Weg den Vorteil, daß die damit verbundenen Kosten dem Wähler direkt sichtbar würden. Dies könnte das Geschäft der Opposition wesentlich erleichtern und die Entstehung oder Fortsetzung einer Praxis der „unbeschränkten Demokratie" erschweren. Diese Konsequenz würde aber auch den Regierenden nicht verborgen bleiben, um so mehr wird ihnen daran gelegen sein, am Geldschöpfungsmonopol als einem bequemen Mittel der Sicherung von politischer Macht festzuhalten, zumal man davon ausgehen darf, daß die Regierungen die inflationären Wirkungen ihrer eigenen politischen Entscheidungen kennen (s. *Johnson* 1975, S. 14), ja bewußt in Kauf nehmen.

Es ist auch folgendes zu bedenken: Wenn Regierungen, die für ihre Politik viel Geld benötigen, sich dieses nur bei privaten Banken beschaffen könnten, dann würde es sich für diese Regierungen als vorteilhaft erweisen, den Banken geheime oder offene Privilegien zu gewähren, so vor allem, um zu verhindern, daß die weise Gläubigerregel, die im Mittelalter weitgehend beherzigt wurde, wirksam werde: „Borge keinem, der mächtiger ist als du; hast du ihm aber geborgt, so sieh' es als verloren an." Über diese Privilegien könnte aber nun die private Geldschaffung ganz ähnlich wie heute vielfach die staatliche Geldpolitik für Zwecke der Stabilisierung von politischer Macht und der Vermachtung des Geldmarktes mißbraucht werden[9].

---

[9] Auf ähnliche Weise ist bekanntlich die Machtstellung der *Fugger* und anderer Augsburger Bankhäuser im 16. und 17. Jahrhundert entstanden. Vgl. *Eucken* (1947, S. 311 f.).

Eine realistische Theorie der politischen Inflation müßte auch in Betracht ziehen, daß die unzureichende Inflationsbekämpfung allein durch eine ökonomisch verfehlte Diagnose und Therapie begründet sein könnte. Selbstverständlich, so meint *Christian Watrin* (1975, S. 560), ist eine repräsentative Demokratie keine Versicherung gegen inkompetente Regierungen, doch bietet sie eine relativ gute Chance, jene durch den Wahlakt wieder loszuwerden. Diese Regierungsform ist also weder ein prinzipielles noch ein institutionelles Hindernis, um eine wirkungsvolle Stabilisierungspolitik zu betreiben.

Es ist auch wohl noch eine offene Frage, ob die Ursache jener unbeschränkten Regierungsmacht, gegen die sich der *von Hayek*sche Vorschlag richtet, nicht auch in jener „pervers elastischen" internationalen Solidarität liegt, die die sogenannten währungsstarken Länder seit vielen Jahren im System von Bretton Woods gegenüber den Defizitländern praktizieren. Gerade das englische Beispiel dürfte bestens geeignet sein, um zu zeigen, daß sich die Parteien einem wirklichen Leistungswettbewerb vor den Wählern in dem Maße entziehen können, in dem die Kosten wirtschaftspolitischer Fehlentscheidungen – unter Vermeidung von innenpolitischem Widerspruch – gleichsam zur Abwanderung gebracht werden können. Wenn aber in diesem Tatbestand eine wichtige Ursache des Phänomens der „unbeschränkten Demokratie" liegt, so empfiehlt es sich, eine konsequent darauf abgestellte Therapie zu verordnen. In der Tat sind viele Arten von Wirtschaftspolitik nur durchführbar, wenn sie von ausländischen Regierungen finanziert werden. Dies gilt nicht nur für die kostspieligen Folgen der Wirtschaftsplanung sowjetischen Typs.

5. Die strategische Frage: „Alles oder Nichts" oder „Konzentration auf das Mögliche"?

Der Grundgedanke *von Hayek*s, man sollte im Interesse eines gesunden Geldwesens den Wettbewerb als Ordnungsprinzip im Bereich der Währungen wieder aktivieren, ist sicher ebenso unabweisbar wie seine Konzeption in sich schlüssig ist. Soweit allerdings *von Hayek* mehr beabsichtigen sollte, als eine in sich richtige Theorie zu entwickeln, so stellt sich die Frage nach der Aktualität seines Vorschlags. Nicht zuletzt die Analyse der geschichtlichen Tatsachen gibt Anlaß zu der Annahme, daß es Wege zu dem gewünschten Erfolg gibt, die sowohl in ökonomischer als auch in politischer Hinsicht nicht so sehr dem Vorwurf ausgesetzt sind, Unmögliches zu verlangen. Hierfür wären im bestehenden System der staatlichen Währungen besonders folgende Reformmaßnahmen geeignet.

5.1. Reformen im Bereich der „inneren" Währungspolitik

a. Zunächst sind alle institutionellen Möglichkeiten zur Beherrschung der volkswirtschaftlich wirksamen Geldmenge auszuschöpfen. Wichtigste Voraussetzung hierfür ist eine dem Ziel der Geldwertstabilität eindeutig verpflichtete Zentralbank, die über entsprechende Steuerungsinstrumente verfügt und in der Lage ist, diese Aufgabe im Auf und Ab des Parteien- und Verbändekampfes aus einer Position der Unabhängigkeit heraus zu bewältigen. Die praktische Durchsetzung dieser Politik ist seit dem Übergang zu flexiblen Wechselkursen im März 1973 wesentlich erleichtert worden. Der Übergang zu flexiblen Wechselkursen kann im übrigen auch als Beweis für die Lernfähigkeit von Regierungen gewertet werden.

Die „innere" Währungspolitik ist seit dem 19. Jahrhundert, seit der Staat die Verantwortung für die Ausgabe von Banknoten übernommen hat, dadurch erschwert, daß das Buchgeld zunehmend an Bedeutung gewonnen hat. Die Banken sind seither in der Lage, neben dem Staat Geld zu schaffen und dieses Geld durch Kreditgewährung in den Verkehr zu bringen. Auch auf diese Weise wird in einer teilweise schwer vorhersehbaren und insgesamt „pervers elastischen" Weise in einem Zug Kredit gewährt und Geld geschaffen. Eine Lösung dieses modernen Grundproblems der Geldverfassung ist auch in der Bundesrepublik Deutschland bis heute nicht gelungen. Über die sogenannten freien Liquiditätsreserven verfügen die Geschäftsbanken über ein beachtliches kreditpolitisches Potential, das sie von der laufenden Zentralbankpolitik auch dann wenigstens zeitweise relativ unabhängig sein läßt, wenn diese einen strengen Stabilitätskurs steuert. Es muß nach wie vor als eine unverständliche Tatsache angesehen werden, daß die staatliche Banknotenemission eine Reihe von Regeln zu beachten hat, während es keine vergleichbaren Beschränkungen für die Kreditschöpfungsmacht der Banken gibt (vgl. auch *Wichsell* 1922/1969, S. 100). Vorschläge zur Lösung dieses Problems – insbesondere in Verbindung mit einer strikten Befolgung einer Geldmengenregel entsprechend dem voraussichtlichen realen Wachstum – sind seit langem in brauchbarer Form gemacht worden und bekannt unter den Namen „100-Prozent-Plan" oder „Chicago-Plan" von *Fisher* (1935) mit den verschiedensten Modifikationen von *Simons* (1948), *Friedman* (1960) und zuletzt auch von *Gocht* (1975).

Im übrigen scheint die wünschenswerte geldpolitische Entmachtung von Parlament und Regierung eher durchsetzbar und praktizierbar zu sein, wenn diese zugunsten einer unabhängigen zentralen Notenbank betrieben wird. Die Politisierung der Bundesbank in der Bundesrepublik Deutschland ist jedenfalls noch nicht so weit fortgeschritten, als daß die Befürworter einer auch verfassungsrechtlich klar auf das Ziel der Geldwertstabilität verpflichteten unabhängigen Notenbank kapitulieren müßten. Die häufig vertretene Ansicht, eine regierungsunabhängige Zentralbank mit der vollen Befugnis über die Geld- und Kreditpolitik sei politisch unrealistisch, stellt in Abrede, daß Regierungen bzw. ihre Wähler aus den schlechten Erfahrungen mit regierungsabhängigen Notenbanken lernen können. Würde man *von Hayek*s Vorschlag als Plädoyer für eine seinem Konzept entsprechende Änderung der *deutschen* Geldverfassung interpretieren, so könnte dieser Plan hinsichtlich seiner Prämissen ungewollt gerade bei denen beifällig aufgenommen werden, die ohnehin für eine totale Politisierung des Geldwesens in der Bundesrepublik Deutschland kämpfen und jeden als Bundesgenossen vereinnahmen, der – aus welchem Anlaß auch immer – Argumente dafür liefert, daß die Praxis der Politisierung ja ohnehin sehr viel weiter fortgeschritten sei als die Theorie es wahrhaben wolle. Deshalb ist allen Ernstes auch nach den Konsequenzen der „Freigeld-Bewegung" für die strategische Seite des Kampfes gegen die Inflation zu fragen.

b. Soweit die Geschichte des Geldwesens Erfahrungen darüber vermittelt, wie leistungsfähig das Laissez-Faire-Prinzip für die Geldwerterhaltung ist, kann folgendes festgestellt werden: Entscheidend für den Erfolg der Bemühungen um individuelle Geldwertsicherung war weniger das Recht der freien Wahl der Währung, also die klassische Möglichkeit der Abwanderung und Zuwanderung zwischen Konkurrenten, als vielmehr das Prinzip der freien Bestimmung der Geldfunktionen, das die Funktionenspaltung des Geldes und die Freiheit der Bürger zur Vereinbarung von Geldwertsicherungsklauseln einschließt. Viele Beispiele aus der Geschichte des Geldwesens zeigen, daß es sich beim Grundsatz des Nominalismus keineswegs um ein ehernes Prinzip der Geldwirtschaft handelt, wie *Knapp* in seiner „Staatliche(n) Theorie des Geldes" (1921) meint. Und wenn der *Bundesfinanzhof* in seinem Grundsatzurteil vom 27.7.1967 (Nr. IV 300/64, Bundessteuerblatt III, S. 300) feststellt, das Nominalwertprinzip gehöre zur Grundsubstanz unseres Rechts- und Wirtschaftslebens und sei deshalb einer richterlichen Beurteilung nicht zugänglich, dann übersieht er erstens eine immer weiter verbreitete Praxis, die von diesem Prinzip abweicht, und zweitens verkennt er die schweren Schäden, die unserer Rechts- und Wirtschaftsordnung dadurch zugefügt werden, daß den Bürgern durch § 3 des Währungsgesetzes die rechtsgeschäftliche Freiheit zur Bestimmung des Schuldmaßstabes im Rahmen von Zahlungsverpflichtungen aus dem Geld- und Kapitalverkehr vorenthalten wird (vgl. ausführlich *Meyer* und *Schüller* 1976, S. 42 ff.).

Ob die von einer Beseitigung des Prinzips des Nominalismus zu erwartenden Wirkungen denen entsprechen, die *von Hayek* bei Realisierung seines Vorschlags in Aussicht stellt, ist schwer zu beurteilen. In beiden Fällen ist es aber notwendig, den Gesetzgeber bzw. die Rechtsprechung davon zu überzeugen, daß es der Verfassungsidee vom individuellen Eigentum am Geldbesitz und an geldwerten Forderungen widerspricht, wenn dieses Grundrecht in der Verfassungswirklichkeit –etwa durch ein Verbot von Gleitklauseln – nicht hinreichend realisiert werden kann. Das Ziel „Freiheit der individuellen Geldwertsicherung" scheint jedenfalls durch eine entsprechende Änderung von § 3 des Währungsgesetzes leichter erreichbar zu sein als durch einen monetären Freihandel der hier diskutierten Art, zumal auch – wie weiter oben erläutert wurde – das *von Hayek*sche Konzept selbst sehr wahrscheinlich nicht ohne die Freiheit zur Indexierung funktionsfähig wäre; möglicherweise läuft es sogar in der Praxis auf eine umfassende Indexierungslösung hinaus.

5.2. Reformen im Bereich der „äußeren" Währungspolitik

Mit dem Verzicht auf das Nominalwertprinzip zugunsten des Realwertprinzips würde auch der Anschluß an den in der internationalen Währungspolitik seit dem März 1973 vollzogenen Übergang zu flexiblen Wechselkursen hergestellt (vgl. *Willgerodt* 1975, S. 1453). Auch der *von Hayek*sche Vorschlag schließt die Abschaffung aller wechselkursverfälschenden staatlichen Interventionen und die Einführung eines freien Wechselkurssystems ein. Aus dieser Sicht ist allerdings nicht verständlich, warum feste Wechselkurse so lange notwendig sein sollen, als nationale Regierungen das Geldschöpfungsmonopol in ihrem Gebiet haben. Tatsächlich sieht *von Hayek* (1976a, S. 22) in festen Wechselkursen nach wie vor ein Mittel zur Stärkung der nationalen Währungsdisziplin. Die Erfahrungen mit dem Fixkurssystem auf der Grundlage des Bretton Woods-Abkommens dürften diese Auffassung allerdings nicht stützen.

Unter den Bedingungen flexibler Wechselkurse scheint es am ehesten möglich zu sein, die Regierungen zu zwingen, ihre währungspolitischen Probleme mit jenem Maß an Eigenverantwortlichkeit zu lösen, mit dem sie Anspruch auf wirtschaftspolitische Autonomie erheben und damit – je nach Ziel- und Mittelwahl – Währungsprobleme schaffen oder vermeiden. Flexible Wechselkurse erlauben es auch im bestehenden System der nationalen Währungen, die volkswirtschaftlichen Kosten und Risiken einer stabilitätswidrigen Wirtschaftspolitik weitgehend am Wechselkurs und am Gefüge der Kreditzinsen sichtbar und damit den Verursachern anlastbar zu machen. Der Wechselkursmechanismus, konsequent angewandt, ermöglicht jenen monetären Freihandel, also jene Konkurrenz der Währungen, die ganz ähnlich der *von Hayek*schen Lösung auf indirektem Wege die monetäre Disziplin und Kontrolle in der westlichen Welt zu stärken vermag. Allerdings bedarf es hierzu – etwa im Rahmen des IWF – einer die bestehenden Denk- und Verhaltensmuster überwindenden Drucktherapie, deren wichtigstes Ergebnis die Mobilisierung von ordnungspolitischer und monetärer Selbstkontrolle aus Eigeninteresse sein muß.

Ähnlich einer effektiven nationalen oder internationalen Wettbewerbspolitik hätte eine Weltwährungsordnung zu gewährleisten, daß zwischen den heutigen Regierungswährungen ein Wettbewerb herrscht, der die Regierungen und ihre Wähler dazu zwingt, sich ständig um ein stabilitätsförderndes Leistungsniveau zu bemühen. Wichtigste Voraussetzung dafür wäre der Verzicht auf Maßnahmen, die den Entschluß und den Erfolg der Stabilisierung auf nationaler Ebene behindern und die insbesondere dazu führen, daß solche Positionen privilegiert werden, die das Ergebnis einer vergleichsweise unzureichenden Leistungsfähigkeit im Wettbewerb sind. Es müßte zum Beispiel verhindert werden, daß Schuldnerländer, anstatt sich entschieden genug zur Anpassung gezwungen zu sehen, die Gläubiger direkt oder indirekt in die Rolle von willfährigen Kreditautomaten hineinbringen können. Die Privilegierung von Schuldnerpositionen ist vom Ansatz her eine stabilitätsfeindliche Politik, ähnlich wie eine Wettbewerbsordnung antikompetitiv wirkt, wenn sie leistungsbedingte Wettbewerbsvorteile bestraft.

Um im heutigen System flexibler Wechselkurse eine wünschenswerte Denationalisierung des Geldes zu erreichen, ist eine Kreditordnung erforderlich, die eine Renationalisierung der Kosten und Risiken einer verfehlten nationalen Wirtschaftspolitik erlaubt. Da eine ausdrückliche Vereinbarung über eine solche Kreditordnung in absehbarer Zeit nicht erreichbar sein wird, bleibt den stabilitätswilligen Ländern keine andere Wahl, als sich durch konsequentes Floaten dem bestehenden System der internationalen Selbstbedienung für Kredite, wie es im Rahmen des IWF und anderer internationaler Finanzorganisationen entstanden ist, zu entziehen und durch diese Art eines *heilsamen* monetären Nationalismus die Währungen der übrigen Länder in einen offenen Wettbewerb hineinzuziehen, in dem der Wechselkurs zu einem für jeden Wähler sichtbaren Maßstab zur Beurteilung der Leistungsfähigkeit seiner Regierung wird. Es spricht einiges dafür, daß das Potential an politischem Widerstand, den die Bürger mit ihrem Stimmzettel gegen eine schlechte Wirtschaftspolitik leisten können, bei freien Wechselkursen im bestehenden System der Regierungswährungen schneller wirksam wird als bei der Verfolgung des Vorschlags eines monetären Freihandels. Zuletzt bleibt auch zu fragen: Würde die Art von geldpolitischer Enthaltsamkeit des Staates bezüglich der freien Währungsmärkte, die *von Hayek* in seinem Konzept voraussetzt, dann, wenn man mit ihr wirklich rechnen könnte, nicht bereits für sich ausreichen, um vom Staat auch in der Rolle des monopolistischen Geldproduzenten ein entsprechend stabiles Geld erwarten zu können?

Literatur

Eucken, W. (1923), Kritische Betrachtungen zum deutschen Geldproblem, Jena.

Eucken, W. (1947), Die Grundlagen der Nationalökonomie, Bad Godesberg.

Eucken, W. (1968), Grundsätze der Wirtschaftspolitik, 4., unveränderte Auflage, Tübingen und Zürich.

Fisher, I. (1935), 100 Percent Money, New York.

Friedman, M. (1960), A Program for Monetary Stability, New York.

Gestrich, H. (1947), Kredit und Sparen, Bad Godesberg.

Gocht, R. (1975), Kritische Betrachtungen zur nationalen und internationalen Geldordnung, Berlin.

Hayek, F. A. von (1960/1961), Die Ursachen der ständigen Gefährdung der Freiheit, in: ORDO, Band XII, S. 103-109.

Hayek, F. A. von (1965), Was der Goldwährung geschehen ist. Ein Bericht aus dem Jahre 1932 mit zwei Ergänzungen, Tübingen.

Hayek, F. A. von (1969), Die Ergebnisse menschlichen Handelns, aber nicht menschlichen Entwurfs, in: *F. A. von Hayek*, Freiburger Studien. Gesammelte Aufsätze, Tübingen, S. 97-107.

Hayek, F. A. von (1971), Die Verfassung der Freiheit, Tübingen.

Hayek, F. A. von (1976a), Choice in Currency: A Way to Stop Inflation (Institute of Economic Affairs, Occasional Papers 48), London.

Hayek, F. A. von (1976b), Denationalisation of Money. An Analysis of the Theory and Practice of Concurrent Currencies. Published by The Institute of Economic Affairs, London.

Hayek, F. A. von (1977), Wohin steuert die Demokratie, in: Frankfurter Allgemeine Zeitung, Nr. 6 vom 8.1. 1977, S. 11.

Hirshman, A. O. (1974), Abwanderung und Widerspruch, Reaktionen auf Leistungsabfall bei Unternehmungen, Organisationen und Staaten (Übersetzung der amerikanischen Ausgabe „Exit, Voice, and Loyalty: Response to Decline in Firms, Organizations and States", Cambridge/Mass. 1970), Tübingen.

Johnson, H. (1975), Inflation. Theorie und Politik, München.

Knapp, G. F. (1921), Staatliche Theorie des Geldes, 3. Auflage, München-Leipzig.

Lutz, F. A. (1962), Das Grundproblem der Geldverfassung, in: *F. A. Lutz*, Geld und Währung, Tübingen, S. 28-102.

Meyer, F. W. und *A. Schüller* (1976), Spontane Ordnungen in der Geldwirtschaft und das Inflationsproblem, Tübingen.

Pedersen, J. und *K. Laursen* (1964), The German Inflation 1918-1923, Amsterdam.

Redlich, F. (1972), Die deutsche Inflation des frühen 17. Jahrhunderts in der zeitgenössischen Literatur: Die Kipper und Wipper, Köln.

Ricardo, D. (1927), Vorschläge für eine wirtschaftliche und sichere Währung, Halberstadt.

Say, J. B. (1845), Ausführliches Lehrbuch der praktischen politischen Ökonomie, Zweiter Band, Leipzig.

Say, J. B. (1889), Economie Politique, Paris.

Scherf, H. (1976), Artikel „Inflation", in: Handwörterbuch der Wirtschaftswissenschaft (HdWW), 3./4. Lieferung, S. 159-184.

Schmoller, G. (1911), Artikel: Volkswirtschaft. Volkswirtschaftslehre und -methode, in: Handwörterbuch der Staatswissenschaften, Achter Band, Dritte Auflage, Jena, S. 426.

Simons, H. C. (1948), Economic Policy for a free Society, Chicago.

Smith, A. (1974), Der Wohlstand der Nationen. Eine Untersuchung seiner Natur und seiner Ursachen, München.

Sprandel, R. (1975), Monographien zur Geschichte des Mittelalters 10: Das mittelalterliche Zahlungssystem nach Hansisch-Nordischen Quellen des 13.-15. Jahrhunderts, Stuttgart.

Watrin, Chr. (1975), Korreferat zu: *W. Zohlnhöfer,* Eine politische Theorie der schleichenden Inflation, in: *H. K. Schneider, W. Wittmann* und *H. Würgler (Hrsg.),* Stabilitätspolitik in der Marktwirtschaft (Schriften des Vereins für Socialpolitik, N. F. Band 85/I), Berlin, S. 555-560.

Wicksell K. (1922/1969), Vorlesungen über Nationalökonomie, Zweiter Band: Geld und Kredit, Jena 1922, Neudruck Aalen 1969.

Willgerodt, H. (1975), Stabilitätsförderung durch marktwirtschaftliche Ordnungspolitik – Notwendigkeit und Grenzen, in: *H. K. Schneider, W. Wittmann* und *H. Würgler (Hrsg.),* Stabilisierungspolitik in der Marktwirtschaft (Schriften des Vereins für Socialpolitik, N. F. Band 85/II), Berlin, S. 1443-1468.

Zohlnhöfer, W. (1975), Eine politische Theorie der schleichenden Inflation, in: *H. K. Schneider, W. Wittmann* und *H. Würgler (Hrsg.),* Stabilitätspolitik in der Marktwirtschaft (Schriften des Vereins für Socialpolitik, N. F. Band 85/I), Berlin, S. 533-553.

II.

Ordnungsprobleme
der Sozialen Marktwirtschaft

Die institutionellen Voraussetzungen
einer marktwirtschaftlichen Ordnung*

---

* Erstdruck in: *Roland Vaubel* und *Hans-Dieter Barbier* (Hrsg.), Handbuch Marktwirtschaft, Verlag Neske, Pfullingen 1986, S. 34-44.

1. Institutionen als produktive Kraft

Die Idee der Marktwirtschaft im *liberalen Ordnungsverständnis* beruht auf der Erkenntnis, daß die Erfolge des Markttauschs entscheidend von den Institutionen abhängig sind, die den Charakter der Marktwirtschaft bestimmen. Die Produktivität dieser Institutionen läßt sich ökonomisch wie folgt erklären: In einer Marktwirtschaft werden die verschiedenen individuellen wirtschaftlichen Handlungen in freier Entscheidung und eigener Verantwortung spontan über Märkte koordiniert. Dabei ist das Interesse darauf gerichtet, mit Hilfe von Preis- und Kostenvergleichen die aktuellen und potentiellen Gelegenheiten zu entdecken und zu nutzen, die im Austausch für das, was jemand anzubieten hat, mehr erwarten lassen, als anderweitig erreichbar erscheint. Die Möglichkeit, zwischen Alternativen wählen zu können, d. h. die Ausübung effektiver wirtschaftlicher Handlungsfreiheit, ist dafür Voraussetzung. Weil die daraus hervorgehenden individuellen Wirtschaftspläne und Tauschbeziehungen auf *unsicheren* Preiserwartungen mit vielfältigen konkurrierenden Anstrengungen zur Knappheitsminderung beruhen, ist immer erst nachträglich erkennbar, welche Güter im Austausch Anklang finden und die eigene Lage verbessern können.

Die Unsicherheit kann zwar durch Bemühungen um bessere Informationen, durch Verhandlungsgeschick und durch Sicherungsvorkehrungen bis zu einem gewissen Grade individuell gemindert werden; doch sind damit Kosten, die sog. *Transaktionskosten* verbunden. Diese können so hoch sein, daß der Bereich lohnender Austauschbeziehungen erheblich schrumpft. Dies gilt besonders dann, wenn ein Zustand der Rechtsfeindlichkeit und Gewalttätigkeit mit räuberischen Formen des Gütererwerbs besteht. Hinsichtlich des Verhaltens der Menschen besteht dann eine so große Unsicherheit und Konfliktträchtigkeit, daß ein erheblicher Teil der produktiven Kräfte für unproduktive Informations-, Verhandlungs- und Verteidigungsanstrengungen und für die eigene gewaltsame Güterbeschaffung eingesetzt werden muß. Dieser Umstand ist zwangsläufig von einem Ausweichen der Menschen in die autarke Selbstversorgung („Eigenwirtschaft") bei Verzicht auf eine weitläufige wohlstandsmehrende Arbeitsteilung begleitet. Erst wenn sich die Beteiligten auf eine Instanz einigen, die notfalls mit Zwangsmitteln Eigentumsrechte sichert, kann dieser Zustand überwunden werden. In dieser Sicht kann der „Rechtsschutzstaat" durchaus auch ökonomisch begründet werden (*Buchanan* 1975/1984; *Watrin* 1985). Er garantiert, daß die im *Hobbes*schen Krieg aller gegen alle prohibitiv hohen Transaktionskosten auf ein Maß reduziert werden, so daß sich eine marktwirtschaftliche Ordnung als friedliche effiziente Tauschgemeinschaft entwickeln kann, in der die kostspieligen und in der Wirkung unsicheren Abwehr- und Angriffsmaßnahmen zum Wohle aller direkt in die Produktion gelenkt werden können. Dies erklärt, warum der Staat mit den entsprechenden sozialen Institutionen ein Produktionsfaktor von fundamentaler Bedeutung ist.

2. Zur Struktur marktwirtschaftlicher Institutionen

Soziale Institutionen sind *erstens* Handlungsrechte (Property Rights), aufgefaßt als rechtlich oder in anderer Form gesicherte Möglichkeiten eines bestimmten Umgangs mit Gütern, durch den ihr Nutzungsbereich gegenüber anderen Personen wirksam begrenzt wird; *zweitens* die Zusammenfassung von Handlungsrechten in Organisationen.

Im folgenden werden die für die Entfaltung des Marktsystems grundlegenden („äußeren") Institutionen von den („inneren") Institutionen unterschieden, die nicht Voraussetzung, sondern Geschöpfe des Marktsystems sind (*Lachmann* 1963, S. 67). Die *äußeren Institutionen* verkörpern die auf der Verfassung eines Landes beruhende handlungsrechtliche Grundstruktur einer Marktwirtschaft. Die *inneren Institutionen* sind dagegen die mehr oder weniger spontanen, der wettbewerblichen Selektion unterliegenden handlungsrechtlichen Anpassungsformen an die äußeren Institutionen.

3. Die äußeren Institutionen

Die äußeren Institutionen lassen sich auf die Grundregeln freiheitlicher Staats- und Rechtsordnungen (*von Hayek* 1971, S. 285 ff.) zurückführen: die Verhinderung von Gewalt und Betrug, der Schutz des Eigentums, die Sicherung der Vertragsfreiheit und die Erzwingung von Verträgen sowie die Herrschaft des Gesetzes. Zur Verwirklichung dieser Regeln sind öffentliche Institutionen zu schaffen und zu unterhalten, die als zentrale Vorkehrungen des „Rechtsschutzstaates" (*Buchanan*) für ein Gemeinwesen von höchstem Nutzen sind. Sie setzen eine funktionsfähige Staatstätigkeit mit einer entsprechend verläßlichen Verwaltung und soliden Finanzierung voraus. Da diese Einrichtungen ihrer ganzen Natur nach niemals einen Ertrag abwerfen, der hoch genug für eine oder mehrere Personen sein könnte, um die anfallenden Kosten zu decken, kann nicht erwartet werden, daß diese sogenannten öffentlichen Güter von Privaten bereitgestellt werden. Die Effizienz der entsprechenden Einrichtungen ist von ihrer Ausgestaltung im einzelnen und ihrer Handhabung in der Praxis abhängig. Von den Institutionen des „Rechtsschutzstaates" sind solche des „Leistungsstaates" (*Buchanan*) zu unterscheiden. Sie können für die Effizienz der marktwirtschaftlichen Ordnung und für ihre Akzeptanz im politischen Raum eine wichtige Voraussetzung sein.

3.1. Die Verhinderung von Gewalt und Betrug

Die durch Unterdrückung, Erpressung, Nötigung, Bedrohung oder Täuschung herbeigeführte Indienststellung von Menschen gegen ihren Willen und gegen ihre Interessen verschafft wirtschaftliche Vorteile, die nicht auf besserer Leistung, sondern auf der Verletzung von moralischen Anschauungen beruhen, ohne die sich ein Gemeinwesen nicht gedeihlich entwickeln kann. Wirksame kollektive Vorkehrungen dagegen, etwa in Form zivil- und strafrechtlicher Normen, eines Gesetzes gegen den unlauteren Wettbewerb und allgemein von Einrichtungen zum Schutz des Gemeinwesens gegen Gewalt und Invasion (Gewährleistung der inneren und äußeren Sicherheit), verweisen nicht nur auf einen sittlich-kulturellen Rahmen des Wirtschaftens, sondern sind existentielle Voraussetzung dafür, daß die Menschen gemäß ihren eigenen Interessen und Fähigkeiten wirtschaften und dabei hohe unproduktive Transaktionskosten einsparen können.

3.2. Der Schutz des Eigentums

3.2.1. Eigentumsrechte in ökonomischer Sicht

Eigentumsrechte stellen eine rechtlich oder in anderer Form gesicherte soziale Beziehung dar, durch die die Kompetenzen von Personen oder Organisationen in bezug auf Güterverwendungen begrenzt werden. Die ökonomische Wirkung von Eigentumsrechten ist wesentlich von ihrer Stärke, d. h. den effektiven Verwendungsmöglichkeiten, von Art und Ausmaß ihrer Teilung mit anderen und von der Höhe der Transaktionskosten abhängig, die entstehen, um eigentumsrechtliche Ansprüche durchzusetzen.

Hinsichtlich der *Verwendungsmöglichkeiten* sind Entscheidungs-, Aneignungs- und Haftungsrechte sowie Transferrechte zu unterscheiden.

Entscheidungsrechte umfassen die Kompetenz, Güter für Zwecke der Produktion und des Verbrauchs einzusetzen und dabei ihre Substanz und Funktion zu verändern. Aneignungsrechte und Haftungsrechte betreffen die Möglichkeit, die aus der Eigentumsnutzung erzielten Einkommen zu beanspruchen, und die Pflicht, für die wertmäßigen Konsequenzen der Nutzung (z. B. für Verluste) einzustehen. Transferrechte erlauben es, Eigentumsrechte einzeln oder insgesamt auf andere zu übertragen, vor allem durch Verkauf, Vererbung, Vermietung und Verpachtung.

Unter dem Aspekt der *Teilung der Eigentumsrechte* kann das Individualeigentum (Privateigentum) vom Gemeineigentum (Kollektiveigentum) unterschieden werden. Das Privateigentum kann mehreren Personen in Eigentumsgemeinschaft zustehen. Bemißt sich der einzelne Anspruch nach Bruchteilen, liegt Miteigentum vor. Daneben gibt es die „Eigentumsgemeinschaft zur gesamten Hand". Das Gemeineigentum ist einem Gesellschaftsträger zur Nutzung im „Gemeininteresse" zugeordnet. Hierbei ist das Staats- oder Volkseigentum vom Gesellschaftseigentum zu unterscheiden, für das meist eine Gruppennutzung (z. B. durch Arbeitskollektive) besteht.

Die Höhe der Transaktionskosten hängt wesentlich von der hinreichend deutlichen Abgrenzung, exklusiven Zuordnung und Nutzung der Eigentumsrechte, aber auch vom Wissen und der Fähigkeit ab, Dritte präventiv von nicht erwünschten Nutzungen auszuschließen. Transaktionskosten sind deshalb ein Problem der eigentumsrechtlichen Gestaltung.

3.2.2. Marktwirtschaft bei Staats- und Gesellschaftseigentum

Tauschbeziehungen über Preise und Märkte können sich prinzipiell auch bei Staats- und Gesellschaftseigentum bilden. Im Fall des *Staatseigentums* setzt dies eine Bewirtschaftung nach privatwirtschaftlichen Grundsätzen, also den Verzicht auf eine zentrale Steuerung der Wirtschaftsprozesse voraus, wie es z. B. dem Modell des Pächtersozialismus und dem ungarischen Experiment des Marktsozialismus entspricht. Typisch für den Fall des *Gesellschaftseigentums* ist die Zuweisung des Gesellschaftseigentums an faktisch selbständig planende Arbeiterkollektive. Besonders die jugoslawische Arbeiterselbstverwaltung wird häufig als Beispiel dafür angesehen, daß das Privateigentum an den Produktionsmitteln keine fundamentale Vorbedingung für eine Marktwirtschaft sei.

Nach der Idee des *Pächtersozialismus* werden alle staatseigenen Unternehmen meistbietend verpachtet. Hierbei soll der Pachtpreis im Wettbewerb so hoch getrieben werden, daß dem einzelnen Pächter nicht viel mehr als der reine Unternehmerlohn verbleibt. Soweit eine ausreichend kapitalkräftige Schicht von Pächtern fehlt, kann der Staat durch Gewährung von Betriebskrediten aushelfen. Aber auch dann bleibt höchst fraglich, ob es eine hinreichende Zahl von Bewerbern gibt und ob deren Verhalten zu einer funktionsfähigen Marktwirtschaft führt. Die Pächter werden nämlich, wenn sie nur einen Unternehmerlohn erhalten, den sie auch als Manager ohne Verlustrisiko erhalten könnten, nicht zur Verlusthaftung bereit sein. Diese müßte also vom Staat übernommen werden. Um der darin liegenden Mißbrauchsgefahr zu begegnen, müßte dieser jeden Pächter hinsichtlich der Nutzung der Entscheidungs-, Aneignungs- und Transferrechte streng beaufsichtigen und für die Durchführung entsprechender Kontrollen hohe Transaktionskosten in Kauf nehmen. Eine rationale Lösung dieser Aufgabe läuft – zu Ende gedacht – auf eine zentralverwaltungswirtschaftliche Steuerung der Wirtschaftsprozesse hinaus.

Das in Ungarn seit 1968 unternommene Experiment einer *sozialistischen Marktwirtschaft* ist bislang an der Aufgabe gescheitert, die Staatsbetriebe einer wettbewerblichen Kontrolle zu unterwerfen. Hierzu werden von ungarischen Ökonomen neuerdings Formen eines neutralisierten Staatseigentums an den Unternehmen diskutiert. Ein Beispiel ist der Vorschlag, Treuhandgesellschaften zu bilden, die das Vermögen der Staatsunternehmen verwalten und einer gewinnorientierten Betriebsführungsgesellschaft zur effektiven Nutzung überlassen sollen. Die Neugründung, Umgruppierung und Auflösung von Unternehmen sollen ausschließlich nach Maßgabe des Gewinnziels erfolgen.

Von den Treuhändern des Staatseigentums, zu denen vor allem Repräsentanten von Gewerkschaften, Banken und der Politik gehören sollen, sind nun aber vielfältige widersprüchliche Ziele zu erwarten. Zugleich wird niemand die Verantwortung für kollektive Fehlentscheidungen übernehmen wollen. Eine persönliche Verlusthaftung scheidet ohnehin aus, da sich in diesem Falle kein Treuhänder finden dürfte. Da aber Fehlentscheidungen und Verluste unter Wettbewerbsbedingungen unvermeidlich sind, müßte der staatliche Obereigentümer haften. Um das Haftungsrisiko zu begrenzen, liegt es nahe, den Betrieben durch Sicherung von Angebotsmacht und entsprechend hohen Preisen faktisch eine gewinnsichere, zumindest aber kostendeckende Marktstellung zu garantieren. Der Drang zur Monopolisierung wird durch die divergierenden Ziele der Treuhänder verstärkt; sie lassen sich am leichtesten harmonisieren, wenn das Erfolgsziel »Unternehmenswachstum« verfolgt wird. Hierfür sind bekanntlich wettbewerbsbeschränkende Strategien der Unternehmenskonzentration besonders geeignet. Aus diesen und anderen Gründen bestehen kaum Aussichten für die Entfaltung wettbewerblicher Marktstrukturen. Vielmehr ist damit zu rechnen, daß Herrschaftspositionen zur Geltung kommen, die von der politischen Macht, aus der das Staatseigentum an den Produktionsmitteln seine Legitimation bezieht, nicht akzeptiert werden können.

Das Gesellschaftseigentum, wie es z. B. in Jugoslawien vorherrscht, vermittelt bei Ausschluß individueller Transferrechte nur eine auf die Zeit der Zugehörigkeit zu einem Betrieb beschränkte residuale Ertragsbeteiligungschance. Deshalb ist es durchaus verständlich, wenn die Beschäftigten im Normalfall eine Abneigung gegen die Bildung von

Haftungs- und Selbstfinanzierungskapital haben. Sie werden statt dessen die weitgehende Ausschüttung der erzielten Einkommen bevorzugen. Denn die Kosten der Finanzierung aus Eigenmitteln sind individuell zu tragen, ohne daß bei Ausscheiden aus dem Betrieb ein Vermögensanteil beansprucht werden kann. Auch ist unsicher, ob die Erträge aus diesem Vermögen persönlich angeeignet werden können. Die Vorteile entsprechender Investitionen (höhere Sicherheit der Arbeitsplätze und höhere Einkommen) verteilen sich nämlich auf alle Mitglieder des Kollektivs. Ist aber der auf den einzelnen entfallende Anteil kaum spürbar, haben die aus dem Betriebsvermögen entstehenden Einkommen und Arbeitsplatzbedingungen den Charakter eines öffentlichen Gutes. Hierbei fehlt der Anreiz, zu seiner Erstellung beizutragen. In diesem Dilemma besteht, bedingt durch das bei Gesellschaftseigentum unvermeidliche Auseinanderfallen von Entscheidung, Aneignung und Haftung, wenig Neigung, Eigenmittel im Betrieb zu binden. Dauerhafte Prozesse der Geldentwertung, eine ständig hohe Arbeitslosigkeit und chronische Auslandsverschuldung, vielfältige Behinderungen der Inlands- und Auslandskonkurrenz und ein weitreichender staatlicher Dirigismus mit einer verbreiteten Praxis der Sozialisierung von Betriebsverlusten sind Ausdruck eines eigentumsrechtlich bedingten Defekts, der kennzeichnend ist für diese Art von sozialistischer Marktwirtschaft.

Sowohl theoretische Erkenntnis als auch praktische Erfahrung zeigen, daß Gemeineigentum an den Produktionsmitteln mit einer effizienten Marktwirtschaft unvereinbar ist. Wegen seines hohen Öffentlichkeitsgrades bedarf es der institutionellen Absicherung durch autoritäre Regelungen, die zur Begrenzung der Transaktionskosten konkrete Rechtsvorschriften mit weitgehenden Zweckbindungen und spezifischen Handlungsanweisungen für die Eigentumsdispositionen erfordern. Diese Gebote sind mit dem Funktionieren eines freien Systems unvereinbar. Sie schließen auch solche Funktionenteilungen des Eigentums aus, die Voraussetzung für die Entfaltung von Kapitalmärkten sind. Damit entfallen auch die hiervon auf das Marktsystem ausgehende stimulierende Allokations- und die disziplinierende Wettbewerbswirkung. Dagegen verbessern sich überall dort, wo transferierbare persönliche Eigentumsrechte am Betriebsvermögen zugelassen sind und damit die Einheit von Entscheidung, Aneignung und Haftung hergestellt wird, auch die Voraussetzungen für die Entstehung effizienter wettbewerblicher Märkte.

Offensichtlich ist das *Privateigentum* eine unverzichtbare Bedingung für eine effiziente Marktwirtschaft. Es genügt allerdings nicht, daß die Rechtsordnung das Prinzip des Privateigentums anerkennt. Entscheidend für die Entfaltung und die Leistungsfähigkeit der marktwirtschaftlichen Ordnung ist die Stärke der Eigentumsrechte. Je offener ihr Verwendungsbereich ist, je freizügiger darüber verfügt werden kann und je niedriger die Transaktionskosten sind, um Eigentumsansprüche im Wirtschaftsverkehr zur Geltung zu bringen, desto größer ist der Anreiz, mehr Wissen über einkommenssteigernde Verwendungsmöglichkeiten zu erwerben und zu nutzen. Dabei bestehen gute Aussichten, daß die Eigentumsrechte in den für die Marktnachfrage günstigsten Verwendungen wirksam werden (Allokationsfunktion des Privateigentums). Da hierbei alternative Verwendungen in sachlicher, räumlicher und zeitlicher Hinsicht unter Berücksichtigung der Vorteile und Risiken aus der Teilung und Bündelung der Eigentumsrechte zu bedenken sind (also dem Kalkül der Opportunitätskosten zu genügen ist), begünstigt der

im System von privaten Eigentumsrechten freigesetzte Eigennutz ungewollt Marktbeziehungen mit wettbewerblichem Charakter (Wettbewerbsfunktion des Privateigentums).

3.3. Vertragsfreiheit und die Erzwingung von Verträgen

Vertragsfreiheit ist eine wesentliche Voraussetzung für die Nutzung von Eigentumsrechten, insbesondere für den Marktzutritt (konkret für die Berufs- und Einkommens-
wahl), für Preisvereinbarungen und insgesamt für die Verteilung von Verfügungsrech-
ten aufgrund individueller Neigungen und Fähigkeiten unter dem Gesichtspunkt wechselseitiger Vorteilhaftigkeit. Dabei können die Wünsche und Lebensauffassungen von
Minderheiten ebenso zur Geltung kommen wie die von Mehrheiten.

Die Vertragsfreiheit ist auch die Voraussetzung für die Möglichkeit, zwischen direkter und indirekter Marktkoordination (als selbständiger, verantwortlicher Unternehmer oder als Arbeitnehmer) wählen zu können. Die unternehmerische Tätigkeit beruht
primär nicht auf dem Eigentum an den Produktionsmitteln, sondern auf einem Bündel
von Verträgen, mit denen sich Arbeitnehmer, Lieferanten, Verpächter, Vermieter, Kreditgeber und Kunden zu denjenigen Leistungen verpflichten, auf die die Unternehmer
glauben angewiesen zu sein. Ohne den Willen des Vertragspartners können dabei keine
Leistungsverpflichtungen begründet werden. Dies gilt auch für die Vereinbarung, wem
die Leitungsbefugnis zustehen soll. Diese kann also auch von Arbeitnehmern wahrgenommen werden.

Aus allen diesen Verträgen ergibt sich auch die Verantwortlichkeit der Unternehmer.
Diese umfaßt einmal die Zuständigkeit für die Geltendmachung der im Betrieb begründeten Rechte und der daraus entstehenden Forderungen, zum anderen die Zuständigkeit
für die Erfüllung der in den Verträgen begründeten Verbindlichkeiten. Die darin zum
Ausdruck kommende Verknüpfung von Haftungspflicht und Entscheidungsrecht ge-
währleistet, daß die Kosten von Fehlentscheidungen von den Verursachern getragen
werden. Dabei mag das Verhältnis von haftendem Kapital zu den eingegangenen Verpflichtungen eine wichtige ökonomische Voraussetzung für die Abschlußbereitschaft
potentieller Vertragspartner und damit für die Entwicklungsfähigkeit von Unternehmungen sein. Würde allerdings der Gesetzgeber nur erfüllbare Verträge zulassen und
damit versuchen, das Haftungsrisiko auszuschließen, wäre eine wesentliche Voraussetzung für die Entfaltung einer dynamischen Wirtschaft beseitigt. Die rechtliche Zulassung von Haftungsbeschränkungen (etwa hinsichtlich der Haftung mit Privatvermögen)
kann nämlich den Marktzutritt erleichtern, die Ansammlung und den konzentrierten
Einsatz großer Kapitalbeträge aus zahlreichen Quellen mit Hilfe von Kapitalgesellschaften fördern und die Kapitalgeber in den Fällen, in denen sie nicht identisch sind
mit den Entscheidungsträgern, schützen. Dies wiederum kann Voraussetzung für eine
effiziente Funktionenteilung zwischen Kapitalgebern und Unternehmensmanagern sein.
Um den Marktzutritt für Unternehmen mit Betrugsabsichten zu erschweren, kann es
zweckmäßig sein, die Freiheit der Haftungsbeschränkung an gesetzliche Mindestkapi-
talbestimmungen und Publizitätsvorschriften zu binden.

Vertragsfreiheit ist zweifellos in Verbindung mit dem Privateigentum an Produktionsmitteln eine fundamentale Voraussetzung für die Entstehung wirksamer Konkurrenz. Soll damit aber der Staat verpflichtet sein, die aus der Privatautonomie hervorgehenden Verträge zu erzwingen? Prinzipiell können freie Vertragsbeziehungen auch ohne staatlich gesichertes Vertragsrecht zustande kommen. Dann hätten beispielsweise diejenigen Vertragspartner Vorteile, die wegen vermuteter oder erwiesener Vertragstreue vergleichsweise geringe Transaktionskosten verursachen. Dagegen dürfte jemand, der bereits mehrfach vertragsbrüchig geworden ist, nur bei Gewährung hoher Risikozuschläge Vertragspartner finden. Davon kann eine erzieherische Wirkung auf die Bereitschaft zur Vertragstreue ausgehen. Gleichwohl bietet ein staatlich gesichertes Vertragsrecht eine darüber hinausgehende Möglichkeit, das Vertragsrisiko wesentlich zu mindern und die individuellen Informations-, Aushandlungs- und Sicherungskosten zu senken. Je niedriger aber die vertragsbedingten Transaktionskosten sind, desto mehr Ressourcen stehen unmittelbar für produktive Zwecke zur Verfügung.

Der aus der staatlich gesicherten Erzwingbarkeit von Verträgen folgende allgemeine Gläubigerschutz ist Voraussetzung für die Entfaltung effizienter Geld-, Kredit- und Kapitalmärkte wie auch von Terminmärkten. Diese Märkte bieten den Individuen die Möglichkeit, ihre vielfältigen Erwartungen zu offenbaren und in die gegenwärtigen Tauschbeziehungen und die daraus hervorgehenden Preise einzubeziehen. Damit werden die Voraussetzungen für ein weitläufiges zukunftsbezogenes wirtschaftliches Handeln, für effiziente Produktionsumwege und die massenhafte Bereitschaft zur Übernahme von Investitions-, Produktions- und Absatzrisiken verbessert. Zu einem effektiven Gläubigerschutz gehören vor allem Einrichtungen und ordnungspolitische Vorkehrungen zur Sicherung des Geldwertes; gelingt dies auf Dauer nicht, so entstehen allokative und distributive Wirkungen, die die Grundlage einer freien Gesellschaft und Wirtschaft zerstören.

3.4. Herrschaft des Gesetzes

Es sind Institutionen des Staates, der Gerichtsbarkeit und der Rechtspflege erforderlich, durch die Verhaltensregeln geschaffen und deren Einhaltung überwacht werden, die den Charakter der Marktwirtschaft als Wettbewerbsordnung gewährleisten. Da es sich im Kern um freiheitssichernde Regeln handelt, weisen sie Eigenschaften auf, wie sie auch für den freiheitlichen Rechtsstaat typisch sind:

Die Regeln beruhen nicht auf dem Gebots-, sondern auf dem *Verbotsprinzip* („Was nicht verboten ist, ist erlaubt"). Demzufolge sind spezielle Befehle, die ein konkretes Handeln positiv vorschreiben (etwa die Pflicht zu einer bestimmten Arbeit oder der Zwang zur Mitgliedschaft in einer Vereinigung), prinzipiell mit dem Funktionieren eines freien Systems, das durch das Recht der Selbstorganisation und die Tauschfreiheit gekennzeichnet ist, unvereinbar. Was Wettbewerb ist, läßt sich deshalb auch nicht positiv anordnen.

Die Regeln müssen dem *Prinzip der Allgemeinheit* entsprechen, d. h. sich an einen unbekannten Personenkreis richten. Sie dürfen demzufolge keine konkreten Personen begünstigen oder benachteiligen. Durch den Ausschluß diskretionärer politischer Entscheidungen werden folgende für die Marktwirtschaft wichtige Prinzipien verwirklicht:

Die gesetzliche Gleichbehandlung der Konkurrenten, damit die Sicherung des freien Marktzugangs für jedermann. Auf diese Weise können unbekannte Personen, die über spezielles Wissen für bestimmte Aufgaben verfügen, um die besten Lösungen konkurrieren und dabei neues Wissen hervorbringen und ungewollt im Marktgeschehen verbreiten. Dies schließt nicht aus, daß die Freiheit der Berufswahl und des Marktzugangs aufgrund feststellbarer Qualifikationen, von Aufenthaltsgenehmigungen und Zulassungsregeln beschränkt wird. Doch muß sichergestellt sein, daß die Entscheidungen nicht von der Einsicht von Behörden und ihrem Wohlwollen abhängig sind. Vielmehr ist nach abstrakten Prinzipien zu verfahren. Dies ist beispielsweise bei bestimmten staatlichen Maßnahmen wie direkten Preiskontrollen ausgeschlossen, da als Ersatz für die Lenkung des Wirtschaftsprozesses durch Marktpreise bürokratische Interventionen erforderlich sind; diese können aber ihrer Natur nach nicht nach einheitlichen Regeln durchgeführt werden.

Die Allgemeinheit der Regeln stellt sicher, daß die Anpassungserfordernisse im Strukturwandel nicht selektiv-diskriminierend wirksam werden, daß die Unternehmen und ihre Verbände nicht selbst die Regeln, nach denen sie am Wettbewerb teilnehmen wollen, festlegen und zu abgestimmten wettbewerbsbeschränkenden Absprachen (Kartellen) mißbrauchen können, daß der Außenseiterwettbewerb nicht ausgeschaltet werden kann, daß Staatsunternehmen genauso wie Privatunternehmen dem Konkursrisiko ausgesetzt sind.

Aus dem Anspruch der Allgemeingültigkeit der Gesetze läßt sich ableiten, daß die vom Staat zu normierenden Wettbewerbsregeln zur Herstellung und Sicherung der Wettbewerbsfreiheit sich in gleicher Weise gegen staatliche wie private Wettbewerbsbeschränkungen richten. Demzufolge wäre der Wettbewerb durch ein allgemeines Kartell- und Monopolisierungsverbot zu schützen, das staatlichen Stellen möglichst keinen Ermessensspielraum bietet.

Die Regeln müssen *allgemein bekannt, eindeutig bestimmt und auf Dauer angelegt sein.* Wenn Gesetze nicht allgemein zugänglich, unklar oder widersprüchlich formuliert sind, gerät die Anwendung leicht in die Grauzone politischer Opportunitätserwägungen. Solche Gesetze begründen ein besonderes Planungsrisiko und verkleinern bei sonst durchaus günstigen Geschäftsaussichten den Kreis der aktuellen Anbieter. Anstatt sich auf die Güterproduktion zu konzentrieren, entstehen Anreize, hoheitliche Instanzen für eine privilegierende Auslegung von Gesetzen zu gewinnen.

Nur bei hinreichender Geltungsdauer der Regeln kann mit dem erforderlichen Mindestvertrauen in die Gültigkeit der Rahmenbedingungen des Wirtschaftens geplant werden; dies ist eine Grundvoraussetzung für die langfristige Bindung von privatem Vermögen im Produktionsprozeß. Hingegen werden die Investoren bei ständiger Gefahr von Regeländerungen, insbesondere von Maßnahmen, die offenbar oder versteckt auf Enteignung von Privatvermögen hinauslaufen, solche Anlagen bevorzugen, die kurzfristig liquidiert und für Zwecke der inneren und äußeren Kapitalflucht leicht verfügbar gemacht werden können.

3.5. Institutionen des Leistungsstaates

Die Institutionen des Leistungsstaates beziehen sich auf die Bereitstellung bestimmter Guter, von denen angenommen wird, daß sie – obwohl sie einen günstigen Rahmen für individuelle Entscheidungen schaffen – wegen zu hoher Transaktionskosten über Märkte nicht angeboten werden. Zu diesen sogenannten *öffentlichen Gütern* zählen Maßnahmen der Landesverteidigung, der Gewährleistung eines verläßlichen und funktionsfähigen Geldsystems, der Sicherung von Einrichtungen der Erziehung und der Bildung und der Fürsorge für diejenigen, die ihre eigenen Interessen nicht wahrnehmen können, der Bau und die Unterhaltung von Straßen, Regeln der Verkehrssicherheit, Maßnahmen der Gesundheitspolizei, Normierung von Gewicht und Maßen, Informationen (Statistiken) über wirtschaftliche, soziale und ökologische Zusammenhänge, Unterhaltung von Kataster- und Vermessungsämtern, Maßnahmen des Umweltschutzes.

Soll eine bestmögliche Knappheitsminderung auch bei den öffentlichen Gütern erreicht werden, ist darauf zu achten, daß die Entscheidung für die staatliche Versorgung revidiert werden kann, wenn es effizientere Angebotsformen gibt. So kann es zweckmäßig sein, daß der Staat zwar für die Finanzierung sorgt, die Bereitstellung aber durch konkurrierende Unternehmen besorgen läßt. Es gehört zu den schwierigsten staatlichen Aufgaben, die Revidierbarkeit des öffentlichen Leistungsbereichs zu gewährleisten. Besonders wichtig ist dies bei den sogenannten *meritorischen Gütern*. Diese können zwar prinzipiell marktmäßig angeboten und nachgefragt werden; sie werden aber wegen bestimmter positiver externer Effekte für die Gemeinschaft durch öffentliche Einrichtungen bereitgestellt. In dem Maße, in dem der Staat potentiell private Güter faktisch zu öffentlichen oder meritorischen Gütern erklärt und die Bereitstellung monopolisiert, wird der marktgesteuerte Handlungsbereich durch politisch gesteuerte Bürokratien verdrängt. Diese zu *interventionistischen* oder *wohlfahrtsstaatlichen* Varianten der Marktwirtschaft führende Entwicklung manifestiert sich in Institutionen, für die autoritärbürokratische Lenkungsverfahren typisch sind. Damit wird der Bereich eingeschränkt, in welchem die Vertragsfreiheit und die Herrschaft des Gesetzes zur Geltung kommen können.

4. Die inneren Institutionen

In dem durch die äußeren Institutionen gesetzten Handlungsrahmen der Marktwirtschaft bilden sich spontan zahlreiche unmittelbar marktbezogene Institutionen heraus, die dem Zweck dienen, die Transaktionskosten des Marktverkehrs zu senken und die mit ihm verbundene Ungewißheit zu mindern. So sind die Sicherung der Eigentumsrechte und die Gewährleistung der Vertragsfreiheit die rechtliche, Unternehmungen und Märkte die ökonomische Vorbedingung dafür, daß die Menschen im Marktgeschehen ihre unterschiedlichen subjektiven Verfügungsmöglichkeiten, Präferenzen, Risikobereitschaften und Einkommensinteressen zur Geltung bringen können. Neben Märkten und Unternehmungen, die je nach Verfassung unterschiedliche Zuordnungen von Handlungsrechten aufweisen, zählen zu den inneren Institutionen vielfältige Vertragstypen, standardisierte Zahlungs-, Kredit- und Wertaufbewahrungsmittel (Wertpapiere), Werbe-, Vermittlungs- und Beratungseinrichtungen, Börsen, spezielle Vorkehrungen zur Risikominderung (Versicherungen, Termingeschäfte, Wertsicherungsklauseln, Haftungsregeln), Qualitätsgarantien, Markenzeichen, Selbsthilfeeinrichtungen der Wirtschaft (Kammern, Verbände usw.). Diese Institutionen des Marktsystems entwikkeln sich unter dem Einfluß von Lern- und Erfahrungsprozessen, von Anziehungen, Zuneigungen und Zweckmäßigkeiten nach individuellen Kosten-Nutzen-Erwägungen. Der Nutzen dieser Institutionen ist vom Selbstinteresse der Wirtschaftsteilnehmer, die sich ihrer nur im Vorteilsfalle bedienen, von der wettbewerblichen Kontrolle konkurrierender Institutionen und von der rechtlichen Ausgestaltung durch den Staat bestimmt. Die Aussicht auf Transaktionskostensenkung bietet einen wichtigen Anreiz für die Institutionenwahl und den Institutionenwandel. Die Entdeckung und Nutzung von Institutionen, die geeignet sind, Transaktionskosten zu sparen, sind ebenso Voraussetzung des wirtschaftlichen Wachstums wie Produkt- und Verfahrensneuerungen.

5. Folgerungen für die Rechtsordnung

Eine Gesamtentscheidung für eine marktwirtschaftliche Wettbewerbsordnung setzt eine widerspruchsfreie freiheitliche Verfügungsrechtsstruktur im Bereich der äußeren und inneren Institutionen sowie rechtsstaatliche Sicherungen und andere Vorkehrungen gegen private und hoheitliche Beschränkungen des Wettbewerbs voraus. Hierzu sind Einrichtungen notwendig, die in der Lage sind, die von den Institutionen ausgehenden Einflüsse auf das Wettbewerbsverhalten der Marktteilnehmer zu erforschen. Dabei ist zu berücksichtigen, daß ein wohlfahrtsförderndes Disponieren über knappe Güter nur zu erwarten ist, wenn hinsichtlich der Nutzung dieser Güter tauschfähige exklusive Eigentumsrechte bestehen und wenn die dabei aufzuwendenden Transaktionskosten nicht höher sind als der zu erwartende Nutzen. Da sich die Transaktionskosten häufig durch einen höheren Grad der Spezifizierung und individuellen Zuordnung von Eigentumsrechten sowie durch entsprechende Anpassungen der übrigen äußeren Institutionen reduzieren lassen, kommt dem Rechtssystem in marktwirtschaftlicher Sicht die Aufgabe zu, zweckmäßige Regelungen für eine effiziente und wettbewerbsfördernde Marktentwicklung zu schaffen und zu sichern. Damit wird deutlich, was *Franz Böhm* meint, wenn er die marktwirtschaftliche Ordnung eine „rechtsschöpferische Leistung" nennt.

Zu dieser Aufgabe gehört besonders auch die rechtliche Gestaltung der Wahlmöglichkeiten, die das Vertragsrecht bietet. Prinzipiell hängt von diesen Wahlmöglichkeiten der Wettbewerb freier Entscheidungen bei der Suche nach bestmöglichen ökonomischen Lösungen ab. Wenn es sich aber um Verträge handelt, die den Wettbewerb beschränken, können Einschränkungen der Vertragsfreiheit oder die Verweigerung des staatlichen Vertragsschutzes ein Mittel sein, um freie Entscheidungen dauerhaft zu sichern. Und da ständig mit der Entdeckung neuer Methoden der Wettbewerbsbeschränkung gerechnet werden muß, sind die Prinzipien der Vertragsfreiheit und der Erzwingbarkeit von Verträgen stets ein Problem der Rechtsgestaltung und der Analyse ihrer ökonomischen Wirkungen.

Literatur

Böhm, Franz (1980), Freiheit und Ordnung in der Marktwirtschaft, hrsg. von *Ernst-Joachim Mestmäcker*, Baden-Baden 198o.

Buchanan, James M. (1984), The Limits of Liberty: Between Anarchy and Leviathan. Deutsche Fassung: Die Grenzen der Freiheit: Zwischen Anarchie und Leviathan, Tübingen 1984.

Hayek, Friedrich A. von (1971), Die Verfassung der Freiheit, Tübingen 1971.

Lachmann, Ludwig M. (1963), Wirtschaftsordnung und wirtschaftliche Institutionen, in: ORDO, Bd. I4, S. 63-77.

Watrin, Christian (1985), Staatsaufgaben – Die ökonomische Sicht, in: Zeitschrift für Wirtschaftspolitik, H. 2, S. 131-159.

Willgerodt, Hans (1980), Eigentumsordnung (einschl. Bodenordnung), in: Handwörterbuch der Wirtschaftswissenschaft, hrsg. von *Willi Albers* u. a., Bd. 2, S. 175-I89.

Meine Tasche, Deine Tasche
Das Umverteilungschaos im Sozialstaat[*]

Nach *Gertrud von Le Fort* ist das Chaos eine fürchterliche Parodie auf die Gleichheit aller. Das Umverteilungschaos in Deutschland ist die schlimme Begleiterscheinung einer von egalitären Bedürfnissen bestimmten Fehlorientierung der Sozialpolitik. Sie ist mit dem wachsenden Bestreben entstanden, die gesamte Bevölkerung sozialpolitisch immer umfassender zu betreuen.

Die Wirklichkeit sieht anders aus: Bei verstärkten Umverteilungsanstrengungen wird über zunehmende Armut geklagt. Die Beschäftigungskrise ist zu einem erheblichen Teil durch eine maßlose Sozialpolitik verursacht. Dadurch sind die wirtschaftlichen Grundlagen des Wohlstands, also auch die Bedingungen für eine leistungsfähige Sozialpolitik im Dienste der wirklich Bedürftigen, gefährdet. Anfang der sechziger Jahre lagen die volkswirtschaftlichen Investitionen immerhin noch knapp über den Ausgaben des Sozialbudgets. Inzwischen machen diese mehr als das Anderthalbfache der Investitionen aus. Der übertriebene Sozialkonsum von heute läßt die Einkommensquellen von morgen versanden.

Gefordert ist eine Rückbesinnung auf das Grundproblem der Sozialpolitik. Notwendig ist hierfür die Einsicht in die Schädlichkeit der bisherigen Art sozialpolitischen Handelns und in die Dringlichkeit, die Sozialpolitik in Ordnung zu bringen.

Die Forderung, gegen Risiken des Daseins (Krankheit, Alter, Invalidität, Arbeitslosigkeit, Einkommensschwankungen) geschützt zu sein, ist legitim. Hierfür kommen prinzipiell drei Lösungen in Frage.

- Die Förderung der Fähigkeit und des Willens zur Selbsthilfe im Rahmen der personalen Freiheits- und Verantwortlichkeitsbezüge unserer Verfassung, vor allem durch Sparen und Vermögensbildung.

- Die staatsfreie Solidarität durch persönliche Zuwendungen, sei es direkt oder mit Hilfe von freiwilligen Organisationen wie Familien, Unternehmungen, Kirchen, Verbänden, Vereinen und vielfältigen Gemeinschaften mit individuellen Sicherungs- und Versicherungsmöglichkeiten.

- Die staatlich organisierte Solidarität in Form öffentlicher Hilfe.

Die Kurzsichtigkeit sozialpolitischen Handelns

Die beiden ersten Lösungen bieten wegen ihres großen Spielraums für privatautonome Wohltätigkeit, für die Entwicklung vielfältiger risikoteilender und risikomindernder Institutionen erhebliche Informations-, Anreiz- und Kontrollvorteile. Diese hohe soziale

---

[*] Erstdruck in: *Frankfurter Allgemeine Zeitung*, Nr. 281 vom 3. Dezember 1994, S. 17.

Problemlösungskompetenz hängt von der Beschaffenheit der marktwirtschaftlichen Ordnung ab.

Nach dem Konzept der Sozialen Marktwirtschaft im Verständnis von *Walter Euckens* konstituierenden und regulierenden Prinzipien wird Sozialpolitik primär als „Ordnungspolitik" aufgefaßt. Es geht hierbei um den sozialen Gehalt von Wirtschaftsordnung schlechthin: Über die Gestaltung der Wirtschaftsverfassung des Wettbewerbs (hinsichtlich der Geldwertsicherung, des Eigentums-, Unternehmens-, Haftungs-, Wettbewerbs-, Arbeits- und Sozialrechts) sind langfristig stabile Rahmenbedingungen zu setzen. Hierdurch soll eigenverantwortliches Handeln vorsorglichen Charakter annehmen und sozial wünschenswerte Resultate hervorbringen können. Insgesamt soll damit der soziale Schutz auf der ersten und zweiten Lösungsebene bei beschränkten Anforderungen an die dritte Methode qualitativ und quantitativ verbessert werden. Die in Deutschland betriebene Sozialpolitik steht im Widerspruch zu dieser Konzeption: Die beiden ersten Lösungswege werden leichtfertig unterschätzt oder erschwert, während die dritte Methode hinsichtlich der Fähigkeit, sozial zu wirken, maßlos überschätzt wird.

Die Kurzsichtigkeit sozialpolitischen Handelns resultiert aus den unbedachten Wirkungen eines verfehlten Mitteleinsatzes: einer Anspruchsexpansion der Begünstigten, Abwehr-, Einhol- und Ausweichhandlungen der Belasteten. Dadurch gewinnt der ursprüngliche Hilfsgrund an Gewicht. Über eine Interventionsspirale wird so das Umverteilungschaos ausgelöst. Dies läßt sich mit vielen Beispielen an den von dem Saarbrücker Wirtschaftswissenschaftler *Wolfgang Stützel* benannten „Grundtypen sozialer Hilfen" aufzeigen: den Produzentensubventionen, den Beschränkungen der Vertragsfreiheit und dem staatlich organisierten Transfersystem.

Produzentensubventionen werden heute meist aus sozialstaatlichen Motiven gewährt. Dieses Motiv hat seit Ende der sechziger Jahre auch Eingang in den weitgehend monopolisierten und staatlich finanzierten Bildungsbereich gefunden – etwa mit der Forderung nach „sozialer Öffnung" der Ober- und Hochschulen und einer entsprechend erhöhten staatlichen Beisteuerung der Geldmittel. Dies geschah ohne Rücksicht auf die begrenzten Produktionsmöglichkeiten im höheren Bildungswesen. Die Folge sind hoffnungslos überlastete Universitäten. Seit dem politischen Start in die soziale Öffnung gestern und der heutigen Feststellung eines „sozialen Notstands" der Universitäten hat sich ein kostspieliges Mißverhältnis zwischen dem formalen Ausbildungsnachweis und den Beschäftigungsmöglichkeiten herausgebildet. Gewaltige Fehlinvestitionen in den Faktor Wissen sind zu beklagen. Die wichtigste Triebkraft des Wohlstands unserer Gesellschaft wurde geschwächt. Handwerk, Handel und Industrie melden freie Ausbildungsplätze und suchen qualifizierte Fachkräfte. Gleichzeitig müssen sich diplomierte Akademiker durch Umschulung mühsam an das Beschäftigungssystem anpassen.

Die vorherrschende staatliche Finanzierung des höheren Bildungswesens hat verteilungs- und wettbewerbspolitische Nachteile: Die Hochschulabsolventen werden trotz durchschnittlich höherer Einkommenserwartungen von den unteren Einkommensschichten subventioniert. Der eingeschlagene Weg endet, wird er prinzipiell beibehalten, unvermeidlich im Chaos, nämlich – wie *Hartmut Schiedermair* feststellt – „im Krankenhaus mit lauter Ärzten ohne Krankenschwestern. So endet alle soziale Utopie in der Ent-Täuschung". Über dreißig Prozent der Studenten brechen ihr Studium vorzeitig ab. Ein Viertel der Universitätsabsolventen geht Berufen nach, die nicht ihrer Ausbildung entsprechen. Zugleich ist nach unten ein unerträglicher Verdrängungswettbewerb entstanden.

Diese Art von Umverteilung einzuschränken heißt, den Einzelnen zu veranlassen, die Kosten seiner Bildungsinvestitionen in seiner Wirtschaftsrechnung zu berücksichtigen. So könnte bei prinzipieller Freiheit des Zugangs zu den Universitäten eine Rückzahlung der Studienkosten in Abhängigkeit vom Lebenseinkommen gefordert werden. Die verbreitete Bildungsillusion würde wahrscheinlich einer nüchternen Einschätzung der eigenen Fähigkeit, Leistungsbereitschaft und der Aufnahmefähigkeit des Beschäftigungssystems weichen.

Beispiele für eine verfehlte Sozialpolitik liefert die beschränkte Arbeitsvertragsfreiheit. Die Praxis einer knappheitswidrigen regionalen Lohngleichheit für gleiche Tätigkeiten mag einem verbreiteten egalitären Bedürfnis entgegenkommen. Doch schon vor der Wende hat dieser Anspruch die Kalkulation der Arbeitgeber und Arbeitnehmer auf eine beschäftigungsmindernde Weise verfälscht. Eine extreme Steigerung dieser Praxis stellt die knappheits- und produktivitätswidrige Lohnangleichung in den neuen Bundesländern dar. Hierbei haben die Tarifparteien die Komplementarität zwischen den Produkt- und Faktormärkten, die heute erheblich vom Weltmarktgeschehen mitbestimmt sind, mißachtet.

Die Folge ist eine sozialpolitisch mißliche Lage: Die ohnehin prekäre Wettbewerbsfähigkeit der ostdeutschen Betriebe wurde zusätzlich beeinträchtigt. Die Lösung des Grundproblems der Sozialpolitik mußte einseitig auf der dritten Ebene, der staatlich organisierten Solidarität, gefunden werden, zumal die Unternehmen darum bemüht sein müssen, überteuerte Arbeit durch Kapital zu ersetzen.

Um mehr Beschäftigung zu erreichen, sieht sich der Staat veranlaßt, für die Verbesserung der regionalen Wirtschaftsstruktur, für Existenzsicherungen, Neugründungen und übergangsweise Beschäftigungsmöglichkeiten staatliche Hilfe zu gewähren. Weil die Ergebnisse häufig enttäuschend sind, werden größere und neue Subventionstöpfe aufgestellt. Die Förderungspolitik wird dadurch unüberschaubar; Wegweiser durch das Labyrinth der Förderungsprogramme regen die Nachfrage an, die unternehmerischen Anstrengungen und Findigkeiten erlahmen beziehungsweise konzentrieren sich auf den Nachweis von „Förderungsbedarf". Hierbei wird vielfach einseitig der Kapitaleinsatz subventioniert. Dies begünstigt die arbeitssparende Sachvermögensbildung, vor allem zum Nachteil von minderqualifizierten Beschäftigungsgelegenheiten – eine andere Form des Verdrängungswettbewerbs nach unten.

Durch gesetzliche und tarifliche Festschreibung der freiwilligen betrieblichen Sozialleistungen kann ein erheblicher Teil der Lohnkosten nicht mehr flexibel der Ertragslage angepaßt werden. Die Anpassungs- und Überlebensfähigkeit der Unternehmen in kritischen Beschäftigungslagen ist dadurch geschwächt worden. Es wird dann schwieriger, konjunkturelle Schlaglöcher und strukturelle Richtungsänderungen der Wirtschaftsentwicklung aus eigenem Handlungsvermögen abzufedern und zu bewältigen.

Die zweite sozialpolitische Lösung wird zu Lasten der dritten Lösungsebene systematisch geschwächt.

Über die sogenannte Sockellohnpolitik wird seit Jahren eine andere Art von Umverteilung betrieben. Die knappheitswidrige Lohnanhebung reizt zu verstärkten arbeitssparenden Investitionen. Prozeßinnovationen mit dem Ziel der Kostensenkung werden Produktinnovationen vorgezogen. Lohnkostenintensive Fertigungsbereiche gehen in Niedriglohnländer.

Die beklagenswerte Beschäftigungslage ist vor allem durch den Mißbrauch der Tarifautonomie für Verteilungszwecke und durch eine sozialpolitisch motivierte Umschichtung von Rechten zu Lasten derjenigen herbeigeführt worden, die Beschäftigungsmöglichkeiten anbieten. Das ist vor allem auf folgenden Wegen geschehen:

- durch Übertragung von immer mehr individuellen Berufs- und Lebensrisiken auf den Arbeitgeber,

- durch weitgehenden Abbau der Kündigungsfreiheit des Arbeitgebers durch die Arbeitsrechtsprechung,

- durch Aneignung von (haftungsfreien) Mitbestimmungsrechten auf der Ebene des Betriebsrats, des Aufsichtsrats und der Gewerkschaften.

Die einseitige sozialpolitische Instrumentalisierung der Arbeitsmarktverfassung koppelt das Geschehen auf den Arbeitsmärkten von den Produktmärkten ab. Auf den Produktmärkten gelten immer stärker die Regeln des internationalen Wettbewerbs, auf den Arbeitsmärkten können die Insider zum Nachteil der Outsider immer wirkungsvoller den Wettbewerb beschränken. Der verhängnisvolle sozialpolitische Teufelskreis setzt sich fort: Die Outsider partizipieren verstärkt am Einkommen der Insider über das staatliche Transfersystem.

Durch sozialpolitisch motivierte bevorrechtigte Ansprüche der Arbeitnehmer im Falle der Sanierung, des Vergleichs und des Konkurses wird die Haftungsqualität der Unternehmen und ihre Übernahmechance verschlechtert. Im Konkursfall gehen die Gläubiger meistens leer aus. Andere, vor allem kleinere Unternehmen werden dadurch leicht mitgerissen. Ein Hauptzweck des Haftungskapitals, die Wirtschaftsrechnung geschlossen zu halten und den Schaden zu isolieren, wird verfehlt.

Mit dem Versuch, die zurückhaltende private Investitionstätigkeit und Beschäftigungsbereitschaft durch verstärkte staatliche Hilfe anzureizen, werden die sozialen Kosten der Beschränkung der Vertragsfreiheit auf den ersten Grundtyp sozialer Hilfen, die Produzentensubventionen, verlagert. So wird gefordert, die Aktivitäten der Unternehmen auf dem Gebiet der Produktinnovationen durch staatliche Subventionen zu stimulieren. Werden die Subventionen dann auf der Ebene des staatlichen Transfersystems über eine forcierte Abgabenerhöhung und Kreditaufnahme (um den Preis eines verschlechterten Investitionsklimas) finanziert, wird exemplarisch erkennbar, wie sich die Umverteilungsmaschine durch die gesamte Wirtschaftsordnung nach Art eines Webschiffchens hin und her bewegt; daraus geht ein immer verwirrenderes Interventionsmuster, gleichsam eine wirtschaftspolitische Art von Labyrinthitis, hervor.

Es verkümmert die freiwillige Solidarität

Eindrucksvolle Beispiele der Fehlentwicklung liefert das staatliche Transfersystem. An Warnungen vor den schädlichen Wirkungen einer egalitären Sozialpolitik hat es schon seit den frühen fünfziger Jahren nicht gemangelt. Gleichwohl dauert die sozialpolitische Überforderung unserer Wirtschaftsordnung bis heute an. Dies zeigt zum Beispiel die Entwicklung der Staatsquote, also des prozentualen Anteils der öffentlichen Hand und der Sozialversicherungen am Bruttoinlandsprodukt. Die Staatsquote ist zwischen 1950 und 1965 von 31,3 Prozent vergleichsweise moderat auf 37,1 Prozent gestiegen.

Die Jahre 1966/1967 markieren mit der Hinwendung zur „Neuen Wirtschaftspolitik" einen ersten markanten Punkt des Systemwandels. Dieser kann konzeptionell im Anspruch auf erhöhte Autonomie sozialpolitischen Handelns gesehen werden. In der Folge ist die Staatsquote primär unter dem Einfluß der Sozialleistungen rasch angestiegen. 1982 erreichte sie mit fast 50 Prozent einen Höhepunkt. Durch diese Art von Sozialleistungen sind die privatwirtschaftlichen Handlungsspielräume und die Innovations- und Anpassungsfähigkeit der Betriebe nachhaltig beeinträchtigt worden.

Berücksichtigt man, daß die Staatsquote bis 1989 auf 45,3 Prozent zurückgegangen ist, so könnte in dem Regierungswechsel von 1982 die zweite Wende gesehen werden. Doch ist fraglich, ob die bis dahin eingetretene Aushöhlung der privatwirtschaftlichen Eigentumsrechtsstruktur entschieden genug zurückgenommen wurde, um einen nachhaltigen Gewinn an betrieblicher Innovations- und Anpassungsfähigkeit erzielen zu können.

Schließlich ist im Zusammenhang mit der Aufgabe, das Lenkungs- und Integrationsproblem des Systemwechsels in Ostdeutschland zu lösen, die Staatsquote – wie auch die durchschnittliche Abgabenbelastung eines Arbeitnehmers mit mittlerem Einkommen durch Steuern und Sozialabgaben – wieder über 50 Prozent hochgeschnellt. Ob damit ein dritter Wendepunkt mit einem dauerhaft erhöhten Sozialisierungsgrad unserer Wirtschaftsordnung erreicht worden ist, wird sich erweisen müssen.

Zunächst ist mit der Übertragung wichtiger Elemente des westdeutschen Sozialstaats (einschließlich der Tarifautonomie) auf die neuen Bundesländer mit einer rasant ansteigenden Belastung der Unternehmen, der privaten und staatlichen Haushalte nur deutlicher hervorgetreten, was schon vor der Wende erkennbar war: Die Organisation der sozialen Umverteilung in Deutschland wirkt entgegengesetzt zur Drehrichtung der Hauptantriebskräfte einer leistungsfähigen Marktwirtschaft.

Das zeigt die Entwicklung der Sozialversicherung. Bereits Ende der achtziger Jahre war – bei rascherer Zunahme der Zahl der Rentner gegenüber den Erwerbstätigen und bei wachsender Belastung mit Umverteilungselementen und fiktiven Beitragszeiten – die Last der erwerbsfähigen Generation aus der versorgungsstaatlichen Aushöhlung des Versicherungsprinzips in der Rentenversicherung extrem angestiegen. Hinsichtlich der Gesamtentwicklung der Rentenversicherung ist die von dem Kölner Ökonomen *Hans Willgerodt* bereits 1980 angekündigte Fundamentalkrise eingetreten. Wie sehr wir uns verteilungspolitisch in einem Reich der Zerrspiegel bewegen, zeigt das volkswirtschaftlich verhängnisvolle Argument, Nullrunden bei Tarifabschlüssen könnten wir uns schon wegen der damit verbundenen Kürzung der künftigen Renten nicht leisten.

Im Denkansatz der politischen Gestalter des Umverteilungschaos verbindet sich der Gedanke der sozialen Gerechtigkeit mit dem Anspruch, bestimmte soziale Zustände unabhängig von den Systemerfordernissen der marktwirtschaftlichen Ordnung zu verwirklichen. Mit zunehmender Abkoppelung der Sozialpolitik von der marktwirtschaftlichen Ordnung drohen allerdings die Fähigkeit und der Wille zur Selbsthilfe und zur freiwilligen Solidarität zu verkümmern. Dies könnte vermieden werden. So hat der Bund katholischer Unternehmer e. V. (BKU) mit seinem Vorschlag für eine Pflichtpflegeversicherung gezeigt, daß eine marktwirtschaftliche Lösung mit Hilfe staatlicher Regelsetzung nicht nur möglich ist, sondern daß hierbei sowohl dem Prinzip der Eigenverantwortlichkeit und Eigenvorsorge als auch hohen sozialpolitischen Anforderungen entsprochen werden kann. Demgegenüber wird mit dem beschlossenen Konzept für eine „soziale Pflegeversicherung" unter mißbräuchlicher Berufung auf Postulate wie Solidarität, Subsidiarität und Gewinn an Menschenwürde die Praxis einer Politik fortgesetzt, die bisher schon über das Umverteilungschaos der Krise des Beschäftigungssystems Vorschub geleistet hat.

Kennzeichnend für diese Praxis ist, daß bei den Begünstigten nicht nur der Anreiz geschwächt wird, für sich selbst zu sorgen; es besteht auch eine Tendenz, private Einkommenschancen durch staatliche Hilfe zu substituieren. Dadurch kann in finanzieller Hinsicht der Anreiz schwinden, zum Beispiel ein bestehendes Arbeitsverhältnis beizubehalten oder bei Arbeitslosigkeit ernsthaft eine neue Beschäftigung zu suchen. Mit der so beeinträchtigten Leistungsbereitschaft in der Bevölkerung kann sich das Bedürftigkeitsproblem intergenerativ fortpflanzen.

Auch die (vermeintlich) Belasteten werden sich auf „rentseeking" – auf Vorteilssuche in der staatlich betriebenen Verteilungsmechanik – einstellen, um sich über die Teilnahme an Umverteilungsmaßnahmen zu entlasten. Die Konsequenz ist eine zunehmende Begünstigung von Nichtbedürftigen. Hier mag die Ursache für das vom amerikanischen Ökonomen *James Buchanan* so genannte Samariter-Dilemma liegen. Es ist nämlich zu beobachten, daß mit höheren Transferzahlungen die Zahl der Bedürftigen zunimmt.

Eine Chance für mutige Ordnungspolitik

Der Versuch, den Sozialbereich in herkömmlicher sozialstaatlicher Eigenmächtigkeit zu gestalten, gerät in zunehmenden Widerspruch zur Globalisierung des relevanten Wirtschaftsraums. Die Unternehmen können mit ihren mobilen Faktoren immer leichter dorthin gehen, wo günstigere Standortbedingungen herrschen oder zu erwarten sind. Offene Wirtschaftsräume, wachsende internationale Orientierung und Verflechtung der Unternehmen bedingen einen fortschreitenden Verlust nicht nur an wirtschafts- und währungspolitischer Souveränität, sondern auch an sozialstaatlicher Autonomie. Verteilungsgesellschaften, in denen gleichwohl der Anteil des Transfereinkommens steigt, werden im Wettbewerb mit produktionsorientierten Gesellschaften zurückfallen.

Um den Gegenkurs einzuschlagen, ist im Verhältnis der drei konkurrierenden Lösungen der Sozialpolitik eine eigendynamische Gewichtsverlagerung in Richtung auf die beiden ersten Ebenen vonnöten. Dies setzt voraus, daß marktwirtschaftliche Systemverstöße nicht länger tabuisiert oder unter dem Deckmantel sozialpolitischer Motive beschönigt werden. Demgegenüber gilt es, sozialpolitische Ziele möglichst mit den wirkungsvollsten Mitteln anzustreben, über die eine freie Gesellschaft im Umgang mit knappen Gütern verfügt: mit marktwirtschaftlichen Instrumenten. Dies sei an folgenden Prinzipien verdeutlicht:

1. Die geschilderten Verschwendungsanreize können vermieden werden, wenn Produzentensubventionen durch die Methode der Kreditfinanzierung mit Rückzahlungspflicht ersetzt werden. Für sozialpolitische Erwägungen bieten die Rückzahlungsmodalitäten einen Ansatzpunkt.

2. Um die Beschäftigten an der individuell meist ungewollten Diskriminierung der Arbeitssuchenden zu hindern und um zu knappheitsgerechten Lohnstrukturen zurückzufinden, erfordert das Arbeits-, Tarifvertrags- und Sozialrecht mehr Spielraum für dispositives Recht, also mehr Privatrechtsautonomie („Recht auf Arbeit" im ursprünglichen Verständnis von Vertragsfreiheit), Bedürftigkeitspostulate sollten nicht ohne Not dem vertraglichen Äquivalenz- oder Versicherungsprinzip übergeordnet werden.

3. Im Hinblick auf die Finanzierungsengpässe der Sozialversicherungen und der Fehlanreize, die von ihrer weit fortgeschrittenen Umverteilungspraxis ausgehen, bietet sich der Übergang vom Anspruch der Vollsicherung auf ein Konzept der Grund- oder Mindestsicherung bei größerer Eigenverantwortung (etwa durch private Vermögensbildung) an. Die volkswirtschaftliche Zweckmäßigkeit von Vorschriften zur Versicherungspflicht, durch die die Menschen in einem zureichenden Maße zur freiwilligen Vorsorge für Alter, Krankheit, Arbeitslosigkeit und ähnliches gezwungen werden, versteht sich von selbst. Im übrigen ist statt monopolistischer Anspruchsexpansion mehr Wettbewerb der sozialen Sicherungssysteme vonnöten.

4. Um die aus dem Umverteilungschaos resultierenden Teufelskreiseffekte zu vermeiden, wären Maßnahmen der Umverteilung auf die Gestaltung des Einkommensteuertarifs (zum Beispiel nach dem Konzept der negativen Einkommensteuer) zu beschränken.

5. Durch die stärkere Personalisierung und Marktorientierung der sozialen Sicherung auf den beiden ersten Lösungsebenen dürften mehr Mittel für öffentliche Fürsorge zugunsten der Menschen frei werden, die ihre eigenen Interessen nicht wahrnehmen können. Auch wird der Spielraum der Regierung für dringliche Aufgaben und Ausgaben größer, etwa zur Sicherung des Rechtsschutzstaates.

Die Hinwendung zu einer systemgerechteren Sozialpolitik erfordert Zustimmung im politischen Prozeß. Die Wähler haben seit 1949 mehrheitlich in kritischen Situationen eine beachtliche Bereitschaft gezeigt, sich für ordnungspolitische Kehrtwendungen engagieren zu lassen.

Möglicherweise mangelt es auch weniger an Wählern, die gegen volkswirtschaftlich schädliche Umverteilungsversprechungen immun sind, als vielmehr an Politikern, die davon überzeugt sind, daß man mit einem glaubwürdigen ordnungspolitischen Wegweiser aus dem Umverteilungschaos auch Wähler gewinnen kann.

Wie kann und soll eine Soziale Marktwirtschaft der Zukunft aussehen?*

---

* Erstdruck in: *Anton Rauscher* (Hrsg.), Zukunftsfähige Gesellschaft: Beiträge zu Grundfragen der Wirtschafts- und Sozialpolitik, Verlag Duncker & Humblot, Berlin 1998, S. 29-51.

1. Einleitung*

Wie jede Wirtschaftsordnung hat es auch die Soziale Marktwirtschaft mit dem Problem der Knappheitsminderung zu tun. Die Knappheit ist konstitutiv für menschliches Handeln. Sie zu mindern, erfordert geeignetes Wissen. Aber auch geeignetes Wissen ist knapp und muß erst entdeckt werden. Dieser Wissensmangel bestimmt wesentlich das menschliche Handeln. Die effektive Nutzung der materiellen Ressourcen hängt von dem Wissen über ihre Verwendungsmöglichkeiten ab. Nicht so sehr die materielle Ressourcenausstattung, sondern die Art und Weise, wie eine Gesellschaft mit dem Mangel an Wissen umgeht, bestimmt ihre Zukunftsfähigkeit (*Hayek* 1976, S. 103 ff.; *Streit* 1996, S. 7.). Um so wichtiger ist die Frage nach den Methoden und Möglichkeiten, vorhandenes Wissen zu mobilisieren, neues Wissen zu kreieren und den Gesamtprozeß der Wissensnutzung knappheitsmindernd zu gestalten.

Fassen wir die Wirtschaftsordnung als Gesamtheit der gesetzten und gewachsenen Regeln des Rechts, des sittlich-kulturellen und politischen Verhaltens sowie der Tradition und Konvention auf, die den wirtschaftlichen Handlungs- und Entscheidungsspielraum der Menschen dauerhaft begrenzen, wird hiervon auch die Art und Weise geprägt, wie Wissen in einer Gesellschaft entsteht, wie es bewertet, koordiniert und verknüpft und für die Knappheitsminderung in Gegenwart und Zukunft genutzt wird. Der Gesamtprozeß der Wissensnutzung beruht auf einer von der jeweiligen Wirtschaftsordnung bestimmten Struktur von Handlungsrechten (Property Rights), von der wiederum die wirtschaftliche Anreiz- und Kontrollstruktur abhängt.

Die Handlungsrechtsstruktur einer Volkswirtschaft manifestiert sich in einem System von Verfügungs-, Nutzungs- und Haftungsrechten. Diese geben Aufschluß darüber, wem welche Rechte zustehen; davon werden die Anreize für die Verwendung von Wissen und materiellen Ressourcen bestimmt. Dies spielt insbesondere für den Anreiz und die Möglichkeit zur Entdeckung neuen Wissens – ein Prozeß, der stets vom Risiko des Irrtums begleitet wird – eine wesentliche Rolle. Die Wirtschaftsordnung legt einen Rahmen für die möglichen Interaktionen der Eigentümer der Handlungsrechte fest und beeinflußt so die Schaffung und Nutzung von Wissen über die Verwendung materieller Ressourcen. Hieran wird das *soziale* Bezugsfeld der ökonomischen Güterwelt erkennbar. Dieses ist für das menschliche Verhalten im Umgang mit knappheitsrelevantem Wissen entscheidend.

Charakteristisch für die Handlungsrechtsstruktur der Sozialen Marktwirtschaft der Gegenwart sind erhebliche Verknappungserscheinungen, etwa hinsichtlich

– des Arbeits- und Ausbildungsplatzangebots,

– der Mittel für eine solide und sparsame Finanzierung der laufenden öffentlichen Haushalte und der Staatsschuld sowie der Systeme der sozialen Sicherung,

---

*   Für zahlreiche Anregungen und Mithilfe danke ich Frau Dipl.-Volkswirting *Rebecca Strätling*

– der Möglichkeiten, auf das Phänomen der alternden Gesellschaft und die damit verbundenen Lasten angemessen zu reagieren und

– der Fähigkeit, im internationalen Wettbewerb um Arbeitsplätze mithalten zu können.

Im Hinblick auf diese und andere Knappheitsphänomene ist die Rede von einer wirtschaftlichen, sozialen und moralischen Krise der Sozialen Marktwirtschaft.

Wenn die Handlungsrechtsstruktur einer Wirtschaftsordnung der entscheidende Ansatzpunkt für die Beurteilung der Möglichkeiten, Grenzen und Ergebnisse menschlichen Handelns in der Wirtschaft ist, dann lassen die beklagten Knappheitserscheinungen auf erhebliche Barrieren im Ordnungsgefüge der bestehenden Ordnung schließen, welche die Schaffung und effiziente Nutzung von Wissen behindern.

Um die Frage zu beantworten, wie eine Soziale Marktwirtschaft der Zukunft aussehen *kann*, sollte erst geklärt werden, wie sich die Soziale Marktwirtschaft in den letzten 50 Jahren entwickelt hat und inwieweit die daraus entstandene gegenwärtige Ordnung im Hinblick auf die Beseitigung knappheitswidriger Wissens- und Handlungsbarrieren zukunftsfähig gemacht werden kann. Dies erfordert eine Auseinandersetzung mit den Wertgrundlagen dieser Ordnung (ihrem Menschenbild und Staatsverständnis) und ihrem Beharrungsvermögen. Diese Fragen sind Gegenstand des 2. Kapitels. Im 3. Kapitel werden im Hinblick auf die *Soll*-Frage des Themas die ordnungspolitischen Voraussetzungen einer Sozialen Marktwirtschaft aufgezeigt, die ein hinreichendes Evolutionspotential für eine dauerhafte Lösung der bedrängenden Probleme der Gegenwart erwarten lassen. Schließlich wird im 4. Kapitel im Anschluß an die im 2. Kapitel aufgezeigten Beharrungsmomente nach den Faktoren gefragt, die die Entwicklung in Richtung einer Sozialen Marktwirtschaft, wie sie im 3. Kapitel aufgezeigt wird, vorantreiben könnten.

2. Die Zukunft der Sozialen Marktwirtschaft im Widerschein ihrer Vergangenheit

2.1. Der Wandel der Sozialen Marktwirtschaft

Die soziale Marktwirtschaft ist von ihren geistigen Vätern als evolutive Ordnung aufgefaßt worden. Neben dem Grundprinzip, daß sich alles im Rahmen einer freien Ordnung zu vollziehen hat, ist es nach *Müller-Armack* (1974, S. 10) „immer wieder nötig ..., neue Akzente zu setzen gemäß den Anforderungen einer sich wandelnden Welt". Tatsächlich hat diese Ordnung in den vergangenen Jahrzehnten einen gravierenden Wandel erfahren (*Schüller* und *Weber* 1998). Das Ergebnis dieses Wandels kann grob an der Entwicklung der Staatsausgabenquote abgelesen werden. Als Maßstab für das Ausmaß der Staatseingriffe hat diese Größe gewiß ihre Schwächen, doch immerhin wird daran erkennbar, wie sich die staatlich gelenkten und kontrollierten Finanzströme verändern. Die Entwicklung der Staatsausgabenquote zeigt, daß der Wandel der Sozialen Marktwirtschaft von deutlichen Tendenzen einer verstärkten Abwendung vom Prinzip der Personalität (Individualprinzip) und der Hinwendung zum Prinzip der staatlich organisierten Solidarität (Kollektivprinzip) geprägt ist (*Schüller* und *Weber* 1998). Das Prinzip der Personalität betont die Verantwortung des Einzelnen für die Sicherung seiner Existenz (und der seiner Familie) sowie seine Entscheidungsfreiheit in bezug auf wirtschaftliche Aktivitäten. Der Staat übernimmt im Sinne der Subsidiarität in erster Linie Verantwortung für die Gestaltung allgemeiner Regeln und die Absicherung im Falle nichtversicherbarer Risiken und Notlagen. Dagegen verweist das Kollektivprinzip auf die Verantwortung des Staates und seiner Einrichtungen für die direkte und indirekte Sicherung bestimmter wirtschaftlicher und sozialer Zustände:

(1) Zwischen 1950 und 1962 lag die nominelle Staatsausgabenquote in Westdeutschland unter 35 %. In dieser Phase rangierten im politischen Prozeß – vereinfacht gesagt – die Ziele Freiheit und Wachstum vor Umverteilungsideen. Das Prinzip der Personalität dominierte.

(2) Ab 1961 wurden mit der „aktiven Lohnpolitik" der Gewerkschaften die Weichen in die entgegengesetzte Richtung gestellt. Entscheidend hierfür war ein sich veränderndes geistig-kulturelles und (wirtschafts-)politisches Klima, das bis heute in vielen staatlichen und gesellschaftlichen Einrichtungen nachwirkt. Zwar konnte die Wirtschaftspolitik von *Erhard*, die von *Eucken*s Idee der „Wirtschaftsverfassung des Wettbewerbs" inspiriert war, ihre Leistungsfähigkeit bis weit in die 60er Jahre hinein eindrucksvoll belegen, doch die Vorteile wettbewerblicher Marktprozesse prägen nicht unausweichlich die „öffentliche Meinung" über die einer Gesellschaft zugrunde liegenden Werte und ethischen Zielsetzungen. Schon während *Erhard*s Zeit als Bundesminister für Wirtschaft drangen im politischen Prozeß machtvolle Erwartungen und Bemühungen vor, die – im Widerspruch zur Idee der Politik der Wettbewerbsordnung als allgemeine Rahmenordnung der Wirtschaft – auf ganz bestimmte wirtschaftliche und soziale *Ergebnisse* gerichtet waren. Hierfür hat sich seit Mitte der 60er Jahre im politischen Raum ein günstiges Rezeptionsklima entwickelt.

(3) Besonders mit dem Stabilitäts- und Wachstumsgesetz, dem Arbeitsförderungsgesetz und einer Reihe anderer sozialpolitisch motivierter Einschränkungen der „Wirtschaftsverfassung des Wettbewerbs" (besonders auf dem Arbeitsmarkt) begünstigte die neue („aufgeklärte") Wirtschaftspolitik eine volkswirtschaftliche Handlungsrechtsstruktur mit weitreichenden Einbußen an individueller Bereitschaft, sich vorsorglich (präventiv) auf veränderte Knappheitsverhältnisse und Wettbewerbsbedingungen einzustellen. Bis Ende 1975 erhöhte sich die Staatsquote auf 49 %. Damit wurde jener Wandel der Sozialen Marktwirtschaft vollzogen, für den *Hoppmann* (1973, S. 27 ff.) die Bezeichnung „Übergang von der Ordnungspolitik zum konstruktivistischen Interventionismus" geprägt hat. Die Stabilisierung der Staatsquote auf dem Niveau von 48 bis 50 % zwischen 1976 und 1982 zeigt die Gewöhnung der Bevölkerung an den vergleichsweise hohen Staatseinfluß auf das Wirtschaftsgeschehen. Die hohen direkten und indirekten staatlichen Belastungen, die der Privatsektor zu tragen hatte, dürften den Gesamtprozeß der privatwirtschaftlichen Wissensnutzung nachhaltig beeinträchtigt haben. In dem Maße, wie der staatliche Einfluß auf die Verwendung produktiver Ressourcen in der Volkswirtschaft wuchs und die Einkommensverteilung unabhängig von individuellen Bemühungen und der Bereitschaft zur Übernahme von Risiken erfolgte, wurde die Entstehung und Nutzung von knappheitsrelevantem Wissen staatlich gelenkt und eingeengt.

(4) Freilich konnte die Staatsquote bis zum Jahre 1989 auf ca. 46 % zurückgeführt werden. Ob jedoch im Regierungswechsel von 1982 eine neue Weichenstellung im Verhältnis von Individual- und Kollektivprinzip gesehen werden kann, ist umstritten. Immerhin zeigt der rasche Anstieg der Staatsaktivität nach 1989, daß vorausgegangene Ansätze zur Stärkung des Personalitätsprinzips wohl nicht mit einem *grundlegenden* Wandel des wirtschafts- und gesellschaftspolitischen Leitbildes einhergegangen sind. So war die Wirtschaftspolitik der Wiedervereinigung deutlich – in mancher Hinsicht gewiß auch unvermeidlich – vom Denkansatz der staatlich organisierten Solidarität geprägt (*Schüller* 1996, S. 13 ff.).

Die Lösung des Einheitsproblems stand in den entscheidenden Bezugsfeldern der gesamtdeutschen Rechts-, Tausch-, Zahlungs- und Solidargemeinschaft vollständig im Magnetfeld eines Verständnisses von Sozialer Marktwirtschaft, das schon seit Ende der 60er Jahre stärker von einem sozialpolitisch motivierten Interventionismus als von marktwirtschaftlicher Ordnungspolitik bestimmt war. In diesem fortgeschrittenen punktuellen Interventionismus wurde gerade in der Situation des Umbruchs das geeignete Konzept gesehen. So ist der Einigungsvertrag „ganz überwiegend von dem Bestreben gekennzeichnet, sich von grundsätzlichen Erwägungen über die Gesamtordnung möglichst weit entfernt zu halten, während aus allen Ressorts eine Fülle teilweise absurder Einzelheiten mit Bienenfleiß zusammengetragen worden ist, um aus der Summe umfangreicher und umständlicher Detailregulierungen eine Gesamtordnung aufzuhäufen. So hat man dann lauter Teile in der Hand"(*Willgerodt* 1994, S. 37). Dieser Typ von Sozialer Marktwirtschaft sollte, obgleich er für diese wohl schwierigste wirtschaftspolitische Aufgabe der Nachkriegszeit unzulänglich verfaßt war, in Ostdeutschland – ähnlich wie in Westdeutschland nach 1948 – in ein paar Monaten den Prozeß des Wirtschaftswunders in Gang setzen.

Man mag einwenden, das Einigungsverfahren auf der Grundlage dieser Ordnung sei im politischen Prozeß erheblich erleichtert worden, weil die inzwischen stark vom Prinzip der staatlich organisierten Solidarität geprägte Soziale Marktwirtschaft dem in der DDR eingeübten Denken in „sozialistischen Errungenschaften" entgegenkam. Die Vorstellung, die Konservierung „sozialer Errungenschaften" zur Richtschnur der sozialen Ordnung zu machen, hatte ja auch in Westdeutschland eine beachtliche Tradition (kritisch hierzu *Röpke* 1953/1997; *Erhard* 1957/1988, S. 500), die nach der Wiedervereinigung noch an Boden gewann und bis heute im politischen Geschehen darauf drängt, der Sozialen Marktwirtschaft der Zukunft ihren Stempel aufzudrücken.

Insgesamt erwiesen und erweisen sich die ordnenden Kräfte und Institutionen, die im Dienste der „sozialen Einheit" tätig geworden sind, für die Entfaltung einer leistungsfähigen Produktionswirtschaft (also für die „wirtschaftliche Einheit") und für die Verbesserung der Beschäftigungsbedingungen als extrem hinderlich. Wenn die ostdeutsche Wirtschaft die typischen Transformationsprobleme weitgehend überwunden hat, so wirken jetzt vor allem Strukturprobleme der westdeutschen Wirtschaft fort. Die Wirtschaftslage in Ostdeutschland spiegelt die Probleme Westdeutschlands wider und läßt die volkswirtschaftlichen Knappheitserscheinungen wie unter einem Brennglas noch schärfer hervortreten (siehe im einzelnen *Schüller* und *Weber* 1998).

Für die These, daß die Zukunft der Sozialen Marktwirtschaft viel mit ihrer Vergangenheit zu tun hat, spricht vor allem das Beharrungsvermögen der Barrieren marktwirtschaftlicher Wissensnutzung. Das Denken in Kategorien des Kollektivprinzips scheint fest im Menschenbild maßgeblicher Vertreter des heutigen Typs der Sozialen Marktwirtschaft und im Selbstverständnis des Staates verankert zu sein. Man muß sich mit diesem Denken näher befassen, wenn man über die Zukunft der Sozialen Marktwirtschaft nicht bloß spekulieren will.

2.2. Das Kollektivprinzip und die Zukunft der Sozialen Marktwirtschaft

Dem bisherigen Wandel und dem daraus entstandenem Niedergang der Sozialen Marktwirtschaft liegt der Trugschluß zugrunde, eine „Wirtschaftsverfassung des Wettbewerbs" mit großer Reichweite (siehe Kapitel 3) könne den Anforderungen einer menschenwürdigen Ordnung nicht gerecht werden. Statt dessen wird ein betont *ergebnisorientiertes* Verständnis von sozialer Gerechtigkeit bevorzugt. Als Begründung dient die Annahme: Weil die Ausgangsvoraussetzungen menschlichen Handelns *real* unterschiedlich sind, ist es ein Gebot der Gerechtigkeit, bestehende Diskriminierungen auf Grund von Ungleichheiten abzubauen und gleichwertige Lebensbedingungen zu ermöglichen. Damit steht der Staat in der Pflicht, Einzelfallgerechtigkeit zu organisieren. Der Staat wird flächendeckend zur gewährenden, verteilenden, austeilenden und ausgleichenden Instanz. Mit diesen Lenkungsaufgaben erhält die staatlich organisierte Solidarität unausweichlich Vorrang. Im Mittelpunkt der Gesellschafts- und Wirtschaftspolitik stehen staatliche und gesellschaftliche Kollektive. So werden die Wirtschaft, die volkswirtschaftliche „Gesamtarbeit" als gegebene Größen, die Unternehmungen als Wesenseinheiten „an sich" betrachtet. Man denkt in Konfliktpaaren (Kapital und Arbeit; Starke und Schwache; Reiche und Arme) und in Polarisierungen („Die Wirtschaft hat den Menschen zu dienen, nicht umgekehrt"). Die Mitbestimmung, die Tarifautonomie, der Sozialstaat werden als Institutionen von eigenständigem moralischen Wert, als Verkörperung des „sozialen Friedens" und der „verantwortlichen Gesellschaft" aufgefaßt.

Dieser Wertorientierung entspricht ein staatliches Aufgabenverständnis, das darin besteht, das Handlungsvermögen der Kollektive, die für das Wohl der Menschen als besonders wichtig angesehen werden, zu sichern und hinsichtlich der Art der Wissensentstehung und -nutzung zu regulieren, notfalls auch zu finanzieren. Hierbei wird angenommen, daß das Prinzip der Personalität im Verständnis eines selbstverantwortlichen Lebens sowie der Fähigkeit und Bereitschaft zur freiwilligen Solidarität dem Einzelnen um so weniger zumutbar ist, je höher ein Bedürfnis und das zu seiner Befriedigung als geeignet und notwendig angesehene Gut in der gesellschaftlichen Bedürfnishierarchie eingestuft werden.

Aus dem Denken in „gesellschaftlichen Bedürfnissen" ergibt sich für den Staat die Aufgabe, bestimmte wirtschaftliche und soziale Versorgungszustände zu gewährleisten. Dem entspricht die Neigung, die Kollektive bevorzugt unter Verteilungsgesichtspunkten zu beurteilen und zu organisieren.

Dieser Denkansatz legt die *staatlich organisierte* Beteiligung des Einzelnen an bestimmten gesellschaftlichen Ressourcen und Entscheidungsprozessen nahe. So wird ein

Recht auf Arbeit als Anteil an der „gesellschaftlichen Gesamtarbeit", auf soziale Sicherheit, betriebliche Mitbestimmung, Gesundheitsversorgung, Wohnung, Freizeit, Beteiligung am kulturellen Leben usw. gefordert. Es entwickelt sich ein wirtschafts- und sozialpolitischer Punktualismus in dem Maße, wie die entsprechenden Nachfrage- und Angebotsbereiche vom allgemeinen Wissens- und Bewertungszusammenhang der marktwirtschaftlichen Ordnung abgesondert werden. Es entstehen nicht nur Zentren der Rechts- und Verwaltungsevolution eigener Art, sondern auch marktferne Finanzierungsansprüche in Form von staatlichen Subventionen und Transferzahlungen.

Besonders typisch für den hochentwickelten wirtschafts- und sozialpolitischen Interventionismus ist die deutsche Arbeitsmarktverfassung. Die Arbeitsverträge geraten mehr und mehr zu sozialpolitisch motivierten Umverteilungsinstrumenten, ohne daß den Bedürfnissen der Unternehmen mit ihren jeweiligen Herausforderungen im Wettbewerb hinreichend Rechnung getragen wird. Die weitgehende Anbindung der Kosten der sozialen Sicherungssysteme an die Arbeitsverhältnisse ist Ausdruck dieser Tendenz. Die kollektiven Mitverwaltungsrechte der Beschäftigten und andere Formen der Zwangsbeteiligung am Unternehmensvermögen über die Sozialbeiträge, die Anwartschaft auf Kündigungs- und Sozialplanabfindungen, aber auch der Mißbrauch der Tarifautonomie für Umverteilungszwecke – etwa über Sockellohnpolitik oder über die Praxis knappheitswidriger Einheitslöhne der Flächentarifpolitik – sowie die durch Richterrecht bedingte Umwandlung offener Arbeitsverträge in Dauerarbeitsverhältnisse sind Zeichen dieser einseitigen sozialpolitischen Instrumentalisierung der Beschäftigungsverhältnisse.

Kann sich im politischen Prozeß diese Einstellung gegenüber den Unternehmen weiterhin behaupten, so wird auch in Zukunft damit zu rechnen sein, daß diese versuchen werden, Arbeitsplätze bevorzugt dort zu schaffen, wo die Unternehmen nicht zwischen den wettbewerblichen Anforderungen der Produktmärkte und den sozialpolitischen Belastungen der Arbeitsmärkte zerrieben werden.

Diejenigen, die die Knappheit an Arbeitsplätzen primär auf als nicht beeinflußbar eingeschätzte Faktoren (Wachstumsverlangsamung, technischer Fortschritt, steigender internationaler Wettbewerbsdruck usw.) zurückführen, werden auf verstärkte Arbeitsplatzsubventionen drängen, sich jedenfalls nicht von der Erfolglosigkeit der bestehenden Tendenz zur Verstaatlichung der Arbeitsverhältnisse entmutigen lassen. Die Zukunft einer solchen Sozialen Marktwirtschaft wird von dem Versuch bestimmt sein, den gesamten öffentlichen Sektor im Hinblick auf das Beschäftigungsproblem zu organisieren: Schon jetzt läßt sich eine zunehmende Verstaatlichung der Arbeitsverhältnisse durch die Einrichtung und Finanzierung einer wachsenden Anzahl von Beschäftigungsgesellschaften, Lohnkostenzuschüssen, der massiven Förderung von sog. „Sozialen Betrieben" und Arbeitsbeschaffungsmaßnahmen sowie den Einsatz von „öffentlich geförderter Arbeit" in vielfältigen Formen und Bereichen absehen. Hierdurch wird sich dann auch der von kirchlicher Seite erhobene Wunsch erfüllen lassen, die „Dominanz der Erwerbsarbeit" zu überwinden und den „steigenden Bedarf an gesellschaftlich notwendiger Arbeit" zu befriedigen. Auf diesem Wege, auf dem wir schon weit fortgeschritten sind, werden sich die Ansprüche an das staatliche Transfersystem und die öffentlichen Subventionskassen weiter erhöhen.

Bleibt es beim Denken in den Kategorien des Kollektivprinzips, dann wird sich die zukünftige Handlungsrechtsstruktur der Sozialen Marktwirtschaft nicht wesentlich von ihrer gegenwärtigen unterscheiden: Der Sozialisierungsgrad mit einer Staatsquote von 50 % wird weiterhin – im Gegensatz zur globalen ordnungspolitischen Tendenz – auf hohem Niveau verharren. Es wird bei den eingangs genannten Knappheitserscheinungen bleiben.

Zwei Fragen drängen sich auf: 1. Wie müßte eine Soziale Marktwirtschaft aussehen, die aus der Perspektive derjenigen, die von der gegenwärtigen Ordnung besonders benachteiligt sind, leistungsfähiger und menschenwürdiger erscheint und unser Gesellschaftssystem zukunftsfähig machen kann? 2. Welche Faktoren können den Aufbruch in diese Richtung vorantreiben, welche können ihn verhindern?

3. Personalität als Grundlage einer zukunftsfähigen Sozialen Marktwirtschaft

3.1. Die Person als ordnungspolitischer Bezugspunkt

Deutschland wird wirtschaftlich, sozial und moralisch nur gesunden, wenn es gelingt, die in den neuen weltwirtschaftlichen Herausforderungen liegenden Chancen umfassender und wirkungsvoller als bisher zu nutzen. Hierbei ist folgendes zu beachten:

(1) Ein Großteil des menschlichen Wissens existiert nur als Wissen von *Personen*. Es ist also subjektiv gebunden und damit über die Gesellschaft verstreut (*Hayek* 1976, S. 103 ff.).

(2) Es gibt kein wirkungsvolleres Verfahren, um neues Wissen zu erschließen und zusammen mit dem vorhandenen Wissen zu nutzen als den *Wettbewerb*. Er ermöglicht die Auswahl, Koordination und Verbreitung relevanten Wissens und motiviert zur Entdeckung neuen Wissens.

(3) Eine im Sinne der Knappheitsorientierung bessere Erschließung neuer und vorhandener Wissenspotentiale erfordert eine Gesamtentscheidung für eine Soziale Marktwirtschaft, in der prinzipiell alle Teilbereiche dem Umstand Rechnung tragen müssen, daß die Bedingungen der Einkommenserzielung in einem wettbewerblichen und preisgesteuerten Bewertungszusammenhang stehen, der direkt oder indirekt globale Dimensionen angenommen hat.

(4) Mit weltoffenen Marktbeziehungen und internationalen Unternehmensverflechtungen haben die Interdependenzen zwischen den nationalen Ordnungen und Wirtschaftsabläufen in einem Ausmaß zugenommen, daß Versuche, bestimmte Bereiche der Wirtschaftspolitik isoliert, autonom oder punktuell zu behandeln, nicht mehr realistisch sind. Prinzipiell müssen deshalb alle Gebiete der Wirtschaftspolitik als Teile *einer* Politik der Wirtschaftsverfassung des Wettbewerbs gesehen werden. Von diesem „Denken in Ordnungen" her läßt sich der entscheidende Ansatzpunkt für eine zukunftsfähige Neuorientierung der Sozialen Marktwirtschaft gewinnen (siehe auch *Lehmann* 1996; *Novak* 1996; *Roos* 1996, S. 417 ff.):

(5) Rückkehr zur Personalität der Gesellschaft. Darauf baut sich – gleichsam von unten nach oben – ein Verständnis von Subsidiarität und Solidarität auf, das dem
Denken in den Kategorien des Kollektivprinzips entgegengerichtet ist. Eine zukunftsfähige Soziale Marktwirtschaft muß sich vom Vertrauen in die kreativen
Fähigkeiten der menschlichen Person, ihrer Kraft und Bereitschaft zu einem
selbstverantwortlichen Leben und zur *freiwilligen* Solidarität her verstehen. Hierzu ist dem mündigen Bürger Spielraum zur Entfaltung seines Wissens, für eigenverantwortliches Denken und Handeln – kurz für Such- und Entdeckungsprozesse,
für Wahl- und Entscheidungsmöglichkeiten zu geben.

(6) Anerkennung der humanen und ethischen Triebkräfte des Marktes und der Bedeutung des Wettbewerbs als Entdeckungsverfahren, nicht nur als Instrument für
mehr Effizienz und bessere Güterversorgung, sondern auch als unersetzliche Methode, um – im Dienste einer möglichst „privilegienfreien Zivilrechtsgesellschaft"(*Böhm* 1980; *Vanberg* 1997) – Machtansammlung und Machtmißbrauch zu
verhindern oder zu begrenzen.

(7) Anerkennung des besonderen „sozialen Gehalts" von Ordnungsbedingungen, die
geeignet sind, eine leistungsfähige und beschäftigungsfreundliche Produktionswirtschaft zu ermöglichen und so die Entstehung sozialer Notlagen zu verhindern.
Die Frage der Verhinderung und Überwindung der Arbeitslosigkeit ist – im Kontext der direkten und indirekten Folgekosten – nach wie vor eine, wenn nicht
„die" Kernfrage der Sozialpolitik und der Sozialen Marktwirtschaft.

3.2. Erweiterung der Wettbewerbsfreiheit

Die staatliche Ordnungsaufgabe besteht in der Konstituierung und Sicherung eines
rechtlichen Rahmens für eine freiheitliche Ordnung, in der sich ein menschenwürdiges
und wirtschaftlich erfolgreiches Leben entwickeln kann (*Eucken* 1952/1990, S. 14). Die
im Grundgesetz der Bundesrepublik Deutschland enthaltenen Grundrechte bieten hierfür das Fundament. Dessen Tragfähigkeit im Sinne des Prinzips der Personalität beruht
auf Vorkehrungen gegen den Mißbrauch der Freiheitsrechte zu Lasten anderer Menschen. Das Grundgesetz (GG) enthält in Art. 74 Abs. 16 einen Regelungsauftrag an den
Gesetzgeber, den Mißbrauch wirtschaftlicher Macht zu verhindern. Ein verfassungsrechtliches Gebot für eine bestimmte Vorgehensweise und für bestimmte (Ausnahme-)
Bereiche folgt daraus zwar nicht, doch ist jede Art von Wettbewerbspolitik von den
verfassungsrechtlichen und -politischen Zielen her bestimmt. So ist der Gesetzgeber
nach der ständigen Rechtsprechung des Bundesverfassungsgerichts gehalten, die Frei-
heitsverbürgungen der Art. 2, 9, 12 und 14 GG zu schützen. Diese individuellen Handlungsrechte, die in einem engen Funktionszusammenhang stehen, können wirtschaftlich
nur wirksam werden, wenn *Wahlmöglichkeiten* bestehen und diese für die eigenen, frei
bestimmten Zwecke genutzt werden können. In einer zukunftsfähigen Sozialen Marktwirtschaft müßte sich eine Wirtschaftsverfassung des Wettbewerbs auf weitaus mehr
Bereiche der Volkswirtschaft beziehen, als dies heute der Fall ist:

Das deutsche Wettbewerbsrecht (GWB) ist im wesentlichen nur gegen privatwirtschaftliche Wettbewerbsbeschränkungen im Produktmarktbereich gerichtet. Privatun-

ternehmerische Versuche, den Wettbewerb zu beschränken, dürften aber auf globalisierten Märkten immer nur beschränkt erfolgreich sein. Freilich aber könnte der Zugang von ausländischen Anbietern erschwert werden – etwa durch Preisabsprachen, Quotenkartelle, Im- und Exportkartelle, verschlossene Vertriebswege wie das japanische Keiretsu-System, nationale Marktauflagen mit Hilfe wettbewerbsbeschränkend eingesetzter gewerblicher Schutzrechte usw. In der Tat können Marktabschließungen und Marktaufteilungen von Unternehmen die handelsbeschränkenden Wirkungen auslösen, die gegen die Regeln der Welthandelsordnung verstoßen[1]. Allerdings sind die totalen Ausnahmebereiche (Land- und Forstwirtschaft, die Kreditanstalt für Wiederaufbau, Unternehmen der Montanindustrie) und vielfältigen hoheitlich sanktionierten Wettbewerbsbeschränkungen und monopolistischen Sonderstellungen von staatlichen und staatlich regulierten Unternehmen im Sinne partieller Ausnahmebereiche vom GWB volkswirtschaftlich sehr viel hartnäckiger und wahrscheinlich schädlicher. Die davon „begünstigten" Betriebe sind dem Wissens- und Bewertungszusammenhang des internationalen Marktgeschehens mehr oder weniger weitgehend entzogen.

Bisher beschränkt sich die Praxis der Politik der Marktöffnung in Deutschland vielfach auf eine (meist zögerliche) Anpassung an Vorgaben der Europäischen Union (EU) und an ausländische Vorbilder. In diesem wichtigen Bereich marktwirtschaftlicher Ordnungspolitik müßte Deutschland in Anpassung an die auf allen wirtschaftlichen Gebieten spürbare Tendenz, den Marktkräften mehr Spielraum zu geben, versuchen, nicht nur aufzuholen, sondern eine Vorreiterrolle zu übernehmen. Tatsächlich jedoch drängen die deutschen Verbände immer dann darauf, die deutschen Wettbewerbsvorschriften an die EU-Vorgaben anzupassen, wenn diese weniger scharf sind als die deutschen, während man auf deutschen Regeln besteht, wenn diese laxer sind als das EU-Recht.

Eine umfassende und beschleunigte Marktöffnung durch Privatisierung und Deregulierung ist dringend angesagt – vor allem im Post- und Fernmeldewesen, im Kreditgewerbe (Sparkassen usw.), im Personen- und Güterverkehr, in der „Versorgungswirtschaft" (vor allem dem Energiesektor) und im Gesundheitswesen sowie im Baurecht und in der Wohnungswirtschaft. Nicht nur in der Wohnungswirtschaft, sondern auch in vielen anderen Bereichen verfügen öffentliche Hände über ein beträchtliches Betätigungsfeld, das von der privaten Wirtschaft effizienter genutzt werden könnte. Gleichzeitig könnte der Staat steuersparend von überflüssigen Ausgaben entlastet werden. Hier wie auch sonst geht es nicht nur darum, die Staatsquote wieder am Niveau von 32-37 % der Jahre 1949-60 zu orientieren, sondern auch den wettbewerblichen und preisgesteuerten Prozeß der Wissensfindung und -nutzung auf Gebiete auszudehnen, die bisher völlig oder weitgehend der internationalen Wissensteilung entzogen waren.

Auf der Ebene der EU besteht jedoch die Gefahr, daß unter der Fahne der „Gemeinsamen Industriepolitik" eine interventionistische, konkurrenzscheue Industrieunion mit sektorspezifischen Sonderaufgaben und -behörden entsteht. Über diesen integrationspolitischen Punktualismus drohen der Sozialen Marktwirtschaft neue Formen der Verzer-

---

[1] *Fikentscher* und *Immenga* (1995) treten deshalb dafür ein, eine „Internationale Antitrustbehörde" als Institution des GATT bzw. der WTO zu schaffen.

rung des Wettbewerbs, der Verschwendung knapper Ressourcen, des Protektionismus und der Konservierung bestehender Wirtschaftsstrukturen.

3.3. Vertragsfreiheit und Unternehmertum

Selbständigkeit am Markt, als besonderer Ausdruck von Freiheit und Selbstverantwortung, bietet einer Gesellschaft die Chance, das Wirtschaften im Familienverband zu stärken, der Vermassung und dem Extremismus vorzubeugen. Abgesehen von dieser gesellschaftspolitischen Dimension sind selbständige Unternehmen Auslöser evolutorischer Marktprozesse, Ausgangspunkt für die Entstehung, Nutzung und Vermittlung von knappheitsminderndem Wissen – durch Vorstöße in ökonomisches Neuland, Vermeidung und Überwindung nicht marktgerechter Angebotsstrukturen. Selbständige Unternehmer spielen eine wesentliche Rolle in der Ausbildung junger Menschen. Der Beitrag der Unternehmen zur Humanvermögensbildung ist ebensowenig selbstverständlich wie die Existenz von Unternehmen „an sich" gegeben ist. Die Knappheit an Ausbildungsplätzen wird heute vorschnell auf ein Versagen, ja auf eine moralische Pflichtverletzung der Unternehmen zurückgeführt. Doch die Überwindung dieser Knappheit wird nachhaltig nur gelingen, wenn die marktorientierten Ausbildungsanreize für Unternehmen erhöht werden – etwa durch eine knappheitsgerechte Ausbildungsvergütung und eine erhöhte Präsenz der Lehrlinge in den Betrieben. Unternehmer, vor allem auch in der kleinbetrieblichen-mittelständischen Ausprägung, sind als Nährboden kreativer Wissensentfaltung ein entscheidender Faktor für die Zukunftsfähigkeit unserer Gesellschaft. In dieser Hinsicht ist ein Umdenken in der Gesellschaft geboten. Gewerbefleiß, Unternehmertum, Gewinnorientierung und Wettbewerbsgeist bedürfen der Anerkennung in der Öffentlichkeit, vom Unterricht in der Grundschule angefangen. Folgendes ist hierbei zu vermitteln:

(1) Unternehmungen, damit auch unternehmensgebundene Beschäftigungsmöglichkeiten, sind aus ihren Entstehungsgründen und Entfaltungsbedingungen zu verstehen, und zwar als Teil der Wettbewerbsordnung, also innerhalb des Rahmens eines offenen preisgesteuerten Marktsystems. Die unternehmerische Tätigkeit entwickelt sich nicht aus dem Eigentum an den Produktionsmitteln, also aus „dem" Kapital, wie es die marxistische Lehre und andere Konflikttheorien der Unternehmung bis heute unterstellen, sondern aus der Privatrechtsautonomie. Diese gewährt dem Einzelnen das Recht, unternehmerisch initiativ zu werden, daß heißt sein Wissen einzusetzen, um selbst oder mit Hilfe anderer ein Unternehmen zu betreiben. Die Veranstalter der Unternehmung gehen mit den Arbeitnehmern, Kreditgebern, Lieferanten, Kunden usw. Tauschbeziehungen ein, die sich in einem Bündel unternehmensspezifischer Verträge manifestieren. Hierbei akzeptieren die Arbeitnehmer im Austausch gegen eine erhöhte Einkommenssicherheit das Weisungsrecht der Unternehmer. Diese geben mit ihrem Beschäftigungsangebot zu erkennen, daß sie glauben, über die Verwendungsmöglichkeiten der eingesetzten Faktoren mehr zu wissen, als deren Eigentümer. Das unternehmerische Risiko besteht darin, sich zu irren und für die vertraglichen Vereinbarungen auch dann einstehen zu müssen, wenn auf den Produktmärkten die erwarteten Erlöse ausbleiben. Das Risiko der Arbeitnehmer besteht in der Ungewißheit über die

Dauer der Austauschbeziehung. Dies hängt von deren wirtschaftlicher und sozialer Attraktivität ab. In allen Fällen sind marktwirtschaftliche Unternehmen – und das wird häufig übersehen – Ausdruck einer *freiwilligen* Transformation von verschiedenen Risiken und gehen auf wählende und handelnde Personen, nicht auf gegebene Kollektive zurück. Hierbei muß stets der beiderseitig vorteilhafte Tausch im Vordergrund der Betrachtung stehen. Für den Arbeitnehmer ist es dabei besonders günstig, wenn er zwischen vielen Arbeitgebern wählen kann. Auch deshalb verdient die nachhaltige marktkonforme Überwindung der Arbeitsplatzknappheit höchste Priorität.

(2)   Das unternehmerische Handeln setzt regelmäßig den Ankauf von Leistungen auf Kredit voraus. Der Nachweis von Eigenkapital in Form von Risiko– und Haftungskapital fördert die Kreditfähigkeit von Unternehmen, deren Erfolg am Produktmarkt ungewiß ist. Eigenkapital als Grundbedingung unternehmerischen Handelns motiviert dazu, umsichtig zu disponieren, um die Haftungsgrundlage nicht zu gefährden; zugleich wird die Aktiv- oder Vermögensseite der Unternehmen geschützt. Damit wird die Sicherheit des unternehmensspezifischen Geflechts von Verträgen erhöht, insbesondere auch die der Verträge mit den Arbeitnehmern, welche die direkten Marktrisiken auf den Produktmärkten scheuen. Die gesamtwirtschaftlichen Abläufe werden stabiler und berechenbarer, die Arbeitsplätze sicherer. Daraus folgt: Jede Diskriminierung der Risikokapitalbildung, etwa durch das Steuerrecht oder durch Erzwingung haftungsfreier Mitbestimmungsrechte, ist nicht nur beschäftigungsfeindlich, sondern steht – mangels Attraktivität solcher Anlagen im Vergleich zu anderen Formen der Vermögensbildung – dem gesellschaftspolitischen Ziel einer breiten Beteiligung der Bevölkerung am Produktivvermögen entgegen (*BKU* 1996).

(3)   Beschäftigungsfeindlich sind auch zahlreiche staatliche Regulierungen des Marktgeschehens, die, entgegen ihrem erklärten Zweck, vor allem kleine und mittlere Unternehmen benachteiligen. Diese Firmen sind es jedoch, welche die Mehrzahl der privatwirtschaftlichen Arbeitsplätze in Deutschland bereitstellen und von denen am ehesten neue Arbeitsplätze geschaffen werden. Mittelständische Unternehmen können sich keine Spezialisten für die vorteilhafteste Auslegung von Gesetzen, Subventionsrichtlinien, Auflagen und Vorschriften leisten. Staatliche Regulierungen absorbieren häufig Wissenspotential für solche unproduktiven Zwecke und erhöhen regelmäßig die Markteintrittskosten für potentielle Unternehmer.

(4)   Die steuerliche Last, die der überdimensionierte öffentliche Sektor verursacht, bremst den Leistungswillen und den Entfaltungsspielraum derjenigen, von denen besondere Anstrengungen erwartet werden können, den Selbständigen. Gleichzeitig wächst mit der Steuerbelastung die Schattenwirtschaft. Deshalb sind das Steuersystem zu vereinfachen, die ertragsunabhängigen Steuern zu beseitigen und die steuerrechtliche Diskriminierung der Eigenkapitalbildung aufzuheben. Dies alles stellt für kleine und mittlere Unternehmen die beste Gründungs- und Entwicklungshilfe dar. Weniger Steuerdruck ist in Verbindung mit knappheitsgerechten

Lohnkosten die beste Ermutigung von Investitionen, Innovationen und Beschäftigung. Die heutige Praxis der Subventionierung eignet sich hierfür nicht.

(5) Das geltende Arbeits- und Tarifrecht ist eher auf die Belange von Großunternehmen zugeschnitten. Für kleine und mittlere Unternehmen ist es vielfach zu schematisch. Größere Unternehmen können den restriktiven Vorschriften eher durch Kapitalintensivierung, Rationalisierung und Verlagerung von Produktionsstätten ins Ausland ausweichen. Anstelle des Flächentarifvertrags, der immer noch überragende Bedeutung hat, sind Rahmenordnungen für wettbewerbliche Lohnaushandlungssysteme anzustreben (siehe *Dichmann* 1997).

3.4. „Recht auf Arbeit"

Je weiter die Wirtschaftsverfassung des Wettbewerbs greift, desto mehr wirtschaftliche Aspekte der Gesellschaft stehen in einem Funktions- und Bewertungszusammenhang. Deshalb ist die Orientierung der Rechtsverhältnisse auf den Arbeitsmärkten an den Anforderungen der Produktmärkte Grundbedingung dafür, daß der Strukturwandel eine Quelle des Wohlstands für alle bleibt, die auf Arbeit angewiesen sind, arbeiten wollen und können. Denn nur dann bleibt die Arbeit als die „grundlegende Dimension menschlicher Existenz und Würde" (Enzyklika Laborem Exercenses) bezahlbar.

Arbeitsrecht und Tarifrecht dürfen dem nicht länger entgegenstehen. Das „Recht auf Arbeit" ist ein Freiheitsrecht. Es beruht ursprünglich und unverzichtbar auf individuellen Günstigkeitseinschätzungen. Wer arbeiten will, sollte daran auch nicht durch kollektive Streiks und durch ein *Günstigkeitsprinzip* gehindert werden, das auf betrieblicher Ebene nur Löhne und Arbeitszeiten zuläßt, die günstiger sind als die tarifvertraglichen Vereinbarungen. Dies wirkt zu Ungunsten der Arbeitslosen. Das Tarifrecht überschätzt die potentielle Gefahr der Ausbeutung der Arbeitnehmer, es unterschätzt, ja ignoriert „die reale Gefahr der Ausgrenzung Arbeitsuchender" (*Reuter* 1997), die durch das Tarifkartell am Arbeitsmarkt und die flankierenden Absicherungsmöglichkeiten entsteht. Wirtschaftliche Machtgruppen müssen in ihren Handlungsrechten begrenzt werden, die knappheitswidrige und damit beschäftigungsfeindliche Lohnstrukturen durchsetzen können, z.B. durch eine Friedenspflicht der Arbeitsmarktparteien in Tarifauseinandersetzungen oder durch den Grundsatz „Tarifverträge gelten nur dann, wenn nichts anderes vereinbart ist" (*Herbert Hax*). Arbeitsrecht und Tarifrecht sollten nicht länger – im Widerspruch zum Personalitäts- und Subsidiaritätsprinzip – freiwilligen Vereinbarungen zwischen Arbeitnehmern und Arbeitgebern auf Betriebsebene im Wege stehen. Solche Vereinbarungen, wie auch erweiterte Spielräume im Individualarbeitsrecht, müssen als Konsequenz der Privatautonomie und des personalen Bezugs der Koalitionsfreiheit der Arbeitnehmer, als Ausdruck einer „unternehmerischen" Kombination von Human- und Sachvermögen, wie sie heute international in großer Vielfalt und Flexibilität notwendig ist, zugelassen sein. Hierbei ist auch folgendes zu berücksichtigen:

In modernen Arbeitsverhältnissen gewinnen die impliziten (nicht einklagbaren) Leistungserwartungen neben den expliziten (einklagbaren) Leistungserwartungen immer mehr an Bedeutung. Dies ist überall dort der Fall, wo Unternehmen zur Erzielung und Sicherung von Wettbewerbsvorteilen neue flexible Wissensgrundlagen schaffen müssen. Das Arbeitsverhältnis ist unter diesen Bedingungen noch weniger als sonst von der Herrschaft des Arbeitgebers über die Person des Arbeitnehmers gekennzeichnet, sondern davon, daß sich die Beschäftigten „kreativ in Kooperation mit anderen an der Verwirklichung arbeitstechnischer Teilzwecke beteiligen, die ihrerseits zwar nach wie vor dem Unternehmen/Arbeitgeber dienen, jedoch von diesen nicht im Detail vorgeschrieben, sondern der gemeinsamen Suche der jeweils zuständigen Arbeitnehmer nach dem besten Weg anvertraut wird" (*Reuter* 1997).

Hierfür sind personengebundene, betriebsspezifische Formen des „Mitwissens, der Mitwirkung und der Mitbestimmung" (*Wilhelm Röpke*) innerhalb eines zweckmäßigerweise vertraglich nicht bis in jede Einzelheit festgelegten Leistungsrahmens zu entwikkeln. Die Aussicht auf entsprechende Kooperationsgewinne beruht beiderseits auf impliziten Leistungserwartungen. Nur wenn diese einigermaßen gleichwertig und verläßlich sind, besteht wechselseitig ein hinreichender Anreiz, die darin liegenden Einkommenschancen zu entdecken, systematisch zu nutzen und in Möglichkeiten ihrer Verbesserung zu investieren.

Hier muß das oben angesprochene Vertrauen in die kreativen Fähigkeiten der Menschen zum Tragen kommen. Dies erfordert ein Arbeits- und Tarifrecht, das im Arbeitgeber-Arbeitnehmer-Verhältnis nicht eine Konflikt- und Ausbeutungsbeziehung sieht, sondern prinzipiell von der Fairneß und dem Gerechtigkeitsempfinden der Partner und der produktiven Kraft ihres Zusammenwirkens zum wechselseitigem Vorteil ausgeht.

Wer es mit der menschlichen Fähigkeit zu Freiheit und Verantwortung wirklich ernst meint, muß im Hinblick auf die veränderten Anforderungen der Unternehmen im Wettbewerb die erforderlichen Reformen des Arbeitsmarktes und des Sozialstaates anmahnen und nicht vorschnell Partei für die Freiheit machtvoller Verbände ergreifen, die über das bestehende Tarif-, Arbeits- und Mitbestimmungsrecht die Freiheit beschränken, die notwendig ist, um vorhandenes Wissen zu mobilisieren, neues Wissen zu kreieren und den Gesamtprozeß der Wissensnutzung knappheitsmindernd zu gestalten.

3.5. Personalität und Soziale Sicherheit

Die Lösung der wirtschaftlichen und sozialen Probleme unserer Gesellschaft liegt in einer stärkeren Knappheitsorientierung im Prozeß der Wissensbildung und -verwertung. Hierzu ist die Soziale Marktwirtschaft umfassender als heute – auch im Hinblick auf die Lösung von Verknappungserscheinungen im Umweltbereich und im Bildungssystem (siehe *Tuchtfeldt* 1998) – als Wettbewerbsordnung aufzufassen und zu gestalten. Personalität, Preissteuerung und Wettbewerb sind unverzichtbar, um Nachfrager und Anbieter zu einem kostenbewußten Handeln anzuhalten und Neigungen zur Verschwendung von knappen Ressourcen entgegenzuwirken. Dies gilt auch für die Aufgabe, die Mangelwirtschaft, die verborgene Umverteilungspraxis und die Subventionsabhängigkeit und den hohen Monopolgrad unserer Systeme der Sozialen Sicherung zu überwinden. Mit den erdrückenden Beitragssätzen, den extremen versorgungsstaatlichen Ausmaßen der Aushöhlung des Versicherungsprinzips in der staatlichen Rentenversicherung (*Glismann* und *Horn* 1995, S. 309 ff) sowie mit den steigenden Bundeszuschüssen zur Sozialversicherung ist jene „Fundamentalkrise" eingetreten, die *Hans Willgerodt* prognostiziert hat[2]. Um diese zu überwinden, muß der Anteil der Erwerbseinkommen gegenüber dem Anteil der Transfereinkommen wieder steigen. Dies setzt eine Soziale Marktwirtschaft voraus, in der es sich lohnt, länger zu arbeiten als heute, in der die ökonomischen Anreize zur legalen Einkommenserzielung so stark sind, daß damit *automatisch* – und nicht durch vergebliche Kriminalisierung und polizeiliche Kontrolle – die Expansion der Schattenwirtschaft gestoppt und umgekehrt wird. Die gesetzliche Zwangsversicherung – in enger Verflechtung mit der Politik und einer mächtigen Verbands- und Sozialbürokratie – ist an einem Punkt angekommen, an dem sich bestätigt hat, daß im Laufe der Zeit alle geschützten Monopole in einen Selbstlauf geraten und leistungsunfähig werden (siehe *Hayek* 1971, S. 363). Daran läßt sich grundlegend nur etwas ändern, wenn die Sozialpolitik – soweit es sich nicht um Vorkehrungen für die Armen handelt (siehe *Lehmann* 1996, S. 10-17; *Watrin* 1997, S. 16-18) – in die „Wirtschaftsverfassung des Wettbewerbs" einbezogen wird. Der Staat hat sich demzufolge auch hier auf die Rahmensetzung zu beschränken, nicht aber – wie heute – Einrichtungen der sozialen Sicherung mit Hilfe einer riesigen punktualistisch denkenden Sozialbürokratie direkt zu lenken.

Eine „soziale" Ordnungspolitik betrachtet demgegenüber die Vorsorge für Krankheit, Invalidität, Arbeitslosigkeit und Alter *prinzipiell* als eine Angelegenheit eigenverantwortlichen Handelns. In dieser Hinsicht muß ein völlig neuer Pfad des „gemeinsamen Lernens" in Deutschland beschritten werden:

(1)   Ein erster Schritt könnte darin bestehen, die Löhne und Gehälter der Arbeitnehmer um die Anteile der Arbeitgeber an den Beiträgen zur Sozialversicherung zu erhöhen. Die Beschäftigten müßten dann in Zukunft ihre Beiträge vollständig und eigenverantwortlich selbst abführen. Mit der Entstehung eines persönlichen Bezugs zur Versicherungseinrichtung und der erhöhten Spürbarkeit der Kosten der sozialen Sicherung könnte das Bewußtsein für das Verhältnis von Beitragshöhe und Leistungserwartung geschärft werden. Abweichungen zwischen Prämienhöhe und Erwartungswert der Versicherungsleistungen würden deutlicher registriert. Die Versicherten könnten einen Anreiz erhalten, sich über Alternativen zu informieren und sich mehr Wissen auf diesem Gebiet anzueignen. Schließlich würden sie sich fragen, warum sie sich nicht gegen die vorherrschende undurchsichtige Umverteilungspraxis der Sozialversicherungseinrichtungen zur Wehr setzen und günstigere Formen der Sicherung wählen können[3]. Allerdings steht dem heute ein

---

[2]   „Angesichts der Bevölkerungsentwicklung wird die Alters- und Rentenlast stark anwachsen und von einer geringeren Erwerbsbevölkerung zu tragen sein. Je höher die Zusatzversprechungen sind, die künftigen Pensionären gemacht werden, desto mehr wird die Krise vorverlegt und verschärft. Mit jedem Rentenversprechen werden weitere Verbrauchsmöglichkeiten, aber auch weitere Abgabeerhöhungen angekündigt. Diese höheren Abgaben müssen die Sparfähigkeit und Kapitalbildung der erwerbsfähigen Generationen beeinträchtigen" (*Willgerodt* 1980, S. 44 f.).

[3]   So stellen *Glismann* und *Horn* (1997) fest, daß jeder sozialversicherungspflichtige Beschäftigte im System des Rentenreformgesetzes 1992 für seine Alterssicherung deutlich mehr zahlen muß, als in einem Kapitalstocksystem: Danach erwirbt z.B. ein zweiundvierzigjähriger Beschäftigter, der im System des Rentenreformgesetzes 1000 DM in die GRV einzahlt, mit dem fünfundsechzigsten Lebensjahr einen Anspruch, für den er auf dem Kapitalmarkt

gravierender Wissensmangel entgegen. Die Intransparenz der Sozialversicherungen ist sprichwörtlich.

(2)   Deshalb müßte z.b. in der Rentenversicherung jeder Beitragszahler einen verbindlichen Anspruch auf einen genaue und aktuelle Jahresabrechnung mit dem Nachweis des erreichten Versicherungsanspruchs und der jährlichen Effektivrendite der Beitragszahlungen erhalten, „und zwar analog zu den Grundsätzen, die nach der Preisauszeichnungspflicht für alle privaten Geldinstitute gelten" (*Glismann* und *Horn* 1997).

(3)   Der durchschnittliche sozialversicherungspflichtige Beschäftigte ist heute aufgrund seiner Vermögens- und Einkommenslage durchaus in der Lage, selbst für sein Alter, für Invalidität und Krankheit vorzusorgen. Der personale Bezug zu „seiner" Sozialversicherungseinrichtung könnte erheblich gestärkt werden, wenn diese „in die Obhut einer echten – nicht bloß formalen – Selbstverwaltung" durch die Versicherten entlassen und per Gesetz von der Politik unabhängig gemacht würde[4]. Die Politiker dürften also künftig nicht versuchen, die Beitragszahler durch Subventionen zu korrumpieren und damit das Prinzip der Selbstverantwortung aufzuweichen. Nur dann kann der Reformeinstieg, der am personalen Bezug der sozialen Sicherung ansetzt, die Anreiz- und Kontrollstrukturen in diesem Bereich knappheitsmindernd verändern.

(4)   Bei echter materieller Selbstverwaltung wären die Sozialversicherungseinrichtungen im Interesse der Liquiditätssicherung stärker als bisher auf die Beachtung des Versicherungsprinzips angewiesen. Ordnungspolitisch wäre sicherzustellen, daß die heute in der gesetzlichen Krankenversicherung praktizierte Politik der Quersubventionierung ausgeschlossen würde. Entsprechend einer Bestimmung des geltenden Gesundheitsstrukturgesetzes haben die Krankenkassen mit einer vergleichsweise günstigen Versicherungsstruktur Ausgleichszahlungen an einen Fonds zu leisten. Kassen mit einer ungünstigeren Risikostruktur werden aus diesem Fonds bedacht. Mit diesem „Finanzausgleich" wird der Wettbewerb um den Versicherten und um niedrige Prämien verfälscht, der Weg zur „Einheitskasse" (*Kannengießer* 1996, S. 17), also zum Monopol im ökonomischen Sinne, geebnet.

(5)   Im Hinblick auf die wachsende Alterslast und den drohenden Zusammenbruch des heutigen Rentensystems ist eine substantielle Rentenreform notwendig. Die Reformmöglichkeiten lassen – im Hinblick auf die Kriterien „politische Einflußnahme", „Minimierung von Abhängigkeiten", „individuelle Rentabilität und Rechtssicherheit" – deutliche Vorteile für einen Übergang vom Kollektivprinzip des umlagefinanzierten „Generationenvertrags" zur Alterssicherung nach dem Kapitalstockverfahren, also nach dem Individualprinzip, erkennen (siehe *Glismann* und *Horn* 1997). Das heutige System könnte den Charakter einer Grundsi-

---

nur 337 DM hätte einzahlen müssen. Für den zwanzigjährigen Beitragszahler entsprechen die 1000 DM GRV-Einzahlung einer Kapitalmarktanlage von 178 DM.

[4]   *Watrin* (1997, S. 29) knüpft an diesen Vorschlag die Frage an: „Warum sollte das, was für die Bundesbank – allerdings unvollständig – im Grundsatz gilt, ..., nicht auch in verbesserter Form für die Sozialen Sicherungssysteme gelten?"

cherung annehmen. Hierzu müßten verfassungsrechtliche Vorkehrungen getroffen werden, die den Einfluß der Politik auf Ordnungsfragen begrenzen. Zusätzlich könnte eine gesetzliche Mindestversicherungspflicht für Alter, Krankheit, Invalidität und Arbeitslosigkeit vorgeschrieben werden. Hierbei liegen die Vorteile privater Versicherungen auf der Hand. Ordnungspolitisch wäre die Wettbewerbsfreiheit zu sichern, die Mündelsicherheit der Ansprüche zu gewährleisten, die Versicherungen wären einem Kontrahierungszwang gegenüber jedermann zu unterwerfen, damit die Diskriminierung von Versicherungsnehmern ausgeschlossen werden könnte (*Hayek* 1971, S. 361 ff.).

(6)   Maßnahmen der Umverteilung müßten auf die Gestaltung des Einkommensteuertarifs und auf direkte Zahlungen an bestimmte Personen und Institutionen (wie Familien) beschränkt werden, die unter gesellschafts- und sozialpolitischen Gesichtspunkten als besonders förderungswürdig angesehen werden. Sozialpolitik über die Wettbewerbspolitik hinaus wäre also auch als Instrument des Parteienwettbewerbs möglich, jedoch mit folgendem Unterschied:

—   Aus der bisher verborgenen Umverteilungspraxis würde ein offenes Verfahren. Hierzu müßten die Politiker die Finanzierungsmöglichkeiten offenlegen.

—   Durch die Betonung der Sozialpolitik als Wettbewerbspolitik, einschließlich der stärkeren Personalisierung und Marktorientierung der sozialen Sicherung, wären mehr Mittel verfügbar, einmal für die private Vermögensbildung, für eine Expansion der freiwilligen Solidarität, aber auch für öffentliche Fürsorge zugunsten der Menschen, die wirklich bedürftig sind und denen sich die Sozialpolitiker heute zuwenig annehmen können.

4.   Soziale Marktwirtschaft zwischen Beharrung und Aufbruch

Wird es möglich sein, der Sozialen Marktwirtschaft eine Handlungsrechtsstruktur mit einem größeren individuellen Entfaltungs- und Verantwortlichkeitspotential zu verleihen? Entscheidend wird sein, wie weit sich die Beharrungskräfte gegenüber den Kräften des Aufbruchs behaupten können.

Die Erhaltungskräfte bestehen aus Momenten der *Gruppenbeharrung*, aus *Trägheitsmomenten* und aus der beharrungsverstärkenden Wirkung bestimmter *Symbolbegriffe*. Die Gruppenbeharrung geht von *Politikern* aus, die ihre Dienste im Sinne des Kollektivprinzips anbieten und damit versuchen, ihre Position im Wettbewerb um Wählerstimmen zu verbessern. Sie arbeiten dabei eng mit *Verbänden* zusammen, die ihren Mitgliedern auf dem Weg des „politischen Tauschs" (*James M. Buchanan*) mit den Parteien einen marktunabhängigen Einkommensvorteil, eine leistungsunabhängige Rente, sichern wollen. In den entsprechenden Bereichen der Wirtschaft wird anstelle der wettbewerblichen Marktkontrolle das Prinzip der Staatskontrolle mit Hilfe des institutionellen Punktualismus praktiziert. Dies wird durch die Existenz spezifischer Branchen- und Fachministerien gefördert, die sich vom übergeordnetem Leitbild der Wirtschaftspolitik – soweit vorhanden – mehr oder weniger weit entfernen, um Sonderinteressen dienen zu können. Innerhalb der Regierung versuchen die Fachministerien, sich dem Einfluß der übergeordneten Ressorts, vor allem dem Wirtschafts- und Finanzministeriums, zu entziehen und die eigenen Kompetenzen und Budgets zu vergrößern. Gelingt dies, weil den übergeordneten Ressorts ein Leitbild, etwa der Sinn für das Denken in Ordnungszusammenhängen, fehlt, dann geht vom Neben- und Gegeneinander der Eingriffe der Interventionsressorts – im Zusammenspiel mit den Verbänden – die Gefahr aus, daß sie sich zu eigenständigen politischen Machtkörpern, zu Regierungen in der Regierung, entwickeln.

Ein weiteres Element der Gruppenbeharrung bildet die Bürokratie, welche für den praktischen Vollzug einer vom Kollektivprinzip inspirierten Wirtschaftspolitik zentral erforderlich ist. Die Bediensteten sind mit ihrem Wissen und Können existentiell an die Interventionsaufgabe gebunden, ihr „sozial" gleichsam ausgeliefert und werden deshalb Beschneidungen von Interventionen ablehnen.

Ein weiteres Moment der Beharrung besteht in der *Gewöhnung* der *Bürger* an die staatlichen Wohltaten. In diesem Trägheitsprozeß des „gemeinsamen Lernens" verkümmern der Wille und die Fähigkeit zur Selbsthilfe und freiwilligen Solidarität. Wenn sich immer mehr Einkommen von der staatlich organisierten Solidarität ableiten, wird der Anreiz, für sich selbst zu sorgen, geschwächt. Die Erlangung von Wissen konzentriert sich darauf, Möglichkeiten zu entdecken, wie sich private Einkommenschancen durch staatliche Hilfe ersetzen lassen. Wird das in den Familien praktiziert, können auch die Kinder in solche Denkgewohnheiten verfallen. So kann sich die Anspruchshaltung fortpflanzen. Zunehmend werden dann Menschen begünstigt, die eigentlich nicht bedürftig sind. Auch von dieser Seite wird im politischen Prozeß Druck ausgeübt, um entsprechende Maßnahmen um jeden Preis zu erhalten. Gelingt es mit Hilfe der Medien und der Kirchen, entsprechende Institutionen des Wohlfahrtsstaats im öffentlichen Bewußtsein als Verkörperung von „sozialer Gerechtigkeit", des „sozialen Friedens" oder der „verantwortlichen Gesellschaft" zu verankern, dann kann es dazu kommen, daß die Begleiterscheinungen dieser Politik (hohe Dauerarbeitslosigkeit, krisenhafte Staatsverschuldung, institutionelle Erstarrung, hohe Korruptionsanfälligkeit) zwar als zu teuer empfunden werden, nicht aber die zugrundeliegenden geistigen und (ordnungs-)politischen Ursachen.

Das Zusammenspiel von Parteien, Verbänden und Bürokratien kann in Verbindung mit der Neigung der Begünstigten, sich an diese Wohltaten und ihre moralischen Rechtfertigungen zu gewöhnen, im politischen Alltag ein solches Eigengewicht und ein solches Beharrungsvermögen erhalten, daß der Kampf um Sonderinteressen und um die Macht im Staat zu einer Einheit verschmelzen (siehe *Eucken* 1932, S. 304). Was vielfach als prägende Merkmale der wirtschaftlichen, sozialen und moralischen Krise und der Unregierbarkeit der Gesellschaft angesehen wird, erweist sich bei näherem Hinsehen als Konsequenz eines tief und breit verwurzelten Denkens und Handelns im Geiste des Kollektivprinzips und einer daraus entstehenden chaotischen Politik der sogenannten Sozialen Marktwirtschaft.

Die notwendige Kursänderung erfordert Politiker, die das zum Wahlprogramm erheben, was viele Menschen, wenn man sie unter vier Augen fragen könnte, einräumen würden: Die bisherige Praxis der Beschränkung des menschlichen Handlungspotentials muß aufgegeben werden. Dann werden auch die Unternehmen bevorzugt wieder in Deutschland investieren, und von den tüchtigen jungen Deutschen, die jetzt endgültig eine Karriere im Ausland anstreben, werden wieder viele hierbleiben oder zurückkommen wollen.

Der ordnungspolitische Kurswechsel mit eindeutiger Orientierung am Prinzip der Personalität müßte vor allem von den Befürwortern einer unverzüglichen Einführung einer europäischen Währungsunion angestrebt werden. Damit wird nämlich der bisherige Wechselkursschutz wegfallen. Bei den erheblichen Produktivitäts- und Einkommensunterschieden zwischen den EU-Ländern werden dann die nationalen Arbeitsmärkte über Nacht *direkten* Wettbewerbsbeziehungen unterworfen sein. Besonders Hochlohnländer wie Deutschland werden sich einem verstärkten Preiswettbewerb ausgesetzt sehen. Davon erwarten die Befürworter des EURO eine große Entlastung der Stabilitätspolitik [5]. Wenn es hierbei nicht zu einer weiteren Beschäftigungseinbuße und damit zur Verschärfung der bestehenden Probleme kommen soll, müßten schon jetzt deutliche Signale für den Kurswechsel gesetzt werden, damit noch in der verbleibenden Zeit bis zum Wegfall des Wechselkursschutzes die notwendige Verhaltensänderung der Verbände und Sozialpolitiker eintreten und beschäftigungswirksam werden kann.

Die Auffassung, man könne dem erhöhten Wettbewerbsdruck auf dem gemeinsamen Arbeitsmarkt durch Vereinheitlichung der Arbeits- und Sozialpolitik ausweichen, übersieht folgendes: Eine Orientierung an den Ländern mit den höchsten Sozialstandards (und eine andere Richtung der Anpassung käme wohl nicht in Frage), hätte tendenziell das zur Folge, was seit 1990 in Deutschland zu beobachten ist (*Schüller* 1996). Vor diesem Weg in eine schreckliche integrationspolitische Sackgasse werden uns allerdings die EU-Länder zu bewahren wissen, die durch eine solche produktivitäts- und knappheitswidrige Harmonisierungspolitik an internationaler Wettbewerbsfähigkeit verlieren würden. Auch würden wir selbst auf den besonders dynamischen Märkten außerhalb der EU weiter an Boden verlieren.

Der ordnungspolitische Kurswechsel ist also unausweichlich. Die Frage ist: Wie könnten sich die Parteien im Wettbewerb um die Regierung von der Versuchung entlasten, den Eingriffswünschen der Interessenorganisationen wie bisher entgegenzukommen? Nach *von Hayek* (1979, S. 16 f.) ist „die einzige Verteidigung, die ein Politiker gegen den Druck organisierter Interessen hat, in der Unausweichlichkeit zu sehen, auf ein bestehendes Prinzip zu verweisen, das ihm ein Nachgeben verwehrt, und das er nicht verändern kann". Die Erkenntnis, daß die Macht organisierter Interessen nur über die Beschränkung der Macht der Regierungen begrenzt werden kann, gibt Anlaß, über grundlegende gesetzgeberische Selbstbindungen nachzudenken (*Tietzel* 1998). Mit oder ohne Verfassungsänderung sind hierzu Politiker notwendig, die sich darin einig sind, daß damit auch Wahlen gewonnen werden können. Viel gewonnen wäre schon, wenn Einigkeit darüber erzielt werden könnte, daß die Subventionsmentalität, die in Deutschland im internationalen Vergleich stark verbreitet ist[6], gebrochen und umgekehrt werden

---

[5] Nicht zu übersehen ist jedoch, daß es schon jetzt starke Bemühungen seitens der organisierten Beharrungskräfte in Deutschland gibt, den Wettbewerbsdruck durch die Praxis der „Entsenderichtlinie" zu mildern.

[6] Die durchschnittlichen jährlichen Subventionen je Erwerbstätigen betrugen 1990 – 1992 in Großbritannien DM 350,-, in der EU DM 1.300,-, in Deutschland dagegen DM 2.000,-. Deutschland nimmt damit einen Spitzenplatz in Europa ein. Siehe *VDMA* 1996, S. 7.

muß. Für 1993 wurde ein Subventionsvolumen von 216 Mrd. DM errechnet. Das sind rund 10 Prozent des deutschen Volkseinkommens. Schon bei einer 20prozentigen Einsparung könnte die Steuerlastquote deutlich gesenkt werden. Von dieser Überlegung ausgehend, hat der *VDMA* (1996) ein Gesetz für eine systematische Subventionsbegrenzung vorgeschlagen. Damit wird die Stoßrichtung aufgezeigt, die zur Entfesselung des nach wie vor hoch zu veranschlagenden deutschen Evolutionspotentials beitragen könnte. Die Folge wäre schon bald eine spürbare Minderung der aktuellen Knappheitserscheinungen. Diese Tendenzwende würde die öffentliche Meinungsbildung beeindrucken und auch in breiten Bevölkerungsschichten der Einsicht nicht nur in die Notwendigkeit, sondern in die Vorteilhaftigkeit einer grundlegenden Neuorientierung der Sozialen Marktwirtschaft zum Durchbruch verhelfen können.

Literatur

BKU – Bund Katholischer Unternehmer (1996), Beteiligung der Bürger am Produktivvermögen – Verpflichtendes Ziel der katholischen Soziallehre, Diskussionsbeiträge, Nr. 21, Trier.

Böhm, F. (1980), Freiheit und Ordnung in der Marktwirtschaft, hrsg. von *E.-J. Mestmäcker,* Baden-Baden.

Dichmann, W. (1997), Gewerkschaften und Tarifautonomie in ordnungspolitischer und evolutorischer Sicht, in: ORDO, Bd. 48, S. 677-704.

Erhard, L. (1957/1988), Der Arbeit einen Sinn geben, in: *K. Hohmann* (Hg.), Ludwig Erhard: Gedanken aus fünf Jahrzehnten, Reden und Schriften, Düsseldorf, Wien und New York 1988, S. 490-506.

Eucken, W. (1932), Staatliche Strukturwandlungen und die Krisis des Kapitalismus II., in: Weltwirtschaftliches Archiv, Bd. 36.

Eucken, W. (1952/1990), Grundsätze der Wirtschaftspolitik, 6. Auflage, Tübingen 1990.

Fikentscher, W. und *U. Immenga* (Hg.) (1995), Draft International Antitrust Code: Kommentierter Entwurf eines internationalen Wettbewerbsrechts mit ergänzenden Beiträgen, Baden-Baden.

Glismann, H. H. und *E.-J. Horn* (1995), Die Krise des deutschen Systems der staatlichen Alterssicherung, in: ORDO, Bd. 46, S. 309-344.

Glismann, H. H. und *E.-J. Horn* (1997), Alterssicherung in Deutschland: Primat des Interventionismus?, in: ORDO, Bd. 48, S. 505-527.

Hayek, F.A. von (1971), Die Verfassung der Freiheit, Tübingen.

Hayek, F.A. von (1976), Die Verwertung von Wissen in der Gesellschaft, in: *F.A. von Hayek,* Individualismus und wirtschaftliche Ordnung, 2. erw. Aufl., Salzburg, S. 103-121.

Hayek, F.A. von (1979), Law, Legislation and Liberty, Vol. 3: The Political Economy of a Free People, London-Henley.

Hoppmann, E. (1973), Soziale Marktwirtschaft oder Konstruktivistischer Interventionismus? in: *E. Tuchtfeldt* (Hg.), Soziale Marktwirtschaft im Wandel, Freiburg, S. 27-68.

Kannengießer, W. (1996), Es droht die Einheitskasse, in: FAZ vom 4.4.1996, S. 17.

Lehmann, K. (1996), Vergiß nie die Armen und die Kranken, die Heimatlosen und die Fremden. Über den eigenen Auftrag der Kirche zwischen Wohlstand und Armut angesichts der heutigen Sozialstruktur und veränderter Lebenslagen. Eröffnungsreferat des Vorsitzenden der Deutschen Bischofskonferenz bei der Herbst-Vollversammlung der Deutschen Bischofskonferenz am 23. September 1996, in: Pressemitteilungen der Deutschen Bischofs-konferenz PRDD96G-0021, Anlage 1.

Müller-Armack, A. (1974), Genealogie der Sozialen Marktwirtschaft, Stuttgart.

Novak, M. (1996), Die katholische Ethik und der Geist des Kapitalismus, Trier.

Reuter, D. (1997), Die Praxis des Arbeitsrechts – eine Achillesferse der Sozialen Marktwirt-schaft, in: ORDO, Bd. 48, S. 437-464.

Roos, L. (1996), Von Michael Novak lernen, in: Die Neue Ordnung, 50. Jg., Nr. 6, S. 417-421.

Röpke, W., (1945/1948), Die Deutsche Frage, 3. erw. Aufl., Erlenbach-Zürich 1948.

Röpke, W. (1953/1997), Kernfragen der Wirtschaftsordnung. Bisher unveröffentlichtes Manu-skript aus dem Jahre 1953, mit einer Nachbetrachtung von *H. Willgerodt*, in: ORDO, Bd. 48, S. 27-64.

Schüller, A. (1996), Das wirtschaftliche Zusammenwachsen in Deutschland: Eine ordnungspo-litische Zwischenbilanz, in: ORDO, Bd. 47, S. 13-32.

Schüller, A. und *R.. L. Weber* (1998), Das Beschäftigungsproblem im Konflikt zwischen kon-kurrierenden Wertorientierungen der Sozialen Marktwirtschaft, in: *A. F. Utz* (Hg.), Die massive Arbeitslosigkeit und die Wirtschaftsordnung, Berlin, S. 135-159.

Schüller, A. und *R.. L. Weber* (1998), Deutsche Einheit: Wirtschaftspolitische Weichenstellun-gen zwischen politischer und wirtschaftlicher Rationalität, in: *D. Cassel* (Hg.), 50 Jahre Soziale Marktwirtschaft: Ordnungstheoretische Grundlagen, Realisierungsprobleme und Zukunftsperspektiven einer wirtschaftspolitischen Konzeption, Stuttgart, S. 368-400.

Streit, M.E. (1996), Möglichkeiten des Wandels in der Wirtschaftspolitik, in: *Akademie der Wissenschaften und der Literatur* (Hg.), Strukturwandel in Politik und Wirtschaft: Ab-handlungen der Geistes- und Sozialwissenschaftlichen Klasse, Jg. 1996, Nr. 9, Stuttgart, S. 5-17.

Tietzel, M. (1998), Politischer Wettbewerb als Aufgabe, in: *D. Cassel* (Hg.), 50 Jahre Soziale Marktwirtschaft: Ordnungstheoretische Grundlagen, Realisierungsprobleme und Zu-kunftsperspektiven einer wirtschaftspolitischen Konzeption, Stuttgart, S. 679-710.

Tuchtfeldt, E. (1998), Bildungssystem und Soziale Marktwirtschaft, in: *A. Rauscher* (Hg.), Zu-kunftsfähige Gesellschaft, in: Soziale Orientierung, Bd. 12, Berlin, S. 53-68.

Vanberg, V. (1997), Die normativen Grundlagen von Ordnungspolitik, ORDO, Bd. 48, S. 707-726.

VDMA – Verband Deutscher Maschinen- und Anlagenbau e.V. (1996), Für ein Subventionsbe-grenzungsgesetz, Frankfurt/Main.

Watrin, Chr. (1996), Die Tradition freiheitlicher und sozialer Politik, in: *Ludwig-Erhard-Stiftung e.V.* (Hg.), Soziale Marktwirtschaft als historische Weichenstellung: Bewertun-gen und Ausblicke, Eine Festschrift zum hundertsten Geburtstag von Ludwig Erhard, Frankfurt/Main, S. 3-21.

Willgerodt, H. (1980), Kapital- und Vermögensbildung – Ordnungspolitische Konsequenzen, in: *W. Kannengießer* (Hg.), Vermögensbildung, Kapitalbildung, Krisenvorbeugung, Köln, S. 37-60.

Willgerodt, H. (1994), Konkurrenz von politischer und ökonomischer Rationalität im Transfor-mationsprozeß, in: *H. Jäckel* (Hg.), Die neue Bundesrepublik, Baden-Baden, S. 33-52.

III.

Ordnungsprobleme
der Europäischen Integration

Die Europäische Union vor der Frage der Osterweiterung: Entscheidungslinien und Hindernisse*

* Erstdruck in: *Helmut Leipold* (Hrsg.), Ordnungsprobleme Europas: Die Europäische Union zwischen Vertiefung und Erweiterung, Arbeitsberichte der Marburger Gesellschaft für Ordnungsfragen der Wirtschaft e.V., Nr. 18, Marburg 1994, S 79-108.

1. Das Problem

Nahezu alle Länder Ostmitteleuropas streben über enge wirtschaftliche Beziehungen zu Westeuropa die baldige Vollmitgliedschaft in der Europäischen Union (EU) an. Hierfür gibt es gewichtige Gründe:

1. Das ordnungspolitische Argument: Die Bindung an den EWG-Vertrag und die europäische Gesetzgebung und Rechtsprechung könnte den Übergang zur Marktwirtschaft unumkehrbar machen nach dem Motto „Wer auf dem rechten Weg ist, braucht sich nicht umzuschauen." Die Aufnahme in die Zivilrechtsgemeinschaft der EU könnte dazu beitragen, den Prozeß der inneren Erneuerung und der äußeren Neuverflechtung (Binnen- und Außenintegration) erheblich zu beschleunigen, zumal sich die Bürger auf den Vorrang des Gemeinschaftsrechts gegenüber dem staatlichen Recht berufen können.

2. Das Argument wirtschaftlicher Vorteile: Erwartet wird neben den Vorteilen aus einer weiträumigen und vielgegliederten europäischen Arbeitsteilung ein erleichterter Zugang zu Direktinvestitionen und zu anderen Formen des Auslandskapitals. Verlockend könnte auch die Aussicht sein, an den Umstrukturierungs- und Umverteilungseinrichtungen der EU (Kohäsionsfonds, Sozial- und Regionalfonds), den Mitteln der Europäischen Investitionsbank und der Osteuropabank, an Marktregulierungen im Agrarbereich und der Europäischen Gemeinschaft für Kohle und Stahl (EGKS) sowie an den außenwirtschaftlichen Präferenzen des Binnenmarktkonzepts, also an der handelspolitischen „Festung Europa" als Mitbewohner beteiligt zu werden.

3. Das politische Argument: Eine enge vertragliche Zusammenarbeit mit der EU verspricht die Mitgliedschaft in einer europäischen Sicherheits- und Friedensordnung und damit die Gewährleistung der neugewonnenen Unabhängigkeit gegenüber einem instabilen Rußland.

Nun hat der 1993 mit den Verträgen von Maastricht eingeschlagene Weg der Integration Zweifel aufkommen lassen, ob der damit erhobene Anspruch einer raschen Europäisierung der Integrationspolitik bei fortschreitendem wirtschaftspolitischen Souveränitätsverlust der Mitgliedsländer bereits für die Zwölfergemeinschaft einlösbar sein wird. Trotz des Bekenntnisses zur offenen Marktwirtschaft mit freiem Wettbewerb ist insbesondere zweifelhaft, von welchen Ordnungsprinzipien sich die Gemeinschaft etwa bei der Bestimmung des Verhältnisses von marktlicher und staatlicher Koordination leiten lassen wird. Zweifelhaft ist auch, wieviel Umverteilung die Gemeinschaft im Rahmen der verschiedenen Aspekte der Angleichungspolitik verkraften kann. Immerhin setzt sich die EU nach Artikel 130a „insbesondere (!) zum Ziel, die Unterschiede im Entwicklungsstand der verschiedenen Regionen und den Rückstand der am stärksten benachteiligten Gebiete, einschließlich der ländlichen Gebiete, zu verringern". Und nach Artikel 130c ist es „Aufgabe des Europäischen Fonds für regionale Entwicklung, zum Ausgleich der wichtigsten regionalen Ungleichgewichte in der Gemeinschaft beizutragen".

Diese und andere vertragliche Anspruchsgrundlagen für Umverteilungsmaßnahmen lassen sich je nach der wirtschaftlichen Ausgangslage der Mitgliedsländer und ihrer Integrationsfähigkeit (Kapitel 2.) und je nach der Konzeption der gemeinschaftlichen

Integrationspolitik (Kapitel 3.) unterschiedlich deuten. Dies wirft die Frage auf, ob die EU für eine baldige Osterweiterung auf dem „richtigen" Wege ist (Kapitel 4. und 5.).

2. Zur Frage der Integrationsfähigkeit

In den Transformationsländern ist der wirtschaftliche Nutzen aus der marktwirtschaftlichen Binnenintegration, also der Nutzen, der aus der Bildung einer nationalen „Tausch-, Preis- und Zahlungsgemeinschaft" (*Wilhelm Röpke*) erwächst, nur um den Preis hoher, wenn auch vorübergehender Anpassungskosten erreichbar. Zu den Anpassungskosten zählen auch die Anstrengungen, die unternommen werden müssen, um die inneren Reformwiderstände zu überwinden. Diese Widerstände sind vor allem von den gesellschaftlichen Gruppen zu erwarten, deren bisheriger gesellschaftlicher Status ohne Aussicht auf Kompensation entwertet wird. Je stärker die neuen Regierungen diese und andere Verteilungskonflikte zu vermeiden oder in einem Klima der Inflation zu entschärfen versuchen, desto schleppender wird sich der Prozeß der Binnenintegration vollziehen; im Gefolge davon werden sich die Chancen für eine rasche außenwirtschaftliche Öffnung (Außenintegration) verschlechtern.[1] Es kommt zu einem wechselseitigen Binnen- und Außenprotektionismus. Dieser wird sich vor allem dort hochschaukeln, wo es nicht gelingt, die Staatsbetriebe über eine konsequente Privatisierung und unter Einbeziehung internationaler Markteinflüsse wettbewerbsfähig zu machen. Um dem zuvorzukommen, liegt es nahe, die Außenintegration bewußt in den Dienst der Binnenintegration zu stellen – ganz im Sinne des eingangs genannten ordnungspolitischen Arguments.

Die außenwirtschaftliche Öffnung wirkt unmittelbar wettbewerbsfördernd: Die Überreste der zentralverwaltungswirtschaftlichen Lenkungsorganisation werden funktionslos. Es wird schwieriger, im politischen Prozeß Organisationsmacht von jener Art zu entfalten, die staatlichen Bewirtschaftungsstellen und Monopolbetrieben eigen ist und die eine wichtige Bedingung darstellt, um sich erfolgreich gegen innere und äußere Konkurrenz zur Wehr zu setzen.

Offenheit nach außen heißt, sich in den zentralen Fragen der Transformationspolitik einer kritischen internationalen Beurteilung zu stellen und Direktinvestoren und ausländischen Eigentumserwerbern Gelegenheit zu bieten, aus dem Transformations- und Integrationsprozeß Vorteile für sich zu ziehen und damit anderen Vorteile zu bieten. Die Umstände, die ausländische Investoren anziehen oder abschrecken, sind meistens dieselben, die auch einheimischen Investoren entgegenkommen oder diese benachteiligen. Volkswirtschaftlich vorteilhafte Außenwirtschaftsbeziehungen mit einem entsprechenden Kapitalzufluß, durch den die Binnenintegration erheblich beschleunigt werden kann, setzen einen realistischen Wechselkurs voraus. Das Argument, feste Wechselkurse kämen einem Vertrauensimport gleich, zieht nur, wenn diese von den Marktkräften getragen werden. Andernfalls begünstigen feste Wechselkurse Fehlallokationen, Inflationsneigungen sowie innere und äußere Kapitalflucht. Sie erschweren die Privatisierungsaufgabe und verursachen vermeidbare Unsicherheiten.

---

[1] Zum institutionellen Bedingungsrahmen der „Binnenintegration" und der „Außenintegration" siehe *Schüller* und *Weber* (1993, S. 447 ff.).

Häufig wird nun behauptet, die Transformationsländer würden durch eine rasche Außenintegration überfordert. Hierbei wird übersehen, daß es einmal auf die Art der Außenintegration ankommt (siehe Kapitel 3.) und daß zum anderen realistische Wechselkurse einen automatisch wirkenden Schutz gegen übermäßige Auslandskonkurrenz bieten. Übersehen wird auch, daß eine sofortige außenwirtschaftliche Öffnung den wissenschaftlichen und wirtschaftlichen Wissensaustausch mit entwickelten Marktwirtschaften unmittelbar erleichtert. Der Import von Know-how bietet vielfältige Hilfestellungen und Lösungsanregungen für die anstehenden Probleme. Nicht zuletzt wird hierdurch den Bürgern in den Transformationsländern anschaulich gemacht, wie eine offene Gesellschaft in einem universellen Prozeß der Wissensteilung Wohlstand schaffen kann.

Auf dem Weg zur offenen Gesellschaft kommen die Transformationsländer nicht daran vorbei, sich der Kontrolle des internationalen Wettbewerbs zu stellen. Um diese Aufsicht zu mildern, könnte es naheliegen, zunächst alle Möglichkeiten der Integration untereinander zu nutzen, also mit vergleichsweise bescheidenen Zielen und Methoden der Außenintegration zu beginnen. So bietet sich vor allem für geographisch benachbarte Staaten an, eine verstärkte regionale Verflechtung über eine Freihandelszone als Mittel der schnellen handelspolitischen Öffnung anzustreben und hierdurch indirekt z. B. der EU die prinzipielle Integrationsfähigkeit zu demonstrieren. Ob entsprechende Versuche gelingen und der davon erwartete Vertrauensgewinn für die Mitgliedsländer zustande kommt, wird letztlich davon abhängen, wie diese ihr handelspolitisches Instrumentarium handhaben. Hierauf wird das Ausmaß der Angleichung der inneren Ordnungspolitik der Mitgliedsländer wesentlichen Einfluß haben. Zölle und Kontingente müssen nämlich gar nicht das wichtigste Hindernis gegen eine Verbesserung der internationalen Arbeitsteilung sein. Stärker protektionistisch können staatliche Subventionen und behördliche Preisregulierungen (einschließlich Devisenbewirtschaftung) sowie der staatliche Schutz vor Konkurs wirken. Diese und andere Formen des versteckten Protektionismus erzeugen Mißtrauen und eine starke Neigung zu handelsbeschränkenden Diskriminierungs- und Vergeltungspraktiken.

Wirtschaftsgemeinschaften von Transformationsländern stehen in der Gefahr, von den Mitgliedsländern, die im Prozeß des Übergangs zur Marktwirtschaft nachhinken, für einen Solidarschutz gegenüber Drittländern und insgesamt für eine zögerliche Politik der außenwirtschaftlichen Öffnung mißbraucht zu werden. Hierdurch werden monopolistische Verhaltensweisen gestärkt und überkommene marktwidrige Angebotsstrukturen konserviert. Je stärker aber die Präferenzvorteile einer solchen Gemeinschaft sind, die sich die Mitglieder gewähren, und je länger es dauert, bis die Diskriminierung der Drittländer abgebaut ist, desto schwieriger wird der Prozeß des Anschlusses an den globalen internationalen Wettbewerb verlaufen.

Der Erfolg aller Integrationsbestrebungen hängt von bestimmten ordnungspolitischen Voraussetzungen ab:

1. vom Vollzug der entscheidenden Schritte zur Marktwirtschaft, von der Sicherung der Menschenrechte im Rahmen einer rechtsstaatlich-demokratischen Verfassung, einer wettbewerbskonformen Eigentums- und Vertragsgestaltung, der Dominanz freier Preise;

2. von der Übereinstimmung in der monetären Stabilisierungspolitik;

3. vom Ausmaß der Währungskonvertibilität, d. h. von der Überwindung der Devisenbewirtschaftung als Voraussetzung für ein marktwirtschaftliches System des Zahlungsbilanzausgleichs;

4. vom Verzicht auf autonome Handelspolitik mit versteckten Formen des Protektionismus;

5. von der Zustimmung der Bevölkerung zur Integrationspolitik.

Integrationsfähigkeit ist folglich primär eine Angelegenheit der Integrationswillig-
keit. Hierauf sind die Transformationsländer um so mehr angewiesen, je stärker die angestrebte wirtschaftliche Integration die politische Integration voraussetzt.

3. Entscheidungslinien der Integration und die Frage der Osterweiterung der EU

Die Frage, wie das Verhältnis der beiden konkurrierenden Entscheidungslinien der
Integration - der wettbewerblich-marktwirtschaftliche und der politisch-bürokratische
Weg - in der EU gestaltet werden soll, ist nach den Beschlüssen von Maastricht verstärkt zugunsten der zweiten Linie entschieden worden. Bevor auf die daraus entstehenden Hindernisse für eine Osterweiterung der EU eingegangen wird, sind die beiden In-
tegrationswege kurz zu erläutern.

3.1. Der wettbewerblich-marktwirtschaftliche Integrationsweg

Theoretischer Bezugspunkt dieses Weges ist der „Wettbewerb als Entdeckungsverfahren" (*F.A. von Hayek*) in einem dominierend von Marktpreisen gesteuerten Integrationsprozeß. Es wird erstens unterstellt, daß das Ausmaß der integrationsbedingten Differenzierungen und Angleichungen nicht bekannt, sondern vielmehr in einem komplexen,
Kosten verursachenden Suchverfahren herauszufinden ist. Es wird zweitens angenom-
men, daß die Angleichung der Preise, Wechselkurse, Beschäftigungsbedingungen und
Einkommen sowie der sozialen Sicherungssysteme von volkswirtschaftlichen Bestimmungsgründen abhängt, die nicht beliebig manipuliert werden können (siehe *Meyer* und
Willgerodt 1956, S. 14 ff.): von der mengenmäßigen und qualitativen Ausstattung mit
Produktionsfaktoren, der Nachfrage auf den Produktmärkten, vom unternehmerischen
Können und handelfördernden Wissen, den Kosten der Raumüberwindung, von der
Preisflexibilität, der Wettbewerbsintensität, der Geldwertstabilität und insgesamt von
der Konvergenz der Wirtschaftspolitik der Mitgliedsländer. Diesen Bestimmungsgrün-
den haben auch die über Macht verfügenden Politiker und Verbände Rechnung zu tra-
gen, wenn sie ungewollte Arbeitslosigkeit, Inflation, unfreiwillige Wanderungen, also
Erscheinungen der Desintegration, vermeiden wollen.

Die Integrationspolitik vermag allerdings durch geeignete institutionelle Vorkehrungen die Faktor- und Güterwanderung so zu beeinflussen, daß die Unterschiede im Entwicklungsstand der verschiedenen Regionen schneller verringert werden können. Je
mobiler das Kapital ist, desto weniger sind Arbeitskräftewanderungen erforderlich, um
Arbeitslosigkeit zu verhindern und Lohndifferenzen anzugleichen. Dies setzt allerdings

in den Ländern mit niedrigeren Löhnen eine Wirtschaftsordnung voraus, die eine vergleichsweise günstige Anlagensicherheit und -verzinsung bietet. Je geringer die Bereitschaft ist, diesen Bedingungen zu genügen, desto mehr ist im Angleichungsprozeß der
Wechselkurs als Konkurrenzschutz gefordert.

Der wettbewerblich-marktwirtschaftliche Integrationsweg auf der Grundlage der vier
Grundfreiheiten (freier Verkehr von Waren, Personen, Dienstleistungen und Kapital)
eröffnet nicht nur der Vertiefung, sondern auch der Erweiterung der EU prinzipiell günstige Möglichkeiten:

1. Die Vertiefung entsteht, wenn die Wirtschaftsverfassung des Wettbewerbs für
private Güter und Leistungen durch eine Verfassung des Wettbewerbs für das staatlich
erstellte Güter- und Leistungsangebot erweitert wird. Dieser umfassende „Wettbewerb
der Systeme" kann durch Anwendung des Ursprungslandprinzips und die Konkurrenz
der nationalen Außenhandelspolitik gestärkt werden. Durch Verlagerung von Kaufkraft
in die Länder mit den niedrigsten Protektionsraten entsteht auf dem wettbewerblich-
marktwirtschaftlichen Weg eine Art von europäischem Gleichschritt in Richtung Liberalisierung der Märkte. Ob und inwieweit es hierbei dazu kommt, daß sich die Politikbereiche zwischen den Mitgliedsländern angleichen und gemeinsamen Regeln folgen, muß
sich dann zeigen. Davon wird schließlich auch der Charakter des freien Binnenmarktes
bestimmt sein.

2. Die Verflechtung des Europäischen Binnenmarktes mit Drittländern wird entlang
dieser Entscheidungslinie der Integration automatisch erleichtert. Allein diese Art von
Handelsschaffung kommt einer Vergrößerung der Mitgliederzahl gleich. Eine entsprechende Integration, die – in Übereinstimmung mit Art. 3a des EG-Vertrages – effektiv
dem „Grundsatz einer offenen Marktwirtschaft" verpflichtet ist, hätte für die Osterweiterung prinzipiell beachtliche Vorteile:

Die Wettbewerbsordnung und andere wichtige Grundelemente einer marktwirt-
schaftlichen Ordnung könnten im Sinne des eingangs genannten ordnungspolitischen
Arguments durch den Beitritt zur EU unmittelbar Bestandteil der Rechtssysteme der
Transformationsländer werden. Der Vorteil ist dem Umstand zu verdanken, daß die
Ordnungsprinzipien einer Wirtschaftsverfassung des Wettbewerbs den Charakter eines
öffentlichen Gutes haben. Der verfassungsmäßige Schutz dieser Prinzipien dürfte in der
Zeit des Übergangs zur Marktwirtschaft in den betreffenden Ländern auf besonderen
Widerstand stoßen und häufig aus eigener Kraft nur unzureichend organisierbar sein –
dies schon wegen des Fehlens einer verläßlichen, jahrzehntelang eingeübten Gerichtsbarkeit zur Durchsetzung und zum Schutz der Wettbewerbsordnung. Die volkswirtschaftlichen Kosten der Binnen- und Außenintegration könnten beträchtlich gesenkt
werden. Auch dem politischen Argument (siehe Kapitel 1.) könnte wirksam Rechnung
getragen werden.

Gegen diesen Weg der umfassenden Integration wird häufig eingewandt, die Transformationsländer seien noch auf lange Zeit im internationalen Wettbewerb „strukturell"
unterlegen. Sie seien vom Stand ihrer Entwicklung her für eine so weitgehende außenwirtschaftliche Öffnung einfach noch nicht reif. Dieser Annahme widersprechen einmal
„die seit 200 Jahren unwiderlegte Theorie der komparativen Kosten und die Vorteile der

Arbeitsteilung" (*Willgerodt* 1992, S. 104 ff.). Zum anderen steht das Argument von der „strukturellen" Unterlegenheit der Transformationsländer im Widerspruch zu der Beobachtung, daß nach dem Zusammenbruch des RGW die Länder mit einer entschiedenen Wendung zur Marktwirtschaft ihren Westhandel in kurzer Zeit ausdehnen konnten und in den Bereichen, in denen sie über beachtliche Produktionskapazitäten und Wettbewerbsvorteile verfügen, nur durch hartnäckige westliche Einfuhrhindernisse an größeren Exporterfolgen gehindert werden können. Einige Transformationsländer, so z. B. Tschechien, haben in relativ kurzer Zeit den drastischen Verlust der Ostmärkte durch den Austausch mit Deutschland und Westeuropa zu einem beträchtlichen Teil wettgemacht. Bemerkenswerterweise wurden die Exporterfolge weniger – wie vielfach erwartet wurde – im Energie-, Agrar- und Rohstoffsektor erzielt, sondern vor allem in Bereichen der verarbeitenden Industrie. In diesen Ländern hat man erkannt, daß erst die Auflösung des RGW den Weg für eine wirtschaftliche Integration Ostmitteleuropas in die Weltwirtschaft freigemacht hat. Nicht der Umbruch hat die Krise gebracht, so stellt *Istvan Körösi* (1994) fest, vielmehr hat die Krise den Systemwechsel erzwungen.

Die Auffassung, potentielle Mitglieder der EU müßten erst wettbewerbsfähig werden, d.h. eine attraktive diversifizierte Güterangebotspalette entwickeln, „günstige" Möglichkeiten zur Kapitalanlage bieten, „genügend" Kaufkraft besitzen, um ihrerseits Güter und Dienstleistungen aus den übrigen EU-Staaten importieren zu können, beruht auf einem schwerwiegenden Denkfehler: Es werden mögliche Ergebnisse der Integration mit dem verwechselt, was in marktwirtschaftlich-wettbewerblichen Suchverfahren unter dem Zwang des Zahlungsbilanzausgleichs herauszufinden ist. Dieser Denkfehler hat in der westlichen Angst vor der Konkurrenz einen treuen Verbündeten. Die Konkurrenzangst gegenüber Drittländern nimmt erfahrungsgemäß in dem Maße überall dort zu, wo der politisch-bürokratische Integrationsweg gewählt wird.

3.2. Der politisch-bürokratische Integrationsweg

Auf diesem Weg wird dem Wettbewerb im Integrationsprozeß eine sehr viel begrenztere Rolle zugebilligt. Die Angleichung wird vielmehr nach dem Bedarf normativer Vorgaben von oben zu organisieren versucht; nicht nur der Weg an sich, sondern auch die Art, wie er zu beschreiten ist, wird teilweise vorgegeben:

1. durch eine weitgehend organisierte Harmonisierung aller Politikbereiche, die damit dem „Wettbewerb der Systeme" entzogen werden;

2. durch Regulierungen, Quotierungen und Subventionen für ausgewählte Wirtschaftsbereiche, denen eine integrationspolitische Vorreiterrolle zugeschrieben wird. Damit wird die Vorstellung von „Einheitsmärkten" (statt „gemeinsamen Märkten") verbunden;

3. durch suprastaatliche Maßnahmen zum Ausgleich regionaler und sektoraler Unterschiede. Dies ist das Anliegen der Kohäsions-, Struktur-, Regional- und Industriepolitik;

4. durch industriepolitische Punktualisierung der Wettbewerbspolitik (mit den Punkten 2, 3 und 4 ist häufig eine protektionistische Marktlenkung verbunden);

5. durch frühzeitige Beseitigung der innergemeinschaftlichen Konkurrenz in ausgewählten Bereichen der Wirtschaftspolitik. Typisch hierfür ist der Plan für die Europäische Gemeinschaftswährung zu einem Zeitpunkt, zu dem die Mitglieder der Zwölfergemeinschaft in wichtigen Belangen der Wirtschafts-, Finanz- und Gesellschaftspolitik noch weit voneinander entfernt sind.

Die politisch-bürokratische Integrationsmethode beschränkt über die Behinderung des Wettbewerbs der Systeme insbesondere die Konkurrenz zwischen den Mitgliedsstaaten und Drittländern: Bereits für die Zwölfergemeinschaft stellt der (Stufen-)Plan für die Herstellung der europäischen Währungseinheit nach der politisch-bürokratischen Entscheidungslinie ein ökonomisch und politisch gefährliches Abenteuer dar. Die wettbewerbliche Schutzwirkung des Wechselkurses im Falle einer Währungsunion – sei es bei unverbrüchlich festen Wechselkursen oder mittels einer gemeinsamen Währung – muß von Anpassungsformen übernommen werden, die heute gewöhnlich schon auf nationaler Ebene als ökonomisch (zu) anspruchsvoll und häufig auch sozial unzumutbar eingeschätzt werden: hohe Faktormobilität und hohe Lohn- und Preisflexibilität. Die diesbezüglichen Anforderungen an die Mitgliedsländer in der Zwölfergemeinschaft sind deshalb als abenteuerlich zu bezeichnen, weil die Ursachen, die den beträchtlichen entwicklungs- und ordnungsbedingten Disparitäten zwischen den Mitgliedsländern zugrunde liegen, allenfalls in sehr langen Zeiträumen zu überwinden sein werden.

4. Hindernisse des europäischen Integrationsweges für die Osterweiterung

4.1. Die europäische Währungseinheit

Eine gemeinsame europäische Währung macht die unterschiedlichen Lohnstrukturen und Sozialstandards in der EU transparenter und erhöht den ohnehin von der Konkurrenzangst ausgehenden Angleichungsdruck. Durch die starke Präferenz des Maastricher Vertrages für die politisch-bürokratische Integrationsmethode dürfte die Forderung nach erhöhten Finanztransfers an Popularität gewinnen. Bekanntlich wäre der Vertrag von Maastricht nicht zustande gekommen, wenn nicht die bestehenden Ausgleichsfonds vergrößert und neue Umverteilungseinrichtungen geschaffen worden wären (siehe hierzu *Leipold* 1994, S. 39 ff.).

Mitgliedsländer, die – entsprechend ihrer wirtschaftspolitischen Konzeption – das Ausmaß der innergemeinschaftlichen Umverteilung als zu gering erachten, werden zur Vermeidung einer erhöhten Eigenfinanzierung der Erweiterung nur zustimmen, wenn die Mittel für die verschiedenen Umverteilungsfonds planmäßig aufgestockt werden. Diese Staaten dürften von den Beitrittsländern auch eine Erhöhung der Mindestlöhne und anderer Kosten (etwa durch Anpassung an die gemeinschaftsweit harmonisierten Wettbewerbsbedingungen) verlangen, um so deren komparative Kostenvorteile zu schmälern. Dies würde in den rückständigen Gebieten Ostmitteleuropas einen Beschäftigungsrückgang verursachen und die Neigung zur Abwanderung der Menschen verstärken. Die regionalen Wachstumsunterschiede in der EU werden zunehmen. Wird dies dann im politischen Prozeß der EU als Versagen des marktwirtschaftlich-wettbewerblichen Integrationsweges gedeutet, dürfte der politisch-bürokratische Weg um so größeren Anklang finden. Dieser Weg begünstigt aber die Bildung von Verteilungskoalitionen und die Entstehung von Verteilungskonflikten, die mit einer zunehmenden Politisierung des gesamten Integrationsprozesses, auch im Entscheidungsfeld der geplanten Europäischen Zentralbank, verbunden sind. Bei zentralisierter währungspolitischer Verantwortung und dezentralisierter wirtschaftspolitischer Gestaltung, wie es der Vertrag von Maastricht vorsieht, werden „die Folgen einer stabilitätswidrigen Politik über eine gemeinschaftsweite Diffusion für den Verursacher deutlich an Fühlbarkeit und Zurechenbarkeit verlieren, sozusagen also sozialisiert oder „europäisiert" werden" (*Jansen* 1992, S. 575). Mögen auch die Aufnahmebedingungen in die Währungsunion zunächst das vor allem von deutscher Seite gewünschte Stabilitätsverhalten der übrigen Mitgliedsländer erzwingen, so droht die Stabilitätsdisziplin „bei einheitlicher europäischer Währung unter dann ganz neuen wirtschaftspolitischen Rahmenbedingungen sehr schnell verspielt zu werden oder verlorenzugehen" (ebenda).

Die Ernsthaftigkeit dieser Gefahr läßt sich schon im Rahmen der Zwölfergemeinschaft nicht leugnen. Eine Erweiterung der EU zu den Konditionen des Maastrichter Vertrages würde die Union unerträglichen finanziellen Anforderungen und Belastungen aussetzen. Hierbei würden der Wegfall der Pufferwirkung des Wechselkurses, das Altlastenproblem und andere transformationsbedingte Sonderverteilungsinteressen eine Eigendynamik von der Art entfalten, wie sie in Deutschland im Rahmen der Währungs-, Wirtschafts- und Sozialunion zwischen den alten und den neuen Bundesländern wirksam geworden ist.

4.2. Gemeinsame Sozialpolitik

Die EU-Kommission will auf dem Gebiet der Sozialpolitik immer dann aktiv werden, wenn einschlägige Normen oder Regelungen der einzelnen Mitgliedsländer grenzüberschreitend wirken oder die Wettbewerbsfähigkeit berühren. Solche Wirkungen können allerdings ziemlich beliebig behauptet werden. Deshalb bietet dieser Politikbereich vielfältige Ansatzpunkte, um den Wettbewerb zwischen den Mitgliedsländern in dieser Hinsicht durch bewußt organisierte „Harmonisierung" zu beschränken. Demgemäß wird auch vielfach behauptet, Maastricht verhindere, daß es wegen der erheblichen Lohn- und Sozialunterschiede zu einem Lohn- und Sozialdumping komme. Nach dieser Auffassung dürfte die Sozialpolitik nicht dem Wettbewerb der Systeme überlassen werden.

Gewiß ist dies nicht die einzige Deutungsmöglichkeit. Dafür sind die einschlägigen Absichtserklärungen (noch) zu vage (*Görgens* 1993, S. 198). In neueren Verlautbarungen der Kommission zur Sozialpolitik sind allerdings schon konkrete Harmonisierungsbestrebungen festzustellen (siehe etwa *Kommission*1994). Darin wird zwar keine „totale" Harmonisierung, wohl aber ein Zubewegen der verschiedenen nationalen Systeme der Sozialpolitik auf die (vieldeutigen) sozialen Zielsetzungen der EU, insbesondere in Artikel 2 des EG-Vertrags, gefordert. „Sozialer Fortschritt" wird hierbei nur vom politischen Willen erwartet, durch „Festschreibung" einheitlicher Mindestvorschriften gleiche Ausgangsbedingungen zu schaffen. Folglich soll es an der Union sein, „die Form der Rechtsetzung zu bestimmen, die den zu erreichenden Zielen am besten entspricht" (*Kommission* 1994, S. 9 ff.). Die Kommission strebt an, daß die sozialpolitischen Aktionen der Union in Zukunft von einem „einheitlichen rechtlichen Rahmen", von einer präzisen Bestimmung der vereinbarten Ziele und von quantitativen Vorgaben ausgehen. Als nächsten Schritt befürwortet sie die „Festschreibung der grundlegenden sozialen Rechte der Bürger als verfassungsrechtliches Element der Europäischen Union". Der rasch fortschreitende sozialpolitische Kompetenzanspruch der Kommission, der auf einer optimistischen Einschätzung suprastaatlichen Könnens beruht, geht Befürwortern einer totalen Harmonisierung der Sozialpolitik nicht weit genug. Von dieser Seite wird in der Einführung einer einheitlichen europäischen Währung ein politischer Sachzwang gesehen – nicht nur für die Europäisierung der Wirtschafts- und Finanzpolitik, sondern auch der Sozialpolitik; andernfalls würde die Währungspolitik scheitern (siehe etwa *Strohm* 1994, S. 71 ff.).

Das dem Projekt der europäischen Währungsunion zugrunde liegende Einheitsdenken wird hierbei auf die gesamte europäische Wirschaftspolitik im allgemeinen und die Sozialpolitik im besonderen übertragen. Dabei wird zutreffend erkannt, daß bei einer zentralisierten währungspolitischen Verantwortung die wirtschaftspolitische Gestaltung sachlogisch nicht „länger" dezentralisiert erfolgen kann. Mit dem währungspolitischen Zentralisierungsanspruch wird es jedenfalls sehr schwierig, weiteren Zentralisierungstendenzen entgegenzuwirken und dem Subsidiaritätsprinzip Geltung zu verschaffen. Wenn dem so ist, dann liegt es in der Logik des politisch-bürokratischen Weges zur Währungseinheit, auf dem gleichen Weg auch die Sozialpolitik zu vereinheitlichen und sich dabei an dem höchsten nationalen Niveau zu orientieren. An den Ergebnissen dieser Art von Harmonisierung „nach oben" wäre konsequenterweise auch der Grad der Entwicklung einer „Europäischen Sozialgemeinschaft" (unter Einschluß Osteuropas) zu messen. In einer gemeinsamen (sprich „einheitlichen") sozialstaatlichen Ordnung in Europa mit zentralen europäischen Einrichtungen der sozialen Sicherung wird folgerichtig das Ziel der Angleichungspolitik gesehen (siehe *Strohm* 1994).

Wer demgegenüber daran erinnert, daß die unterschiedliche Sozialpolitik schon zwischen den zwölf EG-Ländern ein Spiegelbild ihrer unterschiedlichen historischen Entwicklung, ordnungspolitischen Gestaltung, ökonomischen Leistungsfähigkeit und Perspektiven ist (und daß dies erst recht für die potentiellen Mitgliedsländer aus dem Osten gilt), dem wird „Armut an konkreter Utopie" vorgehalten (*Strohm* 1994, S. 96).

Was dabei herauskommt, wenn die Sozialpolitik ohne hinreichende Beachtung der Produktivitäts- und Wettbewerbslage der Betriebe und anderer Bedingungen im Hinblick auf die Standards der „führenden" Länder harmonisiert wird, kann auf dem Arbeitsmarkt und an der Entwicklung der Staatsfinanzen im wiedervereinigten Deutschland studiert werden. Die Folgen in der EU wären nicht minder fatal:

1. Die Lohnkostenunterschiede würden als ein Motiv für Direktinvestitionen im Binnenmarkt hinfällig. In den wirtschaftlichen Randgebieten der EU, also den Süd- und Ostländern, würde damit die Chance eines Aufholens und der Angleichung mit privater Hilfe des Auslands sowie durch eigene Leistungen unter Ausnutzung des wettbewerblich-marktwirtschaftlichen Integrationsweges und der unbestreitbaren Vorteilhaftigkeit seines Entdeckungsverfahrens erheblich erschwert.

2. Wegen der zu erwartenden Einbuße an Beschäftigungsmöglichkeiten wäre mit starken Belastungen der öffentlichen Haushalte, vor allem des Gesamthaushalts der EU, und einem Verlust an internationaler Wettbewerbsfähigkeit aller Mitgliedsländer der EU zu rechnen.

3. Die Arbeitslosigkeit würde unter dem Druck der Gewerkschaften und der Parteien verstärkte Neigungen zum Außenhandelsprotektionismus auslösen. Der in der Praxis gegenüber aufholenden Ländern erhobene Vorwurf, ihre Wettbewerbsvorteile beruhten auf „Sozialdumping", klingt auch im „Weißbuch" zur europäischen Sozialpolitik der *Kommission* (1994, S. 9) an. Dieser Vorwurf bietet heute schon Anlaß für eine beträchtliche handelspolitische Diskriminierung der ehemaligen RGW-Länder. Damit wird der Ausbau Europas zu einer Festung beschleunigt, in der für die Länder Ostmitteleuropas wahrscheinlich nur Platz im Kutscherzimmerchen sein wird. Vorschläge für eine Europäisierung der Sozialpolitik der geschilderten Art verschlechtern also die Chancen der Osterweiterung der EU ganz erheblich.

4. Fatal ist der Glaube, daß auf dem Gebiet der sozialen Sicherung bereits die besten Lösungen – nämlich die der sozialpolitisch „führenden" Länder – bekannt sind und daß deshalb auch in der bewußten Politik der Angleichung die beste Methode gesehen werden kann. Damit wird verhindert, daß sich andere (konkurrierende) Formen der sozialen Sicherheit herausbilden können, deren Beitrag für die Wohlfahrt vielleicht sehr viel größer wäre (siehe hierzu *von Hayek* 1971, S. 361 ff.).

5. Fatal ist auch die Empfehlung, die sozialpolitischen Lücken mit erheblichen Umverteilungsanstrengungen auf EU-Ebene zu beseitigen und damit die Umverteilung zu einem Hauptziel der Tätigkeit der EU zu machen. Hierbei wird eine wichtige Erfahrung mißachtet: Die Bereitschaft, Lasten in einem Wirtschaftsraum zu verteilen, ist begrenzt. Das Ausmaß der Begrenzung ist von der Reichweite gemeinsamer Wertsetzungen und des Zusammengehörigkeitsgefühls bestimmt. Es leuchtet unmittelbar ein, „daß eine solche Übereinstimmung beschränkt (ist) im umgekehrten Verhältnis der Homogenität und Ähnlichkeit der Ansichten und Traditionen eines Gebietes" (*von Hayek* 1976, S. 335). Bedenkt man allein die Schwierigkeiten, im wiedervereinigten Deutschland den Finanzausgleich neu zu organisieren, so darf man skeptisch sein, ob eine europäische Wirtschafts- und Finanzpolitik mit Anspruch auf einen umfangreichen Umverteilungsbedarf wirklich zur sozialen Stabilität in Europa beitragen kann. Die Behauptung der *Kommission* (1994, S. 8), die EU könne „ein höheres Maß an gesellschaftlicher Solidarität" als die USA und Japan vorweisen, beruht vorerst mehr noch auf Glaube und Hoffnung als auf Wissen.

4.3. Gemeinsame wirtschaftliche Angleichungspolitik

Die wirtschaftsschwachen Länder und Regionen der Gemeinschaft sollen nach Art. 130a-e EG-Vertrag aus Mitteln verschiedener Fonds der Union in die Lage versetzt werden, den „Rückstand" gegenüber reicheren Mitgliedsländern zu verringern. Dabei wird unterstellt, daß der gemeinsame Binnenmarkt die bestehenden Wohlstandsunterschiede zwischen den Mitgliedsstaaten und Regionen für eine längere Zeit verstärken, jedenfalls aus eigener Dynamik nicht hinreichend einebnen wird.

Die Angleichungspolitik der EU ist in mehrfacher Hinsicht fragwürdig:

1.   Es gibt einen leistungsfähigen internationalen Kapitalmarkt, auf dem die Staaten, Kommunen und Unternehmen der EU-Länder ihren Kapitalbedarf marktmäßig decken können. Die Kapitalmarktfinanzierung wirkt der Politisierung von staatlichen Investitionsentscheidungen und Fehlinvestitionen entgegen.

2.   Es gibt natürliche und ökonomische Grenzen für Standortvorteile der „reicheren" Länder und Regionen. Die Konzentration von Menschen und Tätigkeiten in den „wirtschaftsstärkeren" Räumen muß sich also keineswegs mit der Entwicklung des Binnenmarktes fortsetzen. Begrenzend wirken z.b. die Boden- und Immobilienverknappung und -verteuerung, überproportional ansteigende Kosten des Rechtsschutzstaates bei Bevölkerungsverdichtung, zunehmender Wassermangel, wachsende Luftverschmutzung und Lärmbelästigung, steigende Produktionsabfälle und Schadstoffe bei abnehmender Entsorgungsfähigkeit.

Das Umschlagen positiver externer Effekte der räumlichen Konzentration wirtschaftlicher Aktivitäten in negative externe Effekte löst allerdings über die Märkte nur dann dekonzentrierende Verhaltensänderungen und damit raumübergreifende Effekte der Wohlstandsangleichung aus, wenn die realen Kosten der örtlich verwendeten Ressourcen unmittelbar in die Kalkulation der Wirtschaftssubjekte eingehen.

Dies ist häufig nicht der Fall, weil wichtige Folgekosten der wirtschaftlichen Agglomeration nach dem Gemeinlastprinzip von der öffentlichen Hand übernommen, von dieser vielleicht sogar auf das wirtschaftsschwache Umland abgewälzt werden. Die mit dem Gemeinlastprinzip verbundene Verschleierung der Standortkosten verstärkt künstlich den Zugang von Firmen in die wirtschaftsstarken Länder, Regionen und Kommunen. Zu diesem Ergebnis führt auch eine egalitäre Lohnpolitik (nach dem Prinzip „Gleicher Lohn für gleiche Arbeit") auf EU-Ebene, die den Knappheitsverhältnissen zuwiderläuft.

Das Bekenntnis des Maastrichter Vertrages zur offenen Marktwirtschaft mit freiem Wettbewerb könnte als Aufgabe der Politik begriffen werden, eine europäische Verfassung des Wettbewerbs nicht nur für das private, sondern auch für das staatliche Leistungsangebot zu etablieren und in diesem Kontext Regeln für eine systematische Individualisierung negativer externer Standorteffekte zu entwickeln.

Die Verbesserung der Rahmenbedingungen für den marktwirtschaftlich-wettbewerblichen Weg der räumlichen Entwicklungsangleichung würde auch der Osterweiterung der EU förderlich sein. Art. 130b EG-Vertrag bietet hierfür einen Ansatz: „Die Mitgliedstaaten führen und koordinieren ihre Wirtschaftspolitik in der Weise, daß auch die in Art. 130a genannten Ziele erreicht werden" (siehe Kapitel 1.).

3. Tatsächlich wird aber das politisch-bürokratische Verfahren der Ressourcenumlenkung bevorzugt, um die Angleichungsaufgabe des Art. 130a-d zu lösen. Dabei liegen die Nachteile dieser Methode auf der Hand:

—   Ihr mangelt es an hinreichenden theoretischen Grundlagen. Entwicklungsunterschiede sind im Binnenmarktgeschehen als Momentaufnahme flüchtige Erscheinungen. Angleichungen und Differenzierungen lösen sich in der Dynamik grenzüberschreitender Marktprozesse ständig ab. Können staatliche Stellen wissen, welcher Entwicklungstrend sich hierbei durchsetzt? Niemand weiß, wie die prozessualen Egalisierungen und Differenzierungen in ihren Konsequenzen für die räumliche Einkommensverteilung konkret verursacht sind. Staatliche Stellen können nicht wissen, welche Entwicklungsunterschiede integrationspolitisch förderlich oder hinderlich sind und gegebenenfalls auf dem bürokratischen Weg wirkungsvoll überwunden werden können.

– Es wird ein Anreiz geschaffen, die nationale Zuständigkeit des Staates für Angleichungsmaßnahmen auszudehnen, um mit dem Rückenwind des überhöhten Stimmengewichts der „ärmeren" Mitgliedsländer und den bürokratischen Eigeninteressen der Kommission auf EU-Ebene möglichst hohe Bedarfsmeldungen besser begründen zu können.

– Das Verfahren ist – genauso wie die oben geschilderte einheitliche Sozialpolitik – so angelegt, daß die „ärmeren" EU-Mitgliedsländer gleichsam einen Anspruch erhalten, gestützt auf die fatale These: Ungleichheit ist ungerecht. Damit entstehen Mißgunst und steigende Umverteilungserwartungen. Das Verfahren verleitet nicht nur zu einer verschwenderischen staatlichen und suprastaatlichen Aufgaben- und Ausgabenexpansion, sondern auch zur Politisierung und Bürokratisierung des Integrationsprozesses: Es läßt sich kaum verhindern, daß die politischen Auswahlkriterien der Projekte, die von der EU finanziert werden, auch die komplementären und weitere Projekte erfassen. Die Aufteilung der entsprechenden EU-Fonds zwischen den berechtigten Mitgliedsländern sagt mehr über die Verhandlungsqualität der zuständigen Politiker und Verwaltungsbeamte als über den Umverteilungsbedarf aus. Jeder Regierungsvertreter, der üblicherweise weniger erhält, als er verlangt hat, wird zu Hause sagen: „Ich wäre ein schlechter Minister, würde ich zufrieden sein". Die EU-Kommission trägt bei dieser organisierten Mißgunstprämierung zur Gewissensberuhigung der Fordernden bei, indem sie in verführerischer Manier günstige Ergebnisse ihrer Förderungspolitik behauptet und erfolgreich eine erhebliche Ausweitung der Fördermittel anstrebt. Die Südländer in der EU wittern in diesen Perspektiven unter anderem die Chance, sich jede Zustimmung zu einer Erweiterung der EU mit einer kräftigen Aufstockung der entsprechenden Mittel abkaufen zu lassen. Ob dieses Bargaining dem Ziel des Art. 130a dient, ist zweifelhaft. Die Vorgehensweise steht jedenfalls in der Wissenschaft im Verdacht, den notwendigen Strukturwandel zur Entwicklungsangleichung zu erschweren und entgegen dem angestrebten Ziel die regionalen Disparitäten insgesamt zu vergrößern. So folgt das Binnenmarktkonzept von 1985 keineswegs ausschließlich dem marktwirtschaftlich-wettbewerblichen Integrationsweg. Es enthält auch deutliche industriepolitische Akzente, die vom Ansatz her geeignet sind, Ballungstendenzen zu fördern. Es weist eine eher sektorale Orientierung auf und steht damit im Widerspruch zu den prinzipiell konzentrationsfeindlichen Wettbewerbsvorschriften des EG-Vertrages.

– Verstärkte industriepolitische Maßnahmen, wie sie der Maastrichter Vertrag vorsieht, sind regelmäßig so angelegt, daß einzelstaatliche Interventionen und Subventionen mit einer häufig auch räumlichen Konzentrationswirkung nicht abgeschafft, sondern aufeinander abgestimmt, vergemeinschaftet und zusätzlich finanziell flankiert werden. Die räumlichen Disparitäten werden dadurch verstärkt.

Die genannten Einwände halten die Kommission nicht davon ab, die Förderung auf weitere Gebiete (Bildungs- und Gesundheitswesen, Kulturleben, Fremdenverkehr usw.) auszudehnen. Auch sollen weitere Regionen als förderungswürdig erklärt werden. Die Kommission versucht damit, ihre Tatkraft zu beweisen und sich beliebt zu machen. Dabei dürfte nicht ausgeschlossen sein, daß das, was durch entsprechende Maßnahmen geheilt werden soll, durch andere integrationspolitische Maßnahmen verursacht worden ist, deren Fern- und Nebenwirkungen nicht hinreichend bedacht worden sind. Dem Fehler in dem einen Bereich versucht man beizukommen, indem man neue Fehler in einem anderen Bereich macht.

Mit dem beschleunigten Übergang der EU zum „internationalen Wohlfahrtsstaat" (*Röpke* 1961, S. 262 ff.) wird die Aufgabe, Umverteilungsansprüche und die Beitragsbereitschaft zwischen den Mitgliedsländern im Gleichgewicht zu halten, unlösbar. Die innergemeinschaftlichen Verteilungskämpfe lassen sich in dem Maße, in dem das Anspruchs-Beitrags-Verhältnis in eine Schieflage gerät, immer weniger entschärfen. Es müssen schmerzmindernde Auswege gefunden werden. So liegt es nahe zu versuchen, die organisierte Mißgunstprämierung dadurch zu begrenzen, daß nur noch potentielle Nettozahler als Mitgliedsländer aufgenommen werden. Naheliegend ist auch der Versuch, zumindest einen Teil der Kosten der inneren Konfliktbewältigung nach außen zu verschieben, indem der stets vorhandenen Nachfrage nach handelspolitischer Protektion nachgegeben und damit versucht wird, die von der Konkurrenz der Drittländer ausgehenden Unsicherheiten zu vermindern. In Verbindung damit verdient die gemeinsame Handelspolitik der EU besondere Beachtung (siehe Kapitel 4.6.). Sie ist schon heute ein klägliches Beispiel für die Methode, Strukturpolitik auf Kosten der Drittländer zu betreiben. Beide „Auswege" verschlechtern die Bedingungen für eine Osterweiterung.

4.4. Gemeinsame Industriepolitik

Die industriepolitische Konzeption der EU ist widersprüchlich (siehe *Feldmann* 1993; *Streit* 1994). Auf der einen Seite wird ein Bündel von ordnungspolitischen Maßnahmen anvisiert, die zum Teil geeignet erscheinen, die wettbewerblich-marktwirtschaftliche Integrationsmethode zu stärken. Die andere Seite betont mit dem Grundsatz „In der Technologiepolitik sind wir nur gemeinsam stark" die politisch-bürokratische Methode. Gemeint ist damit ein „Dialog zwischen Wirtschaft, Staat und der Europäischen Gemeinschaft, um Engpässe, Problembereiche oder Chancen früher zu erkennen (und) gezielte Anstrengungen in der Grundlagenforschung im Bereich von Basis- und Schlüsseltechnologien" zu unternehmen (Delors 1993, S. 1). Diese Seite der Industriepolitik ist so angelegt, daß der interventionistischen Montan- und Agrar-Union eine nicht minder konkurrenzscheue europäische Industrie-Union mit sektorspezifischen Sonderaufgaben und -behörden beigesellt wird. Die hierfür entwickelten Verfahren gemeinsamer Entscheidungsfindung und Absprachen über sektorale und regionale technologische Schwerpunkte und entsprechende Kapitaltransfers innerhalb der EU, ausgehandelt in Dauerkommissionen oder ad hoc-Gremien, begünstigen einen integrationspolitischen Punktualismus. Die Ergebnisse werden sein:

- Schwerpunktsetzungen nach politischen Kriterien,
- einseitige Bevorzugung von Großunternehmen,
- die Institutionalisierung von Mitnahmeeffekten,
- unzureichende Verwendungs- und Erfolgskontrollen,
- Fehlinvestitionen.

Beihilfen, die national verboten sein sollen, werden so auf Gemeinschaftsebene zu einem bevorzugten Lenkungsinstrument gemacht. Wenn künftig der Computer-Konzern IBM wegen günstiger Arbeitsbedingungen im Raum Stuttgart eine Fabrik bauen und die baden-württembergische Landesregierung hierbei behilflich sein möchte, so wäre dies verboten. „In Andalusien bekäme IBM die gesamte Investition dagegen von der EG einschließlich eines Anerkennungsbeitrags aus Madrid bezahlt. Aber da will das Unternehmen im Zweifel nicht hin" (*Münster* 1993).

Die bestehenden Ansätze und Pläne für einen rasch fortschreitenden Punktualismus, Industriestrategie der EU genannt, beruhen im Kern auf einer Europäisierung des Konzepts des wirtschaftspolitischen Nationalismus: Da die Nationalstaaten nicht mehr in der Lage seien, die Voraussetzung für eine ausreichende Beschäftigung zu schaffen, müsse die Kommission in Brüssel die wirtschaftlichen, wissenschaftlichen und politischen Ressourcen bündeln, gemeinsames Nachdenken und koordiniertes Vorgehen organisieren. Dabei scheint wenig zu stören, daß die praktischen Erfahrungen mit der bisherigen EG-Industriepolitik, etwa mit der Förderung des zivilen Großflugzeugbaues, mit der handelspolitischen Begünstigung der Automobilindustrie und der Förderung der Mikroelektronik, alle die Nachteile bestätigen, die eine solche Politik regelmäßig mit sich bringt: „Sie verzerrt den Wettbewerb, führt zu einer Verschwendung knapper Ressourcen und zu Mitnahmeeffekten seitens der begünstigten Unternehmen, wirkt protektionistisch und konserviert im Ergebnis meist bestehende Wirtschaftsstrukturen" (*Feldmann* 1993, S. 162).

Für eine punktualistische Industriepolitik bieten die Assoziierungsabkommen, auch Europa-Abkommen genannt, die zwischen einigen beitrittswilligen ehemaligen RGW-Staaten und der EU abgeschlossen worden sind, beachtliche Ansatzpunkte. Offensichtlich will sich die Kommission nicht darauf beschränken, den industriepolitischen Auftrag, den ihr die Maastrichter Beschlüsse beschert haben, nur im eigenen Einflußbereich, sondern auch gegenüber den assoziierten Mitgliedern aus dem ehemaligen RGW-Raum zu nutzen. Art. 72 der Europa-Abkommen läßt diese Absicht jedenfalls erkennen. Mit der Zusammenarbeit sollen unter anderem die Umstrukturierung einzelner Wirtschaftszweige und die Gründung neuer Unternehmen in „potentiellen Wachstumsbereichen" gefördert werden. Die EU-Kommission glaubt, diese strategischen Bereiche zu kennen und zu wissen, wie die Unternehmen die hierfür erforderliche Wettbewerbsfähigkeit erlangen können. Die Mißerfolge werden gewiß nicht ausbleiben und dann, wenn nicht konsequent auf die andere (ordnungspolitische) Seite der industriepolitischen Konzeption umgeschaltet wird, dazu verleiten, die interventionistische Industriepolitik für die Beitrittsländer umfassender, also mit mehr Mitteln und (vermeintlich) verbesserten Koordinationsmethoden auszubauen. Die Beitrittsländer könnten sich hierzu auf die in den Europa-Abkommen erklärte Bereitschaft der EU berufen, „umfangreiche Unterstützung bei der Durchführung der Reform zu leisten und ... zu helfen, die

wirtschaftlichen und sozialen Folgen der Strukturanpassung zu bewältigen". Gerade die
eingangs genannten industrie- und verteilungspolitischen „Vorteile", die potentielle
Beitrittsländer von einer Anbindung an die EU erwarten mögen, sind tatsächlich aber
geeignet, das Niveau der gemeinschaftsinternen Verteilungskonflikte in einem Maße
anzuheben, daß die Osterweiterung in Richtung Vollmitgliedschaft bei unveränderter
Verfassung der EU nicht empfehlenswert und auch kaum durchsetzbar sein dürfte.

Auch aus diesem Grunde verdient die Erkenntnis Beachtung, daß die bestmögliche
Unterstützung für die Transformationsländer nicht bekannt, sondern im Wettbewerb der
Mitgliedsländer der Union und der Wirtschaftseinheiten, vor allem der Unternehmen, zu
entdecken ist. Nachweise dafür, daß Beamte von EU-Behörden oder suprastaatlich gelenkten Banken bessere Informationen und Entscheidungsanreize über aussichtsreiche
Investitionsgelegenheiten und die Hilfs- und Kreditwürdigkeit der in Frage stehenden
Länder haben als diejenigen Wirtschaftseinheiten, die die Mittel letztverantwortlich
aufbringen und unternehmerisch umsetzen müssen, konnten bisher nicht erbracht werden. Auch deshalb sollte für die EU ein umfassendes Subventionsverbot gelten.

4.5. Gemeinschaftsrecht der EU

Die Europa-Abkommen der EU mit einigen Ländern Ostmitteleuropas sehen „die
Angleichung" der bestehenden und künftigen Rechtsvorschriften an das Gemeinschaftsrecht vor. Hierbei geht es um alle wichtigen Bereiche der Rechtsharmonisierung: Zoll-
recht, Gesellschaftsrecht, Bankenrecht, Rechnungslegung der Unternehmen, Steuern,
geistiges Eigentum, Schutz der Arbeitnehmer am Arbeitsplatz, Finanzdienstleistungen,
Wettbewerbsregeln, Schutz der Gesundheit und des Lebens von Menschen, Tieren und
Pflanzen, Verbraucherschutz, indirekte Steuern, technische Vorschriften und Normen,
Verkehr und Umwelt; für sie beansprucht die Kommission nach Art. 100a EG-Vertrag
eine Rechtsangleichungskompetenz. Auch sehen die Europa-Abkommen in Art. 63 vor,
daß die Wettbewerbsregeln des EG-Vertrages unmittelbar Bestandteil der Rechtssysteme der Transformationsländer werden. Der Schutz dieser Regeln – etwa im Hinblick
auf die Verpflichtung zur Demonopolisierung, Liberalisierung und Deregulierung sowie
zum Abbau von Beihilfen (Subventionen) – dürfte aus eigener Kraft zunächst nur unzulänglich organisierbar sein. Dafür fehlt (noch) eine verläßliche, jahrzehntelang eingeübte Aufsichtspraxis und Gerichtsbarkeit. Die Übernahme der EU-Gesetzgebung und
-Rechtsprechung könnte deshalb im Sinne des eingangs genannten ordnungspolitischen
Arguments einer Verschleppung wichtiger Transformationsaufgaben und einem ordnungspolitischen Rückschlag im Transformationsprozeß vorbeugen helfen. Hierin mag
ein beträchtliches Potential an positiven externen Effekten gesehen werden.

Das Problem dieses integrationspolitischen Ansatzes liegt im Angleichungsregime
selbst, in seiner Realisierung und Kontrolle:

1. Zum Angleichungsregime: Die Wettbewerbspolitik der Zwölfergemeinschaft
kennt – wenn auch in geringerem Maße als das deutsche GWBÄ Ausnahmebereiche
und kann seit 1989 im Zusammenhang mit der Fusionskontrolle für industriepolitische
Zwecke instrumentalisiert werden. Insgesamt bieten die Ausnahmebereiche und das
Fehlen eines effektiven supranationalen Schutzes individueller Eigentumsrechte be-

achtliche Spielräume für staatlichen Interventionismus. Daraus resultieren typische Integrationshindernisse. Deren Übernahme kann die Transformationsländer dazu verleiten, im Hinblick auf die EU-Kompatibilität dieser Punkte den marktwirtschaftlichen Kurs der Transformationspolitik von vornherein schmalspurig anzulegen. Auch enthält der EG-Vertrag etwa in Artikel 90 keine Verpflichtung zur Privatisierung, und Dienstleistungsmonopole des Staates sind faktisch in einem beträchtlichen Maße absicherbar. Es bleibt den Mitgliedsländern vorbehalten, das Ausmaß der öffentlichen Unternehmenstätigkeit zu bestimmen. Dies mag für westliche Industrieländer, in denen der Staat im Durchschnitt nicht mehr als 10 v.H. der gesamten Produktion erstellt, angehen, nicht aber für Mitgliedsländer, in denen die Wertschöpfung zu fast 100 v.H. von staatlichen Betrieben erwirtschaftet wurde. Je weitgehender die öffentliche Unternehmenstätigkeit beibehalten wird, desto wahrscheinlicher ist, daß der Wettbewerb in der Gemeinschaft verzerrt wird. Es fragt sich also, ob die EU in diesen und anderen Punkten, in denen sie ordnungspolitische Mängel aufweist, nicht bei der Aufgabe der Entstaatlichung zu „weichen" Lösungen verführt, etwa bei der Privatisierung und Modernisierung der vom Kommunismus ererbten Industriestrukturen.

2. Zur Realisierung und Kontrolle: Ein hoher Angleichungsanspruch dürfte für lange Zeit die weniger entwickelten Mitgliedsländer aus dem RGW-Raum überfordern, faktisch aber nicht daran hindern, dem Unionsvertrag rasch beitreten zu wollen, wohlwissend, daß Brüssel „weit weg" ist und erheblicher Spielraum für nationale Sonderregelungen bleibt. Auch ist bei unvermeidlichem Vollzug der Angleichungsvorschriften durch nationale Instanzen die Effizienz der externen Durchführungskontrolle zweifelhaft. Wird sich das nationale Interesse an extensiven Sonderregelungen unterdrücken lassen? Werden sich die Regierungen angesichts des gesamten Konfliktpotentials, das im Transformationsprozeß zu bewältigen ist, nicht auf die Angleichungsaufgaben konzentrieren, die besonderen innenpolitischen Gewinn versprechen? Wie kann überhaupt den neuen Demokratien im Osten Europas zugemutet werden, den gesamten Rechtsapparat der EU mit einer kaum zu überbietenden Regelungsdichte zu übernehmen, wenn Großbritannien und Dänemark legale, Italien oder Griechenland faktische Ausnahmen machen können und alle Mitgliedsländer verschieden große Ermessensspielräume zur Umsetzung der gemeinsamen Rechtsbestimmungen in nationales Recht beanspruchen? Es dürfte auch bei einer Mitgliedschaft der Ostländer für längere Zeit in einem beträchtlichen Ausmaß zu Scheinangleichungen kommen.

Die Bedenken gegen eine schematische Rechtsangleichung werden durch folgende grundsätzliche transformationsstrategische Überlegung unterstrichen: Das Vorhaben, den Westen wirtschaftlich rasch einzuholen, kann als Aufgabe gedeutet werden, dem Wettbewerb als „Entdeckungsverfahren" in den Transformationsländern einen größeren Spielraum zu lassen, als dies etwa in der EU mit ihrer Neigung zum institutionellen Zentralismus und Uniformismus mit weitgehenden Aufsichts- und Kontrollrechten der Kommission geschieht. Das könnte im Hinblick auf die Wettbewerbsvorteile aus der institutionellen Vielfalt und Offenheit prinzipiell für einen Alleingang auf dem Weg in die weltwirtschaftliche Integration sprechen, gäbe es nicht die restriktive gemeinsame Handelspolitik der EU.

4.6. Gemeinsame Handelspolitik

Die EU-Praxis der Vergemeinschaftung des umfangreichen nationalen Einfuhrschut-
zes (einschließlich einer wettbewerbsfeindlichen Anti-Dumping-Politik, siehe *Gröner*
1994, S. 55 ff.) steht angesichts erhöhter Beschäftigungsprobleme, Umverteilungserwartungen und der Anpassungszwänge, unter denen die potentiellen Beitrittsländer
Ostmitteleuropas stehen, in einer besonderen Gefahr des Mißbrauchs für eine Stärkung
der traditionell protektionistischen Fraktion in der EU (mit Griechenland, Portugal, Italien, Frankreich). Dabei erweisen sich am ehesten solche Maßnahmen als konsensfähig,
die es erlauben, auf die Mitglieder mit den weitestgehenden Interessen an Einfuhrbeschränkungen Rücksicht zu nehmen. Diese Methode des europäischen Gleichschritts in
den Protektionismus, wie sie zugunsten der Agrarwirtschaft, der Montanindustrie, aber
auch anderer (ja selbst expandierender) Wirtschaftszweige wie der Automobilindustrie
mit dem Anspruch praktiziert wird, der Gemeinschaftssolidarität und der wirtschaftlichen Kohäsion zu dienen, ist mit einem höchst komplizierten gemeinschaftlichen Inter-
ventionsrecht verbunden – man denke nur an die für die Ostländer wichtigen Agrar-,
Montan- und Textilsektoren. Verhandlungen über eine Erweiterung der EU werden allein im Hinblick auf diese etablierten Schutzbereiche erschwert und sind zeitaufwendig.
Gelingt es nicht, den Mißbrauch der gemeinsamen Handelspolitik als Ventil zur Entschärfung innerer Konflikte auszuschließen, wird es kaum möglich sein, die Ostländer
über eine Assoziierung in den Gemeinsamen Markt so einzubeziehen, daß aus dieser
Form der Außenintegration starke Impulse für die Binnenintegration hervorgehen. In
der Tat ist die „Handelspolitik ... das Senkblei der EG-Ostpolitik und signalisiert mehr
politischen Unwillen zur Hilfe als verträglich" (*Hasse* 1992, S. 189). Dabei besteht kein
Zweifel, daß der Anschluß an den Wohlstand der Welt am schnellsten über den Han-
delsverkehr möglich ist. Kernpunkt hierbei ist der freie Austausch von Gedanken jener
Art, die notwendig sind, um den Menschen im Osten zu zeigen, wie man mit Gewinnaussichten das produziert, was im Westen gekauft wird.

5.   Folgerungen

Die Antwort auf die Frage, ob die EU für eine baldige Osterweiterung auf dem
„richtigen" Weg ist, hängt von der Einschätzung des weiteren Integrationsverlaufs in
der Zwölfergemeinschaft ab:

1. Die aktuelle Vertiefungskonzeption ist in wichtigen Aspekten vom Streben nach
„Einheitlichkeit" gekennzeichnet. Dieses Ziel verleiht der politisch-bürokratischen Integrationsmethode mit ihren wettbewerbs- und neuerungsfeindlichen Begleiterscheinungen eine Eigendynamik, die dem Prinzip des offenen Regionalismus als Grundbedingung für die Osterweiterung zuwiderläuft.

2. Die Vertiefungskonzeption steht in dem Verdacht, daß sie bereits in der Zwölfergemeinschaft geeignet ist, die föderative Struktur dort, wo sie – wie in Deutschland –
besteht, auszuhöhlen, Ansätze zur Regionalisierung einzuengen und – wegen des
punktualistischen Charakters der europäisierten Politikbereiche – der Desintegration der
europäischen Wirtschaft Vorschub zu leisten. Dadurch könnte auch die politische Idee

einer europäischen Sicherheits- und Friedensordnung, die für die Länder Ostmitteleuropas besonders anziehend ist, Schaden nehmen.

3. Die Einheitliche Europäische Akte und der Vertrag von Maastricht haben der EU-Kommission das Mandat für die Einrichtung einer rasch wachsenden Umverteilungsbürokratie mit supranationalen Regulierungskompetenzen gegeben. Mit der Osterweiterung auf dem politisch-bürokratischen Weg würde die EU-Kommission die Möglichkeit erhalten, ihre Sympathie für einen übernationalen Wohlfahrtsstaat zu verstärken. Bei der wirtschaftlichen Rückständigkeit und schwierigen Aufgabenstellung der Transformationsländer ließe sich die Präferenz für zentral gesteuerte Maßnahmen der Ressourcenumverteilung und -lenkung besonders bequem begründen und im politischen Prozeß einfordern, zumal die Kommission – wie die Assoziierungsabkommen zeigen – einen starken Drang hat, ihren Interventionismus dorthin zu verlagern, wo man systemlogisch darauf angewiesen ist, davon Abstand zu nehmen. In einer EU, in der Entwicklungsunterschiede prinzipiell als integrationsfeindlich oder als sozial ungerecht empfunden werden, kann es im politischen Prozeß unter Berufung auf den Anspruch, sozialen Sprengstoff zu vermeiden, fortwährend zu einer Ausweitung von Umverteilungsanrechten kommen. Wer wird nach dem Übergang zu Mehrheitsentscheidungen im Ministerrat bei dieser Auseinandersetzung wirksame Schranken durchsetzen können?

Wer wird angesichts der monetären Konsequenzen der Tendenzen zur Politisierung des Integrationsprozesses wirkungsvoll für eine europäische Stabilitätsgemeinschaft eintreten (können)? Denn die Praxis einer gespaltenen Politikintegration (Zentralisierung der währungspolitischen Verantwortung einerseits, Festhalten an nationaler Zuständigkeit für die Wirtschafts-, Finanz- und Sozialpolitik andererseits) ist geeignet, die Folgen einer stabilitätswidrigen Politik auf der nationalen Ebene zu „europäisieren" (*Jansen* 1992, S. 575). Eine rasch zunehmende Europaverdrossenheit dürfte vor allem in den Ländern, die ihre stabilitätspolitischen Erwartungen enttäuscht und ihre Zahlungswilligkeit überstrapaziert sehen, die Folge sein.

Je stärker sich aufgrund des nach Maastricht eingeschlagenen Integrationswegs die Notwendigkeit einer einheitlichen Währungs-, Wirtschafts-, Finanz- und Sozialpolitik aufdrängt, desto vordringlicher wird die Frage, wie die politische und wirtschaftliche Union als Gesamtordnung verfaßt sein soll. Für diese Frage besteht noch nicht einmal in der Zwölfergemeinschaft Aussicht auf einvernehmliche Klärung. Deshalb empfiehlt sich eine flexiblere Integrationsmethode. Diese müßte auf Vielfalt setzen, statt der Fiktion der institutionellen Einheit zu folgen. Hierfür ist der wettbewerblich-marktwirtschaftliche Integrationsweg die unverzichtbare Basis.

4. Der wettbewerblich-marktwirtschaftliche Integrationsweg wird durch den Wettbewerb der Systeme geprägt. In diesem Wettbewerb wird ein Verfahren gesehen, daß es den beitrittswilligen Staaten durch überwiegend marktmäßige Auslandshilfe und eigene Leistung ermöglicht, die eingangs genannten Ziele zu verfolgen. Wenn dies richtig ist, dann wäre es sowohl unter dem Gesichtspunkt der Vertiefung der EU als auch im Hinblick auf die Frage der Erweiterung, die angesichts der fundamental veränderten ordnungspolitischen Wirklichkeit in Europa vorrangig ist, an der Zeit, anstelle einer Vertiefung durch Beschränkungen des Wettbewerbs der Systeme eine andere Art der Vertiefung anzustreben, nämlich durch größere „institutionelle Offenheit" (*Siebert* 1992,

S. 72 ff.). Dies setzt den Verzicht auf den „kleineuropäischen Dirigismus" voraus, der weltweit ohnehin in der Defensive ist (*Willgerodt* 1991, S. 59 ff.). Demgegenüber hätte sich die Integrationspolitik unter Einschluß der sich entwickelnden Demokratien und Marktwirtschaften Ostmitteleuropas auf die Schaffung einer „gesamteuropäischen Wirtschaftsunion" (*Watrin* 1993, S. 187 ff.) zu konzentrieren, solange die entscheidende Voraussetzung für eine demokratisch legitimierte bundesstaatliche Europäische Union - nämlich das „Europäische Volk" – fehlt (siehe *Wissenschaftlicher Beirat* 1994, S. 12 ff.). Die Aufgabe, eine gesamteuropäische Wirtschaftsunion zu schaffen, ist unter Berücksichtigung des Binnenmarktkonzepts, der Grundzüge des EWR-Vertrags und der GATT-Bestimmungen schwierig genug.

Die integrationspolitische Selbstbeschränkung offenbart, was ohnehin nicht länger verschwiegen werden sollte: Es wird für die Zwölfergemeinschaft auf absehbare Zeit nicht möglich sein, für die in Maastricht anvisierte Politische Union – soll es sich um eine wirklich föderative Union handeln – eine konsensfähige Verfassung zu vereinbaren. Man müßte hierbei mit einer so „starken Differenzierung der Zugehörigkeit der Länder" beginnen (*Wildenmann* 1992, S. 88), daß nicht erkennbar ist, worin der Vorteil eines solchen Bundesstaates liegen könnte. Wenn sich eine föderative Union dadurch auszeichnet, daß ihre Verfassung Tendenzen einer Entwicklung zu einem politisch-bürokratischen Zentralismus und institutionellen Uniformismus wirksam zu unterbinden vermag, dann ist der mit den Maastrichter Beschlüssen eingeschlagene Weg eindeutig zielwidrig. Für eine mit der Mitgliedschaft in der EU angestrebte Sicherung des politischen Friedens und der Unabhängigkeit dürften ohnehin andere Schutzeinrichtungen effektiver sein – wie etwa die NATO bei amerikanischer Präsenz in Europa (*Möschel* 1993, S. 23). Wer die gesamteuropäische Wirtschaftsunion zu einer politischen Union weiterentwickeln möchte, wird zu zeigen haben, wie die künftige Verfassung aussehen soll und mit wem sich diese auch wirklich erfolgreich praktizieren läßt.

Literatur

Delors, Jacques (1993), Herausforderungen gemeinsam begegnen, in: Frankfurter Allgemeine Zeitung, Nr. 129 vom 7.6.1993, Verlagsbeilage „Deutsche Wirtschaft", S. 1.

Feldmann, Horst (1993), Konzeption und Praxis der EG-Industriepolitik: Eine Bestandsaufnahme aus ordnungspolitischer Sicht, in: ORDO, Bd. 44, S. 139-168.

Görgens, Egon (1993), Der Arbeitsmarkt im Europäischen Integrationsprozeß, in: *Helmut Gröner* und *Alfred Schüller* (Hrsg.), Die Europäische Integration als Ordnungsproblem, Stuttgart u.a., S. 197-236.

Gröner, Helmut (1994), Dumping - Ein Störfall der Wettbewerbsordnung?, in: *Wernhard Möschel, Manfred E. Streit* und *Ulrich Witt* (Hrsg.), Marktwirtschaft und Rechtsordnung, Festschrift zum 70. Geburtstag von *Erich Hoppmann*, Baden-Baden, S. 55-66.

Hasse, Rolf H. (1992), Die ordnungspolitische Herausforderung Osteuropas, in: Hamburger Jahrbuch für Wirtschafts- und Gesellschaftspolitik, 37. Jg., S. 173-190.

Hayek, Friedrich A. von (1971), Die Verfassung der Freiheit, Tübingen.

Hayek, Friedrich A. von (1976), Die wirtschaftlichen Voraussetzungen föderativer Zusammenschlüsse, in: *Friedrich A. von Hayek*, Individualismus und wirtschaftliche Ordnung, 2. erweiterte Auflage, Salzburg, S. 324-344.

Jansen, Paul (1992), Europäische Währungsunion Gefahren und Risiken, in: Wirtschaftsdienst, 72. Jg., H. 11, S. 574-580.

Körösi, Istvan (1994), Neuorientierung und Strukturwandel der ungarischen Außenwirtschaft und die Auswirkungen des Assoziierungsabkommens mit der EU, in: *Alfred Schüller* (Hrsg.), Neuorientierung der Außenwirtschaftsbeziehungen in Ostmitteleuropa, Marburg, S. 99-116.

Kommission der Europäischen Gemeinschaft (Hrsg.) (1994), Europäische Sozialpolitik, Weißbuch, Kom (94) 333 endg., vom 27.7.1994, Brüssel.

Leipold, Helmut (1994), Die EU im Spannungsverhältnis zwischen Vertiefung und Erweiterung, in: *Helmut Leipold* (Hrsg.), Ordnungsprobleme Europas: Die Europäische Union zwischen Vertiefung und Erweiterung, Arbeitsberichte der Marburger Gesellschaft für Ordnungsfragen der Wirtschaft e.V., Nr. 18, Marburg 1994, S. 39-78.

Meyer, Fritz W. und *Hans Willgerodt* (1956), Der wirtschaftspolitische Aussagewert internationaler Lohnvergleiche, in: *Bundesministerium für wirtschaftliche Zusammenarbeit* (Hrsg.), Internationale Lohngefälle, Bonn, S. 7-78.

Möschel, Wernhard (1993), Eine Verfassungskonzeption für die Europäische Union, in: *Helmut Gröner* und *Alfred Schüller* (Hrsg.), Die europäische Integration als ordnungspolitische Aufgabe, Stuttgart u.a., S. 21-39.

Münster, Winfried (1993), Maastricht ist nicht mehr der Kompaß, in: Süddeutsche Zeitung vom 15./16.5.1993.

Röpke, Wilhelm (1961), Jenseits von Angebot und Nachfrage, 3. (veränderte) Auflage, Erlenbach-Zürich und Stuttgart.

Schüller, Alfred und *Ralf L. Weber* (1993), Von der Transformation zur Integration: Eine ordnungs-, handels- und währungspolitische Aufgabenstellung, in: *Helmut Gröner* und *Alfred Schüller* (Hrsg.), Die europäische Integration als ordnungspolitische Aufgabe, Stuttgart u.a., S. 445-491.

Siebert, Horst (1992), Die Integration Osteuropas in die Weltwirtschaft, in: *Erhard Kantzenbach* (Hrsg.), Die wirtschaftliche Neuordnung Europas Erfahrungen und Perspektiven, Berlin, S. 55-77.

Streit, Manfred E. (1994), Europäische Industriepolitik nach Maastricht: Eine ordnungspolitische Analyse, in: *Wernhard Möschel, Manfred E. Streit* und *Ulrich Witt* (Hrsg.), Marktwirtschaft und Rechtsordnung, Festschrift zum 70. Geburtstag von *Erich Hoppmann*, Baden-Baden, S. 189-210.

Strohm, Theodor (1994), Verantwortung für ein soziales Europa: Sozialethische Perspektiven im Anschluß an die 'Europa-Denkschrift' der EKD, in: *Günter Baadte* und *Anton Rauscher* (Hrsg.), Neuordnung Europas, Graz u.a., S. 71-103.

Watrin, Christian (1993), Europas ungeklärte Ordnungsfragen, in: *Norbert Glatzel* und *Eugen Kleindienst* (Hrsg.), Die personale Struktur des gesellschaftlichen Lebens, Festschrift für *Anton Rauscher*, Berlin, S. 169-190.

Wildenmann, Rudolf (1992), Probleme der sozio-politischen Steuerungskapazität, in: *Erhard Kantzenbach* (Hrsg.), Die wirtschaftliche Neuordnung Europas: Erfahrungen und Perspektiven, Berlin, S. 31-92.

Willgerodt, Hans (1991), Wirtschaftspolitische Grundbedingungen der Europäischen Gemeinschaft, in: Bitburger Gespräche, Jahrbuch 1991/1, München, S. 49-65.

Willgerodt, Hans (1992), Armut als Integrationshindernis? Zum Konflikt zwischen Vertiefung und Erweiterung der Europäischen Gemeinschaft, in: Zeitschrift für Wirtschaftspolitik, 41. Jg., H. 2, S. 95-123.

Wissenschaftlicher Beirat beim Bundesministerium für Wirtschaft (1994), Gutachten „Ordnungspolitische Orientierung für die Europäische Union", Bonn.

Der Euro – Anfang vom Ende des „neuen Leviathan" in Europa? Zur Ordnungspotenz des Euro*

* Erstdruck in: Vordenker einer neuen Wirtschaftspolitik – Wirtschaftsordnung, Marktwirtschaft, Individualismus und Ideengeschichte, Festschrift für Christian Watrin, Frankfurter Allgemeine Buch, Frankfurt a. M. 2000, S. 207-222.

1. Das Problem im Ordnungszusammenhang der Wirtschafts- und Währungsunion

Wer nach dem wichtigsten wirtschaftlichen Problem in der Europäischen Wirt-
schafts- und Währungsunion (WWU) fragt, stößt auf das Phänomen des „neuen Leviathan". In Anlehnung an *Thomas Hobbes* beschreibt *Watrin* (1984, S. 52 f.) damit die
Besorgnis, „daß der demokratische Staat zu einer Art Superstaat wird, der seine Bürger
überwältigt, ja schließlich lähmt, weil er Arten von Initiativen überlagert, die eine freie
Gesellschaft auszeichnen", zugleich an seinen „eigenen Aufgaben scheitert und das
Wohl seiner Bürger beeinträchtigt statt es zu fördern". Kennzeichnend für diese Entwicklung, wie sie in Deutschland und Frankreich besonders kraß zu beobachten ist, sind
starke Neigungen, die Gesellschaft faktisch zu verstaatlichen. Wesentliche Tätigkeiten
und Lebensräume des Menschen verlieren damit ihren Privatrechtscharakter und geraten
in den Sog der Politik. Diese bietet Ansatzpunkte und Anreize für die Einflußnahme
und die Expansion von Interessenverbänden, die versuchen, Parteien und Staat zu beherrschen. Wie kann dem Prozeß der sozialistisch-korporatistischen Aushöhlung der
Marktwirtschaft, der Autoritätsminderung des Staates Einhalt geboten und die Evoluti-
onsfähigkeit des Gesellschafts- und Wirtschaftssystems verbessert werden? Gibt es hierfür einen strategischen Ansatzpunkt?

Vielfach wird im Euro eine geheime Ordnungsmacht zur Zähmung des „neuen Leviathan" gesehen. Dieser ist sowohl in der nationalen als auch in der europäischen Er-
scheinungsform die Konsequenz der politisch-bürokratischen Integrationsmethode, die
dem Gedanken einer „Europäischen Verfassung des Wohlfahrtsstaates" entgegen-
kommt. Demgegenüber müßte sich die marktwirtschaftliche Ordnungspotenz des Euro
darin erweisen, daß sich die Perspektiven der wettbewerblich-marktwirtschaftlichen
Integrationsmethode als Bedingung für eine „Europäische Verfassung des Wettbewerbs" verbessern (*Schüller* 1994), und zwar in folgender Hinsicht:

Erstens durch Erweiterung des Geltungsbereichs von horizontal, vertikal, zeitlich
und räumlich vernetzten Marktpreisen – als Voraussetzung und Grundlage für einen
einheitlichen Rechnungszusammenhang der EU. Die darin liegende informationale und
motivationale Bedingung für eine dezentrale Wissensverarbeitung trägt der Erkenntnis
Rechnung, daß Entwicklungspotentiale und -unterschiede – etwa im Hinblick auf die
Produktivität, die Beschäftigung, Einkommen, Vermögensbildung, soziale Sicherung
und Umweltqualität – im Binnenmarktgeschehen von Bestimmungsgründen abhängen
(*Meyer* und *Willgerodt* 1956), die sich mangels hinreichender „Zentralisierbarkeit des
Wissens" (*Friedrich A. von Hayek* 1977) einer zielgerichteten politisch-bürokratischen
Lenkung weitgehend entziehen, es sei denn, es werden große Wissens- und Leistungs-
verluste in Kauf genommen.

Zweitens durch eine rechtsschöpferische Erweiterung des Systems von Eigentumsrechten (Property Rights) als Voraussetzung für die Nutzung der motivierenden Kraft
des Eigeninteresses und der Eigenverantwortung, des unternehmerischen Entdeckungs-
und Erfahrungspotentials, das in den vier Grundfreiheiten (freier Verkehr von Waren,
Dienstleistungen, Personen und Kapital) liegt. Ein vergrößerter Geltungsbereich effektiver Property Rights oder – allgemein gesprochen – des Rechtsschutzstaates ist iden-

tisch mit erweiterten Räumen lohnender wirtschaftlicher Aktivitäten, die sich bei Wettbewerb in der Fähigkeit zu bewähren haben, die Produktionsfaktoren aus Verwendungen mit geringerem Marktwert in solche mit höheren Erlöserwartungen zu lenken. Entsprechende Anstrengungen lohnen sich aber nur, wenn die mit der Nutzung dieser Rechte verbundenen Transaktionskosten die erwartete Differenz zwischen Erlösen und Kosten nicht aufzehren. Die Schaffung und Ausgestaltung von transaktionskostengünstigen Property Rights ermöglichen eine Erweiterung des vernetzten Wirkungsspektrums des Preissystems und des Evolutionspotentials der Marktteilnehmer, auch im Hinblick auf den Prozeß der spontanen Entwicklung und Nutzung vielfältiger Organisationen und Institutionen, die der Senkung von Transaktionskosten dienen und damit den Bereich produktiver Tauschmöglichkeiten vergrößern. Deshalb setzt die wettbewerblich-marktwirtschaftliche Integrationsmethode auf Maßnahmen der Entstaatlichung von Wirtschaft und Gesellschaft durch Steuersenkung, Subventionsabbau, Privatisierung, Deregulierung und Entbürokratisierung.

Drittens durch Verbesserung der Perspektiven für eine „Stabilitätskultur" (siehe *Richter* 1994). Verläßliche Geldwertsicherung ist notwendig, um Preisverzerrungen, knappheitswidrige Fehllenkungen von Property Rights und Ressourcen sowie staatliche Wohlfahrtsmaßnahmen zu vermeiden, die regelmäßig verstärkt im Gefolge von Inflation oder Deflation als Kompensation verlangt werden. In dem Maße, in dem die „Monetarisierung" der gesellschaftlichen Beziehungen eine unvermeidbare, ja geradezu eine notwendige Begleiterscheinung der Entstehung moderner Großgesellschaften ist (siehe *Watrin* 1994), ermöglicht die Geldwertsicherung, daß aus dem Binnenmarkt eine gerechte Preis-, Tausch- und Zahlungsgemeinschaft entsteht.

Für die Ergänzung einer derartigen Wirtschaftsunion durch eine Währungsunion gibt es gewichtige Argumente, wie *Watrin* (1958) eindrucksvoll beschrieben hat, freilich mit der Konsequenz, daß zur Bewältigung von Datenänderungen und Anpassungserfordernissen, die regelmäßig ungleich wirksam werden, nicht mehr auf den Wechselkursmechanismus zurückgegriffen werden kann, der im Prozeß des Zahlungsbilanzausgleichs einen Schutz vor übermäßiger Auslandskonkurrenz ermöglicht. Die bekannten Vorteile der Währungsunion werden also erkauft mit einer Erhöhung der Wettbewerbsintensität im Produkt- und Faktormarktgeschehen sowie der Anforderungen an die Faktormobilität und die Lohn- und Preisflexibilität.

Entsprechende Anpassungszwänge, wie sie von den Funktionsprinzipien und -bedingungen der entwickelten Goldwährung her bekannt sind, gelten spätestens seit den 20er Jahren – vor allem in sozialer Hinsicht – als zu anspruchsvoll, wie sich – selbst bei erheblich abgeschwächten Anforderungen – sowohl im Rahmen des *Bretton Woods*-Systems als auch anhand der bisherigen europäischen Währungsprojekte gezeigt hat. Dabei steht außer Zweifel, daß die Goldwährung dem Ideal einer effektiven Wirtschaftsrechnung mit vergleichsweise geringen Transaktionskosten nahekommt. In dieser Ordnung ist allerdings die Wechselkursstabilität und über diese eine weitgehende Währungseinheit nicht bewußtes Ziel, sondern Ergebnis der gemeinsamen Einhaltung bestimmter Prinzipien – der Währungsgleichung, der An- und Verkaufspflicht für Gold durch die Zentralbanken und einer Geldpolitik, die von einer Deckungsvorschrift diktiert wird.

Der Aufstieg der Goldwährung im 18. und 19. Jahrhundert zur Weltwährung mit vergleichsweise verläßlichen Mechanismen des Zahlungsbilanzausgleichs war die Voraussetzung für den Export westeuropäischen Know-hows und Kapitals, wodurch „die europäische Zivilisation über die ganze Ökumene (getragen wurde), überall die Schranken uralter Vorurteile niederreißend, neues Leben und Streben befruchtend, die Geister befreiend und ungeahnten Reichtum spendend" (*von Mises* 1940/1980, S. 428 ff.). Die Ausgleichsmechanismen, nämlich der klassische Markt-Preis-Mechanismus, der Wechselkurs-Mechanismus und der Zins-Kredit-Mechanismus, haben den Charakter von spontanen Marktprozessen. Ihre Wirkung beruht weitgehend auf der dem Marktsystem inhärenten List der „unsichtbaren Hand". Indem sie nämlich ein System von komplementären Möglichkeiten der gewinnstiftenden Preisarbitrage darstellen und damit einem einheitlichen Ordnungsprinzip folgen, entsteht die Geschlossenheit des internationalen Rechnungszusammenhangs im Sinne einer vergleichsweise zuverlässigen Stabilisierung des Geldwertes und frei gebildeter Wechselkurse zwischen den Goldpunkten. Dabei brauchte das drastische Mittel der Goldbewegung im Sinne des Geldmengen-Einkommen-Mechanismus meist gar nicht eingesetzt zu werden, weil die Wirkung der „vorausgesendeten leichten Vortruppen" der genannten Ausgleichsmechanismen schon ausreichte (von *Böhm-Bawerk* 1914/1924, S. 506). Diese Lösung stellt allerdings – wie gesagt – vergleichsweise hohe Anforderungen an den Geltungsbereich und die innere Flexibilität des Preissystems und die Struktur der Property Rights, vor allem auch im Hinblick auf die Faktormobilität und die gesamte Binnen- und Außenwirtschaftspolitik (*Lutz* 1935, S. 224 ff.). Um wieviel höher sind diese Anforderungen, wenn von den genannten Mechanismen nur noch eine Spielart verbleibt, nämlich der klassische Markt-Preis-Mechanismus. Deshalb gilt nach wie vor: „Die institutionellen Erfordernisse einer gemeinsamen Währung (gehen) weit über das klassische Modell des Goldwährungsmechanismus hinaus, da sie, um wirksam zu sein, der Souveränitätsrechte bedarf, die sonst nur den Nationalstaaten im wirtschaftspolitischen Sektor zustehen" (*Watrin* 1958, S. 35).

2. Begrenzung des „neuen Leviathan" durch Schaffung eines optimalen Währungsraums

2.1. Der wettbewerblich-marktwirtschaftliche Ansatz von Friedrich A. von Hayek

Friedrich A. von Hayek geht davon aus, daß der Staat grundsätzlich nicht dazu fähig ist, eine anspruchsvolle Stabilitätskultur zu entwickeln. Währungstechnische Reformen in der mit der *Peel*schen Bankakte von 1844 begründeten Tradition von Regierungswährungen könnten daran nichts ändern. *Von Hayek* (1977) schlägt deshalb – zum Beispiel für die Länder des Gemeinsamen Marktes – die Entnationalisierung des Geldes durch Aufhebung der gesetzlichen Zahlungsmitteleigenschaft vor, um freies Unternehmertum, Märkte und Wettbewerb im Bereich des Geldangebots und der Geldnachfrage zu ermöglichen. Die positiven Externalitäten freier Währungsmärkte werden gesehen –

erstens in der Verdrängung des schlechten Geldes durch die gute Währung, also der Umkehrung des *Gesetzes von Gresham*, *zweitens* in der Entstehung eines wertstabilisierenden Mechanismus zur Regulierung des Geldumlaufs,

drittens in der spontanen Herausbildung von wettbewerblich kontrollierten optimalen Währungsräumen,

viertens in vergleichsweise stabilen realistischen Wechselkursen,

fünftens in einer Arbeitsteilung, frei von konjunkturellen und strukturellen Extremlagen,

sechstens wird schließlich von der geldpolitischen Entmachtung des Staates erwartet, daß dem „pyramidenhaften Wachstum der Staatsausgaben", im wesentlichen bedingt durch den Anstieg der Sozialausgaben, Einhalt geboten werden kann.

Mit zunehmender Entstaatlichung des Sozialen und aller anderen Lebensbereiche könnte das Beschäftigungsproblem gelöst werden. In konkurrierenden Währungen – nicht in einer wettbewerbsbeschränkenden Fusion wie beim Euro – wird also der entscheidende Schlüssel gesehen, um den „neuen Leviathan" auszuhungern.

Von Hayek erwartet, daß in dem Maße, wie das System konkurrierender Währungen bei den Bürgern in einem allmählichen Prozeß der Gewöhnung und Bewährung Vertrauen gewonnen hat, mehrere weiträumige und qualitativ sehr ähnliche Währungen übrig bleiben werden. Es werden sich vielleicht Regionen mit einer dominierenden Währung bilden, ohne daß allerdings ein für allemal gültige Grenzen zwischen den sich teilweise überschneidenden Einflußbereichen gezogen werden könnten. Diese Vorstellung vom optimalen Währungsraum geht, anders als die herkömmliche Betrachtung, einmal von veränderlichen Konstellationen im Angebots- und Nachfrageverhalten, zum anderen von der Frage aus: Wie kann schädliche Ordnungsmacht von Regierungen über die Wirtschaft vermieden oder abgeschafft werden, damit sich in diesem Wirtschaftsraum freies Unternehmertum und Marktwirtschaft entwickeln können?

Konkurrierende Währungen erscheinen *von Hayek* (1977, S. 2 ff.) „sowohl besser als auch praktikabler als der utopische Gedanke, eine neue offizielle europäische Währung einzuführen, die letztlich den Ursprung und die Wurzel allen monetären Übels – das Regierungsmonopol bei Emission und Kontrolle des Geldes – nur noch stärker verankern würde". Außerdem hat es für ihn den Anschein, „daß die Länder, wenn sie nicht bereit sind, den hier vorgebrachten begrenzteren Vorschlag anzunehmen, erst recht nicht bereit wären, eine gemeinsame europäische Währung zu akzeptieren".

2.2. Der politisch-bürokratische Ansatz der WWU

Entgegen dieser Vorhersage und vielfachen Bedenken haben sich am 1. Januar 1999 mit der unwiderruflichen Fixierung der Wechselkurse elf EU-Länder auf den Euro als gemeinsame Währung mit gesetzlicher Zahlungsmittelkraft festgelegt, und zwar – anders als beim Plan *Friedrich A. von Hayeks* – in einer rechtlichen und politischen Bindung, die als unumkehrbar verstanden wird.

Die Vergemeinschaftung der Geld- und Währungspolitik in Verbindung mit einer Stabilitätskultur der Europäischen Zentralbank (EZB), die die Tradition der Deutschen Bundesbank eher noch übertreffen soll, verlangt von den Euro-Ländern eine ungleich höhere wirtschaftspolitische Disziplin im Sinne der wettbewerblich-marktwirtschaftlichen Integrationsmethode als die entwickelte Goldwährung. Dieser Anspruch ist um so bemerkenswerter, als im Hinblick auf die künftige europäische Geld-, Währungs- und Wirtschaftspolitik allein zwischen den sog. Kernländern der EU (Deutschland und Frankreich), aber auch zwischen den großen Parteien in Deutschland unterschiedliche Auffassungen bestehen, wozu die Währungsunion dienen und nach welchen Leitbildern die Wirtschaftsunion geordnet werden soll – etwa im Hinblick auf das Verhältnis der wettbewerblich-marktwirtschaftlichen und der politisch-bürokratischen Integrationsmethode.

Insbesondere von wissenschaftlicher Seite wird nun im Euro die entscheidende innovative Triebkraft zur Überwindung dieses ordnungspolitischen Zwiespalts gesehen, einer der „rühmenswertesten Vorzüge, wenn nicht der Vorzug (des Euro, *A. S.*) schlechthin" (*Sievert* 1996). Das geheime Ordnungsvermögen des Euro, so lautet in etwa die Argumentation, wird dadurch wirksam, daß durch Herstellung einer einheitlichen, stabilitätsorientierten Geldpolitik Fehler in der Wirtschafts- und Sozialpolitik – vor allem hinsichtlich der Lohnpolitik – nicht mehr durch Inflation oder Währungsabwertung geheilt werden können. Indem sich die Politik und die Verbände darauf präventiv einzustellen beginnen, wird ihr bisheriger Ordnungsanspruch in einem Akt der Selbstüberlistung hinfällig. Die Einheit von Entscheidung und Haftung in der Politik wird wieder hergestellt. Die Ordnungspotenz des Euro hat den „neuen Leviathan" zur Strecke gebracht.

In dieser Sicht mögen Einheitswährung und Teilnehmerkreis, gemessen an den üblichen Kriterien eines optimalen Währungsraums[1], in der Einführungsphase des Euro noch das mehr oder weniger willkürliche Ergebnis politischen Handelns sein; und mögen die Politiker damit auch eine Behinderung des Standortwettbewerbs bezwecken[2], entscheidend sei das Ergebnis. Die neue Ordnungsbedingung fordere unausweichlich im politischen Prozeß die Bevorzugung der wettbewerblich-marktwirtschaftlichen Integrationsmethode. Mit international wettbewerbsfähigen Arbeitskosten und Preisstrukturen würden mehr Arbeitsplätze entstehen. Eine dem entgegenwirkende europaweite Koordination der Lohn- und Sozialpolitik wird für ausgeschlossen gehalten, weil hierfür die erforderliche Homogenität der Möglichkeiten und Interessen zwischen den Mitgliedsländern fehle.

Aus einer anfänglich suboptimalen Währungsunion wird so die Entstehung eines optimalen Währungs- *und* Wirtschaftsraums erwartet, in dem sich mit dem Rückzug des „neuen Leviathan" wieder freies Unternehmertum und Marktwirtschaft entwickeln können.

---

[1] Die Kriterien sind ein hoher Grad der inneren Preisflexibilität und der Faktormobilität, um – auch als Ausgleich für den wegfallenden Wechselkurspuffer – regionale (Beschäftigungs-) Ungleichgewichte zu bewältigen sowie eine einheitliche Grundhaltung in der Geld- und Fiskalpolitik.

[2] Durch die monetäre Zentralisierung bei fortbestehender Dezentralisierung der nationalen Kompetenzen in wichtigen wirtschafts- und sozialpolitischen Belangen sind die Konsequenzen des Regierungshandelns nicht mehr an der Entwicklung des Wechselkurses ablesbar.

Die beiden Ansätze für eine optimale Währungsunion, der marktwirtschaftlich-wettbewerbliche und der politisch-bürokratische, unterscheiden sich hinsichtlich des Weges grundlegend, gleichwohl kommen sie hinsichtlich der Bekämpfung des „neuen Leviathan" zu einem ähnlichen Ergebnis.

3. Ordnungspolitische Offenheit von Ziel und Konzeption der WWU

Ob eine bestimmte wirtschaftspolitische Weichenstellung, wie die zuletzt beschriebene, der jeweiligen Ausgangssituation gerecht wird, ist häufig umstritten. So stellt *von Hayek* (1977, S. 2 f.) zum Projekt einer Europäischen Währungsunion fest: „Ganz abgesehen davon, daß eine Zustimmung der Mitgliedsländer zu einer in der Praxis dann von einer gemeinsamen monetären Behörde verfolgten Politik äußerst unwahrscheinlich ist (und daß es praktisch unvermeidlich wäre, daß einige Länder dann eine schlechtere Währung erhielten, als sie nun haben), erscheint es selbst unter günstigsten Umständen höchst unwahrscheinlich, daß die gemeinsame Währung besser verwaltet würde als die gegenwärtigen nationalen. Mehr noch, eine einzige internationale Währung ist in vieler Hinsicht nicht besser, sondern schlechter als eine nationale Währung, falls sie nicht besser gemanagt wird. Sie ließe einem Land mit finanziell aufgeklärter Öffentlichkeit nicht einmal die Chance, den Konsequenzen der groben Vorurteile zu entgehen, die die Entscheidungen der anderen beherrschten. Der Vorteil einer internationalen Behörde sollte hauptsächlich darin liegen, einen Mitgliedstaat vor den schädlichen Maßnahmen anderer zu schützen, und nicht, ihn zu zwingen, ihren Torheiten zu folgen."

Entgegen dieser äußerst kritischen Einschätzung wurde die gemeinsame europäische Währung im Rahmen einer Verfassung geschaffen, die auch hinsichtlich der Handlungsrechte des Managements hohen geldwertpolitischen Ansprüchen gerecht werden kann. Das Problem ist, daß der Euro in einer Situation eingeführt worden ist, in der Ziel und Konzeption des europäischen Integrationsprozesses fraglich sind. Freilich wird man sich hier wie auch sonst fragen lassen müssen, ob bewährte Denkmuster nicht durch drängende Probleme überholt sind. Soweit die europäische Einheitswährung z. B. als Schrittmacher für die politische Integration Europas dienen soll (*Watrin* 1997), so ist mit der Einführung des Euro eine radikale Umkehrung jener Schrittfolge vorgenommen worden, die seit den 60er Jahren jedenfalls in Deutschland meist für richtig gehalten wurde. Es herrschte dabei die Auffassung vor, daß Währungsunionen nur erfolgreich und von Dauer sind, wenn sie Teil einer bewährten politischen Union sind.

Dieses Denkmuster kann sich auf eindrucksvolle historische Erfahrungen – etwa der deutschen, lateinischen und skandinavischen Münzunion (*Theurl* 1992) – und auf aktuelle Beispiele stützen: So sind in Italien (zwischen dem Süden und dem Norden) und in Deutschland nach 1989 (zwischen dem Westen und dem Osten) die Bedingungen für einen optimalen Währungsraum im herkömmlichen Sinne auch nicht annähernd gegeben. In diesen und anderen Ländern – etwa in den USA - mit ähnlich großen regionalen Produktivitäts- und Entwicklungsunterschieden ist allerdings die politische Triebkraft („Wir sind ein Volk") für die Einheitswährung und für gelebte Solidarität zwischen den Regionen stark genug. Dies ist Ausdruck des Willens einer Mehrheit der Bevölkerung, „nationale und regionale Interessen dauerhaft hinter die Interessen einer übergeordneten politischen Einheit zurückzustellen" (*Lusser* 1996).

Es ist also verständlich, wenn schon deshalb dem Versuch, den Euro als Schrittmacher für die politische Vereinigung Europas einzusetzen, weder ein guter Start noch eine lange Dauer zugeschrieben wird. Abgesehen davon würde ein solches Unterfangen „mehr als nur die Sorge vor einem neuen Hegemoniestreben großer Mitgliedstaaten heraufbeschwören" (*Watrin* 1997). Wenn etwa Deutschland und Frankreich immer wieder ihre besondere Verantwortung für die Zukunft Europas hervorheben und den Euro zur Lösung drängender Probleme einsetzen wollen, so bleiben die Regierungen beider Länder eine Antwort auf die Frage schuldig, welchem Integrationsziel und welcher Integrationsmethode damit gedient werden soll.

3.1. Deutschland und Frankreich – Prägend für den Euro?

Bekanntlich wurden den Münzen zu allen Zeiten Bilder aufgeprägt, um damit dem Geldstück eine besondere Autorität und öffentliche Anerkennung zu verleihen. Nach Auffassung des deutschen Bundeskanzlers ist „keine der großen europäischen Aufgaben ... je gelöst worden, wenn Deutschland und Frankreich sich nicht einig waren ... . Keines der großen europäischen Integrationsprojekte wäre jemals verwirklicht worden, hätten nicht Frankreich und Deutschland den Anstoß gegeben" (*Schröder* 1999a, S. 8). Wenn folglich die WWU und damit der Euro von der deutsch-französischen Zusammenarbeit in besonderer Weise geprägt sein sollen, dann muß davon vor allem das erwartet werden, was ein stabiler Euro benötigt: Vertrauen und öffentliche Anerkennung.

Dieses Vertrauen ist bekanntlich beim modernen Papiergeld schwerer zu gewinnen als bei Banknoten, deren Emission – wie bei der entwickelten Goldwährung – an eine harte Deckungsvorschrift gebunden ist. Vertrauen in die langfristige Stabilität kann nur gewonnen werden, wenn unberechenbare, unübersehbare und unkontrollierbare Einflüsse auf die Geld- und Währungspolitik ferngehalten und verläßliche Vorleistungen für eine Stabilitätsgemeinschaft und -kultur erbracht werden, und zwar nicht nur von den für die Währungsunion unmittelbar Verantwortlichen der Europäischen Zentralbank (EZB). Ebenso müssen diejenigen, die für die ordnungspolitische Gestaltung der Wirtschaftsunion zuständig sind, darum bemüht sein, fiskal- und geldpolitische Notlagen zu vermeiden. Was ist in dieser Hinsicht von Deutschland und Frankreich zu erwarten?

Hinsichtlich der Ordnung von Gesellschaft, Staat und Wirtschaft gibt es in *Deutschland* einen eher noch verschärften Konflikt als den für die EU angedeuteten. Seit den 60er Jahren hat sich ein wohlfahrtsstaatlich-korporatistisches Verständnis von Sozialer Marktwirtschaft mit einem weitreichenden Anspruch des Staates und der Großverbände zur Übernahme von Verantwortung gegenüber den politischen und sozialen Endergebnissen des Markt- und Sozialgeschehens durchgesetzt; daraus ist der „neue Leviathan" erwachsen.

In *Frankreich* ist die Vorstellung, daß der Markt sowohl hinsichtlich der mikroökonomischen als auch der makroökonomischen Strukturen und Ergebnisse der führenden Hand des Staates bedarf, um den ökonomischen und sozialen Fortschritt zu gewährleisten, bis heute im Bewußtsein der Bevölkerung und der großen Parteien tief verwurzelt, viel weitergehender als in Deutschland. Geld-, Fiskal-, Sozial-, Industrie- und Beschäftigungspolitik spiegeln vergleichsweise starke etatistische und protektionistische Be strebungen auch im Verständnis des europäischen Binnenmarktkonzepts und im Verhältnis zu den Drittstaaten wider. Der „neue Leviathan" fühlt sich hier traditionell und aktuell noch mehr beheimatet als in Deutschland. Ist zu erwarten, daß der Euro von diesen Positionen aus zu einer geldwirtschaftlichen Hochkultur aufsteigen kann?

3.2. Das Konzept des dritten Weges für Europa und die Ordnungspotenz des Euro

Die politischen Ordnungskräfte in der WWU, die in der Zeit dominieren dürften, in der es darum geht, daß aus Vertrauen in den Euro allgemeine Anerkennung für die neue Währung erwachsen kann, wollen den nationalstaatlichen Steuerungsverlust durch verstärkte Koordination wichtiger Politikbereiche kompensieren.[3] Was folgt daraus für das Ordnungsvermögen des Euro?

Ein *erstes* Koordinationsergebnis mit negativer Vertrauenswirkung wird nach wie vor in der eklatanten Verletzung der Konvergenzkriterien[4] gesehen. Laut Konvergenzbericht der Deutschen Bundesbank vom Frühjahr 1998 konnten nur Luxemburg, Irland und Finnland die vertraglich geforderte dauerhafte Haushaltslage vorweisen. Bei den übrigen acht Gründungsländern wurden vor allem in der Finanzpolitik ernste Mängel festgestellt; im Falle Italiens und Belgiens äußerte die Bundesbank „erhebliche Zweifel", ob sie die vertraglich geforderten Konvergenzkritieren je erfüllen werden. Nachdem die designierten Länder es gleichwohl alle geschafft haben, zu den Gründungsmitgliedern zu gehören, wird kritisch zu beobachten sein, wie weit der Reformeifer aufs Ganze künftig anhalten wird.[5] Dabei scheint festzustehen, daß Frankreich und Italien die Stabilitätskriterien des Vertrages von Maastricht in einer weniger strikten Weise interpretieren wollen, als dies der „Wachstums- und Stabilitätspakt" der WWU vorsieht. Es muß deshalb in der französischen Fiskalpolitik weiterhin mit einer starken Präferenz für wirkungslose Experimente der (beschäftigungsorientierten) Nachfragestimulierung und schon deshalb mit starkem politischen Druck auf die EZB gerechnet werden, die Geldpolitik zu lockern. Frankreich hat bekanntlich dem Stabilitäts- und Wachstumspakt nur zugestimmt, nachdem der EU ein Beschäftigungsmandat übertragen worden ist. Auch dies deutet darauf hin, daß die Geldpolitik der EZB in der Gefahr steht, vor den Karren

---

[3] Nur „New Labour" in Großbritannien scheint den Standortwettbewerb zumindest der Sache nach gegen den „neuen Leviathan" einsetzen zu wollen, ihn jedenfalls nicht als unangenehme Beschränkung, sondern als wünschenswerten Antrieb für Reformen in Gesellschaft, Staat und Wirtschaft zu betrachten. Der Euro wird hierfür bislang als Hemmschuh angesehen.

[4] Solange es an einer politischen Union mangelt, die freilich keine Garantie für einen stabilen Euro wäre, wird die politische Bodenhaftung der neuen Währung ersatzweise von der Einhaltung der Konvergenzkriterien und des Stabilitäts- und Wachstumspaktes erwartet. Der von deutscher Seite angestrebte „Europäische Stabilitätspakt" wurde 1996 auf dem Dubliner Gipfel auf Betreiben Frankreichs als „Stabilitäts- *und* Wachstumspakt" angenommen. Statt der von deutscher Seite verlangten strengen Sanktionierung einer mangelhaften Haushaltsdisziplin bleibt es dem (politischen) Ermessen des Ministerrats vorbehalten, finanzpolitische Verfehlungen zu ahnden.

[5] „Italien fehlt es, so stellt der italienische EU-Kommissar Mario Monti fest, „nicht am Willen zum Wandel, sondern am Sinn für dessen Dringlichkeit" (siehe Neue Zürcher Zeitung, Nr. 283 vom 4./5. Dezember 1999, S. 10).

der Beschäftigungspolitik gespannt zu werden. Aus den empirischen Erfahrungen mit der Phillips-Kurve sind solche Versuche jedoch unweigerlich zum Scheitern verurteilt.

Seinen traditionellen Unabhängigkeits- und Führungsanspruch versucht Frankreich nicht nur in fiskalpolitischer Hinsicht (einschließlich der Steuerpolitik), sondern auch mit Maßnahmen der „politischen Einbindung" der Geldpolitik der EZB zu sichern. Frankreich will mit seinem Einfluß auf die EZB die jahrzehntelang, zuletzt im Europäischen Währungssystem (EWS), heftig beklagte „Macht der D-Mark" beseitigen. In Anlehnung an den Standort der Deutschen Bundesbank wurde von „le Francfort" gesprochen. Diese „Macht" bestand im Stabilitäts- und weltweiten Ansehensvorsprung der DM. Diese Macht zu beseitigen, heißt Handlungsbedingungen der EZB anzustreben, die auf eine Inkaufnahme von Stabilitätseinbußen hinauslaufen. Die auf Betreiben Frankreichs gewählte Aufteilung der Amtszeit des ersten Präsidenten der EZB ist ein *zweites* Koordinationsergebnis, das die Glaubwürdigkeit der neuen Währung ohne Zweifel stark beschädigt hat. Von Anfang an ist nun fraglich, ob die EZB hinreichend gegen politischen Einfluß geschützt ist. Ob das nebensächlich und schnell vergessen sein wird, bleibt abzuwarten. Im übrigen will Frankreich die EZB mit Hilfe des Europäischen Rates und des Rates der Wirtschafts- und Finanzminister (Ecofin) im Interesse von mehr Wachstum und Beschäftigung zu einer „weniger restriktiven Geldpolitik" drängen. Das wäre im Hinblick auf die Vertrauensfrage ein *drittes* negatives Koordinationsergebnis, das dadurch ein beträchtliches Mehrgewicht erhält, daß auch aus deutscher Perspektive „die Europäische Zentralbank und die Währungsunion eher als eine Chance zur Sekundierung sozialdemokratischer Wirtschaftspolitik (angesehen werden), als dies früher unter dem weitgehenden europäischen Diktat der Deutschen Bundesbank möglich war. Aber auch diese Chance muß stärker genutzt werden, als dies bisher geschehen ist" (*Grundwertekommission* 1999).

Zu diesen drei Koordinationsergebnissen mit einer direkten negativen Wirkungstendenz kommen folgende vertrauensmindernde Fernwirkungen hinzu:

— In einer *gemeinschaftlich* finanzierten *aktiven europäischen Beschäftigungspolitik* werden von deutscher Seite die größten Chancen gesehen, den durch die Globalisierung erlittenen Verlust an nationaler Ordnungsmacht auf europäischer Ebene zurückzugewinnen. Freilich zeigen die Erfahrungen in Schweden und in Deutschland, daß die langfristige Arbeitslosigkeit mit steigendem Einsatz arbeitsmarktpolitischer Instrumente eher zu- als abnimmt und über eine Verfestigung der Tendenz zur Verstaatlichung der Beschäftigungsverhältnisse den „neuen Leviathan" stärkt.

— In der *Sozialpolitik* werden die Voraussetzungen für abgestimmte „redistributive" Maßnahmen ungünstig eingeschätzt; größere Durchsetzungschancen werden für eine „regulatorische" Politik gesehen, und zwar unter Berufung auf das „Sozialkapitel" der Einheitlichen Europäischen Akte von 1986 und das „Sozialprotokoll" des Maastrichter Vertrages von 1992. Hierbei geht es darum, bestimmte soziale Standards und den sozialen Fortschritt vor sog. *unlauterem wirtschaftlichem Wettbewerb* („Sozialdumping") im Binnenmarkt zu schützen. Hierzu wird versucht, vor allem den arbeits- und tarifrechtlichen Arbeitnehmerstatus in den weniger entwickelten EU-Ländern den Höchststandards anzupassen, offensichtlich ohne die Lage der Betriebe und den Stand der Produktivität in den betreffenden Ländern hinreichend zu berück-

sichtigen. Damit soll verhindert werden, daß der Wettbewerb in der EU eine tenden-
zielle Angleichung der Lohn- und Sozialleistungen zugunsten der zurückliegenden
Länder begünstigt. Die Sozialpolitik soll dem Standortwettbewerb vor allem dadurch
entzogen werden, daß die „sozialstaatlich hochentwickelten Länder" angehalten werden, „nicht vorschnell sozialstaatliche Steuerungsmöglichkeiten im nationalen Rahmen preiszugeben. Denn eine auch nur mittelfristige ‚Rückeroberung' dieser Ge-
staltungsräume auf europäischer Ebene erscheint gegenwärtig als ausgesprochen
schwierig" (*Grundwertekommission* 1999). Damit wird in letzter Konsequenz auf die
Durchsetzung von gleichen Löhnen nach dem Höchstwertprinzip in der EU hingear-
beitet. Weil dies den Knappheitsverhältnissen zuwiderläuft, senden die wirtschaftlichen Verdichtungsräume Informationen aus, die die Kalkulation der wanderungswil-
ligen Arbeitnehmer verzerren. Die regionalen Unterschiede werden einerseits vergrößert, andererseits entstehen wirtschaftliche Entleerungen des Raumes mit Arbeitslosigkeit.

– In der allgemeinen *Ordnungspolitik* ist eine Präferenz für punktuelles Denken und
Handeln erkennbar. Prinzipiell sollen über die Verteilung der Lebenschancen nicht
Märkte, Preise und der Wettbewerb als Entdeckungsverfahren entscheiden. Diesen
marktwirtschaftlichen Koordinationsformen werden Tendenzen zur Vermachtung,
zur Gegenwartsfixierung, zur Blindheit gegenüber Voraussetzungen und Besonderheiten und insgesamt fehlende „demokratische Legitimation" vorgehalten. Überall
wo es in der Wirtschaft um das Verhältnis von Freiheit und Gerechtigkeit geht (und –
so ist zu fragen – wo wäre das nicht der Fall?), soll „die Gesellschaft nach einem jeweils zeitgemäßen Maßstab sozialer Gerechtigkeit" entscheiden – im öffentlichen
Dialog zwischen den Gruppen – (*Grundwertekommission* 1999), also nicht durch die
Wähler und Käufer.[6] Von diesem Denkansatz her ist es nur konsequent, wenn von
der Politik verlangt wird, sie müsse „interventionsfähig" und „interventionswillig"
sein, und immer dann, wenn es um Fragen der Strukturpolitik mit nationaler Wirkung gehe, müsse „sich die nationale Politik damit beschäftigen" (*Schröder* 1999b,
S. 6). Ebenso konsequent ist es aus dieser Sicht, wenn der industriepolitischen Kon-
zeption Frankreichs und der EU-Kommission mit sektorspezifischen Sonderaufgaben
und -behörden zugestimmt wird. Die hierfür entwickelten Verfahren gemeinsamer
Entscheidungsfindung und Absprachen über sektorale und regionale technologische
Schwerpunkte und entsprechende Finanztransfers innerhalb der EU, ausgehandelt in
speziellen Gremien, begünstigen einen integrationspolitischen Punktualismus mit
Schwerpunktsetzungen nach politischen Kriterien, mit einer regelmäßig einseitigen
Bevorzugung von Großunternehmen, mit der Institutionalisierung von Mitnahmeeffekten seitens der begünstigten Unternehmen, mit unzureichenden Verwen-
dungs- und Erfolgskontrollen und Fehlinvestitionen. Die hierzu bestehenden Ansätze
und Pläne für einen rasch fortschreitenden Punktualismus beruhen im Kern auf einer
Europäisierung des Konzepts des wirtschaftspolitischen Nationalismus, wirken von

---

[6]   Offen bleibt, wie bei der Herstellung des verteilungspolitischen Einvernehmens der Gruppen
die herkömmlichen Gruppenprivilegien und -blockaden, die daraus entstehenden Entmündi-
gungen, Denk- und Handlungsblockaden der Menschen und Belastungen Dritter, also alles
das vermieden werden kann, was den „neuen Leviathan" ausmacht.

daher protektionistisch und erhaltend für bestehende Wirtschaftsstrukturen (*Feldmann* 1993). Insgesamt ist die punktualistische Industriepolitik, von der im „deutschfranzöischen Schulterschluß" die „entscheidende Kraft für die unverzichtbare Eigenständigkeit Europas" ausgehen soll, so angelegt, daß einzelstaatliche Interventionen und Subventionen mit einer häufig auch räumlichen Konzentrationswirkung nicht abgeschafft, sondern aufeinander abgestimmt und vergemeinschaftet werden. Indem hierdurch die regionalen Disparitäten zunehmen, wird das Verlangen nach regionalpolitischer Hilfe gestärkt.

4. Der Euro und der neue Leviathan: „Wer wen"?

Offensichtlich sind die Vorstellungen vom Dritten Weg für Europa nur eine andere Bezeichnung für die Absicht, das nationale Aktionsfeld des „neuen Leviathan" im Rahmen einer „Europäischen Verfassung des Wohlfahrtsstaates" zu vergemeinschaften und dadurch wenigstens teilweise dem internationalen Standortwettbewerb zu entziehen. Das Ergebnis wird Unberechenbarkeit, Unübersehbarkeit und Unkontrollierbarkeit der Integrationspolitik sein, also das Gegenteil von dem, was eine monetäre Vertrauensgemeinschaft auszeichnet. Insoweit scheint der Euro durch den „neuen Leviathan" mehr gefährdet zu sein als umgekehrt. Denn die vor allem von Deutschland und Frankreich favorisierten Konzepte der politisch-bürokratischen Integrationsmethode erfordern direkt oder indirekt eine erhebliche Umverteilung von Finanzmitteln und Handlungsrechten. Wenn es aber weiterhin höchst fraglich ist, ob von den Ländern der WWU das hierfür erforderliche hohe Maß an gesellschaftlicher Solidarität erwartet werden kann, dürfte die politische Versuchung sehr groß sein, das integrationsbedingte Umverteilungsverlangen letztlich in „gemeinschaftliche Forderungen" an die EZB einmünden zu lassen (*Görgens* 1999).

Wird die EZB den Machtanspruch der deutschen und französischen Regierungen mit der dahinterstehenden vielfach ungebändigten Macht von Interessenverbänden entscheidend begrenzen können? Über die institutionellen und instrumentellen Voraussetzungen hierfür verfügt sie. Und daß ihre gegenwärtigen Repräsentanten entschlossen sind, diese im Interesse eines stabilen Euro zu nutzen, ist glaubwürdig. Werden die Bestrebungen zur politischen Einbindung der EZB und ihrer geldpolitischen Autoritätsminderung jedoch *dauerhaft* zurückgewiesen werden können?

Artikel 105 des Vertrages von Maastricht erlaubt es, dem Ziel der Geldwertsicherung noch mehr Vorrang zu geben, als dies in § 3 des Bundesbankgesetzes vorgesehen ist. Freilich schließt dies eine weite Auslegung dieses Ziels und eine expansive Geldpolitik – so wie sie von französischer und deutscher Seite ausdrücklich verlangt wird – nicht aus. Es gibt im Statut der EZB keine Sanktionen, wenn das Stabilitätsziel kraß und nachhaltig verfehlt wird. Die Sanktionsmittel des Stabilitäts- und Wachstumspaktes sind, abgesehen von ihrer bereits erwähnten weiten politischen Auslegbarkeit, nicht in der Hand der EZB. Nach dem Luxemburger Gipfel der Staats- und Regierungschefs vom Dezember 1997 sollen die Wirtschafts- und Finanzminister mit der EZB – unter Berufung auf Artikel 109b des Vertrages von Maastricht – in Verbindung mit den Sitzungsterminen des Europäischen Zentralbankrates einen „ständigen fruchtbaren Dialog" führen. Darin kann sich ein deutliches Mißtrauen der Politiker, die das durchgesetzt

haben, gegenüber den Entscheidungen der EZB, wenn nicht sogar die Absicht ausdrük-
ken, die Amtsführung im Hinblick auf die mit der Berufung verbundenen (geld-)poli-
tischen Erwartungen unter Kontrolle zu halten. In der deutschen Praxis nahmen jedenfalls die Finanzminister nicht „ständig" an den Sitzungen der Deutschen Bundesbank
teil.

Eine völlig offene Flanke ist die Handhabung der *Wechselkursfrage* gegenüber den
restlichen EU-Ländern und den Drittstaaten. Hierfür ist die EZB nicht zuständig. Frankreich hat der äußeren Wechselkursstabilität traditionell gegenüber der inneren Geldwertstabilität den Vorzug gegeben. Dem stand – zuletzt vor allem im EWS – die
D-Mark entgegen. Auch von deutscher Seite (siehe *Grundwertekommission* 1999) wird
dies heute als „Europäisches Diktat der Bundesbank" kritisiert. Frankreich wird jedenfalls alles daransetzen, die Wechselkursfrage zu politisieren. Bekanntlich soll hierzu die
EZB „Empfehlungen" von der Ecofin, vorbereitet von der Kommission der EU, erhalten. Wie sehr durch das politische Wechselkursmandat der Handlungsspielraum der
Geldpolitik eingeengt werden kann, hat die Deutsche Bundesbank von 1949 bis 1973
immer wieder erfahren müssen. Die deutsche Volkswirtschaft hat durch verschleppte
Aufwertungen erhebliche monetäre und realwirtschaftliche Langzeitschäden erlitten.
Soweit die Regierungen in der WWU politisch für Beschäftigungsprobleme haftbar ge-
macht werden, ja in Wahlkämpfen darauf bestehen, sich für die Verfehlung bestimmter
Beschäftigungsziele haftbar machen zu lassen, werden sie Aufwertungen als störend
empfinden und auf eine (beschäftigungs-)aktive Wechselkurspolitik drängen, also zumindest von dieser Seite her zu demonstrieren versuchen, daß die Unabhängigkeit der
Zentralbank „kein politisches Vakuum" ist.

Eine entscheidende Wendung zur Begrenzung des „neuen Leviathan" kann vom
Euro offensichtlich nur im Gesamtprozeß einer verstärkten wettbewerblich-marktwirtschaftlichen Systementfaltung der WWU ausgehen. Von deutscher Seite wird die
deutsch-französische Zusammenarbeit als „unbedingter (!) Anspruch" interpretiert, „gemeinsame Lösungen für gemeinsame Probleme zu finden" (*Schröder* 1999a, S. 8); von
dieser Art von Kräftebündelung werden Vorteile im internationalen Wettbewerb erwartet. Frankreich will sich der ordnenden Potenz des Euro entziehen. Ist es ein „unbedingter Anspruch"? Wird Deutschland sich dem beugen oder dem Vorbild einer Reihe
kleinerer Mitgliedsländer der WWU folgen, die die sichtbaren Vorteile der wettbewerblich-marktwirtschaftlichen Integrationsmethode nutzen und hierfür auch im globalen
Wettbewerb um die Anziehung von Direktinvestitionen nachhaltig belohnt werden?

Literatur

Böhm-Bawerk, Eugen von (1914/1924), Unsere passive Handelsbilanz, 1914, wiederabgedruckt
   in: *Franz X. Weiss* (Hrsg.), Gesammelte Schriften von Eugen von Böhm-Bawerk, Wien
   und Leipzig 1924.

Feldmann, Horst (1993), Konzeption und Praxis der EG-Industriepolitik: Eine Bestandsaufnahme aus ordnungspolitischer Sicht, in: ORDO, Band 44, S. 139-168.

Görgens, Egon (1999), Lohn- und beschäftigungspolitische Störpotentiale für die Europäische Zentralbank, in: Volkswirtschaftliche Korrespondenz der Adolf-Weber-Stiftung, 38. Jg., Nr. 7.

Grundwertekommission beim Parteivorstand der SPD (Hrsg.) (1999), Dritte Wege – Neue Mitte: Sozialdemokratische Markierungen für Reformpolitik im Zeitalter der Globalisierung, Berlin.

Hayek, Friedrich A. von (1977), Entnationalisierung des Geldes: Eine Analyse von Theorie und Praxis konkurrierender Umlaufmittel, Tübingen.

Lusser, Markus (1996), Nationale Geldpolitik zwischen Regionalisierungs- und Globalisierungstendenzen, in: *Reinhold Biskup* (Hrsg.), Globalisierung und Wettbewerb, 2. unveränderte Auflage, Bern, Wien und Stuttgart, S. 181-199.

Lutz, Friedrich A. (1935), Goldwährung und Wirtschaftsordnung, in: Weltwirtschaftliches Archiv, Band 41/II, S. 224 ff.

Meyer, Fritz W. und Hans Willgerodt (1956), Der wirtschaftspolitische Aussagewert internationaler Lohnvergleiche, in: *Bundesministerium für wirtschaftliche Zusammenarbeit* (Hrsg.), Internationale Lohngefälle, Bonn, S. 7-78.

Mises, Ludwig von (1940/1980), Nationalökonomie: Theorie des Handelns und des Wirtschaftens, Genf 1940, unveränderter Nachdruck München 1980.

Richter, Rudolf (1994), „Stabilitätskultur" als Problem der Institutionen-Ökonomik, in: *Helmut Hesse* und *Otmar Issing* (Hrsg.), Geld und Moral, München, S. 73-90.

Schröder, Gerhard (1999a), „Europe Puissance" als gemeinsames Ziel. Die Verantwortung Frankreichs und Deutschlands für die Zukunft Europas, in: Frankfurter Allgemeine Zeitung, Nr. 280 vom 1. Dezember 1999, S. 8.

Schröder, Gerhard (1999b), „Eigentlich bin ich ganz stolz auf das, was wir bisher erreicht haben". Bilanz Bundeskanzler Schröders über das erste Jahr der rot-grünen deutschen Regierung, in: Neue Zürcher Zeitung, Nr. 295 vom 18./19. 12. 1999, S. 6.

Schüller, Alfred, (1994) Die Europäische Union vor der Frage der Osterweiterung: Entscheidungslinien und Hindernisse, in: *Helmut Leipold* (Hrsg.), Ordnungsprobleme Europas: Die Europäische Union zwischen Vertiefung und Erweiterung, Marburg, S. 79-108.

Sievert, Olaf (1996), Wirtschaftspolitik im globalen Wettbewerb, in: *Reinhold Biskup* (Hrsg.), Globalisierung und Wettbewerb, 2. unveränderte Auflage, Bern, Wien und Stuttgart, S. 129-179.

Theurl, Theresia (1992), Eine gemeinsame Währung für Europa: 12 Lehren aus der Geschichte, Innsbruck.

Watrin, Christian (1958), Ordnungspolitische Probleme einer Europäischen Währungsunion, in: Wirtschaftspolitische Chronik des Instituts für Wirtschaftspolitik an der Universität zu Köln, Heft 2, S. 21-36.

Watrin, Christian (1984), Staatsaufgaben – die ökonomische Sicht, in: Bitburger Gespräche, Jahrbuch 1984, München, S. 52 f.

Watrin, Christian (1994), Geld – Maßstab für alles? In: *Helmut Hesse* und *Otmar Issing* (Hrsg.), Geld und Moral, München, S. 167-179.

Watrin, Christian (1997), Politische Union durch Einheitswährung?, in: *Franz-Ulrich Willeke* (Hrsg.), Die Zukunft der D-Mark: Eine Streitschrift zur Europäischen Währungsunion, München, Landsberg am Lech, S. 173-190.

IV.

Ordnungsprobleme der Weltwirtschaft

Flexible Wechselkurse – Übergangs- oder Dauerlösung für die Weltwährungsordnung*

* Erstdruck in: ORDO, Jahrbuch für die Ordnung von Wirtschaft und Gesellschaft, Band 26, Verlag Lucius&Lucius, Stuttgart 1975, S. 247-288.

1. Das Problem

Die Frage nach den Perspektiven flexibler Wechselkurse wird hier als das Problem einer Ordnung der Weltwährungsbeziehungen behandelt, die sich in Konkurrenz zu anderen Ordnungsmöglichkeiten zu bewähren hat. Welche Lösungen bieten sich hierfür an und welche Konsequenzen sind davon zu erwarten? Um wirklichkeitsnahe Antworten auf diese Fragen zu erhalten, sind Informationen darüber erforderlich, wie die Umwelt auf diese Lösungen wahrscheinlich reagieren wird. Erste wichtige Anhaltspunkte hierfür können die Erfahrungen mit der bisherigen Weltwährungsordnung liefern. Denn die künftige Ordnung müßte besser sein als das bisherige System, soll sie Bestand haben. Von dieser Überlegung ist der Weg der Untersuchung bestimmt. Es sind vor allem drei Fragen zu beantworten:

1. Welche Gründe haben dazu geführt, daß die großen Industrieländer des Westens spätestens seit dem März 1973 zu floatenden Wechselkursen übergegangen sind? Gelten diese Gründe überwiegend auch in Zukunft, so kann eine Rückkehr zu einer Währungsordnung vom bisherigen Typ ausgeschlossen werden. Dabei wird vorausgesetzt, daß Erfahrungen zur Orientierung künftigen Handelns genutzt werden, zumindest dazu, um die bisherigen Fehler zu vermeiden. Daß diese Annahme nicht völlig unberechtigt ist, kann schon aus dem Entschluß zum weltweiten Floating gefolgert werden, der gefaßt wurde, obgleich namhafte Währungsfachleute dem System flexibler Wechselkurse bei der Neugestaltung der internationalen Währungsordnung noch im Dezember 1972 eine ebenso geringe Chance einräumten wie einer Rückkehr zu einer Art Goldwährung (*Lutz* 1973, S. 34).[1] Insbesondere können die Erfahrungen mit dem System von Bretton Woods Hinweise dafür liefern, welche Ansprüche an das künftige Weltwährungssystem zu stellen sind.

2. Gibt es zu flexiblen Wechselkursen alternative Lösungen? Diese Frage soll hier an der sogenannten „Rohskizze der Reform" (Outline of Reform) überprüft werden, die der „Ausschuß des Gouverneursrates für die Reform des internationalen Währungssystems und die damit zusammenhängenden Fragen" (der sogenannte Zwanzigerausschuß) am 12./13. 6. 1974 vorgelegt hat, um ungefähr die Richtung anzuzeigen, in die sich das System entwickeln könnte (*IMF* 1974).

3. Kann ein System flexibler Wechselkurse auf Dauer erfolgreich funktionieren oder führt es – wie viele meinen – zur Rückkehr in den „monetären Nationalismus" (*Hankel* 1971, S. 66 und passim) und in einen weltweiten Protektionismus.

2. Lehren aus der Bretton Woods-Ära

Kernstück des Abkommens von Bretton Woods (*BMWF* 1972) ist der Internationale Währungsfonds (IMF). Er sollte auf der Grundlage des Gold-Devisen-Standards dem Ziel dienen, die Stabilität der Währungen zu fördern, geordnete Währungsbeziehungen zwischen den Mitgliedern aufrechtzuerhalten und Währungsabwertungen aus Wettbe-

---

[1] Ähnlich auch *H. Johnson* (1973, S. 92): „Meine Schlußfolgerung ist, daß wir auf lange Zeit hinaus mit dem Bretton Woods-System leben müssen ...".

werbsgründen zu verhindern. Sowohl die Konstruktion als auch die gewachsene Ordnung des IMF erlaubten es den Mitgliedstaaten, ihre wirtschaftspolitischen Ziele sehr weitgehend autonom zu verfolgen. Gleichwohl glaubten einige Länder, vor allem die Bundesrepublik Deutschland, sich auf die stillschweigende, also durch keine zwingende Regelung abgesicherte Übereinkunft verlassen zu können, nach der ein wesentlicher Teil der auftretenden Ungleichgewichte durch interne Maßnahmen geld- und fiskalpolitischer Anpassung bei unveränderten Wechselkursen symmetrisch, gleichsam nach den Spielregeln des Goldstandards beseitigt wird. Tatsächlich boten aber die Statuten des IMF erst recht gegenüber dem Leitwährungsland keine Handhabe, um es zu verpflichten, die nationale Wirtschaftspolitik den Erfordernissen des Zahlungsbilanzausgleichs unterzuordnen.

Unter diesen Bedingungen konnten sich schließlich immer weniger Einsicht und Selbstkontrolle der Mitglieder nach wechselseitig verpflichtenden Spielregeln und Handlungen entfalten. Vor allem die folgenden Erfahrungen dürften für das Verständnis der künftigen Anforderungen an ein funktionsfähiges Weltwährungssystem Beachtung verdienen:

1. Das Ordnungsprinzip „Wechselkursstabilität", wenn damit realistische Wechselkurse gemeint sein sollen, ist mit nationaler monetärer Unabhängigkeit nicht vereinbar. Feste Wechselkurse und unterschiedliche Geldentwertungsraten nahmen den Stabilitätsländern in der Ära von Bretton Woods die Souveränität in Währungsfragen und bürdeten ihnen einseitig die Anpassungslasten aus Zahlungsbilanzungleichgewichten im System auf, entweder dadurch, daß sie die Folgekosten aus der Zwangskreditierung zu übernehmen hatten, aufwerteten oder zur Anpassungsinflation übergingen. Daraus ist für die Zukunft zu folgern: Zahlungsbilanzungleichgewichte sind primär dort zu bekämpfen, wo sie entstehen, bei den Defizitländern. Meistens wird es so sein, daß diese Länder durch einen höheren Grad der Inflation ins Debet kommen. Ein Währungssystem, das die Defizitländer nicht zu angemessenen eigenen Anstrengungen zur Inflationsbekämpfung zwingt, kann auf Dauer keinen Bestand haben.

2. Währungspolitische Souveränität bedeutet für die Länder, die der Geldwertstabilität eine vergleichsweise hohe Priorität geben wollen, die reelle Chance zu haben, diesem Ziel auch dann Geltung zu verschaffen, wenn die „übrige Welt" sich für eine stabilitätswidrige Politik entscheidet. Tatsächlich konnten sich die stabilitätswilligen (Überschuß-)Länder bei unterschiedlichen nationalen Stabilitätsanstrengungen praktisch nicht vor der Inflationsansteckung schützen. Daraus folgt: Solange unter den Bedingungen nationaler wirtschaftspolitischer Autonomie bei dem Streben nach unterschiedlichen Geldentwertungsraten feste Wechselkurse bestehen, ist an eine wirksame Steuerung der Geldmenge durch die Notenbank, etwa gemäß dem Auftrag des § 3 des deutschen Bundesbankgesetzes, nicht zu denken. Die Teilentmachtung der Notenbank hat aber unvermeidlich eine Krise des Vertrauens in die Möglichkeiten wirksamer Inflationsbekämpfung zur Folge. Die durch feste Wechselkurse blockierte Einsicht in die Wirksamkeit geldpolitischer Globalsteuerung hat die verantwortlichen Politiker entweder zu nutzlosen Hexenjagden auf die „Schuldigen" für die Inflation im Innern und zu sinnlosen Maßhalteappellen oder zu verfehlten Experimenten mit der Fiskalpolitik und einer daraus folgenden inflationstreibenden Politik des „full employment engineering"

(stop-and-go-policy) verführt. Die Erprobung effizienter geldpolitischer Globalsteuerung und ihre Ausgestaltung zu einem flexiblen Instrument zur Kontrolle der Gesamtnachfrage konnten in der Bretton Woods-Ara nicht stattfinden.

3. Damit den Defizitländern die Verantwortung für eine am Zahlungsbilanzausgleich orientierte Wirtschaftspolitik möglichst voll zugemutet und stabilitätspolitische Disziplin dort, wo sie angestrebt wird, durchgehalten werden kann, müßten Vorzugspositionen im Anpassungsprozeß de Zahlungsbilanzausgleichs, wie sie in der Praxis des Bretton Woods-Systems zugunsten des Leitwährungslandes und der sogenannten währungsschwachen Länder entstanden sind, vermieden werden. Es kann nämlich kaum von irgendeinem Land erwartet werden, *freiwillig* den Vorteilen[2] zu entsagen, die aus dem Mißbrauch dieser Rollen gezogen werden können. Ob die Welt über die Sonderziehungsrechte (SZR) mit Liquidität so versorgt werden kann, daß wirtschaftliche Stagnation und Deflation ebenso wie Übernachfrage und Inflation (Artikel XXIV, Abschnitt 1 a des IMF-Abkommens in der Fassung vom 28. 7. 1969) zu vermeiden sind, ist eine Frage, die zumindest aus der bisherigen Erfahrung zu verneinen ist. Die Tatsache, daß im Jahre 1970 in einer Zeit mit Rekorddefiziten der amerikanischen Zahlungsbilanz SZR in Höhe von 9,4 Mrd. Dollar für den Zeitraum von drei Jahren zugeteilt wurden[3], offenbart deutlich den Zweck, die Stabilitätsländer noch stärker als früher in die Anpassungsinflation oder Aufwertungsreaktion zu zwingen, damit die Defizitländer ohne die sonst unumgänglichen eigenen Anstrengungen zum Zahlungsbilanzausgleich gelangen können.

Es wird zu prüfen sein, ob der IMF mit der ihm vielerseits zugedachten Rolle als Weltzentralbank so organisierbar wäre, daß er die Versorgung mit internationaler Liquidität, die er mit den Entscheidungen über das Zuteilungsvolumen beherrschen soll, in den Dienst der Aufgabe stellen kann, der Inflation als einem weltweiten Phänomen (*Haberler* 1974, S. 181 ff.) wirksam zu begegnen. Diese Frage ist selbstverständlich für die Zukunft flexibler Wechselkurse von großer Bedeutung.

---

[2] Die Vorteile des Leitwährungslandes bestehen einmal in der Befreiung von der Interventionspflicht am Devisenmarkt, zum anderen in der fehlenden Notwendigkeit, mit ausreichend wirksamen internen Restriktionsmaßnahmen die nationale Währungspolitik am Ziel des Zahlungsbilanzausgleichs zu orientieren. Hierdurch können die Nicht-Leitwährungsländer solange zu Zwangskrediten herangezogen werden, wie sie größere stabilitätspolitische Disziplin wahren und die Ankaufspflicht der Devisen bei festen Wechselkursen respektieren. Das Leitwährungsland kann weitgehend die Tendenz der Geldmengenentwicklung in der übrigen Welt bestimmen. Seine nationale Währungspolitik erhält dadurch den Rang einer Weltwährungspolitik.

[3] Nach Angaben der Bank für Internationalen Zahlungsausgleich wuchsen in der gleichen Zeit, also zwischen 1970 und 1972, die internationalen Währungsreserven um rund 69 Mrd. Dollar. In der Vorausschätzung für die Reserveentwicklung hatte man nach *O. Emminger* für die drei in Frage stehenden Jahre nur mit etwa 3 Mrd. Dollar gerechnet. Diese enorme Diskrepanz zwischen geschätzter und tatsächlicher Reserveentwicklung zeichnete sich bereits deutlich 1970, dem ersten Jahr der SZR-Zuteilung ab, als nämlich die internationalen Währungsreserven um rund 12,1 Mrd. Dollar zunahmen. Gleichwohl hielt man an den 1969 beschlossenen SZR-Zuteilungen für 1971 und 1972 in Höhe von rund 6,3 Mrd. Dollar unbekümmert fest.
Zu den Zahlen vgl. *BIZ* (1973, S. 135); *Emminger* (1974, S. 12).

4. Feste Wechselkurse wurden in der Praxis des Bretton Woods-Systems als ein selbständiges wirtschaftspolitisches Ziel behandelt, nicht aber, wie es nur sinnvoll sein kann, als ein Mittel zur Erreichung von übergeordneten Zwecken der Wirtschaftspolitik (Geldwertstabilität, Freiheit des Handels- und Kapitalverkehrs als Beispiele). Die bittere Erfahrung, daß feste Wechselkurse sich als unvereinbar mit den genannten oder anderen Zielen der Wirtschaftspolitik (etwa dem Integrationsziel) erwiesen haben, lehrt: Weder feste noch flexible Wechselkurse, sondern nur realistische Wechselkurse können ein sinnvolles wirtschaftspolitisches Ziel sein.

Realistische oder Gleichgewichtswechselkurse können nicht durch förmliche Vereinbarungen („Realignments") im Sinne von dauerhaft „richtigen" Preisen bestimmt werden, auch nicht durch eine „unabhängige Instanz", der die Verantwortung für die „richtigen" Währungsrelationen übertragen wird (*Jöhr* 1972, S. 156 f.). Abgesehen davon, daß es wohl auch in Zukunft in Fragen der internationalen Währungspolitik kein von konkurrierenden nationalen Interessen unabhängiges Entscheidungsorgan geben wird, läßt sich die „Richtigkeit" von Wechselkursen wie die von Marktpreisen nur in dem Sinne beurteilen, daß die Voraussetzungen oder Spielregeln für die Entfaltung freier (Devisen-)Marktprozesse gegeben sind oder nicht. Wechselkurse, die durch Maßnahmen der Devisenbewirtschaftung und der Handelsbeschränkung stabil gehalten werden, können nicht gleichgewichtig sein. Realistische Wechselkurse erfordern also die Freizügigkeit des internationalen Kapitalverkehrs. Nicht der freie Kapitalverkehr erwies sich, wie manche glauben (*Andersen* 1975, S. 11), „als Störpotential erster Ordnung", sondern das Festhalten an unrealistischen (festen) Wechselkursen. Sie waren die Ursache desintegrierender spekulativer Kapitalbewegungen. Daraus ist die Lehre zu ziehen: Der Freiheit des Kapitalverkehrs gebührt uneingeschränkte Priorität gegenüber dem Prinzip fester Wechselkurse.

5. Weder eine weltweite noch eine regional exklusive Integration der Volkswirtschaften kann über feste Wechselkurse beschleunigt herbeigeführt werden. Eine immer noch weit verbreitete, gleichwohl theoretisch und auch empirisch widerlegte Ansicht lautet: Wer die Wechselkurse so elastisch macht, daß die „Tuchfühlung der Nationalwirtschaften praktisch fortfällt, der entscheidet sich für eine neue Qualität der zwischenstaatlichen Beziehungen: Den Rückzug aus der weltwirtschaftlichen Kooperation und Integration in die einstmals überwundene Welt und Zeit der isolierten Nationalwirtschaft" (*Hankel* 1969); oder in anderer Formulierung: Nur dann kann ein wünschenswertes „minimales" One-World-Concept im Sinne der Ausschöpfung politisch notwendiger Solidaritätshandlungen aufrechterhalten werden, wenn nicht eine oder mehrere Volkswirtschaften gleichsam „am langen Wechselkurs abgehängt oder durch Hinnahme eines totalen Verfalls des Wechselkurses praktisch aus dieser Ordnung ausgeschlossen werden" (*Breitenstein* 1972, S. 272). Nach dieser Ansicht gibt es keine andere Möglichkeit, eine funktionsfähige internationale Währungsordnung und internationale Solidarität zu erreichen, als das System fester Wechselkurse.

Versteht man unter Integration von politisch autonomen Staaten Freiheit des Handels- und Kapitalverkehrs, so zeigt die Geschichte des Bretton Woods-Systems, daß bei festen Wechselkursen entweder die Möglichkeiten zu solidarischem Handeln einseitig zum Nachteil der Stabilitätsländer mißbraucht oder der internationale Handels- und Kapitalverkehr ersatzweise oder zusätzlich beschränkt werden. Allerdings – und dies zeigt den Weg des Mißbrauchs der internationalen Solidarität bei festen Wechselkursen – waren die Überschußländer relativ rasch bereit, mit Krediten beizuspringen, die über die Ziehungsmöglichkeiten der Defizitländer beim IMF hinausgingen. Dies geschah vielfach aus Angst, die Defizitländer würden eher Handels- und Währungsschranken errichten oder zu wettbewerbsverzerrenden Maßnahmen der Exportförderung greifen als abzuwerten. Trotzdem nahm jedoch tatsächlich in dem Maße, in dem den Defizitländern als Ausdruck fehlgedeuteter internationaler Solidarität die Anpassungslast erleichtert wurde, ihr Interesse an Beschränkungen des Handels- und Kapitalverkehrs eher zu als ab. Die Befürchtung, Handels- und Konvertibilitätsbeschränkungen könnten als Ersatz für überfällige Paritätsänderungen eingeführt werden, erwies sich als Pflanzstätte für erfolgreiche Versuche, von den Überschußländern die Rolle der Zwangsgläubigerschaft zu erpressen. Anstatt der von festen Wechselkursen erhofften internationalen Solidarität entwickelte sich eine desintegrierende Ausbeutungsgesinnung zum Nachteil der Stabilitätsländer, ohne allerdings dadurch den Defizitländern dauerhafte Vorteile verschaffen zu können.[4] Vielmehr zeigte sich, daß die in der Nachkriegszeit im Westen vorhandenen fruchtbaren ideellen und materiellen Ansätze zu einem übergreifenden Solidaritätsbewußtsein, in dem nicht zuletzt im politischen Raum der Erfolg des Neubeginns gelegen haben dürfte, unter dem Einfluß wachsender monetärer Instabilität mehr und mehr verkümmerten.

3. Die „Rohskizze der Reform" – eine Alternative zu flexiblen Wechselkursen?

Die gegenwärtige Phase des Floating wird häufig nur als zweitbeste währungspolitische Lösung, als monetäres Interregnum betrachtet, das lediglich dazu dienen soll, einen evolutionären Prozeß einzuleiten, an dessen Ende ein „Reformiertes System" auf der Grundlage fester, wenngleich anpassungsfähiger Wechselkurse steht. Daß mit dem Floating bestimmte aktuelle Probleme wie etwa die weltweite Inflationsentwicklung, die sogenannte Mineralölkrise und die daraus folgenden Zahlungsbilanzprobleme und Kapitalbewegungen am besten entschärft werden können, wird zwar nicht in Abrede gestellt. Doch gleichzeitig wird angenommen, daß das Floating auf die Dauer keine von allen akzeptierte Grundlage für einen freien und wachsenden Welthandel ist, um so weniger, als die Gefahr der Entstehung von Währungs- und Handelsblöcken zur Vorsicht mahne. Wir leben daher – so wird behauptet – gegenwärtig in einem Übergangssystem unserer internationalen Währungsbeziehungen (*Schmidt* 1973, S. 3).[5] Die Bemühungen,

---

[4] Das Mehr an Unabhängigkeit der Defizitländer von ihrer eigenen volkswirtschaftlichen Leistungsfähigkeit wurde erkauft mit zunehmender Sorglosigkeit, mit der die Solidargemeinschaft, verkörpert durch die Stabilitätsländer, gleichsam wie selbstverständlich in Anspruch genommen wurde. Monetäre Solidarität wurde schließlich nur noch als Bekenntnis zur Gleichheit der Inflationsraten aufgefaßt.

[5] Ähnlich auch *Morse* (1974, S. 15): „Wenn sich die Umstände bessern, könnte die gemeinsame Steuerung der schwankenden Kurse einen Grad erreichen, der sich von einem Paritätensystem nur noch durch das Fehlen angekündigter Bandbreiten unterscheidet. Dann könnten wir auch den Schritt zu festen, aber anpassungsfähigen Paritäten wagen".

wieder zu irgendwie gearteten festen Wechselkursen zu gelangen, müssen auch aus folgenden Gründen ernst genommen werden:

– Der IMF dürfte an einer Weltwährungsordnung interessiert sein, die seinen Fortbestand mit einem möglichst großen Aufgaben- und Einflußbereich nicht in Frage stellt. Schon die bloße Existenz einer Organisation, die länger als ein Vierteljahrhundert besteht und sich daran gewöhnt hat, in riesigen bürokratischen Dimensionen zu wirken, drängt nach Selbsterhaltung und läßt Druck auf die nationalen Regierungen mit dem Ziel erwarten, ein reformiertes System auf der Grundlage fester Wechselkurse und zentraler Reserveversorgung zu verwirklichen. Tatsächlich galten schon bisher alle Reformvorschläge nur dann als „konstruktiv und fruchtbar", wenn sie sich dem IMF in der Absicht präsentierten, es dieser Institution zu erlauben, die Rolle als Zentrum der internationalen monetären Zusammenarbeit in vollem Maße weiterzuspielen (*Mertens de Wilmars* 1966, S. 44). Mit der Schaffung der SZR im Jahre 1969 wurde der Erwartungshorizont hierfür wesentlich vergrößert. Der Gedanke einer einheitlichen Weltzentralbank mit eigener planmäßiger Steuerung der Liquiditätsversorgung nahm dadurch zum Teil reale Gestalt an. Auch in Abschnitt 1 der „Rohskizze der Reform" wird von einem „gestärkten" internationalen Währungsfonds gesprochen" (*IMF* 1974). Es kann also davon ausgegangen werden, daß die bereits in den geltenden Fondsstatuten erklärte Absicht bestehen bleibt, nach der der Fonds gleichsam die Rolle einer Weltzentralbank übernehmen soll, die – ebenso wie eine Notenbank im nationalen Raum gegenüber dem Bankensystem – durch Verknappung und Vermehrung der verfügbaren Reserven die Geldschöpfung in den Teilnehmerländern weltweit auf das Ziel der Geldwertstabilität auszurichten hätte (vgl. Artikel XXIV Abschnitt 1 (a) des IMF-Abkommens).

– Auch die Mitglieder, die sich von einer Rückkehr zu einem reformierten System auf der Grundlage fester Wechselkurse besondere Vorteile versprechen, werden auf seine Verwirklichung drängen. Wie bisher werden dies wohl vor allem die währungsschwachen Länder sein. Hierbei ist in Betracht zu ziehen, daß wohl auch künftig die Zahl der Länder mit der Bereitschaft zu stabilitätspolitischer Disziplin kleiner sein wird als die Zahl der Länder, die mit den internen (Inflations-)Ursachen ihrer Zahlungsbilanzschwäche nicht fertig werden und dazu neigen, die Anpassung zu vertagen und kumulierten Verschuldungsmöglichkeiten den Vorzug vor kursstabilisierenden Antiinflationsmaßnahmen im Innern zu geben. Die „Rohskizze der Reform" bietet günstige Voraussetzungen für eine Verschleppung fälliger Anpassungsprozesse.

3.1. Die Konstruktionspinzipien der „Rohskizze der Reform"

Die Rohskizze enthält in Teil I „Das reformierte System" und in Teil II ein „Programm der Sofortmaßnahmen". Von der Annahme ausgehend, es werde wohl noch einige Zeit vergehen, bis das reformierte System endgültig vereinbart und voll verwirklicht werden könne, soll mit dem „Programm der Sofortmaßnahmen" versucht werden, wesentliche Grundsätze und Aktionselemente des Teiles I bereits jetzt zu realisieren. Auf diese Weise soll ein Entwicklungsprozeß eingeleitet werden, an dessen Ende die erstrebte „wahre" Ordnung fester Wechselkurse steht. Wegen der dem Teil II zugedachten Schrittmacherfunktion ist es notwendig, beide Teile der Rohskizze schon heute in einem engen Zusammenhang zu beurteilen.

Ziel der reformierten Weltwährungsordnung soll es sein, auf der Grundlage von Zusammenarbeit und Konsultationen im Rahmen eines gestärkten IMF das Wachstum des
Welthandels und der Beschäftigung zu begünstigen, die wirtschaftliche Entwicklung zu
fördern und zur Vermeidung von Inflation und Deflation beizutragen. Die neue Währungsordnung soll unter anderem durch folgende Prinzipien gekennzeichnet sein:

(1) Ein wirksamer und symmetrischer Anpassungsprozeß, einschließlich eines besser
    funktionierenden Wechselkursmechanismus. Das Wechselkurssystem soll auf
    festen, aber anpassungsfähigen Paritäten beruhen. Für besondere Situationen wird
    ein Floating der Wechselkurse als „nützliche Technik" anerkannt.

(2) Gemeinsame Vorkehrungen zur Abwehr „störender" Kapitalbewegungen.

(3) Begründung einer geeigneten Form der Konvertibilität zum Zwecke des Ausgleichs
    von Zahlungsbilanzsalden, mit der allen Ländern symmetrische Verpflichtungen
    auferlegt werden.

(4) Eine bessere internationale Steuerung der globalen Liquidität. Die SZR sollen zum
    wichtigsten Reservemedium werden.

(5) Sicherstellung der Vereinbarkeit der Abmachungen über Zahlungsbilanzanpassung,
    Konvertibilität und globale Liquidität.

(6) Förderung des Netto-Transfers realer Ressourcen in die Entwicklungsländer.

Für die Beurteilung dieser teilweise äußerst vage formulierten Grundsätze empfiehlt
es sich, die folgenden institutionellen und prozeduralen Elemente des Reformplans zu
berücksichtigen.

3.1.1. Bildung eines ständigen und bevollmächtigten Ministerausschusses, des sogenannten „Council of Governors"

Dieser Council ist zwischen Gouverneursrat (Board of Governors), der 126 Mitglieder umfaßt, und IMF-Direktorium (Board of Executive Directors) einzuordnen. Er soll
nach der Art des bisherigen Ausschusses der Zwanzig aus „politisch verantwortlichen"
Repräsentanten der wichtigsten Mitgliedsländer und *Ländergruppen* gebildet werden.
Ihm sind nicht nur beratende, sondern vor allem auch gewisse Kontroll- und Entscheidungsbefugnisse zugedacht, besonders hinsichtlich der „Aufsicht über die Handhabung
und Anpassung des Währungssystems, für die ständige Überwachung des Anpassungsprozesses der Zahlungsbilanzen und für die Bewältigung plötzlich auftretender system-
bedrohender Störungen" (vgl. Abschnitt 31 der Rohskizze). Im einzelnen wurden die
Entscheidungsbefugnisse noch nicht ausformuliert. Auf den Jahresversammlungen des
IMF und der Weltbank 1974 wurde der „Council of Governors" als Interims-Ausschuß
ohne Entscheidungsbefugnis, wohl aber mit beratender Funktion auf den genannten
Gebieten aus der Taufe gehoben.

3.1.2. Bestimmungen über den Anpassungsprozeß der Zahlungsbilanzen

In den Abschnitten 4 bis 10 der Rohskizze werden Grundsätze und Methoden zur
Überwachung der Zahlungsbilanzpolitik der Mitgliedsländer behandelt. Hierbei dürfte

besonders die Erwägung interessieren, den Anpassungsprozeß an „objektiven Indikatoren" zu orientieren. Vor allem soll der sogenannte Reserveindikator als Hilfsmittel dienen, um die Anpassungsnotwendigkeit zu begutachten. Nach dem „Programm der Sofortmaßnahmen" sollen bereits jetzt Erfahrungen „auf experimenteller Basis" bei der Anwendung des Reserveindikators gesammelt werden; dies kann als Zeichen dafür gewertet werden, wie sehr der IMF das „Reformierte System" anstrebt.

3.1.3. Der Wechselkursmechanismus

Die Wechselkurse werden in der Rohskizze (vgl. die Abschnitte 11 bis 13) als eine „Angelegenheit internationalen Interesses und Gegenstand von Konsultationen" angesehen. Besonderer Wert wird auf die Vermeidung von Abwertungen und Unterbewertungen aus Wettbewerbsgründen gelegt. Im Interesse prinzipieller Wechselkursstabilität innerhalb bestimmter Bandbreiten sollen sich die Mitglieder zu einem symmetrischen Interventionssystem verpflichten. Für Paritätsänderungen soll auch künftig eine Genehmigung des Fonds erforderlich sein. Über das Verfahren, nach dem der Fonds im neuen System den Ländern die Genehmigung zum Floating erteilen könnte, besteht noch keine Einigung, wohl aber über die Richtlinien für die Wechselkurspolitik der Floating-Länder (vgl. Anhang 4 der Rohskizze). Diese „Guidelines for the Management of Floating Exchange Rates" spielen in der gegenwärtigen Phase und im Rahmen des Programms der Sofortmaßnahmen naturgemäß eine besonders aufschlußreiche Rolle (siehe Kapitel 4.2.).

3.1.4. Kontrolle des Handels- und Kapitalverkehrs

In den Abschnitten 14 bis 17 der Rohskizze werden Grundsätze über die Einführung von Handels- und Kapitalverkehrskontrollen durch die Mitglieder und gemeinsame Bemühungen zur Dämpfung „gleichgewichtsstörender Kapitalbewegungen" in Aussicht gestellt. Auch die „laufenden Transaktionen" sollen „aus Zahlungsbilanzgründen" kontrolliert werden können. Die Möglichkeit einer *umfassenden* Devisenbewirtschaftung wird also nicht ausgeschlossen. Gleichwohl wird vor allem mit dem Blick auf die jetzige „Interimsphase" besonderes Gewicht auf die Vermeidung der Eskalation von Beschränkungen des Handels- und Zahlungsverkehrs aus Zahlungsbilanzgründen gelegt. Der Ausschuß der Zwanzig lädt die Mitglieder ein, auf freiwilliger Basis eine Deklaration zu unterzeichnen, nach der kein Gebrauch von der Möglichkeit gemacht wird, Maßnahmen der Beschränkung des Handels oder anderer laufender Transaktionen, die der Jurisdiktion des General Agreement on Tariffs and Trade (GATT) unterliegen, aus Zahlungsbilanzgründen zu treffen oder sie den gesetzgebenden Körperschaften zu empfehlen, „falls nicht eine Feststellung durch den Fonds vorausgeht, daß die betreffenden Maßnahmen aus Zahlungsbilanzgründen gerechtfertigt sind". Hierbei sind – wie auch in anderer Hinsicht – die „besonderen Umstände der Entwicklungsländer" in Betracht zu ziehen.

3.1.5. Kontrolle der internationalen Liquidität

Die bisherigen Artikel des IMF-Abkommens, in denen die Grundsätze für die Zuteilung und Einziehung von Sonderziehungsrechten, denen künftig die Rolle des Hauptreservemediums zufallen soll, verankert sind, sollen unverändert bleiben. Dies betrifft vor allem den Artikel XXIV des IMF-Abkommens. Hinsichtlich der Verwendungsbeschränkungen bestehen jedoch zum Teil weitgehende „Auflockerungs-Vorschläge" (Abschnitt 27). Insbesondere sollen die Annahmegrenzen und die Rekonstitutionspflicht beseitigt werden. Auch soll das sogenannte „Hinausoptieren" (Opting Out) erschwert werden.

3.1.6. Sonderinteressen der Entwicklungsländer

Nach Abschnitt 29 der Rohskizze soll das „Reformierte System" Vorkehrungen enthalten, „die eine verstärkte Netto-Übertragung realer Ressourcen auf die Entwicklungsländer begünstigen". Abgesehen von den Vergünstigungen, die die Entwicklungsländer ohnehin beim Ausgleich ihrer Zahlungsbilanzen genießen sollen, ist vorgesehen, daß durch die Anpassungsmaßnahmen der anderen Länder die Entwicklungsländer nicht getroffen werden, daß diese Länder kurz- und langfristige Zahlungsbilanzhilfen, sei es über Sonderfazilitäten oder über SZR (sogenanntes „Link-System"), erhalten und daß auf vielfältige andere Weise der „beträchtlich ansteigende Bedarf der Entwicklungsländer an Finanzmitteln möglichst weitgehend und zu angemessenen Bedingungen" befriedigt wird, ohne daß für diesen „Bedarf" ein sinnvoller Maßstab genannt wird. Besonders sollen die Belange jener Länder berücksichtigt werden, die aufgrund des geringen Entwicklungsgrades der Geldwirtschaft ihren Reservebedarf nicht „richtig" einschätzen können und die keinen Zugang zu den internationalen Finanzmärkten haben (vgl. die Abschnitte 4 und 39 sowie die Anlagen 8 und 10 der Rohskizze).

3.2. Die „Rohskizze der Reform" – eine Blaupause des Keynes-Plans

Teil I der Rohskizze beruht im wesentlichen auf Konstruktionselementen, die auch dem Währungsplan „Proposals for an International Clearing Union" von *J. M. Keynes* eigen sind. Auch dieser Plan sollte neben dem Währungssystem Grundsätze für die internationale Handelspolitik sowie für die Bereitstellung von Mitteln für die Entwicklungshilfe umfassen. Auch sein Ziel war es, die Beschäftigung und die Konjunktur in der Welt zu beherrschen. Dieser Aufgabe sollten die Freiheit des Handels- und Zahlungsverkehrs und das Prinzip des Zahlungsbilanzausgleichs untergeordnet werden können.

Die Ziele des *Keynes*-Plans (*IMF* 1970, S. 19 ff.) decken sich zum Teil auch wörtlich mit den Grundsätzen des „Reformierten Systems". Dieser Hinweis auf die geistige Vaterschaft dürfte insofern nicht ohne Bedeutung für die Frage sein, ob das Reformvorhaben jemals eine ernst zu nehmende Konkurrenz für eine Währungsordnung auf der Grundlage flexibler Wechselkurse werden kann, als mit der Gründung der Europäischen Zahlungsunion (EZU) im Jahre 1950 die Grundidee des *Keynes*-Plans für eine internationale Währungsordnung verwirklicht wurde. Die Besonderheit der EZU gegenüber dem *Keynes*-Plan bestand in einer allmählichen Härtung des Kreditmechanismus. Eine

EZU nach dem „reinen" *Keynes*-Plan wäre ohne Zweifel gescheitert. Denn nach diesem Plan sollten die Gläubigerländer nicht nur zu einer weitgehenden Kreditgewährung bereit sein und auf die Einlösbarkeit in Gold oder harten Devisen verzichten, sie sollten auch noch für ihre Guthaben einen als Abgabe (Charge) bezeichneten Strafzins an die Union zahlen. Damit wäre die Entstehung von Überschüssen als ebenso unerwünscht behandelt worden wie die von Defiziten (Prinzip des symmetrischen Zahlungsbilanzausgleichs). Dahinter verbirgt sich die Absicht, die Überschußländer anzuhalten, ihre unerwünschten Gläubigerpositionen gegenüber der Währungsunion durch Mehrimporte abzubauen. Den Überschußländern, die in der Regel durch größere währungspolitische Disziplin in diese Position gelangen, droht dann aber eine doppelte Anpassungslast, der sich wohl niemand ohne Zwang unterwerfen wird.[6] Mit diesem Hinweis wird eine Konsequenz des „Reformierten Systems" angedeutet, die weiter unten noch eingehender behandelt wird (siehe Kapitel 4.1.2.).

4. Mögliche Währungsordnungen auf der Grundlage der „Rohskizze der Reform"

Hinsichtlich des Grades der erstrebten Wechselkursflexibilität läuft „Das reformierte System" im Regelfalle auf einen Anpassungsmechanismus hinaus, den man als „Kontrollierte Stufenflexibilität" bezeichnen könnte. Den Anpassungsmechanismus des „Programms der Sofortmaßnahmen" könnte man „Kontrolliertes Floating" nennen. Beide Anpassungssysteme beruhen auf der Annahme, daß auch in Zukunft jedes Land über die Rangfolge seiner wirtschaftspolitischen Ziele entscheiden will und daß deshalb den unvermeidlichen Divergenzen in den stabilitätspolitischen Anstrengungen und Erfolgen der Mitgliedstaaten durch Vorsorge für eine ausreichend große Flexibilität des Währungssystems, vor allem des Wechselkursregimes, Rechnung zu tragen ist. Die Problematik beider Anpassungsmöglichkeiten liegt in erster Linie in der Schwierigkeit der Beurteilung und Kontrolle dessen, was als „ausreichend große" Flexibilität gelten kann.

Es würde an sich naheliegen, mit der Analyse des gegenwärtig aktuellen Konzepts des „Kontrollierten Floatings" zu beginnen, denn es soll die Phase der Konsolidierung der aus den Fugen geratenen Zahlungsbilanzen und internationalen Währungsbeziehungen mit „absichernden" Hilfen einleiten und den Weg zu dem letztlich angestrebten „Reformierten System" ebnen. Weil aber dieses System in wesentlichen Punkten Mängel aufweist, die die Funktionsschwächen des Bretton Woods-Systems noch weit in den Schatten stellen, soll zunächst der Fall der „Kontrollierten Stufenflexibilität" behandelt werden.

4.1. Kontrollierte Stufenflexibilität à la „Reformiertes System"

„Feste, aber anpassungsfähige Paritäten", so lautet das Grundprinzip dieses Systems. Viele sehen in dieser Formel einen Weg, um „den Notwendigkeiten und Wünschen so-

---

[6] Die bisher fehlgeschlagenen Bemühungen um eine währungspolitische Zusammenarbeit im Rat für Gegenseitige Wirtschaftshilfe, die sehr stark am *Keynes*-Plan orientiert sind, bezeugen dies sehr eindringlich. Vgl. hierzu *Schüller* (1973).

wohl der Wirtschaftspolitik nach relativer konjunkturpolitischer Autonomie ohne dramatische Devisenkurs- und Währungsreservenbewegungen als auch der Unternehmen nach zumindest relativer Wechselkursstabilität" entgegenzukommen (*Lipfert* 1974, S. 159). Wenn, so wäre immerhin erwägenswert, im reformierten System niemand mehr wie bisher zu lange mit fälligen Paritätsänderungen warten kann, dann bestehen bessere Voraussetzungen dafür, „daß die verantwortlichen Instanzen – auch ohne Anpassungszwänge – die Möglichkeiten zu kleineren, wenn erforderlich, weniger seltenen rechtzeitigen Paritätsänderungen als wirtschaftspolitische Entscheidungen auf der Basis des besten Wissens und Gewissens wahrnehmen werden" (Ebenda, S. 160). Könnte nun tatsächlich, so ist zu fragen, irgendwann einmal mit Hilfe einer größeren, gleichwohl limitierten Wechselkursflexibilität sowie der anderen Elemente des „Reformierten Systems" eine Dauerlösung für die Ordnung der internationalen Währungsbeziehungen entstehen, wenn man dabei nicht den Blick in die exotische Ferne einer aus purer Einsicht und strenger Selbstkontrolle herauswachsenden Herrschaft weltweiter währungspolitischer Tugend schweifen läßt?

Zu denken wäre zunächst an eine kräftige Dehnung der bisherigen Bandbreiten. In diesem Falle würden kurzfristig auftretende Störungen am Devisenmarkt automatisch durch Wechselkursausschläge absorbiert, soweit der gewählte Bandbreitenrahmen groß genug ist. Die Vorteile liegen auf der Hand:

1. Der Spielraum für die nationale Stabilisierungspolitik wird in dem Ausmaß erweitert, in dem innerhalb der Bandbreite der Wechselkursmechanismus am Zahlungsbilanzausgleich durch Veränderung der relativen Kosten- und Preisstrukturen der beteiligten Länder mitwirken kann. Der sinkende Wechselkurs des Landes mit der stärkeren Nachfrageexpansion verhindert, daß die Stabilitätsländer unfreiwillig zu Zwangskrediten herangezogen werden können, mit denen die Importüberschüsse der Inflationsländer finanziert werden. 2. Ist die Bandbreitendehnung groß genug und gibt es keine Gründe für die Erwartung von außergewöhnlichen Paritätsänderungen, so können auch zinspolitische Maßnahmen der nationalen Währungsautoritäten zur Verteidigung der Geldwertstabilität nicht durch spekulative Kapitalbewegungen – wie im System von Bretton Woods – vollständig unterlaufen werden. Denn Kapitalströme zum stabilitätswilligen Hochzinsland führen am Devisenmarkt zu einem Mehrangebot und damit zur Abwertungstendenz der Währungen, deren Anbieter einen höheren Zinsvorteil suchen. Im Empfangsland stellt sich mit dem Kapitalzufluß ein Zinsdruck ein, durch den der Kapitalimport gedrosselt wird. Zugleich kann die drohende Konjunktur- und Beschäftigungseinbuße im Kapitalzuflußland zu zinssenkenden geldpolitischen Maßnahmen zwingen. Hierdurch werden die Erwartungen, auf risikolose Weise Aufwertungsgewinne erzielen zu können, zusätzlich enttäuscht.

Der Einwand (*Jöhr* 1972, S. 152), die erstrebte größere Flexibilität könne bei unterschiedlicher Entwicklung der Konkurrenzfähigkeit der wichtigsten Länder der Weltwirtschaft wieder verlorengehen, indem der Devisenkurs in den konkurrenzstarken Ländern rasch auf den unteren Interventionspunkt gedrückt wird und in den konkurrenzschwachen Ländern bis zum Wert des oberen Interventionspunktes steigt, ist kein durchschlagendes Argument gegen die Flexibilität schlechthin, sondern höchstens gegen zu geringe Bandbreiten. Ist zum Beispiel die unterschiedliche Entwicklung der

Konkurrenzfähigkeit ursächlich aus der verschiedenen Entwicklung der Geldwertstabilität in den Volkswirtschaften zu erklären, so besteht für die wettbewerbsschwachen Länder die Möglichkeit, den Wechselkurs durch Antiinflationspolitik zu stabilisieren, soweit die internationale Wettbewerbsfähigkeit nicht bereits in ausreichendem Maße über die Wechselkursabwertung zurückgewonnen werden konnte. Der Verlust an *erstrebter* Flexibilität ist also kein schicksalhafter, sondern ein selbstverschuldeter und deshalb auch selbstkorrigierbarer Zustand.

Freilich wird mit dem Grundsatz „feste, aber anpassungsfähige Wechselkurse" nur eine solche Dehnung der Bandbreiten gemeint sein, die es erlaubt, noch von relativer Wechselkursstabilität zu sprechen. Die Ausführungen in Anhang 3 in Verbindung mit Abschnitt 12 der Rohskizze bekräftigen dies.[7] Dann ist aber auch der Spielraum für die kreditpolitische Autonomie der Mitgliedstaaten entsprechend kleiner und die Gefahr der Entstehung von Ungleichgewichten der Zahlungsbilanzen, die nicht unmittelbar durch den Wechselkursmechanismus ausgeglichen werden, entsprechend größer. Deshalb würde im Falle einer Störung der Wechselkurs rascher und nachhaltiger an die untere oder obere Linie der Bandbreite gedrückt mit der Folge, daß notfalls – wie bisher – im Interesse prinzipieller Wechselkursstabilität durch Kauf oder Verkauf von Devisen interveniert werden müßte. Da hierfür Währungsreserven notwendig sind, müßte das leidige Problem der Versorgung mit internationaler Liquidität irgendwie gelöst werden. Gemessen an den bisherigen Erfahrungen dürfte der Reservebedarf um so größer sein, je kleiner die Bandbreite ist und je langsamer Paritätsänderungen vorgenommen werden, aus denen sich durch Verlagerung der Bandbreiten neuer Spielraum für den Wechselkursmechanismus ergibt (*Meyer* 1972, S. 295). Je mehr aber das Problem der Reserveversorgung in den Vordergrund rückt, desto größer wird die Gefahr, daß es nicht zu einem entscheidenden Abbau der bisherigen primären Inflationsquelle in der Welt kommen wird. Tatsächlich deuten die genannten Regeln für den Anpassungsprozeß der Zahlungsbilanzen und für den Handels- und Kapitalverkehr sowie die zahlreichen Stützen und Sonderinterventionen zugunsten der Entwicklungsländer auf eine Währungsordnung mit einem – wie *F. A. Lutz* (1973, S. 45) es nennt – „(ungemütlichen) Kompromiß zwischen festen und flexiblen Wechselkursen" hin.

4.1.1. Probleme des Zahlungsbilanzausgleichs bei kontrollierter Stufenflexibilität

Das Wesen der kontrollierten Stufenflexibilität in der Intention des „Reformierten Systems" kann darin gesehen werden, im Interesse prinzipieller Wechselkursstabilität den Spielraum von Bandbreitennutzung und Paritätsänderung so zu begrenzen, daß die Verpflichtungen zur Beseitigung von Zahlungsbilanzungleichgewichten symmetrisch auf Überschuß- und Defizitländer verteilt werden. Eine darauf hinzielende Kontrolle müßte gewährleisten, daß das bisherige Tauziehen um die Notwendigkeit von Auf- und Abwertungen verhindert wird, das bei der diskretionären Entscheidung der Währungs-

---

[7] Es wird davon ausgegangen, daß die in Abschnitt 12 der Rohskizze genannten maximalen Bandbreiten 2 ¼ % beiderseits der in SZR ausgedrückten Parität umfassen, was zugleich bedeutet, daß der Wechselkurs zwischen zwei beliebigen Währungen stets innerhalb einer Schwankungsbreite von höchstens 4 ½ % über oder unter der Parität gehalten würde.

autoritäten im Rahmen des Bretton Woods-Systems regelmäßig zum Nachteil der stabilitätswilligen Überschußländer ausging (siehe Kapitel 2.).

Die in der Rohskizze entwickelten Vorstellungen zur kontrollierten Stufenflexibilität lassen sich so interpretieren, daß jedem Land eine möglichst eindeutige, an quantitativen Maßstäben abzulesende Verpflichtung zur Erhaltung des Zahlungsbilanzgleichgewichts auferlegt werden soll, um in diesem wichtigen Punkt die Wirksamkeit der internationalen Währungsordnung entschieden zu verbessern. Anders formuliert besteht das Ziel einer entsprechenden Kontrollaufsicht darin, die Verpflichtung zur Anpassung im Falle eines „fundamentalen Ungleichgewichts" nicht wie bisher nur in den Statuten des IMF als eine beliebig ausdeutbare Leerformel zu verankern, sondern sie zu einer notfalls auch gegen den Widerstand der Betroffenen durchsetzbaren konkreten materiellen Verbindlichkeit zu machen. Damit entstehen zwei Fragen. Einmal: Gibt es hinreichend aussagekräftige Indikatoren, an denen die Kontrollorgane frühzeitig genug die Entwicklung zu einem „fundamentalen Zahlungsbilanzungleichgewicht" nach allgemein anerkannten Regeln ablesen können und die zugleich Auskunft über sachlich und zeitlich adäquate Anpassungsmaßnahmen geben? Hierbei geht es in erster Linie auch darum, ob das Kontrollorgan, etwa der „Council of Governors", sich überhaupt auf eine sachlich zu rechtfertigende Entscheidungskompetenz berufen kann. Die zweite Frage lautet: Können für eine solche Aufgabe die Verantwortlichkeiten auf internationaler Ebene überhaupt eindeutig und wirkungsvoll festgelegt und praktiziert werden? Diese Frage bezieht sich auf die politische Autorität und Entscheidungsfähigkeit des Council.

(1)   Gibt es „objektive" Indikatoren von Zahlungsbilanzlagen?

Bei der Suche nach „objektiven" Indikatoren zur Diagnose von Zahlungsbilanzlagen bietet es sich an, an den in der einschlägigen Literatur verwendeten Zahlungsbilanzkonzepten anzuknüpfen, die der Zuordnung und Interpretation des Ergebnisses bestimmter Teile der Zahlungsbilanz im periodischen Sinne dienen sollen (*Rose* 1972, S. 16-23; *Tiedtke* 1974, S. 58-78). Der Zwanzigerausschuß hat sich dafür entschieden, hierfür hauptsächlich die Veränderungen der zentralen Währungsreserven zu wählen. Um nun mit Hilfe eines entsprechenden Reserve-Indikators vergleichende Zahlungsbilanzanalysen zum Zwecke der gewünschten Kontrolle anstellen zu können, müssen mindestens zwei Reservegrößen bekannt sein: Das Reserve-Ist oder der Bestands-Indikator und das Reserve-Soll oder der Norm-Indikator.

–   Zum Problem der Ermittlung des Bestands-Indikators

Um das Reserve-Ist in allen Mitgliedsländern einheitlich zu ermitteln, müßten durch eine abgestimmte Bilanzierungspraxis verschleierungstaktische Buchungsoperationen ausgeschlossen werden können. So wäre zum Beispiel durch einen Grundsatz der qualitativen Spezialität zu verhindern, daß wichtige Buchungsvorgänge wechselnd hinter anderen Bezeichnungen in den Zahlungsbilanzen erscheinen dürfen. Weiterhin wäre durch einen Grundsatz der zeitlichen Spezialität die Möglichkeit einer Variation der Verbuchungsstichtage auszuschließen. Auch dem Grundsatz der Einheitlichkeit müßte Rechnung getragen werden. Soweit zum Beispiel Währungsreserven außerhalb der Zentralbank gleichwohl ihrer Kontrolle unterliegen, wäre generell zu entscheiden, ob sie berücksichtigt werden sollen oder nicht.

Aber auch bei Ausschluß aller Möglichkeiten für buchungstechnische Manipulationen bleiben noch genügend Erfassungs- und Beurteilungsschwierigkeiten.[8] Ein bestimmter Ist-Befund über die Höhe der Devisenbestände erlaubt nämlich weder zuverlässige Rückschlüsse auf die schwebenden Forderungen und Verbindlichkeiten einer Volkswirtschaft noch auf die Möglichkeit, sich internationale Liquidität zu beschaffen. Es müßten sämtliche Reservesubstitute berücksichtigt werden, also alle leicht disponiblen Aktiva, die für Ausgabezwecke genutzt werden können. Was in diesem Zusammenhang Aktiva und Passiva sind, müßte also einheitlich geregelt werden, um zu einem vergleichbaren Liquiditätsstatus gelangen zu können. Auch in anderer Hinsicht ist die Höhe der Bestände allein nicht ausschlaggebend. Es kommt nämlich auch auf die Verwendbarkeit, also den Konvertibilitätsgrad der Devisenvorräte und reservenahen Titel an.

Auch wäre darauf zu achten, daß ein Defizit im Sinne eines Reserveschwunds in einer Periode vermieden worden sein kann, wenn durch Maßnahmen der Handelspolitik (Erhöhung der Importbarrieren) oder der Devisenbewirtschaftung die Warenimporte und der Kapitalexport zurückgedrängt worden sind. Natürlich wäre in diesem Falle der Bestandsindikator verfälscht. Es liegt gleichsam ein „zurückgestautes Ungleichgewicht" (*Willgerodt* 1962, S. 43) oder ein „potentielles Defizit" (*Meade* 1961, S. 15) vor. Wie entsprechende Maßnahmen tatsächlich auf den Reservestatus wirken, ist wohl kaum exakt quantifizierbar. Immerhin ist diesem Aspekt besondere Bedeutung beizumessen, weil – wie früher ausgeführt – nach den Bestimmungen der Rohskizze sowohl Maßnahmen der Handels- als auch der Kapitalverkehrsbeschränkung in beträchtlichem Umfange erlaubt sein sollen. Nach *H. Willgerodt* (1962, S. 45) herrscht dann ein Zustand, in dem zwar keine Veränderungen von Währungsreserven und Wechselkursen als Anzeichen für ein aktuelles Ungleichgewicht zu beobachten sind, tatsächlich aber entsprechende Anpassungsvorgänge in Gang kommen müßten, wenn die genannten Interventionen wegfallen.

Wohl stets werden die nationalen Währungsautoritäten ausreichenden Spielraum haben, um durch Manipulationen einem unerwünschten Handlungszwang zu entfliehen, der durch die Anzeige einer bestimmten Lage bei den Reserven ausgelöst werden soll. Deshalb wird gegenüber einem bedeutenden Teil der Mitglieder des IMF dem Bestands-Indikator keine verwertbare Aussagekraft beigemessen werden können.

– Probleme der Ermittlung des Norm-Indikators

Bei der Festlegung der Reservenormen für alle Länder sollen nach den Bestimmungen der Rohskizze die tatsächlichen Reserven unter Einschluß der SZR-Zuteilungen zu einem zu vereinbarenden Zeitpunkt solange als Bezugsgröße dienen, als es nicht ge-

---

[8] Diese Schwierigkeiten scheinen in den Entwicklungsländern besonders ausgeprägt zu sein. Trotz erheblicher Anstrengungen, dem IMF-Rechnungssystem „Balance of Payments Manual" zu entsprechen, soll nach einer Studie der UN Economic Commission for Africa (UN/ECA) bei der Untersuchung der volkswirtschaftlichen Gesamtrechnungen und Zahlungsbilanzen in 32 afrikanischen Ländern für den Zeitraum 1960-1972 festgestellt worden sein, daß nur in 18 Ländern die Abweichungen der Ex- und Importwerte unter 10% lagen. In sieben Ländern betrugen die Unterschiede 30% und mehr (*UN/ECA* 1973).

lingt, längerfristige Normen festzulegen, „die angemessener als die vorhandenen Reserven den relativen Reservebedarf der Länder widerspiegeln und addiert die vereinbarte Gesamtsumme der globalen Reserven ergeben würden" (Anhang 1 der „Rohskizze der Reform"). Ziel soll es sein, eine Annäherung der tatsächlichen Reserven an die langfristig als erwünscht ausgewiesenen Normen zu erreichen. Damit wird die Absicht verfolgt, die Teilnehmerstaaten nach Über- oder Unterschreitung der Normen (Reserve-Indikator-Punkte) einem Konsultations- und Druckmittelverfahren zu unterwerfen, demzufolge bestimmte Anpassungsmaßnahmen zu ergreifen wären. Die Einhaltung der hierfür aufzustellenden Regeln (Anhang 2 „der Rohskizze der Reform") soll durch den „Council of Governors" kontrolliert werden, der notfalls ein systemkonformes Verhalten erzwingen soll, und zwar mit folgenden Druckmitteln:

Druckmittel gegen Überschußländer

- Strafgebühr für die Ansammlung von Reserven über der Reservenorm, gestaffelt nach der Höhe der Normüberschreitung und der Dauer der Ansammlung.
- Verpflichtung, die normüberschreitenden Reserven bei einem im Fonds zu errichtenden Überschußreservefonds zinslos zu hinterlegen.
- Völlige oder teilweise Nichtberücksichtigung bei künftigen SZR-Zuteilungen.
- Veröffentlichung eines Berichts über die Außenwirtschaftslage und -politik eines Überschußlandes, was einer Verrufserklärung durch den IMF gleichkommt.
- Als stärkstes Druckmittel: Diskriminierende Handelsbeschränkungen seitens der Defizitländer gegenüber den Überschußländern.

Druckmittel gegen Defizitländer

- Strafgebühr für die Unterschreitung des Reservesolls, gestaffelt nach der Höhe des Fehlbetrages und der Dauer des Ungleichgewichts.
- Erhöhung der Zinsen für Zahlungsbilanzkredite durch den Fonds über die allgemein geltenden Sätze hinaus.
- Beschränkung der Beistandskredite.
- Völlige oder teilweise Nichtberücksichtigung bei künftigen SZR-Zuteilungen.
- Veröffentlichung eines Berichts über die Außenwirtschaftslage und -politik eines Defizitlandes, was wiederum einer Verrufserklärung durch den IMF gleichzusetzen ist.

Unabhängig von der Frage der Wirksamkeit dieser Sanktionen[9] ist zunächst folgendes festzustellen: Die vorläufige Festlegung der Normen entsprechend den tatsächlichen Reserven zu einem bestimmten Zeitpunkt ist äußerst willkürlich und irreführend. Denn damit werden auch die diesem Bezugswert zugrundeliegenden Bestimmungsgründe, einschließlich unrealistischer fester Wechselkurse und der zu ihrer Absicherung eingeführten Handels- und Kapitalverkehrskontrollen, gleichsam zur Norm erhoben.

---

[9] So würden zum Beispiel Verrufserklärungen seitens des IMF geeignet sein, massive spekulative Kapitalbewegungen auszulösen. Aber schon wegen der Schwäche der sachlichen und politischen Entscheidungsgrundlage des „Council of Governors" wäre eine öffentliche Anprangerung von Mitgliedern nicht zu verantworten und durchzusetzen.

Tatsächlich ist es schlechthin unmöglich, einen allgemeinen Bedarf an internationaler Liquidität eines einzelnen Landes oder der Weltwirtschaft insgesamt quantitativ oder in Abhängigkeit von bestimmten wirtschaftlichen Größen (Volumen des Welthandels) zu ermitteln (*Sohmen* 1973, S. 241 f.). Beschließt eine Notenbank, am Devisenmarkt nicht zu intervenieren, so hat sie auch keinen Bedarf an Reserven. Wird in einem System fester Wechselkurse erwartet, daß eine Währung aus begründeten oder unbegründeten Anlässen abgewertet wird, so kann die Devisennachfrage aus spekulativen Gründen kurzfristig ein Vielfaches des Passivsaldos der Leistungsbilanz betragen. Sorgt in einer anderen Konstellation die Notenbank unter den Bedingungen fester Wechselkurse durch eine bewegliche Geldmengenpolitik dafür, daß freiwillige kurzfristige Kapitalbewegungen immer alle Defizite der Leistungsbilanz und der langfristigen Kapitalbewegungen ausgleichen, so kann auch in einem solchen Währungssystem der Bedarf an Währungsreserven für Interventionszwecke der Notenbank im Extremfall bis auf Null sinken (ebenda).

Ob die Höhe der Devisenreserven volkswirtschaftlich gerechtfertigt ist oder nicht, kann nur aus dem komplexen Beziehungsgefüge der ursächlichen Daten von Devisenangebot und Devisennachfrage mit den nationalen Zahlungsbilanzzielen beurteilt werden, die ihrerseits mit den allgemeinen wirtschaftspolitischen Zielen aufs engste verklammert sind. Ein solcher Soll-Ist-Vergleich setzt zumindest voraus, daß die Mitgliedsländer selbst klare Zahlungsbilanzziele haben und diese bekanntgeben. Sollen diese Ziele einen für bestimmte Perioden verläßlichen Normcharakter haben, müßte eine zentrale Lenkung des Außenhandels und die Aufstellung entsprechender Valutabilanzen vorausgesetzt werden; weil die Zukunft stets unsicher ist, bleibt selbst dann die Normierung bestimmter Reservepositionen äußerst problematisch, wie die wachsenden Zahlungsbilanzprobleme der osteuropäischen Staatshandelsländer gegenüber dem Westen zeigen. Welche Reserve-Norm auch immer dem „Council of Governors" vorgegeben werden mag, sie würde ihm nicht die zu lösende Aufgabe erleichtern helfen. Denn die nationale Zuständigkeit für die Gestaltung der Daten, die Devisenangebot und -nachfrage bestimmen, impliziert unausweichlich die nationale Entscheidungs- und Verantwortungskompetenz für die Beurteilung der daraus entstehenden Ergebnisse, hier der gesamtwirtschaftlichen Vor- und Nachteile einer bestimmten Reserveposition. Schon im Bretton Woods-System ist der naiv-voluntaristisch erscheinende Versuch gescheitert, die nationale Autonomie für wirtschaftspolitische Zielsetzungen zu trennen von der Entscheidungskompetenz über Wechselkursänderungen oder Zahlungsbilanzausgleichsmaßnahmen beim IMF.

Die hier sicher bei weitem nicht alle aufgezeigten Möglichkeiten, den Bestands- und Norm-Indikator nach Belieben zu interpretieren, vermitteln einen Eindruck von der Schwäche der Beurteilungsbasis des „Council of Governors". Diesem Organ ist es selbst bei bester Absicht verwehrt, sich auf allseits geachtete Sachverständigkeit zu berufen. Dies legt den Verdacht nahe, daß es beim früheren Tauziehen zwischen Inflations- und Stabilitätsländern bleiben wird. Damit würde auch der Anpassungszwang einseitig den Ländern mit unterbewerteten Währungen zugeschoben bleiben. Soll das in Abschnitt 11 der Rohskizze postulierte Erfordernis der Genehmigung von Paritätsänderungen durch den Fonds nicht als Ausdruck einer Scheinaktivität gewertet werden, wird es den Überschußländern nicht leicht fallen, dieser Gleichschaltung zu entgehen; denn eine vorherige Diskussion über Paritätsänderung führt, da sie kaum geheim gehalten werden kann, zur massiven spekulativen Flucht aus den abwertungsverdächtigen in die aufwertungsverdächtigen Währungen. Die bestehenden Ungleichgewichte würden verstärkt.

(2) Der „Council of Governors" und das Problem der symmetrischen Verteilung der Anpassungslasten auf Überschuß- und Defizitländer

Selbst wenn man sich über das, was als „fundamentales Zahlungsbilanzungleichgewicht" gelten soll, verständigen könnte, bliebe immer noch völlig ungewiß, ob die vorgesehenen oder anderen Sanktionen überhaupt geeignet sind, symmetrische Zahlungsbilanzlagen herzustellen und – vor allem – ob sie durchgesetzt werden können.

Man kann gewiß nicht wünschen, das Argument für solche Einrichtungen generell in Frage zu stellen, die die nationalen Währungsautoritäten zwingen könnten, das „Richtige" für das wirtschaftliche Gemeinwohl der Welt zu tun. Die Frage ist allerdings, ob ein solcher Wunsch realisierbar ist.

Wenn die Regierungen, Zentralbanken und sonstigen auf die Währungsverhältnisse einwirkenden Autoritäten in den IMF-Ländern ihre Handlungsweise auf eine bestimmte Zielvorstellung, etwa Preisniveaustabilität, gemessen an einem einheitlichen Preisindex, ausrichten würden, könnte man erwarten, daß sie alle ungefähr das Gleiche meinen, wenn von „fundamentalem Zahlungsbilanzungleichgewicht" die Rede ist. Eine Wirtschaftspolitik, die Wert auf Wirklichkeitsinn legt, muß jedoch auch künftig von einer komplizierteren Zielsstruktur ausgehen. Hierbei ist zu beachten, daß mit einer bloßen Zustimmung der Beteiligten zu einer gemeinsamen Stabilitätsstrategie oder zu den unbestimmten Zielformulierungen, wie sie in Abschnitt 1 des „Reformierten Systems" oder in Artikel 104 des EWG-Vertrages und in zahlreichen anderen nationalen und internationalen Übereinkünften zu finden sind, keine Klärung der tatsächlichen Zielvorstellungen verbunden ist. Bei der üblichen schwammigen Formulierung, daß die gesetzten Ziele bestmöglich zugleich erreicht werden sollen, bleibt der Auslegung jeder beliebige Spielraum.[10] Man muß nur die Ziele nach seinem nationalen Geschmack definieren. Wer dann zum Beispiel der Meinung ist, daß bei einer Inflationsrate von 5% noch Geldwertstabilität gegeben ist und bei einer Arbeitslosenquote von unter 0,5% erst die Vollbeschäftigung erreicht ist, kann inmitten eines Superbooms mit nur 4,5% Geldentwertung und noch 0,6% Arbeitslosigkeit die Ansicht vertreten, daß das Bild der Wirtschaftsentwicklung noch leichte deflationistische Tendenzen aufweist, die das an sich mögliche Wirtschaftswachstum schwer beeinträchtigen. In dieser von den passenden Definitionen geprägten Sicht ist dann das Ziel des Wirtschaftswachstums das allein gefährdete Ziel, das unter Vernachlässigung der konkurrierenden Ziele verfolgt werden muß.

In einem so großen, heterogenen Mitgliederkreis, wie ihn der IMF und auch sein neues Organ, der „Council of Governors", hat, kann ernsthaft nicht damit gerechnet werden, daß die Beteiligten zur Vermeidung von uferlosen Auslegungskünsten auf

---

[10] Auf diesen Aspekt hat mich *F. W. Meyer* aufmerksam gemacht.

quantitativ exakt umrissene Zieldefinitionen verbindlich festgelegt werden können. Schon in einem einzigen Land, etwa der Bundesrepublik Deutschland, läßt sich beobachten, wie die Zieldefinitionen im Zeitablauf und im Wechsel der Regierungsprogramme immer an die Größen angepaßt werden, die unter den gegebenen Umständen politisch vorteilhaft erscheinen. Die gleichen Politiker, die bestimmten Zieldefinitionen für internationale Abkommen zentrale Bedeutung beimessen (*Schmidt* 1973, S. 5), erweisen sich in ihrer nationalen wirtschaftspolitischen Zuständigkeit selbst dann als inkompetent, wenn es gilt, vom Gesetz vorgeschriebene Ziele (§ 1 des Stabilitäts- und Wachstumsgesetzes in der Bundesrepublik Deutschland) zu erreichen.

Wird die Frage des fundamentalen Zahlungsbilanzungleichgewichts in die Gesamtproblematik wirtschaftspolitischer Ziele gestellt, so zeigt sich, daß es im Entscheidungsfalle nicht viel hilft, wenn man sich förmlich auf einen Wegweiser wie den Reserveindikator geeinigt hat. Offensichtlich wurde dies auch schon bei den Beratungen des Zwanzigerausschusses erkannt. Denn nach Abschnitt 6 der Rohskizze können Länder einer Prüfung nicht nur im Falle einer „unverhältnismäßig starken" Veränderung ihrer offiziellen Reserven unterzogen werden, sondern auch dann, wenn der geschäftsführende Direktor nach informeller Fühlungnahme mit den Exekutivdirektoren zu der Meinung gelangt, „daß sich ein Land allem Anschein nach einem ernstzunehmenden Ungleichgewicht gegenübersieht, selbst wenn dies nicht in einer unverhältnismäßig starken Bewegung seiner Reserven zum Ausdruck kommt". Damit würden aber wieder alle Nachteile der diskretionären Stufenflexibilität ins Spiel kommen, mit denen schon das Bretton Woods-System belastet war.

Diejenigen, zu deren Nachteil der Indikator Ungleichgewichtslagen signalisiert, werden sich dann leicht darauf berufen können, daß es sich entweder um ein flüchtiges Ungleichgewicht handelt oder daß die notwendigen Anpassungen, die zum Gleichgewicht führen sollen, bereits eingeleitet wurden, aber noch nicht voll wirksam werden konnten, kurz, daß keine weiteren Anpassungsmaßnahmen erforderlich sind. Dieses Argument wird angesichts der Unvorhersehbarkeit des genauen Ablaufs des Anpassungsprozesses vor allem dann eine Rolle spielen, wenn die Indikatoren bei Überschreitung bestimmter Punkte zunächst einmal nur ein Prüfungs- und Konsultationsverfahren auslösen sollen. In einem solchen Verfahren mit der Möglichkeit der Gegendarstellung werden sich – man denke nur an die Gruppe der Entwicklungsländer und deren teilweise beängstigend zunehmende Neigung, ihren Fortschritt primär in einer sterilen Politik der weltwirtschaftlichen Umverteilung schon vorhandenen Wohlstandes zu suchen – unversöhnliche politische Interessenfronten bilden, die zur Lähmung des „Council of Governors" führen.

Die der ganzen Anlage und Organisation des Council nach bezweckte quasigruppenparitätische Demokratisierung dieses Organs wird nur einen echten Partner hervorbringen: die lähmende, desintegrierende Dauerkrise. So ist wohl kaum daran zu denken, daß die erdölproduzierenden Länder, die mit weiter wachsenden Devisenüberschüssen rechnen können, bereit sein werden, sich strikten Regeln für den Anpassungsprozeß zu beugen. Billigt man diesen Ländern aber eine Ausnahmestellung zu, wie sie etwa in

Abschnitt 9 der Rohskizze vorgesehen ist[11], dann schafft man eine Ordnung mit einem Mehr-Klassen-Recht[12]. Mit der Absicht, die Erdölproduzenten im Anpassungsprozeß bevorzugt zu behandeln, verbindet sich wohl die Vorstellung, diese Länder hätten keine andere Alternative als eine ihre Entwicklung unzumutbar behindernde Inflations- oder Aufwertungsanpassung. Hierfür gibt es jedoch keinen überzeugenden Grund. Denn durch direkte Verwendung der Devisenerlöse für Gütereinfuhren[13] oder zur Kapitalanlage im Ausland können beide Konsequenzen ausgeschlossen werden. Ohnehin würden sich die Importe mit einer Inflationsanpassung erhöhen. Diesen Umweg können sich diese Länder jedoch leicht ersparen, weil ihre Devisenerlöse wohl überwiegend aus Staatshandel resultieren, ein Umtausch in Inlandswährung also nicht erforderlich wird. Die mit der Entscheidung über die zweckmäßigste Anlage der Devisenerlöse verbundenen Risiken sind diesen Ländern in vollem Umfange zuzumuten.

Im übrigen dürfte eine solche Ausnahmeregelung auch den Ländern, in denen durch langjährige Unterbewertung der Währung eine Überdimensionierung der Exportstruktur entstanden ist, einen willkommenen Vorwand für das Argument liefern, sie könnten ihre Importe auch durch noch so kräftige Aufwertungen nicht mehr wesentlich steigern. Für diesen Elastizitätspessimismus werden dann die von preiswerten ausländischen Produkten bedrohten einheimischen Wirtschaftszweige und ihre Verbände (einschließlich der für Vollbeschäftigung um jeden Preis kämpfenden Gewerkschaften) notfalls die statistischen „Beweise" liefern.

Von diesen Erwägungen abgesehen sollen tatsächlich bereits zahlreiche Entwicklungsländer, die in ihrer Gesamtheit heute über sehr bedeutende Devisenreserven verfügen, zu erkennen gegeben haben, daß sie nicht daran denken, sich in ihre Reservepolitik hineinreden zu lassen (*Emminger* 1974, S. 13).

4.1.2. Ausblick

Soll nun angesichts dieser Bedingungen das Prinzip der symmetrischen Verteilung der Anpassungslasten auf die Überschuß- und die Defizitländer trotzdem durchgesetzt werden, so liegt es – bei der zu erwartenden Präponderanz der weniger stabilitätsfreudigen Länder im „Council of Governors" – zunächst einmal nahe, einseitig die bisherigen Überschußländer zu marktkonformen Maßnahmen der Anpassung zu bewegen. Diesem Ansinnen kann mit dem Hinweis, es gelte drohenden marktinkonformen Aktivitäten der Defizitländer zuvorzukommen, Nachdruck verliehen werden. Die genannten Artikel 15 bis 17 erlauben nämlich eine sehr ausgedehnte Devisenbewirtschaftung. Dies kommt der Schaffung eines reichhaltigen Erpressungspotentials zugunsten der Defizitländer

---

[11] „Es besteht Übereinstimmung darüber, daß die ... Regeln des Anpassungsprozesses besondere Vereinbarungen für eine begrenzte Anzahl von Ländern erfordern, die bei geringer Aufnahmefähigkeit für Importe über große Währungsreserven aus der Verwertung mengenmäßig begrenzter Rohstoffvorkommen verfügen".

[12] Sonderrechte für Entwicklungsländer, für bestimmte „reiche" Rohstoffländer und generell für Defizitländer.

[13] Bereits heute weisen die Importe der arabischen Länder ein reichhaltiges Sortiment auf. Hierüber berichtet ausführlich *Rosen* (1974).

gleich. Erfahrungsgemäß greifen nämlich vor allem diese Länder zu entsprechenden Maßnahmen, um den auf zusätzliche Aufwertungsgewinne spekulierenden Devisenabfluß zu begrenzen und um das aktuelle Ausmaß des fundamentalen Zahlungsbilanzungleichgewichts zu verschleiern, es jedenfalls aus naheliegenden innenpolitischen Gründen nicht so groß in Erscheinung treten zu lassen, wie es tatsächlich ist.

Nach Abschnitt 21 der Rohskizze soll darüber hinaus zur Finanzierung gleichgewichtsstörender Kapitalbewegungen für mehr „Elastizität" durch reguläre oder zusätzliche Kreditfazilitäten gesorgt werden, um insbesondere solchen Ländern zu helfen, „die gleichgewichtsstörenden Kapitalbewegungen (genauer wohl der *Kapitalflucht!*) *ausgesetzt* sind, insbesondere wenn sie keinen *ausreichenden (!)* Zugang zu bilateralen oder regionalen Krediten haben" (eingeklammerte Ergänzung und Hervorhebungen nicht im Original).

Hiernach zu urteilen, kann gar nicht ernsthaft an eine symmetrische Verteilung der Anpassungslasten gedacht sein. Es wird schon lange als eine der Schwächen des Bretton Woods-Systems angesehen, daß über die Verpflichtung der Mitglieder zur Ergreifung bestimmter Ausgleichsmaßnahmen konkret nichts Verbindliches festgelegt wurde. Offensichtlich hat diese Erkenntnis nichts gefruchtet. Die genannten ausgleichsbezogenen „Druckmittel" können nämlich nicht viel bewirken, wenn gleichzeitig mit der Erlaubnis zur dauerhaften Beschränkung des Kapitalverkehrs dem Autonomiestreben der Mitglieder weitgehend zu dem Zweck nachgegeben wird, das Eingriffskriterium „fundamentales Zahlungsbilanzungleichgewicht" hinfällig zu machen. Vor allem die Defizitländer brauchten es nach der Reformkonzeption des Zwanzigerausschusses auch künftig weder für notwendig noch für zweckmäßig zu halten, mit ausreichend wirksamen Mitteln ihre Währungspolitik am Ziel des Zahlungsbilanzausgleichs zu orientieren. Hierfür spricht auch folgendes:

Wegen der wie ein Rückschlagventil wirkenden Devisenbewirtschaftung geht kein Privater freiwillig mit seinem Kapital in solche Länder. Um es ihnen trotzdem zu ermöglichen, weiterhin Kapital zu importieren, wird im „Reformierten System" der Gläubigerrolle faktisch eine Bürgschaftsverpflichtung angehängt, und zwar dergestalt, daß sich die Überschußländer veranlaßt sehen, für die Finanzierung weiterer Defizite der bisherigen Schuldnerländer aufzukommen. Denn zusätzlich zu den Krediten, die die Gläubiger in Höhe der angekauften Reserven gewähren, sollen sie durch Strafzinsen auf ihre Guthaben benachteiligt, bzw. genötigt werden, im Interesse einer Strafzinsvermeidung den Defizitländern aus den Währungsüberschüssen erneut Kredite zu gewähren, also ein Reservekarussel in Bewegung zu setzen.[14] Dieser verhängnisvolle Mechanismus zur Begründung von Nachschußpflichten der Gläubiger erlaubt es den Defizitländern, jene Wirtschaftspolitik fortzusetzen, die sie bisher schon in Zahlungsbilanzschwierigkeiten gebracht hat. Eine solche der Idee des *Keynes*-Plans nahekommende

---

[14] Gemäß Abschnitt 39 der Rohskizze werden alle Länder mit „verfügbaren Ressourcen" aufgerufen, insbesondere den Entwicklungsländern, deren „Bedarf an finanziellen Ressourcen sich stark erhöhen wird" beizustehen und „zu angemessenen Bedingungen zu decken" (sogenannter Ressourcen-Transfer). Zur Kritik dieser Form eines künstlichen Kapitalexports vgl. *Willgerodt* (1970).

Schlechtbehandlung der Gläubigerländer läuft auf das hinaus, was seinerzeit wohl mit diesem Plan bezweckt wurde: Die Übertragung des für England entworfenen Konzepts einer Politik des billigen Geldes auf die internationale Ebene mit dem erklärten Ziel der Depressions- und Deflationsbekämpfung, tatsächlich aber – wie sich in der Nachkriegszeit bald herausstellte – mit der Wirkung der Inflationsförderung. Das Verfahren der Reserveschaffung und -vernichtung (vgl. S. 268 ff.) liefert hierfür weitere Anhaltspunkte. Das alte Lied vom „bösen" Gläubiger und vom „bemitleidenswerten" Schuldner (*Gröner* 1967, S. 218) wird im „Reformierten System" in mehreren Tonlagen angestimmt.

Außerdem hat das Verfahren der kontrollierten Stufenflexibilität gegenüber dem bisherigen System für die Überschußländer und damit für die Geldwertstabilität in der Welt noch folgende Nachteile: Abgesehen davon, daß für Paritätsänderungen eine Genehmigung des Fonds erforderlich sein soll, was angesichts des damit unvermeidlich verbundenen Ankündigungseffekts sowohl den Erfahrungen als auch der Logik einer sinnvollen Politik der Wechselkursänderung zuwiderläuft und deshalb auch nicht praktikabel sein wird, soll der Fonds nach Abschnitt 12 der Rohskizze befugt sein, die fixierten maximalen Bandbreiten mit qualifizierter Mehrheit zu ändern. Ob der „Council of Governors" tatsächlich durch mehrheitlich erzwingbare Bandbreitenänderungen dem Wunsch nach mehr Symmetrie Rechnung tragen kann, muß schon wegen seiner schwachen Beurteilungs- und Entscheidungsbasis in Zweifel gezogen werden. Entscheidender dürfte aber sein, daß die Gründe, die bisher einer größeren Symmetrie entgegenstanden, im „Reformierten System" noch mehr Gewicht erhalten. Die Defizitländer werden nämlich noch weniger entschieden mit ihrer Politik, die sie ins Debet bringt, zurückgerufen. Ihnen wird sogar nach dem Katalog der Druckmittel – vgl. Kapitel 4.1.1.) – als stärkste Waffe gegenüber den Überschußländern die Möglichkeit eingeräumt, zu diskriminierenden Handelsbeschränkungen zu greifen. Solche Maßnahmen wirken aber bei fortgesetzter Inflationspolitik wie ein Schuß, der nach hinten losgeht, weil die bisherige Importnachfrage dann mit großer Wahrscheinlichkeit auf die aktuellen und potentiellen Exportgüter preissteigernd abgedrängt wird, wodurch die Exportchancen gemindert werden. Im übrigen kommen Einfuhrbeschränkungen de facto meist einer Devisenbewirtschaftung gleich. Bei der großen Zahl von Ländern mit Zahlungsbilanzschwierigkeiten und protektionistischen Ambitionen könnte es leicht zu Retorsionsmaßnahmen und zu einer beschleunigten Entliberalisierung des internationalen Handels kommen.

Insgesamt werden im „Reformierten System" die Überschußländer stärker noch als bisher als die eigentlichen Störenfriede der Weltwirtschaft angesehen, als diejenigen, die mit ihrer Antiinflationspolitik den anderen Ländern nicht nur die Währungsreserven gleichsam stehlen, sondern sie auch noch um die „Früchte" ihrer Anstrengung bringen, mit Hilfe der Nachfragesteuerung für Vollbeschäftigung und Wachstum zu sorgen. Die binnenwirtschaftliche Nachfragesteuerung für Vollbeschäftigung und Wachstum *Keynes*'scher Prägung soll aber gemäß Abschnitt 17 der Rohskizze für tabu erklärt werden.[15]

---

[15] „Die Länder werden in dem Bestreben zusammenarbeiten, gleichgewichtsstörende Kapitalbewegungen zu begrenzen und Vereinbarungen zu ihrer Finanzierung und Kompensation

Unter diesen Bedingungen wirkt aber die Bestimmung, nach der die fixierten maximalen Bandbreiten mit qualifizierter Mehrheit geändert werden können, wohl nur noch gegen die Überschußländer. Solange es nämlich den Defizitländern unter mißbräuchlicher Ausnutzung dieses Entscheidungsverfahrens gelingt, den Beschluß einer Bandbreitenvergrößerung zu blockieren, kann den Überschußländern die beschriebene Last aufgebürdet werden. Dies kommt real einer Besteuerungsermächtigung des Council gegenüber den Gläubigern im System gleich. Hierbei soll er sich wohl auf den im Abschnitt 11 formulierten Grundsatz berufen können: „Im reformierten System werden die Wechselkurse eine Angelegenheit internationalen Interesses und Gegenstand von Konsultationen bleiben." Da aber Konsultationen im Zusammenhang mit Paritätsfragen unvermeidlich eine Beschleunigung von spekulativen Kapitalbewegungen zur Folge haben, wird den aufwertungsverdächtigen, also regelmäßig wohl den stabilitätswilligen Ländern nichts anderes übrig bleiben, als solchen ständig drohenden Verdikten durch Freigabe des Wechselkurses ein für allemal zu entgehen.

Ohnehin bleibt diesen Ländern im „Reformierten System" keine andere Wahl, wenn nicht nur die Folgekosten einer ungewissen, ja in ordnungspolitischer Hinsicht geradezu gefährlichen Gläubigerrolle bedacht werden, sondern auch die Konsequenzen, die ihnen aus der vorgesehenen Lösung für die Versorgung mit internationaler Liquidität drohen. Es liegt nämlich nahe, daß der „Council of Governors" im Entscheidungsfalle dem unvermeidlichen politischen Konflikt ausweicht und den Knüppel des Anpassungszwangs erst gar nicht aus dem Sack läßt. Man wird sich vielmehr mehrheitlich mit der Abgabe einer stabilitätspolitischen Absichtserklärung durch die inkriminierten Länder begnügen, im übrigen aber durch Vermehrung der internationalen Reserve- und Kreditfazilitäten die Ungleichgewichte vor sich herwälzen.

Schon die Erfahrungen mit dem ersten Zuteilungsverfahren des Fonds für SZR, die gemäß den Abschnitten 24 bis 28 in die bisherige Rolle des Goldes und der Reservewährungen hineinwachsen sollen[16], haben gezeigt, daß dem Fonds die Möglichkeit der Einwirkung auf die Mitgliedsländer fehlt, um durch Steuerung der internationalen Liquidität die innere Geldmengenpolitik jeweils so zu beeinflussen, daß weltweit sowohl Inflation als auch Deflation vermieden werden können. Tatsächlich wird in den Abschnitten 24 und 25 der Rohskizze unterstellt, daß sämtliche währungspolitischen Interessengegensätze, etwa die zwischen Gläubiger- und Schuldnerländern, die zwischen Industrie- und Entwicklungsländern und – ginge es konsequent nach der Blaupause *Keynes*-Plan – auch die zwischen marktwirtschaftlich geordneten und zentralgeleiteten Volkswirtschaften – durch den „Council of Governors" aufgelöst werden können. Es wird offensichtlich damit gerechnet, daß jedes Mitglied des Council aus Verantwortung

---

zu treffen. Zu den Maßnahmen, auf die die Länder zurückgreifen könnten, gehören: Eine bessere Harmonisierung der Währungspolitik, *soweit die binnenwirtschaftliche Nachfragesteuerung dies gestattet ...*" (Hervorhebung von mir).

[16] Wie dies geschehen könnte, wie vor allem in der praktischen Währungspolitik die Schaffung von internationaler Liquidität neben den SZR verhindert oder jedenfalls so eng begrenzt werden kann, daß entsprechend weniger SZR ausgegeben werden, ist völlig ungeklärt. Vgl. hierzu *O. Emminger* (1974).

für das Wohl der Welt entscheidet und sich im Vertrauen darauf auch dem Mehrheits-
willen unterwirft.

In Wirklichkeit werden aber die Beschlüsse über den Umfang der Zuteilungen und
Einziehungen von SZR im Fonds auch künftig nicht von einer unabhängigen, nur einem
gesetzlichen oder statutenmäßigen Auftrag verpflichteten Leitung getroffen, sondern
von Mitgliedern, die sich bei der Stimmabgabe im Council von ihren jeweiligen nationalen oder gruppenspezifischen Interessen leiten lassen werden. Jede andere Deutung
wäre wirklichkeitsfremd, vor allem auch deshalb, weil die angestrebte Lösung des Re-
serveproblems mit dem kaum zu überschätzenden Nachteil belastet ist, daß die Verantwortung für eine zu reichliche SZR-Versorgung bis zur Unkenntlichkeit verdünnt wird.
Denn die SZR haben nicht die Rechtsform eines Guthabens oder einer Forderung gegenüber einem bestimmten Schuldner, sondern begründen einen Anspruch auf Über-
lassung konvertibler Währungen gegenüber der „Gesamtheit der Teilnehmer". Die bisherige Rolle der USA, Dollars zu Reservezwecken zu liefern, dürfte weitaus begrenzter
gewesen sein als die eines internationalen Gremiums, dessen Verantwortlichkeit politisch nicht klar formuliert und schon deshalb nicht wirksam eingeklagt werden kann.
Immerhin waren die Amerikaner längere Zeit ein Dollarlieferant, der auf Goodwill bedacht war, um zu verhindern, massiv auf die Güte seiner wirklichen Konvertibilitätsver-
pflichtung hin geprüft zu werden.

Der in der Rohskizze angelegte Versuch, den Entscheidungsprozeß im IMF über die
Zuteilung und Einziehung von SZR gleichsam zu demokratisieren, läuft unvermeidlich
auf eine Automatisierung der Produktion von internationaler Liquidität, auf eine Begründung von immer mehr Schulden ohne bestimmte Schuldner hinaus.[17] Der Vorteil,
den bisher das Leitwährungsland dadurch hatte, daß es unter keinem direkten Zwang
zur Beseitigung seiner Zahlungsbilanzdefizite stand, würde künftig auf einen sehr viel
größeren Kreis von Ländern ausgedehnt. Dabei kann der IMF leicht in den Sog einer
Entwicklung geraten, wie sie die UNO inzwischen genommen hat (*Hafter* 1974, S. 5).
Der IMF würde dann zu einem beliebigen Instrument von Kräften, die die Vorzüge einer freiheitlichen Weltwirtschaftsordnung nicht oder noch nicht kennen oder aus ideologischen Gründen nicht schätzen, gleichwohl an ihren unbestreitbaren Segnungen teil-
haben möchten. So hat sich in der „Rohskizze der Reform" die Ansicht durchgesetzt, es
gelte mehr noch als bisher die Finanzierungslücken der Entwicklungsländer als das

---

[17] Denn im Unterschied zur nationalen Geldversorgung wird es auch künftig keine internationale Zentralbank oder eine gleichwertige Einrichtung geben, von der erwartet werden
kann, daß sie die Entwicklung der Volkswirtschaften mit Hilfe von Geldmarktinstrumenten
nach bestimmten vorgegebenen Zielen steuern und darüber hinaus als „lender of last resort"
auftreten könnte (*Haberler* 1965, S. 51). Der Vorschlag von *W. Hankel*, im Rahmen der
OECD über eine „integrierte Zins- und Liquiditätspolitik der nationalen Zentralbanken" eine
„währungspolitische Nato" zu schaffen (vgl. Die Zeit, Nr. 42 vom 11.10.1974), kann
angesichts der Erfahrungen mit der Europäischen Währungsunion nur als mattes
Nachhutgefecht eines von der Wirklichkeit längst widerlegten Anhängers des *Keynes*-Plans
gewertet werden. Diese Nato soll nämlich den „schwächeren" Partnern, also den bisherigen
Defizitländern, kein „enges Stabilitätskonzept" aufzwingen dürfen. Damit wird einem
solchen „Bündnis" aber die einzig wirksame Waffe vorenthalten, die es ihm erlauben könnte,
mit einer integrierten Zins- und Liquiditätspolitik die (Inflations-)Ursachen erfolgreich zu
bekämpfen, die die meisten Industrieländer schließlich veranlaßt haben zu floaten.

maßgebende Kriterium für den Bedarf an ausländischem Kapital anzusehen, ungeachtet der Tatsache, daß in der überwiegenden Zahl dieser Länder Wirtschaftsordnungen bestehen, in denen das wirtschaftliche Geschehen weitgehend durch den Staat geplant und gelenkt wird. Dies erlaubt es, im Rahmen von Programmzahlungsbilanzen oder bei zurückgestauter Inflation und Devisenbewirtschaftung jeden gewünschten Kapitalbedarf „nachzuweisen". Gerade in solchen Ländern, die noch um die künftige Gestalt ihrer Staats- und Wirtschaftsordnung ringen, können auf diesem Wege Ansprüche geweckt werden, die – weil sie niemals real erfüllbar sind – die verantwortlichen Politiker zu verhängnisvollen ordnungspolitischen Entscheidungen verleiten können.

Es scheint wohl auch beabsichtigt zu sein, die Reserveschaffung als Einbahnstraße aufzufassen. So sollen nach den sogenannten „Auflockerungs-Vorschlägen" des Abschnitts 27 Annahmegrenze und Rekonstitutionspflicht[18] fortfallen. Auch das bisherige Erfordernis, nach dem die Verwendung von SZR einen Bedarf aus Zahlungsbilanzgründen voraussetzt, soll aufgeweicht werden. Außerdem soll der Fonds ermächtigt werden, die Bestimmungen zu „modifizieren", unter denen auf SZR-Zuteilungen verzichtet werden kann (sogenanntes Opting Out). Diese „Auflockerungs-Vorschläge" lassen keinen Zweifel daran, daß es sich bei den künftigen Zuteilungen von SZR um Verfahren handelt, durch die nicht nur – wie bisher schon – der „Sanierung" der Zahlungsbilanzen und der Reservepositionen der beiden angelsächsischen Reservewährungen gedient werden soll (*Meyer*, S. 96), sondern einem sehr viel größeren Kreis von Defizitländern. Die Beharrlichkeit, mit der die Entwicklungsländer das Projekt der SZR, vor allem das sogenannte „Link" zwischen Entwicklungshilfe und Reservezuteilung (vgl. Abschnitt 30 der Rohskizze) verfolgen, macht dies besonders deutlich. Die naheliegende Erkenntnis, daß Liquiditätsbedarf nichts mit Armut oder Reichtum einer Volkswirtschaft zu tun hat, wird dabei völlig ignoriert. Mit Recht weist *O. Issing* (1974, S. 315) darauf hin, daß sich die Ziele „Förderung des Netto-Transfers realer Ressourcen" und „Mehr Liquidität durch SZR" ausschließen. Denn das erste Ziel läßt sich nur durch den Einsatz von SZR erreichen. Je größer aber der Anteil an den globalen Zuweisungen von SZR ist, der den Entwicklungsländern zufließt und für die Importfinanzierung verwendet wird, desto ungleicher verteilen sich zwangsläufig die Währungsreserven; ein treffendes Beispiel dafür, welche unsinnigen, ja geradezu verheerenden Wirkungen entstehen können, wenn in internationalen Währungsfragen der Forderung nach einer sogenannten distributiven Gerechtigkeit Rechnung getragen wird.

---

[18] Die Verpflichtung zur Entgegennahme von SZR ist bis jetzt auf den doppelten Betrag der dem betreffenden Land selbst zugeteilten SZR beschränkt. Der Annahmebeschränkung entspricht die Absicht einer gewissen Begrenzung der SZR-Verwendung. Nach ihr hat ein Teilnehmer SZR gegen Devisen zurückzukaufen, sofern der Ausnutzungsgrad 70% des ihm zugeteilten Kontingents im Durchschnitt der für die Zuteilungsperiode geltenden Basis überschreitet. Für den die Marge von 70% übersteigenden Betrag besteht bis jetzt Rückzahlungs- oder „Rekonstitutionspflicht". Diese Vorkehrung war sicherlich nicht sehr wirksam, denn im Bedarfsfall steht ja die folgende Zuteilung für die Rekonstitution zur Verfügung (*Meyer* 1970, S. 102). Immerhin war diese Bremse wirksamer als gar keine. Offensichtlich ist man in der Rohskizze davon ausgegangen, daß man sich in Zukunft auf ausreichende Zuteilungen verlassen kann; was soll dann noch eine „Rekonstitution"?! Diese Auflockerung erscheint nur folgerichtig, wenn man ohnehin vom Wunsch nach einer kräftigen Verbreiterung der bisherigen Einbahnstraße der Reserveschaffung geleitet wird.

Wenn eine noch größere Zahl von Ländern als bisher durch erleichterten Zugang zu internationalen Reserven ermuntert wird, der Mühe eines zahlungsbilanzkonformen Verhaltens abzuschwören[19], so werden die Ungleichgewichte wachsen und dann wieder für die Forderung nach erneuter Erhöhung der internationalen Verschuldungsmöglichkeiten mißbraucht. Da aber der Kreis der Länder, die für eine Designation, also für eine Bereitstellung von konvertiblen Währungen gegen SZR in Frage kommen[20], und damit wahrscheinlich auch das Volumen konvertibler Währungen immer kleiner werden dürften, wird auch die geplante Beseitigung der Annahmegrenze, die bisher in Höhe von 200% der kumulativen Zuteilungen von SZR an das jeweilige Lieferland bestand, verständlich, vor allem, wenn man sich der ohnehin aus dem *Keynes*-Plan tief in das „Reformierte System" hineinwirkenden Schuldnerfreundlichkeit bewußt ist.

Seiner ganzen Anlage nach ist das Reformkonzept auf Instabilität hin angelegt. Es besteht nur aus Spannungen, die im Lichte der Bretton Woods-Erfahrungen nicht mehr als erwartungsvolle Neugier, ob es gut gehen wird oder nicht, gedeutet werden können, sondern als Ausdruck unlösbarer Konflikte zu werten sind. Je kleiner nämlich der Kreis aktueller und potentieller Überschußländer wird und je mehr das Volumen konvertibler Währungen schrumpft, desto stärker werden die verbleibenden designierungsfähigen Länder und Währungen zur Finanzierung und – das ist entscheidend – zur gütermäßigen Bedienung der durch die SZR weltweit in Gang gesetzten Nachfrageexpansion herangezogen werden, desto weniger können sie aber auch die Last einer solchen Rolle tragen. Es bleibt ihnen – wie wohl auch beabsichtigt sein dürfte – keine andere Wahl, als die „Störenfriedrolle" des Überschußlandes aufzugeben und entweder die Anpassungsinflation hinzunehmen oder aufzuwerten.

Da aber nach dem bisher Gesagten die Gefahr der weltweiten Inflationierung durch überreichliche Zuteilung von SZR gleichsam in Permanenz vor allem diejenigen im System bedroht, die prinzipiell bereit sind, immer wieder aufs neue Geldwert- und Wechselkursstabilität miteinander in Einklang zu bringen, wird diesen Ländern die Absurdität dieser Sisyphusarbeit nicht verborgen bleiben. Sie werden erkennen, daß sie der Heranziehung zu unerwünschten Zwangskrediten nicht wirksam genug durch häufig wiederholte Aufwertungen entfliehen können, da sie – einmal dem System beigetreten – entsprechend den genannten „Auflockerungs-Vorschlägen" dem Erwerb von SZR und der realen Inanspruchnahme aus ihnen nicht entgehen können. Aus diesem Grunde ist zu erwarten, daß die potentiellen Überschußländer die Konsequenz der unentrinnbaren Inflationsansteckung im „Reformierten System" gleich durchschauen und einem solchen Währungssystem erst gar nicht beitreten, zumal nach den geplanten Floating-

---

[19] Es gibt in der Rohskizze der Reform sogar den Vorschlag, die Fürsorge des Fonds für eine „ausreichende" Reservezuteilung so weit zu treiben, daß solchen Ländern, die aufgrund ihres „geringen Entwicklungsgrad(es) der Geldwirtschaft ... ihren Reservebedarf unterschätzen", geholfen wird, um auf die „richtige" Reservenorm zu kommen (Anhang 8, 3 (d) zur Rohskizze).

[20] Am Verfahren für die Zuteilung von Sonderziehungsrechten wird deutlich, daß es sich im Prinzip nicht um „Primärreserven" handelt, wie es im „Reformierten System" heißt, sondern um ein „Vehikel, das mit Hilfe der Designierung im Falle der Ziehung den Zugang zu einem multiplen System der Reservewährungen eröffnet" (*Meyer* 1970, S. 115).

Richtlinien (vgl. Anhang 4 der Rohskizze) der rettende Ausweg in flexible Wechselkurse nur genehmigt werden soll, wenn die Wechselkursfreigabe „mit den internationalen Interessen vereinbar wäre".

Da das „Reformierte System" seiner ganzen Intention und Funktionsweise nach davon bestimmt zu sein scheint, daß in ihm die Länder den Ton angeben können, die nur darauf aus sind, wie man am besten an die Fleischtöpfe der Stabilitätsländer kommt, dürfte ihm in der Konkurrenz zum System flexibler Wechselkurse keine ernsthafte Chance einzuräumen sein. Es wird also vermutlich erst gar nicht zu dem bisher eingeschlagenen Umweg kommen, den *F. W. Meyer* (1970, S. 120) als ein „zu Tode gehetztes System der SZR" gekennzeichnet hat, vielmehr dürfte sich gleich die Erkenntnis durchsetzen, daß sich ein Beitritt wegen der offensichtlichen Lebensunfähigkeit einer solchen Ordnung erst gar nicht lohnt. Diese Schlußfolgerung – und dies scheint besonders wichtig für die Perspektive flexibler Wechselkurse zu sein – drängt sich völlig unabhängig von den aktuellen Problemen der massiven Erdölpreissteigerungen, der ungewöhnlich ansteigenden Inflationsraten in vielen Ländern, der wachsenden Zahlungsbilanzungleichgewichte und der daraus folgenden Unsicherheiten auf, die häufig für das (vorläufige) Scheitern der Reform-Konzeption des Zwanzigerausschusses verantwortlich gemacht werden.

Die bisher vorgebrachten Einwände gelten überwiegend auch gegenüber einem Anpassungsverfahren, durch das schrittweise verbindlich vorgegebene Wechselkursänderungen verordnet werden (sog. crawling peg). Denn es ist ohne weiteres einzusehen, daß die richtige Ermittlung des künftigen Auf- oder Abwertungsbedarfs noch ungleich größeren sachlichen Beurteilungsschwierigkeiten und politischen Entscheidungskonflikten auf der Ebene des „Council of Governors" unterliegt, als sie für das Verfahren der kontrollierten Stufenflexibilität auf der Grundlage des Reserve-Indikators dargestellt wurden. Denn verbindlich vorgegebene Wechselkursänderungen vermitteln der Außenwirtschaft dann eine Scheinsicherheit hinsichtlich des Kursrisikos, wenn die tatsächlichen Daten sich unvorhersehbar – und das ist das Normale in einer Welt von großer politischer und wirtschaftlicher Ungewißheit – anders entwickeln und eine Revision der vereinbarten Wechselkursbewegungen erfordern. Können sich nämlich die Inflationsländer bei großzügiger Zuteilung von SZR und anderen günstigen Verschuldungsmöglichkeiten darauf verlassen, daß sich notfalls immer nur die stabilitätswilligen Überschußländer zur Wechselkursanpassung gezwungen sehen, so wird – wie bisher – die Flucht in aufwertungsverdächtige Währungen zu einer risikolosen Entscheidung, so daß schließlich an den vereinbarten Paritätsänderungen doch nicht festgehalten werden kann. Damit kommen aber durch die Hintertüre wieder die Nachteile der bisherigen diskretionären Stufenflexibilität ins System, denen man gerade erst mühsam und nach Zahlung von teurem Lehrgeld entflohen ist.

4.2. Kontrolliertes Floating

Kernstück der „Rohskizze der Reform" ist die Forderung nach einem symmetrischen Anpassungssystem. Die bisherige Analyse hat gezeigt, daß dieses Konzept ein gravierendes Mißverhältnis offenbart zwischen der Härte, mit der die Symmetrieforderung erhoben wird, und der Schwäche, mit der sie sachlich und politisch verwirklicht werden soll. Eine Weltwährungsordnung, die dauerhaft sein soll, darf mit einer solchen Schwäche nicht belastet sein. Diese Einsicht kann allerdings solange nichts fruchten, als das Problem der Reform hinsichtlich des Wechselkursregimes in einem naiven Entweder-Oder gesehen wird, etwa nach folgendem Muster:

Wir stehen in der internationalen Währungsdiskussion wie Herkules am Scheidewege:

– Entweder wir wagen den „großen Sprung" in die monetäre Supranationalität (à la „Rohskizze der Reform"),

– oder wir wahren mit Hilfe eines „monetären Nationalismus" das Recht auf Stabilität im eigenen Land – so weit es geht – und verteidigen damit letzte Bastionen des Nationalismus überhaupt, eben eine nationale Währungspolitik.

Zu solchen falschen Frontstellungen muß es kommen, wenn der „große Sprung" in die monetäre Supranationalität aus der Perspektive einer völlig wirklichkeitsfremden Annahme erfolgt, nämlich derjenigen von *Hankel* (1970), mit einem Verfahren der Reservezuteilung, das dem Liquiditätsbedarf der Weltwirtschaft an „letztem" Zentralbankgeld objektiv gerecht wird, könne es gelingen, alle Konflikte aus der Doppelbenutzung von nationalem und internationalem Geld aus der Welt zu schaffen. Dazu wird zusätzlich vorausgesetzt: Mit einem zwischen den Zentralbanken vereinbarten Kodex guter Gläubiger- und Schuldnermoral kann dafür gesorgt werden, daß sich das System nicht, wie weiter oben beschrieben, selbst zu Tode hetzt. Diese Annahme hat sich bereits im bisherigen Weltwährungssystem als verhängnisvolle Fehlerwartung erwiesen. Es liegt nahe, daß dies noch mehr für das reformierte System gilt, wenn man an seine utopischen Prämissen denkt.

Die zweite Alternative („monetärer Nationalismus") resultiert aus der Annahme, daß flexible Wechselkurse a priori desintegrierende Wirkungen für die Weltwirtschaft haben. Sowohl die Theorie als auch die kurze und in vieler Hinsieht verfälschte Praxis flexibler Wechselkurse zeigen, daß auch diese Alternative auf einer falschen Frontbeschreibung beruht. Flexible Wechselkurse haben in den letzten Jahren verhindert, daß die Weltwirtschaft in die Primitivformen national(istisch)er Außenwirtschaftspolitik (Devisenbewirtschaftung und Bilateralismus) zurückgeworfen worden ist.

Angesichts der Konsequenzen der diskretionären, aber auch der kontrollierten Stufenflexibilität drängen sich flexible Wechselkurse als wohl unausweichliche Dauerlösung für die Ordnung der Weltwährungsbeziehungen auf. Die Qualität dieser Dauerlösung dürfte allerdings entscheidend davon abhängen, ob es zur Bildung von Gleichgewichtswechselkursen kommen kann. In dieser Hinsicht birgt nun das „Programm der Sofortmaßnahmen" nicht unerhebliche Gefahren in sich. So soll nach den „Richtlinien für ein kontrolliertes Floating" (Guidelines for the Management of Floating Exchange Rates)[21] die Kursbildung nicht den Marktkräften überlassen bleiben. Sie soll vielmehr durch gezielte und abgestimmte Interventionen der Notenbanken kontrolliert werden,

---

[21] Vgl. Exekutivratsbeschluß Nr. 4232 – (74/67) vom 13.6.1974; Press Release des Internationalen Währungsfonds, Washington D. C. vom 13.6.1974.

um allzu heftige und allzu abrupte Paritätsänderungen zu verhindern, beziehungsweise um bestimmte Ziel-Kurs-Normen zu verwirklichen.

Es gibt Stimmen, die im kontrollierten oder konzertierten Floating einen Weg sehen, um sich an einen „wichtigen Baustein einer neuen Weltwährungsordnung" vorsichtig heranzutasten (*Hesselbach* 1974). Andere meinen, würde es gelingen, eine gewisse Abstimmung der Wechselkurspolitik der einzelnen Staaten zu erreichen und aufrechtzuerhalten, dann hätten wir nicht nur die dem gegenwärtigen Zustand, dem vermeintlich unkontrollierten Floating nämlich, innewohnende Gefahr einer Beeinträchtigung des Welthandels gemindert, sondern auch einen ersten Schritt auf dem vermutlich langen Weg zur Wiederherstellung einer „wirklichen" internationalen Währungsordnung getan (*Zijlstra* 1974, S. 2; *Morse* 1974, S. 14). Hiermit ist wohl eine Ordnung von der Art des „Reformierten Systems" gemeint.

Woran könnte sich, so bleibt zu fragen, eine internationale Konzertierung der Wechselkurspolitik sinnvoll orientieren? Immerhin war schon bisher nach Artikel IV, 4 des IMF-Abkommens jedes Mitglied verpflichtet, „mit dem Fonds zusammenzuarbeiten, um die Währungsstabilität zu fördern, geordnete Währungsbeziehungen mit anderen Mitgliedern aufrechtzuerhalten und Wechselkursänderungen aus Wettbewerbsgründen zu vermeiden". Diese Regelung wird in den „Richtlinien für ein kontrolliertes Floating" zu folgendem Grundsatz erweitert: Die Wechselkurse sind eine Angelegenheit von internationalem Interesse und Gegenstand von Konsultationen im Fonds und sollten nicht aus Wettbewerbsgründen verändert werden. Können die hierzu in sechs Abschnitten formulierten Spielregeln tatsächlich ein sinnvolles Wohlverhalten der IMF-Mitglieder garantieren?

4.2.1. Wechselkurse – eine *sinnvolle* Angelegenheit von internationalem Interesse und von internationalen Konsultationen?

Wenn es zutrifft, daß die Austauschverhältnisse der Währungen neben anderen Bestimmungsgründen, wie etwa von rechtsstaatlicher Sicherheit und politischer Stabilität, auch wesentlich von den Preisniveaus der aktuellen und potentiellen Außenhandelsgüter bestimmt werden und daß die relative Abweichung zwischen Kassa- und Terminkursen auf lange Sicht hauptsächlich vom Zinsgefälle zwischen den Volkswirtschaften, abhängig ist (*Stützel* 1968, S. 17), dann muß insoweit in Betracht gezogen werden, daß die nationalen Preis- und Zinsniveaus und ihre Bestimmungsgründe in erster Linie eine Angelegenheit der nationalen Politik sind und daß daher auch in ihr die primären Risikofaktoren für eine starke und störende Fluktuation des Außenwertes der Währungen zu suchen sind.

So dürften marktwidrige Interventionen bei den Güterpreisen und bei den Zinsen häufige Ursachen für starke Wechselkursbewegungen sein. Wenn etwa durch Preisstop ein erheblicher Teil der monetären Gesamtnachfrage auf den einheimischen Märkten nicht zum Zuge kommt, dann wird die überschüssige Kaufkraft im Ausland Kauf- und Anlagemöglichkeiten suchen, was auf dem Devisenmarkt zu einer raschen und massiven Abwertungstendenz führen kann, wenn es nicht zu einer kompensierenden Zunahme der Exporte kommt. Dies durfte jedoch dann unwahrscheinlich sein, wenn das

Ausland trotz Preisstopps im Inland billiger bleibt. Die Einführung des Preisstopps bringt jedoch in der Regel das Eingeständnis zum Ausdruck, daß eine an den Inflationsursachen ansetzende Stabilisierungspolitik entweder nicht ernsthaft gewollt oder gescheitert ist. Oder wenn etwa der Zins einer abwertungsreifen Währung gegenüber dem Zins einer für stabil gehaltenen Währung nicht um soviel höher ist, wie es der bestehenden Erwartung für die Wechselkursänderung entspricht, so muß es zu kräftigen und störenden Wechselkursbewegungen kommen. Diese können selbstverständlich nicht durch die feierliche Erklärung der Wechselkurse zu einer „Angelegenheit internationalen Interesses" verhindert werden, sondern nur durch eine auf Wettbewerb und Stabilität bedachte Wirtschaftspolitik.

Es bleibt auch ungewiß, woher die Währungsautoritäten, die einen Wechselkurs beeinflussen wollen, ihre Beurteilungsmaßstäbe herleiten könnten. Immerhin wird mit dem Wunsch nach einer konzertierten Wechselkursbeeinflussung ja zum Ausdruck gebracht, daß diejenigen auf den Devisenmärkten, die tagtäglich den Wechselkurs durch Angebot und Nachfrage bestimmen, unzureichend informiert sind oder sich sogar im Irrtum befinden. Es wird nämlich mit einem solchen Urteil unterstellt, der Gegenwartskurs sei gleichsam nur Ausdruck eines allzu flüchtigen Marktgleichgewichts; über kurz oder lang würden die Anbietet und Nachfrager ihre Meinung so ändern, daß sich dadurch ein neues Marktgleichgewicht bei einem möglicherweise ganz anderen Wechselkurs ergeben werde. Solche Beurteilungen können immer nur das Ergebnis eines rein spekulativen Räsonnements sein (*Machlup* 1974, S. 7 und S. 46 f.). Dabei gibt es nur Behauptungen, aber keine Beweise, vor allem nicht dafür, welcher langfristige Gleichgewichtswechselkurs sich herausbilden wird.

Wie stark sich die Funktion des Wechselkurses im Ausgleichsprozeß bemerkbar machen muß, hängt bei gegebener Geld- und Fiskalpolitik ganz wesentlich davon ab, in welchem Ausmaß der sogenannte Preis- oder Marktmechanismus dazu beitragen kann, daß eine Gleichgewichtsstörung nicht oder nicht sehr stark in den monetären Bereich vordringt (*Meyer* 1961). Wenn etwa plötzlich ein zusätzlicher Devisenbedarf in einem Land auftritt und die kaufkräftige Nachfrage konstant bleibt, so wird dadurch eine Tendenz zur Abwertung der betreffenden Landeswährung auf dem Devisenmarkt entstehen, der jedoch kompensierende Kräfte gegenüberstehen, nämlich: Ein Minderbedarf an Devisen durch Abzug von Kaufkraft aus anderen Verwendungen und Mehranfall an Devisen infolge ausländischer Mehrnachfrage im Inland, die durch sinkende Preise infolge Kaufkraftentzug entsteht. Dabei ist zu berücksichtigen, daß bei einer Wechselkursverschlechterung Güter exportfähig werden, die beim vorherigen Wechselkurs noch keine Exportgüter waren. Wie immer auch die Elastizitätsbedingungen von Produktion und Verbrauch, insbesondere hinsichtlich ihrer zeitlichen Entwicklung (*Machlup* 1974, S. 16) diese Aussage modifizieren mögen: Der geschilderte Marktmechanismus ist am Ausgleichsprozeß um so stärker beteiligt, je größer die Preisbeweglichkeit und je härter die Geld- und Kreditpolitik sind. Je mehr bei einer Datenänderung der genannten Art durch die innere Umschichtung der Nachfrage auf solche Nachfrage nach Gütern verzichtet wird, die Gegenstand einer kompensierenden Nachfrage des Auslands sein können, desto bescheidener ist die Funktion des Wechselkurses im Ausgleichsprozeß.

Wird aber zugleich im Interesse einer überzogenen Vollbeschäftigungspolitik Geldmengenexpansion betrieben, bleibt der geschilderte Prozeß der inneren Aufbringung der
Güter für den Ausgleich der Störung am Devisenmarkt blockiert. Es kann sogar auf
diese Weise – zumal bei fortgesetzter Geldmengenexpansion – zu einer Export-
schrumpfung und insgesamt zum Phänomen der anomalen Reaktion der Zahlungsbilanz
kommen. Die Ursache dafür, daß sich bei Währungsabwertungen die Devisenlücke
noch vergrößert, liegt also nicht im Prinzip des Wechselkursmechanismus, sondern in
der Logik einer verfehlten „aktiven" Konjunkturpolitik. Hier wäre deshalb auch sinnvoll
der Hebel auf nationaler und internationaler Ebene anzusetzen, um allzu starke und störende Wechselkursänderungen zu vermeiden (siehe Kapitel 5.).

Dieser einzig erfolgreiche Weg zur Begrenzung von Wechselkursschwankungen ist
gleichzeitig sicher auch der schwierigste. Dies zeigen die Erfahrungen in der EWG.
Auch nach Artikel 107 Abs. 1 des EWG-Vertrages soll jeder Mitgliedstaat „seine Politik auf dem Gebiet der Wechselkurse als eine Angelegenheit von gemeinsamem Interesse" behandeln. Trotz vielfältiger formeller und informeller Konsultationen sind die
Mitglieder bisher bei schwerwiegenden Interessenkollisionen stets von den feierlichen
Erklärungen, mit denen sie zugunsten der „gemeinschaftlichen" Währungsinteressen
Verzicht auf die währungs- und wechselkurspolitische Autonomie geleistet hatten, ohne
langes Zögern wieder abgerückt. Wenn aber ein hohes Maß an Gemeinsamkeit in den
zentralen Fragen der Wirtschaftspolitik zwischen den Mitgliedern eines Währungs-
systems nicht erreichbar ist, können auch die Wechselkurse nicht mit Erfolg als Ange-
legenheit internationalen Interesses behandelt und zum Gegenstand von sinnvollen
Konsultationen gemacht werden, es sei denn, solche Konsultationen und die sich darauf
beziehenden Floating-Richtlinien sollen nur dazu dienen, daß – wie man es aus der
Einleitung zu den „Guidelines" folgern könnte[22] – auch in der Phase des Floatens die
Kontaktnahme der Mitglieder auf der Ebene des Fonds eine institutionelle Basis behält.

4.2.2. Zur Gefahr der Wechselkursänderung aus Wettbewerbsgründen

Hierbei geht es um die Frage, ob man das verhindern kann, was gemeinhin als
„schmutziges Floating" bezeichnet wird. Bereits aus den früheren Ausführungen ergibt
sich, daß die Grenze zwischen einem freien, einem kontrollierten und einem schmutzi-
gen Floating schon deshalb nicht exakt gezogen werden kann, weil es keinen Bezugs-
wechselkurs gibt, der positiv als der „richtige" beschrieben werden könnte. Nach den
Floating-Richtlinien (vgl. Anhang 4, Kapitel B (2) zur Rohskizze) sind wohl als
schmutziges Floating in erster Linie die sogenannten „aggressiven" Eingriffe der Mitgliedsländer zu verstehen, durch die der Außenwert ihrer Währung bei fallendem bzw.
steigendem Wechselkurs nachdrücklich beeinflußt wird. Ist tatsächlich solchen
Maßnahmen konkurrierender Ab- oder Aufwertung künftig eine so große Bedeutung
beizumessen, wie es in den Floating-Richtlinien geschieht?

---

[22] „The Guidelines are intended to provide the basis for a meaningful dialogue between the
Fund and member countries with a view to promoting international consistency during a
period of widespread floating ...".

Die Gefahr einer den Abwertungstrend verstärkenden Intervention aus Wettbewerbsmotiven dürfte schon aus den folgenden Gründen nicht sonderlich groß sein:

– Man kann heute Vollbeschäftigung „billiger" haben als durch einen künstlich angetriebenen Exportüberschuß (*Meyer* 1972, S. 294). Immerhin überläßt man damit ja einen Teil des Sozialprodukts dem Ausland. Hätten sich die Länder mit Zahlungsbilanzschwierigkeiten von einem Einsatz der Wechselkurspolitik viel versprochen, dann würden sie von dieser Möglichkeit sicher schon bisher reichlich Gebrauch gemacht haben. Warum diese Zurückhaltung in einem System mit beweglichen Wechselkursen aufgegeben werden sollte, ist nicht ersichtlich. Zu bedenken ist dabei auch, daß mit der Entschärfung bzw. Beseitigung des Reservenproblems in diesem System Exportüberschüsse als Mittel zum Erwerb von Währungsreserven eigentlich an Bedeutung verlieren (Ebenda). Für die häufig beschriebene Gefahr, einzelne Regierungen könnten in Versuchung geraten, ihre Zahlungsbilanzprobleme über den Wechselkurs in aggressiver Weise auf andere Länder abzuwälzen, liegen wohl auch aus der jüngsten Zeit keine Anzeichen vor.

– Es gibt eine immer noch weit verbreitete Vorstellung, nach der eine Abwertung die naturalen Austauschbedingungen verschlechtert und damit eine negative Wirkung auf das Wohlstandsniveau eines Landes hat, „ohne Rücksicht darauf, ob nun der Saldo der Leistungsbilanz in erwünschter Weise beeinflußt wird oder nicht" (*Sohmen* 1973, S. 32). Die Regierungen der Defizitländer neigen – gestützt auf einen bequemen Elastizitätspessimismus – schon deshalb zur Konservierung der bestehenden Paritäten, weil sie glauben, auf diese Weise am leichtesten von der wahren Ursache für den Wechselkursverfall, nämlich die selbstverschuldete überdurchschnittliche Inflationsentwicklung, ablenken und sich innenpolitisch mit dem Hinweis auf vorgegebene und unbeeinflußbare Daten und Strukturen der Wirtschaft exkulpieren zu können. Abgleitende Wechselkurse werden nämlich häufig als nationale Schande empfunden. Sie gelten als Indikator für eine schlechte Placierung der verantwortlichen Regierung auf dem Felde der Inflationsbekämpfung.

4.2.3. Kontrolliertes Floating und Abwertungsscheu

Größer scheint dagegen die Gefahr zu sein, daß auch künftig den Ländern mit abwertungsreifen Währungen kursstabilisierende Kredithilfen gewährt werden, vorgeblich aus Angst, diese Länder würden eher Handels- und Währungsschranken errichten oder zu wettbewerbsverzerrenden Maßnahmen der Exportförderung greifen als ausgleichswirksame Abwertungen hinzunehmen. Im System der diskretionären Stufenflexibilität wurde auf diesem Wege das Gegenteil von dem bewirkt, was man erreichen wollte. Sollte dies in einem System mit flexiblen, gleichwohl kontrollierten Wechselkursen vermeidbar sein?

Um eine inflationsbedingte Zahlungsbilanzklemme, die schon längere Zeit andauert, beseitigen zu können, bedarf es deutlich sichtbarer Warnzeichen. Ein solches Signal könnte der sinkende Wechselkurs sein. Er zeigt den verantwortlichen Politikern und ihren Wählern an, daß eine Stabilisierung des Wechselkurses ohne ein wirksames binnenwirtschaftliches Stabilitätskonzept ausgeschlossen ist. Wenn es aber – wie *G.*

Haberler (1965, S. 33) meint – erforderlich ist, einen „leichten deflationistischen Schock auszulösen", um die Inflation abzustoppen, so kann dieser Schock um so schwächer und damit um so weniger schmerzhaft sein, je rascher die außenwirtschaftliche Absicherung durch den Wechselkurs greift.

Sind nun aber Fremdwährungskredite relativ leicht zugänglich, dann kann die wirtschaftspolitisch heilsame Schockwirkung eines Wechselkursverfalls nicht oder nur abgeschwächt in Erscheinung treten. Vielmehr können die abwertungsreifen Länder weiterhin darauf verzichten, sich dem an sich von der Zahlungsbilanzlage her gebotenen Zwang zu unterwerfen, die Inlandsnachfrage zu drosseln. Je leichtfertiger und länger Fremdwährungshilfen zur Verhinderung von fälligen Abwertungen zugänglich gemacht werden, desto mehr nimmt die Gewöhnung an unrealistische „flexible" Wechselkurse zu. Die ohnehin bestehende und wegen der innenpolitischen Risiken einer Stabilisierungskrise verständliche Abneigung gegen eine kontraktive Geld- und Kreditpolitik wächst aber mit der Dauer und dem Ausmaß der Anpassungsverschleppung und leistet einer weiteren Enthemmung der Lohn- und Preispolitik im Innern Vorschub. Zugleich wird auf diese Weise der Illusion gehuldigt: Kreditpolitische Autonomie, wie immer sie genutzt werden mag, ist mit Wechselkursstabilität vereinbar, folglich könne man dann auch das „Reformierte System" in Kraft setzen.

Tatsächlich wird es den abwertungsreifen Ländern auf diese Weise erlaubt, einen künstlich zurückgehaltenen Druck auf ihren Wechselkurs aufzubauen, der, wenn der Damm der Fremdwährungskredite schließlich bricht[23], frei wird und den Wechselkurs um so stärker zum Sinken bringt. Wenn erkennbar ist, daß die Ursachen für den Druck auf den Wechselkurs in dem Zeitraum, für den die Beistandskredite gewährt werden, nicht zu beseitigen sind[24] winken risikolose Spekulationsgewinne. Die Spekulanten können sich dann nämlich nur noch im Umfang der Gewinnerwartungen, nicht aber in der Richtung verschätzen. Es liegt dann die Gefahr nahe, daß sich im Verein mit spekulativen Kapitalbewegungen der Abwertungsstau in Form eines ungerechtfertigten Wechselkursabfalls entlädt, vor allem dann, „wenn ein Land fortgesetzt Inflationspolitik betreibt und der erwartete langfristige Trend der Austauschrelationen (schon aus diesem Grunde) abwärts gerichtet ist" (*Haberler* 1974, S. 32). Die Länder, die sich dann plötzlich der Konkurrenz des Landes mit außergewöhnlichem Wechselkursverfall ausgesetzt sehen, sind dann allzu leicht geneigt, den Vorwurf einer Abwertung aus Wettbewerbs-

---

[23] Dies ist dann der Fall, wenn die Kreditzufuhr hinter der in derselben Zeit zuwachsenden Zins- und Amortisationslast zurückbleibt. Die Konservierung der bestehenden Wechselkurse gegen die Marktkräfte können sich die abwertungsreifen Länder also nur solange leisten, als die über Zahlungsbilanzkredite ermöglichte höhere Absorption von Mitteln für Konsum und Investition nicht das Maß der ausländischen Kreditbereitschaft übertrifft und die für die Rückzahlung der Währungskredite fällig werdenden Zins- und Amortisationsleistungen den Netto-Zahlungsbilanzbeistand des Auslands nicht übersteigt. Auf Dauer läßt sich also nichts daran ändern, daß durch eine restriktive Globalsteuerung im Innern mehr Güter für den Transfer ins Ausland freigesetzt werden müssen, wenn der Weg direkter Kontrollen des Devisen- und Handelsverkehrs ausgeschlossen bleiben soll.

[24] Erkennbar wird dies an fehlenden oder nicht ausreichenden binnenwirtschaftlichen Stabilitätsanstrengungen mit dem Ergebnis einer unzureichenden Einfuhrdrosselung in Verbindung mit einer zu schwachen Exportsteigerung.

gründen zu erheben und Zuflucht zu protektionistischen Maßnahmen zu nehmen. Die Entlastung oder gar Befreiung von der wirksamen Bekämpfung kleinerer Ungleichgewichte scheint der fruchtbarste Nährboden zu sein, auf dem sie sich zu größeren Störungen auswachsen können.

Wenn durch wechselkursstabilisierende Zahlungsbilanzhilfen das Problem des Zahlungsbilanzausgleichs nicht in verschärfender Weise verschoben werden soll, dann muß die Kreditpolitik zumindest dafür sorgen, daß die Wachstumsrate der Geldmenge nicht über die des realen Sozialprodukts hinausgeht. Wird die aktive Rolle, die der Wechselkursmechanismus der Geldpolitik erlaubt, nicht genutzt, so entsteht der falsche Eindruck, als ob flexible Wechselkurse den Hang zum Inflationieren erhöhen.[25] Aus einer solchen Verwechslung von Ursache und Wirkung heftig schwankender Wechselkurse folgt dann leicht ein weiterer Fehlschluß, daß nämlich als Ausweg nur die Beschränkung des Handels- und Kapitalverkehrs bleibt. Weder die „Richtlinien für ein kontrolliertes Floating" noch die sicherlich begrüßenswerte „Deklaration zu Handelsmaßnahmen" (vgl. die Anlage zur Rohskizze), durch die als „Sofortmaßnahme" Beschränkungen des Handels- und Zahlungsverkehrs aus Zahlungsbilanzgründen verhindert werden sollen, falls 65% der Fondsstimmen dies billigen, werden die Beschränkungen verhindern können. Nach Abschnitt A. dieser Deklaration kann der Fonds nämlich feststellen, daß solche Maßnahmen „aus Zahlungsbilanzgründen gerechtfertigt sind". In Abschnitt B. wird sogar die Möglichkeit eingeräumt, Maßnahmen der Einfuhrbeschränkung ohne vorherige Unterrichtung des Fonds zu ergreifen. Ohnehin sind nach Abschnitt C. bei der Beurteilung von Beschränkungen des Handels- und Kapitalverkehrs die „besonderen Umstände der Entwicklungsländer in Betracht zu ziehen". Weil die Deklaration in dem Kontext, in dem sie im „Programm der Sofortmaßnahmen" steht, nichts an den währungspolitischen Ursachen des handelspolitischen Protektionismus ändern kann, wird sie wohl auch nicht mehr als unverbindliche Absichtserklärungen zustande bringen.

Insgesamt enthalten beide Teile der Rohskizze eine Fülle von Möglichkeiten, um mit ungleichgewichtigen Wechselkursen überholte Wirtschaftsstrukturen und unstabile Marktlagen zu konservieren und auf diese Weise den unbequemen Zahlungsbilanzausgleichsprozeß zu hintergehen. Solche Versuche führen angesichts der geschilderten Entladungen des aufgestauten Drucks auf den Wechselkurs zum Zeitpunkt der Leistungsbilanzumkehr zu jenen Konsequenzen, die von der Mindest-, bzw. Höchstpreispolitik her bekannt sind, nämlich zur Verirrung des Marktmechanismus und zur Fehlleitung von Ressourcen. Denn wenn zum Beispiel der Wechselkurs künstlich unter jenem Niveau gehalten wird, das sich auf dem freien Devisenmarkt ergeben würde (Fall der Höchstpreispolitik), entsteht für die Produzenten kein ausreichender Anreiz, ihre potentiellen Exportgüter im Ausland anzubieten und sich den Kopf über die Anforderungen der Auslandsmärkte zu zerbrechen. Nicht nur werden dadurch die Exportgüter künstlich verknappt, sondern auch die Märkte wettbewerbsbeschränkend verengt. Für

---

[25] Neben anderen meint dies auch der Vorsitzende des Verwaltungsrates der Bank für Internationalen Zahlungsausgleich, Dr. *J .Zijlstra* (1974). Zugleich befürwortet er aber relativ großzügige Zahlungsbilanzhilfen der internationalen Institutionen IMF und BIZ sowie der Überschußländer, „um den weniger gut gestellten Ländern beizustehen".

die Ingangsetzung des Anpassungsprozesses ist dann aber nicht nur mehr Zeit, sondern auch mehr Anstrengung, als normalerweise notwendig wäre, erforderlich. Zugleich geht damit praktische Einsicht in die Vorteilhaftigkeit und Effizienz flexibler Wechselkurse verloren. Der Umgang mit dem wirtschaftspolitischen Instrumentarium, das zur Verhinderung einer zu starken Schwankung der Wechselkurse flankierend eingesetzt werden kann, wird zu wenig eingeübt.

Wenn erleichterte Zahlungsbilanzhilfen zur Stabilisierung von unrealistischen „flexiblen" Wechselkursen künftig als notwendiges währungspolitisches Instrument anerkannt werden (so auch *BIZ* 1974, Schlußbemerkungen), dann wird damit ein Eingreifen legalisiert, das im Hinblick auf die Funktionsweise flexibler Wechselkurse jenes Prädikat „aggressiv" verdient, das in den „Richtlinien für ein kontrolliertes Floating" (vgl. Anhang 4 B. (2) der Rohskizze) allzu einseitig für den unwahrscheinlichen Fall eines Abwertungswettlaufs reserviert wird. Zu bekämpfen gilt es jedoch in Zukunft vor allem die Wettläufe um die Abwertungsverhinderung[26], also jene Vorgänge der Vorspiegelung „fester" Wechselkurse, die letztlich dann wieder wie bisher zu einer den tatsächlichen Marktlagen stets hinterherhinkenden Quasi-Stufenflexibilität führen, der Spekulation leichte Gewinne sichern und der nach wie vor einflußreichen Lobby für feste Wechselkurse Pseudo-Argumente liefern.

Es sieht gegenwärtig nicht so aus, als könne der IMF die Funktionsweise des Systems flexibler Wechselkurse mit Hilfe der Floating-Richtlinien verbessern. Eher ist das Gegenteil zu erwarten: Nach dem „Programm der Sofortmaßnahmen" soll der Fonds versuchen, „zusätzliche Erfahrungen mit der Anwendung objektiver Indikatoren einschließlich Reserveindikatoren auf experimenteller Basis als Hilfsmittel bei der Begutachtung der Anpassungsnotwendigkeit zu sammeln". Zugleich soll das, was als „unverhältnismäßig starke Änderung der Reserven" zu gelten hat, im Lichte der allgemeinen Zielsetzungen der Mitgliedsländer für die Entwicklung der Reserven definiert werden, wie sie mit dem Fonds erörtert werden (Abschnitt 34 (a) und (b) der Rohskizze). Wie bereits ausgeführt, ist auf dieser Grundlage das Wechselkursregime ökonomisch nicht sinnvoll zu überwachen.[27]

Die IMF-Aktivitäten, wie sie im „Programm der Sofortmaßnahmen" beschrieben werden, zielen wohl auch gar nicht so sehr in diese Richtung. Sie bezwecken sehr viel mehr eine über die bestehende Reserveversorgung weit hinausgehende verstärkte Zahlungsbilanzhilfe für währungsschwache Länder. Praktisch kommt dies aber dem Versuch gleich, zu einer engen Begrenzung der Wechselkursbewegungen zu gelangen.

---

[26] In der einseitig gegen *verstärkte* interventionistische Wechselkursab- oder -aufwertungen gerichteten Richtlinie gemäß Anhang 4 B. (2) kommt der unselige Geist von Bretton Woods wieder zum Vorschein, der Paritätsänderungen als äußersten Notbehelf ansah. Es ist zu befürchten, daß diejenigen im Fonds, die bisher einer elastischeren Wechselkurspolitik entgegenstanden, auch künftig daran interessiert sind, dem Prinzip fester, wenn auch unrealistischer Wechselkurse Sukkurs zu geben. Das auf die sog. Interimsphase zugeschnittene Programm der Sofortmaßnahmen deutet jedenfalls darauf hin.

[27] So auch *J. H. Makin* (1974, S. 13): „The very reason for leaving the decision to market forces emerges in this context from the difficulty of obtaining an adequate definition of a 'fundamental' balance-of-payments disequilibrium".

Hinweise finden sich hierfür in Abschnitt 37 (a) über die Steuerung der globalen Liquidität mit SZR, in Abschnitt 37 (c) über „Vereinbarungen zur Goldfrage", die auf nationaler und auf IMF-Ebene eine Teilmobilisierung der Goldreserven zum Zwecke der internationalen Kreditschöpfung bedeuten. Hierdurch wird der weltweite Inflationsprozeß beschleunigt, obwohl inflationsneutrale Möglichkeiten der Devisenhilfe genutzt werden könnten (siehe Kapitel 5.). Schließlich ist noch der Abschnitt 39 in Verbindung mit Abschnitt 30 der Rohskizze zu nennen. Dort geht es um die Deckung des „stark erhöhten" Bedarfs an finanziellen Ressourcen zu „angemessenen Bedingungen" und um die Schaffung einer neuen Fazilität für die längerfristige Finanzierung von Zahlungsbilanzsalden der Entwicklungsländer.[28]

---

[28] Auch mit der 1974 nach dem sogenannten *Witteveen*- oder *Healey*-Plan geschaffenen und 1975 erweiterten „zeitweilig ergänzenden" IMF-Fazilität zum Ausgleich von ölbedingten Defiziten in den Leistungsbilanzen" wird praktisch darauf hingewirkt, keine hohen Anforderungen an die Leistungsfähigkeit flexibler Wechselkurse für den Zahlungsbilanzausgleich zuzulassen. Gleiches gilt für den 1975 von den zehn wichtigsten Industriestaaten des Westens geschaffenen sogenannten „Solidaritätsfonds" über 25 Mrd. Dollar. Die Begründung dieser neuen Kreditlinien geht offensichtlich auf eine Verdrehung des ursächlichen Zusammenhangs von Leistungs- und Kapitalbilanz im Sinne der Aussagen der motivierten Zahlungsbilanztheorie zurück. Denn eine passive Leistungsbilanz kann nur entstanden sein, wenn das Defizit in irgendeiner Weise finanziert wurde, wenn also der Aktivsaldo der Kapitalbilanz einen Passivsaldo der Leistungsbilanz erlaubte. Es kann sich also bei diesen Fazilitäten des IMF nur um Maßnahmen der Umschuldung oder aber der künftigen Einfuhrerleichterung handeln. In beiden Fällen sollen wohl die Kredite eine nachhaltige „Schonung" des Wechselkurses herbeiführen, was praktisch auf eine Minderung der gegenwärtigen Exportchancen dieser Länder hinausläuft. Eine solche Politik der zeitweiligen Überbewertung der Währung könnte allenfalls gerechtfertigt sein, wenn nachweislich nur auf diesem Wege der Exportdruck über den (künstlich) erhöhten Importsog die Oberhand gewinnen könnte. Dies setzt voraus, daß mit Hilfe dieser Art von Krediten Produktion und Verteilung im Innern im Interesse des Realtransfers für den Schuldendienst so beeinflußt werden können, daß tatsächlich schließlich relativ weniger ausländische Güter und Leistungen in Anspruch genommen und mehr eigene dem Ausland zur Verfügung gestellt werden müssen. Dieser dornenvolle Weg kann aber, wie das deutsche Beispiel in der sogenannten Korea-Krise gezeigt hat (*Meyer* 1958, S. 153 f.), nur bei höchstmöglicher Stabilisierung des Geldwertes mit Erfolg beendet werden. Nur dann kann es gelingen, den künstlich zurückgehaltenen Druck auf den Wechselkurs ohne die verheerende Wirkung der beschriebenen Stauentladung (vgl. Kapitel 4.2.3.) abzulassen, also zu einem realistischen Wechselkurs zu gelangen. Die Tatsache, daß die in Frage stehenden Defizitländer nicht erst durch die Mineralölverteuerung ins Debet gekommen sind, sondern seit langem in chronischen Zahlungsbilanzschwierigkeiten stecken, läßt eine entsprechende Erwartung als wirklichkeitsfremd erscheinen.
Die Ölfazilitäten des IMF haben auch noch einen weitergehenden ordnungspolitischen Aspekt. Es liegt nämlich nahe, mit ähnlichen Scheinbegründungen der motivierten Zahlungsbilanztheorie eine weltweite strukturpolitisch orientierte sektorale Steuerung der Kreditversorgung im IMF zu fordern. Zu Ende gedacht würde dieses nach *L. A. Hahn* als naive „Zurechnungsarithmetik" zu bezeichnende Verfahren bedeuten, daß es in Zukunft soviele Anlässe für „ergänzende" IMF-Fazilitäten geben kann, wie es nach dem Belieben der Mitglieder gelingt, defizitäre waren- oder dienstleistungsspezifische Teilbilanzen aufzustellen.
Zur Kritik des Verfahrens, bestimmte Positionen aus den zahlreichen Posten der Passivseite der Zahlungsbilanz herauszugreifen und ihnen die „Schuld" an einem Defizit zuzuschieben, vgl. auch *Gröner* (1967, S. 217).

Auch wenn, wie im Anhang 10 der Rohskizze („Die besonderen Interessen der Entwicklungsländer") sicherlich weitgehend zutreffend ausgeführt wird, davon auszugehen ist, daß die Entwicklungsländer bei der Durchsetzung des Prozesses der Leistungsbilanzumkehr größere Schwierigkeiten haben als die entwickelten Industrieländer (*Meyer* 1963; 1971, S. 315 ff.), so hilft nichts darüber hinweg, daß es sich hierbei um strukturelle Schwierigkeiten handelt, die durch reichliche oder gar bevorzugte Zuteilung von Währungsreserven und Zahlungsbilanzhilfen eher noch vergrößert als verkleinert werden. Der nationale und internationale Bedarf an Währungsreserven ist eine qualitativ und quantitativ ganz andere Größe als der Kapitalbedarf der Entwicklungsländer. Und nur bei äußerst oberflächlicher Analyse kann man zu der Meinung gelangen, den Entwicklungsländern müßten schon deshalb relativ mehr Währungsreserven zur Verfügung gestellt werden, damit sie eine größere Schuldendienstfähigkeit demonstrieren und dadurch wiederum eine größere Anziehungskraft auf Auslandskapital (Direktinvestitionen) ausüben können.

Das Halten von Währungsreserven kann analog zur privaten Kassenhaltung als die Entscheidung von Volkswirtschaften betrachtet werden, einen mehr oder minder großen Teil der verfügbaren Ressourcen in liquider Form zu halten, um bei einem bestimmten (erstrebten) Wechselkurs jederzeit zahlungsfähig zu sein, insbesondere um unter der genannten Wechselkursbedingung der Unsicherheit Rechnung tragen zu können, die hinsichtlich der Wirkungen jener Kräfte besteht, die in Störungsfällen den Zahlungsbilanzausgleich herbeiführen sollen. Dieser mit dem Reservenbesitz verbundene Nutzen erscheint um so größer, je weniger ein Land ceteris paribus über die Entwicklung seiner Zahlungsbilanz und die Wirksamkeit der Zahlungsbilanz-Anpassungspolitik weiß. Solche Versuche, den Wechselkursmechanismus unter Einsatz von Währungsreserven zu kanalisieren, sind solange unproblematisch, als die volkswirtschaftlichen Opportunitätskosten der Reservehaltung im weitesten Sinne, einschließlich der beträchtlichen Risiken, die aus dem spekulativen Aufbau einer solchen Politik entstehen, nicht durch eine zu reichliche Reservenversorgung verfälscht werden. Eine marktwidrige Erleichterung (Verbilligung) der Versorgung mit internationaler Liquidität birgt die große Gefahr in sich, daß auch die internen und externen Bemühungen der Entwicklungsländer und ihrer Kreditoren um eine wirksame Anpassungspolitik erlahmen. Hierbei gilt es zu bedenken:

– Die Wirksamkeit von Anpassungsmaßnahmen ist keine schicksalhaft gegebene, sondern eine durch sinnvolle Entwicklungspolitik und vor allem durch Streben nach interner politischer und finanzieller Stabilität gestaltbare Größe. Die erleichterte Möglichkeit, auf Fremdwährungskredite zurückzugreifen, ist geeignet, die Einsicht in diesen Zusammenhang zu verdunkeln.

– Eine zu reichliche Versorgung mit internationaler Liquidität kann die Entwicklungsländer dazu verleiten, die Nachfrage nach Auslandshilfe und ihre Verwendung nicht an den Grenzen und Möglichkeiten zu orientieren, die einen den Entwicklungsprozeß fördernden Schuldendienst erlauben.

– Mehr internationale Liquidität für die Entwicklungsländer bedeutet nach den bisherigen Erfahrungen mehr Anreiz, an unrealistischen Wechselkursen festzuhalten, an Wechselkursen also, die die Exportstellung der Überschußländer zusätzlich begünstigen und ihre Märkte künstlich stabilisieren oder gar ausdehnen. Hierbei ist zu berücksichtigen, daß diese Länder nicht selten über längere Zeit hinweg stabile Wechselkurse bei unterbewerteter Währung hatten. Sollen diese chronischen Überschußländer nun in einem System flexibler Wechselkurse zu realistischen Paritäten gelangen, so muß ohnehin erwartet werden, daß mit dem Verlust der Exportprämiierung bei unterbewerteter Währung in der überdimensionierten Exportwirtschaft Beschäftigungseinbrüche drohen, die geeignet sind, der Forderung nach kursstabilisierenden Interventionen politischen Nachdruck zu verleihen. „Erfolge" lassen sich mit dieser Form des „kontrollierten" Floatings um so leichter erzielen, je mehr Länder mit überbewerteten Währungen gleichzeitig die fällige Abwertung blockieren können.

Die für die Leistungsfähigkeit flexibler Wechselkurse wichtige Einsicht in diesen Zusammenhang kann wohl kaum im Klima einer Fondspolitik gedeihen, die davon ausgeht, daß die notwendigen Anpassungsprozesse der Zahlungsbilanz nicht durch eine konsequente Antiinflationspolitik, sondern im wesentlichen mit höheren Verschuldungsquoten, Ad hoc-Zahlungsbilanzkrediten und zusätzlichen Beschränkungen des Kapitalverkehrs[29] zu bewältigen sind. Unter solchen Bedingungen kann natürlich auch von den Akteuren auf den Devisenmärkten nicht erwartet werden, daß ihre Handlungen schwankungsdämpfende Einflüsse auf die Wechselkurse haben. Wer die genannte Ursache hierfür nicht erkennt, ist leicht geneigt, von „chaotischen Zuständen an den Devisenmärkten" zu sprechen und diese fälschlicherweise dem Prinzip der Wechselkursflexibilität schlechthin anzulasten.

5.   Zur Aufgabenstellung des IMF im System flexibler Wechselkurse

Es gibt deutliche Anzeichen dafür, daß die „Richtlinien für ein kontrolliertes Floating" und das „Programm der Sofortmaßnahmen" in erster Linie den IMF am Puls des internationalen Währungsgeschehens halten sollen, zumindest um den erstrebten engen institutionalisierten Kontakt zwischen den Mitgliedern und ihren währungspolitischen Autoritäten zu pflegen. Entsprechend der zwischenzeitlichen Umschaltung auf einen

---

[29] Schon bisher hat der IMF einzelnen Mitgliedern in bestimmten Zahlungsbilanzsituationen zur Einführung oder Verstärkung von Kapitalverkehrskontrollen geraten (*Gerhard* 1973, S. 34.). Wie weiter oben ausgeführt (vgl. Kapitel 3.1.4.), sollen diese Kontrollen künftig ausgedehnt werden können. Wie weitgehend dies im einzelnen auch geschehen mag, entscheidend ist, daß eine wirksame Kapitalverkehrskontrolle eine totale Überwachung der Devisentransaktionen voraussetzt, um die Geschäfte, die man nicht will oder beschränken möchte, herauszufinden. Ausgedehnte Kapitalverkehrsbeschränkungen werden teilweise damit begründet, die zu erwartende größere, Wechselkursflexibilität böte größere Möglichkeiten der Abwertungskonkurrenz. So meint *Gerhard* (1973, S. 43): „Kursschwankungen, die hinreichend wären, um unerwünschte Kapitalströme zu bremsen oder umzukehren, könnten sehr leicht Handelskonkurrenzvorteile bedeuten, die seitens der Handelspartner als unakzeptabel angesehen werden." Nach unserer bisherigen Argumentation dürfte jedoch kein Zweifel bestehen, daß hier Ursache und Wirkung miteinander vertauscht werden. Destabilisierende Kapitalbewegungen waren schon im System von Bretton Woods das Ergebnis unrealistischer fester Wechselkurse. Wenn die Wechselkurse künftig unter dem Einfluß mehr oder weniger rasch verwirtschafteter Währungskredite (sei es via SZR oder über andere Formen internationaler Zahlungsbilanzhilfen) relativ konstant gehalten werden und jedermann erkennen muß, daß die Ursachen der Wechselkursschwäche andauern, dann wird auch die „destabilisierende" Kapitalbewegung ihren guten, nämlich aus der Perspektive der Kapitaldisponenten durchaus „stabilisierenden" Grund behalten.

mehr evolutionären Prozeß der Reform könnte beabsichtigt sein, daß sich der IMF auf dem bezeichneten Wege gleichsam in Kondition hält für den Tag X, an dem die Verwirklichung einer solchen Währungsordnung gelingt, die den apparativen und funktionalen Bedingungen des bisherigen IMF Rechnung trägt.

Ob aus einer solchen Warteposition heraus allerdings praktische Erfahrungen über die Vorzüge eines Systems flexibler Wechselkurse an die Mitglieder vermittelt werden können, dürfte ganz wesentlich von der Schnelligkeit und Intensität abhängen, mit der folgende Einsichten gewonnen werden:

– Das „Reformierte System" bietet keine Lösung, um einen wirklich erstrebenswerten Tag X mit dem Übergang zu einem System fester Wechselkurse zu rechtfertigen.

– Der Sinn einer abgestimmten Beeinflussung der Wechselkurse ist primär in der Aufgabe zu sehen, die aufgezeigten Ursachen für desintegrierende Bewegungen der Wechselkurse aufzudecken und zu beseitigen. Für eine weitergehende ökonomisch sinn- und wirkungsvolle Kontrolle der Wechselkursbewegungen fehlt dem neu konstituierten „Council of Governors" sowohl eine überzeugende Konzeption als auch das politische Mandat. Deshalb sind die Floating-Richtlinien Ausdruck einer Politik der Scheinlösungen, die geeignet ist, von den wirklichen Problemen abzulenken.

– Das internationale Währungssystem, also auch der IMF, ist kein Zweck an sich, also kein Selbstzweck, sondern ein Mittel im Dienste anderer Ziele. Eine Reform des Weltwährungssystems, die *primär* der institutionellen Absicherung oder dem Ausbau des IMF dient, hat keine sinnvolle Zielstellung. Diese ist in der Aufgabe zu sehen, einen freien Welthandel und einen freien internationalen Kapitalverkehr zu ermöglichen und zu fördern, und zwar unter Beachtung der Tatsache, daß auch in Zukunft kein Land darauf verzichten wird, selbst über die Priorität seiner wirtschaftspolitischen Ziele zu entscheiden. Die künftige Bedeutung des IMF wird wesentlich davon abhängen, ob und inwieweit er den Primat der Freiheit des Güter- und Kapitalverkehrs durchsetzen kann. Mit einem System fester, aber anpassungsfähiger Wechselkurse und den übrigen im „Reformierten System" vorgesehenen Konstruktionsprinzipien kann er dies nicht. Mit einer platonischen Selbstverleugnung, die dieses System allen beteiligten Ländern abverlangt, kann auch in Zukunft nicht gerechnet werden. Gewisse instrumentale die Existenz und Funktionsfähigkeit einer Weltzentralbank vortäuschende Ansätze, die das „Reformierte System" enthält, sind Ausdruck eines pseudo-demokratischen Verständnisses von dem zu lösenden Problem. Eine nach den Regeln gruppenparitätischer Mitbestimmung betriebene Reservepolitik auf der Ebene des „Council of Governors" wäre einer nationalen Zentralbankverfassung gleichzusetzen, die dem erwerbswirtschaftlich orientierten Geschäftsbankensystem die Aufgabe der Kreditschöpfungskontrolle übertragen würde.

Nicht die weltwirtschaftlichen Unsicherheiten, die im Gefolge der Ölkrise entstanden sind, sondern das Fehlen von leistungsfähigen Reformalternativen führen dazu, daß wir auf Dauer mit flexiblen Wechselkursen leben müssen. Um dies zu erleichtern, empfiehlt es sich, die künftige Aufgabenstellung des IMF an den Bedingungen zu orientieren, die es erlauben, die Vorzüge eines Systems flexibler Wechselkurse weitgehend zu nutzen.

Die Leitregel hierfür kann aus der Erfahrung gewonnen werden, daß Wechselkurse automatisch im Sinne von Gleichgewichtswechselkursen stabiler werden, wenn es gelingt, die Wirtschaftspolitik der Mitgliedsländer besser miteinander zu vereinbaren:

1.   Es gilt vor allem, die staatlichen und suprastaatlichen Zahlungsbilanzhilfen, die auf zusätzliche Geldschöpfung hinauslaufen, zugunsten von geldmengenneutralen Krediten zurückzudrängen. Hierzu wird es unvermeidlich sein, die an chronischen Zahlungsbilanzproblemen laborierenden Länder sehr viel stärker als bisher auf den solideren Weg der internationalen Kapitalmärkte zu weisen. Hier müssen sie sich in Konkurrenz mit anderen um die Unterbringung von Anleihen bemühen. Im Interesse einer bestmöglichen Placierung werden sich die Defizitländer einem Wettbewerb der Inflationsbekämpfung stellen müssen. Davon sind günstige Auswirkungen auf ihre inländische Sparfähigkeit und Sparwilligkeit zu erwarten. Neben dem Wachstum der inländischen Ersparnisse und der dadurch möglich werdenden devisensparenden Substitution von Auslandskapital könnte auf diesem Wege eine Steigerung der Exporterlöse erreicht werden. Eine stärkere Ökonomisierung anstelle der bisherigen Politisierung der internationalen Währungspolitik würde dazu führen, daß die chronischen Defizitländer, darunter besonders auch die Entwicklungsländer, mit mehr Nachdruck als bisher dazu gebracht werden können, sich möglichst nur noch im Maße ihrer realen Schuldendienstfähigkeit vom Transfer ausländischer Ressourcen abhängig zu machen.

Wenn erreicht werden soll, daß sich die künftige Kapitalausfuhr der Ölländer in etwa nach den durch den Transfer an diese verursachten Belastungen der Leistungsbilanzen richtet (*Lutz* 1974, S. 13), daß insbesondere auch der von den währungsschwachen (Entwicklungs-)Ländern indirekt gespeiste vergrößerte Kapitalstrom aus den Ölländern nicht einseitig den bisherigen Stabilitätsländern zufließt, dann müssen die chronischen Defizitländer die Voraussetzungen für größere Anlage- und Ertragssicherheit schaffen. Es hat den Anschein, daß es dabei eher zu Erfolgen kommen kann, wenn es keine marktwidrige internationale Kapitalhilfe gibt. Mit einem gleichsam von außen kommenden unausweichlichen Stabilitätsdruck wird zugleich den verantwortlichen Währungsautoritäten die notwendige Rückendeckung gegeben, um innenpolitischen Widerständen gegen einen unpopulären Stabilisierungskurs wirksam begegnen zu können.

Mehr Stabilität erlaubt eine zunehmende internationale Vereinbarkeit der wirtschaftspolitischen Ziele. Größere Harmonie der Ziele ist aber zugleich auch Voraussetzung für mehr Solidarität. Ob dagegen solche Vorkehrungen, wie etwa der im Frühjahr 1975 gegründete „Solidaritätsfonds" der OECD-Staaten, geeignet sind, die großen wirtschaftspolitischen Zielkonflikte in der Welt verringern zu helfen, muß angesichts der Tatsache bezweifelt werden, daß dadurch sowohl die chronischen Defizitländer als auch das Kollektivmonopol der erdölproduzierenden Staaten geradezu ermuntert werden, jeweils auf ihre Weise weiter einen desintegrierenden monetären Nationalismus zu praktizieren und damit in der Logik des Zerfalls des Bretton Woods-Systems zu verharren.

2.   Schon bisher gehörte es zu den Aufgaben des IMF, die internationale Zusammenarbeit und Konsultation zu pflegen und über Devisenbeschränkungen zu wachen. Devisenbewirtschaftung bedeutet aber stets auch diskriminierende Einschränkung oder gar Beseitigung des internationalen Wettbewerbs und der Arbeitsteilung (*Meyer* 1959;

1951, S. 361). Auf welchem Wege es auch immer zu Wettbewerbsbeschränkungen kommen mag, entscheidend ist, daß sie die lenkende und integrierende Kraft des Preissystems beeinträchtigen und damit auch den marktwirtschaftlichen Prozeß des Zahlungsbilanzausgleichs erschweren. Es hängt nämlich ganz entscheidend von der Intensität des Wettbewerbs in und zwischen den Volkswirtschaften ab, ob im Falle einer Störung des Zahlungsbilanzgleichgewichts größere Veränderungen des Wechselkurses erforderlich sind. Nun erlauben aber die Artikel XII und XVIII des GATT Einfuhrbeschränkungen, wenn es für die Vertragspartner gilt, ihre finanzielle Lage gegenüber dem Ausland und ihre Zahlungsbilanz zu schützen. Als Eingriffskriterium gilt die Entwicklung der Reserveposition des betreffenden Landes. Ist diese „sehr niedrig" oder ohne Einfuhrbeschränkungen in „unmittelbarer Gefahr ..., ernstlich zu schwinden", sind – nach Konsultation mit dem IMF – Importrestriktionen erlaubt. Da in einem System flexibler Wechselkurse das – wie weiter oben gezeigt wurde – ohnehin brüchige Argument der Reservensicherung an sich ganz hinfällig wird, müßte mithin künftig auch das Ergebnis der Konsultation des GATT-Vertragspartners mit dem IMF feststehen: Es ist bei frei beweglichen Wechselkursen nicht mehr notwendig, Einfuhrbeschränkungen aus Zahlungsbilanzgründen einzuführen oder bestehende zu verschärfen. Ohnehin sind solche Einfuhrbeschränkungen Brutstätten preistreibender Kartellbildung und Marktvermachtung mit der Folge, daß ein größerer Schwankungsbereich der Wechselkurse erforderlich ist, um im Störungsfalle die Zahlungsbilanz auszugleichen.

Berücksichtigt man weiterhin, daß Maßnahmen im Bereich des Handelsverkehrs und im Bereich des Zahlungsverkehrs in vieler Hinsicht gleichgerichtete Wirkungen haben und daß Eingriffe auf der einen Seite durch Interventionen auf der anderen umgangen oder in ihrer Zwecksetzung verfälscht werden können, scheint es folgerichtig zu sein, daß der IMF mit Rücksicht auf die Anforderungen eines möglichst gut funktionierenden Systems flexibler Wechselkurse darauf hindrängt, dem GATT – etwa nach dem Vorbild der 1948 gescheiterten Welthandelsorganisation (ITO) – eine stärkere wettbewerbspolitische Aufgabenstellung zu geben. Zugleich müßten die genannten Möglichkeiten, die es erlauben, die Handelspolitik für Zwecke der Währungspolitik mißbräuchlich einzusetzen, beseitigt werden, und zwar nicht zuletzt auch im Interesse der Entwicklungsländer. Denn viele Handelsbeschränkungen setzen bei den sogenannten (preis-)empfindlichen Gütern an. Für diese haben aber viele Entwicklungsländer gewöhnlich sehr hohe komparative Kostenvorteile. Es müßte deshalb zur vordringlichen Aufgabe einer sinnvollen Reform der internationalen Währungsordnung, die besonders den Interessen der Entwicklungsländer zugewandt sein will, gehören, mit den Mitteln des IMF die Liberalisierung des internationalen Handelsverkehrs zu fördern, nicht aber zu behindern, wie es in der Konsequenz sowohl des „Reformierten Systems" als auch des „Programms der Sofortmaßnahmen" liegt.

3.   Auch aus einem weiteren Grunde müßte der IMF stärker als bisher in ordnungspolitischer Hinsicht aktiviert werden. Die Geldpolitik erhält bekanntlich bei flexiblen Wechselkursen über die Wirksamkeit der Kapitalbewegungen eine ungleich größere Durchschlagskraft als bei festen Wechselkursen. Damit die sich hier bietenden Möglichkeiten im Interesse größerer Preis- und Wechselkursstabilität auch tatsächlich genutzt werden, sollte der IMF sich intensiver als bisher der zentralen wirtschaftspoliti-

schen Frage unserer Zeit widmen: Wie kann die in vielen Mitgliedsländern aus den Fugen geratene Wirtschafts- und Währungsordnung von Grund auf stabilisiert werden,
damit diese Volkswirtschaften auch hinreichend attraktiv für langfristiges Auslandskapital werden? Die Schaffung von vertrauenswürdigen und effizienten Wirtschaftsordnungen ist auch für die Entwicklungsländer eine unverzichtbare Voraussetzung, um die
unbestreitbaren Vorzüge flexibler Wechselkurse in den Dienst ihrer wirtschaftspolitischen Ziele stellen zu können. Die auf der Ebene des IMF und seiner Organe bisher
allzu schamhaft gemiedene Debatte um die Funktionsbedingungen stabiler und leistungsfähiger Wirtschaftsordnungen sollte endlich nachgeholt werden und einen angemessenen Teil der Forschungs- und Diskussionskapazität in Anspruch nehmen; denn es
spricht sehr viel dafür, daß die eigentlichen Ursachen der wachsenden wirtschaftlichen
Unsicherheiten in der Welt im Verfall des Ordnungsdenkens zu suchen sind, der in den
letzten Jahren zu beobachten ist. So wurde beispielsweise viel zu wenig beachtet, daß
die Bedingungen, unter denen eine Globalsteuerung à la *Keynes* nicht inflatorisch wirkt,
in den Entwicklungsländern nicht in dem Maße gegeben sind wie in den entwickelten
Industrieländern. Es fehlen vor allem brachliegende, jederzeit einsatzfähige Produktionskapazitäten. Auch können die Entwicklungsländer keine nennenswerte tem-
poräre Wachstumsförderung durch inflatorische Zwangssparprozesse zugunsten der
Investoren hervorrufen, solange es hier an einer breiten Schicht von Geldvermögensbe-
sitzern fehlt, deren Geldillusion ausgebeutet werden könnte. Deshalb führt die in diesen
Ländern so beliebte Globalsteuerung à la *Keynes* mit verheerender Geschwindigkeit in
die Inflation und zum Verfall des Wechselkurses, bzw. zu einer immer tieferen Ver-
strickung in den desintegrierenden Fängen der Devisenbewirtschaftung, die ihrerseits
wiederum das Auslandskapital, vor allem auch in der Form von entwicklungswichtigen
Direktinvestitionen abschreckt. Dadurch wird aber auch die Chance vereitelt oder in
eine ferne Zukunft geschoben, daß die Entwicklungsländer die Devisen für ihre Gü-
terimporte aus eigenen Exporten verdienen können. Deshalb sollte sich der IMF mehr
um eine solche institutionelle und funktionelle Ausgestaltung der Globalsteuerung in
den Entwicklungsländern bemühen, die es ihnen erlaubt, dem Ziel einer Entwicklungspolitik aus eigener Kraft näherzukommen. Der eingeschlagene Weg einer marktwidrigen Politisierung der Versorgung mit Währungsreserven und Krediten führt immer
weiter von diesem Ziel fort.

Literatur

Andersen, U. (1975), Krise ohne Ende? Das internationale Währungssystem zwischen Anarchie
    und Integration, in: Das Parlament, Beilage ‚Aus Politik und Zeitgeschichte' vom
    4.1.975.

BIZ – Bank für Internationalen Zahlungsausgleich (1973), Dreiundvierzigster Jahresbericht,
    Basel.

BIZ – Bank für Internationalen Zahlungsausgleich (1974), Vierundvierzigster Jahresbericht,
    Basel.

BMWF – Bundesminister für Wirtschaft und Finanzen (Hrsg.) (1972), Gold, Devisen, Sonder-
    ziehungsrechte, Die internationale Währungsordnung, Das Abkommen über den Interna-
    tionalen Währungsfonds, 3. Auflage, Bonn.

Breitenstein, J. (1972), Wirtschaftliche Hauptprobleme eines Beitritts Großbritanniens zur EWG in historischer, ökonomischer und politischer Perspektive, Diss. Bonn.

Emminger, O. (1974), Die Neuordnung des internationalen Währungssystems – Eine Zwischenbilanz, in: Zeitschrift für das gesamte Kreditwesen, 27. Jg., Heft 1, S. 12-14.

Gerhard, H. W. (1973), Kapital und Handel in der Reform des Internationalen Währungssystems, in: *G. Bruns* und *K. Häuser* (Hrsg.), Internationale Währungsordnung, Europäische Währungspläne und Kapitalmarkt, Frankfurt/Main.

Gröner, H. (1967), Devisenausgleich – ein wirksames Instrument der Zahlungsbilanzpolitik?, in: Wirtschaftspolitische Chronik des Instituts für Wirtschaftspolitik an der Universität zu Köln, Heft 2/3, S. 209-240.

Haberler, G. (1965), Geld in der internationalen Wirtschaft, Hamburg.

Haberler, G. (1974), Inflation as a Worldwide Phenomenon. An Overview, in: Weltwirtschaftliches Archiv, Band 110.

Hafter, R. (1974), Die UNO zwischen Illusionen und Pragmatismus, in: Neue Zürcher Zeitung, Fernausgabe Nr. 170 vom 23.6.1974.

Hankel, W. (1969), Rationalisierung des Weltwährungssystems durch die Sonderziehungsrechte, in: Bulletin des Presse- und Informationsamtes der Bundesregierung vom 22.1.1969, S. 68-69.

Hankel, W. (1970), Reformen des internationalen Währungssystems. Warum, wohin?, in: *Bundesminister für Wirtschaft* (Hrsg.), BMWI-Texte, Nr. 104 vom 26.6.1970.

Hankel, W. (1971), Währungspolitik: Geldwertstabilisierung, Währungsintegration und Sparerschutz, Stuttgart, Berlin, Köln und Mainz.

Hesselbach, W. (1974), Kontrolliertes Floaten zukunftsweisend, in: Wirtschaftsblätter der Bank für Gemeinwirtschaft, Juni/Juli 1974.

IMF – International Monetary Fund (Hrsg.) (1970), The International Monetary Fund 1945 to 1965, Vol. III., Washington.

IMF – International Monetary Fund (1974), Outline of Reform with Accompanying Annexes, in: IMF-Survey, Vol. 3, No. 12, June 17, S. 193-208.

Issing, O. (1974), Reform des internationalen Währungssystems – das Ende einer Illusion?, in: Außenwirtschaft, 29. Jg., Heft III, S. 309-320.

Johnson, H. (1973), Eine kritische Würdigung des Bretton Woods-Währungssystems, in: *F. A. Lutz* (Hrsg.), Internationales Währungssystem und Inflation, Zürich.

Jöhr, W. A. (1972), Zwei Vorschläge zur Neugestaltung der internationalen Währungsordnung, in: Außenwirtschaft, 27. Jg., Heft II, S. 191-166.

Lipfert, H. (1974), Wechselkursflexibilität und außenwirtschaftliche Absicherung, in: Festgabe für *Otto Veit*, Währungsstabilität in einer integrierten Welt, Beiträge zur Geldtheorie und Geldpolitik, Stuttgart, Berlin, Köln und Mainz, S. 143-165.

Lutz, F. A. (1973), Das Problem der Internationalen Währungsordnung, Eine Einführung, in: *F. A. Lutz* (Hrsg.), Internationales Währungssystem und Inflation, Zürich.

Lutz, F. A. (1974), Erdölkrise und Zahlungsbilanzen, Unsicherheit über die Auswirkungen, in: Neue Zürcher Zeitung, Fernausgabe Nr. 71 vom 13.3.1974, S. 13.

Machlup, F. (1974), Der Außenwert des Dollars. Zum Problem der Unterbewertung und Überbewertung einer Währung auf den Devisenmärkten, Tübingen.

Makin, J. H. (1974), Capital Flows and Exchange-Rate Flexibility in the Post-Bretton Woods Era, Essays in International Finance, Nr. 103, Princeton.

Meade, J. E. (1961), The Theory of International Economic Policy, Band I, The Balance of Payments, London, New York und Toronto.

Mertens de Wilmars, J. (1966), Neue Aufgaben für den Internationalen Währungsfonds, in: *E. Schneider* (Hrsg.), Internationale Währungsprobleme, Tübingen.

Meyer, F. W. (1951), Stabile oder bewegliche Wechselkurse?, in: ORDO, Band IV, S. 345-364.

Meyer, F. W. (1958), Das Problem der deutschen Zahlungsbilanz, in: ORDO, Band X, S. 149-166.

Meyer, F. W. (1959), Artikel ‚Devisenbewirtschaftung‘, in: Handwörterbuch der Sozialwissenschaften, 2. Band, Stuttgart, Tübingen und Göttingen, S. 584-589.

Meyer, F. W. (1961), Artikel ‚Wechselkurse‘, in: Handwörterbuch der Sozialwissenschaften, 11. Band, Stuttgart, Tübingen und Göttingen, S. 571-585.

Meyer, F. W. (1963), Zahlungsbilanzprobleme der Entwicklungsländer, in: Jahrbuch für Sozialwissenschaft, Band 14, 1963, S. 361-373.

Meyer, F. W. (1970), Sonderziehungsrechte für Sonderinteressen, in: ORDO, Band XXI, S. 93-120.

Meyer, F. W. (1971), Entwicklungspolitik vor der Notwendigkeit einer Neuorientierung, in: Festgabe für *F. A. Lutz* zum 70. Geburtstag. Tübingen.

Meyer, F. W. (1972), Die internationale Währungsordnung im Dienste der stabilitätspolitischen Grenzmoral und die Möglichkeit einer Reform, in: *D. Cassel; G. Gutmann* und *H. J. Thieme* (Hrsg.), 25 Jahre Marktwirtschaft in der Bundesrepublik Deutschland, Stuttgart, S. 283-296.

Morse, C. J. (1974), Die entstehende Währungsordnung, in: Finanzierung und Entwicklung, 11. Jg., Nr. 3, 1974, S. 13-15.

Rose, O. (1972), Theorie der Außenwirtschaft, 4., erweiterte und verbesserte Auflage, München.

Rosen, J. (1974), Die wirtschaftliche Abhängigkeit der arabischen Länder vom Westen, in: Neue Zürcher Zeitung, Fernausgaben Nr. 108, 110, 111 und 114.

Schmidt, H. (1973), Die Reform des Internationalen Währungssystems gewinnt Gestalt, in: Europa-Archiv, 28. Jahr, 10. September 1973.

Schüller, A. (1973), Osteuropäische Wirtschaftsintegration durch eine Zahlungsunion nach dem Vorbild der EZU?, in: Wirtschaftspolitische Chronik des Instituts für Wirtschaftspolitik an der Universität zu Köln, Heft 1, S. 65-88.

Sohmen, E. (1973), Wechselkurs und Währungsordnung, Tübingen.

Stützel, W. (1968), Wechselkurs und Zins, in: Frankfurter Allgemeine Zeitung, Nr. 285 vom 7.12.1968, S. 17.

Tiedtke, J. (1974), Alternative Interpretationen des Zahlungsbilanzausgleichs – Darstellung und wirtschaftspolitische Implikationen der einzelnen Konzepte, in: Außenwirtschaft, 24. Jg., Heft I, S. 58-78.

UN/ECA – United Nations Economic Commission for Africa (Hrsg.) (1973), Statistical and Economic Information Bulletin for Africa, Nr. 4.

Willgerodt, H. (1962), Handelsschranken im Dienste der Währungspolitik, Düsseldorf.

Willgerodt, H. (1970), Die Größe des „Bumerangeffektes“ im System der künstlichen Kapitalexporte, in: ORDO, Band XXI, S. 135-143.

Zijlstra, J. (1974), Ansprache auf der Generalversammlung der Bank für Internationalen Zahlungsausgleich vom 10.6.1974 in Basel, in: *Deutsche Bundesbank* (Hrsg.), Auszüge aus Presseartikeln, Nr. 33 vom 11.6.1974, S. 1-2.

Die Verschuldungskrise als Ordnungsproblem: Plädoyer für eine vertrauensbildende Entwicklungspolitik[*]

Die Zahlungsbilanzschwierigkeiten vieler Entwicklungsländer werden vielfach als *prozesspolitisches Problem* der fortgesetzten Kreditwilligkeit der Gläubiger behandelt. Dabei wird übersehen, daß die Ursachen der Verschuldungssituation tiefer liegen. Sie sind das Ergebnis fundamentaler *ordnungspolitischer Desorientierung*, auf seiten der Schuldner- und Gläubigerländer und auf seiten der internationalen Finanzinstitutionen, vor allem des Internationalen Währungsfonds (IMF). Die *Ordnungsmängel* bestehen vor allem in der Aufweichung des Primats der Währungspolitik, in dirigistischen Eingriffen in das System der Preise, Zinsen und Wechselkurse, in Diskriminierungen des Privateigentums, in Marktschließungen, in Einschränkungen des Haftungsprinzips sowie in einer unberechenbaren Wirtschaftspolitik.

Eine inflatorische Politik als Auslöser

Die Entwicklungspolitik der Länder mit den größten Zahlungsbilanzproblemen wurzelte lange Zeit in der Strategie der *Importsubstitution*, eingebunden in eine ehrgeizige und kostspielige *wohlfahrtsstaatliche Entwicklungsprogrammierung*. Die erheblichen Finanzierungslücken wurden – soweit die Auslandshilfe nicht reichte – durch eine *aktive Kreditschöpfung* geschlossen. Die aus dem Primat der Fiskalpolitik folgende, ungehemmte Inflation führte bei festen Wechselkursen zu einer künstlichen Einfuhrexpansion und Exportbehinderung mit der Folge von Zahlungsbilanzproblemen. *Abwertungen* wurden aus Furcht vor einer Verteuerung der benötigten Einfuhrgüter und der Auslandsschulden in Inlandswährung bestenfalls *halbherzig* durchgeführt. Politisch bequemer schien den Verantwortlichen der Übergang zur *Devisenbewirtschaftung*.

Der Funktionswandel des IMF

Zu der in vielen Entwicklungsländern nach diesem Muster entstandenen inflationistischen und interventionistischen Wirtschaftspolitik gesellte sich seit Anfang der 60er Jahre eine von der amerikanischen Wirtschaftspolitik des „New Frontier" ausgehende und vom IMF unterstützte Hinwendung zu einer *Finanzpolitik* der „Grossen Kelle". Steigende Budgetdefizite, Inflationsraten und Zahlungsbilanzdefizite wurden ziemlich sorglos in Kauf genommen. Auf der Grundlage dieser Ideologie wurde in Übereinstimmung mit entsprechenden Empfehlungen der UNO und leicht manipulierbaren makroökonomischen Berechnungen von Finanzierungslücken, für deren Schließung die entwickelten Industrieländer des Westens haftbar gemacht wurden, eine bedeutende *Beschleunigung des Wachstumstempos* der Länder der Dritten Welt angestrebt.

---

[*] Erstdruck in: *Neue Züricher Zeitung*, Nr. 158 vom 10./11. Juli 1988, S. 15.

Der Wandel des internationalen Finanzierungsklimas seit den 60er Jahren läßt sich an der Kreditpolitik des IMF ablesen. Seit es den Fonds gibt, ist die Frage umstritten, ob bei Zahlungsbilanzschwierigkeiten die Ausweichlösung der *„Finanzierung"* oder sofortige ausgleichswirksame Maßnahmen der *„Anpassung"* Priorität haben sollten. Die 1952 begründete Auflagenpolitik verpflichtete zu einer raschen Wiederherstellung des außenwirtschaftlichen Gleichgewichts. Das mit beachtlichem Erfolg praktizierte Postulat *„Anpassung vor Finanzierung"* wurde in den 60er und verstärkt in den 70er Jahren in einem Maße aufgeweicht und schließlich umgekehrt, daß der Anteil der Kredite mit harten Konditionen an der gesamten Liquiditätsversorgung des Fonds bis 1975 weit unter 20% zurückging.

Dies war die Konsequenz der damals vorherrschenden Auffassung: Je großzügiger die Finanzierung desto größer ist die Aussicht auf eine langfristig erfolgreiche Anpassung an die Erfordernisse des Zahlungsbilanzausgleichs. Demzufolge wurden die allgemeinen Quoten erhöht und *vielfältige neue Kreditfazilitäten* mit reichlich euphemistischen Überschriften geschaffen. Der Fonds begnügte sich mehr und mehr mit Anpassungsankündigungen der Schuldnerländer, gestützt auf die Argumentationsweise der *„motivierten" Zahlungsbilanzlehre.* Nach ihr sind die Zahlungsbilanzprobleme weitgehend extern verursacht und nachhaltig nur zu beseitigen, wenn die externen Faktoren das Schicksal der defizitären Zahlungsbilanz wenden, wenn also Entwicklungsrückstände beseitigt, Terms of trade-Verschlechterungen umgekehrt, außenpolitische und außenwirtschaftliche Turbulenzen überwunden sind. Nach 1973 wurde die Hauptursache der „strukturellen" Zahlungsbilanzdefizite der Entwicklungsländer in den gestiegenen Ölpreisen gesehen.

Die Banken im Sog des Fonds

Nicht Anpassungs-, sondern *Einkommenspolitik* war die Devise dieser in jeder Hinsicht verhängnisvollen wirtschaftspolitischen *Defensivstrategie*; durch sie gelangten die Schuldnerländer vollends an den längeren Hebel im IMF. Der Fonds trug mit seiner *nachgiebigen Finanzierungs- und Auflagenpolitik* nicht nur dazu bei, daß die privilegierten Schuldnerländer die Grenzen einer volkswirtschaftlich *vertretbaren Verschuldung* aus den Augen verlieren konnten. Es spricht manches auch dafür, daß sich der *private Bankensektor* zwischen 1973 und 1981 im Gefolge der Politik der Rückschleusung der Leistungsbilanzüberschüsse einiger ölexportierender Länder von der Schuldnerfreundlichkeit des Fonds mitreißen ließ. Jedenfalls gab es keine Anhaltspunkte dafür, daß die wachsende Kreditbereitschaft der internationalen Finanzmärkte durch eine verbesserte Bonität der Schuldnerländer begründet war. Wahrscheinlich vertrauten die Banken darauf, daß die Kreditfähigkeit der in Frage stehenden Länder auch künftig durch eine großzügige Kreditvergabe des Fonds abgesichert sein würde.

So trugen die Banken unter dem mutmaßlichen Schirm des IMF in dessen Rolle als *„lender of last resort"* dazu bei, daß die Korrektur der ordnungspolitischen Fehlentwicklungen in den Entwicklungsländern verzögert und damit erschwert wurde. Dies wurde offenkundig, als die USA und einige westeuropäische Länder Ende der 70er Jahre verstärkte Stabilitätsbemühungen unternahmen und über erhebliche Kreditverteuerungen weltweit eine *Stabilisierungskrise* auslösten. Gleichwohl nahm die Auslandsverschuldung der in Frage stehenden Entwicklungsländer weiter zu, wenn auch mit der *Polenkrise* im Jahre 1981 und mit der *Brasilien-* und *Mexikokrise* im Jahre 1982 eine gewisse Ernüchterung entstand. Doch diesen und anderen Fällen glaubten vor allem der IMF und die Zentralbanken der westlichen Gläubigerländer mit schnellen Rettungsaktionen (genannt „*Krisenmanagement*") in Form einer raschen und großzügigen Kreditexpansion sowie durch vielfältige Umschuldungsabkommen, also insgesamt mit *prozes-spolitischen* Mitteln, begegnen zu können.

Anhaltende Kapitalfehllenkung

Die Auswege erwiesen sich meist als *Scheinlösungen.* Faktisch ermöglichten sie die Fortsetzung der leichtfertigen Kreditvergabe und Kapitalfehllenkung der 60er und 70er Jahre. Gleichwohl schrieb der Geschäftsführende Direktor des IMF, *Michel Camdessus,* – offenbar immer noch der Denktradition der motivierten Zahlungsbilanzlehre verhaftet – die Mißerfolge der Anpassungsbemühungen nach 1982 in erster Linie unverschuldeten äußeren Faktoren zu; sie hätten die Schuldner um die Früchte ihrer Anstrengungen gebracht.

Von diesem Denkansatz her, der entscheidend zur Entstehung der heutigen Verschuldungsmisere beigetragen hat, sollen nunmehr erneut die Weichen für eine massive *Ausdehnung der internationalen Nachfrage* in Verbindung mit wohlfeilen Kreditprogrammen für die Entwicklungsländer, finanziert durch den IMF und die Weltbank, durch die Gläubigerbanken und die Staaten mit aktiver Zahlungsbilanz, gestellt werden. Auch die Vorschläge für eine *verstärkte Kofinanzierung* zwischen nationalen, supranationalen und privaten Kreditgebern beschränken sich mangels hinreichenden Anpassungsdrucks faktisch darauf, die Schwierigkeiten in den Schuldnerländern zu umgehen. Damit aber wird der Zeitpunkt immer weiter *hinausgeschoben*, an dem das zugrunde-liegende Ordnungsproblem ins Zentrum gerückt werden muß. Dessen Lösung wird durch derartige Ausweichfinanzierungen schwieriger, zumal mit der Umschichtung der privaten Kreditrisiken auf öffentliche Kreditgeber, die offen oder versteckt vor allem von den Banken vorgeschlagen wird, neue Einladungen zur leichtfertigen Kreditvergabe, zur *Kapitalfehllenkung* und zum moralischen Fehlverhalten ausgesprochen werden.

Ordnungspolitische Ungereimtheiten und ihre Behebung

Die geschilderte Lage ist das Ergebnis einer ordnungspolitischen Fehlorientierung und der Entwicklungspolitik. Ungeheure Mengen von Auslandskrediten sind bei ver-fälschter Wirtschaftsrechnung und *volkswirtschaftlichen Fehlanreizen* verwirtschaftet worden, und zwar aus folgenden Gründen: Unter den Bedingungen des Preisdirigismus und der Devisenbewirtschaftung fehlt es an zuverlässigen Informationen, wirksamen Anreizen und Kontrollen zu einer volkswirtschaftlich sinnvollen Verwendung der Auslandskredite. Die Exportfähigkeit kann nicht mit der Importneigung und den Erfordernissen des Kapitaldienstes in Übereinstimmung gebracht werden.

Fatale Überbewertung der Währungen

Insbesondere aus der *Überbewertung der einheimischen Währung* entsteht eine Fülle von *volkswirtschaftlichen Fehlsteuerungen*:

Sie wirkt wie eine *Subvention auf die Einfuhrgüter* und wie ein *Zoll auf die Ausfuhrgüter*. Das Interesse am Export erlahmt.

Sie verleitet zu einer *importsubstituierenden Investitionspolitik* ohne Rücksicht auf die Kostenlage und ruft entsprechende Fehlallokationen in der Produktion hervor, der es schon aus diesem Grunde an hinreichender internationaler Wettbewerbsfähigkeit mangelt.

Die Überbewertung – gleiches gilt für die in den meisten Entwicklungsländern praktizierte *Zinsregulierung* – äußert sich in einem *Nachfrageüberhang*, der bei *administrativer Bewirtschaftung zu Einfuhrentscheidungen nach politischen Kriterien* führt. Die damit beauftragten Stellen unterliegen vielfältigen Pressionen von Interessenvertretern. Willkür, Korruption und Bestechung sind überall dort, wo man sich dieses Instruments bedient, an der Tagesordnung. Die Wirtschaftspolitik wird unberechenbar.

Neben den politisch mächtigen Gruppen und Schichten können vor allem *große* und *staatliche Unternehmen* – ungeachtet ihrer Effizienz – eine bevorzugte Zuteilung erwarten. Klein- und Mittelbetriebe werden meist diskriminiert. Die *Unternehmerlust erlahmt*, wenn wichtige Importentscheidungen vom Wohlwollen oder von der Einsicht von Behörden abhängen, die einen beträchtlichen administrativen Aufwand verursachen und häufig nur durch *Bestechung* zu überzeugen sind.

Überbewertung der einheimischen Währung in Verbindung mit Inflation, Preisdirigismus, Devisenbewirtschaftung und Investitionslenkung erfordert *Eingriffe des Staates* in das Wirtschaftsgeschehen. Diese führen meist nicht nur zur Setzung falscher Schwerpunkte (unter Vernachlässigung der Landwirtschaft und des Kleingewerbes), sondern sie gefährden zugleich die Sicherheit und den ökonomischen Wert des *Privateigentums*. Die daraus folgende *Kapitalflucht* entzieht dem Entwicklungsprozeß Eigenersparnisse und beträchtliche Teile der Auslandskredite. Dieser Verlust ruft nach Kompensationen in Form zusätzlicher Auslandskredite, durch die das Zahlungsbilanzproblem weiter verschärft wird.

Der private Auslandskredit wird die betreffenden Länder normalerweise meiden, weil das *Risiko von Transferbeschränkungen* für die Verzinsung und Rückzahlung zu groß erscheint. Das die Geschäftsbanken davon in den 70er Jahren in erheblichem Maße abgewichen sind, ist – abgesehen von ihrem offenbar grenzenlosen Vertrauen in die Rolle des IMF und der Zentralbanken als „lender of last resort" – Ausdruck der Mißachtung fundamentaler ordnungspolitischer Erkenntnisse.

Zentrale Reformansätze

Der ordnungspolitische *Reformbedarf* läßt sich trotz beachtlicher Unterschiede zwischen den in Frage stehenden Schuldnerländern auf einige gemeinsame Punkte reduzieren:

1. Durch eine *Bekämpfung der Inflation* müssen *realistische Preisverhältnisse*, eine erhöhte Sparneigung der Bevölkerung, die Eindämmung der Kapitalflucht und die Ermutigung langfristig produktiver Investitionen bewirkt werden. Neuere empirische Untersuchungen über die Ursachen der Geldentwertung in Entwicklungsländern bestätigen die traditionelle Inflationstheorie. Danach besteht eine hohe Korrelation zwischen der Wachstumsrate der nominalen Geldmenge pro Einheit des realen Sozialprodukts und der Inflationsrate. Es zeigt sich, daß die Geldmenge meist von den *Defiziten der öffentlichen Haushalte* und *Unternehmen* und deren Finanzierung bestimmt ist. Versuche, *schrittweise* zur Preisniveaustabilität zu gelangen, sind – jedenfalls in Lateinamerika – meist gescheitert. Ein schärferer (*schockartiger*) Stabilisierungskurs hat größere Aussicht auf Erfolg.

2. *Realistische Wechselkurse* dienen dazu, die Exportkraft der Schuldnerländer durch *Preisanreize* zu stärken. Unter den gegebenen Umständen sind realistische Wechselkurse nur durch den Übergang zu *flexiblen* Wechselkursen zu erreichen. Nur bei realistischen Wechselkursen ist es möglich, die Exportpalette zu erweitern und eine weltmarktorientierte Entwicklungsstrategie als Grundlage für die Wiedergewinnung der Schuldendienstfähigkeit zu verfolgen. Abwertungen führen nur dann zu steigender Inflation, wenn die effektive inländische Geldmenge erhöht wird.

3. Die Wende in der Zahlungsbilanz der in Frage stehenden Entwicklungsländer setzt – wie *Eugen von Böhm-Bawerk* 1914 in seinem auch heute noch aktuellen Aufsatz „Unsere passive Handelsbilanz" über die tieferliegenden Ursachen der damaligen Zahlungsbilanzprobleme der Donaumonarchie feststellte – eine *Wende im Geiste* voraus. Wenn dazu etwas von außen beitragen werden kann, dann wohl nur durch eine entschiedene „*Härtung*" der Kreditkonditionen der ausländischen Gläubiger. Nur davon dürfte in den Schuldnerländern *mehr Einsicht* in die Vorteilhaftigkeit monetärer Disziplin sowie realistischer Preise und Wechselkurse zu erwarten sein. Der vielfach beklagte Mangel an „guten Schuldnern" in der Dritten Welt ist Ausdruck eines *Preisproblems*. Der Markt akzeptiert auch schwächere Schuldner, wenn Zins und Risikozuschlag stimmen. In Kenntnis dessen und bei fehlender Möglichkeit, auf subventionierte Schalter auszuweichen, werden die Schuldner, die neue Kredite begehren, alles tun müssen, um das *Ausfallrisiko* der Altschulden so gering wie möglich zu halten. Sie werden demzufolge im Interesse einer günstigen Umschuldungsregelung und Neuverschuldung mit vertrauenswürdigen Anpassungslösungen, also mit *wirtschaftspolitischen Vorleistungen*, um die Gläubiger konkurrieren müssen. Dies läuft auf eine Mobilisierung von Haftungsvermögen für die künftige Schuldendienstfähigkeit hinaus.

Verdacht der Aufgabenverfehlung des IMF

Einen solchen Anpassungsdruck kann der IMF nicht erzeugen, weil er in seiner heutigen Gestalt an der Reihenfolge „Kredit vor Auflagenerfüllung" prinzipiell nichts ändern kann. Auch ist er der Gefahr ausgesetzt, sich für Zwecke der *Haftungsverschonung* zugunsten öffentlicher und privater Kreditgeber *mißbrauchen* zu lassen. Die Haftung der Gläubiger ist aber eine wichtige Voraussetzung, um die Folgen von Versäumnissen, Fehlern und Irrtümern den Verantwortlichen anlasten zu können.

Es stellt sich deshalb die Frage nach der *Reformierbarkeit* bzw. weiteren Existenzberechtigung des Fonds. Der IMF hat sich nach 1973 in einem beschleunigten Tempo zu einer *Entwicklungsbank* mit einer mehrpoligen Machtstruktur und mit mächtigen bürokratischen Eigeninteressen entwickelt; eine Wiederaufnahme des Kurses der 50er Jahre scheint kaum mehr durchsetzbar zu sein. Die *Gründung* des IMF wie auch der Weltbank ist der Einsicht zu verdanken, daß seit dem Ausbruch der Weltwirtschaftskrise durch die konkurrierenden Währungsabwertungen, den staatlich organisierten Betrug an den Auslandsgläubigern in der Devisenbewirtschaftung und die Mißachtung des ausländischen Eigentums im Krieg der *private internationale Kredit völlig zum Erliegen* gekommen war.

Inzwischen sind die Gründe für die Entstehung von IMF und Weltbank angesichts dynamisch sich entwickelnder leistungsfähiger internationaler Finanzmärkte längst *nicht mehr gültig.* Eine Kommerzialisierung der Kreditpolitik mit einer Orientierung des Humankapitals, der Realkapitalbewegungen und der Handelsströme am *unverfälschten Zins-, Ertrags-* und *Risikogefälle* würde sich freilich zunächst nur zugunsten solcher Länder auswirken, in denen das Anlage- und Schuldendienstrisiko relativ gering ist. Es würden also die Länder rascher vorankommen, die im Interesse der Anziehung privater Kapitalimporte den Bedürfnissen der Kreditgeber und Investoren nach *Minimierung der Risiken* stärker Rechnung tragen, das heißt Wirtschaftsordnungen schaffen, die durch die Kreditpolitik des IMF und der Weltbank behindert werden. Auf diese Weise könnte auch in den heute als unsicher geltenden Entwicklungsländern eine der entwicklungspolitischen Rückständigkeit und Zweckmäßigkeit Rechnung tragende Wertschätzung für die Schaffung *möglichst vertrauenswürdiger Rechts-* und *Wirtschaftsordnungen* wachsen, die ein kalkulierbares Disponieren und Kreditieren nach rechtsstaatlichen Regeln ermöglichen.

Spätestens mit dem *Übergang zum Floating* im März 1973 ist der Fonds – gemessen an seiner ursprünglichen Aufgabe – ernsthaft dem *Verdacht der Aufgabenverfehlung* ausgesetzt. Der Grund dafür ist, daß die Gestaltung des Verhältnisses von Anpassung und Finanzierung völlig der Marktkontrolle entzogen worden ist und keine effiziente Ersatzkontrolle entwickelt werden konnte. Ich sehe deshalb keinen sachlichen Grund für die Forderung, der IMF müsse auch weiterhin seine *führende Rolle* im internationalen Finanzgeschehen behalten.

Gefährden internationale Kapitalmärkte Stabilität und Wohlstand?

Ein Plädoyer gegen die Forderung nach verschärfter Finanzmarkt-Regulierung*·

Thesen

1. Die internationalen Finanz- und Kapitalmärkte spielen eine entscheidende Rolle bei der Allokation von knappen Ressourcen.

2. Die Behauptung, diesen Märkten fehle der soziale Bezug und den Transaktionen in Milliardenhöhe mangle die güterwirtschaftliche Untermauerung, hält einer genaueren Überprüfung nicht stand.

3. Die Forderung nach mehr Regulierung und insbesondere nach der Besteuerung von kurzfristigen Finanztransaktionen ist deshalb kontraproduktiv.

4. Das heißt nicht, daß der Politik jede Einflußmöglichkeit fehlte. Ihre größte Leistung wird allerdings nicht in kontraproduktiver Regulierung liegen, sondern in der Bereitstellung eines vertrauenswürdigen wirtschafts- und währungspolitischen Rahmens.

NZZ-Redaktion

Im herkömmlichen Verständnis bieten freie Finanz- und Kapitalmärkte unerläßliche Möglichkeiten, Spargelder weltweit anzulegen und Investitionen zu finanzieren. Wegen des Spar- und Investitionsaspektes wird deshalb in diesen Märkten auch eine entscheidende Voraussetzung für die Entwicklung wettbewerblicher Gütermärkte gesehen, indem nämlich die Spargelder den jeweils ertragreichsten Anlagen zugeführt werden. Über entsprechende Kapitalumschichtungen wird eine präventive Reallokation der Ressourcen zwischen stagnierenden und schrumpfenden Unternehmen und Wirtschaftszweigen einerseits und innovativen und expandierenden Firmen und Branchen andererseits begünstigt. Hiervon hängt weltweit die Marktdynamik aus vorstoßenden und nachahmenden Wettbewerbshandlungen, die Offenheit und Anpassungsfähigkeit der Gütermärkte ab. Durch Mittel der Finanz- und Kapitalmärkte können Unternehmen bei Liquiditätsengpässen, Leistungsschwächen sowie bei nicht wettbewerbsbedingten Gefährdungen ihrer Handlungsmöglichkeiten (Brand, Streik, Katastrophen und anderen nicht kalkulierbaren Risiken) zumindest vorübergehend gesichert werden. Wettbewerbliche

---

* Erstdruck in: *Neue Zürcher Zeitung*, Nr. 302 vom 28./29. Dezember 1096, S. 39.

Marktprozesse gewinnen so an Stetigkeit und an gesellschaftlicher Akzeptanz. Schließlich bieten Finanz- und Kapitalmärkte vielfältige Informationen (etwa in Form von Börsenkursen), die für die Erwartungsbildung der Wirtschaftssubjekte auf den Gütermärkten und für ihr Verhalten im Wettbewerb wichtig sein können.

Ohne soziale Funktion?

Diese positiven Wirkungen der Finanz- und Kapitalmärkte werden – zuletzt in Diskussionspapieren zum laufenden Konsultationsprozeß der Kirchen zur wirtschaftlichen und sozialen Lage in Deutschland – in Zweifel gezogen. In diesen Märkten wird vielmehr eine Quelle *negativer externer (gesellschaftlicher) Effekte* gesehen. Insbesondere durch die weltweite Liberalisierung des Kapitalverkehrs sei eine Ablösung der Finanzsphäre vom güterwirtschaftlichen Geschehen entstanden. Bei ständig günstigeren Gewinnaussichten auf den Finanzmärkten schreite die Abkopplung vom Gütermarktgeschehen rasch fort. Vor allem die kurzfristigen Devisen- und Finanztransaktionen werden verdächtigt, geradezu ein investitions- und beschäftigungsfeindliches *Eigenleben* entwickelt und zur *Destabilisierung und Krise* der westlichen Volkswirtschaften beigetragen zu haben. Damit fehlte diesen Transaktionen auch der soziale Bezug. Je mehr aber Eigentumsobjekte ihre „sozialen Funktionen" verlieren, desto weiter geht – etwa nach einer in einem anderen Zusammenhang geäußerten Auffassung des Bundesverfassungsgerichts – „die Befugnis des Gesetzgebers zur Inhalts- und Schrankenbestimmung" des entsprechenden Eigentums. So wird vorgeschlagen, vor allem die kurzfristigen Kapitalbewegungen – z.B. durch deren Besteuerung – unattraktiv zu machen und die Steuereinnahmen zu nutzen, um bestimmten (armen) Ländern der Dritten Welt zu helfen.

Jede Finanztransaktion beruht auf einem Geldvermögenstitel, der seinerseits einem Sparakt entspringt. Der Staat kann durch knappe Geldemission, durch eine solide Budgetpolitik sowie eine geeignete institutionelle Verfassung der Finanz- und Kapitalmärkte (*Schüller* 1996) sicherstellen, daß dieser Sparvorgang, erstens, nicht inflatorisch aufgebläht ist und, zweitens, im Dienste wettbewerbsaktiver Gütermarktstrukturen steht. Die vertragliche Bindungsdauer (Fristigkeit) der Geldvermögenstitel hängt von den Anlage- und Finanzierungspräferenzen ab. Wollte man das von den Finanzinstituten betriebene Geschäft der Fristentransformation unterbinden, müßte, wie *Hans Willgerodt* (1972) feststellt, „ein umfangreiches Antrags- und Bewilligungssystem für Kapitalbewegungen eingeführt werden, in dem Beamte nach ihnen vorgeblich bekannten Gesichtspunkten volkswirtschaftlicher Dringlichkeit jede einzelne Kapitalbewegung auf ihre Motive und ihre Notwendigkeit und Nützlichkeit hin überprüfen". Mit dieser Freiheitsbeschränkung würden auch die Investitionstätigkeit und die Beschäftigung behindert.

Auf den Rahmen kommt es an

Die Sparer und Kapitalanleger, ob national oder international orientiert, präferieren Anlagen mit möglichst günstigen Gewinnerwartungen entsprechend ihrer jeweiligen Risikobereitschaft. Hierbei kann die Fristigkeit der Anlage ein wichtiges Entscheidungskriterium sein. Man mag dies abschätzig ein „kapitalistisches Verhalten" nennen, gleichwohl hat dieser Vorgang einen sozialen Bezug; er unterliegt auch der *politischen Kontrolle*: Die Gewinnerwartungen der Kapitalanleger sind von der Rentabilität von Investitionen und über diese von unternehmens-, branchen- und länderspezifischen Wachstumsperspektiven abhängig. Davon ist wiederum die Beschäftigung, also ein wichtiges soziales Anliegen, beeinflußt. Auf die Rentabilität von Investitionen hat die staatliche Steuer- und Regulierungspolitik Einfluß. Ob Investitionsbedingungen mehr oder weniger attraktiv sind, unterliegt also durchaus der Kontrolle der Politik. Ein wichtiger Indikator für die Vertrauenswürdigkeit der Wirtschaftspolitik ist die *Geldpolitik*, also die Art und Weise, wie die Aufgabe der Inflationsverhinderung und -bekämpfung gelöst wird. Man kann deshalb zusammengefaßt sagen: Die internationalen Kapitalbewegungen sind im wesentlichen beeinflußt von Erwartungen hinsichtlich der Veränderung

— des internationalen Renditegefälles (in Verbindung mit unternehmens-, branchen- und länderspezifischen Wachstumsaussichten),

— des internationalen Steuer- und Regulierungsgefälles,

— der Kaufkraftparitäten, also des internationalen Inflationsgefälles.

Direkte Bezüge zum Gütermarkt

Entsprechende Erwartungen haben – wegen der Interdependenzen zwischen Kredit- und Wertpapiermärkten sowie den Märkten für Direktinvestitionen einerseits und den Devisenmärkten andererseits – auch entscheidenden Einfluß auf die Wechselkursentwicklung. Inflation und staatliche Interventionen in das Finanzmarktgeschehen sind die wichtigsten Ursachen für starke Schwankungen der Wechselkurse und destabilisierende Spekulationen. Über- und Untertreibungen sind im übrigen mit marktwirtschaftlichen Suchprozessen verbunden, die auf unvermeidlich unsicheren Erwartungen beruhen. Allein aus den unterschiedlichen Erwartungseinschätzungen, aber auch aus Bemühungen um nutzenstiftende Fristen-, Losgrößen- und Risikotransformationen resultieren vielfältige Finanztransaktionen mit entsprechenden Arbitragegelegenheiten. hierbei gibt es keine risikolosen Renditen. Wer dies übersieht und im Wellengang des Kapitalverkehrs nicht die zugrundeliegenden Triebkräfte und Risiken erkennt, erliegt leicht dem Fehlschluß, die Finanzsphäre entwickele gegenüber dem Gütermarktbereich ein üppiges Eigenleben und verurteile in gewinnseliger Selbstgenügsamkeit jegliche Bemühung um eine investitions- und beschäftigungsfreundliche Wirtschaftspolitik zum Scheitern.

Finanztransaktionen lassen direkt oder indirekt immer wieder Bezüge zum Gütermarktgeschehen erkennen, wenn man genauer hinschaut: Ein Unternehmen soll einen Vorteil darin sehen, die Tochter einer ausländischen Muttergesellschaft zu erwerben oder eine Direktinvestition in anderer Form zu tätigen. Der Kauf wird mit Mitteln aus einer weltweiten Erhöhung des Eigen- und Fremdkapitals finanziert. Man wird nicht übersehen können, daß der Vorteil dieser Finanztransaktionen letztlich von der Rentabilität von Gütermarktinvestitionen abhängt. Freilich kann es für die ausländische Muttergesellschaft vorteilhaft sein, auf einen günstigen Zeitpunkt zu warten, um den Kauferlös für die Finanzierung einer Diversifikations- und/oder Expansionsstrategie auf bestimmten Gütermärkten einzusetzen. In der Zwischenzeit können mehrfach wechselnde Anlagen mit unterschiedlichen Fristen, Losgrößen und Risiken auf den internationalen Finanzmärkten (zum Beispiel Euromärkten) vorteilhaft sein.

Auch aus diesem Beispiel folgt: Ein Vergleich der unterschiedlichen Transaktionsvolumina im realen und monetären Sektor läßt nicht erkennen, ob und inwieweit sich die Finanzsphäre vom Gütermarktgeschehen abgekoppelt hat.

Primat für Selbstregulierung

Freilich sind betrügerische Handlungen und Geschäfte mit unverantwortlich hohen Positionen an offenen Kontrakten nicht auszuschließen, wenn die Geschäftsführung der Finanzintermediäre (Banken) ihre Prüf- und Aufsichtspflicht vernachlässigt. Auch bei Unternehmen auf Gütermärkten kommen solche Nachlässigkeiten vor. Kettenreaktionen (Folgepleiten) können auch hier eine Art von Systemrisiko auslösen.

Allerdings gelten die schnell expandierenden Finanzinnovationen als besonders anfällig für exzessive Spekulationen, abrupte Stimmungsumschwünge und aufwallende Fehleinschätzungen. Daraus mögen verstärkte Preisfluktuationen entstehen; die Gefährdung der Sicherheit des Kapitalmarktes im Sinne eines *Systemrisikos* kann jedoch durch angemessene Eigenkapital-, Rechnungslegungs- und Publizitätsvorschriften sowie durch institutionelle Formen der Risikoselbstkontrolle und Haftungsverschärfung auf der Ebene der mit Finanzinnovationen handelnden Geschäftsbanken, ihrer Unternehmensführungen und Aufsichtsgremien ausgeschlossen werden. Insgesamt zeigt die Diskussion um Vorschläge für verschärfte externe Finanzmarktregulierungen, daß die Unternehmensführungen der Kreditinstitute selbst in der Lage sein müssen, die Verantwortung für das Risikomanagement zu tragen, daß die nationalen und internationalen Währungsbehörden mit Regulierungen sehr vorsichtig sein sollten und es auch sind, nachdem sie erfahren haben, wie diese immer wieder umgangen werden (siehe hierzu *Thieme* 1995). Schon gar nicht ist ein Verbot von Finanzinnovationen zu empfehlen.

Berechtigte Innovationen

Der *Systemgewinn* der Finanzinnovationen besteht, wie *Hans Tietmeyer* (1996) feststellt, in „zusätzlichen Möglichkeiten der Risikotransformation und -reallokation sowie der Liquiditätsbereitstellung zu niedrigen Kosten". Wenn hierdurch – wegen der Kurzfristigkeit der Anlage- und Finanzierungstitel – die Grenzen zwischen den Geld- und Kapitalmärkten verschwinden, mag dies die Aufgabe der Bundesbank, bestimmte Geldmengenaggregate abzugrenzen und zielgerecht zu steuern, schwieriger gestalten; ein Risiko für das System der nationalen Geldpolitik ist damit jedoch nicht verbunden.

Besonders eindrucksvoll zeigt sich die Findigkeit der Akteure auf den Finanzmärkten in der zunehmenden Anzahl und Verbreitung von *Derivaten* (Optionen, Financial Futures, Swaps). Damit werden – im Unterschied zu klassischen Geschäften der Risikotransformation – Risikoabsicherungen auf der Grundlage eines vergleichsweise geringen Mitteleinsatzes möglich; denn die Basistitel (Aktien, Devisen, Anleihen usw.) müssen selbst nicht umgesetzt werden. Die Vermutung, dies alles habe mit dem Gütermarktgeschehen nichts mehr zu tun, beruht auf einer Täuschung; denn die zunehmende Wettbewerbsintensität an den Finanzmärkten, neuartige Finanzinstrumente und Finanzierungstechniken sowie gesunkene Transaktions- und Informationskosten haben nach *Tietmeyer* (1996) „die Fähigkeit des Finanzsystems, seine Intermediationsleistung zu erfüllen, erheblich verbessert. ... Gesamtwirtschaftlich verbessert dies die Rahmenbedingungen für Investitionen und für eine stetigere Kapitalbildung."

Besteuerung verfehlt

Dadurch, daß der Kapitalmarkt findiger wird und billiger arbeitet, wird der Wettbewerbszusammenhang mit den Gütermärkten enger. Dies wird vielfach als unangenehm empfunden. Denn die Frage, *wo* die Senkung der Finanzierungskosten zu einer nachhaltigen Steigerung des Sozialprodukts führt und ob hierdurch mehr Beschäftigung entsteht, hängt wiederum von der Qualität der Ordnungspolitik ab, insbesondere von der wettbewerbsgerechten Gestaltung des Bewertungszusammenhangs zwischen den Produkt- und Faktormärkten. Wer der Meinung ist, die Arbeitsmarkt- und Sozialpolitik müsse weitgehend eigenständig („autonom") gestaltet und demzufolge als Bereichsausnahme von der Wettbewerbsordnung behandelt werden, wird in Verkennung von Ursache und Wirkung dazu neigen, in der Liberalisierung von Devisen- und Finanztransaktionen einen destabilisierenden Einfluß auf die nationale Wirtschaftspolitik zu sehen.

Die Absicht, mit einer Steuer die Rendite-Differenz, die eine Währungsumschichtung im internationalen Finanzverkehr (etwa durch Zinsarbitrage) attraktiv machen kann, wegzusteuern und damit das Sparvermögen für langfristige Investitionen zu reservieren, beruht auf Fehlschlüssen:

— Kurzfristige Finanztransaktionen als „unsolide" (spekulativ) und langfristige Anlagen als „solide" zu bezeichnen, ist schon wegen der Vorteile der genannten Fristen- und Risikotransformation verfehlt. Im übrigen sind Finanzanlagen wie alle wirtschaftlichen Entscheidungen, die mit Unsicherheit behaftet sind, spekulativ. Der Versuch, „gute" von „schlechten" Spekulationen zu unterscheiden, wird sich deshalb in einem willkürlichen Interventionismus verlieren.

— Eine Steuer, die bestimmte Finanztransaktionen unattraktiv machen soll, würde die erwünschte Wirkung – wenn überhaupt – nur haben, wenn sie von allen Ländern erhoben, also international (unter Einschluß potentieller Steueroasen) vereinbart würde. Der Vorwurf eines willkürlichen Interventionismus bliebe aber bestehen.

— Die Steuerausweichung über steuerfreie Devisenschwarzmärkte dürfte sich aber schon wegen des administrativen Kontrollaufwands und der Attraktivität von Umgehungsgeschäften nicht vermeiden lassen. Die Akteure auf den Gütermärkten, die auf den Devisenhandel angewiesen sind, würden insoweit in die Illegalität gedrängt. Hier blieb der Wettbewerbszusammenhang zwischen Kapital- und Gütermärkten mit allerdings höheren Kosten und mit wahrscheinlich erheblichen Nachteilen für kleine und mittlere Produzenten weiterhin wirksam.

— Eine sehr hoch ansetzende Steuer ohne Umgehungsmöglichkeit käme einer effektiven Kapitalverkehrskontrolle gleich. Diese würde die Binnenorientierung nicht nur im Finanzmarktbereich, sondern wegen der oben geschilderten Verknüpfungen zum Realsektor auch im Gütermarktbereich begünstigen. Die damit verbundenen Wohlfahrtsverluste würden auch die vielen Entwicklungsländer treffen, die heute bei ihrem Kapitalimport von den Vorzügen der freien internationalen Finanzmärkte profitieren, die diese gegenüber einer Finanzierung die durch Weltbank und den Internationalen Währungsfonds (IWF) haben.

— Bei einer effektiv weitgehenden Unterbindung dieser Finanztransaktionen käme aus der Steuererhebung auch nicht viel heraus, was an bestimmte Entwicklungsländer – etwa über den IWF – verteilt werden könnte. Freilich wäre dies kein Nachteil; denn in den Ländern der Dritten Welt, an die gedacht sein dürfte, sind die Banken und die Finanztransaktionen überwiegend staatlich reguliert. Hierdurch wird die inländische Ersparnisbildung behindert, die Investitionsfinanzierung ist politisiert; beides begünstigt die innere und äußere Kapitalflucht.

Die Transaktionen der Finanz- und Kapitalmärkte sind von Rentabilitätserwartungen bestimmt; diese sind in vielfältiger Hinsicht mit den Erwartungen auf den Gütermärkten verknüpft, beruhen darüber hinaus auf wirtschaftspolitischen Einflüssen und stehen in weitläufigen sozialen Bezügen. Die Wirtschaftspolitik hat Einfluß auf Höhe und Stabilität der Preise auf den Finanz- und Kapitalmärkten. Inflationsneigungen und Interventionen in das Finanzmarktgeschehen, vor allem auf den Devisenmärkten, durch staatliche Stellen sind häufige Ursachen für „destabilisierende Impulse" und das Bedürfnis, diesen durch Finanzinnovationen auszuweichen bzw. sich dagegen abzusichern. Normalerweise bieten dagegen die Finanz- und Kapitalmärkte Möglichkeiten zur Ausschaltung von Preis-(Kurs-)Risiken. Entsprechende Hedging-, Spekulations- und Arbitragegeschäfte, die zur Stabilisierung von Wechselkursen und Kapitalmarktnotierungen beitragen, versagen jedoch gegenüber politisch verursachten Anlageunsicherheiten. Auf die gegenwärtig offene Frage, ob die Wirtschafts- und Währungsunion in Europa realisierbar und lebensfähig sein wird, reagieren zum Beispiel die internationalen Investoren auf den Finanzmärkten mit teilweise abrupten Bewertungsänderungen und mit einer verstärkten Nachfrage nach Ausweich- und Absicherungsmöglichkeiten. Die Ursache hierfür liegt nicht – wie behauptet wird – in der „ungehinderten Dominanz" privatwirtschaftlicher Interessen, sondern im Versagen der Politik, den Finanzmärkten einen vertrauenswürdigen wirtschafts- und währungspolitischen Rahmen zu setzen. Wer die Finanz- und Kapitalmärkte verstärkt in den Dienst realwirtschaftlicher Aktivitäten gestellt sehen möchte, muß dieser ordnungspolitischen Aufgabe mehr Beachtung schenken.

Literatur

Schüller, Alfred (1996), Der Wettbewerbszusammenhang zwischen Kapital- und Gütermärkten, in: *Karl von Delhaes* und *Ulrich Fehl* (Hrsg.), Dimensionen des Wettbewerbs, Stuttgart, S. 177-216.

Tietmeyer, Hans (1996), Finanzmärkte und Beschäftigung, in: Deutsche Bundesbank. Auszüge aus Presseartikeln, Nr. 43 vom 5.7.1996, S. 1-7.

Thieme, H. Jörg (1995), Finanzinnovationen und Geldmengensteuerung, in: *Jürgen Siebke* und *H. Jörg Thieme* (Hrsg.), Geldpoliti,. Baden-Baden, S. 95-132.

Willgerodt, Hans (1972), Der Kapitalmarkt als Prüfstein europäischer Währungspläne, in: Wirtschaftspolitische Chronik des Instituts für Wirtschaftspolitik an der Universität zu Köln, Heft 3, S. 39-53.

Ordnungspolitische Dimensionen der Globalisierung*

* Erstdruck in: *Reinhold Biskup* (Hrsg.), Globalisierung und Wettbewerb, Verlag Paul Haupt, Bern, Stuttgart und Wien 1996, S. 81-127.

1. Das Ordnungsproblem der Globalisierung

Es besteht offensichtlich eine weitreichende Disposition für globale Kooperation: Der Welthandel wächst schneller als das Weltsozialprodukt, die Direktinvestitionen expandieren stärker als der internationale Güteraustausch. Ein immer größerer Anteil am weltweiten Handel entfällt bei den jeweiligen Produkten auf multinationale Unternehmen. Unternehmen, Märkte und Wettbewerbsbeziehungen nehmen vielfach globale Züge an. Jeder tauscht und konkurriert weltweit mit jedem, wenn auch gewiß häufig indirekt und unbewußt. Die Ausbildung der Menschen, ihre Erfahrungen, Informationsquellen, Arbeitsfelder und Reisegebiete sowie ihre Karrieren spiegeln diese Entwicklung wider. Investitionen und Innovationen, Produktion und Absatz, Finanzierung und Arbitrage unterliegen in ihrer Dynamik immer weniger einzelstaatlichen Einflüssen. Die Interdependenz der Volkswirtschaften nimmt zu.

Wer wird in dieser Entwicklung nicht ein erfreuliches Symptom des Fortschritts sehen, an der Nützlichkeit der Globalisierung gar zweifeln wollen? Wer sich als Ordnungspolitiker um ein Denken in ganzheitlichen Zusammenhängen bemüht, wird sich fragen müssen: Ist Globalisierung nicht die konsequenteste Manifestation dieses Denkens? Was bleibt ordnungspolitisch noch zu tun? Müssen sich die Ordnungspolitiker im Globalisierungsgeschehen nicht mit dem abfinden, was ihnen ein deutscher Bundesminister auf sozialpolitischem Gebiet vorhält: „Die machen Reckübungen, und es ist gar keine Stange da!" Werfen wir zunächst einen Blick auf eine kleine Pressenotiz:

Die Bayer AG hat in Deutschland 1994   3200 Arbeitsplätze abgebaut. Ende 1995 werden es weitere 1800 Stellen sein. In anderen Ländern werden gleichzeitig mit verstärkten Investitionen, Forschungsvorhaben, Anpassungen an internationale Rechnungslegungsvorschriften (IAS-Normen) neue Beschäftigungen geschaffen. Als Gründe werden vor allem Standortnachteile in Deutschland angegeben: Die Energiepreise und Arbeitskosten seien zu hoch, die Forschung werde behindert, die Belastung durch Steuern und Abgaben sei nicht zu überbieten (Neue Zürcher Zeitung, Nr. 68 vom 22.03.1995, S. 11).

An dieser Mitteilung wird deutlich: Wie alles Wirtschaften (als Umgang mit knappen Gütern) ist auch Wirtschaften in weltweiten Bezügen ordnungsbedingt. Aus der Sicht der Bayer AG und vieler anderer in Deutschland tätigen Unternehmen haben sich hier die Ordnungsbedingungen im internationalen Vergleich verschlechtert. Allgemein können die Motive, im Ausland allein oder in Kooperation mit anderen Unternehmen zu investieren, zu forschen, Neues weiterzuentwickeln, zu produzieren, zu finanzieren und zu verkaufen, verschieden sein. Letztlich ist die Rentabilität als Maßstab unternehmerischer Entscheidungen ordnungsbedingt. Und mit zunehmender Mobilität der Produktionsfaktoren wird im Rahmen von alternativen Ordnungen kalkuliert. Damit unterliegen die verschiedenen Ordnungen der Selektion, Verdrängung oder Ausbreitung. Und immer geht es dabei um die Minderung des Knappheitsproblems. Die Frage ist nämlich: Ist die einzelwirtschaftliche Rentabilität oder Rationalität der Entscheidung in weltweiten Bezügen Ausdruck für einen bestmöglichen Beitrag zur Lösung des Knappheitsproblems, also für weltwirtschaftliche Rationalität? Es könnte ja z.B. sein, daß die Bayer AG anderswo Ansiedlungs- und Produktionsbeihilfen oder andere Privilegien erhält, die den globalen Wettbewerb verzerren und einzelwirtschaftlich eine Rentabilität des Ressourceneinsatzes ermöglichen, die im Widerspruch zum bestmöglichen Umgang mit knappen Gütern (z.B. Arbeitsplätzen) steht. Die allgemeine ordnungspolitische Dimension der Globalisierung wird deshalb hier in Handlungsbedingungen gesehen, die es ermöglichen, daß in weltweiten Bezügen aus einzelwirtschaftlichen Rationalitäten eine weltwirtschaftliche Rationalität entstehen kann. Der Wandel dieser Handlungsbedingungen ist Ursache und zugleich Folge der Globalisierung.

2. Internationaler Rechnungszusammenhang, Globalisierung und das Ordnungsproblem

Damit die knappen Ressourcen unter den gegebenen oder denkbaren Handlungsalternativen dorthin gelangen können, wo sie bei sparsamem Einsatz den größten Beitrag zur Knappheitsminderung zu leisten versprechen, ist ein einheitlicher, unter der Kontrolle des Wettbewerbs stehender Rechnungszusammenhang erforderlich. Nur dann kann das weltweit verstreute produktionsrelevante Wissen aus der einzelwirtschaftlich erfolgreichen Produktionsentscheidung[1] eine gleichzeitig für alle Menschen nützliche Entscheidung machen. Der unter der Wettbewerbskontrolle stehende einheitliche Rechnungszusammenhang ist das Ergebnis einer Integration menschlichen Handelns auf drei Ebenen: der Bildung einer weltweiten Preisgemeinschaft, Tauschgemeinschaft und Zahlungsgemeinschaft (*Wilhelm Röpke*):

1. Globale Arbeitsteilung unter Beachtung der relativen Knappheiten, also der Opportunitätskosten des Faktoreinsatzes, setzt nationale Wirtschaftsrechnungen voraus, die auf knappheitsgerechten Faktor- und Güterpreisen und davon abgeleiteten Preiserwartungen aufbauen. Über die Vernetzung der Preise entsteht in der Marktwirtschaft jenes Informations- und Anreizsystem mit dem Charakter eines Rechnungszusammenhangs (siehe Punkt 6. des Ringschemas im Anhang), an dem erkennbar wird, welche Güter und Dienste wie dringlich verlangt werden (*von Hayek*). Nur in dem Maße, wie das Preisnetz sich national in Übereinstimmung mit der Dringlichkeit der Nachfrage entwickelt, kann es auch global anzeigen, was knapp ist und wie wertvoll Güter sind.

2. Eine internationale Rechenskala kann sich nur in dem Maße entwickeln, wie es erlaubt ist, entdeckte oder vermutete Austauschvorteile zu nutzen und die produktiven Kräfte in die bestmöglichen Verwendungen zu lenken. Internationale Tauschfreiheit setzt nationale Tauschfreiheit voraus. Nur so können offene multilaterale Tauschbeziehungen in weltweiten Bezügen entstehen. Weil knappe Ressourcen immer nur eigentumsrechtlich vermittelt zugänglich sind, kann Tauschfreiheit und mit ihr die motivationale Bedingung für eine effiziente Wissensverarbeitung mit Hilfe von Preisen nur in dem Maße auf relativ verläßliche Weise entstehen, wie die gewachsene oder gesetzte Rechtsordnung exklusive und transferierbare Eigentumsrechte (Property Rights) in einer anreizkompatiblen und wettbewerbskonformen Gestalt begründet und sichert. Die Globalisierung des Geltungsbereichs des Preissystems setzt demgemäß eine Globalisierung des Rechtssystems voraus. In diesem Verständnis ist die Globalisierung das Er-

---

[1] Darunter verstehe ich mit *Vilfredo Pareto* die räumliche, zeitliche oder sachliche Transformation von Gütern zur menschlichen Bedürfnisbefriedigung.

gebnis einer „rechtsschöpferischen Leistung" (*Franz Böhm*). Wir stoßen hier auf das Hauptbestreben der großen liberalen Autoren: Wie kann weltweit ein System gesellschaftlicher Institutionen gefunden werden, „das jeden Einzelnen dazu veranlassen sollte, aus eigener Wahl und aus den Beweggründen heraus, die sein normales Verhalten bestimmen, so viel als möglich zur Befriedigung der Bedürfnisse aller seiner Mitmenschen beizutragen?" (*von Hayek* 1948, S. 28). Die Antwort ist in der Globalisierung der Idee der Verfassung der Wettbewerbsfreiheit zu sehen (siehe Punkt I. des Ringschemas).

3. Die aus der globalen Preis- und Tauschgemeinschaft hervorgehenden Zahlungen bedürfen des Ausgleichs. Multilaterale Tauschbeziehungen können sich nur in dem Maße knappheitsgerecht entwickeln, wie die internationalen Zahlungen auf der Grundlage realistischer (marktmäßiger) Wechselkurse bewertet und die globalen Kreditbeziehungen nicht durch knappheitswidrige Zinssätze verfälscht werden.

4. Multinationale Unternehmen können wie alle Unternehmen im Anschluß an *Coase* prinzipiell als Erscheinungen der Preis-, Tausch- und Zahlungsgemeinschaft aufgefaßt werden: Marktwirtschaftliche Transaktionen mit Hilfe des Preissystems verursachen einen Informations-, Aushandlungs- und Kontrollaufwand. Diese Transaktionskosten sind nur ein anderer Ausdruck für Unsicherheit. Unsicherheit kann prinzipiell mit Hilfe von Unternehmungen durch Integration potentieller Marktvorgänge zum Vorteil der Beteiligten vermindert werden. Unternehmen sind in dieser Sicht Transformationsstellen zur Verminderung von Unsicherheiten aus der Beteiligung an der Preis-, Tausch- und Zahlungsgemeinschaft.

Die Theorie der Absorption oder Internalisierung von Unsicherheiten dient heute vielfach auch zur Erklärung von multinationalen Unternehmen (siehe den Überblick in *Buckley* und *Casson* 1992). Die Entstehung und zunehmende Bedeutung von „global players" für die Dynamik der internationalen Wirtschaftsbeziehungen wird nicht aus deren Multinationalität, sondern mit erfolgreichen Versuchen erklärt, mit Hilfe von international transferierbaren firmenspezifischen Aktiva die Triebkräfte des Wettbewerbs (Innovation, Investition und Arbitrage - *Fehl* 1983, S. 65 ff.) so einzusetzen, daß daraus firmenspezifische Wettbewerbsvorteile erzielt werden können. Diese sind das Ergebnis des Zusammenspiels von unternehmerischen Handlungspotentialen und standortgebundenen Handlungsbedingungen.

Damit entsprechende Aktivitäten so viel als möglich zur Befriedigung der Bedürfnisse aller Mitmenschen beitragen, ist ein internationaler Rechnungszusammenhang erforderlich, der ein Verhalten der betreffenden Unternehmen in diese Richtung unter Beachtung des Opportunitätskostenkalküls ermöglicht. Hierfür ist die Informations- und Anreizqualität des internationalen Preissystems entscheidend. Diese stellt sich, so wird hier angenommen, nicht von selbst ein, ist vielmehr ordnungsbedingt. An den Problemstellungen II. bis V. des Ringschemas wird die Mehrdimensionalität des Ordnungsproblems der Globalisierung erkennbar:

1. Globalisierung und internationale Wettbewerbsordnung (zur Bekämpfung unternehmensspezifischer Wettbewerbsbeschränkungen).

2. Globalisierung und Welthandelsordnung (zur Bekämpfung staatlicher Beschränkungen der internationalen Tauschbeziehungen).

3. Globalisierung und Weltwährungsordnung (im Hinblick auf realistische Wechselkurse und knappheitsgerechte Kreditzinsen).

4. Globalisierung und Wettbewerb der Systeme (im Hinblick auf die Gestaltung des
   Ordnungsrahmens).

Damit werden vier verschiedene Stangen für „ordnungspolitische Reckübungen"
sichtbar, die je für sich schwierig zu bewältigen sind; denn in unserer Sicht erfordert
weltwirtschaftliche Integration – aufgefaßt als die Entstehung einer globalen Preis-,
Tausch- und Zahlungsgemeinschaft – eine entsprechende soziale Integration in Form
einer globalen Verfassung der Wettbewerbsfreiheit. Dieses Ordnungsproblem ist bekanntlich „unendlich schwieriger zu lösen als innerhalb einer einzelnen Nation mit ihrem festen staatlichen Gefüge und ihrem politisch-moralischen Zusammenhalt" (*Röpke*
1945/1954, S. 106 f.).

3. Globalisierung und internationale Wettbewerbsordnung

Direktinvestitionen, sei es durch Tochtergesellschaften, Niederlassungen, Joint
Ventures oder andere Beteiligungsformen, können neue Maßstäbe für einheimische
Unternehmen setzen, wirtschaftliche und soziale Kräfte mobilisieren, verkrustete Wett-
bewerbsstrukturen aufbrechen. Ihre globale marktstrategische Flexibilität erlaubt es den
Direktinvestoren, leichter in Märkte – auch in konzentrierte Märkte – einzudringen. Die
Wettbewerbsimpulse können vor allem in solchen Gastländern ordnungsverändernde
Kraft gewinnen, in denen – wie in Transformationsländern – wichtige wirtschaftliche
Zweige (noch) von Staatsbetrieben beherrscht sind, die bekanntlich immer nur sehr begrenzt der wettbewerblichen Kontrolle unterworfen werden können. Insbesondere von
solchen multinationalen Unternehmen, die längere Zeit durch weltweite interne Subventionierung Verluste kompensieren können, werden starke Impulse für die Entwicklung wettbewerblicher Marktstrukturen erwartet. Dies setzt allerdings eine kritische
Masse von Auslandsengagements und eine hinreichende wettbewerbliche Entzündungs-
bereitschaft der einheimischen Betriebe, vor allem aber berechenbare Ordnungsbedingungen voraus. Solange in einem Transformationsland, wie gegenwärtig in Rußland, die
Regierung die „Kommandohöhen der Wirtschaft" zu beherrschen und mit Staatsaufträ-
gen und einer staatlichen Subventionswirtschaft zu sichern versucht, fehlt dem importierten Wettbewerb das Handlungsfeld für die Entfaltung seiner Triebkräfte. In diesem
Falle werden sich auch die zugelassenen Direktinvestoren den gegebenen Ordnungsbedingungen anpassen, indem sie im Streben nach Berechenbarkeit z.B. versuchen, Be-
schaffungsmärkte durch vertikale Integration und Absatzmärkte durch spezielle Verträge mit staatlichen Organisationen zu ersetzen.

Hieran wird die Logik ordnungsbedingten Handelns erkennbar, die darauf hinzielt,
die Rentabilität auch mit Hilfe solcher Möglichkeiten zu verbessern, die üblicherweise
dem Bereich der Wettbewerbsbeschränkungen zugerechnet werden. Unter diesen Bedingungen können ausländische Investoren auch wenig zum Aufbau eines wettbewerbs-
aktiven Unternehmertums beitragen.

3.1. Das Hindernis unterschiedlicher nationaler Wettbewerbsregeln

Was in Rußland zu beobachten ist, kann verallgemeinert werden: International tätige Unternehmen passen sich den jeweiligen Ordnungsbedingungen ihrer Zielländer an, also auch den nationalen Wettbewerbsregeln. Der Wettbewerb als wirtschaftspolitische Aufgabe bleibt deshalb wichtig, weil die Globalisierung mit einer Zunahme der Anzahl der Staaten einhergeht (siehe *Bernauer* und *Moser* 1995, S. 15), die unterschiedliche Wettbewerbsregeln haben. Bei der wettbewerbspolitischen Beurteilung nationaler Marktverhältnisse wird also von immer mehr Staaten die Handlungsweise und Marktposition nicht nur von inländischen, sondern auch von ausländischen Marktteilnehmern berücksichtigt. Folgt die wettbewerbspolitische Beurteilung unterschiedlichen Maßstäben, kann die von den Unternehmen betriebene Globalisierung der Märkte in dem Maße behindert werden, wie die Ausdehnung der Märkte, auf denen die Unternehmen agieren, über die nationalen wettbewerbspolitischen Zuständigkeiten hinausgeht. Hierdurch können erhebliche Unsicherheiten (Transaktionskosten) entstehen.

Offensichtlich wird dies nach *Immenga* (1995, S. 11) besonders bei internationalen Unternehmenszusammenschlüssen und bei den verschiedenen Formen der internationalen Unternehmenskooperation horizontaler und vertikaler Art. Nicht nur werden hierbei mehrere Verfahren vor verschiedenen nationalen Behörden eröffnet, auch sind die Entscheidungsfristen und -ergebnisse unterschiedlich. Für unternehmerische Aktivitäten verursachen diese wettbewerbsrechtlichen Unsicherheiten also zusätzliche Kosten.

Wie kann angesichts dieser Lage eine kostensenkende internationale Wettbewerbsordnung entstehen? Kann diese Aufgabe nicht der Welthandelsordnung und letztlich dem Wettbewerb der Systeme mit der vollen Breitseite seiner liberalisierenden Wirkungen überlassen werden? *Immenga* (1995, S. 10 ff.) weist mit Recht darauf hin, daß unternehmerische Wettbewerbsbeschränkungen[2] den Zugang von ausländischen Anbietern erschweren, also den internationalen Handel beschränken bzw. bisher erreichte Handelsliberalisierungen gefährden und Handelskriege auslösen können.[3]

In der Tat können Marktabschließungen und Marktaufteilungen von Unternehmen genau die handelsbeschränkenden Wirkungen auslösen, die gegen die Regeln der Welthandelsordnung verstoßen. Deshalb sieht das Binnenmarktkonzept der EU vor, ein System des unverfälschten Wettbewerbs zu errichten und mit Hilfe supranationaler Instan-

---

[2] Preisabsprachen, Quotenkartelle, Import- und Exportkartelle, verschlossene Vertriebswege wie das japanische Keiretsu-System, internationale Marktaufteilungen mit Hilfe wettbewerbsbeschränkend eingesetzter gewerblicher Schutzrechte, Patentpools, rabattspezifische Auftragskonzentrationen bei marktbeherrschenden Unternehmen.

[3] So will die amerikanische Regierung im Streit Kodak-Fuji mit handelspolitischen Mitteln erreichen, daß Fuji nicht länger durch marktschließende Praktiken den Zugang zum japanischen Amateurfilmmarkt behindern kann. Das von den japanischen Kartellbehörden tolerierte Keiretsu-System verbindet Produzenten, Distributeure und Zulieferer in exklusiver Form. So ist Fuji mit den vier wichtigsten Großhändlern des Landes verflochten. Diese haben wiederum Tausende von Einzelhändlern an sich gebunden. Ausländern sind diese Vertriebskanäle verschlossen. Siehe Frankfurter Allgemeine Zeitung, Nr. 191 vom 18.08.1995, S. 14.

zen zu sichern. Auch die EFTA- und EWR-Verträge beruhen bekanntlich auf gemeinsamen Wettbewerbsregeln.

3.2. Die Initiative für ein Weltkartellrecht im Rahmen des GATT

Die Globalisierung der Unternehmenstätigkeit und der Märkte legt die Wiederbelebung des Gedankens[4] nahe, im Rahmen der WTO eine internationale Wettbewerbsordnung zu vereinbaren und mit Hilfe einer internationalen Wettbewerbsagentur durchzusetzen. Hierfür haben *Fikentscher* und *Immenga* (1995) den Entwurf eines internationalen Wettbewerbsrechts vorgelegt.

In diese Richtung zielte bisher die Bestrebung zur extraterritorialen Anwendung des nationalen Wettbewerbsrechts auf ausländische Unternehmen, etwa im europäischen Wettbewerbsrecht und im amerikanischen Antitrust-Recht (siehe *Dujm* und *Winter* 1993, S. 471; *Fikentscher* und *Heinemann* 1995, S. 21 ff.). Auch die deutsche Monopolkommission empfiehlt gegenüber Wettbewerbsbeschränkungen, die vom Ausland ausgehen, das Gesetz gegen Wettbewerbsbeschränkungen (GWB) anzuwenden, hält es aber für notwendig, eine solche Praxis durch internationale Abkommen abzusichern. Tatsächlich kann der Versuch einer extraterritorialen Rechtsanwendung ins Leere gehen, wenn von ausländischen Firmen, die keine Niederlassung im Inland haben, gleichwohl wettbewerbsbeschränkende Wirkungen auf das Inland ausgehen. Hinzu kommt die Gefahr, daß bei ungleichen wettbewerbsrechtlichen Vorgehensweisen politische Streitigkeiten entstehen können. Um also eine grenzüberschreitende Antikartell- und Antimonopolgesetzgebung anwendbar und durchsetzbar zu machen, erscheint eine internationale Wettbewerbsagentur unverzichtbar. Durch deren Kompetenzen müßte die nationale Souveränität auf diesem Gebiet geteilt werden. Hieran fehlt es bislang.

Hier setzt der Entwurf von *Fikentscher* und *Immenga* („Draft International Antitrust Code") an, der 1993 dem GATT vorgelegt wurde. Er erfaßt alle wichtigen Typen wettbewerbsbeschränkenden Verhaltens privater und öffentlicher Unternehmen[5] und beruht auf folgenden Grundprinzipien (siehe *Fikentscher* und *Immenga* 1995):

---

[4] Ein erster nicht realisierter Versuch geht auf die Havanna-Charta von 1948 zurück. Zu nennen sind dann die 1967 von der OECD entwickelten wettbewerbspolitischen Verhaltensrichtlinien. Schließlich ist der „Kodex multilateral gebilligter Grundsätze und Regeln zur Kontrolle wettbewerbsbeschränkender Geschäftspraktiken der UNO" aus dem Jahre 1980 zu erwähnen. Die Vorteile der OECD- und der UNO-Kodices liegen darin, daß sie eine Orientierung für die nationale Wettbewerbsgesetzgebung bieten und deshalb vor allem in Ländern und Regionen eine besondere ordnungspolitische Qualität gewinnen können, in denen wettbewerbspolitisches Denken noch keine Tradition hat. Der Nachteil dieser Richtlinien liegt in ihrer Unverbindlichkeit und fehlenden Durchsetzbarkeit. Allerdings kann in diesen Verhaltensrichtlinien die „Vorstufe für eine spätere endgültige Regelung" gesehen werden (*Gröner* 1987, S. 371), wie sie jetzt von *Fikentscher* und *Immenga* (1995) mit ihrer „Initiative für ein Weltkartellrecht im Rahmen des GATT" angestrebt wird.

[5] Der Globalisierung stehen vor allem vielfältige hoheitlich sanktionierte Wettbewerbsbeschränkungen und monopolistische Privilegien für staatliche und staatlich regulierte Unternehmen entgegen. Diese Wettbewerbsbeschränkungen sind besonders hartnäckig. Hier liegt zum Beispiel in Deutschland die Ursache für extrem hohe Energiepreise, in denen die Bayer AG einen besonderen Standortnachteil sieht.

1. Beschränkung der nationalen Souveränität, soweit es darum geht, die Normen des Code unabhängig von nationalen Behörden durchzusetzen.

2. Alle Vertragsstaaten des GATT sind verpflichtet, die Normen des Code als Minimum-Standards entsprechend ihrer Verfassung in nationales Recht zu transformieren.

3. Im Hinblick auf die Globalisierung der Märkte ist das Recht des Code zwingend nur anzuwenden, wenn Wettbewerbsbeschränkungen zumindest zwei Vertragsstaaten berühren.

4. Damit der Code durchgesetzt werden kann, ist jeder Vertragsstaat verpflichtet, eine unabhängige nationale Antitrust-Behörde zu schaffen. Jedermann, der durch eine Wettbewerbsbeschränkung direkt beeinträchtigt wird, kann von der nationalen Kartellbehörde ein Einschreiten verlangen. Gegen Untätigkeit kann Klage beim zuständigen nationalen Gericht erhoben werden.

5. Es ist eine „Internationale Antitrustbehörde" als Institution des GATT/WTO zu schaffen. Sie kann unabhängig von dem Antragsrecht der einzelnen von der nationalen Behörde verlangen, daß sie gemäß dem Code gegen Wettbewerbsbeschränkungen vorgeht. Verweigert sich das nationale Kartellamt, kann die Internationale Antitrustbehörde direkt vor dem nationalen Gericht auf Unterlassung klagen.

6. Die internationale Wettbewerbsordnung ist institutionell eng mit dem GATT zu verbinden. Verletzt ein Vertragsstaat seine Verpflichtungen aus dem Code, kann die Internationale Antitrustbehörde diesen Fall vor ein einzurichtendes internationales Antitrust-Panel des GATT bringen.

Fazit: Die ordnungspolitischen Vorzüge der Idee eines Weltkartellrechts liegen erstens darin, daß internationale Regeln der Wettbewerbsfreiheit in nationale Rechtsordnungen übernommen und dadurch materielle Rechte für private Wirtschaftssubjekte geschaffen werden. Die Bürger können die Einhaltung einklagen. Zweitens ist die Anbindung an das GATT bzw. die WTO vorteilhaft, z.B. wegen der vergleichsweise harten Streitschlichtungsverfahren. Auch würden sich die GATT-Regeln dann auf Wettbewerbsfragen beziehen. Hinzu kommt die besondere Qualität der WTO als völkerrechtlicher Vertrag mit mehr als hundert Unterzeichnerstaaten. Die Realisierbarkeit des Vorschlags von *Fikentscher* und *Immenga* dürfte allerdings erst in einer – auch wettbewerbstheoretisch – schwierigen weiteren Verhandlungsrunde der WTO geklärt werden können. Die Schwierigkeiten dürften in dem Maße zunehmen, wie sich die Gesetzgebung – über per se-Verbote hinausgehend – auf eine internationale Mißbrauchskontrolle erstrecken soll.

4. Globalisierung und Welthandelsordnung

Die Verhaltensregeln des GATT[6] sind darauf gerichtet, Wettbewerbsverfälschungen, die von staatlicher Seite ausgehen, zu verhindern und auf der Grundlage eines globalen Marktpreissystems aus gewinnorientierten unternehmerischen Handlungen einen globalen Güterwettbewerb entstehen zu lassen. Internationale Wettbewerbsordnung und Welthandelsordnung unterscheiden sich nur hinsichtlich des wettbewerbspolitischen Ansatzpunktes. Im übrigen sind beide Ordnungen komplementär. Je mehr Länder diese Verhaltensregeln beachten, desto mehr gewinnen verfälschungsfreie Wettbewerbsprozesse weltweiten Charakter. Konsumenten profitieren von geringeren Produktpreisen, besseren Qualitäten und einer größeren Angebotsvielfalt.

Sinken aufgrund von Deregulierungserfolgen und technischen Neuerungen die Transport- und Informationskosten, so verbessern sich mit der Verdichtung der Kommunikationsnetze die Preiskontakte und die Möglichkeiten, Innovations-, Investitions- und Arbitragevorteile weltweit zu nutzen. Mit der zunehmenden Entwicklung des Außenhandels vom inter-industriellen (komplementären) zum intra-industriellen (substitutiven) Güteraustausch sind die Hersteller zu größeren Wettbewerbsanstrengungen herausgefordert, als sie es je waren. Deshalb ist privatwirtschaftlichen Versuchen, den Wettbewerb zu beschränken, häufig auch der erhoffte Erfolg versagt. Unter diesen Bedingungen führen aber auch knappheitswidrige Arbeitsmarktregulierungen und nationale wohlfahrtsstaatliche Sonderwege häufig in krisenhafte volkswirtschaftliche Entwicklungen (siehe Kapitel 6.).

Diese Konsequenzen werden nicht von allen Marktteilnehmern begrüßt. Zwar sehen initiative Unternehmer im globalen Wettbewerb die Voraussetzung für die Erweiterung der eigenen Entfaltungsmöglichkeiten. Immobile Anbieter dagegen empfinden dies eher als Bedrohung. Da Regierungen dazu neigen, Konsumentenvorteile zu opfern, wenn es darum geht, wettbewerbsschwache Produzenten zu schützen, kommt es – verstärkt bei nachlassender Konjunktur – zu Gegenströmungen im Globalisierungsprozeß. So gehören zur Geschichte des GATT neben beachtlichen Liberalisierungserfolgen auch erhebliche Rückfälle in den Protektionismus (siehe *Gröner* und *Schüller* 1989, S. 431 ff.). Diese haben schließlich zur fortschreitenden Aushöhlung der „alten" GATT-Ordnung

---

[6] Das GATT ist ein System von Verhaltensnormen für den internationalen Handel. Diese beruhen im Kern auf dem Prinzip der Nichtdiskriminierung. Dieses Prinzip drückt sich in folgenden Verhaltensregeln aus:

1. Liberalisierung und Expansion des Welthandels durch Verbot von Kontingenten und Aus- und Einfuhrgenehmigungen sowie durch Abbau von Zöllen und nichttarifären Handelshemmnissen.

2. Prinzip der unbedingten Meistbegünstigung im Sinne der Gleichbehandlung (Nichtdiskriminierung) aller Mitglieder und in der Gleichstellung inländischer und ausländischer Güter (Inländerprinzip).

3. Begrenzung des handelspolitischen Spielraums der Regierungen – auch innenpolitisch. Handelspolitische Entmachtung der Regierungen bei der Verfolgung eigennütziger Ziele mit Hilfe der Konsultationspflicht.

4. Berücksichtigung von Sonderinteressen: Integrationsräume, Dritte Welt, frühere sozialistische Länder, heute Transformationsländer.

geführt. Viele Beobachter sahen in ihr nur noch einen „Papiertiger, der nicht mehr in der Lage war, eine marktwirtschaftliche, nichtdiskriminierende internationale Rechtsordnung durchzusetzen" (*Molsberger* 1995, S. 2 ff.). Der internationale Rechnungszusammenhang wurde hierdurch brüchiger. Die Aussicht auf Gleichrichtung von einzel- und weltwirtschaftlicher Rationalität hat sich verschlechtert. Man kann dann auch die wirtschaftliche Nützlichkeit von Direktinvestitionen und anderen Globalisierungserscheinungen nicht mehr als selbstverständlich unterstellen.

Die Haupteinbruchstellen der „alten" GATT-Ordnung für Protektionismus sind zugleich die entscheidenden Ansatzpunkte, um die Lösungsansätze des „neuen" GATT von 1994 zu beurteilen (siehe hierzu im einzelnen *Molsberger* 1995, S. 8 ff.).

4.1. Die sektoralen Sonderregelungen

Sektorale Sonderregelungen für den Agrar-, Textil- und Bekleidungshandel, aber neuerdings auch für den Austausch anderer Güter (bis hin zu Automobilen) haben den internationalen Preiszusammenhang durch Mengenrestriktionen mehr oder weniger weitgehend aufgehoben. Mit diesem Sektoralismus will das „neue" GATT aufräumen. Alle offenen und versteckten mengenmäßigen Handelshemmnisse sollen durch sogenannte Tarifizierung (Umrechnung in preiswirksame Einfuhrbeschränkungen – Zölle) umgewandelt werden. Hierdurch soll insbesondere der internationale Agrarhandel in die Welthandelsordnung integriert werden. Die so neu angebahnten globalen Preiskontakte sollen dann – allerdings mit Ausnahmen – durch sukzessiven Tarifabbau verstärkt und im Netz der übrigen Preisbeziehungen verdichtet werden. Parallel dazu ist die Verringerung von Exportsubventionen und brancheninternen Beihilfen vereinbart worden. Auch hierdurch wird die internationale Markt- und Preistransparenz – wenn auch wiederum mit leicht dehnbaren Ausnahmen und teilweise langen Übergangsfristen (siehe *SVR*, 1994/1995, S. 241) – verbessert.

Fraglich ist nach wie vor, ob freiwillige Exportselbstbeschränkungen entscheidend zurückgedrängt werden können. Ohnehin haben die neuen Tarifierungs- und Liberalisierungsregime keinen allgemeinen Regelcharakter. Vor allem ist es nicht gelungen, die vielfach als Ersatz für protektionistische Maßnahmen dienenden nationalen Subventionen generell und verläßlich abzubauen. Gerade ein solcher Entschluß hätte auch vorbildlich für Transformationsländer wirken können. Die Regierungen dieser Länder verfügen je nach dem Stand der Transformationsbemühungen über ein mehr oder weniger weitreichendes protektionistisches Rüstzeug, vor allem auch in der versteckten Form von Beihilfen, die an Staatsbetriebe gezahlt werden.

4.2. Der handelspolitische Nationalismus

Das Prinzip der multilateralen Verpflichtungen und des multilateralen Vorgehens (Pflicht zur Konsultation und Streitbeilegung) wurde immer häufiger durch einzelne Länder und Ländergruppen (vor allem USA, Japan, EG) mit vielen „Paradoxien und Gefährdungen für die internationale Handelsordnung" (*Hasse* 1994, S. 163 ff.) verletzt. Diese Art von handelspolitischem Nationalismus und Bilateralismus hat sich zum Beispiel bei Anti-Dumping-Maßnahmen durchgesetzt (*Gröner* 1994, S. 55); dieses Instrument wurde verstärkt wettbewerbsbeschränkend eingesetzt, statt einem „fairen" Wettbewerb zu dienen. Hiergegen verlangt nun das „GATT 1994" zwar einen genaueren Nachweis der Schädigung und eine engere Befristung der Geltungsdauer von Anti-Dumping-Zöllen, doch werden Ansprüche auf wirtschaftliche, technologische, sozial- und handelspolitische Unabhängigkeit weiterhin stark im Vordergrund der nationalen Interessen stehen.

Nicht gelungen ist es nämlich, starken Neigungen einzelner Länder zu Formen der „aggressiven Handelspolitik" entgegenzuwirken. Hierdurch werden die üblichen Bestimmungsgründe des Preiswettbewerbs außer Kraft gesetzt. Hier sind vor allem forschungs- und technologiepolitische Förderungsmaßnahmen zu nennen. Die verschiedenen Förderkonzeptionen sind meist aus der nationalen Entwicklung dieser Länder zu verstehen; sie haben deshalb eine starke Bindungskraft erlangt: In Japan geht es um das Instrument der „administrative guidance", in den USA um eine betont militär- und raumfahrtspezifische Ausrichtung der staatlichen F&E-Maßnahmen (siehe *Holzkämper* 1995).

Die Forschungs- und Technologiepolitik der EU beruht im Kern auf dem Versuch, den wirtschaftspolitischen Nationalismus zu europäisieren. Mit dem Hinweis auf die Globalisierung der Märkte in High-Tech-Sektoren wird den Nationalstaaten die Fähigkeit abgesprochen, die Voraussetzungen für wettbewerbsfähige Industriestrukturen und für eine ausreichende Beschäftigung zu schaffen. Deshalb müßte die Kommission in Brüssel – auch zur Verringerung der regionalen Entwicklungsunterschiede – die wirtschaftlichen und wissenschaftlichen Ressourcen bündeln, gemeinsames Nachdenken und koordiniertes Vorgehen, besonders auch durch Förderung grenzüberschreitender Unternehmenszusammenschlüsse und Strukturanpassungen, organisieren. Damit wird ein Widerspruch zu den Intentionen einer internationalen Wettbewerbsordnung erkennbar.

Dabei scheint wenig zu stören, daß die praktischen Erfahrungen mit der bisherigen EG-Industriepolitik alle die Nachteile bestätigen, die eine solche Vorgehensweise regelmäßig mit sich bringt: Schwerpunktsetzungen nach politischen Kriterien, einseitige Bevorzugung von Großunternehmen, Fehlinvestitionen, Strukturkonservierung, unzureichende Verwendungs- und Erfolgskontrolle, Institutionalisierung von Mitnahmeeffekten und Protektionismus, Provokation von eskalierenden Vergeltungsmaßnahmen (siehe hierzu *Feldmann* 1993, S. 162; *SVR* 1994/1995, S. 242; *Streit* 1994, S. 189 ff.). Je mehr die entsprechenden Produktionsentscheidungen statt Marktsignalen den Ergebnissen von Verhandlungen mit Behörden und deren Subventionsanreizen (neuerdings „Prämien" genannt, siehe *von Schwerin* 1995, S. 18) folgen, desto weiter fallen einzelwirtschaftliche und gesamtwirtschaftliche Rationalität der entsprechenden Investitionen auseinander. Der Außenhandel erhält in diesem Bereich den Charakter von Staatshandel. Es gibt kaum eine stärkere Schwächung der Zusammenhaltekräfte des globalen Preissystems. Es entstehen nämlich gleichsam Trennbrüche mit eingebauter Ausbreitungstendenz. Dies allein schon deshalb, weil mit den industriepolitischen Kompetenzen der EG, die der Maastrichter Vertrag einräumt, die Gefahr wächst, daß die Anti-Dumping-Verfahren noch mehr als bisher schon für industriepolitische (Schutz-)Zwecke entfremdet werden (siehe *Gröner* 1994, S. 63).

Das Prinzip des multilateralen Vorgehens bleibt auch weiterhin durch die sogenannten plurilateralen Abkommen (über den Handel mit zivilen Luftfahrzeugen, über das öffentliche Beschaffungswesen, den internationalen Milch- und Rindfleischhandel) durchbrochen. Durch diese Abkommen verpflichten sich nur die ratifizierungswilligen Staaten zur Beachtung der GATT-Regeln, allerdings mit erheblichen Einschränkungen im Einzelfall.

4.3. Der Regionalismus

Das Meistbegünstigungsprinzip ist besonders auch durch den Regionalismus bedroht. Vor allem die EG hat die Diskriminierung zum Nachteil kleinerer Länder zum Prinzip erhoben und regionalistische Bestrebungen in Amerika, Asien und neuerdings auch in Nordafrika provoziert (siehe hierzu *Molsberger* 1995, S. 5 mit zahlreichen Literaturhinweisen). Es ist keineswegs ausgemacht, daß im Sinne der Lehre von der Countervailing-Power mehrere Wirtschaftsgemeinschaften dahin wirken, die multilaterale Ordnung zu stärken. Allein der Gedanke der Gemeinschaftspräferenz und der Gemeinschaftssolidarität verleitet zur Legitimation von Integrationsmaßnahmen, die entgegen den GATT-Bestimmungen zur Abkapselung der regionalen Blöcke – vor allem durch nichttarifäre Maßnahmen – führen. Da sich auch multinationale Unternehmen den gegebenen Ordnungen anpassen, dürften sie die Segmentierung der Weltwirtschaft und die daraus entstehenden handelspolitischen Konflikte nicht verhindern, wohl aber zum Anlaß nehmen, daraus einzelwirtschaftliche Vorteile zu ziehen.

4.4. Lücken in der Welthandelsordnung

Es gibt Bereiche, die traditionell nicht in das weltweite System der Handelsliberalisierung und des Schutzes vor Wettbewerbsbeschränkungen und -verzerrungen eingebunden sind (siehe im einzelnen hierzu *Molsberger* 1995, S. 5 ff.). Dies gilt erstens für viele national regulierte und vor der Auslandskonkurrenz geschützte Dienstleistungs- und Versorgungszweige (Verkehr, Versicherungen, Banken, Energie- und Wasserversorgung). Dies gilt zweitens für den vielfach unzureichenden Schutz geistigen Eigentums (Urheber-, Marken-, Patentrecht, Muster und Modelle, Fabrikations- und Geschäftsgeheimnisse) vor willfährigen Nachahmungen. Drittens sind (Local-Content-)Auflagen bezüglich der Verwendung einheimischer Waren, Ein- und Ausfuhrleistungen zu nennen, die ausländische Investoren mit handelsbeschränkender Wirkung zu erfüllen haben. Viertens ist die immer noch weitgehende Freistellung der Entwicklungsländer von fast allen GATT-Prinzipien zu erwähnen. Und fünftens wirken immer mehr Umweltschutzargumente wie ein Torpedo gegen die Globalisierungsbestrebungen. Alle diese Bereiche liegen noch weitgehend außerhalb des internationalen Rechnungszusammenhangs.

Das im Rahmen der Uruguay-Runde für den internationalen Dienstleistungshandel abgeschlossene Rahmenabkommen (GATS) verpflichtet die Partnerländer nun erstmals zu einem „Grundstock" erster Liberalisierungsschritte, überläßt es aber hinsichtlich der Verpflichtung zur unbedingten Meistbegünstigung den einzelnen Ländern, welche darüber hinausgehenden Liberalisierungsverpflichtungen eingegangen werden. Das Abkommen ist also „von den Mitgliedern durch spezielle Angebote bzw. Verpflichtungen zur Marktöffnung zu konkretisieren" und über regelmäßige Verhandlungsrunden in Richtung Liberalisierung auszufüllen (siehe *Molsberger* 1995, S. 11). Wer hierbei, wie etwa Deutschland im Kommunikationsbereich, weiterhin an wettbewerbsbeschränkenden staatlichen Regulierungen festhält oder zu zaghaft davon Abstand nimmt, wird auch in den komplementären Zweigen der Kommunikationstechnik nicht von den weltweiten Expansionschancen profitieren können. Die Innovations- und Expansionschancen, die sich auf dem Telekommunikationsmarkt bieten, werden durch fortdauernde Monopolisierung auf dem Inlandsmarkt vertan. Der Markt für private Anbieter von Telekommunikationsdiensten ist weiterhin geschlossen. Deutsche Unternehmen, die sich als Netzbetreiber in Konkurrenz zur Telekom betätigen wollen, können ihre hohen Investitionen nur verantworten, wenn sie eine faire und verläßliche Markteintrittschance haben (siehe *SVR* 1994/1995, S. 231 f.).

Für die handelsrelevanten Aspekte des geistigen Eigentums sieht die Uruguay-Runde ein Abkommen (TRIPs) vor, mit dem sich die Mitglieder verpflichten, Mindestbestimmungen zum Schutz geistiger Eigentumsrechte in ihre jeweilige nationale Rechtsordnung aufzunehmen. Was dieser Mindestschutz an neugewonnener Rechtssicherheit wert ist, dürfte erheblich von der Durchsetzbarkeit innerhalb des neuen WTO-Rahmens abhängen.

Im Miteinbezug der Dienstleistungen und des Schutzes geistigen Eigentums wird immerhin ein Weg gesehen, der auch in diesen Austauschbereichen langfristig zur Marktöffnung und zu knappheitsgerechten Bewertungen führen könnte (*Senti* 1994, S. 312).

Für die Globalisierung unmittelbar wichtig ist auch das Abkommen über handelsrelevante Investitionsmaßnahmen (TRIMs); es betrachtet Local-Content-Vorschriften und andere mengenmäßige Bindungen von ausländischen Investoren als Verstoß gegen das GATT.

Die in vieler Hinsicht problematischen Ausnahmen der Entwicklungsländer von den GATT-Prinzipien wurden entweder weitgehend beibehalten, oder vereinbarte Liberalisierungsverpflichtungen gelten nur eingeschränkt bzw. mit längeren Anpassungsfristen für diese Länder. Für die am wenigsten entwickelten Länder wurden die Liberalisierungsverpflichtungen praktisch ausgesetzt (*Molsberger* 1995, S. 12). Geht man davon aus, daß die tieferen Ursachen der Unterentwicklung in Ordnungsdefiziten, konkret in einem anreizlähmenden interventionistischen Etatismus liegen, so ist an die souveränitätsbeschränkende Wirkung der GATT-Prinzipien zu erinnern. Darauf zu verzichten bedeutet, daß die politische Macht der reformunwilligen Regierungen durch wirtschafts- und handelspolitischen Nationalismus gestärkt wird.

Im GATT-Vertrag waren Umweltfragen bisher weitgehend vernachlässigt. Das Problem ist: Wie lassen sich die Ziele „freier Handel" und „geschützte Umwelt" in gleicher Weise verfolgen? Wie lassen sich vor allem die Kosten der Umweltnutzung in die Wirtschaftsrechnung der Wirtschaftseinheiten knappheitsgerecht integrieren? Hierbei ist es zweckmäßig, zwischen räumlich begrenzten, lokalen oder nationalen Umweltgütern und internationalen bzw. globalen Umweltgütern zu unterscheiden. Stets geht es um knappe Güter. Wie kann die Knappheit zum Ausdruck gebracht werden?

In den einzelnen Ländern sind die Knappheiten unterschiedlich. Deshalb sind unterschiedliche Knappheitspreise erforderlich. Dies legt eine länderspezifische Orientierung der Umweltpolitik nach dem Verursacherprinzip, vor allem mit Hinblick auf die Emissionen, nahe. Weil eine knappheitsorientierte Umweltschutzpolitik an den Ursachen der Umweltprobleme ansetzen muß, sind entsprechende umweltpolitische Elemente zur Internalisierung auf nationaler Ebene gefordert, nicht aber handelspolitische Maßnahmen gegen das Ausland, etwa in Form von Ausgleichszöllen. Genau dies wird aber verstärkt von Umweltschützern und sich dahinter versteckenden Protektionisten gefordert, um „ökologisches Dumping", also einen unfairen Wettbewerbsvorteil abwehren zu können (siehe hierzu *Knorr* 1995, S. 203 ff.). Unterschiedliche lokale und nationale Knappheiten sprechen für unterschiedliche Umweltschutznormen und -präferenzen, also gegen eine Vereinheitlichung der Umweltpolitik in allen Ländern und gegen die Vorschrift von Umweltstandards bzw. Produktnormen. Diese werden mit umweltpolitischen Zielen begründet, de facto aber dazu mißbraucht, um die im Inland hergestellten Güter gegenüber Auslandsangeboten zu begünstigen.

Wenn Umweltschützer und ihre protektionistischen Verbündeten die Freiheit erhalten, bei den Handelspartnern bestimmte Produktionsmethoden vorzuschreiben, dann würde sich „eine Büchse der Pandora voll Protektionismus öffnen ..." (*Bhagwati* 1994, S. 48 ff.). Denn nur selten sind Produktionsmethoden eines Industriezweigs in zwei Ländern identisch.

Es ist im übrigen bekannt, daß Importbeschränkungen nicht selten widersinnige Auswirkungen auf die Umwelt haben. Dies zeigt der Außenschutz für die Landwirtschaft. Dieser trägt über eine knappheitswidrige Produktionsausweitung zur Verschwendung von besonders knappen Umweltgütern bei. Auch Selbstbeschränkungsabkommen mit dem Ziel, den japanischen Automobilexport in die USA zahlenmäßig zu vermindern, haben über den sog. Upgrading-Effekt dazu geführt, daß Japan mehr Autos mit großem Hubraum und entsprechend höherer Umweltbelastung anstelle kleinerer Autos exportiert hat (siehe hierzu *Bhagwati* 1994, S. 50).

Wenn es nicht zu einer „ökologisch" motivierten weitreichenden Verformung des internationalen Rechnungszusammenhangs kommen soll, bedarf der einschlägige Artikel XX GATT[7] besonders in Streitfällen nach dem Ursprungslandprinzip dringend einer Präzisierung. Nachdem sich Umweltabkommen und die internationale Handelsordnung bisher nebeneinander entwickelt haben (*SVR* 1994/1995, S. 245), dürfte es in Zukunft weniger leicht sein, beide Bereiche getrennt zu halten. Deshalb ist die Überlegung richtig, in einer neuen Verhandlungsrunde für die durch Umweltprobleme entstandenen Fragen ein neues Regelwerk zu entwickeln. Hierfür hat der Sachverständigenrat in seinem angeführten Gutachten einige beachtenswerte Ordnungsprinzipien formuliert:

---

[7] Danach können Länder Maßnahmen ergreifen, die einerseits dem Schutz des Lebens oder der Gesundheit von Personen und Tieren oder der Erhaltung des Pflanzenwuchses dienen und andererseits erschöpfbare Ressourcen schonen. Hierbei gilt die Einschränkung, daß die Maßnahmen nicht willkürlich und diskriminierend Folgen haben oder auf versteckte Weise den internationalen Handel beschränken können.

- Mehr Transparenz und fortschreitender Abbau von staatlichen Interventionen sowohl in der internationalen Handelspolitik als auch im Bereich der Umweltpolitik. Dies dürfte um so leichter fallen, je mehr auf der nationalen Ebene der Umweltpolitik die Verrechnung der Kosten der Umweltnutzung im Preissystem gelingt und je stärker die Handelsliberalisierung umfassenden Charakter erhält.

- Ein Land sollte dann nicht umweltpolitische Maßnahmen ergreifen dürfen, wenn die externen Effekte außerhalb seines Hoheitsgebietes auftreten (Verfolgung des Ursprungslandprinzips). Deshalb wird der Versuch als verfehlt bezeichnet, Ursprungslandregeln zu harmonisieren.

- Schutzvorschriften für erschöpfbare Ressourcen sollten sich nur auf das eigene Hoheitsgebiet des jeweiligen Staates beziehen, nicht aber das Recht einräumen, einseitige Maßnahmen zum Schutz der Umwelt in einem anderen Land zu ergreifen. Kein Land dürfte das Recht haben, seine umweltpolitischen Vorstellungen anderen Ländern durch handelspolitische Maßnahmen aufzuzwingen.

- Bei allen Regelungen sollten Maßnahmen mit dem Anspruch auf Ressourcenschonung nicht zwischen importierten und inländischen Produkten diskriminieren dürfen.

- Im Hinblick auf grenzüberschreitende und globale Umweltprobleme ist eine multilaterale Einigung über notwendige Maßnahmen und deren Verteilung auf die Länder und über die Kostenverteilung erforderlich. Die GATT-Regeln der Streitschlichtung sollten auf umweltpolitische Konflikte ausgedehnt werden (*SVR* 1994/1995, S. 244 ff.).

Als Fazit ist festzuhalten: Mit der institutionellen Einrahmung aller Handelsabkommen durch die WTO ist der Weg zu einer Art von internationaler Verfassung der Wettbewerbsfreiheit beschritten worden. Bei aller Lückenhaftigkeit und Unsicherheit der getroffenen Abmachungen hinsichtlich des erreichbaren Wirkungsgrades ist ein deutlicher Ansatz zur Erweiterung des Geltungsbereichs und zur institutionellen Befestigung des internationalen Rechnungszusammenhangs erkennbar. Der Fortschritt der WTO gegenüber dem GATT liegt in folgenden Punkten (siehe *Molsberger* 1995, S. 28 ff.):

1. Die bisherigen GATT-Regeln finden prinzipiell eine wesentlich erweiterte und verstärkte Anwendung.

2. Die Verletzung von Regeln der WTO kann nicht mehr mit entgegenstehenden nationalen Bestimmung gerechtfertigt werden.

3. Zur Härtung der internationalen Handelsordnung trägt das neue Streitschlichtungsverfahren bei, in dem die streitenden Parteien weniger Einfluß und damit weniger Verschleppungsmöglichkeiten haben.

4. Eine schnellere, durchsichtigere und objektivere Handhabung der Verfahren in Verbindung mit dem sonst (etwa in der EG) problematischen Paketlösungsansatz kommt kleineren Mitgliedsländern mit einer besonderen Außenhandelsabhängigkeit entgegen. Auf die weltoffene Einstellung der vielen kleineren Mitgliedstaaten kommt es aber um so mehr an, je zweifelhafter die ordnungspolitische Verläßlichkeit der großen Mitgliedstaaten und Integrationsräume wird.

5.   Globalisierung und Weltwährungsordnung

Die Einschaltung der Unternehmen in das Preissystem ist international regelmäßig
kostspieliger als national. Um die höheren Transaktionskosten zu senken, ist es verständlich, wenn die ideale internationale Währungsordnung in permanent fixen Wechselkursen
gesehen wird.

5.1.   Die währungs- und ordnungspolitischen Voraussetzungen der Globali-
sierung im 19. Jahrhundert

Die entwickelte Goldwährung entspricht dem Ideal einer geschlossenen internationalen Wirtschaftsrechnung weitgehend. Hierbei wird allerdings die Wechselkursstabilität nicht per Beschluß oder Dekret, sondern als Ergebnis der gemeinsamen Einhaltung
bestimmter Regeln dieser Währungsordnung erreicht (siehe *Lutz* 1935, S. 224 ff.). Das
Anpassungs- und Finanzierungsproblem wird marktmäßig gelöst. Auslandskredite gehen nicht der stabilitätsorientierten Geld- und Fiskalpolitik voraus, sondern folgen ihr.
Das wirkt wie eine in die Wirtschafts- und Sozialpolitik eingebaute Selbstdisziplinie-
rung des Staates.

Allerdings erfordert diese Lösung anspruchsvolle ordnungs- und prozeßpolitische
Selbstbindungen der Regierungen: Verzicht auf autonome Konjunktur- und Beschäftigungspolitik, auf Protektionismus, Gewährleistung beweglicher Faktor- und Güterprei-
se, internationale Wanderungsfreiheit der Produktionsfaktoren, Regeltreue und Vertrauenssicherung. Diese Funktionsbedingungen der Goldwährung sind offensichtlich Regeln des freien Wettbewerbs. Deshalb erweist sich die dem Hauptproblem der Globalisierung verpflichtete Gestaltung der internationalen Währungsordnung und der drei anderen Ordnungsbereiche (siehe Punkte II., III. und V. des Ringschemas im Anhang) als
ein einheitliches Aktionsfeld.

Wer hieran Maß nimmt, wird folgendes feststellen:
Diese Ordnung beruhte auf einem globalen Rechnungszusammenhang. Importeure und
Exporteure hatten bei ihren Transaktionen und ebenso die investierenden Unternehmen
bei der Kapitalanlage sowie die Arbeitnehmer bei der Berufswahl und der Wahl des
Arbeitsplatzes eine durchaus knappheitsbezogene Orientierungsmöglichkeit. Hierdurch
konnten die produktiven Kräfte in aller Welt in die produktivsten Verwendungen gelenkt, die Kapitalfehllenkung auf ein Minimum beschränkt und die internationale Arbeitsteilung auf ein Höchstmaß gebracht werden. Diese Weltwirtschaft des 19. Jahrhunderts hat – verstärkt nach 1860 – über die Verschmelzung der nationalen Märkte und die
Verknüpfung der nationalen Währungen zu einer Weltwährung gewaltige Leistungen
ermöglicht: Die Besiedlung und wirtschaftliche Erschließung von Kontinenten, der
Aufbau eines leistungsfähigen Verkehrs- und Nachrichtenwesens, die Entwicklung der
Schulpflicht und des Bildungswesens, im allgemeinen eine Verdoppelung bis Verdrei-
fachung des Reallohns einer schnell anwachsenden Bevölkerung in den Industrieländern
und – nicht zuletzt – eine lange Periode des Weltfriedens von den napoleonischen Krie-
gen bis 1914. Diese heute vielfach in Vergessenheit geratene Globalisierung war ge-
gründet auf eine bestimmte Ordnung des Wirtschaftslebens im nationalen und interna-

tionalen Bereich – auf die Gewerbefreiheit, den Freihandel und die Goldwährung mit ihren konstitutiven Prinzipien.

5.2. Globalisierung und das Bretton Woods-System

Mit dem seit dem I. Weltkrieg aufkommenden wirtschaftspolitischen Nationalismus gingen auch die währungs- und ordnungspolitischen Voraussetzungen der damaligen Globalisierung verloren. Erst mit dem Bretton Woods-Abkommen von 1944 ist es gelungen, eine zumindest bis Anfang der 60er Jahre erfolgreiche internationale Währungsordnung zu schaffen. Die Wechselkurse wurden hierbei nach Art hoheitlicher Preistaxen fixiert. Die flankierenden Organisationsregeln dieser Ordnung (Quoten- und Subskriptionsbestimmungen, Stimmrechts- und Interventionsregeln, die Pflicht zur Bereitstellung von Informationen, die Regelung der Paritätsänderung, die Gestaltung des Verhältnisses von Anpassung und Finanzierung) vermitteln im Vergleich zu den Regeln der Goldwährung Spannung und Ungewißheit. Diese Regelunschärfe war gewollt, um unterschiedliche Wünsche einer möglichst großen Zahl von Mitgliedern berücksichtigen zu können. Um die Kosten der Konsensfindung in Grenzen zu halten, wurde eine Organisation mit weitem Handlungsspielraum für die Berücksichtigung vielfältiger Sonderinteressen der Mitglieder und für die Durchsetzung von Eigeninteressen der Fondsbürokratie eingerichtet.

Die Versuche, die Wechselkurse zu stabilisieren und das Anpassungs- und Finanzierungsproblem zu lösen, entfernten sich im Verlaufe der Jahrzehnte immer weiter von den Marktrealitäten. Zahlreiche krisenhafte Wechselkursänderungen, offene und versteckte Beschränkungen der Kapitaleinfuhr und des Güterimports auf der Seite der sog. Defizitländer, künstliche Erschwerung des Kapitalimports und Förderung des Kapitalexports auf der Seite der Überschußländer waren die Folge. Daraus sind wechselkursbedingte Verzerrungen in den internationalen Produktionsstrukturen und in den Kapitalströmen entstanden. Der internationale Rechnungszusammenhang wurde in einem Ausmaß mit Trennbrüchen übersät, daß sich der Übergang zu freien Wechselkursen als rettender Brückenschlag erwies.

So haben wir seit 1973 erstmalig in der Geschichte ein System beweglicher Wechselkurse, „das gleichzeitig umfassend, praktisch weltweit und von längerer Dauer ist" (*Molsberger* 1978, S. 154 und 169). Vielfältige Vorschläge für eine Rückkehr zu festen Wechselkursen, die vor allem 1994 aus Anlaß des 50jährigen Bestehens des IWF gemacht worden sind (siehe *Bretton Woods Commission* 1994), gehen an der Wirklichkeit vorbei. Selbst kleinere Ländergruppierungen scheitern an diesem Versuch, wie das Europäische Währungssystem (EWS) gezeigt hat. Sollte es gelingen, die wirtschaftspolitischen Ziele international zu harmonisieren, wird auch die Wechselkursstabilität zunehmen.

Im übrigen hat der IWF 1973 eigentlich seine Hauptaufgabe verloren. Um so stärker versucht er seitdem, in Konkurrenz zur Weltbank seine marktfernen Finanzierungsaufgaben zu erweitern. Damit ist er zu einer Praxis der leichtfertigen Kreditvergabe und einer perversen Form der Kapitalfehllenkung übergegangen: Je schlechter die Wirtschaftspolitik, desto günstiger die Kreditaussichten. Der Grund hierfür liegt darin, daß für die Gestaltung des Verhältnisses von Anpassung und Finanzierung außerhalb der Marktkontrolle keine effiziente Lösung gefunden werden kann.

Fazit: Die Globalisierung des Finanzmarktgeschehens und die freie internationale Konkurrenz der Währungen sind integrierender Bestandteil des weltweiten Wirkungsspektrums der Triebkräfte des Wettbewerbs (Innovation, Investition und Arbitrage) auf allen Güter- und Faktormärkten. Diese Entwicklung ist geeignet, eine Disziplinierung der Regierungen in ordnungs- und prozeßpolitischer Hinsicht zu erzwingen, die deutlich an die oben genannten Funktionbsbedingungen der Goldwährung erinnert. Entgegen den Bestrebungen des IWF hat sich in der Wechselkursfrage *von Hayek*s systemtheoretische Erkenntnis bestätigt, nach der einzelne Verhaltensregeln (hier: feste Wechselkurse) nur dann eine ordnungsbildende Funktion (hier: im Globalisierungsprozeß) haben können, wenn sie mit anderen Verhaltensregeln eine geeignete Kombination, eben ein System mit einem einheitlichen Ordnungsprinzip (dem Wettbewerb) bilden. Wer unverbrüchliche Fixkurssysteme anstrebt, muß sich für eine ordnungspolitische Gestaltung der Globalisierung einsetzen, die ein Verhalten der Regierungen bedingt, das im Ergebnis auf die Einhaltung der Spielregeln und Funktionsbedingungen der Goldwährung hinausläuft. Je unvollkommener dieser Anspruch eingelöst werden kann, desto mehr geraten Vereinbarungen über Fixkurssysteme zu festen Wechselkursen auf Abruf. Wegen der damit verbundenen Gefahr der Politisierung von Wechselkursentscheidungen und der Entstehung von abrupten Verformungen des internationalen Rechnungszusammenhangs sind feste Wechselkurse auf Abruf für die Globalisierung im hier verstandenen Sinne (Gleichrichtung von einzelwirtschaftlicher und weltwirtschaftlicher Rationalität) die schlechtere Alternative zu freien Wechselkursen.

Was die Finanzierung der Investitionen in den Ländern anbetrifft, die die Triebkräfte des Wettbewerbs global wohl am meisten stärken, so sind IWF und Weltbank hieran im Vergleich zu privatwirtschaftlichen Engagements nur noch marginal beteiligt. Der größte Teil der privaten Kapitalimporte der Schwellenländer entfällt auf Direktinvestitionen, ein weiterer beträchtlicher Teil auf Portfolioinvestitionen. Von diesen Ländern, die auch für global operierende Industrie- und Dienstleistungsunternehmen die bevorzugten Standorte sind, geht der entscheidende Druck auf den internationalen Standortwettbewerb aus.

6.   Globalisierung und Wettbewerb der Systeme

6.1.   Der herkömmliche „Wettkampf der Systeme"

Der herkömmliche Wettbewerb der Systeme (der sog. Ost-West-Konflikt) ist bekanntlich in erheblichem Maße verfälscht worden: erstens durch ideelle und materielle Stabilisierungsbeiträge seitens westlicher Intellektueller und Regierungen; zweitens durch systematische Fehleinschätzungen der Leistungsfähigkeit der zentralen Planwirtschaft. Bei diesen Fehlbeurteilungen spielte eine nicht unwichtige Rolle, daß westliche DDR- und Ostexperten nicht bereit waren, eine hinreichend kritische Haltung gegenüber den staatlichen Zentralverwaltungen für Statistik der Länder des Rats für gegenseitige Wirtschaftshilfe (RGW) einzunehmen. Zu den Fehleinschätzungen haben drittens auch westliche Regierungen seit den 20er Jahren beigetragen. Ihr wirtschafts- und handelspolitisches Versagen hat zur Weltwirtschaftskrise und zur Entstehung eines extremen wirtschaftspolitischen Nationalismus mit einem Niedergang der Weltwirtschaft geführt.

In den 80er Jahren ließ sich der gewaltige und rasch wachsende Rückstand der UdSSR gegenüber dem Westen in wichtigen technischen, militärischen sowie ökonomisch-sozialen Belangen nicht länger beschönigen. Die Hoffnung der Sowjetunion, mit Hilfe des RGW ein konkurrenzfähiges industriewirtschaftliches und handelspolitisches Gravitationszentrum neben den USA, Japan und dem pazifischen Raum sowie der EG zu schaffen, erwies sich bekanntlich nicht zuletzt wegen der systembedingt fehlenden Möglichkeit, das produktions- und handelsrelevante Wissen in einem einheitlichen Rechnungszusammenhang zu verwerten, als völlig illusorisch.

6.2. Die Ordnungspolitik als Triebkraft im internationalen Systemwettbewerb

Der dramatische wirtschaftliche Niedergang der UdSSR – und in ihrem Gefolge des gesamten Ostblocks – ist dadurch auffällig geworden, daß es den führenden westlichen Industriestaaten seit Ende der 70er Jahre gelungen ist, den von *Kennedy* und *Johnson* Anfang der 60er Jahre mit weltweiter Ausstrahlung herbeigeführten fiskal-sozialistischen Inflationismus und der daraus entstandenen Schwächung der Lenkungskraft des internationalen Preissystems erfolgreich zu bekämpfen. Mit der monetären Stabilisierung im Westen ging eine erfolgreiche Politik der Deregulierung, Liberalisierung, Revitalisierung und – vor allem in Teilen der Dritten Welt – Neuentdeckung der Haupttriebkräfte des Wettbewerbs (Innovation, Investition und Arbitrage) einher.

Die dadurch entstandene Entfesselung der marktwirtschaftlichen Wachstumskräfte war begleitet von einem tiefgreifenden Strukturwandel der Weltwirtschaft mit einer raschen Expansion der grenzüberschreitenden Wettbewerbsprozesse, für die sich dann die Bezeichnung „Globalisierung" eingebürgert hat. Länder, deren Regierungen nicht zu einem souveränitätsverzehrenden wirtschaftspolitischen Internationalismus bereit waren, konnten dem neuen Systemwettbewerb nicht standhalten. Systemwettbewerb heißt heute weltweite Selektion, Verdrängung und Ausbreitung von Varianten des marktwirtschaftlichen Systems (im Hinblick auf die Punkt 2. bis 5. des Ringschemas im Anhang). Die Ordnungspolitik wird hierbei der zentrale Aktionsparameter (siehe hierzu *Kerber* 1995, S. 344). Der davon ausgehende Anpassungsdruck wird es – wie die ostasiatische Herausforderung des „ORDO-Konfuzianismus" (*Kasper* 1995, S. 17) zeigt – vor allem den europäischen Ländern nicht ersparen, ihr Verständnis von einer zweckmäßigen Gestaltung der Beziehung zwischen Staat und Wirtschaft zu überprüfen und auf kritische Distanz zu ihren bisherigen sozial- und wohlfahrtsstaatlichen Neigungen mit weitreichenden Beschränkungen der Innovations-, Investitions- und Arbitragefreiheit zu gehen. „Erst durch die Mobilität der Produktionsfaktoren ... wird dieser Prozeß zu einem wettbewerblichen. Dadurch, daß Produktionsfaktoren und Steuerzahler – in Analogie zu den Konsumenten auf normalen Märkten – zwischen den Staaten als den Anbietern von institutionellen Regeln wechseln können, unterliegen die Staaten einem Anreiz- und Sanktionsmechanismus, ihr Wissen um möglichst geeignete institutionelle Regeln zu verbessern und diesbezüglich entweder selbst innovativ tätig zu werden oder Regeln anderer Staaten, die sich scheinbar bewährt haben, zu übernehmen" (*Kerber* 1995, S. 345). Am Zu- und Abfluß von Finanzkapital und Direktinvestitionen mögen sich dann die politischen Entscheidungsträger und die Wähler über den Erfolg im weltweiten Wettbewerb um mobile Faktoren informieren.

Darauf wird anschließend im Zusammenhang mit dem Wettbewerb der Transformationsländer um Direktinvestitionen erneut eingegangen. Zunächst ist noch einmal an die einleitend zitierte Entscheidung der Bayer AG zu erinnern. Der von dieser Firma angeführte Standortnachteil zu hoher Arbeitskosten in Deutschland ist das Ergebnis einer extremen Form hoheitlich sanktionierter Bemühungen zur Ausschaltung des Preiswettbewerbs. Auf dem Arbeitsmarkt fallen einzelwirtschaftliche und weltwirtschaftliche Rationalität besonders weit auseinander:

Die Rentabilität des Arbeitseinsatzes (ergänzend oder konkurrierend auch des Kapitaleinsatzes) ist abhängig von den Bedingungen der Wertschöpfung auf den Produktmärkten. Diese unterliegen dem Bedarfswandel, dem Wandel der Wettbewerbsbedingungen, dem technologischen Wandel, demographischen Faktoren und dem Wandel der Wirtschafts- und Sozialpolitik – dies alles bei verstärkter, wenn auch vielfach noch unzulänglicher (siehe Kapitel 4.) Einbeziehung der Produktmärkte in die globale Arbeitsteilung. Wegen der umfassender und fester gewordenen Marktintegration wirken sich Veränderungen der genannten Einflußfaktoren und die daraus folgenden Verschiebungen der internationalen Preisrelationen stärker als früher auf die einheimische Volkswirtschaft aus. Auf Dauer können Güter nur wettbewerbsfähig produziert werden, wenn sie von Menschen höher bewertet werden als die eingesetzten Produktionsfaktoren. Auch die Arbeit kann nur über diesen Bewertungszusammenhang zur Wertschöpfung beitragen und sich als rentabel erweisen.

Die anhaltend hohe Arbeitslosigkeit zeigt eine tiefgreifende Störung des Bewertungszusammenhangs zwischen den Produkt- und Arbeitsmärkten an; die Störung ist ordnungsbedingt.

Auf den Produktmärkten herrschen spontane Tauschbeziehungen und Vielfalt der Wissensfindung und Wissensnutzung in weltweiten Bezügen vor. Bei erweitertem Geltungsbereich des Wettbewerbs als Entdeckungsverfahren geht von den Triebkräften Innovation, Investition und Arbitrage ein erhöhter Anpassungsdruck auf die Unternehmen aus. Weil die Marktteilnehmer (die Insider) ständig mit der Aktualisierung der potentiellen Konkurrenz (der Outsider) rechnen müssen, wird das Präventivverhalten, die Bereitschaft zur prompten Selbstkorrektur und Aussonderung von ineffizienten Aktionsparametern angeregt.

Auf den Arbeitsmärkten herrschen dagegen hochorganisierte, hoheitlich geschützte Tauschbeschränkungen und entsprechende Formen der Wissensnutzung mit starken individuellen Handlungs- und Anreizbeschränkungen vor. Der Geltungsbereich des Wettbewerbs ist bei überwiegenden Nivellierungsbestrebungen und starken Präferenzen der Sozialpolitiker für Einheitslösungen vergleichsweise eng begrenzt. Der Marktzutritt ist erheblich erschwert. Mit der Diskriminierung der Outsider erlahmt bei den Insidern die präventive Anpassungsbereitschaft.

Die beschäftigungsfeindlichen Wettbewerbsbeschränkungen auf den Arbeitsmärkten, durch die die Insider leicht Outsider und als solche diskriminiert werden können, beruhen auf solchen Kartellvereinbarungen der Tarifparteien und arbeitsrechtlichen Maßnahmen des Gesetzgebers und der Gerichte, die wie tiefe Trennbrüche im Rechnungszusammenhang zwischen Produkt- und Faktormärkten wirken. Die unternehmerische Reaktion darauf ist (wie aus dem Lehrbuch) an der Gestaltung der Triebkräfte des Wettbewerbs abzulesen:

(a) Die Unternehmer verlagern die Produktion arbeitskostenintensiver Massenprodukte (einschließlich lohnkostenintensiver Teilfertigungen) in Niedriglohnländer. In Deutschland tätige Unternehmen tragen mit Hilfe dieser „Regulierungsarbitrage" dazu bei, daß im Ausland Arbeitsplätze erhalten und geschaffen und im Inland die Existenz der verbliebenen Arbeitsplätze gesichert werden können.

(b) Die Unternehmer betreiben auch „Regulierungsarbitrage", wenn sie auf Spezialitäten ausweichen, die auch bei höherem Verdienst der entsprechenden (qualifizierten) Fachkräfte wettbewerbsfähig produziert werden können. Gerade diese Fachkräfte werden häufig vergeblich gesucht. Hierfür könnte die Hauptursache aber im gesetzgeberischen, also letztlich im politischen Einflußbereich liegen. Das Problem der Gleichrichtung von einzel- und weltwirtschaftlicher Rationalität umfaßt also nicht nur das Produktmarktgeschehen und das Beschäftigungssystem, sondern auch den Bildungssektor.

(c) Die Unternehmen richten ihre Innovationsbestrebungen und ihre Investitionstätigkeit knappheitsorientiert aus: Sie bemühen sich verstärkt um Prozeßinnovationen (statt Produktneuerungen) und um kapitalintensive Investitionen in der Absicht, die Arbeitskosten nachhaltig zu senken und so die Wettbewerbsfähigkeit ihrer Betriebe zu erhalten.

Wer meint, die Unternehmer würden gegenüber dem Beschäftigungsproblem versagen, muß sich fragen lassen: Wie kommt es, daß immer mehr Unternehmer im Ausland – meist unter erschwerten Bedingungen – Anpassungsalternativen aufspüren und daraus rentable Beschäftigungsmöglichkeiten machen, gleichzeitig aber die im vertrauten Inland vermuteten Spielräume für Mehrbeschäftigung nicht erkennen und nutzen? Es ist nicht zu übersehen: Die wettbewerbsintensivierende Globalisierung der Produktmärkte läßt sich nicht isolieren, sondern zwingt unausweichlich auch den Bildungs- und Arbeitsmärkten entsprechende Anpassungen auf (siehe hierzu auch *Sievert* 1996).

Nun wird mit Recht darauf hingewiesen, daß es im internationalen Wettbewerb um die leistungsfähigste Ordnungspolitik nicht nur auf die mobilen Faktoren, sondern auch auf den Einfluß ankommt, den die immobilen Faktoren auf die politischen Entscheidungsträger haben. Dieser Einfluß kann durch übernationale Bündelung an Gewicht gewinnen. So befinden sich die Mitgliedsländer im Rahmen der EU in einem Wettbewerb der wirtschaftlichen Standorte. Diesem Wettbewerb können sich die Mitglieder nicht mehr im Alleingang entziehen – wohl aber gemeinsam. Die nationalen Politiker des Wohlfahrtsstaates werden deshalb im Hinblick auf das Stimmengewicht der Wähler, die die immobilen Faktoren repräsentieren, bestrebt sein, den Bereich der ungewissen Koordinierung wirtschaftlicher Transaktionen über die europäischen Märkte durch eine

Verhaltensabstimmung – also durch Kanalisierung der wettbewerblichen Wissensfindung und -nutzung – einzuschränken. Ein Beispiel hierfür ist die deutsche „Entsenderichtlinie", die im Widerspruch zum Binnenmarktkonzept mit seinen Freiheitsdimensionen steht.

Für eine Europäisierung wohlfahrtsstaatlicher Einheitsbestrebungen bieten sich die umfangreichen Möglichkeiten der supranationalen Regional-, Struktur-, Kohäsions-, Industrie- und Sozialpolitik, das Gemeinschaftsrecht der EU und schließlich die gemeinsame Währungs-, Wettbewerbs- und Handelspolitik an. Im Bereich der Sozialpolitik strebt die Kommission zwar keine totale Harmonisierung an, doch fordert sie, daß sich die verschiedenen nationalen Systeme der Sozialpolitik im Hinblick auf die (vieldeutigen) sozialen Ziele der EU aufeinanderzubewegen, und zwar durch eine wettbewerbsbeschränkende Vorabharmonisierung potentieller Ergebnisse des Integrationsprozesses. Hierzu sollen die „grundlegenden sozialen Rechte der Bürger als verfassungsrechtliches Element der Europäischen Union" festgeschrieben werden.

Fazit: Mit dem Versuch, anstelle einer europäischen Verfassung des Wettbewerbs den europäischen Wohlfahrtsstaat zu etablieren, dürften sich allerdings für die Mitgliedsländer nur vorübergehende Möglichkeiten auftun, um dem weltweiten ordnungspolitischen Wettbewerb auszuweichen. Hierbei entstehen allerdings erhebliche Fehlallokationen und vermeidbare Anpassungskosten. Daran wird erkennbar, wie wichtig die Frage ist, ob in Analogie zur internationalen Handelsordnung nicht auch eine internationale Wettbewerbsordnung für den Wettbewerb zwischen Staaten möglich ist, die verhindert, daß die Systemkonkurrenz beschränkt werden kann (siehe hierzu *Kerber* 1995, S. 346).

6.3. Der ordnungspolitische Einfluß von Direktinvestitionen auf den Transformationsprozeß

Wie oben angedeutet, kann die Globalisierung vor allen Dingen über Direktinvestitionen ordnungs- und prozeßverändernden Einfluß gewinnen. Besonders dort, wo es (wie etwa in Rußland) noch an verkehrswirtschaftlichen Verhaltensmustern und entsprechenden Institutionen mangelt, könnte es naheliegen, wichtige Antriebskräfte und Modellierungen für die Gestaltung des Umbaus von Wirtschaft und Gesellschaft von außen zu holen. Man kann sich z.B. vorstellen, daß von Direktinvestitionen transformationsbeschleunigende Impulse auf andere Teilordnungen des Wirtschafts- und Gesellschaftssystems ausgehen können. So hat sich schon im Reformklima von Glasnost und Perestrojka und angeregt durch eine gezielte Reformnachfrage westlicher Auslandsinvestoren eine regelrechte Deregulierungsspirale in Rußland entwickelt. Allerdings hat *Gorbatschov* dieser Entwicklung im Interesse des Erhalts der UdSSR Einhalt zu bieten versucht und den sog. *Schatalin*-Plan für einen marktwirtschaftlichen Umbau abgelehnt. Im internationalen Wettbewerb um Direktinvestitionen ist Moskau seitdem zurückgefallen. Zugleich haben die Gebietskörperschaften damit begonnen, sich um den Status einer freien Wirtschaftszone zu bemühen, um hierdurch einen eigenständigen Zugang zu Direktinvestitionen zu erhalten.

Ausländische Investoren reagieren offensichtlich ziemlich rasch auf Inhalt und Verlauf marktwirtschaftlicher Reformen: Als die 1992 von *Gajdar* eingeleiteten Liberalisierungsmaßnahmen immer mehr im Sand zu verlaufen drohten und marktwirtschaftliche Reformansätze wieder rückgängig gemacht wurden, begannen sich in Rußland die Regionalisierungsbestrebungen zu beschleunigen (siehe hierzu *Schneider* 1995). Mit wachsender wirtschaftspolitischer Eigenständigkeit der regionalen Entscheidungsträger verlagert sich das Interesse der ausländischen Investoren auf die russischen Küsten- und Grenzregionen. Vor allem in den Gebieten fernab von den politischen Zentren scheinen die ausländischen Investoren besonders die Verflechtung mit den angrenzenden Ländern, also den grenzüberschreitenden Wirtschaftsverkehr, anzuregen. Je weniger die transformationswilligen Regionen mit der Unterstützung aus Moskau rechnen können, desto stärker sind sie auf ausländische Investoren angewiesen. Dies gilt für den Aufbau leistungsfähiger Infrastruktureinrichtungen, wie auch für Bestrebungen, die lokale unternehmerische Wertschöpfung unmittelbar zu erhöhen. Um Direktinvestitionen anzuziehen, sind deshalb nicht wenige regionale Entscheidungsträger zu eigenständigen institutionellen Reformen bereit. Hierfür nennt *Schneider* (ebenda) vor allem das Beispiel des „sibirischen Abkommens". Es steht für den Versuch bestimmter Gebiete Rußlands, sich zu wirtschaftlichen Kernzonen zusammenzuschließen und so für ausländische Investoren eine größere Anziehungskraft zu gewinnen.

Somit dürfte der Einfluß von Auslandsinvestitionen auf den ordnungspolitischen Wandel in Rußland gegenwärtig von der Peripherie des Landes her wirksam werden. Zugleich verstärkt das Interesse an Direktinvestitionen das Streben nach politischer Selbständigkeit der Region. Um so schwerer fällt es der russischen Führung, die „Kommandohöhen der Wirtschaft" von Moskau aus zu beherrschen. Nicht von ungefähr beansprucht Moskau besonders nachdrücklich und hartnäckig das Recht der Zulassung von Direktinvestitionen für das Gesamtgebiet Rußlands. Trotz der im einzelnen bekannten positiven Impulse ausländischer Direktinvestitionen für den Systemwandel und für Vorteile im internationalen Wettbewerb der Systeme hat die russische Regierung 1992/93 die Zusammenarbeit mit ausländischen Firmen außerordentlich stark beschränkt.

Fazit: Die transformationswidrige Einstellung Moskaus wird durch den relativ großzügigen Zugang zu ausländischen Finanzhilfen erleichtert. Es lohnt sich z.B. für die russische Regierung weniger, die Handlungsbedingungen für Direktinvestitionen zu verbessern, wenn sie eine großzügige Zahlungsbilanzhilfe erwarten kann. Rußland hat den Zufluß von Direktinvestitionen zwischen 1992 und 1994 nur von 800 Mio. $ auf 1 Mrd. $ steigern können. Warum auch? Allein 1992/1993 erhielt das Land eine offizielle finanzielle Unterstützung von 38 Mrd. $ (*World Economic Outlook*, May 1995, p. 60 f.).

Mit dem Versuch des IWF, Transformationsländern mit reformunwilligen Regierungen bei der Lösung von Zahlungsbilanzproblemen behilflich zu sein, wird ungewollt eine Politik gefördert, die zur Kapitalflucht führt und gegen potentielle Kapitalimporte gerichtet ist.

Die Sanierung der Zahlungsbilanz dieser Länder setzt eine entschiedene Wendung zu einer außenorientierten Transformationsstrategie voraus. Solange diese Erfolgsbedingung für einen breiten Zustrom von Privatkapital nicht gegeben ist, ist es unwahrscheinlich, daß der staatliche, suprastaatliche und staatlich verbürgte Kredit zu Sonderkonditionen den Transformationsprozeß beschleunigen kann. Gäbe es keine Möglichkeit mehr, auf subventionierte Kredite der internationalen Finanzinstitutionen zurückzugreifen, müßten die Länder, die Auslandskredite nachfragen, mit vertrauenswürdigen Anpassungs- und Transformationslösungen, also mit ordnungspolitischen Vorleistungen werben, wie dies immer mehr Entwicklungs- und auch einige Transformationsländer tun. Dies läuft auf die Mobilisierung von Vertrauenskapital für die künftige Schuldendienstfähigkeit und auf eine marktmäßige Lösung des Anpassungs- und Finanzierungsproblems hinaus. IWF und Weltbank und die anderen internationalen Finanzorganisationen stehen dem im Wege. Allein durch ihre Präsenz und durch ihr Handeln drängen sie sich mit häufig vorsorglich weit geöffneten Kreditschaltern als „lender of last resort" geradezu auf. Damit schwächen sie das Präventivverhalten und die Marktorientierung der „Begünstigten". Insbesondere der IWF ist anfällig dafür, sich für Zwecke der Haftungsverschonung öffentlicher und privater Kreditgeber – wie zuletzt im Falle von Mexiko und auch von Rußland – mißbrauchen zu lassen. Die Haftung der Gläubiger ist aber eine wichtige Bedingung für einen geschlossenen internationalen Rechnungszusammenhang in dem Sinne, daß die Folgen von Versäumnissen, Fehlern und Irrtümern in der Regierungs- und Unternehmenspolitik den Verantwortlichen direkt und sichtbar angelastet werden.

Literatur

Bernauer, Thomas und *Peter Moser* (1995), Sind große Staaten politische Dinosaurier? Wirtschaftliche Globalisierung und das Paradox der politischen Zersplitterung, in: Neue Zürcher Zeitung, Nr. 132 vom 10./11. Juni 1995, S. 15 (Fokus der Wirtschaft).

Bhagwati, Jagdish (1994), Ein Plädoyer für freien Handel, in: Spektrum der Wissenschaft., Digest 1: Umwelt – Wirtschaft, S. 48-53.

Bretton Woods Commission (Hrsg.) (1994), Bretton Woods – Looking to the Future, Commission Report, Staff Review, Background Papers, Washington D.C.

Buckley, Peter J. und *Mark Casson* (Eds.) (1992), Multinational Enterprises in the World Economy, Essays in Honour of John Dunning, Aldershot, Brookfield.

Duijm, Bernhard und *Helen Winter* (1993), Internationale Wettbewerbsordnung – Alternativen und ihre Probleme, Wirtschaft und Wettbewerb, Jg. 43, S. 465-474.

Duijm, Bernhard und *Helen Winter* (1993), Möglichkeiten und Grenzen einer internationalen Wettbewerbsordnung, Tübinger Diskussionsbeiträge, Nr. 29.

Eucken, Walter (1990), Grundsätze der Wirtschaftspolitik, 6. durchgesehene Auflage mit einem Vorwort zur Neuausgabe 1990 von *Ernst-Joachim Mestmäcker*, Tübingen.

Fehl, Ulrich (1983), Die Theorie dissipativer Strukturen als Ansatzpunkt für die Analyse von Innovationsproblemen in alternativen Wirtschaftsordnungen, in: *Alfred Schüller, Helmut Leipold* und *Hannelore Hamel* (Hrsg.), Innovationsprobleme in Ost und West, Stuttgart und New York, S. 65-89.

Feldmann, Horst (1993), Konzeption und Praxis der EG-Industriepolitik: Eine Bestandsaufnahme aus ordnungspolitischer Sicht, in: ORDO, Bd. 44, S. 139-168.

Fikentscher, Wolfgang und *Andreas Heinemann* (1995), Der „Draft International Antitrust Code" – Initiative für ein Weltkartellrecht im Rahmen GATT, in: *Wolfgang Fikentscher* und *Ulrich Immenga* (Hrsg.), Draft International Antitrust Code, Baden-Baden, S. 19-34.

Fikentscher, Wolfgang und *Ulrich Immenga* (Hrsg.) (1995), Draft International Antitrust Code: Kommentierter Entwurf eines internationalen Wettbewerbsrechts mit ergänzenden Beiträgen, Baden-Baden.

Greenaway, David u.a. (Hrsg.) (1991), Global Protectionism, London.

Gröner, Helmut (1987), Internationale Wettbewerbspolitik, in: *Manfred Borchert, Ulrich Fehl* und *Peter Oberender* (Hrsg.), Markt und Wettbewerb, Festschrift für Ernst Heuß zum 65. Geburtstag, Bern und Stuttgart, S. 359-377.

Gröner, Helmut und *Alfred Schüller* (1989), Grundlagen der internationalen Ordnung: GATT, IWF und EG im Wandel – Euckens Idee der Wirtschaftsverfassung des Wettbewerbs als Prüfstein, in: ORDO, Band 40, Stuttgart und New York, S. 429-463.

Gröner, Helmut (1994), Dumping – Ein Störfall der Wettbewerbsordnung? In: *Wernhard Möschel, Manfred E. Streit* und *Ulrich Witt* (Hrsg.), Marktwirtschaft und Rechtsordnung, Festschrift zum 70. Geburtstag von Erich Hoppmann, Baden-Baden, S. 55-66.

Hauser, Heinz und *Kai-Uwe Schanz* (1995), Das neue GATT: Die Welthandelsordnung nach Abschluß der Uruguay-Runde, München und Wien.

Hayek, Friedrich A. von (1948), Wahrer und falscher Individualismus, in: ORDO, Band I, S. 6-55.

Hasse, Rolf H. (1994), Der amerikanisch-japanische Handelskonflikt: Paradoxien und Gefährdungen für die internationale Handelsordnung, in: *Rolf H. Hasse* und *Wolf Schäfer* (Hrsg.), Die Weltwirtschaft vor neuen Herausforderungen: Strategischer Handel, Protektion und Wettbewerb, Göttingen, S. 163-174.

Holzkämper, Hilko (1995), Die Forschungs- und Technologiepolitik Europas, Japans und der USA: Eine ordnungstheoretische und empirische Analyse. Dissertation Bayreuth.

Immenga, Ulrich (1995), Von der Uruguay-Runde zu einer internationalen Wettbewerbsordnung?, in: *Wolfgang Fikentscher* und *Ulrich Immenga* (Hrsg.), Draft International Antitrust Code, Baden-Baden, S. 9-17.

Kasper, Wolfgang (1995), Standortwettbewerb und neokonfuzianische Wirtschaftsordnung: Eine ostasiatische Herausforderung, in: Neue Zürcher Zeitung, Fernausgabe Nr. 1 vom 1./2.01.1995, S. 17 (Themen und Thesen der Wirtschaft).

Kerber, Wolfgang (1995), Evolutorischer Wettbewerb: Zu den theoretischen und institutionellen Grundlagen der Wettbewerbsordnung. Habilitation Marburg.

Knorr, Andreas (1995), Welthandelsordnung und Umweltschutz, in: ORDO, Band 36, S. 203-254.

Lutz, Friedrich A. (1935), Goldwährung und Wirtschaftsordnung, in: Weltwirtschaftliches Archiv, Band 41, Heft 2, S. 224-251.

Molsberger, Josef (1978), Erfahrungen mit flexiblen Wechselkursen, in: *Helmut Gröner* und *Alfred Schüller* (Hrsg.), Internationale Wirtschaftsordnung, Stuttgart und New York, S. 153-170.

Molsberger, Josef (1995), Die Zukunft des GATT, Tübinger Diskussionsbeiträge, Nr. 52.

Nunnenkamp, Peter, Erich Gundlach und *Jamuna P. Agarwal* (1994), Globalisation of Production and Markets, Tübingen.

Röpke, Wilhelm (1945/1954), Internationale Ordnung heute, 2. Auflage, Erlenbach-Zürich, Stuttgart 1954.

Schneider, Georg (1995), Dynamisierung des Transformationsprozesses durch ausländische Direktinvestitionen: Die UdSSR und Rußland als Beispiele, Dissertation Marburg.

Schwerin, Otto von (1995), Den Wirtschaftsstandort Europa sichern: Die Forschungs- und Technologiepolitik der EU, in EU-Informationen, Nr. 2, Brüssel.

Senti, Richard (1994), Die neue Welthandelsordnung: Ergebnisse der Uruguay-Runde, Chancen und Risiken, in: ORDO, Band 45, S. 301-314.

Sievert, Olaf (1996), Wirtschaftspolitik im globalen Wettbewerb, in: *Reinhold Biskup* (Hrsg.), Globalisierung und Wettbewerb, Bern, Stuttgart und Wien, S. 129-179

SVR – Sachverständigenrat zur Begutachtung der gesamtwirtschaftlichen Entwicklung (1995): Den Aufschwung sichern – Arbeitsplätze schaffen, Jahresgutachten 1994/1995, Stuttgart.

Streit, Manfred E. (1994), Europäische Industriepolitik nach Maastricht – Eine ordnungspolitische Analyse, in: *Wernhard Möschel, Manfred E. Streit* und *Ulrich Witt* (Hrsg.), Marktwirtschaft und Rechtsordnung, Festschrift zum 70. Geburtstag von Erich Hoppmann, Baden-Baden, S. 189-210.

Anhang:

Nationale und internationale Verfassung des Wettbewerbs

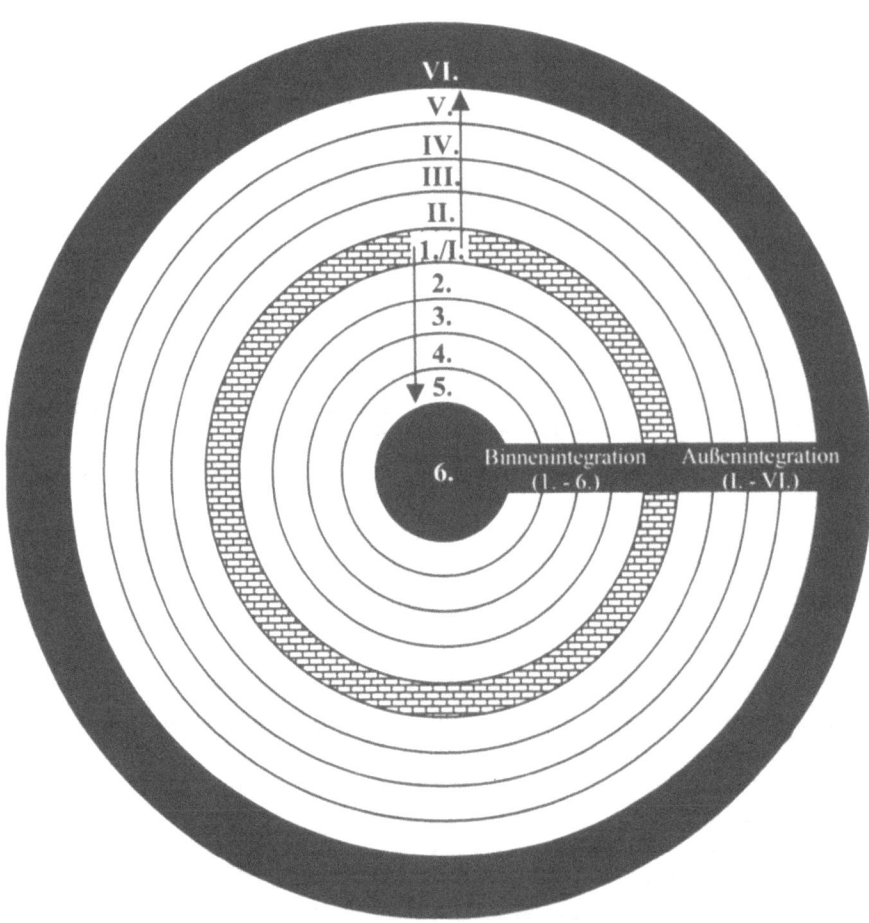

Erläuterungen zum Schaubild:

6. Der nationale Rechnungszusammenhang als Ergebnis der institutionellen Arrangements von 2.-5.

5. Risikomindernde Institutionen des Preissystems (unterschiedliche Unternehmensformen, vielfältige Vertragstypen, standardisierte Zahlungs- und Wertaufbewahrungsmittel, Werbe-, Vermittlungs- und Beratungseinrichtungen, Messen, Börsen, Versicherungen, Markenzeichen, Kammern, Verbände)

4. Risikomindernde Institutionen der Wirtschaftsprozeßpolitik: Regulierende Prinzipien – Wirtschafts- und Sozialpolitik (Wettbewerbspolitik, Mittelstandspolitik, Konjunkturpolitik, Sozialpolitik)

3. Risikomindernde Institutionen der Wirtschaftsordnungspolitik: Konstituierende Prinzipien – Ordnungspolitik (Geldwertsicherung, Offenhaltung der Märkte, anreizkompatible und wettbewerbskonforme Ausgestaltung des Eigentums, der Unternehmens- und Finanzverfassung, der Vertragsfreiheit und der Haftung, verläßliche Wirtschaftspolitik)

2. Minimum an konstitutioneller Ordnung im Sinne der Regeln und Gesetze einer Zivilrechtsgesellschaft

1. **Nationale Verfassung der Wettbewerbsfreiheit als Gesamtergebnis der Teilordnungen 2.-5.**

I. **Internationale Verfassung der Wettbewerbsfreiheit als Gesamtergebnis der Teilordnungen II.-V.**

II. Globalisierung und internationale Wettbewerbsordnung

   1. Das Hindernis unterschiedlicher Wettbewerbsregeln
   2. Die Initiative für ein Weltkartellrecht

III. Globalisierung und Welthandelsordnung

   Haupteinbruchstellen für Protektionismus: Sektorale Sonderregelungen, handelspolitischer Nationalismus, Regionalismus, Lücken im Regelwerk des GATT bzw. der WTO (Dienstleistungshandel, geistiges Eigentum, Ausnahmestellung der Entwicklungsländer, ungeklärte Beziehung zwischen den Zielen „freier Handel" und „geschützte Umwelt")

IV. Globalisierung und Weltwährungsordnung

   1. Die währungspolitischen Voraussetzungen der Globalisierung im 19. Jh.
   2. Globalisierung und das Bretton Woods-System

V. Globalisierung und Wettbewerb der Systeme

   1. Der herkömmliche „Wettkampf der Systeme"
   2. Die Ordnungspolitik als Triebkraft im internationalen Systemwettbewerb

VI. Der globale Rechnungszusammenhang als Ergebnis des institutionellen Arrangements von II.-V.

Publikationen

von

Prof. Dr. Alfred Schüller

1967 – 2001

1967:

Ordnungspolitische Probleme der Kooperation, in: Wirtschaftspolitische Chronik des
   Instituts für Wirtschaftspolitik an der Universität zu Köln, Beiträge zur Wirt-
   schafts- und Sozialpolitik, Festgabe für Fritz W. Meyer, 17. Jg., 1967, Heft 2/3,
   S. 111-141.

*Dienstleistungsmärkte in der Bundesrepublik Deutschland: Sichere Domänen selbstän-
   diger mittelständischer Unternehmen?*, Abhandlungen zur Mittelstandsforschung,
   hrsg. vom Institut für Mittelstandsforschung Bonn, Nr. 25; Köln und Opladen
   1967 (Dissertation Bonn).

1968:

Preisbindungsverbot und Preisflexibilität, in: Wirtschaft und Wettbewerb, 18. Jg., 1968,
   Heft 12, S. 797-811.

Vermachtungserscheinungen im tertiären Sektor, in: ORDO, Jahrbuch für die Ordnung
   von Wirtschaft und Gesellschaft, Band XIX, 1968, S. 171-256.

Beiträge zur Ordnung von Wirtschaft und Gesellschaft, Buchbesprechung zur gleich-
   namigen Festgabe für Alfred Müller-Armack, in: ORDO, Jahrbuch für die Ordnung von Wirtschaft und Gesellschaft, Band XIX, 1968, S. 517-529.

1970:

*Ökonomische „Sachzwänge" in der BRD und DDR und ihre ordnungs- und handelspo-
   litische Bedeutung*, in: ORDO, Jahrbuch für die Ordnung von Wirtschaft und Gesellschaft, Band XXI, 1970, S. 249-296.

Privilegien für Projektanbieter?, in: Wirtschaft und Wettbewerb, 20. Jg., 1970, Heft 12,
   S. 787-801.

Verbandskartelle durch Wettbewerbsregeln?, in: ORDO, Jahrbuch für die Ordnung von
   Wirtschaft und Gesellschaft, Band XXI, 1971, S. 407-422.

Zur Problematik von Datenbanken zur Verbreitung von technischem Wissen, in: Die
   Aussprache, 20. Jg., 1970, Heft 12, S. 324-334.

1971:

Ein staatlich verordneter „Nürnberger Trichter"?, in: ORDO, Jahrbuch für die Ordnung von Wirtschaft und Gesellschaft, Band XXII, 1971, S. 181-215.

1972:

Entwicklungshilfe durch staatliche Absicherung von Export- und Anlagerisiken?, in: ORDO, Jahrbuch für die Ordnung von Wirtschaft und Gesellschaft, Band XXIII, 1972, S. 103-123.

1973:

Osteuropäische Wirtschaftsintegration durch eine Zahlungsunion nach dem Vorbild der EZU?, in: Wirtschaftspolitische Chronik des Instituts für Wirtschaftsforschung an der Universität zu Köln, 22. Jg., 1973, Heft 1, S. 65-88.

Osthandelspolitik als Problem der Wettbewerbspolitik: Kritische Bestandsaufnahme und Neuansatz für die Außenwirtschaftspolitik gegenüber Zentralverwaltungswirtschaften, Wirtschaftsrecht und Wirtschaftspolitik, Band 34, Frankfurt am Main 1973 (Habilitationsschrift Bonn).

Pragmatische oder marktwirtschaftliche Osthandelspolitik, in: E. Tuchfeldt (Hrsg.), Soziale Marktwirtschaft im Wandel, Freiburg 1973, S. 207-255.

Subventionierter Osthandel, in: Frankfurter Allgemeine Zeitung, Nr. 242 vom 17.10.1973, S. 17.

1974:

Grundsätze einer Reform des internationalen Weltwährungssystems, in: Wirtschaftspolitische Chronik des Instituts für Wirtschaftspolitik an der Universität zu Köln, 23. Jg., 1974, Heft 1, S.37-56.

1975:

Die Wirtschaftsordnung der Bundesrepublik Deutschland und ihre Strukturbedingungen, in: Wirtschaftspolitische Chronik des Instituts für Wirtschaftspolitik an der Universität zu Köln, 24. Jg., 1975, Heft 2, S. 7-55.

Flexible Wechselkurse – Übergangs- oder Dauerlösung für die Weltwährungsordnung?, in: ORDO, Jahrbuch für die Ordnung von Wirtschaft und Gesellschaft, Band 26, 1975, S. 247-288.

1976:

Der Gewinn in der Marktwirtschaft, in: Bodo B. Gemper (Hrsg.), Gewinn und Verlust, Materialien zur Betriebs- und Volkswirtschaft, Köln 1976, S. 1-28.

Soziale Eingliederung, in: Rheinischer Merkur vom 6.8.1976, S. 11.

Spontane Ordnungen in der Geldwirtschaft und das Inflationsproblem (zusammen mit Fritz W. Meyer), Vorträge und Aufsätze des Walter Eucken Instituts, Nr.59, Tübingen 1976.

Systeme des Zahlungsbilanzausgleichs, Weltwährungsreform und Stabilität, in: Wirtschaftswissenschaftliches Studium (WiSt), 1976, Heft 10, S. 455-463.

Wechselwirkung zwischen Ost-West-Kooperation und Wettbewerb in westlichen Marktwirtschaften – Ansatz für eine marktwirtschaftliche Theorie der Ost-West-Kooperation, in: D. Cornelsen, H. Machowski und K. E. Schenk (Hrsg.), Perspektiven und Probleme wirtschaftlicher Zusammenarbeit zwischen Ost- und Westeuropa, Sonderheft 114 des Deutschen Instituts für Wirtschaftsforschung, Berlin 1976, S. 18-58.

1977:

Gemischte Kommissionen – ein neues Instrument der Osthandelspolitik, in: Neue Zürcher Zeitung, Nr.13 vom 16./17.1.1977, S. 9/10.

Konkurrenz der Währungen als geldwirtschaftliches Ordnungsprinzip, in: Wirtschaftspolitische Chronik des Instituts für Wirtschaftspolitik an der Universität zu Köln, 26. Jg., 1977, Heft 1, S. 23-50.

1978:

Das Scheitern des Ökonomismus in der westlichen und östlichen Integrationspolitik, in: Wirtschaftsdienst, 58. Jg., 1978, Nr. 6, S. 287-295. Engl. Fassung: The Failure of Economism in Western and Eastern Integration Policy, Intereconomics, (Review of International Trade and Development), 13. Jg., 1978, No. 9/10, S. 227-235.

Ordnungserfordernisse einer Reform des Weltwährungssystems, in: H. Giersch, H.-G. Krüsselberg, E. Priewasser, J. Röpke und A. Schüller, Weltwirtschaftsordnung und Wirtschaftswissenschaft, Vorträge der Festveranstaltung des Fachbereichs Wirtschaftswissenschaften der Philipps-Universität Marburg aus Anlaß des 450-jährigen Jubiläums, Stuttgart 1978, S. 53-63.

Ordnungsfragen der Außenwirtschaftspolitik gegenüber zentralgeleiteten Volkswirtschaften, in: H. Gröner und A. Schüller (Hrsg.), Internationale Wirtschaftsordnung, Stuttgart 1978, S. 91-120.

Internationale Wirtschaftsordnung, hrsg. von A. Schüller (zusammen mit H. Gröner), Stuttgart 1978.

Reform des Internationalen Währungssystems: Ausgangstatsachen, Ordnungsgrundsätze und Wege, in: H. Gröner und A. Schüller (Hrsg.), Internationale Wirtschaftsordnung, Stuttgart 1978, S. 171-191.

Property Rights, unternehmerische Legitimation und Wirtschaftsordnung: Zum vermögenstheoretischen Ansatz einer allgemeinen Theorie der Unternehmung, in: K.-E. Schenk (Hrsg.), Ökonomische Verfügungsrechte und Allokationsmechanismen in Wirtschaftssystemen, Schriften des Vereins für Socialpolitik, NF Band 97, Berlin 1978, S. 29-87.

Schuldnerprivilegien als Inflationsursache – Konkurrierende Währungen ein Ausweg?, in: Fragen der Freiheit, hrsg. vom Seminar für freiheitliche Ordnung, 1978, Heft 132, S. 38-56.

The Failure of Economism in Western and Eastern Integration Policy, in: Intereconomics – Review of International Trade and Development, 13th Year, 1978, No. 9/10, S. 227-235.

Handelspräferenzen im Dienste der Politik?, Buchbesprechung zu dem Buch von Reinhold Biskup „Deutschlands offene Handelsgrenze: Die DDR als Nutznießer des EWG-Protokolls über den innerdeutschen Handel", in: ORDO, Jahrbuch für die Ordnung von Wirtschaft und Gesellschaft, Band 29, 1978, S. 371-375.

1979:

Eigentumsrechte, Unternehmenskontrollen und Wettbewerbsordnung, in: ORDO, Jahrbuch für die Ordnung von Wirtschaft und Gesellschaft, Band 30, Stuttgart 1979, S. 325-364.

Die Aktionärsrechte wettbewerbsfördernd gestalten, in: Frankfurter Allgemeine Zeitung, Nr. 208, vom 7.9.1979, S. 12.

1980:

Ökonomische Ordnungsprobleme der EG im Verkehr mit den RGW-Ländern, in: G. Zieger und A. Lebahn (Hrsg.), Rechtliche und wirtschaftliche Beziehungen zwischen den Integrationsräumen in West- und Osteuropa, Baden-Baden 1980, S. 105-129.

Vermögensrechte an marktwirtschaftlichen Unternehmungen – Zur Vermögensbetrachtung des Bundesverfassungsgerichts in seinem Mitbestimmungsurteil vom 1.3.1979, in: H.-G. Krüsselberg (Hrsg.), Vermögen in ordnungstheoretischer und ordnungspolitischer Sicht, Köln 1980, S. 110-132.

Zur Außenpolitik der RGW-Länder gegenüber dem Westen aus der Sicht der Politischen Ökonomie des Sozialismus, in: A. Schüller und U. Wagner (Hrsg.), Außenwirtschaftspolitik und Stabilisierung von Wirtschaftssystemen, Schriften zum Vergleich von Wirtschaftsordnungen, Heft 28, Stuttgart 1980, S. 3-28.

Außenwirtschaftspolitik und Stabilisierung von Wirtschaftssystemen, hrsg. von A. Schüller (zusammen mit U. Wagner), Schriften zum Vergleich von Wirtschaftsordnungen, Heft 28, Stuttgart 1980.

Zur Frage der Fortentwicklung des Innerdeutschen Handels: Anmerkungen zu einigen Vorstellungen von W. Seiffert, in: Deutschland Archiv, 13. Jg., 1980, Heft 7, S. 712-725.

1981:

Produktionsspezialisierung als Mittel der Integrationspolitik im RGW, in: Forschungsstelle zum Vergleich wirtschaftlicher Lenkungssysteme (Hrsg.), Arbeitsberichte zum Systemvergleich, Nr. 2, Marburg 1981.

Rechtliche und ökonomische Vorbedingungen der Marktwirtschaft, in: Vorbedingungen für das Funktionieren der Marktwirtschaft, Hohenheimer Protokolle der Tagung der Katholischen Akademie Stuttgart, 9./10. März 1981, S. 49-102.

Gründe für eine Fortentwicklung der Emissionsrechtelösung (Korreferat), in: L. Wegehenkel (Hrsg.), Marktwirtschaft und Umwelt, Tübingen 1981, S. 78-86.

1982:

Die Verschuldungskrise Polens als Ordnungsproblem, in: ORDO, Jahrbuch für die Ordnung von Wirtschaft und Gesellschaft, Band 33, 1982, S. 3-38.

1983:

Das Marktgeschehen, in: H. Fisch (Hrsg.), Sozialwissenschaften: Gesellschaft – Staat – Wirtschaft – Recht (Fischer Kolleg TB), Frankfurt am Main 1983, S. 241-283.

Grundprobleme der Geldwirtschaft, in: H. Fisch (Hrsg.), Sozialwissenschaften: Gesellschaft – Staat – Wirtschaft – Recht (Fischer Kolleg TB), Frankfurt am Main 1983, S. 301-331.

Innovationsprobleme und wirtschaftspolitische Experimente im Systemvergleich, in: A. Schüller, H. Leipold und H. Hamel (Hrsg.), Innovationsprobleme in Ost und West, Schriften zum Vergleich von Wirtschaftsordnungen, Heft 33, Stuttgart 1983, S. 1-15.

Innovationsprobleme in Ost und West, hrsg. von A. Schüller (zusammen mit H. Leipold und H. Hamel), Schriften zum Vergleich von Wirtschaftsordnungen, Heft 33, Stuttgart 1983.

Property Rights, Theorie der Firma und wettbewerbliches Marktsystem, in: A. Schüller (Hrsg.), Property Rights und ökonomische Theorie, WiSt Taschenbuch, München 1983, S. 145-183.

Property Rights und ökonomische Theorie, hrsg. von A. Schüller, WiSt Taschenbuch, München 1983.

1984:

Konzeption und Praxis internationaler Wirtschaftspolitik (zusammen mit H. Gröner), in: D. Cassel (Hrsg.), Wirtschaftspolitik im Systemvergleich, München 1984, S. 118-142.

Unternehmensgebundene Verfügungsrechte im Spannungsfeld zwischen marktwirtschaftlichen Funktionserfordernissen und sozialstaatlichen Bindungen, in: A. F. Utz (Hrsg.), Das Unternehmen als Größe der Arbeitswelt – Der Arbeiter als Gesellschafter?, Bonn 1984, S. 124-214.

Zur Mitgliedschaft sozialistischer Länder im Internationalen Währungsfonds (IWF) (zusammen mit H. Hamel), in: Forschungsstelle zum Vergleich wirtschaftlicher Lenkungsysteme (Hrsg.), Arbeitsberichte zum Systemvergleich, Nr. 6, Marburg 1984.

Wachstumsverlangsamung und Konjunkturzyklen in unterschiedlichen Wirtschaftssystemen, hrsg. von A. Schüller, Schriften des Vereins für Socialpolitik. Neue Folge; Band 142, Berlin 1984.

1985:

Grundbegriffe zur Ordnungstheorie und politischen Ökonomik (zusammen mit U. Freyn, H. Hamel, H.-G. Krüsselberg, H. Leipold und R. Peterhoff), in: Forschungsstelle zum Vergleich wirtschaftlicher Lenkungsysteme (Hrsg.), Arbeitsberichte zum Systemvergleich, Nr. 7, Marburg 1985, 5. Aufl. 2002.

On the Membership of Socialist Countries in the International Monetary Fund (zusammen mit H. Hamel), in: Acta Oeconomica, Vol. 34, 1985, H. 1-2, S. 113-130.

Unternehmensverhalten und Beschäftigung unter dem Einfluß sozialstaatlicher Maßnahmen, in: Forschungsstelle zum Vergleich wirtschaftlicher Lenkungsysteme (Hrsg.), Unternehmensverhalten und Beschäftigung, Arbeitsberichte zum Systemvergleich, Nr. 8, Marburg 1985, S. 1-17.

Zur Ökonomik der Property Rights, in: Das Wirtschaftsstudium (WISU), 14. Jg., 1985, Nr. 5, S. 259-265.

Zur Effizienz sozialistischer Marktwirtschaften, in: A. Rauscher (Hrsg.), Selbstinteresse und Gemeinwohl, Soziale Orientierung, Band 5, Berlin 1985, S. 159-227.

China im Konflikt zwischen verschiedenen Ordnungskonzeptionen, hrsg. von A. Schüller, Schriften des Vereins für Socialpolitik. Neue Folge; Band 150, Berlin 1985.

1986:

Der theoretische Institutionalismus als Methode des Systemvergleichs, in: G. Gutmann und S. Mampel (Hrsg.), Probleme systemvergleichender Betrachtung, Schriftenreihe der Gesellschaft für Deutschlandforschung, Band XV, Berlin 1986, S. 131-162.

Die institutionellen Voraussetzungen einer marktwirtschaftlichen Ordnung, in: R. Vaubel und H.-D. Barbier (Hrsg.), Handbuch Marktwirtschaft, Pfullingen 1986, S. 34-44.

Unternehmen und Wirtschaftsrechnung: Zu einem integrierten dynamischen Erklärungsansatz (zusammen mit H. Leipold), in: H. Leipold und A. Schüller (Hrsg.), Zur Interdependenz von Unternehmens- und Wirtschaftsordnung, Schriften zum Vergleich von Wirtschaftsordnungen, Bd. 38, Stuttgart 1986, S. 4-24.

Zur Interdependenz von Unternehmens- und Wirtschaftsordnung, hrsg. von A. Schüller (zusammen mit H. Leipold), Schriften zum Vergleich von Wirtschaftsordnungen, Bd. 38, Stuttgart 1986.

Zur sowjetischen Politik einer paneuropäischen Versorgung mit Roh- und Brennstoffen, in: Zeitschrift für Wirtschaftspolitik des Instituts für Wirtschaftspolitik an der Universität zu Köln, 35. Jg., 1986, Heft 2, S. 145-163.

1987:

Die UdSSR als Mitglied im IWF? Perspektiven und Probleme, in: Ludwig-Erhard-Stiftung (Hrsg.), Orientierungen zur Wirtschafts- und Gesellschaftspolitik, Nr. 33, 1987, Heft 3, S. 50-54.

Grundlagen der Wettbewerbspolitik, in: Bundesministerium für innerdeutsche Beziehungen (Hrsg.), Materialien zum Bericht zur Lage der Nation im geteilten Deutschland, Bonn 1987, S. 56-71.

Grundsachverhalte und Grundfragen des Wirtschaftens in der Bundesrepublik Deutschland und in der DDR (zusammen mit G. Gutmann), in: Bundesministerium für innerdeutsche Beziehungen (Hrsg.), Materialien zum Bericht zur Lage der Nation im geteilten Deutschland, Bonn 1987, S. 1-9.

Ordnungstheorie – Theoretischer Institutionalismus: Ein Vergleich, in: Forschungsstelle zum Vergleich wirtschaftlicher Lenkungssysteme (Hrsg.), Ordnungstheorie: Methodologische und institutionen-theoretische Entwicklungstendenzen, Arbeitsberichte zum Systemvergleich, Nr. 11, Marburg 1987, S. 74-100.

Unternehmenshaftung, Wirtschaftsrechnung und Wettbewerbsordnung – Zum Verhältnis von Marktfreiheit und Eigenverantwortlichkeit, in: M. Borchert, U. Fehl und

P. Oberender (Hrsg.), Markt und Wettbewerb, Festschrift für E. Heuß zum 65. Geburtstag, Bern und Stuttgart 1987, S. 63-92.

Theoriebildung und empirische Forschung im Systemvergleich, hrsg. von Alfred Schüller, Schriften des Vereins für Socialpolitik. Neue Folge; Band 167, Berlin 1987.

Stichwörter zum Problemfeld „*Wirtschaftssysteme*" (zusammen mit U. Freyn, H. Hamel, H. Leipold und R. Peterhoff), in: Vahlens Großes Wirtschaftslexikon, München 1987, 2. Auflage 1993.

1988:

Die Russen auf dem Weg in den Währungsfonds? Erwägungen, Stimmungen und Motive – Versuch einer Bewertung der Argumente, in: Frankfurter Allgemeine Zeitung, Nr. 219 vom 20.9.1988, Redaktionsbeilage: Weltwährungsfonds '88, S. 12 B.

Die Verschuldungskrise als Ordnungsproblem, in: Neue Zürcher Zeitung, Nr. 158 vom 10./11.7.1988, S. 15.

Does Market Socialism work?, The Centre for Research into Communist Economies (CRCE) (ed.), Understanding Economic Systems, No. 4, London 1988.

Gorbatschov-Reform – Modell für Osteuropa? Eine dornenvolle Gratwanderung (zusammen mit R. Peterhoff), in: H. Giger und W. Linder (Hrsg.), Sozialismus – Ende einer Illusion: Zerfallserscheinungen im Lichte der Wissenschaften, Zürich 1988, S. 321-355.

Internationaler Währungsfonds: Von ungelösten Aufgaben zu neuen Funktionen, in: Ludwig-Erhard-Stiftung (Hrsg.), Orientierungen zur Wirtschafts- und Gesellschaftspolitik, Nr. 37, 1988, Heft 3, S. 48-55.

Ökonomik der Eigentumsrechte in ordnungstheoretischer Sicht, in: D. Cassel, B.-T. Ramb und H. J. Thieme (Hrsg.), Ordnungspolitik, München 1988, S. 155-183.

Sowjetische Wirtschaftsreform und Ost-West-Handel, in: W. Lück (Hrsg.), Wirtschaftswissenschaften in Theorie und Praxis, Marburg 1988, S. 141-155.

Sowjetwirtschaft – Im Huckepack zum besseren Leben: Die sowjetische Führung möchte die Europäische Gemeinschaft als Lokomotive vor ihre Modernisierungspläne spannen, in: Frankfurter Allgemeine Zeitung, Nr. 305 vom 31.12.1988, S. 13.

Was wollen die Russen im Währungsfonds?, in: Frankfurter Allgemeine Zeitung, Nr. 73 vom 26.3.1988, S. 15.

Die Verschuldungskrise der Entwicklungsländer als Ordnungsproblem (in polnischer Sprache), in: Prace Naukowe Akademii Ekonomicznej we Wroclawiu (Hrsg.), Economic and political determinants affecting East-West economic cooperation, Nr. 454, 1988.

1989:

Die Sowjetunion und die DDR im handelspolitischen Konflikt: Deregulierungs- contra Harminisierungskonzept, in: Neue Zürcher Zeitung, Nr. 29 vom 4./5.2.1989, S. 33.

Fußangeln eines Marshall-Plans: Hilfen und billige Kredite für den Ostblock? Marktwidrige Vorleistungen des Westens wirken wie eine Reformbremse, in: Frankfurter Allgemeine Zeitung, Nr. 209 vom 9.9.1989, S. 13.

Gerechtigkeit und wirtschaftliche Entwicklung – Sozialethische Anforderungen und ordnungspolitische Konsequenzen der Entwicklungslehren von G. Myrdal und P.T. Bauer, in: G. Gutmann und A. Schüller (Hrsg.), Ethik und Ordnungsfragen der Wirtschaft, Baden-Baden 1989, S. 411-449.

Ethik und Ordnungsfragen der Wirtschaft, hrsg. von A. Schüller (zusammen mit G. Gutmann), Baden-Baden 1989.

Grundlagen der internationalen Ordnung: GATT, IWF und EG im Wandel – Euckens Idee der Wirtschaftsverfassung des Wettbewerbs als Prüfstein (zusammen mit H. Gröner), in: ORDO, Jahrbuch für die Ordnung von Wirtschaft und Gesellschaft, Band 40, Stuttgart 1989, S. 429-463.

Ostkredite: Schmiermittel oder Sand für das Reformgetriebe?, in: Ludwig-Erhard-Stiftung (Hrsg.), Orientierungen zur Wirtschafts- und Gesellschaftspolitik, 1989, Nr. 42, S. 13-16 und S. 35.

Zunehmende Internationalisierung der Wirtschaftsprozesse: Die DDR unter Anpassungsdruck, in: Forschungsstelle für gesamtdeutsche wirtschaftliche und soziale Fragen (Hrsg.), FS Analysen, 1989, Heft 1: Die Wirtschaftspolitik der Ära Honecker – ökonomische und soziale Auswirkungen, Teil I, S. 11-33.

Moskau und die Ostblock-Misere, in: Die Welt, Nr. 293 vom 16.12.1989.

Piacgazdasági útra lép-e a Szovjetunió? (Wird die Sowjetunion den Weg der Marktwirtschaft gehen?), in: Külgazdaság, 1989, Nr. 12, S. 3-21.

Nationalökonomie als Wissenschaft vom Menschen und im Dienste des Menschen, in: Marburger Universitätsbund e.V. (Hrsg.), alma mater philippina, 1989/1990, S. 22-23.

1990:

Die Sowjetunion auf dem Weg zur Marktwirtschaft?, in: Ludwig-Erhard-Stiftung (Hrsg.), Marktwirtschaft im Sozialismus, Band 27, Stuttgart 1990, S. 33-68.

Supranationalisation of Economic Policy: Are the Functions of International Institutions changing? (zusammen mit H. Gröner), in: The Journal of Development Studies, Vol. X, 1990, S. 33-54.

Staatliche Hilfen und Kapitalimporte im Angleichungsprozeß der DDR, in: Zeitschrift für Wirtschaftspolitik des Instituts für Wirtschaftspolitik an der Universität zu Köln, 39. Jg., 1990, Heft 3, S. 349-364.

Zur Einheit von Wirtschafts- und Sozialpolitik in Deutschland – Chancen und Risiken, in: ORDO, Jahrbuch für die Ordnung von Wirtschaft und Gesellschaft, Band 41, 1990, S. 27-43.

Der ordnungspolitische Weg der Bundesrepublik Deutschland – Entwicklung und Perspektiven (in chinesischer Sprache), in: Vergleich von Wirtschafts- und Gesellschaftssystemen, Peking 1990, Heft 5, S. 8-14.

Probleme des Übergangs von der Staatswirtschaft zur Marktwirtschaft, in: Internationales Institut der Konrad-Adenauer-Stiftung (Hrsg.), Demokratie und Entwicklung, Herausforderung für die 90er Jahre – Osteuropa und Entwicklungsländer –, Arbeitspapiere, Sankt Augustin 1990, S. 90-122.

Zur Wirtschaftseinheit in Deutschland (zusammen mit H. Hamel), in: Marburger Universitätsbund e.V. (Hrsg.), alma mater philippina, Marburg 1990/91, S. 6-9.

Soziale Marktwirtschaft: Leitidee und Entwicklung, in: H. Hamel (Hrsg.), Soziale Marktwirtschaft: Zum Verständnis ihrer Ordnungs- und Funktionsprinzipien, Arbeitsberichte zum Systemvergleich der Forschungsstelle zum Vergleich wirtschaftlicher Lenkungssysteme, Nr. 14, Marburg 1990, S. 8-11.

Der Europäische Binnenmarkt: Erfahrungen, Chancen und Probleme, in: H. Hamel (Hrsg.), Soziale Marktwirtschaft: Zum Verständnis ihrer Ordnungs- und Funktionsprinzipien, Arbeitsberichte zum Systemvergleich der Forschungsstelle zum Vergleich wirtschaftlicher Lenkungssysteme, Nr. 14, Marburg 1990, S. 48-51.

Probleme des Übergangs von der Staatswirtschaft zur Marktwirtschaft, in: Forschungsstelle zum Vergleich wirtschaftlicher Lenkungssysteme (Hrsg.), Zur Transformation von Wirtschaftssystemen: Von der Sozialistischen Planwirtschaft zur Sozialen Marktwirtschaft, Hannelore Hamel zum 60. Geburtstag, Arbeitsberichte zum Systemvergleich, Nr. 15, Marburg 1990, S. 1-24.

Entfesselung des Unternehmertums, in: echo Handelsjournal, Juli II Nr. 14/90, S. 44-46.

Der ordnungspolitische Weg der Bundesrepublik – Entwicklung und Perspektiven, in: Zeitschrift für Wirtschaftspolitik des Instituts für Wirtschaftspolitik an der Universität zu Köln, 39. Jg., 1990, Heft 1, S. 57-75.

Die institutionellen Voraussetzungen einer marktwirtschaftlichen Ordnung, in: trend – Zeitschrift für Soziale Marktwirtschaft, Nr. 42, 1990, S. 7-12.

Zur Transformation von Wirtschaftssystemen – Das Beispiel der Perestrojka (zusammen mit A. Barthel), in: Wirtschaftswissenschaftliches Studium (WiSt), 1990, Heft 2, S. 68-74.

Der Angleichungsprozeß in ordnungspolitischer und wohlfahrtsstaatlicher Sicht, in: Institut für Wirtschaftswissenschaften (Hrsg.), Ordnungspolitik beim Übergang der DDR-Wirtschaft zur Marktwirtschaft, Wirtschaftsreport special, Nr. 2, Berlin 1990, S. 17-23.

1991:

Folgen der Wirtschaftsreform in der UdSSR für die Außenwirtschaft, in: Gesellschaft zum Studium Strukturpolitischer Fragen e.V. (Hrsg.), Die strukturpolitische Information, Bericht aus Bonn, Nr. 12 vom 2. Juli 1991, S. 1-2.

Von der Staatswirtschaft zur Marktwirtschaft – Wegmarkierungen und Stolpersteine, in: L. von Wartenberg, H.-D. Westerhoff, O. Storf, A. Schüller, H. Willgerodt und H.-H. Lutzke: Umbruch im Osten, hrsg. von der Gesellschaft zum Studium Strukturpolitischer Fragen e.V., Stuttgart, Berlin und Köln 1991, S. 64-88.

Der wettbewerbliche Weg zum EG-Binnenmarkt: Das Spannungsfeld zwischen Integrationsbreite und -tiefe, in: Neue Zürcher Zeitung, Nr. 172 vom 28./29. Juli 1991.

Nationale Reformen und internationale Ordnung: Zur außenwirtschaftlichen Neuorientierung der RGW-Länder, in: Jahrbuch für Neue Politische Ökonomie, 10. Bd., Tübingen 1991, S. 167-198.

Konkurrierende Menschenbilder und Staatsverständnisse im innerdeutschen Angleichungsprozeß, in: H. Gröner, E. Kantzenbach und O. G. Mayer (Hrsg.), Wirtschaftspolitische Probleme der Integration der ehemaligen DDR in die Bundesrepublik, Berlin 1991, S. 25-60.

Eigentumsrechte: Ökonomische Anreiz- und Kontrollwirkungen im Prozeß der marktwirtschaftlichen Systementfaltung, in: Transformation der Eigentumsordnung im östlichen Mitteleuropa, Ostmitteleuropa-Studien, Nr. 17, Marburg 1991, S. 11-23.

Die Soziale Marktwirtschaft in der Bewährung, in: G. Baadte und A. Rauscher (Hrsg.), Wirtschaft und Ethik, Graz, Wien und Köln 1991, S. 71-98.

Gutes Geld für Alle: Sozialethische Überlegungen zur Geldwertstabilität, (zusammen mit N. Kloten, H.-R. Hemmer, F. Furger, K. Homann, B. Fraling, u.a.), Studie der Sachverständigengruppe „Weltwirtschaft und Sozialethik", hrsg. von der Wissenschaftlichen Arbeitsgruppe für weltkirchliche Aufgaben der Deutschen Bischofskonferenz, Bonn 1991.

Vollendung des Europäischen Binnenmarktes und Erweiterung der EG, in: Finanzierung, Leasing, Factoring, 38. Jg., September 1991, Nr. 5, S. 179-184.

Soziale Marktwirtschaft: Modell für Europa, in: Ludwig-Erhard-Stiftung (Hrsg.), Orientierungen zur Wirtschafts- und Gesellschaftspolitik, 1991, Heft 49, S. 11-16.

Die Etablierung von Wettbewerbsmärkten: Zur Herstellung eines funktionsfähigen Preissystems, (zusammen mit D. Wentzel), in: K.-H. Hartwig und H. J. Thieme (Hrsg.), Transformationsprozesse in sozialistischen Wirtschaftssystemen: Ursachen, Konzepte, Instrumente, Berlin und Heidelberg 1991, S. 281-304.

Nationale Reformen und die wirtschaftliche Weltordnung (in ungarischer Sprache), in: Közgazdasági Szemle, XXXVIII. Évfolyam, Budapest, März 1991.

Über die Probleme des Übergangs zur Marktwirtschaft (in ungarischer Sprache), in: Pénzügyi Szemle, XXXV. Évfolyam, Budapest 1991, Heft 8-9, S. 642-663.

1992:

Ordnungspolitische Grundorientierung im deutschen Integrationsprozeß, in: FS-Analysen, hrsg. von der Forschungsstelle für gesamtdeutsche wirtschaftliche und soziale Fragen, Berlin, 1992, Heft 1, S. 27-48.

Ansätze einer Theorie der Transformation, in: ORDO, Jahrbuch für die Ordnung von Wirtschaft und Gesellschaft, Band 43, 1992, S. 35-63.

Marktwirtschaft versus Wohlfahrtsstaat, in: M. Miegel (Hrsg.), Das Ende der Sowjetunion, Baden-Baden 1992, S. 39-41.

Das Marktgeschehen und *Grundprobleme der Geldwirtschaft*, in: H. Fisch (Hrsg.), Sozialwissenschaften, Neuauflage, Augsburg 1992, S. 246-293, S. 311-344.

Vollendung des Europäischen Binnenmarktes und Erweiterung der EG (in ungarischer Sprache), in: Külgazdasag, Budapest 1992, Heft 5, S. 4-14.

Competition of the European Single Market and the Enlargement of the European Community, in: Slovenska Ekonomska Revija, Maribor, 1992, Heft 1, S. 5-18.

La economiá de los derechos de propiedad (Ökonomik der Eigentumsrechte in ordnungstheoretischer Sicht), in: Contribuçiones, Buenos Aires 1992, Heft 1, S. 121-128.

Eine Zahlungsunion für die GUS-Staaten? Lehren aus dem westeuropäischen Weg zur Konvertibilität, in: Neue Zürcher Zeitung, Nr. 158 vom 1. Juli1992, S. 13.

Vorwort zur 4. Auflage von Karl P. Hensel, Grundformen der Wirtschaftsordnung, Münster 1992.

Obstacles to transition (zusammen mit D. Wentzel), in: Acta Oeconomica, Budapest 1992, Vol. 44, Heft 3-4, S. 339-347.

1993:

Von der Transformation zur Integration: Eine ordnungs-, handels- und währungspoliti-sche Aufgabenstellung (zusammen mit R. L. Weber), in: H. Gröner und A. Schüller (Hrsg.), Die europäische Integration als ordnungspolitische Aufgabe, Schriften zum Vergleich von Wirtschaftsordnungen, Band 43, Stuttgart, Jena und New York 1993, S. 445-491.

Die europäische Integration als ordnungspolitische Aufgabe, hrsg. von A. Schüller (zu-sammen mit H. Gröner), Schriften zum Vergleich von Wirtschaftsordnungen, Band 43, Stuttgart, Jena und New York 1993.

Stichwort *„Eigentum"* (zusammen mit Walter Kerber), in: Lexikon der Wirtschaftse-thik, hrsg. von G. Enderle, K. Homann, M. Honecker, W. Kerber, Freiburg 1993, Sp. 216-225.

Stichwort *„Theorie der Property Rights"* (Neubearbeitung), in: A. Woll (Hrsg.), Wirt-schaftslexikon, 7. Auflage, München und Wien 1993, S. 673-675.

Vermögensbildung im Dienste des Aufbaus der Wirtschaft der neuen Bundesländer, in: Beteiligung am Produktivvermögen, hrsg. vom Kirchenamt der Evangelischen Kirche in Deutschland und vom Sektretariat der Deutschen Bischofskonferenz, Hannover und Bonn 1993, S. 79-116.

Osnovy Rynotschnovo Chosjajstva: Ponjatija i Konzepzii (Grundlagen der Marktwirt-schaft: Begriffe und Konzepte), in: A. Schüller und H.-G. Krüsselberg (Hrsg.), Arbeitsberichte zum Systemvergleich Nr. 7russ., Russische Übersetzung von P. Afanasjeva, V. Gutnik und A. Ljamenkov, Marburg 1993.

Die Agglomerationsproblematik aus Sicht des Ökonomen, in: G. Mertins (Hrsg.), Vor-stellungen der Bundesrepublik Deutschland zu einem europäischen Raumord-nungskonzept, Marburger Geographische Schriften, Marburg 1993, Heft 125, S. 125-142.

Grundlagen der internationalen Ordnung: GATT, IWF und EG im Wandel – Euckens Idee der Wirtschaftsverfassung des Wettbewerbs als Prüfstein (zusammen mit H. Gröner) (in portugiesischer Sprache), in: Konrad-Adenauer-Stiftung (Hrsg.), Traducoes, No. 4, Economia Social de Mercado: um modelo transferivel?, Sao Paulo 1993, S. 17-57.

1994:

Auslandshilfe und Systemtransformation, in: W. Möschel, M. E. Streit und U. Witt (Hrsg.), Marktwirtschaft und Rechtsordnung, Festschrift zum 70. Geburtstag von Prof. Dr. Erich Hoppmann, Wirtschaftsrecht und Wirtschaftspolitik, Band 133, Baden-Baden 1994, S. 167-188.

Zur Osterweiterung der EG: Motive, Methoden, Hindernisse, Bedingungen, in: R. H. Hasse, J. Molsberger und Chr. Watrin (Hrsg.), Ordnung in Freiheit, Festgabe für Hans Willgerodt zum 70. Geburtstag, Schriften zur Wirtschaftspolitik, NF Band 5, Stuttgart, Jena und New York 1994, S. 306-330.

Vom staatlichen Preisdirigismus zu Wettbewerbspreisen, in: C. Herrmann-Pillath, O. Schlecht, H. F. Wünsche (Hrsg.), Marktwirtschaft als Aufgabe – Wirtschaft und Gesellschaft im Übergang vom Plan zum Markt, Grundtexte zur Sozialen Marktwirtschaft, Band 3, Stuttgart, Jena und New York 1994, S. 465-480.

Wirtschaft: global und ökologisch, Überlegungen zur Ressourcenschonung und Umwelterhaltung, Studie der Sachverständigengruppe „Weltwirtschaft und Sozialethik", hrsg. von der Wissenschaftlichen Arbeitsgruppe für weltkirchliche Aufgaben der Deutschen Bischofskonferenz, Bonn 1994.

Meine Tasche, Deine Tasche – Das Umverteilungschaos im Sozialstaat, in: Frankfurter Allgemeine Zeitung, Nr. 281 vom 3. Dezember 1994, S. 17.

Vorwort zu: Neuorientierung der Außenwirtschaftsbeziehungen in Ostmitteleuropa, in: Herder-Institut (Hrsg.), Wirtschafts- und Sozialwissenschaftliche Ostmitteleuropa-Studien, Band 20, Marburg 1994, S. VII-XII.

Systemwechsel und Systemwandel in Deutschland – Die Soziale Marktwirtschaft an der Wende zu einer grundlegenden Veränderung?, in: W. Klein, S. Paraskewopoulos und H. Winter (Hrsg.), Soziale Marktwirtschaft – Ein Modell für Europa, Festschrift für Gernot Gutmann zum 65. Geburtstag, Berlin 1994, S. 207-231.

Auslandshilfe für den Systemwandel in Rußland: Erwartungen, Realitäten, Folgerungen, in: Adolf-Weber-Stiftung (Hrsg.), Volkswirtschaftliche Korrespondenz, 33. Jg., 1994, Nr. 5.

Umverteilungschaos im Versorgungsstaat, in: Bund Katholischer Unternehmer (Hrsg.), Ausgewählte Vorträge, Nr. 24, Köln 1994, S. 1-8.

Fritz Walter Meyer, in: B. Ottnad (Hrsg.), Baden-Württembergische Biographien, Stuttgart 1994, Band 1, S. 234-236.

1995:

Entmündigung der Bürger, in: Rheinischer Merkur, Nr. 48 vom 1. Dezember 1995, S. 10.

Beitrag zu: „*Engagierte Unternehmen gegen Arbeitslosigkeit*", Bund katholischer Unternehmer (Hrsg.), Diskussionsbeiträge, Nr. 20, Leverkusen 1995.

Betriebliche Einkommens- und Vermögenspolitik im Dienste des Aufbaus der Wirtschaft der neuen Bundesländer, in: J. Bolten und M. Dathe (Hrsg.), Transformation und Integration: Aktuelle Probleme und Perspektiven west-/osteuropäischer Wirtschaftsbeziehungen, Schriftenreihe Interkulturelle Wirtschaftskommunikation, Band 2, Berlin 1995, S. 32-45.

Die Integration der DDR-Wirtschaft in den RGW (zusammen mit H. Hamel), in: Materialien der Enquete-Kommission „Aufarbeitung von Geschichte und Folgen der SED-Diktatur in Deutschland", hrsg. vom Deutschen Bundestag, Baden-Baden und Frankfurt a. M. 1995, Band II, 4, S. 2692-2808.

Mut zur Strukturanpassung bei uns – Hilfe für die Entwicklungsländer. Studie der Sachverständigengruppe „Weltwirtschaft und Sozialethik", hrsg. von der Wissenschaftlichen Arbeitsgruppe für weltkirchliche Aufgaben der Deutschen Bischofskonferenz, Bonn 1995.

Vom staatlichen Preisdirigismus zu Wettbewerbspreisen, russische Übersetzung in: C. Herrmann-Pillath, O. Schlecht und H. F. Wünsche (Hrsg.), Ziel – Marktwirtschaft: Wirtschaft und Gesellschaft im Prozeß des Übergangs vom Plan zum Markt, Grundtexte zur Sozialen Marktwirtschaft, Bd. 3, russische Redaktion A. Tschepurenko und V. Gutnik, Moskau 1995, S. 345-355.

1996:

Soziale Marktwirtschaft – Niedergang im Umverteilungschaos oder Gesundung durch Ordnung in Freiheit, in: F. Quaas und Th. Straubhaar (Hrsg.), Perspektiven der Sozialen Marktwirtschaft, Berlin, Stuttgart und Wien 1996, S. 99-109.

Ordnungspolitische Dimensionen der Globalisierung, in: R. Biskup (Hrsg.), Globalisierung und Wettbewerb, Bern, Stuttgart und Wien 1996, S. 81-127.

Gefährden internationale Kapitalmärkte Stabilität und Wohlstand? Ein Plädoyer gegen die Forderung nach verschärfter Finanzmarkt-Regulierung, in: Neue Zürcher Zeitung, Nr. 302 vom 28./29.12.1996, S. 39.

Die Kirchen und die Zukunft der Sozialen Marktwirtschaft, in Bund Katholischer Unternehmer (Hrsg.), Gelbe Seiten Nr. 33 vom Dezember 1996, S. 1-4.

Das wirtschaftliche Zusammenwachsen in Deutschland: Eine ordnungspolitische Zwischenbilanz, in: ORDO, Jahrbuch für die Ordnung von Wirtschaft und Gesellschaft, Band 47, 1996, S. 13-32.

Rezension des Buches von O. Schlecht, Wohlstand für ganz Europa: Eine marktwirtschaftliche Offensive, in: Aussenwirtschaft, 51. Jg., 1996, Heft 1, S. 133-135.

Der Sozialstaat unter dem Einfluß chaotischer Umverteilungskräfte, in: B. Burkhardt-Reich, H.-J. Hof und B. Noll (Hrsg.), Herausforderungen an die Sozialstaatlichkeit der Bundesrepublik Deutschland, Beiträge aus dem Bereich Wirtschaft der Fachhochschule Pforzheim, 1996, Nr. 76, S. 38-65.

1997:

Die Kirchen und die Wertgrundlagen der Sozialen Marktwirtschaft, in: ORDO, Jahrbuch für die Ordnung von Wirtschaft und Gesellschaft, Band 48, 1997, S. 727-755.

Der Wettbewerbszusammenhang zwischen Kapital- und Gütermärkten, in: K. von Delhaes und U. Fehl (Hrsg.), Dimensionen des Wettbewerbs, Schriften zu Ordnungsfragen der Wirtschaft, Band 52, Stuttgart 1997, S. 177-216.

Fehlorientierungen des Kapitalmarktes in Deutschland – Für teilhaberfreundliche Reformen, in: A. Schüller (Hrsg.), Kapitalmarktentwicklung und Wirtschaftsordnung, Arbeitsberichte der Marburger Gesellschaft für Ordnungsfragen der Wirtschaft, Nr. 21, Marburg 1997, S. 1-17.

Kapitalmarktentwicklung und Wirtschaftsordnung, hrsg. von A. Schüller, Arbeitsberichte der Marburger Gesellschaft für Ordnungsfragen der Wirtschaft, Nr. 21, Marburg 1997

Subsidiarität im Spannungsfeld zwischen Wettbewerb und Harmonisierung – Interpretationsversuche in ordnungspolitischer Sicht, in: K. W. Nörr und Th. Oppermann (Hrsg.), Subsidiarität: Idee und Wirklichkeit, Zur Reichweite eines Prinzips in Deutschland und Europa, Tübingen 1997, S. 69-104.

In Verbannung auf der Insel des Kollektivismus: Die staatlichen Eingriffe in die Arbeitsmarktprozesse führen geradewegs in die Beschäftigungsfalle – Die Soziale Marktwirtschaft in einer Wertkrise (zusammen mit R. L. Weber), in: Frankfurter Allgemeine Zeitung, Nr. 242 vom 18.10.1997, S. 17.

1998:

Der Wirtschaftspolitische Punktualismus: Triebkräfte, Ziele, Eingriffsformen und Wirkungen, in: ORDO, Jahrbuch für die Ordnung von Wirtschaft und Gesellschaft, Band 49, S. 105-126 (russische Übersetzung: RUFI, Moskau 1998).

Wie kann und soll eine Soziale Marktwirtschaft der Zukunft aussehen? in: A. Rauscher (Hrsg.), Zukunftsfähige Gesellschaft: Beiträge zu Grundfragen der Wirtschafts- und Sozialpolitik, Berlin 1998, S. 29-51.

Das Beschäftigungsproblem im Konflikt zwischen konkurrierenden Wertorientierungen der Sozialen Marktwirtschaft (zusammen mit R. L. Weber), in: A. F. Utz (Hrsg.), Die massive Arbeitslosigkeit und die Wirtschaftsordnung, Berlin 1998, S. 135-159.

Sozialpolitik in den Transformationsländern (zusammen mit R. L. Weber), in: E. Knappe und N. Berthold (Hrsg.), Ökonomische Theorie der Sozialpolitik, Heidelberg 1998, S. 393-427.

Die soziale Frage in den Transformationsländer (zusammen mit R. L. Weber), in: Neue Zürcher Zeitung, Nr. 299 vom 24.12.1998, S. 18.

Deutsche Einheit: Wirtschaftspolitische Weichenstellungen zwischen politischer und marktwirtschaftlicher Rationalität (zusammen mit R. L. Weber), in: D. Cassel (Hrsg.), 50 Jahre Soziale Marktwirtschaft, Schriften zu Ordnungsfragen der Wirtschaft, Band 57, Stuttgart 1998, S. 368-400.

Im Osten ist der Sozialismus zusammengebrochen, im Westen hat er die Soziale Marktwirtschaft deformiert, in: Ludwig-Erhard-Stiftung (Hrsg.), 50 Jahre Währungs- und Wirtschaftsreform, Orientierungen zur Wirtschafts- und Gesellschaftspolitik, 1998, Nr. 76, S. 52-58.

1999

Subsidiäre Sozialpolitik: Neuordnung des Verhältnisses von Selbsthilfe, freiwilliger Solidarität und staatlicher Absicherung, in: Bund Katholischer Unternehmer (Hrsg.), In christlicher Verantwortung: 50 Jahre Bund Katholischer Unternehmer, Frankfurt/Main 1999, S. 191-220.

Die Kirchen und die Soziale Marktwirtschaft: Das Kollektivprinzip als Wertgrundlage, in: A. Rauscher (Hrsg.), Christliche Soziallehre heute: Probleme, Aufgaben und Perspektiven, Mönchengladbacher Gespräche, Nr. 19, Köln 1999, S. 115-148.

Korreferat zu: „Traditionelle Ordnungstheorie, Neue Institutionenökonomik und Evolutorische Ökonomik im Vergleich" von Th. Eger und H. G. Nutzinger, in: D. Cassel (Hrsg.), Perspektiven der Systemforschung, Berlin 1999, S. 45-53.

Friedrich A. von Hayeks Sozialprinzipien und das Beschäftigungsproblem in Deutschland, in: Th. Apolte, R. Caspers und P. J. J. Welfens (Hrsg.), Standortwettbewerb, wirtschaftspolitische Rationalität und internationale Ordnungspolitik, Monographien der List-Gesellschaft, Neue Folge Band 20, Baden-Baden 1999, S. 153-175.

Wilhelm Röpke: Der liberale Wirtschaftshumanist, in: Handelsblatt, Nr. 195 vom 8./9. Oktober 1999, S. 24.

Vergleichende Systemforschung und Ordnungstheorie: Der Beitrag der Marburger Forschungsstelle, in: A. Schüller und Chr. Watrin, Wirtschaftliche Systemforschung und Ordnungstheorie: 40-Jahre Forschungsstelle zum Vergleich wirtschaftlicher Lenkungssysteme der Philipps-Universität Marburg, Studien zur Ordnungsökonomik, Nr. 22, Stuttgart 1999, S. 5-34.

Stichwort „*Preis*", in: Lexikon für Theologie und Kirche, 8. Band, 3. völlig neu bearbeitete Auflage, Freiburg 1999, Sp. 535-536.

2000:

Soziale Marktwirtschaft und Dritte Wege, in: ORDO, Jahrbuch für die Ordnung von Wirtschaft und Gesellschaft, Band 51, 2000, S. 169-202.

Auslandshilfe im Dienste der Systemtransformation (in bulgarischer Sprache), in: Wirtschaftswissenschaftliche Fakultät der Sofioter Universität St. Kliment Ochridski (Hrsg.), Probleme der Wirtschaft im Übergang, Sofia 2000, S. 93-115.

Theorie des wirtschaftlichen Systemvergleichs: Ausgangspunkte, Weiterentwicklungen und Perspektiven, in: H. Leipold und I. Pies (Hrsg.), Ordnungstheorie und Ordnungspolitik: Konzeptionen und Entwicklungsperspektiven, Schriften zu Ordnungsfragen der Wirtschaft, Band. 64, Stuttgart 2000, S. 51-81.

Der Euro – Anfang vom Ende des „neuen Leviathan" in Europa? Zur Ordnungspotenz des Euro, in: K. E. Leube (Hrsg.), Vordenker einer neuen Wirtschaftspolitik: Wirtschaftsordnung, Marktwirtschaft und Ideengeschichte, Festschrift für Christian Watrin zum 70. Geburtstag, The International Library of Austrian Economics, Band 5, Frankfurt/Main 2000, S. 202-221.

Das Menschenbild der christlichen Kirchen aus ordnungsökonomischer Sicht, in: R. Biskup und R. Hasse (Hrsg.), Das Menschenbild in Wirtschaft und Gesellschaft, Beiträge zur Wirtschaftspolitik, Band 75, Bern, Stuttgart und Wien 2000, S. 79-133.

Erfolgreiche Unternehmensführung im Dienste des Gemeinwohls und *Globalisierung als Herausforderung und die Angst vor der Weltwirtschaft*, in: Bund Katholischer Unternehmer (Hrsg.), Fromm und erfolgreich? Wertorientierte Unternehmensführung, Freiburg, Basel und Wien 2000, S. 26-39 und S. 82-90.

Auf dem dritten (Schleich-)Weg: Von der Leichtigkeit des Hinwegs und der Schwierigkeit der Umkehr, in: Neue Zürcher Zeitung, Nr. 123 vom 27./28. Mai 2000, S. 57.

Herrschaft der Verbände über die Wirtschaft: Der schleichende Weg zur sozialistischen Marktwirtschaft, in: Frankfurter Allgemeine Sonntagszeitung, Nr. 16 vom 23. April 2000.

2001:

Christliches Menschenbild und das Grundproblem der Sozialpolitik, in: L. Gerken und J. Starbatty (Hrsg.) Schlesien auf dem Weg in die Europäische Union: Ordnungspolitik der Sozialen Marktwirtschaft und Christliche Sozialehre, Stuttgart 2001, S. 57-65.

Stichwort *„ Wirtschaftspolitik "*, in: Lexikon für Theologie und Kirche, 9. Auflage, 2001, 10. Band, Sp. 1238-1239.

Weltwirtschaftliche Integration der Transformationsländer als ordnungspolitische Aufgabe, in: Fachbereich Wirtschaftswissenschaften der Philipps-Universität Marburg (Hrsg.), Volkswirtschaftliche Beiträge, Nr. 9, Marburg 2001.

Schriften zu Ordnungsfragen der Wirtschaft

Lucius&Lucius Verlags-GmbH, Stuttgart, ISSN 1432-9220

(bis Band 51: „Schriften zum Vergleich von Wirtschaftsordnungen")

Herausgegeben von
Gernot Gutmann, Hannelore Hamel, Helmut Leipold, Alfred Schüller, H. Jörg Thieme

unter Mitwirkung von
Dieter Cassel, Hans-Günter Krüsselberg, Karl-Hans Hartwig, Ulrich Wagner

Band 68: *Thomas Apolte* und *Uwe Vollmer* (Hg.), **Arbeitsmärkte und soziale Sicherungssysteme unter Reformdruck:** Fehlentwicklungen und Lösungsansätze aus institutionenökonomischer Sicht, 2002, 472 S., 36 €,
ISBN 3-8282-0204-7.

Band 67: *Dietrich v. Delhaes-Guenther, Karl-Hans Hartwig* und *Uwe Vollmer* (Hg.),
Monetäre Institutionenökonomik, 2001, 400 S., 34 €,
ISBN 3-8282-0194-6.

Band 66: *Dirck Süß*
Privatisierung und öffentliche Finanzen: Zur Politischen Ökonomie der Transformation, 2001, 236 S., 31 €, ISBN 3-8282-0193-8.

Band 65: *Yvonne Kollmeier*
Soziale Mindeststandards in der Europäischen Union im Spannungsfeld von Ökonomie und Politik, 2001, 158 S., 29 €, ISBN 3-8282-0179-2.

Band 64: *Helmut Leipold* und *Ingo Pies (Hg.)*
Ordnungstheorie und Ordnungspolitik: Konzeptionen und Entwicklungsperspektiven, 2000, 456 S., 42 €, ISBN 3-8282-0145-8.

Band 63: *Bertram Wiest*
Systemtransformation als evolutorischer Prozeß: Wirkungen des Handels auf den Produktionsaufbau am Beispiel der Baltischen Staaten, 2000, 266 S., 34 €, ISBN 3-8282-0144-X.

Band 62: *Rebecca Strätling*
Die Aktiengesellschaft in Großbritannien im Wandel der Wirtschaftspolitik: Ein Beitrag zur Pfadabhängigkeit der Unternehmensordnung, 2000, 270 S., 31 €, ISBN 3-8282-0128-8.

Studien zur Ordnungsökonomik

Lucius&Lucius Verlags-GmbH, Stuttgart

(bis Nr. 21: „Arbeitsberichte zum Systemvergleich")

Herausgegeben von **Alfred Schüller**

Die *Forschungsstelle zum Vergleich wirtschaftlicher Lenkungssysteme der Philipps-Universität Marburg* hat seit 1982 in ihren „Arbeitsberichten zum Systemvergleich" aktuelle ordnungstheoretische und ordnungspolitische Forschungsergebnisse veröffentlicht. Seit 1994 werden diese Arbeitsberichte von der neu gegründeten *Marburger Gesellschaft für Ordnungsfragen der Wirtschaft e.V. (MGOW)* herausgegeben.

Ab Heft 22 erscheint die Reihe unter dem Titel „Studien zur Ordnungsökonomik" im Verlag Lucius & Lucius, Stuttgart.

Lieferbare Titel:

Studie 27 · *Helmut Leipold*, **Islam, institutioneller Wandel und wirtschaftliche Entwicklung**, 2001, 44 S., 14 €, ISBN 3-8282-0206-3.

Studie 26 · *Thomas Döring* und *Dieter Stahl*, **Institutionenökonomische Aspkete der Neuordnung des bundesstaatlichen Finanzausgleichs:** Anmerkungen zum Urteil des Bundesverfassungsgerichts über ein „Maßstäbegesetz" für den Länderfinanzausgleich, 2000, 47 S., 14 €, ISBN 3-8282-0157-1.

Studie 25 · *Gerrit Fey*, **Unternehmenskontrolle und Kapitalmarkt:** Die Aktienrechtsreformen von 1965 und 1998 im Vergleich, 2000, 83 S., 15 €, ISBN 3-8282-0140-7.

Studie 24 · *Ludger Wößmann*, **Dynamische Raumwirtschaftstheorie und EU-Regional-politik:** Zur Ordnungsbedingtheit räumlichen Wirtschaftens, 1999, 105 S., 15 €, ISBN 3-8282-0124-5.

Studie 23 · *Ralf L. Weber* †, **Währungs- und Finanzkrisen: Lehren für Mittel- und Osteuropa?** 1999, 42 S., 14 €, ISBN 3-8282-0112-1.

Studie 22 · *Alfred Schüller / Christian Watrin*, **Wirtschaftliche Systemforschung und Ordnungspolitik:** 40 Jahre Forschungsstelle zum Vergleich wirtschaftlicher Lenkungssysteme der Philipps-Universität Marburg, 54 S., 10 €, ISBN 3-8282-0111-3.

 Lucius & Lucius, Stuttgart

Zeitfracht Medien GmbH
Ferdinand-Jühlke-Straße 7
99095 Erfurt, Deutschland
produktsicherheit@kolibri360.de